宗教与和谐社会建设的关系研究

冯小林 ◎ 著

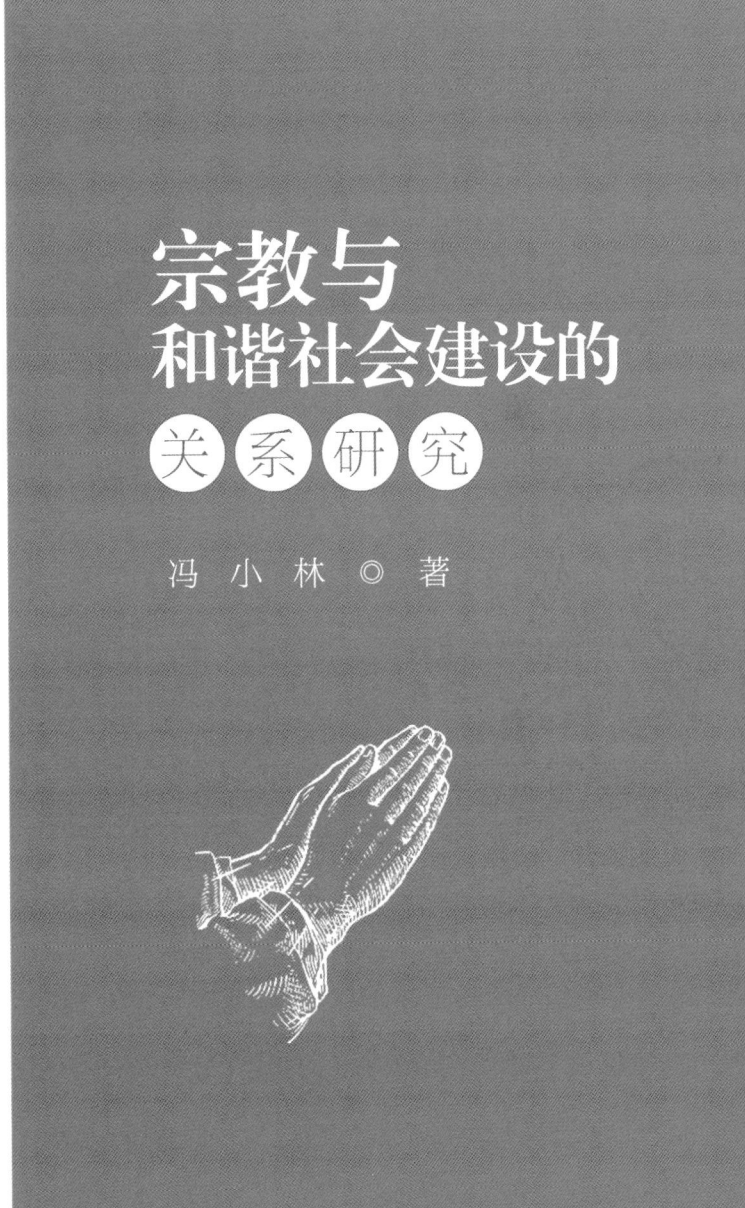

中国社会科学出版社

让各位读者在文中细细品味和领会，如人饮水，冷暖自知，他人感受不能替代。当然，作为一部作品，总有些不足，比如文本有点冗长，理论分析欠深度，观点提炼相对不足等。希望作者日后继续完善和改进。

但不管怎样，都不能否认它是当代中国宗教界最系统完整考察宗教与社会建设和社会治理的成果之一，可以为完善宗教文化政策提供相关依据，为完善宗教工作的顶层设计提供有价值的借鉴。

张桥贵

2021年1月18日

前　　言

伴随着经济社会的加速转型，中国社会的方方面面发生了剧烈变化，这种变化在信息化、国际化和全球化及各种自然灾害频发等因素的影响下，使社会所面对的国内外形势越来越复杂、越来越诡异难测和不可确定，由此不仅大大增添了社会的风险系数和社会成员的不安全感，还给个人身心、人与人的关系、人与社会的关系、人与自然的关系带来"多重紧张"和压力，引发人们"身心失调、社会失序、文明失和、人与自然失谐"等"多重焦虑"；因而追求个体身心之和谐、人与人之和谐、人与社会之和谐、人与自然之和谐，成为党和国家领导人迫切思考和关注的主题，也成为众多学者和广大社会成员日益关切的社会焦点。

自和谐社会建设被提到国家事务议程上以来，举国上下掀起了一场轰轰烈烈的和谐社会建设大讨论，在国内外引起较大的反响。宗教作为一种极为复杂的社会历史文化现象和组织现象，与社会稳定和社会和谐有着千丝万缕的复杂关系，从古至今一直是国家与社会建设不可绕过的话题。在今天中国社会主义和谐社会建设之际，为更好实现和谐社会建设之宏伟目标，同样不可回避而必须直面这个话题。

开展宗教与和谐社会建设的关系研究，就其理论意义而言，不仅有助于人们从理论上深化对宗教与社会关系的认识，深化宗教要素、宗教功能与和谐社会建设关系的认识，深化宗教与中国特色社会主义和谐社会建设关系的认识，还有助于推动宗教治理与社会治理的理论研究，建构科学合理的中国特色社会主义宗教治理理论体系和社会治理理论体系，以取得更好的宗教治理和社会治理成效。就其现实价值来讲，加强宗教与和谐社会建设关系的研究，有利于正确实施和全面加强宗教治理，最大限度抑制宗教的消极面，最大程度发挥宗教的积极性；有利于增进宗教组织，特别是基层宗教活动场所和宗教团体的自我管理、自我服务能力，提高宗教教职人员的自身素质，拓展依法管理宗教事务的广度和深度，创新宗教工作和宗教治理方式方法，提升宗教工作水平和宗教治理成效，化解宗教之间的隔阂、宗教与社会之间的失调与冲突，协调宗教之间的关系和宗教与社会之间的关系，维护宗教之间的和睦及宗教与社会之间的和谐，进一步正确地坚持独立自主自办宗教的原则，引导宗教与中国社会主义社会相适应，促进宗教界人士和信教群众以及宗教群体和组织为经济社会发展与和谐社会建设做出积极贡献，从而更好地实现宗教善治和社会善治，让宗教与社会共建共享社会和谐与世界和平。

本书内容共分为七章：

第一章：导论。重点介绍本研究的目的、意义、内容、方法和理论基础，以及研究文献回顾。

第二章：宗教要素与和谐社会建设。着重从宗教信念思想、宗教情感体验、宗教道德规范、宗教群体组织、宗教行为礼仪等五个方面探讨与和谐社会建设的共存互构关系。

第三章：宗教功能与和谐社会建设。着重考察宗教的十大功能，包括宗教的认同排斥功能、整合分化功能、控制失序功能、心理调适与精神慰藉功能、社会化与宗教化功能、交往渗透功能、政治经济功能、文化道德功能、社会服务与社会关怀功能、自然生态调适与改造功能等与和谐社会建设的共存互构关系。

第四章：宗教信仰者与和谐社会建设。主要从定量和定性两个方面，对信教者和不信教者在个人基本情况、工作劳动、生活压力、生活满意度、生活愿望、财富观及慈善公益爱心、兴趣爱好习惯、个人不当行为及违法犯罪行为、信仰观念及评价、信仰状况及评价等十个方面进行比较分析，探寻宗教信仰者与和谐社会建设之间的共存互构关系。

第五章：宗教与中国特色社会主义和谐社会建设。该章从理论和实证两条途径五个方面探讨宗教与中国特色社会主义和谐社会建设的共存互构关系。

第六章：宗教与社会的现代化和全球化。该章主要阐述了现代化全球化下的世界宗教信仰状况和中国宗教信仰状况以及宗教发展态势；同时，分析了现代化全球化给中国社会主义和谐社会建设所带来的机遇和挑战，也探讨了现代化全球化背景下中国宗教为中国社会主义和谐社会建设发挥积极作用所面临的困境和机遇。

第七章：迈向善治——构建宗教与社会共建共享的和谐社会。该章从转变认知树立宗教治理新思维，构建宗教治理现代化、多元化全球化体系，提升宗教治理现代化能力，迈向善治走向齐建等四个方面提出如何实现宗教善治，构建宗教与社会共建共享的和谐社会。

总而言之，中国的宗教治理既是一项复杂的系统工程，又是一项长期而艰巨的伟大任务；要让中国的宗教治理达到"善治"状态，就需要调动一切可能调动的力量，发挥一切可能发挥的作用；这就需要党和政府从战略高度对宗教治理做好长远统筹规划和顶层设计，各级政府管理部门积极履行职责，所有企事业、社会组织和广大人民群众以及信教群众齐心协力，共同参与到中国宗教治理的工作中来，为实现中国宗教治理的"善治"和社会的和谐乃至中华民族伟大复兴而献计献策，贡献力量。

由于时间和能力所限，文中还存有不少缺陷和不足，恳请各位专家学者给予批评指正！

目　录

第一章　导论 ……………………………………………………………（1）
　第一节　研究缘起、对象和目的 ……………………………………（1）
　第二节　研究内容和意义 ……………………………………………（2）
　第三节　研究思路和方法 ……………………………………………（3）
　第四节　研究概念的界定和理论基础 ………………………………（4）
　第五节　研究文献综述 ………………………………………………（18）

第二章　宗教要素与和谐社会建设 …………………………………（52）
　第一节　宗教信念思想与和谐社会建设 ……………………………（52）
　第二节　宗教情感体验与和谐社会建设 ……………………………（74）
　第三节　宗教道德规范与和谐社会建设 ……………………………（98）
　第四节　宗教群体组织与和谐社会建设 ……………………………（122）
　第五节　宗教行为礼仪与和谐社会建设 ……………………………（176）

第三章　宗教功能与和谐社会建设 …………………………………（196）
　第一节　宗教的认同排斥功能与和谐社会建设 ……………………（196）
　第二节　宗教的整合分化功能与和谐社会建设 ……………………（200）
　第三节　宗教的控制失序功能与和谐社会建设 ……………………（205）
　第四节　宗教的心理调节、精神慰藉功能与和谐社会建设 …………（210）
　第五节　宗教的社会化、宗教化功能与和谐社会建设 ………………（215）
　第六节　宗教的交往渗透功能与和谐社会建设 ……………………（222）
　第七节　宗教的政治经济功能与和谐社会建设 ……………………（229）
　第八节　宗教的文化道德功能与和谐社会建设 ……………………（254）

第九节　宗教的社会服务关怀功能与和谐社会建设 ……… (263)
第十节　宗教的自然生态调适和改造功能与和谐社会建设 …… (266)

第四章　宗教信仰者与和谐社会建设 ……………………… (268)
第一节　宗教信仰者与和谐社会建设的定量分析 ………… (268)
第二节　宗教信仰者与和谐社会建设的定性分析 ………… (413)
第三节　宗教信仰者与和谐社会建设分析小结 …………… (430)

第五章　宗教与中国特色社会主义和谐社会建设 …………… (435)
第一节　中国社会主义和谐社会建设的理论分析 ………… (435)
第二节　中国社会主义和谐社会建设的实证分析 ………… (456)
第三节　中国社会主义和谐社会建设中的宗教政策与宗教
　　　　工作 ………………………………………………… (500)
第四节　宗教在中国社会主义和谐社会建设中的多重特质 …… (511)
第五节　宗教与中国社会主义和谐社会建设关系的实证
　　　　分析 ………………………………………………… (529)

第六章　宗教与社会的现代化和全球化 ……………………… (563)
第一节　现代化全球化下的宗教信仰概况 ………………… (563)
第二节　现代化全球化下的宗教发展态势 ………………… (576)
第三节　现代化全球化下中国和谐社会建设面临的机遇和
　　　　挑战 ………………………………………………… (579)
第四节　现代化全球化下宗教为中国和谐社会建设发挥
　　　　积极作用的困境与机遇 ………………………… (599)

第七章　迈向善治
　　　　——构建宗教与社会共建共享的和谐社会 ………… (611)
第一节　认清情势转变认知,树立宗教治理国家思维
　　　　全球思维 …………………………………………… (612)
第二节　改革体制创新机制,构建现代化多元化全球化
　　　　宗教治理体系 ……………………………………… (625)

第三节 提升能力提高素质,全面推进宗教治理能力
　　　　现代化 ………………………………………………(648)
第四节 迈向善治走向齐建,共享社会和谐世界和平 ……………(657)

结　语 ……………………………………………………………(659)

主要参考文献 ……………………………………………………(661)

后　记 ……………………………………………………………(673)

图表索引

表4—1	受访者居住的地区类型	(269)
表4—2	受访者居住的社区类型	(270)
表4—3	受访者的性别情况	(271)
表4—4	受访者的年龄特征	(271)
表4—5	受访者的婚姻状况	(272)
表4—6	受访者的文化程度情况	(273)
表4—7	受访者的个人收入情况	(275)
表4—8	受访者的家庭经济状况特征	(276)
表4—9	受访者的家庭社会地位状况特征	(277)
表4—10	受访者的家庭关系状况	(278)
表4—11	受访者的家庭人口数特征	(279)
表4—12	受访者的家庭成员信仰情况	(280)
表4—13	受访者的政治面貌特征	(281)
表4—14	受访者的目前身份情况	(282)
表4—15	受访者的单位性质特征	(284)
表4—16	受访者的户籍特征	(285)
表4—17	受访者的户口性质特征	(285)
表4—18	受访者认为自己是有神论者还是无神论者情况	(286)
表4—19	受访者平均每周劳作时间	(289)
表4—20	受访者对自己工作劳动的强度压力情况	(291)
表4—21	受访者对待本职工作的态度	(292)
表4—22	受访者对劳动和工作的看法	(294)

表 4—23　受访者对有了宗教信仰的人会更加敬业的看法……………（296）
表 4—24　受访者对收入的感受……………………………………（298）
表 4—25　受访者家庭收入与支出情况……………………………（299）
表 4—26　受访者生活水平变化感受…………………………………（300）
表 4—27　受访者的生活满意度情况…………………………………（302）
表 4—28　受访者当前最想实现的个人愿望情况……………………（303）
表 4—29　受访者的婚姻家庭生活满意度情况………………………（304）
表 4—30　受访者的个人财富观………………………………………（306）
表 4—31　受访者向灾区捐献款物情况………………………………（308）
表 4—32　受访者近 3 年为修桥铺路、慈善救济捐赠情况…………（309）
表 4—33　受访者为修桥铺路、慈善救济捐赠次数情况……………（311）
表 4—34　受访者向寺庙、教堂捐赠情况……………………………（312）
表 4—35　受访者对待乞丐乞讨的态度………………………………（314）
表 4—36　受访者对待他人遗失的钱物态度分析……………………（316）
表 4—37　受访者对待老人或孕妇摔跤的态度情况…………………（318）
表 4—38　受访者对"社会上大多数人都是可以信任的"的
　　　　　看法……………………………………………………（320）
表 4—39　受访者有无打麻将或扑克习惯情况………………………（322）
表 4—40　受访者有意识地锻炼身体或进行体力活动（劳动）
　　　　　情况……………………………………………………（323）
表 4—41　受访者的饮食习惯情况……………………………………（325）
表 4—42　受访者的饮酒习惯情况……………………………………（326）
表 4—43　受访者的吸烟习惯情况……………………………………（327）
表 4—44　受访者遇到困难、挫折时的态度情况……………………（329）
表 4—45　受访者对"自己遇到与别人争执的态度"情况 ………（331）
表 4—46　受访者"对自己有无与别人争吵过或打过架"情况 ……（332）
表 4—47　受访者有无赌博行为情况…………………………………（334）
表 4—48　受访者有无沉迷网络游戏、网瘾和电视剧情况…………（335）
表 4—49　受访者对宗教信仰是否具有抑制网瘾作用的评价………（337）
表 4—50　受访者近 3 年是否看过黄色淫秽影片录像书报情况……（338）
表 4—51　受访者有无吸毒经历………………………………………（340）

表4—52	受访者对黄赌毒现象的看法	（341）
表4—53	受访者对当地黄赌毒现象严重与否的评价情况	（343）
表4—54	受访者对宗教信仰是否对黄赌毒行为具有抑制作用的看法	（344）
表4—55	受访者有无婚外性行为情况	（346）
表4—56	受访者对有了宗教信仰是否具有抑制婚外性行为的评价	（348）
表4—57	受访者是否有无通过不正当途径获取不正当收入行为情况	（350）
表4—58	受访者对宗教信仰是否有抑制通过不正当途径获取不正当收入评价	（352）
表4—59	受访者有无轻生行为情况	（354）
表4—60	受访者对宗教信仰是否具有抑制轻生行为的评价	（357）
表4—61	受访者近3年有无浪费行为情况	（359）
表4—62	受访者近3年来有无一般违法行为情况	（360）
表4—63	受访者近3年来有无犯罪行为情况	（361）
表4—64	受访者有无因违法犯罪而受到处罚情况	（362）
表4—65	受访者有无捕杀过野生动物或砍伐野生珍稀植物行为情况	（364）
表4—66	受访者对"宗教信仰是否具有抑制违法犯罪行为"的评判情况	（367）
表4—67	受访者对"宗教信仰是否对贪污腐败行为具有抑制作用"情况	（369）
表4—68	受访者在多大程度相信神灵或万能神的存在情况	（371）
表4—69	受访者相信人有灵魂存在的程度情况	（373）
表4—70	受访者相信人有命运存在的程度情况	（375）
表4—71	受访者相信"恶有恶报、善有善报"的程度情况	（378）
表4—72	受访者对"帮人就是帮己，害人就是害己"所持态度	（380）
表4—73	受访者对"算命、抽签、看风水、烧香、改运"等活动作用的评价	（383）

表4—74	受访者对"算命、抽签、看风水、烧香、改运"等活动的看法	(384)
表4—75	受访者对"国家对这些活动的态度"看法情况	(386)
表4—76	受访者对"人生需要宗教信仰吗?"的回答情况	(387)
表4—77	受访者信仰状况	(389)
表4—78	受访者中会烧香敬神或拜佛情况	(389)
表4—79	烧香敬神或拜佛频率情况	(390)
表4—80	不信教者不信教原因情况	(390)
表4—81	不信教者对信教者的态度情况	(391)
表4—82	不信教者对一些宗教教规的看法情况	(392)
表4—83	信教受访者自我主观认同信仰宗教情况	(392)
表4—84	信教受访者举行入教仪式情况	(393)
表4—85	信教受访者皈依宗教年限情况	(393)
表4—86	信教受访者皈依宗教原因分析	(395)
表4—87	信教受访者最初接触宗教的主要途径分析	(396)
表4—88	信教受访者在信仰生活中遭遇的感应事件分析	(397)
表4—89	信教受访者皈依宗教后个人的改变情况分析	(398)
表4—90	信教受访者皈依宗教后个人思想和性格变化情况分析	(399)
表4—91	宗教信仰使信教受访者感觉生命更有价值和有意义情况分析	(401)
表4—92	参加宗教活动使信教受访者感到内心平安踏实情况分析	(402)
表4—93	信教受访者每天用在宗教功课上的时间情况	(404)
表4—94	当信教者的所作所为违背自己的信仰时是否感到内疚情况	(405)
表4—95	信教者是否能够坚持按照宗教教义指导、规范自己行为情况	(407)
表4—96	信教者对自己所信仰的宗教教义教规熟悉程度情况	(409)
表4—97	宗教信仰实际上成为自己整个生活和生命支柱情况	(410)
表4—98	维持和鼓励信教者一直坚信宗教信仰的主要原因	(411)

表5—1	受访者感到满意的事情	(457)
表5—2	受访者感到不满意的事情	(458)
表5—3	受访者家庭遇到的困难或问题情况	(459)
表5—4	受访者遇到困难寻求帮助情况	(461)
表5—5	受访者家庭冲突情况	(462)
表5—6	受访者家庭环保行动情况	(463)
表5—7	影响家庭和谐的主要因素	(463)
表5—8	和谐家庭建设建议	(464)
表5—9	受访者对"同自己周围同事或朋友相处和谐吗?"的看法	(466)
表5—10	受访者对"当前社会各阶层之间的收入差距"的看法	(467)
表5—11	受访者对"当前房价"的看法	(468)
表5—12	受访者对社会主义新农村建设首先要解决的问题看法	(469)
表5—13	受访者认为当前社会发展亟待解决的问题	(470)
表5—14	受访者认为构建和谐社会最应防范的问题	(471)
表5—15	受访者认为当前造成社会不和谐的主要原因	(472)
表5—16	受访者对政府工作的满意情况	(473)
表5—17	受访者对自家所在社区(村)满意度情况	(474)
表5—18	受访者认为和谐社会应具有的特征	(475)
表5—19	受访者对"当前社会是否符合一个和谐社会的标准"的看法	(476)
表5—20	受访者对"构建和谐社会是否持有信心"情况	(476)
表5—21	受访者对国家设定宗教信仰政策的看法	(501)
表5—22	受访者所在居委会或行政村有无寺庙或教堂道观情况	(501)
表5—23	受访者对"宗教场所办好教务就行,服务社会是政府的事"的看法	(502)
表5—24	受访者对"宗教应当积极适应和服务社会"的看法	(503)

表 5—25　受访者对"提高宗教教职人员素质而有利于促进社会和谐"的看法 …………………………………… (504)

表 5—26　受访者对"应弘扬优秀宗教文化来促进和谐"的看法 ………………………………………………………… (504)

表 5—27　受访者对"中国宗教的现在与未来"的看法 ………… (506)

表 5—28　受访者对"宗教可提升社会道德标准"的看法 ……… (530)

表 5—29　受访者对"一个家庭成员都信仰宗教,是否有助于家庭和谐"的看法 ………………………………… (531)

表 5—30　受访者对"一个社会有更多的人信仰宗教,有助于社会和谐"的看法 ………………………………… (531)

表 5—31　受访者"对宗教信仰纯粹是浪费钱财"的看法 ……… (532)

表 5—32　受访者对"宗教是家庭或社会及国家之间冲突的原因"的看法 ………………………………………… (533)

表 5—33　受访者对"宗教有助于促进国际间合作及化解国家间的冲突"的看法 ……………………………… (534)

表 5—34　受访者对"宗教能够有利于促进社会的民主法治"的看法 ………………………………………………… (534)

表 5—35　受访者对"宗教能够有利于促进社会的公平正义"的看法 ………………………………………………… (535)

表 5—36　受访者对"宗教能够有利于促进社会的活力"的看法 ………………………………………………………… (536)

表 5—37　受访者对"宗教能够有利于促进社会的安定有序"的看法 ………………………………………………… (536)

表 5—38　受访者对"宗教能够有利于促进人与自然的和谐"的看法 ………………………………………………… (537)

表 5—39　受访者对"若宗教不和谐会削弱甚至会破坏社会和谐"的看法 ……………………………………… (538)

表 5—40　受访者对"宗教信仰与共产主义信仰有冲突吗?"的看法 ………………………………………………… (538)

表 5—41　受访者对"宗教能够促进社会和谐"的看法 ………… (539)

第 一 章

导　　论[*]

第一节　研究缘起、对象和目的

伴随着经济社会的加速变革和转型，中国社会的方方面面发生了纷繁复杂而深刻的变化，这种剧变在信息化、国际化、全球经济一体化和自然灾害频发等因素的影响和推动下，使社会所面对的国内外形势更为复杂、更诡异难测和更不可确定，不仅大大增添了社会的风险系数和广大社会成员的不安全感，而且给个人、群体、组织和社会带来"个人身心的紧张、人与人的紧张、人与社会的紧张、人与自然的紧张"等"多重紧张"和压力，普遍引发人们"身心失调的焦虑、社会失序的焦虑、文明失和的焦虑、人与自然失谐的焦虑"等"多重焦虑"。因而追求个体的身心之和谐、人与人之和谐、人与社会之和谐、人与自然之和谐，成为党和国家领导人迫切思考和关注的主题，也成为广大社会成员日益关切的社会焦点。在于社会与个人的一体化关系把国家、社会、组织、群体、个人、自然紧密捆绑在一起，联系在一起，由此它们之间关系的和谐与否不仅直接关乎国家与社会的安全与稳定，关系到国家与社会的正常运行与发展，关涉到社会与自然的和谐共处与发展，也密切影响着每一位社会成员日常生活的正常进行。因此，维护社会稳定、促进社会和谐、建设和谐社会势必成为国家、社会、组织、群体与个人所共同希冀的愿望和所共同承担的责任。分析研究影响和谐社会建设的各种因素也自然成为学者们一个义不容辞的义务和职责。

---

[*] 注：本成果是国家社科基金项目《宗教与和谐社会建设的关系研究》。

自从和谐社会建设被提到国家事务议程上来，广大社会人士和成员积极投入此方面的思考和研究中来。于是，举国上下掀起了一场轰轰烈烈的和谐社会建设大讨论，在国内外引起较大的反响。

宗教作为一种极为复杂的社会历史文化现象和组织现象，与社会稳定和社会和谐有着千丝万缕的复杂关系，从古至今一直是治国理政不可绕过的话题。同样，在今天，把这种难以讲清的关系进一步弄明白并做出一定的理论阐释，势必也是中国社会主义和谐社会建设进程中不可回避和忽视的主题。鉴于此，笔者把宗教与和谐社会建设的关系纳入研究视野和任务中来，试图通过对宗教信念思想、宗教情感体验、宗教道德规范、宗教群体组织、宗教行为礼仪、宗教功能、宗教信仰者等与和谐社会建设之间关系的探讨，来揭示宗教与社会之间的共存互构关系，从而为国家和社会正确认识和对待宗教与社会建设的关系以及正确解决它们之间的一些矛盾提供借鉴和参考，为实现宗教善治，有效发挥宗教在促进社会稳定和增进社会和谐的积极作用贡献微薄之力。

第二节　研究内容和意义

本著作从七个方面进行阐述：
第一部分是导论。
第二部分宗教要素与和谐社会建设。
第三部分宗教功能与和谐社会建设。
第四部分宗教信仰者与和谐社会建设。
第五部分宗教与中国特色社会主义和谐社会建设。
第六部分宗教与社会的现代化和全球化。
第七部分，迈向善治——构建宗教与社会共建共享的和谐社会。

开展宗教与和谐社会建设的关系研究，就其理论意义而言，不仅有助于人们从理论上深化对宗教与社会关系的认识，深化宗教要素、宗教功能与和谐社会建设关系的认识，深化宗教与中国特色社会主义和谐社会建设关系的认识；还有助于推动宗教治理与社会治理的理论研究，建构科学合理的中国特色社会主义宗教治理理论体系和社会治理理论体系，以取得更好的宗教治理和社会治理成效；就其现实价值来讲，加强宗教与和谐社会建设关系的研究，有利于正确实施和全面加强宗教治理，最大限度抑制宗教的消极面，最大程度发挥宗教的积极性；增进宗教组织，特别是基层宗教活动场所和宗教团体的自我管理、自我服务能力，提高宗教教职人员的自身素质，拓展依法管理宗教事务的广度和深度，创新宗教工作和宗教治理方式方法，提升宗教工作水平和宗教治理成效，化解宗教之间的隔阂、宗教与社会之间的失调与冲突，协调宗教之间的关系和宗教与社会之间的关系，维护宗教之间的和睦以及宗教与社会之间的和谐，进一步正确地坚持独立自主自办宗教的原则，引导宗教与中国社会主义社会相适应，以促进宗教界人士和信教群众以及宗教群体和组织为经济社会发展与和谐社会建设做出积极贡献，从而更好地实现宗教善治和社会善治，让宗教与社会共建共享社会和谐与世界和平。

第三节　研究思路和方法

依照研究设计，课题组采取了理论分析与实证研究相结合的方法展开研究。首先在做好国内外文献梳理和回顾的基础上，建构起本书的研究任务、框架和主要假设。依据假设，一方面展开理论分析，具体从宗教的要素视角和功能视角分析和论证宗教与社会及其建设的关系；另一方面展开实证研究，通过选取了佛教徒、基督教徒和不信教者作为调查研究对象，进行问卷调查和访谈调查以及实地观察，再对资料进行定量分析和定性分析；在采用收集数据和资料的时候，均采取对比研究的设计方式搜集资料，即都设计对照组进行对比。最后，对理论研究结果与实证研究结果、定量分析结果与定性分析结果进行归纳总结，然后得出相关结论。

在调查点的选取方面，课题组成员通过多次预调查和走访，最后选取了华北区域的陕西、山西和河北，华中区域的河南、湖北、江西和华南区域的广东、广西和云南，共九个省作为问卷和访谈样本抽取的地域范围。这样做，即兼顾到中东西部欠发达地区与发达地区之间的区域平衡；同时，也顾及了南北文化风土人情之间的差异；另外，还体现了民族成分的特色。受条件所限，东北地区未能考虑在内，也是一种遗憾。

在样本抽取方式上，采取了分层抽样与定额抽样相结合的混合式抽样法，先抽取省份，接着抽取地市、县、乡镇或街办，然后抽取社区或村委会，再抽取相应的家庭或住户的成员进行调查；在问卷调查方面，课题组共发放问卷 700 份，回收 686 份，有效问卷 623 份，有效率为 90.8%；其中，不信教者问卷 308 份；信教者问卷 308 份，包括佛教徒问卷 154 份，基督徒问卷 154 份；还有 7 份问卷属于模棱两可的中间人员；访谈人员共 100 名，其中，信教者和不信教者各 50 名；同时，还实地走访了多个佛教活动场所、基督教活动场所以及村委会和社区。

调查问卷的结构和内容分为七个部分，共有 133 个问题，分别为工作与劳动、个人及家庭生活情况、个人财富观与行为、个人信仰观念和实践、和谐社会建设、个人及家庭基本情况、个人宗教信仰状况等七个方面；七个部分的问题环环相扣，紧密相联，有些问题还具有重复性，目的在于验证调查对象所讲的是否前后一致。调查问卷具体内容参见附录部分的调查问卷。

为了节省资源和时间，访谈对象样本的选取同样在问卷调查样本中进行，但同样考虑到了城镇与农村、信教群众与不信教群众、男女性别比例等情况，最后确定总计访谈人数 100 人，其中，佛教信众 25 人，基督教信众 25 人，不信教群众 50 人。

访谈内容包括被访谈对象的个人基本情况、生活状况、生活满意度、个人愿望、个人兴趣爱好，对家庭、社会的看法，对社会建设的认识，对党和政府的宗教政策、宗教工作的看法和建议，对宗教及其宗教信仰的态度和看法等多个方面，共计 22 个问题。访谈提纲的具体内容参见定性分析部分。

第四节 研究概念的界定和理论基础

一 研究概念的界定

1. 宗教[①]

什么是宗教？这个争论几千年的话题，直到现在仍然众说纷纭，没

[①] 注：本部分内容已公开发表，详见作者的专著《社会转型下的宗教与健康关系研究》，巴蜀书社，2010 年 11 月，第 16—20 页。

有一个令人满意的答案。不同的人们出于各自的用意和立场，对宗教进行了不同的界定。政治家出于政治的考虑给宗教下定义，神学家出于传教的需要给宗教下定义，宗教徒出于宗教的修持给宗教下定义，学者出于学术研究给宗教下定义。即使在学术界，不同学科给宗教的界定也是不同，哲学、史学、心理学、人类学、社会学等学科对宗教的定义都是不一样的。哲学偏重于思想，史学偏重于历史，心理学偏重于人的内在体验，人类学偏重于自然属性，而社会学偏重于社会属性。宗教现象的复杂性和宗教定义的多样性令人们目不暇接，就连西方宗教学鼻祖麦克斯·缪勒也不得不慨叹："每个宗教定义，从其出发不久，都会激起另一个否定它的定义。看来，世界上有多少种宗教，就会有多少宗教的定义，而坚持不同宗教定义的人们之间的敌意，几乎不亚于信仰不同宗教的人们。"[①] 古典社会学大师韦伯在《经济与社会》也曾这样说过："要给宗教下定义，也就是要说清它是什么，这在研究的开端是不可能的。如果一定要下定义的话，那也是只有在研究的结尾才能做到。"而事实上，在韦伯做完研究之后，并没有给宗教下定义。韦伯对此采取了回避的办法，这表明了给宗教下定义的困难。但我们不能接受这种做法。因为只有对研究对象的范围界定之后，实质性的研究才有可能继续进行。美国社会学家贝格尔把定义问题说成"乃是趣味的问题，因此应该服从关于趣味的箴言"，这是一句拉丁谚语，意思是说趣味问题无可争辩。他认为定义无真假之分，却有用处大小之别。从这里可以看出，给宗教下定义并非易事，也不能随意，随意就会失去定义之功能，甚至给研究带来麻烦。

鉴于宗教定义的多样性，美国学者罗伯逊就宗教的种种定义进行了专门分析，最终依据这些定义的外延大小把它们划分成两大类：即包容性（或开放性）定义和排他性（封闭性）定义。在他看来，所谓包容性定义就是在外延上没有严格的界限，比较广泛，例如涂尔干（迪尔凯姆）将宗教定义为"是一种与既与众不同、又不可冒犯的神圣事物有关的信仰与仪轨将所有信奉它们的人结合在一起被称之为'教会'的道德共同

[①] [英]麦克斯·缪勒：《宗教学导论》，陈观胜、李培茱译，上海人民出版社1989年版，第13页。

体之内"①。这种定义比较宽泛，还有诸如弥尔顿·英格、范得·里欧和蒂里希的宗教定义都显得比较包容和开放。这些宗教定义大大扩展了宗教的外延，致使宗教与一些文化现象、其他上层建筑难以区分，出现了所谓的经济宗教、政治宗教、文化宗教等现象，其直接后果是未能将真正的宗教与带有宗教性的社会现象区别开来。排他性或封闭性定义就有比较严格和明确的范围，为一些采取特殊态度的学者所使用，但其缺点就是常常把属于宗教范围的一些东西排斥在外。从上可知，无论是采用包容性定义，还是排他性定义，都有优劣，很难说哪个好，哪个不好。

另外一种定义分类，就是从宗教的内涵上来考虑，分别划分为实质性定义、功能性定义和象征性定义。实质性定义就是想抓住宗教与其他现象相区别的特有的本质属性，据此做出界定，但要把握宗教的本质却不是一件容易的事情。

功能性定义是以宗教的功能作为其内涵。由于在西方宗教社会学中，结构主义与功能主义是主流，其对宗教的定义也多是从功能入手，在他们那里，宗教是"人们适应吉凶祸福的最基本'机制'"②，宗教被看成具有在心理上和精神上满足人类生存基本需要的功能。从功能角度来揭示宗教的本质，这是一种很有意义的探索，能够加深人们对宗教的认识，但是功能不等同本质，宗教的功能并不能表明宗教的本质，而且，功能本身也有正负、显隐之分，而本质是没有这种区别。因此，宗教的功能性定义并不能全面准确地揭示宗教的本质属性。近几十年来，在西方宗教社会学研究中，有不少人采取实用主义的态度，随意扩大宗教的外延，把一些具有类似宗教功能的、能够满足人类某种精神需要的东西统统纳入宗教的圈子里，称为"非宗教的宗教""无神的宗教"或"世俗的代用的宗教"，1965年美国社会学家考克斯的《世俗的城市》一书中就提到："宗教在现代社会中已被改造，可以不是传统的宗教，可在'无神'

---

① [法]爱弥尔·涂尔干：《宗教生活的基本形式》，渠东、汲喆译，上海人民出版社1999年版，第55页。

② [美]奥戴：《宗教社会学》，中国社会科学出版社1990年版，第11页。

的概念下存在，甚至在政党或社会服务事业中都可找到宗教。"① 这种宗教的理解，其实质是宗教功能的泛化，把宗教的本质给抽掉了，结果什么都可以成为宗教。

象征性定义通常是采用一段文字对宗教现象及其行为进行描述。克利夫德·基尔茨的宗教定义就是其中的典型，他认为："宗教是一套信仰体系，旨在通过对生存的一般秩序观念的表述和以对事实的预言的形式来表现的这些观念在人心中建立强有力的、普遍持久的情绪和动机，并使这些情绪和动机看起来似乎是唯一实在的。"② 从这里可看出，象征性定义实际上不仅在下定义，还在描述宗教如何在社会中运行，而且还带有功能的含义在里面。

综合上述定义的分类，无论是从宗教的外延还是宗教的内涵来下定义，或是从包容性定义、排他性定义、实质性定义、功能性定义还是象征性定义来界定宗教，都有一定的合理性，但也都有一定的局限性。如何结合其优势又能避免其缺陷来定义宗教，那才是课题的目标。对此，笔者认为，要认识宗教或界定宗教，首先应该归纳出宗教的特征，只有在宗教的特征的基础上才能更好地去认识宗教。根据分析和讨论，笔者认为，宗教首先具有超自然的属性，这是宗教区别其他非超自然性现象的一个特征，这也是所有宗教信仰和准宗教信仰所具有的一个本质特征。正如泰勒所认为，"宗教的最深层、最根本的根据是对'灵魂'或'精灵'的信仰，万物有灵崇拜乃是一切宗教崇拜的最终根源"③；恩格斯也认为，"一切宗教都不过是支配日常生活的外部力量在人们头脑中的幻想的反映，在这种反映中，人间的力量采取了超人间的力量的形式"④；杨庆堃先生也认为，"忽略了超自然因素，没有任何一个宗教概念能够准确地反映中国民众宗教生活的客观内容"⑤。因而，超自然因素或超人间力

---

① 戴康生，彭耀：《宗教社会学》，社会科学文献出版社 2007 年版，第 34 页。
② 同上书，第 34—35 页。
③ 吕大吉：《西方宗教学说史》，中国社会科学出版社 1994（2005.9 重印）年版，第 564 页。
④ 《马克思恩格斯选集》（第 3 卷），第 354 页。
⑤ 杨庆堃：《中国社会中的宗教——宗教的现代社会功能与其历史因素之研究》，范丽珠等译，上海人民出版社 2006 年版，第 20 页。

量是宗教的第一特征,也是本质特征;任何离开这一本质属性去谈论宗教,笔者认为这是有违宗教的实质。至于后面的三个特征,包括宗教具有一套信仰体系,宗教具有一套实践行为或活动,宗教还具有一套组织系统,笔者认为这比较适合西方文化观中的宗教判断标准,因而大部分的西方学者和一部分中国学者,将符合这四个特征的现象认定为宗教现象,否则就不列为考察的对象;对于中国文化观中的宗教概念,可能有些不太适合。在于在人们的日常生活中,特别是在像中国这种具有悠久历史的传统社会中,有些现象只具有第一特征,有些现象具有第一、第二特征,还有一些现象则具有第一、二、三特征。笔者把这些具有一、二个或三个特征的,不具有反人类特性的现象,视为类宗教或准宗教现象,比如民间信仰、祖先崇拜;杨庆堃先生将此称为"分散性宗教",李亦园先生将此称为"普化宗教",反之称为"制度性宗教"。也有些现象则具备全部的四个特征或其中的几个特征,却是反人类和反社会的,这被视为邪教。

　　结合宗教的四个特征和社会属性以及功能特性,笔者将宗教界定为建立在超自然信念的基础上,具有一套信仰体系,作用于人们的精神心理道德方面的社会(实体)有机组成部分。它是社会系统的子系统,是社会结构不可缺少的组成部分。只不过这个子系统与其他社会子系统有不一样的地方,在于它承担的是社会成员的社会心理精神方面的工作,是提升社会成员伦理道德修养和内在品格升华的工作,起到安顿社会成员心理、净化社会成员心灵、提升社会成员精神生活质量和伦理道德修养及自律的作用。就好比经济系统承担的是社会财富和物质的生产、流通、分配和积累的功能,政治系统承担的是社会秩序的维护和社会和谐的促进功能。在社会中扮演着其他社会组成或社会子系统不可替代的社会功能。宗教系统和其他社会子系统一样,具有常态的一面,也有非常态的一面,具有正的积极功能的一面,也有负的消极功能的一面;就如政治系统一样,有清廉的一面,也有腐败的一面,也犹如经济子系统一样,有增进社会财富和促进社会发展的行为的存在,也有投机倒把破坏正常的经济秩序的行为的发生。人们不因为政治系统中出现了腐败的官员,就把整个政治系统给予否定;也不会因为经济系统中出现一些投机倒把破坏经济和社会秩序的行为,就把整个经济系统的存在给予否定,或干脆把它予以消灭。人们仅仅是把这些破坏行为给予制裁，使其系统恢复常态。而人们对待宗教，则不是这种态度和做法，而是宗教系统里出现了一些不好的东西，就想把整个系统给予否定，这不是一种科学的态度。原因在于人们对宗教的认识和观念没有转变过来，仍然把宗教视为社会一个奇特的东西或一个可有可无的东西，一个社会的副现象，从而不能摆正它在社会中的地位，采取的是一种排斥、控制的做法来对待它，反而收到的是我们不可预料的反效果。

因而，一个国家和社会既要开展经济和政治建设，要对经济、政治进行管理；同样，也要对宗教进行管理。

限于材料收集的困难，该文在文献回顾和宗教要素等内容里主要涉及的宗教包括原始宗教、中国五大宗教（即佛教、道教、基督教、天主教、伊斯兰教），对于其他宗教涉及的可能就比较少，而在实证材料的研究上，重点研究佛教与基督教。

2. 宗教徒

为便于研究，本文对宗教徒进行限定。鉴于我国宗教信仰的特点和复杂性，本书所指的宗教徒是指自我主观认同信仰某一宗教的信徒，其实际上包括两种类型：一种是依照宗教信仰的规定已举行正式皈依仪式的信徒，将此称为正式信徒；二是虽然没有举行正式皈依仪式，但自认为内心里真实信仰某种宗教且以宗教道德规范来约束自己行为的信徒也视为是宗教徒，在此称为准宗教信徒。这个问题主要涉及该课题实证调查研究对象的确定。为了开展实证调查，该课题选取了佛教徒和基督教徒作为调查对象。

3. 和谐社会

和谐社会作为一种理想的社会状态，一直是人类长久以来梦寐以求的一个美好愿望和憧憬，也是各时代各地区治国理政者们所追求的理想和目标。

比如，中国自古代社会以来，就不仅产生了"以和为贵、和而不同、和实生物"的思想和理念，而且提出了许多有关和谐社会的不同设想。关于和谐的思想，早在《左传·襄》中，就已有"八年之中，九合诸侯，如乐之和，无所和谐"的记述；西周末年时期的周太史伯也已提出了"和实生物、同则不继"的思想主张；对和谐社会的设想，就更为丰富了，有道家代表人物老子和庄子为人们描绘了一个"纯粹自然人"组成的"人与自然相统一"的和谐社会；有儒家代表孔子为人们设想了一个君臣父子有序、人人各安其位、和而不同、"均无贫，和无寡，安无倾"的"老者安之，朋友信之，少者怀之"的理想社会；儒家代表荀子所声称的和谐社会，是一个以"贵贵、尊尊、贤贤、老老、长长"作为"义之伦、礼之序"的标准，并得到全体社会成员的认同和遵守的社会，就是一个和谐的社会；还有墨家墨子为人们设想的"天下大同"理想社会；中国佛家以"缘起性空"和"追求圆融"为其核心要义，主张顺应缘起法则，正确对待人的身心关系、人我关系和物我关系，实现种种关系的和谐、平衡，以达至一种圆融的和谐状态；还有陶渊明为人们所描绘的"世外桃源"，以及明清以来中国思想家、学者、政治家、革命家为人们所设想的理想社会，包括程朱理学所创设的"天人合一、心物一体"的和谐状态，近代学者的"大同社会"设想，孙中山先生的"三民主义"社会理想等，都蕴含着非常深刻的意义，有着很大的价值。

实际上，不仅中国有着丰富的和谐思想和美好的和谐社会构想，西方社会也同样有着大量的有关和谐的理念与和谐社会的设想。比如，古希腊时期的毕达哥拉斯就提出了"美在和谐"的思想，柏拉图为人们设想了一个美丽的"理想国"，亚里士多德设想了"有政治秩序的社会"，中世纪的经院哲学家们为人们创设了一个人神和谐的"上帝之城"，还有西方近代以来众多思想家们对和谐社会的探索和实践，包括托马斯·莫尔的"乌托邦"，卢梭的人人平等和民主的社会，托克维尔的"平等、自由的民主社会"，圣西门的空想社会主义实践，孔德的一个人人相爱、有秩序和进步的人道宗教社会，以及马克思、恩格斯对社会主义和共产主义的探索，都为今天的人们开展和谐社会提供了非常可贵的思想源泉。

这种对美好和谐社会的向往与憧憬，对于生活在今天物质文化高度发达的现代社会的人们来说，并没有比过去传统社会中的人们有丝毫的减弱和逊色，而同样依然是那么强烈和执着。只不过，现代社会的人们对和谐社会标准的认可与过去人们对和谐社会的设想有所不同，建设和谐社会的背景和现实条件也发生了变化，实现社会和谐的途径、方法也有所差异。那么，今天的人们是如何去理解和谐社会呢？今天的人们所设想的和谐社会又是什么呢？

在《中共中央关于建设社会主义和谐社会若干重大问题的决定》（以下简称《决定》）中，明确把社会主义和谐社会描述为一个"民主法治、公平正义、诚信友爱、充满活力、安定有序、人与自然相和谐"的社会。由此可知，社会和谐不仅是中国社会主义社会的本质属性，也是中国共产党人为之追求奋斗的理想和目标。

二 理论基础

本研究以宗教与社会的共存互构理论为主线，在融合系统理论、生态系统理论、宗教要素论、宗教功能论、宗教三色组织理论和现代治理理论等理论的基础上，展开对宗教与社会关系的探讨。

1. 宗教与社会的共存互构

系统理论认为，任何一个事物都是一个系统，都是一个整体；因此，宗教和社会作为一种客观的社会存在，同样都是一个系统，即宗教是一个系统，社会也是一个系统。系统理论还主张，任何一个系统都是由诸多相互依赖的要素共同构成的一个整体，每一个要素不仅缺一不可，而且各自相互依存、相互依赖、相互作用和相互影响，每一个要素在整个系统中扮演不同的角色，担当不同的功能；其中任何一个要素的变化，都会对整个系统构成影响，从而使得系统保持着一种动态的平衡；同时，每一个大系统都是由若干层次的小系统构成，小系统又是由若干更微小的次小系统构成。各系统既相互独立，又相互依存和作用，它们之间既保持着一定的边界，又具有同构性和相似性。

在系统理论看来，人类社会就是一个大系统，这个大系统由很多分支系统构成，不仅有动力系统、激励系统、维持系统、控制系统等，也有政治系统、经济系统、文化系统、宗教系统等。整个社会就是一个由若干功能上相互依赖的次系统构成的庞大复杂的大系统。

宗教系统作为社会大系统的一个分支系统，不仅是社会系统不可缺少的组成部分，而且与社会系统共生、共存和共变，并相互建构和形塑对方。笔者把这种关系称为共存互构关系，即在宗教伴随着人类社会的出现而产生后，宗教与社会就共存于社会当中，两者相互依存、互相影响、相互作用、相互调适、相互建构、相互形塑；也就是说，社会的结构、功能、内容、形式和运行会对宗教的结构、功能、内容、形式和运行产生影响,而宗教的结构、功能、内容、形式和运行也会对社会的结构、功能、内容、形式和运行产生作用;同时,社会的变迁会引发宗教的变化,而宗教的变化也会引起社会的变革;当社会发生变化后,宗教为了在社会中生存下去,就会根据社会的要求来主动调整自己;同样,当宗教发生变化后,社会为了维护自身的秩序,也会自觉调适自己,接受宗教的变化,并为宗教的存在和发展提供相应的社会环境。

当然,宗教的共生、共存、共变和互构不是绝对的和无条件的,而是受时空条件和环境的影响与制约,即宗教与社会之间的共存互构存在着一定的张力和博弈,这种张力和博弈的强度大小决定了两者之间是一种生态的共存互构还是一种非生态的共存互构。假如两者张力和博弈适度,双方就处于生态的共存互构,此时,社会与宗教是一种良性互动、协调发展的关系,社会为宗教的生存发展提供生态的社会环境,而宗教社会功能的发挥亦处于正常状态;当两者张力和博弈不适度,不管是社会张力强于宗教,或宗教的张力强于社会,都不利于生态共存互构关系的形成。这里也存在两种情形,一种是张力较强,但仍处于双方可以忍受的范围内,此时宗教与社会是一种中性互动和模糊发展的关系,社会为宗教的生存发展提供一种紧张压抑的社会环境,而宗教社会功能的发挥也处于紊乱状态;另一种是张力过强,超出双方可以承受的限度,此时宗教与社会是一种恶性互动和畸形发展的关系,社会为宗教提供的是一种冲突斗争的社会环境,而宗教社会功能的发挥也处于畸形变异状态。

由此可知,要使宗教与社会的共存互构关系保持在良好的生态状态,关键是保持两者之间的适度张力和博弈。而要保持这种张力和博弈的适度,不仅需要实行政教分离,还需正确认识宗教与社会及其两者的关系,正确处理两者的关系。

2. 宗教要素论和宗教功能论

宗教系统论主张,宗教是由一系列功能上相互依赖的要素组成的一个有机整体,在这个整体中,各要素扮演着不同的角色,承担着不同的功能,共同维系着宗教这个系统的正常运行。宗教系统究竟由哪些主要要素构成,宗教系统究竟具有什么功能呢?

(1) 宗教要素

宗教的基本要素是指构成宗教这一事物所必需的基本因素。对此，有学者持"二要素说"，如日本学者岸本英夫认为意识和行为是宗教的基本要素；有学者持"三要素说"，如段德智认为意识、行为、组织为宗教的基本要素；有学者持"五要素及以上说"，比如，[苏]约·阿·克雷维列夫认为宗教是由仪式、信仰、观念、情感体验、道德规范五个要素构成，我国学者陈荣富主张宗教由对超人间力量的盲目信仰、宗教礼仪、宗教情感、宗教组织与神职人员、崇拜场所和道德规范等六个要素构成；更多的学者持"四要素说"，比如吕大吉认为，宗教的要素可以分为内在因素和外在因素；其中，宗教的观念或思想和宗教感情或体验为宗教的内在要素；宗教的行为或活动和宗教的组织和制度为宗教的外在因素，一个成型的宗教是四种因素的综合[①]；陈麟书等学者认为，宗教是一种特殊的社会实体，它由宗教意识、宗教组织、宗教礼仪和宗教器物四个基本要素构成[②]；王晓朝也认为一种成熟形态的宗教由宗教意识、宗教组织、宗教礼仪和宗教器物等四个基本要素构成[③]；孙尚扬主张易为学者们共同接受的宗教的构成要素是宗教信仰、宗教仪式、宗教经验和宗教群体与组织[④]。结合上述学者的观点和现代宗教的近况，笔者认为，宗教应该具有五个基本要素，分别是宗教信念与思想、宗教情感与体验、宗教道德与规范、宗教群体与组织、宗教行为与礼仪。从整体来看，宗教的信念思想、情感体验和道德规范更多地表现为内在性、非实体性、无形性，而宗教的群体、组织、行为、仪式更多地表现为外在性、实体性、有形性。这几大要素相互依存，相互作用，共存于宗教系统中。

(2) 宗教功能

对宗教功能的探讨，已有不少学科不少学者在很早时期里就对宗教功能做过仔细而深入的研究，积累了大量的丰富的研究成果，因而今天

[①] 吕大吉：《宗教学通论新编》，中国社会科学出版社1998（2004.5重印）年版，第78页。
[②] 陈麟书、陈霞主编：《宗教学原理》，宗教文化出版社2002年版，第74页。
[③] 王晓朝：《宗教学基础十五讲》，北京大学出版社2003年版，第187页。
[④] 孙尚扬：《宗教社会学》，北京大学出版社2003年版，第75—83页。

来讨论这个话题，已是一个旧话题，但由于宗教功能的"复杂性、多样性和可变性"，使得对宗教功能的研究常会有一些新的发现，会有一些新颖的观点出来，而使人们耳目一新，因而又是新主题。

纵观中外学术历程，从功能视角来研究宗教，可以说始于社会学，成熟于人类学，而后又集大成于社会学。众所周知，社会学界的孔德和斯宾塞开创了社会科学功能主义范式的先河（尔后对社会学和人类学产生了深远的影响），在他们的影响下，较早运用功能主义来分析宗教现象的，当属法国学者菲斯泰尔·德·库朗热，（Fustel de coulanges，又译为库兰兹或库兰格斯）和英国宗教学者罗伯特森·史密斯（Robertson Smith）。

库朗热在其1864年的《古代城市》一书中，通过对翔实史料的考察分析，认为宗教在维系古希腊罗马城邦国家中起到重要作用，古罗马城邦社会的形成和衰落与各邦多种独立的宗教信仰的兴衰有关系，单一信仰取代了多元信仰，城邦也被帝国所取代。库朗热的学术思想对其学生迪尔凯姆产生了很大的影响；还有一位对迪尔凯姆有影响的是英国学者罗伯特森·史密斯（Robertson Smith，1846—1894），他通过对阿拉伯地区闪米特宗教的社会集体视角分析，认为闪米特人的图腾崇拜、献祭行为和宗教礼仪，其目的在于"恢复和加强人与神的联系，加强社会复合体的联系"[①]。

在两位学者的思想熏陶和影响下，迪尔凯姆的宗教社会功能思想和宗教社会学的基础理论得以孕育成形。在迪尔凯姆看来，所有宗教的本质可以归结为两个基本范畴，一是信仰，一是仪式；而且一切宗教信仰，也都具有把世间事物划分为"神圣和世俗"两个对立的群属的特征；在《宗教生活的基本形式》中，迪尔凯姆认为，"原始社会中的图腾制度下崇拜的图腾（以及后来的'天主'之类的神灵）不过是人们出于信念而崇拜的社会集体的变形，或者说是变了形的社会本身，同时，他还指出，最原始的宗教——图腾崇拜和宗教仪式具有群体整合、社会控制、心理调适和个体社会化的功能"。

受迪尔凯姆的影响，布罗尼斯拉夫·马林诺斯基（Bronislaw Mali-

[①] 吕大吉：《西方宗教学说史》，中国社会科学出版社1998年版，第630—631页。

nowski，1884—1942 年）和拉德克里夫·布朗开创了从人类学视角运用功能主义分析研究宗教的先河，也使得功能主义人类学理论得以初步确立。马氏的宗教功能思想主要在他的《西太平洋之航海者》《巫术、科学与宗教》《文化论》等著作中体现。马氏认为，宗教的基础植根在"人的生物性"本能"需要"①，这就决定了宗教的基本功能，它不仅提供了人类维系人与人之间相互关系所必需的道德力量，还解救了人类在死亡面前恐惧的情感危机，从而使"人类的生活和行为神圣化，使个人精神得到完整，使整个社会得到完整"②，一句话，"宗教所尽的使命，乃是保障了传统与文化，来战胜失败了的本能只在消极一面的反应"③，可见，宗教是对人类生物性本能需要的一种回应，是人类生活的一种手段。吕大吉先生认为，马林诺斯基的宗教功能分析是一种静态的分析，只适用于像原始社会这样的单一的群体社会中，不适用于多种宗教信仰并存的复杂变化的社会中。

另一个被认为是人类学功能主义学派的开创者当属拉德克里夫·布朗（A. R. Radeliffe-Brown，1881—1955），他的主要作品有《安达曼群岛》（1922）、《禁忌》和《宗教与社会》（1945）。布朗通过对太平洋岛屿上的安达曼岛民和澳大利亚土著居民的调查，承继了迪尔凯姆有关宗教功能的思想，认为没有宗教信仰和仪式，一种社会秩序是难以建立和维系的，宗教信仰和各种宗教仪式都是社会体制的构成要素，对人类社会的秩序生活所必需的能够控制其成员相互行为的情感具有培育和维持的价值。

马氏和布朗在人类学领域对功能主义创造性的继承和发展，对宗教功能的分析做出了不可磨灭的贡献；同时，也使得功能主义在他们的推动下逐渐影响到整个社会科学领域。在他们之后，或者是由于关注宗教的学者们在较长一段时期内将注意力转移到"经验材料的收集和分析

---

① [英]马林诺斯基：《文化论》，费孝通等译，中国民间文艺出版社 1987 年版，第 78 页。

② [英]马林诺斯基：《巫术、科学、宗教与神话》，李安宅译，中国民间文艺出版社 1986 年版，第 34 页。

③ 同上书，第 35 页。

上，而不是去构建某种新的理论模式"①；或者是由于20世纪20—40年代宗教社会学的停滞发展，使得宗教社会学在这一段时期没有出现什么起推动性作用的学者和成果；不过，埃文斯·普理查德的《阿赞德人的魔法·神谕·巫术》被视为"为下一阶段的理论发展奠定基础"②的著作。

马氏和布朗的人类学功能主义理论不仅培育出一批优秀的人类学家，还对社会学领域产生了重要影响。美国社会学家帕森斯（T·Parsons）就是在此种理论影响下成长为功能主义社会学的集大成者，从而把社会学和宗教社会学推向一个新的发展阶段。在他的《社会行动的结构》（1937）中，帕森斯指出，"整个社会学的研究对象就是社会体系中占首要地位的功能方面，即研究与这一体系的整体化有关的结构和过程"③；而在这社会体系整体化过程中，"模式维持体系"具有独特的作用，而宗教及其价值体系在模式维持体系中又起到决定性作用；"……而这个合理化必须依赖于宗教，当然，在复杂的社会中，除了宗教之外，还存在着很多处于较低层次的法则"④；接着，帕森斯不同意迪尔凯姆把"宗教简单归结于社会本身"，并明确提出宗教具有"使道德的价值、情感和行为体系的规范具有了认识上的意义，平衡了合理地期待行为后果与实际能看到的结果之间的差异"⑤的功能。

帕森斯的宗教社会学理论在美国影响很大，激发了许多具体的研究，出现了一批致力于宗教社会学研究的优秀学者，如默顿、奥戴等。帕森斯的学生默顿不完全赞同其老师的观点，认为宗教不仅仅有正功能和显功能，还有"负功能和潜功能"，从而进一步地完善功能理论；奥戴·托马斯在此基础上，又具体提出了宗教的六大正功能和六大负功能。

默顿在帕森斯研究的基础上，进一步指出，宗教不仅具有积极和正面的功能，宗教还具有消极、负面的功能，从而将宗教功能的研究往前

---

① 吕大吉：《西方宗教学说史》，中国社会科学出版社，第687页。
② [美] 帕森斯：《美国社会学》英文版，第368页；此处转引自吕大吉著《西方宗教学说史》，中国社会科学出版社，第687页。
③ 同上。
④ 同上。
⑤ 同上。

推进一大步。但对宗教功能的分析并没有就此停步。在默顿之后，新功能主义和系统功能主义的代表亚历山大和卢曼又对功能主义进行了发展。可见，对宗教功能的研究不但有价值，而且还将继续下去。功能主义在中国人类学界的基础扎实而且源远流长。"近年来西方社会学界新功能主义者对原功能主义的扬弃，使得这一理论呈现出复兴的态势，显示了这一理论强大的生命力"①。

西方宗教社会学者近几十年来从不同角度和立场对宗教的相关问题做了自己的研究，我国宗教学者对这种发展尚未有全面深入的了解，必须补上这一课。

中国宗教学者对宗教功能的研究，也在西方学者的影响下有所涉猎和成就，受篇幅的限制，在本部分中重点介绍最近几十年来对宗教功能研究比较有影响和系统的几位学者的观点。他们主要是吕大吉、陈麟书、戴康生、王晓朝等。

吕大吉认为，"宗教是一种社会文化形式，具有社会文化功能，包括宗教对社会经济生活、政治都有作用和影响"②。陈麟书主张，宗教功能可以分为"神圣性功能和世俗性功能，神圣性功能包括社会认同功能、群体整合功能、行为规范功能、心理消解功能、情操美育功能；而世俗性功能包括政治、经济和文化功能"③。王晓朝认为，宗教具有"社会整合与控制功能、社会心理调节功能、社会化与交往功能，而且这些功能具有二重性"④。戴康生、彭耀则认为："宗教是社会一个子系统，具有正负两种功能；宗教有七大正功能，分别是心理调适、社会整合、社会控制、个体社会化、认同功能、文化功能、交往功能等方面；宗教也有七种负功能，包括使人相信宿命，消极对待或逃避现实；易使人形成保守观念，有碍社会变革进行；导致偏离行为，促使社会解体；促进个体社会化的同时，也有负面效应；阻碍新的认同感的产生，易导致冲突和民族冲突；有反科学、反异教艺术的倾向，遏止文化艺术的自由；交往背

---

① [美]乔纳森·特纳：《社会学理论的结构》，邱泽奇等译，华夏出版社2001年版，第45—80页。
② 吕大吉主编：《宗教学纲要》，高等教育出版社2003年版，第253—285页。
③ 陈麟书、陈霞：《宗教学原理》（修订版），宗教文化出版社2002年版，第108—139页。
④ 王晓朝：《宗教学基础十五讲》，北京大学出版社2003年版，第222—240页。

后的负功能"。① 卓新平认为，宗教具有四大功能，即"社会整合功能、社会控制功能、群体或个体的心理调适功能以及文化交往功能"②。此外，还有不少学者从宗教的社会作用来讨论宗教的社会功能，在此不再详述。

结合众多学者的研究成果，笔者在既考虑宗教的正负功能，又关注宗教的神圣与世俗功能；既兼顾到宗教的显功能和潜功能，又不忽略宗教功能内在的逻辑性的基础上，将宗教功能归纳为认同与排斥功能、整合与分化功能、控制与失序功能、心理调节与精神慰藉功能、社会化与宗教化功能、交往与渗透功能、政治与经济功能、文化与道德功能、社会服务与社会关怀功能、自然生态调适与改造功能等十大功能。每一种功能中都包含正功能和显功能的一面，也蕴含负功能和潜功能的一面。这十种功能基本上涵盖了当前已有的宗教功能的研究成果，也体现了一些学者的宗教功能复杂性、可变性的观点。笔者将在后面的内容中从宗教的十大功能角度来谈谈与和谐社会建设的关系。

本研究除了受上述理论的指导外，还涉及宗教三色群体组织理论和现代治理理论，由于这些理论与后面的内容联系较紧密，故置在后面相关内容进行阐述，在此不再另述。

第五节　研究文献综述

宗教与人类社会有着非常深厚的历史渊源关系，通过考究，大多数学者倾向于认同宗教产生于人类社会的原始时代。千百年来，人们从不同的路径展开对宗教的思考和研究，产生了许多观点，形成了众多学派，也积累了大量的文献资料，对此进行深入的分析和探讨，具有十分重要的意义和价值。

一　国外研究综述

研究发现，西方学者对宗教与社会及其建设关系的论述资料庞杂，

---

① 戴康生、彭耀主编：《宗教社会学》，社会科学文献出版社2007年版，第127—149页。
② 卓新平：《宗教对社会的作用》，中国宗教学术网，http://iwr.cass.cn/zjyzz/201207/t20120706_10970.htm，2016—7—6。

而且观点众多，学派林立。为此，为了能把西方社会关于宗教与社会及其建设关系的论述给厘清，笔者尝试采取学科视角与理论视角相结合的思路展开论述。而从学科视角来看，真正意义上的宗教学的创建始于麦克斯·缪勒。因此，学科视角下的宗教与社会及其建设关系的论述就从麦克斯·缪勒展开。受篇幅和资料收集的制约，笔者仅重点讨论宗教比较语言学、宗教人类学、宗教社会学和宗教心理学等几个学科观点，对其他学科视角，如宗教现象学、宗教史学等会略有涉及；而理论视角，重点分析五个理论流派的观点，即宗教进化论、宗教退化论、宗教功能论、宗教冲突论和宗教补偿论。

1. 西方宗教学的创立

吕大吉提出，大体上，宗教学或比较宗教学只是一种宗教学术研究中的一种新的态度和方法。它主要的特点是要求对世界上各种宗教持一种理智性的态度，用历史的、批判的、比较的方法对宗教进行研究和考查。但这并不意味着持这种态度和方法的学者在世界观和宗教观上持同一的立场。事实上，宗教学者在世界观和宗教观上的立场是多种多样的，"有些人具有浓厚的护教色彩，有些人具有明显的无神论倾向，更多人则标榜在宗教信仰与无神论之间的客观主义和中立主义，表现为实证主义的宗教怀疑论和不可知论"[1]。比较宗教学形成时期的一个重要特征，就是"力图用历史发展或历史进化的概念去统一把握世界历史上的各种宗教，把它们纳入一个历史演化的序列和过程之中"[2]。

麦克斯·缪勒（Friedrich Max Muller，1823—1900）被公认为宗教学的奠基人，在于他把比较语言学的方法推广应用到神话和宗教研究中来，为宗教学体系的建立提供了一套新的理论和方法。1870年2月至3月，麦克斯·缪勒在为《宗教学导论》的四次讲演中，第一次使用"宗教学"这个概念，并试图把宗教研究变成一门科学。他认为，宗教学的研究同语言学的研究是一样的，"只懂一种宗教的人，其实什么宗教也不懂"；他还认为，宗教学的研究方法只能是"比较"，即把一切宗教放在平等的

---

[1] 吕大吉：《西方宗教学说史》，中国社会科学出版社1994（2005.9重印）年版，第521页。

[2] 同上书，第524页。

并列位置上进行比较,发现它们之间的关系,寻找各自的特殊性和类别的共同性。他不仅提出了宗教学的比较研究方法,还实际应用这个方法对人类各种宗教进行了比较性研究,提出了独特的宗教分类图式——语言学的宗教分类;同时,对宗教的本质、起源和发展,麦克斯·缪勒也做了深入的探讨。在《宗教学导论》中,他这样界定宗教:"我们所谓的宗教并不是基督教的宗教或犹太人的宗教,而是指一种心理能力或倾向,它与感觉和理性无关,但它使人感到有'无限者'的存在,于是神有了各种不同的名称,各种不同的形象。没有这种信仰的能力,就不可能有宗教,连最低级的偶像崇拜或物神崇拜也不可能有。"[1] 后来,在1878年,他在其《宗教的起源和发展——以印度宗教为例》中坚持认为,"宗教的本质就是'领悟无限者的主观本能',是对无限者的主观体认"[2]。这个无限者就是宗教信仰的"神灵","一切宗教的基本要素之一,就是承认有神灵的存在,那既不是感性所能领悟的,也不是理性所能理解的"[3]。在麦克斯·缪勒看来,对无限者的体认,乃是一切宗教赖以建立的基础,对无限者的渴望乃是宗教的起点和动力。

"无论什么地方的宗教,它的意图总是神圣的。一个宗教,无论多么不完善,无论多么稚气,它总是把人的灵魂放置在神的面前;一个关于神的观念,无论多么不完善,无论多么稚气,它总是代表当时的人在心灵上所能达到和掌握的关于完美境界的最高理想。宗教使人的心灵面对这最高的理想,使心灵升高,超过一般的美德标准,最终使人们渴望一种更高尚的和更美好的生活——沐浴神之光辉的生活。"[4]

在这里,麦克斯·缪勒认为,宗教信仰的最高理想能使人的心灵追求更高的理想,使人的心灵得以升华,并且成为人们生活的美德标准和规范,而引导人们走向更高尚和更美好的生活,或者说使信仰宗教者的

---

[1] [英]麦克斯·缪勒:《宗教学导论》,陈观胜、李培茱译,上海人民出版社1989年版,第11—12页。

[2] 吕大吉:《西方宗教学说史》,中国社会科学出版社1994(2005.9重印)年版,第548页。

[3] [英]麦克斯·缪勒:《宗教学导论》,陈观胜、李培茱译,上海人民出版社1989年版,第16页。

[4] 同上书,第129页。

生活更美好和更高尚，这是一般社会规范所不能起到的作用。这就是麦克斯·缪勒所认同的宗教信仰的价值和作用。一句话，宗教信仰使人生活得更有理想、更美好和更有意义。

"是什么东西造就一个民族？……形成民族的是语言和宗教这两个因素，而宗教比语言的力量要大，这种高级的感情是通过共同崇拜同一个神或几个神才产生出来的，在任何情况下，这种感情都可以因此而得到加强。"① 他说谢林和黑格尔也认同他这个观点。谢林说："一个民族，只有当它能从自己的神话上判断自身为民族时才能成其为民族"②。作为谢林的大对头黑格尔也在《历史哲学》中写道："神的观念是民族形成的基础，宗教的形式怎样，国家及其组织的形式就怎样，因为国家是从宗教中产生出来的，雅典人和罗马人之所以有自己的国家，只不过是因为这两个民族各有自己的宗教。"③

因此，麦克斯·缪勒指出，宗教学的任务就是研究一切现存的和已经逝去的宗教，研究它们究竟是如何体认无限的，通过这种研究来深入洞察宗教的本性、人的本性和人类思想的本性。在麦克斯·缪勒的启示和引导下，一些学者尝试着从各自的经验和专业视角开展对宗教的研究，由此而有了宗教人类学、宗教社会学、宗教心理学等分支学科。

2. 学科视角下宗教与社会及其建设关系论述

在麦克斯·缪勒正式创立宗教学之前，实际上一些学者已经尝试着从学科视角（比如人类学之父泰勒，社会学之父孔德）展开对宗教与社会及其建设关系的探索，这些学者被视为其学科的开创人，也是宗教学分支学科的先驱者。鉴于多方面考虑，这里重点讨论宗教人类学、宗教社会学和宗教心理学等宗教学分支学科对宗教与社会及其建设关系的讨论，偶尔可能会旁及宗教哲学、宗教史学等领域。

（1）宗教人类学的论述

宗教人类学作为比较宗教研究的一个重要理论和方法率先在欧美国

---

① 〔英〕麦克斯·缪勒：《宗教学导论》，陈观胜、李培茱译，上海人民出版社1989年版，第61—62页。
② 同上书，第62页。
③ 同上。

家出现,它的奠基者就是被学术界尊为"人类学之父"的泰勒。爱德华·伯尼特·泰勒(Edward Burned Tylor,1832—1917),出身于英国一个教友派世家,因结识了从事考古学和民族学的研究者亨利·克里斯蒂而进入人类学领域。在泰勒看来,人类学的研究应该从各民族文化生活中的"遗留物"入手,通过因果的同一性或一致性的原则进行类比,推知其产生的原因和发展的过程,遗存物是人类进化过程中遗留下来的诸如仪式、习俗、观点等文化要素或社会要素,就宗教学而言,就是"宗教的要素"[1]。

在《原始文化》中,泰勒认为,"一切宗教,……它的最深层、最根本的根据是对'灵魂'或'精灵'的信仰,万物有灵崇拜乃是一切宗教崇拜的最终根源"[2];"充分发展起来的万物有灵观就包括了信奉灵魂和未来的生活,信奉主管神和附属神,宗教的一个极为重要的因素是道德因素。相信灵魂的存在就会产生关于死后灵魂存在的学说,产生对未来生活的信仰。在较文明的民族中,灵魂转生观念已进入道德系统的因果报应中"[3]。泰勒认为,宗教信仰的一个非常重要的作用是起到道德维护的作用,而且,他还认为,信仰宗教和相信灵魂不死和因果报应有助于人们对未来生活产生希望。

威廉·罗伯特逊·史密斯(William Robertson Smith,1846—1894)认为:"仪式与实际的运用就是古代宗教的综合。宗教的实践先于宗教的教义,不仅宗教如此,政治也是如此。"[4]"原始时代的宗教是一套固定的传统活动,社会中的每一位成员都要将之作为一种程序而遵从它。在我们这些现代人看来,宗教首先是个人的信念,是得到过论证的信仰的问题。然而,对于古代人而言,它是公民公共生活的一个部分,……不信奉宗教,就是对国家的冒犯;因为,如果神圣的传统被篡改,社会的基础就会随之被削弱,众神的恩宠就会丧失。……人并没有选择自己的宗

---

[1] 吕大吉:《西方宗教学说史》,中国社会科学出版社1994(2005.9重印)年版,第561—562页。
[2] [英]泰勒:《原始文化》,连树声译,上海文艺出版社1992年版,第416页。
[3] 孙亦平主编:《西方宗教学名著提要》,江西人民出版社2002年版,第56页。
[4] 此处转引自[意]罗伯托·希普里·阿尼著《宗教社会学史》,劳拉·费拉罗迪英译;高师宁译;何光沪校,中国人民大学出版社2005年版,第47页。

教，也没有为自己设计宗教；对人而言，宗教是作为社会责任与义务的一般程序的组成部分，当然也是作为一个问题而强加给个人的……宗教的存在，不是为了拯救灵魂，而是为了社会的维系与安宁。"[1] 从中可知，史密斯认为古代人信仰宗教是公共生活的一个部分，是一种必需的社会责任和义务，个人没有选择信还是不信的自由和权利，也没有任何理由去批判或否定或去怀疑它，因为宗教是为了社会的维系和安宁而存在，不信奉宗教被视为是对国家的冒犯，因为会削弱社会的基础。而到了现代人那里，宗教是为了拯救个人的灵魂而存在，信奉宗教是出于个人的一种信念，与责任义务没有关系，这是个人的自由。从某种意义上讲，我们现代人或许忽视宗教在维护社会基础方面的作用。史密斯还说："宗教并不是个人与超自然力的任意关联，而是一个团体的所有成员与一种力量的关联，这种力量从最深处有利于该团体，它保护该团体的法律和道德秩序。"[2] 在这里，史密斯认识到，宗教具有保护信奉群体的法律和道德秩序的功能，即宗教具有社会规范的功能。这一点，后来在迪尔凯姆那里得到进一步明晰的论述。

英国人类学家詹姆斯·乔治·弗雷泽（James George Frazer，1854—1941），在《金枝》中将人类的进化分为巫术、宗教，然后是科学三个时期。他这样写道："宗教是对被认为能够指导和控制自然与人生进程的超人力量的迎合或抚慰。这样说来，宗教包含了理论和实践两大部分，那就是：对超人力量的信仰以及讨其欢心、使其息怒的种种企图。在这两者中，显然信仰在先，因为必须相信神的存在才会想要取悦于神。"[3] 由此可知，弗雷泽主张宗教具有抚慰的功能。虽然弗雷泽对巫术和宗教持否定态度，但他在论述巫术、宗教与科学的关系上，弗雷泽还是"不否定巫术在原始人生活中的作用，也不否定它在人类思维发展和知识追求

---

[1] 此处转引自［意］罗伯托·希普里·阿尼著《宗教社会学史》，劳拉·费拉罗迪英译；高师宁译；何光沪校，中国人民大学出版社 2005 年版，第 49—50 页。
[2] 同上书，第 50 页。
[3] ［英］詹姆斯·乔治·弗雷泽：《金枝》，徐育英、汪培基、张泽石译，中国民间文艺出版社 1987 年版，第 46 页。

中的意义,肯定原始时代的巫师对人类产生过不可估量的好处"①,认为"他们不仅是内外科医生的直接前辈,也是自然科学各个分支的科学家和发明家的直接前辈"。② 在《图腾崇拜》中,弗雷泽还认为:"图腾崇拜既是一种宗教体系,也是一种社会体系。就其宗教方面而言,它是由人与其图腾之间相互尊重与相互保护的关系组成的;就其社会方面而言,它包含了同族人相互间的关系以及和外族人之间的关系——人与其图腾之间的这种联系互利互惠;图腾保护人,人则以各种不同的方式来表示他对图腾的尊重,如果图腾是动物便不杀之,如果是植物便不砍伐或者采集之……"③ 从这里可以看出,弗雷泽认为,图腾崇拜对图腾崇拜者具有一定的约束力量,同时,还起到维护人与图腾、同族人之间以及和外族人之间的关系。因而,一旦某种动物或植物被视为一个族的图腾,就可以避免被杀害或被砍伐和采集,从现代意义来讲,具有保护某种动植物的作用,无意中保护了生态环境。

作为泰勒的门徒和继承人,罗伯特·拉努尔夫·马雷特(Robert Ranulph Marett,1866—1943),在继承泰勒人类学基本路线的同时,却对泰勒的万物有灵论做了一些修正,提出了"前万物有灵论"的概念,认为"原始人产生宗教观念的心理基础不是基于理智的分析,而是情绪的感受;原始人的宗教感受以及由此而生的宗教崇拜行动,并不是开始于原始哲学家形成的灵魂观念或精灵观念,而是发端于当原始人面对周围世界中某种非人性的、可怕的力量和权能时自发产生的对它们的敬畏感、神奇感和恐惧感"④。这种被原始人视为神奇的"力"是非人格的,可以附着于个人之上,也可以附着于任何对象之上。这种"力"被称为"玛纳",马雷特的"前万物有灵论"也称为"玛纳论"。在马雷特看来,"宗教代表着心灵的某种混合的具体状态,种种情绪和观念乃是行动的直

---

① 吕大吉:《西方宗教学说史》,中国社会科学出版社1994(2005.9重印)年版,第599页。

② [英]詹姆斯·乔治·弗雷泽:《金枝》,徐育英、汪培基、张泽石译,中国民间文艺出版社1987年版,第95页。

③ 此处转引自[意]罗伯托·希普里·阿尼《宗教社会学史》,劳拉·费拉罗迪英译;高师宁译;何光沪校,中国人民大学出版社2005年版,第54页。

④ 吕大吉:《西方宗教学说史》,中国社会科学出版社1994(2005.9重印)年版,第611页。

接兴奋剂";"宗教更多的是用舞蹈,而不是用思想来表现,是原始人在面对某种'神奇'的超自然的物或力时产生的恐惧、敬畏、惊奇、赞叹之类宗教的感受或直觉作为其行为的直接动因的"①。马雷特把原始人的这种感情和感受称为"超自然状态",他所谓的宗教也就是由于原始人对玛纳力的感受以及随之而做出的禁忌规定,因而,马雷特认为,玛纳加禁忌就是宗教的最低限度定义。

针对泰勒等人高扬宗教进化论,把人类宗教的起源归结为原始时代野蛮人的谬想、而高级宗教的伟大神灵和上帝不过是精灵鬼怪的进化的时候,宗教人类学的学者队伍中却出现了反对宗教进化论的"宗教退化论"主张,持这些主张的学者有泰勒的弟子之一安德烈·兰格和天主教神父威廉·施密特。

作为泰勒学派中的安德烈·兰格(Andrew Lang,1844—1912),起初一直是泰勒宗教进化论和万物有灵论的虔诚信徒。但是后来,他已意识到宗教起源问题的极端复杂性,并不打算建立自己的宗教起源论,而转向研究澳大利亚的图腾崇拜,开始对宗教进化论产生怀疑。在1898年出版的《宗教的形成》中,兰格批评万物有灵论把上帝归结为精灵观念发展而来的说法,指出"最原始的种族已有某种至上神、神圣统治者和造物主的观念,这种观念不是从较高的宗教和文化中传入的。至上神不是从祖先亡灵崇拜和万物有灵崇拜进化而来。在他看来,在相信至上神的原始民族中,已把宗教和道德联系起来,把他们遵从的道德训诫视为至上神意志的表现,相信至上神通过赏善罚恶来监督人们的行为。因此,他认为在古代的宗教中,比较低级的神话信仰和比较高级的高位神信仰都存在,但他认为不能因此断定一种宗教是由另一种宗教产生出来的"②。在这里,兰格认为,宗教与道德具有内在联系,通过至上神赏善罚恶的意志来监督人们的行为,来规范人的行为,因而宗教起到道德的作用。兰格的理论一出现立即引起宗教进化论坚持者的警觉和怀疑,也受到了护教主义者和教会势力的欢迎。

---

① 吕大吉:《西方宗教学说史》,中国社会科学出版社1994(2005.9重印)年版,第611页。

② 同上书,第615页。

维也纳的天主教神父、宗教人类学学者威廉·施密特（William Schmidt 1868—1954）非常赞同这种理论并将其发展。在其《神的观念的起源》一书中，他主要提倡一种反宗教进化论的原始一神教，他不同意泰勒进化论路线的心理学分析方法，主张"文化—历史"方法；他反对泰勒的万物有灵论和其他人的图腾论等宗教进化论，主张人类一开始就信仰高级神的"原始一神教"，其他一切精灵、法术的、多神的宗教信仰乃是原始一神教的退化，因而施密特的理论被称为"宗教退化论"。施密特从文化—历史的分析方法入手，把全部人类文化划分为原始文化、初期文化和二期文化三个阶段，原始文化中的至上神，并非如某些学者所了解的是多神教系统中的高位神，而是一神教的至上神；崇拜这种至上神的宗教，是真正的一神教；他也承认，原始至上神后来也逐渐分化，以至演变退化，丧失其原始时代纯粹的一神的唯一性。因而，他得出结论，认为原始一神教是全人类宗教的开端，而原始人之所以产生"原始至上神"的观念，是来源于"上帝的原始启示"。由于他的理论与时代的科学精神太过于背道而驰，大多数学者对此持否定态度，认为他的原始一神论所依据的事实本身不可靠；后来，他对自己的主张有所保留。但也有学者，如迈耶表示，学术界不应忽视兰格、施密特提供的原始至上神的事实。

无论是"泰勒的万物有灵论、弗雷泽的巫术先行论、马雷特的前万物有灵论还是施密特的原始一神论"[1]，给人们留下一笔宝贵的思想资产，它告诉人们，研究宗教起源和发展，不是只有唯一的理论和方法；同时，也让人们明白，人类宗教起源方式和发展途径应该是多样化或多元化的，而不是单一化的。

英国著名的社会人类学家布罗尼斯拉夫·马林诺斯基（Bronislaw Malinowski，1884—1942），对西方人类学产生过重大的影响，不仅在于他的学术思想，还有他的人类学的实地调查研究方法。针对泰勒、弗雷泽等为代表的宗教学人类学路线专注于宗教的起源和发展问题研究，马林诺斯基转向侧重研究宗教的社会功能问题，他还一改弗雷泽等学者在书斋

---

[1] 吕大吉：《西方宗教学说史》，中国社会科学出版社 1994（2005.9 重印）年版，第 627 页。

中收集整理资料著书立说的方法，亲身来到太平洋岛屿上的原始部落民中进行长期的实地调查，以收集第一手资料为根据来展开理论研究，从而开拓人类学研究的新局面。在他的《巫术、科学与宗教》（1925）和《原始心理与神话》（1926）著作中，他不仅论述了巫术、宗教与科学的关系，还详细地论述了巫术、宗教的功能。就巫术、宗教与科学的关系，他认为，"科学作为理智的知识系统分属于世俗的领域；而巫术、宗教作为信仰系统，属于禁忌、神秘之圈的神圣领域"①。对巫术、宗教的功能，马林诺斯基论述的更为详细了。在他看来，"在个人方面，巫术可以增加自信，发展道德习惯，并且使人对于难题抱着积极应对的乐观信心与态度，于是即使处于危难关头，亦能保持或重作个性及人格调整。在社会方面，它是一种组织的力量，供给着自然的领袖，把社会生活引入规律与秩序，它可以发展先知先觉的能力，并且，因为它常和权势相连在一起，便成为任何社区中的一大保守的要素。所以，由发展社会风俗，巩固社区和文化的组织，而使变革与暴动不易发生，和使各种活动更有效率地进行，巫术就尽了一种重要的文化功能"②。马氏虽然认同宗教和巫术具有相同之处，但他也认为宗教与巫术也有不同的方面。两者相同之处在于，巫术和宗教都属于神圣领域，都是在身处生活困境而理智的经验没有出路的时候的一种选择。然而，巫术和宗教毕竟还是有差异，巫术士使用的技术，所有的动作乃是达到目的的手段，而宗教则是行为本身就是目的；在巫术中，人们认为只要使用某种诅咒或仪式便可产生某种结果，而在宗教信仰中，则以某种整个超自然界作为信仰对象，由此创造出各种各样的宗教神话来说明教义，创造出宇宙开创神话等故事，相比之下，巫术神话则不过是对巫术师的奇才异能的反复夸大而已，其内容和形式简单多了。马林诺斯基认为，宗教是和人类的基本需要有着内在联系，这就决定了宗教具有非常重要的社会功能。他说："宗教的办法，乃是采取积极的信条，安慰的见解，在文化上有价值的信念，使人相信永生，相信灵魂的单独存在，相信死后脱离肉体的生命。宗教给人

---

① ［英］马林诺斯基：《巫术、科学、宗教与神话》，李安宅译，中国民间文艺出版社1987年版，第74—75页。

② 同上书，第73页。

这样解救的信仰。"① 在马林诺斯基看来，宗教对于个人可以起到安慰个体的作用，使个人得到精神上的完整；对于群体和社会而言，宗教可以使一个群体的生活有序，让一个群体和社会以积极的力量去面对消极的反应，保障群体和社会的传统和文化，使整个群体和社会得到完整。他写道："宗教注意到自保本能的另一套势力，使因生的欲求而来的积极冲动得到圣化的作用，变得有条有理，于是人心乃得安慰，乃得精神上的完整。宗教又不但专使个人精神得到完整，同样也使整个社会得到完整。丧礼能使活人与尸体保持一种关系……；再有信仰使信灵的存在，……有了这些，宗教便可战胜恐惧、失望、灰心等离心力，而使受了威胁的群体生活得到最有力量的重新统协的机会，再接再厉的机会。简单一句话，宗教在这里所尽的使命，乃是保障了传统与文化，来战胜失败了的本能只在消极一面的反应。"②

马林诺斯基还认为，其他各种宗教形式也具有满足个人和社会深刻需要的作用；宗教还能够增强人类团结的凝聚力，这是因为宗教的信仰和仪式使人生的重要举动和社会契约公开化、传统化，并且打上超自然的印记。在《文化论》最后一段中，马林诺斯基继续高度肯定宗教的社会伦理和文化功能："宗教的需要，是出于人类文化的绵续，而这种文化绵续的涵义是：人类努力及人类关系必须打破鬼门关而继续存在。在它的伦理方面，宗教使人类的生活和行为神圣化，于是变为最强有力的一种社会控制。在它的信条方面，宗教予人以强大的团结力，使人能支配命运，并克服人生的苦恼。每个文化中都必然地有其宗教，因为知识使人有预见，而预见并不能克服命运的拨弄；又因为一生长期合作与互助，造成了人间的情操，而这情操便反抗着生离与死别；并且，再次和现实接触的结果都启示着：一种敌对的不可测的恶意与一种仁慈的神意并存着，对于前者必须战胜，对于后者则当亲善。文化对于宗教的需求虽然是衍生的和间接的，但宗教最后却是深深的生根于人类的基本需要，以

---

① ［英］马林诺斯基：《巫术、科学、宗教与神话》，李安宅译，中国民间文艺出版社 1987 年版，第 33 页。

② 同上书，第 34—35 页。

及这些需要在文化中得到满足的方法之上。"①

马林诺斯基对宗教的社会功能的全面肯定分析，若放在原始社会、置于一个静态的社会和单一宗教的群体社会来看待，那当然是正确的，是恰当合理不过了。但是，即使在原始社会，"原始宗教固结了部落社会的传统，把一切神圣化、标准化，给原始人以安定感、安全感；唯其如此，原始宗教也成了社会的制动器，思想的窒息剂，停滞了文化的发展和社会的进步。在原始社会向文明社会发展的关头，以及在历史上的一切社会变革时期，宗教都成了反对社会进步的保守因素"②。而且，马林诺斯基对宗教的社会功能分析，是一种静态的单一结构视角的分析，不适合于动态的社会和宗教，也不适合结构复杂下的社会和宗教。同时，"在一个单一的群体社会中，一个独一无二的宗教当然可以起到社会凝结剂的作用，但随着社会的发展，多种族、跨地区、跨文化的复杂社会形成了，这时，多种宗教信仰和多种仪式同时并存，它们之间势必互相排斥，互相竞争。在这种情况下，宗教在整个社会中所起的作用就不一定是团结作用，而有可能由于宗教的排他性而起到分裂作用"③。虽然马林诺斯基对宗教的功能分析具有一定的局限性，但不管如何，马林诺斯基首次从功能视角展开了对宗教的全面分析，不仅丰富了我们自宗教学创建以来宗教人类学者单纯从进化论视角探讨宗教的起源和发展对宗教的认识，也一改宗教人类学研究宗教的进化论路线，开拓了宗教研究的功能性领域，开辟了实地调查研究的风尚，对后来的人类学乃至其他学科研究起到了重要的推进作用。

与马林诺斯基同时被人们公认为是英国社会人类学功能主义学派的创始人——阿尔弗雷德·利基那尔德·拉德克里夫·布朗（A. R. Radeliffe-Brown，1881—1955），和马林诺斯基一样，不仅侧重于研究宗教的社会功能，而且也是通过对太平洋岛屿上的原始部落进行实地考察来建构自己的理论。在《原始社会的结构与功能》中，布朗把宗教视为社

---

① ［英］马林诺斯基：《巫术、科学、宗教与神话》，李安宅译，中国民间文艺出版社1987年版，第78—79页。

② 吕大吉：《西方宗教学说史》，中国社会科学出版社1994（2005.9重印）年版，第682页。

③ 同上书，第682—683页。

会体系的一个组成部分,他这样写道:"任何宗教都是重要的,或者都是社会构造的重要组成部分,正如道德和法律是那个复杂制度的组成部分一样,凭借这个制度,人们能够一起生活在各种安排有序的社会关系之中。从这种观点出发,我们要处理的不是宗教起源问题,而是关于宗教的诸种社会功能。"[1] 这里,布朗不仅把宗教视为同法律、道德一样,是任何一个社会构造的重要组成部分,还认为研究宗教,关注的应该是宗教的功能,而非起源问题。接着他说道,"任何宗教或宗教崇拜通常都涉及一定的思想和信仰,也涉及一定的惯例;这些惯例,无论是正面的还是负面的,亦即无论是行动还是戒避行动,都被人们统称为仪式"[2]。布朗认为,"仪式和信仰是作为一个统一体的不同组成部分同时发展而来的。在这一发展过程中,制约或决定着信仰的正是行动或行动的需要。因此,宗教研究的重点应放在仪式上,而不是放在信仰上"[3]。他高度肯定仪式的社会功能:"仪式是人们与某种社会地位相适应的诸多情感的规范化、秩序化的表现形式,因此社会可以用仪式来重新规范化人们的情感。在人们参与仪式活动的过程中,仪式发生着一种教化个人情操的作用;而这种个人情操的保持,则是社会之初赖以存在的基础。"[4] 但是,他不同意马林诺斯基所主张的巫术仪式和宗教仪式的功能可以消除个人在生活危机时的焦虑、失望和恐惧的观点,认为某些仪式的作用恰恰相反,"它们会在人们的心理上造成不安全或危险的感觉,如果没有这些仪式,人们或许不会感到焦虑和恐惧"[5]。由此,布朗认为,"仪式的价值主要不在这里,而在它的社会价值:通过人们的仪式活动,通过共同的希望和恐惧,通过人们对事件的共同关注,社会群体中的不同个体暂时地或永久地紧密联系在一起"[6]。布朗还阐明宗教是如何具有社会功能和发挥其社会功能,他说道:"无论任何地方,宗教都是这样一种表达,它

---

[1] 此处转引自[意]罗伯托·希普里·阿尼《宗教社会学史》,劳拉·费拉罗迪英译;高师宁译;何光沪校,中国人民大学出版社2005年版,第61页。
[2] 孙亦平主编:《西方宗教学名著提要》,江西人民出版社2002年版,第462页。
[3] 同上。
[4] 吕大吉:《西方宗教学说史》,中国社会科学出版社1994(2005.9重印)年版,第685页。
[5] 同上。
[6] 同上书,第686页。

采用了一种或其他一种依赖于我们自身之外的力量的意义形式,而这种力量,我们可以称为精神或道德的力量。……宗教正是通过不断地维持那种依赖意义而发挥其社会功能。"① 由此可知,布朗认为,宗教是通过不断地维持人们自身所没有的那种精神或道德的力量来发挥它的社会功能。

拉德克里夫·布朗关于宗教的社会功能的研究尽管与马林诺斯基有些不同,但从总体上来看,"他们的基本方向和方法都是一致的,都把宗教当作社会关系的粘结剂,都认为宗教具有整合社会的功能,都是从社会的需要去探求宗教的功能与意义"②。而且,正是因为他们两人的努力,把宗教人类学关注宗教起源和发展的研究转向于关注宗教的功能研究,在他们的影响下,许多宗教学者,包括社会学者,被吸引到宗教的功能研究上来,从而开启了宗教社会学研究的新天地。

(2) 宗教社会学的论述

宗教社会学关注的是宗教与社会的关系和宗教的社会功能以及社会对宗教的影响,这是宗教社会学的特点。在宗教社会学领域,关注宗教与社会的关系及宗教在社会生活中的功能的学者有很多,笔者这里重点介绍一些具有影响力的社会学者的宗教研究,他们包括奥古斯特·孔德、斯宾塞、迪尔凯姆、韦伯、西美尔和帕森斯。

奥古斯特·孔德(1798—1857),被誉为社会学之父,他不仅提出了"社会学"这一专门概念,以"社会静力学"和"社会动力学"为中心创建其实证哲学体系;还以"爱为原则、秩序是基础、进步是目的"创建了他的"人道"(有学者译为人性)宗教体系,并自封为教主。作为社会学的开山鼻祖,孔德非常重视宗教在社会中的作用,并且还运用其实证哲学体系的思想论证了宗教与社会的关系。

在他看来,"社会静力学"是研究人类社会这个实体是如何组织起来,如何构造的,目的是解释人类社会的基本秩序;任何社会都要求全

---

① 此处转引自 [意] 罗伯托·希普里·阿尼著《宗教社会学史》,劳拉·费拉罗迪英译;高师宁译;何光沪校,中国人民大学出版社 2005 年版,第 62 页。

② 吕大吉:《西方宗教学说史》,中国社会科学出版社 1994(2005.9 重印)年版,第 686 页。

体社会成员之间的团结一致，而只有全部社会成员有了共同的信仰（宗教）的时候，社会的统一性才有可能实现，宗教本身包括三种人性特征：精神性的东西，即教义和教理；感情性的东西，即在崇敬中表现出来的仁爱；实际性的东西，即制度崇敬支配情感，制度支配信徒的公私行为；宗教应同时具备精神、情感和活动，才能实现社会的统一性。简单的指导思想和哲学都不能实现社会的统一，只有宗教才能缔造社会秩序。教权在这方面是完全必要的，教权可以调节人类社会的内部生活，把人类联系在一起，共同生活，共同行动，神化俗权，使人们认识到服从的必要性。一个社会如果其成员不能服从于政权的指挥，也就不可能有社会生活。但是，教权的社会作用不仅仅是调节和神化俗权，还应节制和约束俗权。在人类历史进程中，当人们找到外界秩序，特别是社会秩序的真正规律之前，为了建立一种社会秩序，用教权去神化俗权，用精神力量去神化强者，曾经是必要的。当时，当社会分化达到了相当的程度时，教权则应对俗权起制约作用。而到"实证阶段"时，教权将只能部分地神化俗权，那时，学者们将代替僧侣，向人们说明建立工业社会秩序的必要性，使企业主和银行家指挥社会得到某种道义上的权威。不过学者不是神话权威，而是制约这种权威。孔德社会静力学论证了宗教在社会生活中的功能和作用。孔德还借助他的"社会动力学"，论证了人类社会的历史进程和人类宗教的历史进程。孔德认为，人类社会经历了神学阶段、形而上学阶段和实证（科学）阶段；在神学阶段，人类的宗教也有一个从拜物教到多神教，最后发展为一神教的历史发展进程；但孔德认为，每一个阶段由于其自身的缺陷，而发展出超越自己的新事物，比如，"神学阶段的各种宗教追求事物的现象的内在本性，探究事物和现象的终极原因都不过是没有科学意义的虚构；于是，人们便以超经验的形而上学的抽象概念来代替超自然的神来解释一切，这就出现了各种独断的思想体系或哲学体系，这就是人类历史的第二阶段——形而上学阶段或抽象阶段"[①]；同样，由于形而上学的各类知识未经科学实证而被人们所抛弃，而出现以实证和事实为基础的知识，即科学阶段随之出现；但是，

---

① 吕大吉：《西方宗教学说史》，中国社会科学出版社 1994（2005.9 重印）年版，第 632—633 页。

即使在实证科学阶段,孔德也不绝对否定宗教的存在和作用,只否定已经过时的相信神启的传统宗教,仍然认为即使在实证科学时代的社会中,宗教也是不可少的。"人需要爱高于自己的某种东西(指的是作为人类道德化身、为人类创造过美好事业的伟大人物),社会需要宗教和教权来制约和巩固俗权,人类企求友爱和团结,需要一种适应人和社会的这种需要的人类宗教。"① 在孔德看来,"宗教本质上无非是一种获致和维护社会秩序的协调和统一性的手段,而这种社会需要即使在未来的社会中也是不可或缺的。孔德力图在他自己的实证哲学体系的思想基础上建立一种实证的、科学的宗教,一种为人类社会统一服务的人类统一的宗教,而他自己则是这个宗教的教主"②。

孔德的宗教基本主张,在赫伯特·斯宾塞(Herbert Spencer,1820—1903)那里得到大体上的继承和应用。在宗教学领域内,斯宾塞提出了"宗教起源于祖灵崇拜的理论",他说道:"'原始居民的神,乃是死去的首领';人类最早的神灵,乃是'第一个非常伟大,以致足以形成一种传统的人,是最早以其权力和事功而得到人们纪念的人';'最早的统治者均被视为神圣的个人。他们生前发表的格言和命令,在他们死后被视为神圣,他们的神圣世家的后继人还极力予以强调。谁只要依次升迁到种族的万神殿,就将与他们的先辈一起受到崇拜并邀其恩宠。他们之中的最为古老者就是至上神,其他的则是下属的诸神。'"③ 在斯宾塞看来,神是死去的祖先被其后代崇拜而成为神。那么,为什么原始人崇拜祖先就会演化出宗教呢?斯宾塞根据他所掌握的人类学和民族学的资料,断定整个人类,即一切的民族、社会和国家,几乎都有过一种相信死后另一个"我"能复活的信仰,而且还能生存很久;原始人把这种观念推及动植物和其他事物上,从而发展成为发达的祖先崇拜、动物崇拜、植物崇拜和自然崇拜,原始人的这种精灵观念必然产生神灵观念,为了求得神灵的恩宠,原始人对神灵进行供奉和祭祀,由此又导致宗教仪式的

---

① 吕大吉:《西方宗教学说史》,中国社会科学出版社 1994(2005.9 重印)年版,第 632—633 页。
② 同上书,第 633 页。
③ 同上书,第 589—590 页。

出现。由此斯宾塞认为：一切宗教崇拜的对象和崇拜的形式都起源于祖灵的崇拜。斯宾塞的宗教起源的祖灵崇拜说，实际上已经谈到了宗教某些社会属性，也否定了宗教的神圣性和超自然性，把宗教视为世俗的东西。

在具体说明宗教的社会功能时，斯宾塞认为宗教有几个根本性的社会功能：一是宗教能加强家庭关系；二是宗教能成为支配人们行为的基础，使其传统形式合法化；三是宗教能为民族提供共同的信仰，形成民族的统一性并使之巩固；四是宗教能证明所有制的合理性。斯宾塞和孔德一样，把宗教视为社会有机体中不可缺少的一个组成部分，是维护社会的统一、协调、系统化、整体化的工具，个人与社会集体所固有的宗教联系，犹如身体之于健康一样的必需和正常。当然，斯宾塞的实证哲学体系从根本上是否定了宗教神学的科学性。

孔德和斯宾塞的思想激发了埃米尔·迪尔凯姆和马克斯·韦伯的灵感，他们继承和发展了孔德和斯宾塞的思想，把社会学和宗教社会学向前推进了一大步，从而使社会学在西方社会正式确立。作为两位为社会学的发展做出巨大贡献的学者，他们对宗教与社会的研究也是具有经典意义的。

埃米尔·迪尔凯姆（Emile Durkheim，1858—1917），作为孔德实证主义的继承者和发展人，在他看来，"现代社会危机的原因，主要在于宗教决定的传统道德未曾得到应有替代，传统的宗教不再能适应他所了解的科学精神的需要；另一方面，出于社会需要协调一致的要求，他主张应该建立或树立某种绝对的共同信仰，这就是一种受科学精神启示的道德；他所致力研究的社会学应该用来奠定和重建那种科学精神照耀下的道德"[1]。

在《社会分工论》中，迪尔凯姆认为现代社会，由于劳动和专业分工，造成了集体意识的衰微，为个人自由创造了条件而使其具有行动上的自主权，"但是，在这种个人主义社会里，首要的问题就在于保持最低限度的集体意识，否则，社会就将走向解体。为了维持社会，必须树立

---

[1] 吕大吉：《西方宗教学说史》，中国社会科学出版社1994（2005.9重印）年版，第635页。

使个人与社会联系在一起的命令或戒律等集体道德和神圣事物"①。

在《自杀论》中,迪尔凯姆对现代社会的弊端——社会失范进行了病理性分析。他认为,在现代社会中,由于家庭的日益狭隘而不能在个人与集体之间起到纽带作用;由于国家或政治集团等政治组织过于执着权威而不能为个人与集体的融合提供必要环境;由于宗教组织因号召个人超脱情欲按照精神法则去生活而不再能对人们在世俗生活中应遵循的制度和履行的义务给予规定,因而,这些组织都已不能为社会个人提供一种"既安全又让人服从相互关系所要求的可以接近的社会环境";所以,迪尔凯姆认为,"为了消除加剧自杀问题的社会弊端,不是什么抽象的思想和理论,而是正在发生影响的道德。为了制约个人无止境的情欲,道德和社会第一需要的就是纪律。人需要某种合乎情理的、权威的、至高无上的力量加以约束,而这种带有强制性的又能吸引人的力量只能是社会本身"②。

在《宗教生活的基本形式》(1912)中,迪尔凯姆想力图透过对原始社会图腾崇拜的宗教生活分析,来证明在原始社会中的图腾崇拜制度下崇拜的图腾(以及后来的"神灵")不过只是人们出于信念而崇拜的社会集体的变形,宗教科学就显示出有可能为恢复社会的协调一致而提供一种必不可少的信仰,因为它不能使人们产生出这样一种希望:既然过去社会崇拜的众神不过是变了形的社会本身,那么,未来的社会仍有可能为社会的协调而将社会变形为新的众神。因为宗教本身不过就是社会和道德的一种象征形式。

关于宗教的源起、神圣物的社会本质和社会功能,迪尔凯姆认为:"像宗教观念这类观念体系,在历史上占有非常重要的地位,人们在各个时代里都有从它这里获得赖以生存的能量。如果说宗教只是由一套幻觉组成的,这是令人难以接受的。我们现在已经认识到,法律、道德,乃至科学思想本身都发源于宗教,它们曾长时期地和宗教混杂在一起,而且一直渗透着宗教的精神。如果宗教仅仅是一种虚无缥缈的幻想,那它

---

① 吕大吉:《西方宗教学说史》,中国社会科学出版社 1994(2005.9 重印)年版,第 635—636 页。

② 同上书,第 636 页。

又何以能如此强烈持久地塑造了人类的意识?"[1]

同时,迪尔凯姆反对麦克斯·缪勒的"自然神话说"和布罗斯等人"实物崇拜说"等自然主义的宗教起源论。他指出,自然主义认为宗教起源于自然奇迹在我们心中引发的惊奇感、自然比人伟大的崇高感、神圣感。但是,诸如此类暂时的变化只能产生与之相等的暂时的印象,对它们的记忆犹如昙花一现,不可能作为坚固而持久的宗教仪式体系的基础。自然进程的一致性、规律性绝不会在原始人的心中激发起强烈的感情,对其大惊小怪。自然力量比人力伟大,人被自然的宏大所压倒的事实也不足以产生神圣观念,也不足以说它就是截然区别于世俗力量的神圣物。自然的一切力量,无论是在我们自身体内,还是在我们身外,都有着一致的本质,不能认为其中某些为神圣,其他则为世俗。我们绝不能从自然界和自然力中找到宗教的基础。对此,迪尔凯姆提出自己的宗教起源论,图腾崇拜是一种最原始的宗教。因为,既然人和自然本身都不具备神圣的本质,那么它必然来自其他的源泉。除了人类个体和自然界之外,还有其他的实体。所有的宗教在某种意义上都和这个实体有关联,它具有特别重要和客观的价值,是更基本的和更原始的。它就是被称为"图腾崇拜"的东西。

从社会学角度论述宗教的另一个大家就是马克斯·韦伯(Max. Weber,1864—1920)。他被公认为理解社会学的开创者。他通过对西方宗教和伦理观念的演变轨迹的考查,发现新教伦理是资本主义精神产生的源泉,而后者则是直接导致了资本主义经济体系的出现,其全部宗教社会学的宗旨在于研究世界几大宗教,包括新教、印度的佛教和印度教,中国的道教和儒教的教义的理性化程度和过程,尤其是新教是怎样逐步去除巫术和迷信的成分,而引发一种普遍的社会伦理,以及这种伦理又是怎样影响人们的经济行为,最终导致现代资本主义的产生。这些思想体现在《新教伦理与资本主义精神》一书中。在他的《经济与社会》中,他表明自己并不关心宗教的本质,而把研究特定类型的社会行动的条件和后果作为任务,把特定的宗教作为一种客观的社会现象,从宗教的这

---

[1] 吕大吉:《西方宗教学说史》,中国社会科学出版社 1994(2005.9 重印)年版,第 640 页。

一特殊性去认识研究社会。在他看来，一切宗教的核心问题是通过信仰使人的灵魂得以拯救的问题，把宗教视为一种救赎论。他通过对世界宗教的考查，认为宗教起主要作用的是先知及其预言而不是巫术因素和巫师，先知的预言和戒律实质是一种生活方式并将此作为神圣价值去追求，其作用是把生活方式系统化和理论化，为此，他把世界宗教的先知类型划分为：一是伦理先知，如果布道者是接受上帝的命令而要求人们当作伦理责任来服从的人；二是楷模先知，凭借个人榜样向他人显示宗教救赎之路的人。他还发现宗教徒达到救赎的方式有两种：一是入世方式，以介入世界的态度，借助日常生活的实际行动做到禁欲而达到救赎，依神的意志的指引的方向实行的现世活动，以人神对立为特征；二是出世方式，以逃避世界的态度通过冥想默祷进入拥有状态达到救赎，以人神合一为基础。为此，他把世界宗教分为入世禁欲主义、入世神秘主义、出世禁欲主义和出世神秘主义四个大类。在他看来，西方宗教本质属于伦理先知，而东方宗教属于楷模先知。在此基础上，他从是否利于资本主义经济的发展角度论述了新教伦理与资本主义精神的关系，试图回答为什么新教促进了资本主义的产生和发展，而其他诸如东方的佛教、印度教、道教和儒教不利于资本主义经济产生和发展，就是因为新教伦理与资本主义精神……通过一种诚实信用的方式赚钱，诚实——信用——不浪费——有成就，金钱欲必须合乎道德，必须为社会的全体成员所接受，成为一种社会性伦理是相吻合的。但是人们知道，韦伯的论述并没有强有力的说服力，20 世纪七八十年代亚洲四小龙的兴起就是对他的儒佛教传统不利于经济发展的论断的反驳。最后，他认为现代资本主义经济在取得成功后，却忘记了是谁帮助它发展起来的，它无情地把这种精神给抛弃，而使现代资本主义走向没落和腐败。所以，他才会发出等待人们的并不是天堂，而是枷锁的感叹！

与韦伯处同时代又同齐名的还有一位社会学家，那就是社会学家西（齐）美尔（G. Simmel, 1858—1918），他是一位出身哲学科班的社会—文化大理论家。他才华横溢，在形而上学、历史哲学、社会学、伦理学、美学等方面均有自己的研究成就；然而，长期担任的只是柏林大学的编外讲师，直到去世之时才获得 Strasburg 大学的教授。西美尔认为，宗教社会学讨论宗教的本质是从功能论角度，用"一种极其世俗化、极其经验化的方式解释超验观念"①;与马克思不同,马克思对宗教进行的是世俗化的道义性批判,而西美尔则是对宗教给予世俗化的功能性解释;因此,在西美尔看来,"宗教是社会的一种超越性形式,而非一种安慰性幻影的社会倒影;……宗教是一种社会形式,意味着它是实在性的,反过来说,社会作为人的互动关系,本身就带有宗教因素;……人与人之间各种各样的关系中都包含着一种宗教因素"②。"宗教不在社会的彼岸,而在社会关系之中,脱离社会谈论宗教是没有意义的,……宗教是社会关系的一种形式,宗教的功能就是'在于提供了社会整合性的绝对形式'"③;虽然族群、家庭、国家和社会都是社会整合的不同形式,但"国家、家庭或社团的整合使内外、亲疏有别,而宗教的整合则使圣俗有别,……在于提供了个体与超越体的关系,……因此,'上帝是最高、最纯粹的整合'"④。对于现代性与宗教的问题,西美尔认为,"现代人不再信传统的宗教,但现代人又仍然需要宗教"⑤;这是因为"宗教是人的灵魂中的'一种存在或事件,是我们天赋的一部分。宗教天性在本质上和情欲天性是一样的"⑥;……然而,"传统的宗教教义对于无神论来说,的确已经失效;……宗教教义可信性的丧失,根本原因在于人的内在需求在现代社会发生了变化",这是启蒙文化的后果,"它使人的内在需要站在空白的零点上"⑦;"现代社会中的个体原则是自由,这意味着要摆脱社会整合性,摆脱社会约束。这就是宗教的现代性危机"⑧。因此,"克服宗教的现代性危机,不在于致力宗教教义和机构的现代化(这是徒劳的),而是个体自决的生命意义的实现;……现代性的宗教问题的关键在于宗

---

① [德] 西美尔:《现代人与宗教》,曹卫东等译,中国人民大学出版社2003年版,第6页。
② 同上书,第6—7页。
③ 同上书,第10—11页。
④ 同上书,第11页。
⑤ 同上书,第25页。
⑥ 同上书,第27页。
⑦ 同上书,第25页。
⑧ 同上书,第27页。

教的转向：从'宗教'转向'宗教性'，从'大众转向个体'"①。总之，西美尔从形式与文化进路对宗教进行了一个全方位的分析，他不仅阐述自己对宗教的看法，还分析了现代社会与宗教的关系，指出了解决现代社会中的宗教问题的出路，这对于今天的现代化和社会建设，如何处理好宗教与社会的问题，都有着重要的指导意义。

作为迪尔凯姆的追随者，美国社会学家帕森斯（T. Parsons）1937年出版的《宗教行动的结构》，把一般社会学和宗教社会学推向新的发展。帕森斯认为，"整个社会学的研究对象就是社会体系中占重要地位的功能方面，即研究与这一体系的整体化有关结构和过程，而在社会体系整体化过程中，帕森斯所谓的'模式维持体系'具有特殊的作用。但是，在这种'模式维持体系'中，宗教及其价值体系的强调具有决定性的意义"②。他写道："规范、期望与其对进行调整的价值的结合，可被视为是标准体系的合理化，社会体系同文化体系相联系的十分重要的结合点即在于此。归根结底，合理化来源于宗教根据。但是在复杂的社会中，除了宗教之外，还存在着很多处于较低层次的法则。"③ 帕森斯认为，它是对确立信仰和象征体系、行为或道德作用、集体组织形式以及宗教体系和其他体系的相互关系的诸多条件进行分析。帕森斯对宗教的兴趣很深，他把宗教摆在社会体系的基石和根据的地位上。所以，有些学者批评他说，帕森斯的宗教社会学理论不是宗教的社会化，而是谋求社会的宗教化。

在帕森斯宗教社会学理论的影响下，美国出现一批研究宗教社会学的学者，默顿、奥戴、贝拉、艾森·施达特、吉尔茨、卢曼。二战后，美国宗教社会学还出现了重视数量统计法的研究方法。伦斯基的《宗教因素》被认为是这种研究方法的经典之作。英格的《宗教的科学研究》也被视为应用数量统计方法。

（3）宗教心理学的论述

从心理学路径展开对宗教研究的，或者说把宗教与心理学相结合起

---

① ［德］西美尔：《现代人与宗教》，曹卫东等译，中国人民大学出版社2003年版，第31—32页。

② 吕大吉：《西方宗教学说史》，中国社会科学出版社1994（2005.9重印）年版，第589—590页。

③ 同上书，第687页。

来，建构"宗教心理学"这个分支学科体系的当属美国学者霍尔、斯塔伯克、柳巴、詹姆士等人，他们把这种影响扩展到欧洲乃至世界其他地区；但是，为宗教心理学奠基的先驱者应为英国的舍夫茨别利、约翰·特伦查德、约翰·托兰和德国实验心理学的创始人威廉·冯特；也就是说，肇始于美国的宗教心理学实际上还是发端于欧洲；实际上最早提出"宗教心理学"的当属英国的舍夫茨别利（Shaftesbury）在其《人、风俗、意见与时代的特征》一书中，不过，"他没有使用心理学这个术语，用了一个'头脑研究'的新科学，……他把宗教归结为恐惧、焦虑和虚幻"[①]；与他一起共同创立宗教变态心理学另一个学者，那就是他的朋友约翰·特伦查德（John Trenchard）。在《迷信的自然历史》中，特伦查德认为"宗教热情是失去平衡的头脑的产物"[②]；英国还有一位宗教心理学的先驱者约翰·托兰（John Toland）在1720年出版的《泛神论：或，苏格拉底社会的庆祝形式》中，他"设计了一种只在关起门后进行的宗教聚会，赞美一切事物"[③]；这些学者更多地是把宗教视为非理性的事物，为宗教心理学的发展起到一定的奠基作用，但他们的作用莫过于他们之后的威廉·冯特。

威廉·冯特建立了世界上第一个心理实验室，他把自己的研究重点放在"个体心理学"和"民族心理学"上，通过两个领域的研究试图探究个体的意识过程和人类群体或民族的精神或心理活动过程，在研究民族心理的过程中，冯特将宗教纳入自己的研究范围，力图揭示"各民族宗教神话的起源和发展过程中的心理作用"，从而将宗教学与心理学相结合起来；在冯特看来，宗教信仰的基础是人类的心理活动或心理因素，是人的情感活动和意志活动，因而他认为，人类最早的宗教产生于原始人的恐惧或敬畏的感情活动；在冯特的基础上，冯特的美国学生霍尔和其他学者柳巴、斯塔伯克、詹姆士等人继续前进努力，将宗教心理学逐渐发展起来。格兰维尔·斯坦利·霍尔（1844—1924）是冯特的美国学

---

① ［美］罗德尼·斯达克、罗杰尔·芬克：《信仰的法则——解释宗教之人的方面》，杨凤岗译，中国人民大学出版社2003年版，第12页。

② 同上书，第13页。

③ 同上书，第14页。

生，他在学术上无多大建树，但为宗教心理学的发展搭起了基本的架子和舞台；在他的指导下，霍尔的学生詹姆士·H. 柳巴（1868—1946）开创了宗教心理学研究，通过研究，霍尔否认所谓超自然事物的存在，把宗教归结为与科学直接相冲突的东西，认为宗教意识是一种自然现象，所谓"宗教感觉无非是道德上的不完备之感"[①]，但他的观点却遭到威廉·詹姆士的直接批判，被认为是"独断的、无神论的自然主义"；与此同时，另一个学者埃德温·迪勒·斯塔伯克（1866—1947）也作为宗教心理学的一个先驱者开展了宗教的研究，他第一次成功运用问卷调查法对宗教的皈依行为进行了研究，通过研究，他认为："皈依主要是一种常态的青春期现象，是由儿童的小世界转变到成年人的较大的理智的、精神的生活的过渡时期的连带现象"[②]；同时，他提出"使人产生皈依体验的力量就是潜意识的活动"[③]。斯塔伯克的努力为威廉·詹姆士（1842—1910）的研究准备了条件，他在《宗教经验种种》中认为"宗教起源于人觉得依照他的自然状态有点'不对'，不妥善，必须求得救度或解脱；皈依宗教的人觉得他与一个高于他自己的权力发生联系，因此他就得救了"[④]；由此，他把宗教定义为"各个人在他孤单时候由于觉得他与任何种类他所认为的神圣对象保持关系时所发生的感情、行为和经验"；认为"宗教经验是宗教的本质和最先起的因素"；他把宗教分为"健全心态的宗教和病态灵魂的宗教"，并认为"宗教有心理医疗术所有的一切，并且是最好的医疗术"[⑤]；与此同时，精神分析学家西格蒙特·弗洛伊德和他的学生荣格将精神分析方法与宗教结合起来，开展对宗教现象和宗教问题的分析和研究，认为"宗教信仰起源于人类童年时期性冲动受到强迫性压抑的经验，……宗教是统治者把自己作为父亲的形象强加于人民的无意识中的主要手段之一，它具有阻止人民的任何心理独

[①] 吕大吉：《西方宗教学说史》，中国社会科学出版社1994（2005.9 重印）年版，第696页。
[②] 同上书，第699页。
[③] 同上书，第700页。
[④] [美]威廉·詹姆士：《宗教经验之种种——人性之研究》，唐钺译，商务印书馆2002年版，第4页。
[⑤] 同上书，第114—115页。

立、威吓他们不作理智思想，使他们对权威具有社会所必需的孩子般的温顺这样的任务；同时，它还有另一个重要功能：它为群众提供一定程度的满足，使他们觉得生活尚可忍受，从而不想把自己家的地位从驯服的儿子改变为造反的儿子，宗教提供的这种满足，主要是在幻想中满足，而使人民群众对在现实生活中遭受的挫折麻木不仁；宗教具有麻醉剂的作用，能给束手无策的人们提供某种安慰"①。由于弗洛伊德对宗教的批判而遭到整个宗教界的严重批评和敌视。对弗洛伊德的理论的继承和发展莫过于卡尔·古斯塔夫·荣格（1875—1961），但他的观点完全不同于其老师的看法，在他看来，"宗教赋予生活以价值和意义，使人们有能力去面对生活的困境：死亡、疾病和苦难；有宗教经验的人就拥有了一种伟大的财富，为他提供了一种生活、意义和美的资源，并赋予这个世界和人类以一种新的光彩，科学不能取代宗教，而且宗教对人类的精神健康来说是完全必要的"②。继此之后，不少学者侧重从文化模式视角展开对宗教心理的研究。

此外，对宗教与社会及其建设关系论述比较有影响和代表性观点的有宗教学者道森和历史学家汤因比；道森认为：凡在文化上有生气的社会必有某种宗教信仰……那么，有关社会发展的全部问题，便必须从宗教与文化的内在关系入手来重新探讨（道森，1960）；历史学家汤因比主张："以宗教信仰为根基的价值体系，不但制约着精神活动，而且从根本上决定着一个文明社会的经济、政治乃至全部活动。……一旦某个文明社会对其宗教失去了信仰，势必走向衰落，或在内部陷入社会崩溃，或从外部遭受军事攻击，直到被一种新文明形态所取代（汤因比，1947）。"当然，汤因比的宗教概念是一种现代形态的"泛宗教观"。

总之，上述学者从各自的学科视角阐述了对宗教与社会及其建设关系的论述，有的是持批判态度，有的持认同看法，还有的持理性对待。不管如何，都值得人们对此进行深刻的思考。

---

① ［奥地利］弗洛伊德：《幻象的未来》，标准版，第30页。此处转引自吕大吉《西方宗教学说史》，中国社会科学出版社1994（2005.9重印）年版，第731—732页。

② 吕大吉：《西方宗教学说史》，中国社会科学出版社1994（2005.9重印）年版，第735—736页。

3. 理论视角下宗教与社会及其建设关系的论述

事实上，上述学者的观点可以归纳到一定的理论派别中来，它们分别是宗教进化论、宗教退化论、宗教功能论、宗教冲突论和宗教补偿论。

宗教进化论代表主要有孔德、斯宾塞等人，他们比较一致地认为，宗教如同人类社会一样，也有一个开始的时间，然后经历一个由简单到复杂、由低级到高级、由小到大、由原始到现代、由单向到双向进化的过程①②，人类一开始由信仰万物有灵、图腾崇拜、祖灵崇拜、动物崇拜、植物崇拜、自然崇拜，慢慢发展为至上神的一神教，世界各民族、全人类的文化和宗教具有共同性，服从于普遍的思想规律和活动规律，此一民族的文化遗留物可以解释同一阶段另一民族的文化宗教现象。这些崇拜或信仰在信奉种族中起到一种族群和道德维系的作用。宗教进化论者在本质上对宗教是持反对意见的，但他们也不完全否定宗教或巫术等崇拜在原始社会中的作用。

宗教退化论学者是一些具有护教色彩的宗教学者，他们利用一些人类学的材料来构造出反对宗教进化论的主张；最为著名的代表之一是维也纳的天主教神父威廉·施密特，他认为，世界上文化层次最古老、最原始的种族都信仰一个至上神，一神的观念亘古以来就有，起源于上帝对人类的原始启示，多神教是原始一神信仰的退化③。他的理论也称为"原始启示说"或"原始一神论"。施密特所依据的人类学和民族学的材料受到不少学者的怀疑，但也有一些学者认为在一些原始民族中，确实有信仰至上神的事实。

宗教功能论代表主要有迪尔凯姆、帕森斯和奥戴等人，他们主张，宗教作为一种社会现象，一种体制化了的人类行为形式，具有社会整合和社会一体化的作用，还为人类建构意义世界和体系起到重要作用，但也具有引起社会分裂、延缓社会变革等负面影响。

---

① ［法］孔德：《实证哲学教程》，伦敦，1830—1842年；此处转引自吕大吉《西方宗教学说史》，中国社会科学出版社 1994（2005.9 重印）年版，第 529、631—633 页。

② ［英］斯宾塞：《第一原理》，伦敦，1862年第1版，第148页；此处转引自吕大吉《西方宗教学说史》，中国社会科学出版社 1994（2005.9 重印）年版，第 529、633—634 页。

③ 吕大吉：《西方宗教学说史》，中国社会科学出版社 1994（2005.9 重印）年版，第 529 页。

宗教冲突论的代表主要是马克思、恩格斯等人，他们认为，社会是由诸多的利益团体构成的，每一个团体都追求自身的利益，现代社会是一个冲突、压制以及各个团体的权力分割。宗教是分裂的源泉。历史上的宗教冲突从来没有停息过，而宗教内部的冲突也从未间断过。宗教本身与世俗社会之间也存在着各种冲突。冲突在较小范围内是统一和整合的源泉。

宗教补偿论代表主要是罗德尼·斯达克、罗杰尔·芬克、本布里奇等学者。他们认为，人们在日常生活中总是追求他认为是可以得到回报的东西，总是尽量避免他认为要付出的东西；然而，任何社会，回报都是稀少的和分配不均的，而且有一些回报是根本不可能得到的。于是，渴望的回报似乎不可能通过直接的手段获取时，人们倾向于发展一种解释，解释他们如何能够在以后的或者在其他地方获取这种回报。宗教所提供的补偿是一种未来的或来世的补偿，信徒所需支付的代价是定期参加某个组织的活动。宗教补偿有助于调解现世人们的心理，利于社会秩序的维护和稳定。

人们习惯于把宗教进化论、宗教功能论、宗教冲突论划分到宗教社会科学研究的旧范式中来，而把宗教补偿论划分到宗教社会科学研究的新范式领域。

二 国内研究综述

中国国内具有现代社会科学意义的宗教研究的时间并不很长，但在中国对宗教与社会及其建设关系的探讨不仅起点早，至少可以追溯到西周时代，而且积累的思想观点和史料可谓浩如烟海，十分庞杂，在短时间内难以厘清；但人们可以通过牟钟鉴、张践两位老师编写的《中国宗教通史》中对中国宗教史发展阶段的划分，了解中国宗教思想史和学说史的基本脉络。两位老师认为，中国宗教的历史划分不能和中国通史的划分相一致，而应该"根据中国宗教的社会性质和内部结构的演化程度来确定"[①]；于是，他们把中国宗教史划分为"原始时期、三代时期、秦

---

① 牟钟鉴、张践：《中国宗教通史》（修订版第2版），社会科学文献出版社2003年版，第1209页。

汉时期、魏晋至宋元时期、明清时期和民国时期"① 六个阶段。对此，人们可以依据这种划分寻找各个时期的有关宗教的思想和学说。囿于篇幅，在此不另详述。

笔者着重探讨的是中国近现代以来，带有社会科学意义的宗教学研究对宗教与社会及其建设关系的论述。依据这样的思路，笔者将其简单地分为两个阶段，即新中国建立前的探讨和新中国建立后的探讨。

新中国建立前，可以简单地分为两个基本阶段：一是19世纪末20世纪初的维新变法、辛亥革命时期的发端启蒙阶段；二是20世纪初至1949年的分化多元发展阶段。在发端启蒙时期，主要有严复先生，他在《群学肄言·教辟》中指出了宗教的局限性和反宗教的危害，论述了宗教与"群""群治"的不同以及二者之间或良性互动或恶性相阻碍的关系，认为只有合情合理地折中于二者之间，才能有助于社会良性稳健地向前发展。在民国时期，一批思想家和著名学者汲取佛家、道家等思想和价值取向以救亡图存，而成为改造社会的政治要求，如蔡元培先生直接提出"佛教护国论"，表现了他政治思想的宗教向度；梁漱溟先生认为："所谓宗教者都是从超绝人类知识处立他的根据，而以人类情志上安慰勖勉为事者。人生极不易得安稳，安之之道乃每于超绝知识处求得之，为是作用者便是宗教"②；在这里，梁漱溟先生认为，宗教虽然是反理智的，超知识的，但宗教能起到安慰人和鼓励人的功用，从而对社会各方面产生影响。在此期间，实际上还有一位非常了不起的人物的宗教思想值得关注，那就是孙中山先生的宗教思想和观点；作为基督徒的孙中山先生，不仅主张"政教分离、信教自由"；而且还主张"宗教与政治，有连带的关系。国家政治之进行，全赖宗教以帮助其所不及，盖宗教富有道德故也。兄弟希望大众以宗教之道德，补政治之所不及，……不第兄弟之幸，亦众教友之福，四万万同胞受赐

---

① 牟钟鉴、张践：《中国宗教通史》（修订版第2版），社会科学文献出版社2003年版，第1209—1213页。

② 梁漱溟：《梁漱溟学术论著自选集》，北京师范学院出版社1992年版，第207页；此处转引自娄章胜《梁漱溟的宗教社会思想》，《宗教学研究》2008年第4期，第132页。

良多矣"①。

上述学者的主张为人们从宗教里汲取建设社会的思想和经验提供了宝贵的意见，但在一个没有主权的旧中国，任何佛教救世或是治世还是护国的主张都是不切实际的。

新中国建立后，国内对该领域的研究也可以分为两阶段：一是从建国初至七十年代末的萎缩禁闭发展阶段；二是从八十年代初至今的初步发展繁荣阶段。在前一阶段，由于受极"左"路线的支配，在中国大陆，宗教研究被认为是资产阶级的东西而被否定，宗教研究政治化，只是成为批判有神论和进行无神论教育的工具，特别是"文化大革命"爆发后，宗教学术研究无法进行而处于禁闭境地，有关宗教与社会建设的探索更无从谈起。在香港从事该方面研究的有杨庆堃先生，他通过考察中国社会的宗教现象，认为在中国历史上的大多数时期，宗教一直支持政府，"这种支持往往通过赋予统治群体以超自然意义上的合法性和强化那些有助于维持伦理政治秩序的传统价值来实现"②。

在后一阶段，主要从70年代末80年代初开始，由于政治上的"拨乱反正"和实事求是思想的贯彻，党中央对宗教研究进行了肯定。这样，宗教研究才开始复苏和逐步发展起来。但在起初的头十年，宗教研究主要围绕着"宗教鸦片论、宗教意识形态论及宗教能否与社会主义相适应"等主题进行讨论。到了90年代初，在"宗教文化论"的倡导下，宗教研究开始显示出一些活力，出现了初步繁荣的景象，特别是跨入21世纪以来，随着改革开放的深入和社会转型的加剧，有关宗教与社会、宗教与社会建设的研究才开始得到关注和重视起来。比较有代表性的理论思维视角有两种，一种是从如何发挥宗教及其宗教因素的积极作用来维护社会秩序和促进和谐社会建设视角来做探讨研究；另一种是从如何规避宗教及其宗教因素的消极影响来维护社会安定与和谐视角来做分析与思考。

---

① 中国社科院近代史研究所：《孙中山全集》（第2卷），中华书局1981年版，第446—447页；此处转引自舒波《孙中山与基督教》，《民国档案》1997年第1期，第75页。

② 杨庆堃：《中国社会中的宗教》，范丽珠等译，上海人民出版社2006年版，第108页。

在第一种理论思维视角方面，又至少可以分为两种具体视角，一是从宗教整体性或总体性角度来探讨发挥宗教的积极作用以促进和谐社会建设；一是从宗教的某一方面或某一部分角度来探究发挥宗教的积极功能以促进社会和谐。从整体性或总体性视角来看待宗教作用的有下面主要观点：一部分学者主张宗教是一个社会子系统，宗教对社会主要有心理调适、社会整合、社会控制、个体社会化、社会认同、文化、交往等功能，因而主张要积极发挥宗教的这些功能或作用[1][2][3][4]；吕大吉先生认为："……宗教在调剂、制约、维护非阶级的公共关系方面所发挥的社会政治作用，是不能视而不见、弃之不顾的"[5]；牟钟鉴等认为，"中国宗教是中国传统社会的重要精神支柱和意识形态，同时也是中国传统文化的重要组成部分，具有历史性、群众性、社会性和文化性，其格局是多层面的动态式"[6]；高师宁认为，"宗教与社会是一种双向与互动的关系"，"社会可以影响宗教的结构、内容和形式，还可以影响宗教的功能和作用发挥。而宗教依附社会存在，随着社会的变化而变化，也反作用于社会"[7]；金泽认为，"宗教运动在传统社会里所起到的思想解放或是思想'抵抗'作用，它造就新人和强化旧意识的作用，以及最终推动或阻止社会变革的作用，的确不可低估"[8]；龚学增主张，"强调要充分调动宗教中的积极因素为社会发展和稳定服务。……宗教道德中弃恶扬善的内容对鼓励广大信教群众追求良好的道德要求有积极作用。宗教通过对信教群众的心理慰藉，对稳定信教群众的情绪、调节信教群众的心理也有积极

---

[1] 戴康生、彭耀：《宗教社会学》，社会科学文献出版社2007年版，第127—150页。
[2] 陈麟书、陈霞主编：《宗教学原理》（新版修订版），宗教文化出版社2003年版，第74—146页。
[3] 王晓朝：《宗教学基础十五讲》，北京大学出版社2003年版，第222—235页。
[4] 孙尚扬：《宗教社会学》（第4版），北京大学出版社2015年版，第246页。
[5] 吕大吉：《宗教学通论新编》，社会科学文献出版社1998（2004.5重印）年版，第445—447页。
[6] 牟钟鉴、张践：《中国宗教通史》（修订版第2版），社会科学文献出版社2003年版，第1222—1244页。
[7] 高师宁：《试论宗教与社会的关系》，中国民族宗教网，http://www.mzzjw.cn/html/report/1602256391-1.htm，2015—8—25。
[8] 金泽：《积极推进宗教与法治研究》，《世界宗教研究》2005年第2期，第62页。

的作用。……宗教中的积极因素可以肯定，但不能夸大"①；王作安提出，"正确对待和处理宗教问题，……是建设有中国特色社会主义的一个重要内容。宗教工作，是党和国家工作中的重要组成部分，做好宗教工作，关系到加强党同人民群众的血肉联系，关系到推进社会主义物质文明和精神文明建设，关系到加强民族团结、保持社会稳定、维护国家安全和祖国统一，关系到我国的对外开放"②；陶飞亚主张："要看到宗教伦理道德的社会意义，看到宗教内部成员的社会合作与互助对维护社会政治稳定的积极作用"③；段德智认为："各大宗教参与和谐社会的建设是一件责无旁贷的事情；……我们宗教与社会整体或社会群体的关系就是这样一种'毛'和'皮'的关系，……为了宗教的存在和发展，必须致力于构建和谐社会"④；魏德东在《中国宗教调查报告（2015）》中指出，"当代中国宗教的发展与其说是一种历史的自然延续，不如说是一种重建，中国宗教已成为社会和谐的积极力量，中国宗教的信仰者结构正在发生深刻的变化"⑤；张桥贵认为："宗教和谐是民族和谐、社会和谐的基础，能否解决信徒的宗教身份归属，成为宗教之间能否和谐的关键。"⑥

从宗教的某一方面或某一部分角度来做思考的代表性观点有：方立天专门就佛教与中国社会的关系做过深入的研究，他认为，"佛教对中国政治、哲学、伦理、艺术、民俗等各方面产生深刻的影响，成为中国传统文化儒、道、佛三大组成部分之一，并以其特有的内涵和方式持续影响着人们的精神生活和文化生活"⑦；叶小文也指出："佛教以追求圆满和谐为旨归，有着深刻的和谐思想与和平理念，可以为推进'双和模式'

---

① 龚学增：《构建社会主义和谐社会与宗教》，《中国宗教》2005年第8期，第18—22页。

② 王作安：《中国的宗教问题和宗教政策》，宗教文化出版社2010年版，第1页。

③ 陶飞亚：《宗教在服务社会促进发展中的积极作用》，《上海市社会主义学院学报》2008年第2期，第54—56页。

④ 段德智：《社会和谐与宗教承担》，《经济管理文摘》2009年第13期，第50—60页。

⑤ 魏德东：《〈中国宗教调查报告〉发布》，中国民族宗教网，http://www.mzb.com.cn/html/report/1512365163 - 1. htm, 2016—12—23。

⑥ 张桥贵：《多元宗教和谐与冲突》，《世界宗教研究》2014年第3期，第160—164页。

⑦ 方立天：《和谐社会的构建与宗教的作用》，《中国宗教》2005年第7期，第18—19页。

做出独特的贡献"①;卓新平通过对基督教的综合研究认为:"基督教作为世界最大的宗教,与世界文化有着密切关系,对中国现代化进程、思想文化重建及社会作用的影响和作用均需要研究。"②

在第二种理论思维视角中,比较有代表性的主张有:张志刚认为,"由于宗教因素的弥漫性、渗透性和深层性特点,使得冷战结束后的诸多国际热点问题和重大冲突越来越受宗教因素的影响,恐怖分子和帝国主义者都巧借宗教信念来为各自的邪恶行为辩护;宗教正在被用来助长文明的冲突"③;马振超认为:"宗教活动的长期性、群众性、复杂性决定其对社会政治稳定与发展作用的多面性。在全球化迅速发展的时代特别是我国经济社会转型期,较之宗教对社会稳定的积极作用而言,对社会政治问题的解决以及社会政治稳定带来的消极影响则更为严重"④;陆忠伟指出:"国际形势瞬息万变,万变不离其'宗'。宗教、民族问题是'9·11'事件后驱动国际政治的一股重要动力,并引起了国际局势的痉挛性波动。"⑤;李灵提出:"在意识形态淡化、全球性交往更加频繁和密切的条件下,宗教在公共领域中更加活跃了,甚至还成了国际政治冲突的先导"⑥;刘慧等学者指出:"境外宗教渗透势力已经把触角伸向中国社会的各个领域,渗透态势愈演愈烈。……宗教渗透对当代中国意识形态安全构成极大的威胁,对中国国家安全造成严重的危害,必须引起高度警惕。"⑦ 限于篇幅,笔者在此只列举少数学者的观点,还有很多学者的

---

① 杨琳:《和谐世界从心开始——国家宗教事务局局长叶小文访谈》,《法音》2006年第4期,第5页。

② 卓新平:《现代社会中宗教对话的困境与希望》,《中国宗教》2005年第1期,第18—19页。

③ 张志刚:《宗教与国际热点问题——宗教因素对冷战后国际热点问题和重大冲突的深层影响》,《北京大学学报》(哲学社会科学版)2008年第4期,第42—54页。

④ 马振超:《当前宗教活动的复苏与发展——对社会政治稳定的消极影响分析》,《北京科技大学学报》(社会科学版)2008年第3期,第56—59页。

⑤ 陆忠伟:《国际冲突中的宗教因素》,中国现代国际关系研究所民族与宗教研究中心《世界宗教问题大聚焦》,时事出版社2003年版,"序",第1—2页。

⑥ 李灵:《基督教在当前中国社会公共领域中的作用》,载李灵、李向平主编《基督教与社会公共领域》,上海人民出版社2012年版,第26页。

⑦ 刘慧、赵晓春主编:《国家安全蓝皮书:中国国家安全报告(2014)》,社会科学文献出版社2014年版,第1—2页。

主张在此未能描述，还请见谅。

除了上述众多学者对宗教与社会及其建设的关系做了深入探究之外，实际上，自从中国共产党成立和新中国建立以来，中国共产党和国家主要领导人，包括毛泽东、周恩来、邓小平、江泽民、胡锦涛、习近平等同志对如何处理好社会主义中国社会与宗教的关系，如何发挥宗教的积极作用来维护社会稳定与社会和谐，都做了非常有见地和深邃的探讨与论述，比如：毛泽东同志在《关于正确处理人民内部矛盾的问题》中指出："企图用行政命令的方法，用强制方法解决思想问题，是非问题，不但没有效力，而且是有害的。我们不能用行政命令去消灭宗教，不能强制人民不信教"[1]；周恩来同志指出："社会主义社会时期的宗教将长期存在的，……；谁要企图人为地把宗教消灭，那是不可能的。……"[2]；邓小平同志指出："……宗教问题仍将在一定范围内长期存在；……我们在宗教问题上能否处理得当，对于国家安定和民族团结，对于发展国际交往和抵制国外敌对势力的渗透，对于社会主义物质文明和精神文明建设，仍具有不可忽视的重要意义"[3]；江泽民同志指出："宗教走向最终消亡可能比阶级、国家的消亡还要久远；……宗教问题从来就不是孤立存在的，它总是同政治、经济、文化、民族等方面的历史和现实的矛盾相交错，具有特殊复杂性；……如果对宗教问题处理不慎或不当，也会影响民族关系甚至酿成冲突"[4]；胡锦涛同志指出："壮大爱国统一战线，团结一切可以团结的力量。促进政党关系、民族关系、宗教关系、阶层关系、海内外同胞关系的和谐，对于增进团结、凝聚力量具有不可替代的作用"[5]；习近平同志强调："宗教问题始终是我们党治国理政必须处理好的重大问题，宗教工作在党和国家工作全局中具有特殊重要性，关系中国特色社会主义事业发展，关系党同人民群众的血肉联系，关系社会和谐、民族

---

[1] 《毛泽东选集》第5卷，人民出版社1977年版，第368页。
[2] 周恩来：《周恩来统一战线文选》，人民出版社1984年版，第182页。
[3] 《邓小平文选》，1992—2010年版，第653—661页。
[4] 江泽民：《江泽民论有中国特色社会主义》，中央文献出版社2002年版，第354—378页。
[5] 胡锦涛：《高举中国特色社会主义伟大旗帜　为夺取全面建设小康社会新胜利而奋斗——在中国共产党第十七次全国代表大会上的报告》，《人民日报》2007年10月25日。

团结,关系国家安全和祖国统一。"① 这些领导人关于宗教的讲话,对于当前中国社会主义和谐社会建设具有十分重要的指导意义。他们的主张多见于国家和党的重要文献资料中,囿于篇幅,在此不另详述。

总之,上述不同年代的不同学者和领导人对宗教与社会、宗教与社会建设的关系的主张和论述,都很有价值,均值得人们认真学习和思考。该课题的主旨在于将这些有见地的思想火花和主张稍微进行一次系统梳理和整理。假如这样做能给读者或相关职能部门带来一点点启发或借鉴作用,也将是项目团队的一份欣慰。

---

① 习近平:《全面提高新形势下宗教工作水平——在全国宗教工作会议上的讲话》,《新华每日电讯》2016年4月24日1版。

第 二 章

宗教要素与和谐社会建设

　　宗教与社会的共存互构首先表现为宗教要素与社会的共存互构。宗教要素是构成宗教的基本元素，它主要由信念思想、情感体验、道德规范、群体组织和行为礼仪组成。这些宗教要素是人们宗教信仰实践的经验总结或产物，存在于社会中，并影响社会的各个方面。同时，社会的各个方面也对宗教的各个要素产生影响和作用。

第一节　宗教信念思想与和谐社会建设

　　宗教信念思想作为宗教系统的重要构成要素之一，在宗教信仰体系中占据十分重要的地位，可以说，它是不同宗教信仰的重要标志之一；世界上之所以有不同的宗教信仰，很重要的一方面就是有不同的宗教信念和思想。同时，宗教的社会功能，很大程度上是通过宗教信念思想对信众的教育、教化而影响信众的心理和行为而发挥作用的，因而，任何一个宗教，如果没有信念思想，就难以成为宗教，可见，宗教信念思想是宗教信仰中的核心要素之一。

　　因此，宗教要素与社会的共存互构首先是宗教信念思想与社会的共存互构。在于宗教信念思想是人们宗教信仰实践的经验总结，它来源于人们的社会实践，同时又作用于人们的社会实践。而社会的结构、功能、运行也对宗教信念思想产生直接的影响和作用。

一　宗教信念思想的内涵

　　宗教信念是人们对超自然因素或超人间力量的相信和敬仰而在人脑

中形成和留下的概括性形象，是一种直观的信仰感受、感觉和体验，往往以简单直觉的表象形式通过人们的日常生活体现出来。而宗教思想则是超自然因素或超人间力量事物或现象经过人们的意识思维活动而产生的结果，是理性思维的产物，与宗教信念相比，显得更抽象、概括、系统、逻辑、理性，往往通过文字书面表达形式体现出来。因此，就人类而言，应该先有了宗教信念，才有了宗教思想。

在人类社会的早期，人类祖先在长期的自然社会生活中，对诸如刮风、下雨、打雷、闪电以及各种破坏性灾害等自然现象和出生、衰老、生病、死亡等生命现象无法做出解释，也无法把握和控制，于是产生怀疑和恐惧，渐渐地他们认为并相信，人世间还有另外的神灵在主宰着人类和自然的生活，生命都有灵魂，死后要到另外一个世界去，为了克服对这些自然现象和生命现象给人类带来的恐惧，他们通过祈祷、祭祀等活动来祈求得到神灵的护佑，以此来得到安宁、富有、健康的生活，神灵观念、灵魂观念渐渐融入人们的日常生活中，并在人群中代代传递下去，神灵信仰和崇拜就这样出现，原始的宗教信仰也渐渐产生。随着阶级社会的出现，人与人的不平等、剥削、压迫等现象也反映到人们的观念中，让人们感觉到，人世间除了有自然力量的压迫外，还有来自社会力量的压迫，这时，神灵不仅赋予了神秘的自然属性，还赋予了世俗的社会和道德属性，神灵具备了自然、社会和道德三种属性，成为一个人格化的神，一个无所不能和赏善罚恶的神。这些存在在人们日常生活中的普遍经验和观念，在人类语言和文字产生之前，显得粗俗、混沌、简陋，缺少理论化的思想，因而人们更多地注重宗教行为仪式和情感体验。但随着人类语言和文字的出现，社会中就分化出一部分人专门从事记载和表达这种超自然现象的工作。于是，这些现象通过语言和文字表达出来，并且越来越理论化和系统化，成为理论化的宗教思想体系，就超出了单个人的生活经验和内心信仰的范围，从而扩展传递到整个人类社会，并通过社会化的形式将其一代代地继承和发展下来，从而形成了一系列的宗教思想和文化，由此成为宗教传播的有力工具和一种社会文化形式。

纵观所有的宗教，都是围绕着对超自然因素或力量的信仰产生的"灵魂观、神灵观、天堂地狱观和善恶报应观"，以此为核心发展出对宇宙世间万物和世俗社会的看法和主张，形成了一系列调整人与神关系、人与自然关系、人与社会关系和人与人关系的主张和看法，就有了宗教的各种思想和观念，统称为宗教的思想观念体系。本课题重点介绍与社会建设相关的宗教信念和思想，即宗教的社会和谐思想和观念，具体包括宗教对人与自身的关系、人与人的关系、人与社会的关系及人与自然的关系看法和主张。

因此，宗教信念思想中所倡导的和谐社会，首先要做到人与自身的和谐，即人的身心和谐、内心和谐和心灵和谐；然后，才会有人与人、人与社会以及人与自然的和谐。因此，宗教信念思想中的和谐社会，是一个人身与人心相和谐、人与人相和谐、人与社会相和谐和人与自然相和谐的有机整体，而非某一个方面或领域的和谐。而且，几乎所有的宗教，特别是中国五大宗教，围绕着实现这五个方面的和谐提出许多各自的见解和主张，包括一些很具体的落实措施。

二　宗教之人之身心相和谐的信念思想

几乎所有的宗教都强调，人与自身的和谐，即人的身心和谐、内心和谐和心灵和谐是人与人、人与社会和人与自然相和谐的基础和保证。没有内心和心灵的和谐，一个人不能保持内心的宁静和纯正，总是心生烦恼、怨恨和贪欲，人与他人、人与社会以及人与自然的和谐就无法实现和保证，这样的和谐也就成了一句空话。

比如佛教就认为，只有人们的心灵得到净化，才能抵制社会上的各种歪风邪气，才能抑制种种损害他人利益和社会公益的行为。因为在佛教看来，平常人们的心总是充满烦恼，是不和谐的，"贪、嗔、痴"三毒时时缠绕在人们的内心，使人们不得安宁。故《五苦章句经》中说："心是怨家，常欺误人"；《佛遗教经》也认为："心之可畏，甚于毒蛇、恶兽、怨。"人之所以会产生"贪、嗔、痴"三毒，都是由于不明了"万法无自性，诸法因缘生"的道理，而生起"我执"之心，要么执着于有一恒常之我的"人我执"，要么执着于有一自体之我的"法我执"。殊不知，万法终归是空无自性，并没有一个能起不变主宰作用的"我"，诸法都是由众因缘和合而生的。故佛陀在《别译杂阿含经》卷八中说道："无有实法，但以假号，因缘和合，有种种名。观斯空寂，不见有法及以非法。"

因此，唯有"行八正道，破除邪见；行菩萨道，舍己利人；主张因果，止恶扬善；众生平等，反对歧视；慈悲喜舍，帮助弱者；以四摄法，服务社会"①；才能破除"人我执"和"法我执"，才能通达"利、誉、称、乐、衰、毁、讥、苦"等"八风"的顺逆因缘本相，法随法行，自净其意，顺境现前时不以物喜，逆境现前时不以己悲，做到"自主其心"，随缘成就一切资生事业，才能避免各种烦恼扰动，任运无碍，塑造和谐心灵；否则，终究会陷于"求不得苦"、怨天尤人的不良心境之中。

道教认为，社会和谐发展的前提是个人内心的和谐与安宁，而个人内心的和谐首先是神静。故《云笈七签》卷九十《七部语要》中说："神静而心和。""社会的不和谐往往是人们彼此争夺物质利益而引起的。而物质利益的争夺正是由人的欲望所驱动的。"②《西华经》说："欲者，凶害之根。"因为人的欲望是无穷尽的，而社会可提供人们分配的物质财富是相对有限的。如果一个人放纵欲望，不仅有可能戕害自己的身心，也有可能为满足欲望而不择手段，甚至以身试法。《太上老君内观经》指出：人"始生之时，神源清净，湛然无杂。既受纳有形，形染六情，眼则贪色，耳则滞声，口则耽味，鼻则受馨，意怀健羡，身欲轻肥，从此流浪，莫能自悟"。道教认为，人的本性是清净的，但是一旦有了欲望的牵动，精神就不能安定。精神不能安定，心中必然扰攘不休，心态自然不能健康平和。因此，为了保持精神的清净、安宁与心态的平和，一方面，道教希望人们节制自己的欲望，"少私寡欲"，懂得知足常乐的道理。老子说："祸莫过于不知足"，"知足不辱，知止不殆"；另一方面，道教认为要做到神静心和，关键是树立正确的人生价值观。在道教看来，人生的价值并不是沉溺于各种物质欲望的满足之中，而是在于不断提高自身生命存在的境界；人生的意义并不是无止境地向社会和自然索取，而是在于为社会和人类奉献。所以道教主张求道悟道，将人生的价值融入"济世度人"的奉献中来。只有这样，才能达至精神的安定，保持个人内心的安宁与平静，才能使生活既充实又平和，从而健全人的身心，维护

---

① 国家宗教事务局宗教研究中心组编：《中国五大宗教论和谐》，宗教文化出版社2010年版，第31—38页。
② 同上书，第105页。

和谐和促进和谐。

伊斯兰教主张,只有具有"敬畏真主,力行善功,仁爱宽厚、谦逊坚忍、温和友善、远离纷争、与人为善"[①]这样德行的人才有利于社会的和谐。而要具备这种德行,伊斯兰教认为唯有恪守"念、礼、斋、课、朝""五功"才能达到。因为在伊斯兰教看来,诵念"清真言"可以使穆斯林时刻记念真主,净化心灵,一心向主;而礼拜可使穆斯林接近真主,洗涤过错,远离丑事和罪恶;斋戒可以使穆斯林体恤穷人,关爱弱者,并养成忍耐的德性;天课亦可以成为"济贫税",目的是救助贫弱;朝觐中要求穆斯林要戒除一切恶事,尤其是在"受戒"状态下,对穆斯林的严格要求更是达到了极致。[②]《古兰经2:197》中说:"在朝觐中当戒除淫辞、恶言和争辩。"因此,伊斯兰教要求每一个穆斯林切实履行宗教的功课,严格规范和约束自己的思想信仰和社会行为,才有利于营造和谐的社会。

天主教认为,由天主圣言所造的世界原本是美好的,一切都处于和谐的状态。由于人的过错——人违背了天主给人定下的命令,而败坏了人与天主的关系,也扭曲了人与自身和人与自然的关系,而使人的美好乐园生活与和谐状态永远丧失,最终使人遭受生活的痛苦和死亡的威胁。按照天主教的信仰,人若要摆脱这种不和谐回归到和谐的状态,就要转向耶稣基督和净化与悔改人心。在天主教看来,不解决人心的最终端正和净化,一切为和谐生活与和谐社会的美好设计和努力都只能是表面和短暂的,不能从长远和根本上解决和谐问题。

因此,端正和净化人心是达到社会和谐必不可少的过程。而要端正和净化人心,最好的办法就是悔改,通过它,可以除去人与自身、与他人之间的隔阂,走出自己而转向他人,转向社会。对于天主教信徒来说,就是转向爱与和谐的导师——耶稣基督,内心就会获得真正的净化与和谐。为此,天主教不但设有许多悔改的教导和劝告,还为信徒设置了神圣庄严的悔改仪式——天主教圣洗和告解圣事。凡是皈依天主教的信徒,

---

[①] 国家宗教事务局宗教研究中心组编:《中国五大宗教论和谐》,宗教文化出版社2010年版,第179—180页。

[②] 同上书,第180—181页。

都必须参加和接受"圣洗"仪式才算是正式的天主教徒。"圣洗"仪式有助于让信徒改过自新,不再陷入罪恶的深潭当中,而"告解"圣事则让人与天主重新和好。圣洗和告解不仅是教人省思人与天主的关系,而且还要人省思自己与他人的关系。要想获得圣洗和告解的圆满,天主教认为首先需要同自己得罪的人和解。这些行为无疑有助于个人坚持善言善行和社会走向良性。从而再一次印证了一个人越是有信仰,他就越能与自己和他人相互相处。

在基督教看来,和谐社会不仅是社会生活秩序的和谐,更是人们精神心理状态的和谐、平安与愉悦。基督教认为,若无和谐、平安、愉悦的人的心理精神状态,在一定意义上,真正持久和谐的社会生活状态就难以得到实现;而且人们和谐的心理精神秩序或状态的构建,比起社会生活的和谐秩序或状态的构建,显得尤为复杂、深刻和根本。因为在基督教看来,一种真正持久而优良的社会生活的和谐秩序才具有坚实的根基,才能足以使人们产生信赖和期盼。那么怎样才能构造人们和谐的心理精神秩序呢?基督教认为,基督徒唯有参与到神的创造中,与神圣者同工,才能实现内在真正的和谐。而要做到这一点,前提或条件就是神人和好,"在与神圣的爱者和好的过程中,分享神圣爱者的属性,与神圣者一起共同进入人性和谐的境界,实现人自身心灵的超越、圣化、宁静与愉悦,完成自我人性内的和谐、释放"[①]。《圣经·诗篇:131:2》说:"我的心平稳安静,好像断过奶的孩子在他母亲的怀中;我的心在我里面真像断过奶的孩子。"什么是参与神的创造事工呢?那就是"人带着帮助神实现神的创造的思想去服侍人群,做荣神益人的见证,才是参与神的创造事工,才能实现自我的成长"[②]。为什么如此才能实现人自身心灵的超越、圣化与宁静呢?基督教认为,因为有了对神圣者的信赖和内在和谐的确立,人才能够勇敢面对现实世界的挫折、苦难、彷徨,甚至绝望,投身到自我解放的伟业中。有如丁光训所讲:"神就是爱,他关注的是创造。"也正如《圣经·以赛亚书:40:31》所言:"但那等候耶和华的,

---

[①] 国家宗教事务局宗教研究中心组编:《中国五大宗教论和谐》,宗教文化出版社 2010 年版,第 180—181 页。

[②] 同上。

必从新得力,他们必如鹰展翅上腾,他们奔跑却不困倦,行走却不疲乏。"还如《圣经·罗马书:5:1—4》中所说:"我们既因信称义,就藉着我们的主耶稣基督,得与神相和。我们又藉着他,因信得进入现在所站的恩典中,并且欢欢喜喜盼望神的荣耀。不但如此,就是在患难中,也是欢欢喜喜的。因为知道患难生忍耐。忍耐生老练。老练生盼望。"总之,基督教认为,基督徒唯有通过与神和好,才能实现人与自我的和好,实现自我内心的宁静与和谐,并在自我和谐中参与服务人类和完善人类的伟业中,不畏艰难险阻,积极勇猛精进。

三 宗教之人与人相和谐的信念思想

有了人与自身的和谐,社会和谐就有了一个根,但要实现社会和谐还是不行;因为人毕竟不是孤立地生活在社会中,每个人都会与他人产生和建立各种关系,从而形成与他人的相互依存、互动、沟通关系,这是个人赖以生存和发展的基础。因此,社会的交往互动而产生的复杂的人际关系也促使宗教去思考如何处理人与人的关系,于是,宗教中人与他人相和谐的信念和思想就应运而生。同时,这些信念思想又会影响人们对人与人关系的处理。对于人与人的和谐问题,各大宗教论述得都比较多。

例如,佛教认为,要使社会和谐,就要"慈悲平等,自他相依",而要"慈悲平等,自他相依",就得消除"分别心",了知"自他相依"为世间缘起本相,体认众生平等和人与人在本质上都是平等无二的,也就自然懂得害他人必将害自己的结果,由此就能生智慧,有忍力,不与他人发生争斗,而能自利利他,回归自他相依的和谐状态。之所以如此,是因为在佛教看来,现实社会不和谐,人与人之间之所以产生矛盾和冲突,有各种利益的纷争,根源之一在于人的分别心很重。每个人以分别心为基础,唯求自利而不利他,甚至自他相争相斗,这都是因为有了分别心而阻碍了智慧产生愚痴的一种表现。因此,就要破除分别执着之心,返归自他相依的本然状态。而要破除分别执着,就要体认"众生平等、自他相依、互为一体、平等不二"的真相。分别心破除了,众生之间、人与人之间平等尊重,慈悲关爱,自利利他,无缘大慈,同体大悲,"大慈与一切众生乐,大悲拔一切众生苦",社会的每一个角落都充满着慈悲、关爱和平等。那么整个社会自然就互敬互助，相生相成，共依共存，共赢共享，和谐友爱。

道教强调，只有人与人之间"齐同慈爱、异骨成亲"，方有"国安民丰、欣乐太平"的社会。由此可知，道教所注重的和谐社会非常强调人与人之间的关系，要求人与人之间都如亲兄弟、亲姐妹，彼此之间不压迫、不欺骗、不嫉妒、不仇恨、不偷盗、不邪淫；大家相互尊重，相互理解，相互宽容，相互帮助，和睦相处，才会有国家安宁，生活富裕，人民幸福。为此，道教要求一个人要有慈爱之心，要友善、仁慈地对待他人，"乐人之成，悯人之苦，济人之危，平等一心，和同一切"[①]。而要达到这一要求，关键是彼此之间做到"不嫉不妒，不憎不恨"，方能实现"齐同慈爱、异骨成亲"的理想境界。为了促进和维护和谐的人际关系，道教又特别强调人与人之间交往要做到诚实守信，也要求道教徒"严守道戒，虔诚信仰，口语诚实"。有如《太平经》所要求人们"内外为一，动作吉顺，无失诚信"。也如《西升经集注》中所称颂的那样："道以无为上，德以仁为主，礼以义为谦，施以恩为友，惠以利为先，信以诚为首。"在道教看来，"所谓'诚'，就是要诚恳待人，不嫉妒，不中伤，不欺骗，不背后议论人之长短，不口是心非，不作伪证；所谓'信'，就是说话办事讲究信用，承诺的必定做到，借人的必定偿还。损坏他人的必定赔偿，不贪小便宜"[②]。总之，在人与人的关系方面，道教非常强调诚信的重要性，认为只要人人都做到讲诚信，人与人之间就能和睦相处，和谐共处，社会就会太平。

在处理人与人之间的关系上，伊斯兰教要求穆斯林"守正道、持公道和守中道"。伊斯兰教告诫穆斯林："谁遵循正道，谁自受其益；谁误入歧途，谁自受其害。"《古兰经5：2》中强调："你们当为正义和敬畏而互助，不要为罪恶和横暴而互助。"伊斯兰教以此要求每个穆斯林必须遵守正道，以"获得真主的喜悦，后世藉真主的恩典进入永恒的乐园"。在秉持公道上，伊斯兰教要求每个穆斯林主持公道，维护公平正义，主

[①] 国家宗教事务局宗教研究中心组编：《中国五大宗教论和谐》，宗教文化出版社2010年版，第105页。

[②] 同上收，第106页。

张"做事要公道"。《古兰经4：135》说道："信道的人们啊！你们当维护公道，当为真主而作证，……无论被证的人，是富足的，还是贫穷的，你们都应当秉公作证；真主是最宜于关切富翁和贫民的。"《古兰经5：8》也强调："信道的人们啊！你们当尽忠报主，当秉公作证。"主持公道，伸张正义，不只是停留在口头上，而是要求每一个穆斯林要以身体力行来落实的。穆罕默德就说："你们当中谁要是看见有人作恶，就要用手去制止他；若做不到，就要用口去劝阻他；若还做不到，就要用心去憎恨他，这已是最弱的信仰了。"因为在伊斯兰教看来，公道是人类社会的永恒要求和共同道德准则，公道和正义得不到维护，社会冲突和矛盾就容易被激化，社会和谐就无法实现和保障。伊斯兰教对穆斯林主持公道的要求利于维护社会的公平正义和促进社会的安定和谐。在恪守中道上，伊斯兰教要求穆斯林为人处世不偏不倚，不过分和不走极端，谨守中道。"慷慨而不挥霍，节俭而不吝啬，勇敢而不暴虐，豪爽而不骄横，谦逊而不自卑，忍耐而不怯弱，审慎而不呆滞，奋斗而不狂躁……"[①]《古兰经2：190》说："你们当为主道而抵抗进攻你们的人，你们不要过分，因为真主必不喜爱过分者。"《古兰经25：67》："他们用钱的时候，既不挥霍，也不吝啬，谨守中道。"这些充分体现了伊斯兰教的中道原则。谨守中道是真主对穆斯林的基本要求之一。

天主教认为，社会和谐的丧失是由"罪而来的私心"所导致。这种私心就是时时处处为个人打算，任何事情都从自己出发，从不考虑他人的利益；而且在罪的倾向引导下，人服务别人的意愿就渐渐丧失，盘剥和压迫别人的欲望会日益增强，并将他人视为自己利益的障碍，"欲除之而后快"。为此，天主不仅"为人设立了法律，以制衡罪的作用和恶果"[②]；同时，天主还通过圣经不断地告诫人们，"爱天主"与"爱邻人"是同一回事，如果一个人对自己身边人的需要都视而不见和无动于衷的话，说他爱天主是不真实的，真正的爱必须将他人的生命和利益放在首位，将他人视为目的而不是手段，爱他人胜于爱自己，以他人福祉为前

[①] 国家宗教事务局宗教研究中心组编：《中国五大宗教论和谐》，宗教文化出版社2010年版，第182页。

[②] 同上书，第289页。

提而不是以自己的福祉为先，这才配得上"神圣之爱"的称号；而且这种爱不图任何回报，也没有任何功利的企图。如果社会中的每个人都能如此，人与人之间就能和谐相处，社会就得以和谐。由此，人们也就不难理解，为什么天主在圣经中反复告诫人们，反对"以牙还牙"，反对"以眼还眼"（《玛窦福音5：38—42》）；主张站在"弱小者一边，为他们辩护"（《玛窦福音25：45》、《玛尔福音9：37》），"右手做了好事不要让左手知道"（《玛窦福音6：1—5》）[①]。可见，天主教倡导的是一种为他人的"人道主义"。在天主教看来，一个社会，如果没有"为他人的伦理"和"为他人的人道主义"[②]，就无法真正建立"人与人之间、人与社会之间"的和谐，就无法建立起真正的和谐。外在的制度和法律尽管对于社会的和谐不可没有，但如果没有将"人的内心自觉"和"自我约束"结合起来，没有将"他人的利益和生命放在首位"来考虑"真爱"和"伦理"，法律就没有爱，就会失去其生命力，最终成为压迫人的重担。像天主教这些"圣爱"的伦理和理念，对当今中国社会主义和谐社会的构建，特别对于协调人与人之间的关系具有独特的作用。

基督教也非常强调人与人的和谐，不仅要求基督徒学会如何与他人和谐相处，比如《圣经·箴言12：20》就说："劝人和睦的，便得喜乐。"《马太福音5：9》："使人和睦的人有福了，因为他们必称为神的儿子。"《罗马书14：19》："我们务要追求和睦的事，与彼此建立德行的事。"《希伯来书12：14》："你们要追求与众人和睦，并要追求圣洁，非圣洁没有人能见主"；还要求基督教徒将促进人与人之间和睦和谐的言语行为落实在现实生活中，要他们在实际生活中"作光作盐"，调和人际关系。例如圣经《歌罗西书4：6》说："你们的言语要常常带着和气，好像用盐调和"；《马可福音9：50》："你们里头应当有盐，彼此和睦"；《罗马书12：17—18》："不要以恶报恶，众人以为美的事，要留心去做。若行，总要尽力与众人和睦。"基督教除了强调人与人之间"和好和谐外"，还通过《圣经》以律令和命令的方式要求基督教徒要"爱人如己"

[①] 国家宗教事务局宗教研究中心组编：《中国五大宗教论和谐》，宗教文化出版社2010年版，第289页。

[②] 同上书，第290页。

和"彼此相爱",而且爱人要从身边的人爱起,要普及众人。耶稣说:"当孝敬父母。又当爱人如己"(《马太福音19:19》)。"你们要彼此相爱,像我爱你们一样,这就是我的命令"(《约翰福音15:12》)。"像那不可奸淫,不可杀人,不可偷盗,不可贪婪,或有别的诫命,都包在爱人如己的这一句话之内了"(《罗马书13:9》)。"你们自己蒙了神的教训,叫你们彼此相爱,愿主叫你们彼此相爱的心,并爱众人的心,都能增长,充足,如同我们爱你们一样"(《帖撒罗尼迦前书3:12》)。"爱邻舍如同自己"(《路加福音10:27》)。"有了爱弟兄的心,还要加上爱众人的心"(《彼得后书1:7》)。可见,基督教"人与人和谐"的核心就是"爱",主张以"爱"来建立人与人之间的和谐关系,以"爱"来维系人与人之间的和谐关系,以"爱"来促进人与人之间的和谐关系。

四 宗教之人与社会相和谐的信念思想

人与人之间的沟通、互动和相互依赖就会形成人的群体,而群体与群体之间沟通、互动和相互依赖就会形成群体的集合,也即社会。社会既由无数众多彼此相互联系的个人组成,也由无数众多彼此相互联系的群体组成。因此,社会和谐光有人与人之间的和谐还不够,还需要人与群体、群体与群体之间和谐,也就是人与社会的和谐。宗教为了能够在社会中生存和发展,也就自然会对人与社会的关系进行思考和探讨,宗教的人与社会相和谐的信念思想自然就形成,而这些信念思想也同样会影响人们对人与社会关系的处理。同样,对于人与社会的和谐,各种宗教对此也做了相应的论述。

例如,佛教缘起论认为,世间的万事万物都是由内因外缘和合而成,互为因果、依正不二的,即"诸法因缘生,诸法因缘灭",宇宙的任何一个事物都是相互联系和依赖的,由此推及整个社会,人与人之间、人与社会之间也是相互依存的关系,人是不能离开他人和社会而独立生存;社会也离不开个人,社会没有了个人,也就不成为人的社会。因此,人们应彼此正视相互之间依存关系,不仅应该互助互利,保持和谐的人际关系;还应该自觉承担社会和家庭乃至个人责任,不给社会、家庭和他人增加负担,添麻烦。而作为社会,也应该为公民提供基本的生活保障,以实现社会与人的共存与发展。缘起论思想在一定意义上肯定了宇宙和世界万物的多样性和共生性，社会乃至世界的和谐要靠人与社会、国家与民族的多方参与合作，反对个人的自我中心主义、种族中心主义和世界霸权主义。同时，佛教因果观又主张，任何事物的产生与变化都有因果关系，即"有因必有果，有果必有因"，体现在行为道德方面就是"善有善报、恶有恶报"，从而要求人们必须考虑自己的言行后果，提倡为他人和社会带来有益处的言行，以种善因得善果；反对不利于和有害于他人和社会言行的发生，以避免种恶因得恶果。

为了维护人与社会乃至世界的和谐，佛教不仅从理论上对此做出了独到而深刻的阐释，还给出很多可行的实践机制和服务途径。首先，它要佛教徒树立众生平等、慈悲和中道的理念和情怀。佛教认为，所有的众生都具有佛性，即"与佛同具有成佛的'真如本性'，人人可以成佛，众生都可以成佛"。这里的众生不仅仅包括人类，还包括一切有生命的生物和无生命的植物，甚至还包含无机体。这实际上就是肯定所有的"众生"都是平等的，不仅人与人之间、不同类众生之间是平等的，甚至有生命的众生与无情众生都是平等的。这种平等观有助于消除个人自我中心主义、种族中心主义和人类中心主义，有助于从思想观念上消除冲突和战争产生的根源，树立人与众生、与自然和谐共存共生的和平理念，从而确立了处理人与人、人与自然、民族与民族、国家与国家之间相互关系的基本准则，意味着各主体之间应该相互尊重、相互信任和合作、相互理解和谅解，进而相互宽容友爱。故佛教倡导的全部戒律中以"不杀生"为首戒，就是要反对和放弃暴力，倡导非暴力。慈悲理念就是要佛教徒对一切众生要有"无缘大慈、同体大悲"的宽阔胸怀；所谓慈，就是要爱护一切众生，视一切众生皆为自己的亲生父母、亲人，并给予他们以快乐；所谓悲就是要怜悯一切众生，并拔除他们的一切痛苦。慈悲心就是要求佛教徒以自己的财力、体力和智力等实际行动去救助身边和社会的贫困者，去帮助社会中需要帮助的人群。这不仅有助于帮扶社会弱势人群，缓解他们的生活困难，消解社会矛盾和紧张；同时，还有利于化解人们的"嫉妒心、仇恨心、复仇心"，减少社会仇恨和冲突。佛教还要求信徒要有"中道"的理念。不过，中道在佛教看来，并不仅仅指"不流于极端的纵欲，也不流于过甚的苦行，在此苦乐之间求取折中的态度"，而且更是一种"中道"的境界和状态，一种达到"真如"实相的心境——心念处于善念不起、恶念也不起的境界，也即《六祖坛经》所讲："不思善、不思恶，哪个是明上座的本来面目？"被认为达到与实相相应了。这心念超越了时间、空间，时时刻刻安住在实相上，始终不落两边。到达这种境界，就是中道、就是实相。佛陀不仅为人们认识、把握了人类活动的法则，而且还道明了人之所以不能达到中道的原因，根源于"多变的情意识的妄执"，为此，释尊提出了"以智为本的缘起中道及八正道的中道"究竟彻底否定妄执的中道行。中道理念使得佛教具有兼容并蓄、适应变化的特点，有助于克服人们的极端思想、偏见和利己主义，促进人与人、民族与民族、国家与国家之间的和睦相处与合作。

其次，它提出了体现和谐精神的行为标准、基本戒律和修持方法。比如佛教要求佛教徒做到"布施摄、爱语摄、利行摄、同事摄"的"四摄"法门；为帮助人们除去"悭吝贪欲、违规犯法不良习气、嗔恨争斗和暴力、懒惰懈怠、心猿意马精神不集中、昏愚痴迷"等不良习性，佛教提出了"布施、持戒、忍辱、精进、禅定、智慧"的"六度"修持法门和"正见、正思维、正语、正业、正命、正精进、正念、正定"的"八正道"法门；此外，佛教还提出了"律仪断（即令已生恶念断）、断断（即令未生恶念不生）、修断（即令未生善法得生）、防护断（即令已生善法增长）"的"四正断"法门和"身和同住、口和无诤、意和同悦、戒和同修、见和同解、利和同均"的"六和敬"法门。像这些行为标准，实际上不仅仅是僧团组织和佛教信众共同遵守的行为准则，也是我们日常生活中一切群体和人们都应该做到的生活守则。假设我们所有的社会成员和社会组织都能如此举止文明，布施钱财、力量或言语，说赞美他人的话，做有益于他人的事，那么人与人之间就能坦诚相待、沟通理解、方便他人、和平相处，群体和社会自然就和谐。

道教非常重视人与社会的和谐共处。在人与社会的关系上，道教仍从其最高信仰"道"出发，不仅赋予"道"为宇宙本源和普遍规律的意义，还将"道"分为指导自然规律和法则的"天道"和指导人事规律和法则的"人道"。其中，人道包含人与社会、人与人的关系。道教主张，人道、天道都要顺应于"道"，认为"凡事无大小，皆守道而行，故无凶；今日失道，即致大乱"。何谓"道"呢？"道者，天也，阳也，主生；

德者，地也，阴也，主养；万物多不能自生，即知天道伤也。"这个"道"，既是"天道"，也是"人道"，就是自然和人事的总规律、总法则。道教反复强调，天地间的一切财物都是"天地和气"所生，属于社会公有。"物者，中和之有。""天地乃生凡财物可以养人者。"故主张财物不为少数人所占有，而应"周穷救急，有财相通"，强调任何人都不要违背社会公共规则，要友善待人，要"悯人之凶，乐人之善，济人之急，救人之危"，而且有道德的人更应以道德救人；反对"智者欺负愚者，强者欺负弱者，少者欺负老者"，认为这是"与天心不同，故后必凶也"。[1]《道德经》七十九章说："天道无亲，常与善人"，劝导世人扬善抑恶，行善积德；并与道教的长生成仙信仰结合起来，主张"长生之术，唯善为基""百行当修，万善当著"。《抱朴子内篇》指出："欲求仙者，要当以忠孝和顺仁义为本，若德行不修，而但务方术，皆不得长生也。"《度人经》也提出了许多诸如"不杀、不害、不嫉、不妒、不淫、不盗、不贪、不欲、不憎、不疑"等具体的行善规诫[2]。道教在追求自我成仙的同时，还要求其信众对他人、对社会做出贡献，提倡以各种方式服务于天下人的共同利益，反对任何为一己之私损害他人利益的行为，认为只有成为一个对社会尽责有用的人，才有"修仙得道、名登仙籍"的资格。此外，道教强调要关怀一切生命，主张人类应以"天地之生德"为效法，以"与一切众生乐、拔一切众生苦"的情怀来关怀爱护万物、尊重生命。《太上洞真智慧上品大戒》："常行慈心，愍济一切，放生度厄。"《太上感应篇图说》："慈者，万善之根本。人欲积德累功，不独爱人，兼当爱物，物虽至微，亦系生命。"这些内容，实际上都是一些社会公德，是人们必须奉行的，这种善公德对于促进人类社会和谐共处是十分重要的。总之，道教认为，社会的和谐，必须依赖于人人遵守社会规范来维持，而道教戒律的道德伦理，都是以规范和劝导为主，从正反道德规诫中要求人们自觉遵守道德规范，去恶行善，不断加强自我道德修养，逐步做

---

[1] 卿希泰：《道教文化与现代社会生活》，中国民族宗教网，http://www.mzb.com.cn/html/Home/report/370997-1.htm，2013—02—13。

[2] 国家宗教事务局宗教研究中心组编：《中国五大宗教论和谐》，宗教文化出版社2010年版，第108页。

到"自洁、守正、清净、不争",成为一个具有高尚道德情操和良好道德修养、服务社会、济世利人的人。

伊斯兰教对人与社会关系的论述也十分深刻和充分。在伊斯兰教看来,人类同根同源,都是阿丹的子孙。《古兰经》中说:"众人啊!我确已从一男一女创造你们,我使你们成为许多民族和宗族,以便你们互相认识。在真主看来,你们中最尊贵者,是你们中最敬畏者"(49:13)。"世人都是阿丹的子孙,阿丹受造于土。"真主安拉不仅要让人类认识到造化人类的目的就是要人类都认主拜主,而且让人明白人是"受真主的明命来治理社会的"。人是群居的动物,是社会的一分子,享受着社会的各种益处,因而应当忠于人群,尽力为全人类谋福利,为社会的进步、为实现社会和谐和人类大同而努力,不能遗世而独立。为此,伊斯兰教不仅为穆斯林塑造了一个"最和谐的终极归宿和乐园",而且还为穆斯林倡导一个"两世吉庆"的和谐人生观。作为穆斯林,应以信道行善、藉真主的恩典进入乐园为人生的追求。因为乐园是最美的处所,是最和谐的终极归宿。《古兰经》中说:"他们在乐园中,靠在床上,不觉炎热,也不觉严寒。乐园的荫影覆庇着他们,乐园的果实,他们容易采摘。……他们在那里面,听不到闲谈,只听到祝愿平安;他们在那里面,朝夕获得给养"(76:13—14)。"信道而且行善者,将蒙主的允许而进入那下临诸河的乐园,并永居其中,他们在乐园中的祝词是'平安'"(14:23)。伊斯兰教既要穆斯林信教行善,准备后世,又要积极生活,过好今生。《古兰经》中说:"你应当借真主赏赐你的财富而营谋后世的住宅,你不要忘却你在今世的定分。……你应当为今世而耕耘,就像你要永生一样;你当为后世而行善,犹如你明日就要死亡"(28:77)。为此,为了过好今生,伊斯兰教不仅倡导穆斯林要公平诚信、宽容仁爱,积极主动调解纠纷,与邻居友好相处,善待"非敌对群体";还要穆斯林"重团结、重团体、重民权、重教育和重伦常"[①]。

关于人与社会的关系,天主教认为,每个人都需要社会生活,这是人的本性的需要,不是个人的任何附加,因为"人通过与他人的交往,

[①] 国家宗教事务局宗教研究中心组编:《中国五大宗教论和谐》,宗教文化出版社 2010 年版,第 235—238 页。

与兄弟间的互相服务和对话，而发展他的潜能；人就这样回应他的被召"（1879）①。接着又说："每个社会都是一群人的集合体，……每个人理当效忠于他所参与的团体，并尊重负责公益的掌权者"（1880）。② 接着又说："人自身的完成需要社会，这种需要首先是家庭，然后是国家。教会也是一种社会形式，它的作用主要是道德与灵性方面。教会应与社会互相配合，对社会起到净化的作用，而不当是动乱的根源。"③ 因此，"依照人的社会本质，个人的私益必然与社会的公益有关。生活绝不可脱离群众、独自隐退，……但要聚在一起，共同寻求公益。每人应该能从工作中获取维持自己及家人生活的资源，并为人类团体服务"（1905）④。不仅如此，天主教还要求每个社会成员都应服从政府，因为在天主教看来，所有权力都来自天主，因而，凡是抗拒当政者，就是抗拒天主的规定，而抗拒者是要遭到应有的惩罚。天主教还特别强调："在天主跟前，人人平等，人在社会的政治与经济生活中同样应具有平等的权利，这权利不应语言、文化、肤色、宗教而发生差异。追求人性的尊严，应是任何社会组织的基本目标。"⑤

对人与社会的关系，基督教首先认为每个人都是神创造的，都具有神的形象，都是弟兄姊妹，在神面前人人平等，没有高低贵贱之分，都享有同样的自由和民主，承担相同的责任和义务，在世上也都应该彼此体恤，如弟兄一样相处相爱；公义公平、慈爱诚实是为人的根基；每个人都是社会整体的一部分，因而要求执政者制定公平正义的法律，并依法治理，"法必须以整个社会的福利为其真正的目标"；同时，也要求民众遵守既定的道德行为规范。耶稣基督在世传讲福音时，不仅倡导社会的公平正义，鼓励支持"'凭公义行政'，'藉公平掌权'，襄助一切符合

---

① 出自《天主教教理》，此处转引自国家宗教事务局宗教研究中心组编《中国五大宗教论和谐》，宗教文化出版社2010年版，第335页。

② 同上。

③ 出自《论教会在现代世界牧职宪章》第二章25，此处转引自国家宗教事务局宗教研究中心组编《中国五大宗教论和谐》，宗教文化出版社2010年版，第337页。

④ 出自《天主教教理》，此处转引自国家宗教事务局宗教研究中心组编《中国五大宗教论和谐》，宗教文化出版社2010年版，第328—239页。

⑤ 出自《论教会在现代世界牧职宪章》第二章29，此处转引自国家宗教事务局宗教研究中心组编《中国五大宗教论和谐》，宗教文化出版社2010年版，第313页。

良善要求的行为；而对于腐败和愚顽丑恶的事，则求主洗净、补足和纠正，以善胜恶，负起应有的社会良知和责任"[①]；在国家之间，倡导铸剑为犁，主张世界和平，反对侵略和所有不义的战争和掠夺；他还把爱洒向每一个被遗忘的角落，情真意切地爱每一个人；也要求人们像他一样爱自己的亲人、爱自己的邻舍，爱自己周围所有的人；圣经用"压伤的芦苇他不折断，将残的灯火他不吹灭"来形容他对人的爱；同时，他还要求所有基督徒要"仁爱、喜乐、和平、忍耐、恩慈、良善、信实、温柔、节制"。他教导人们要经常服务他人："你手若有行善的力量，不可推辞，就当向那应得的人施行。你那里若有现成的，不可对邻舍说，去吧，明天再来，我必给你"（《箴言》3：27—28）；"周济贫穷的，不致缺乏。佯为不见的，必多受诅咒"（《箴言》28：27）；"施行仁慈的，令人羡慕。穷人强如说谎言的"（《箴言》19：22）。耶稣基督一生更是关爱弱势群体的典范。他的一句名言就是："人子来，不是要受人的服侍，乃是要服侍人"（《太》20：8），被基督教青年会作为会训，激励其参与社会服务和公益慈善事业，同样也激励了世界各基督教团体和个人从事这项事业。总之，基督教主张人人皆为神所创造，因而人人平等，而且都是社会的完整整体的一部分，故彼此之间要如兄弟一样体恤相爱，要承担社会责任和义务，维护社会的公平公义，要关爱他人，服务他人。

五 宗教之人与自然相和谐的信念思想

佛教关于人与自然关系的论述，同样是以其宇宙观、世界观和生命观为基础。在佛教看来，宇宙世界的万事万物都是因缘和合而成，都是由种种条件聚合而成，即所谓"诸法因缘生，诸法因缘灭"。"因"是指引发事物结果的内在因素，即所谓的"内因""主因"；"缘"是指外在的起辅佐作用的间接因素，也称"外因""辅因"。佛教认为，一切事物都是由内因外缘的聚散而生灭，故称为"缘起"论或"因缘生灭法"。同理，人和环境之间、人与自然之间也是因缘和合而成的，是互为因果和依存的关系，是"此有故彼有，此生故彼生"（《杂阿含经》卷十二）的

[①] 国家宗教事务局宗教研究中心组编：《中国五大宗教论和谐》，宗教文化出版社2010年版，第413页。

关系，是依报与正报的关系。在佛教看来，人作为一种生命主体，可以被视为一种"正报"，而对于人这个生命主体而言，其所依存的环境就是一种"依报"。"正报"，也称为"别报"，是指造业主体自身承受的果报；"依报"，也叫"共报"，是指众生所依此的山河大地国土世界等环境承受的果报。不同的业力，承受的果报也不一样。依报和正报不是一分为二、割裂的、独立的关系，而是同为一体、相辅相成、密不可分的关系，即"依正不二"的关系。也就是说，环境并不是外在于人的一种客观存在，只不过是人一种业报的体现而已。我们人类所依存的环境，正是人类自身共同的业力——共业所造的，是共同的业报所感的。因而佛教认为，一切现象都处在相互依赖并制约的因果关系中，一切生命都是自然界不可缺失的组成部分，离开了自然界，生命就不可能存在，即"天地同根，万物一体，法界同融"。而且我们所依存的环境，作为人类生产生活的自然界，并不是无知觉无活气的死物，而是"有情有性"，"花草树木、飞禽走兽，皆有佛性"，能够而且随时都在对施加于它们身上的人类行为的影响发生反作用。有如佛教所言："我心彼彼众生一一刹那，无不与彼遮那果德身心依正，自他互融，互入齐等。我及众生皆有此性，故名佛性。其性遍造遍变遍摄，世人不了大教之体，唯云无情不云有性，是故须云无情有性"（净岳《科金刚》）。[1] 在佛教看来，青青翠竹，尽是法身；郁郁黄花，无非般若。故《大般涅槃如来性品》云："一切众生，悉有佛性"；"是法平等，无有高下"（《金刚经》）。自然界的一切事物，不管是有生命的有情众生，还是无情的花草树木、水流岩石，"追求和完善生命状态的心性是相同的"[2]，权利也是平等的，其生命存在的意义和价值没有高低贵贱之别，都是息息相通的，共同构成一个和合共生、无尽缘起的生命共同体。每一个极微小的事物，都蕴含着宇宙中的全部信息。"芥子容须弥，毛孔收刹海"，一粒微尘就是一个世界。而且，这个世界的好坏、美丑、净秽，都与我们的起心动念、一举一动、

---

[1] 转引自国家宗教事务局宗教研究中心组编《中国五大宗教论和谐》，宗教文化出版社2010年版，第20—21页。
[2] 国家宗教事务局宗教研究中心组编：《中国五大宗教论和谐》，宗教文化出版社2010年版，第20—21页。

身口意业有着密切关系。"无始一念三千,以三千中生阴二千为正,国土一千属依。依正既居一心,一心岂分能所?故净秽之土,胜劣之身,尘身与法身量同,尘国与寂光无异。是即一一尘刹一切刹,一一尘身一切身,广狭胜劣难思议,净秽方所无穷尽"(湛然《法华玄义释签》卷十四)。① 这说明,每个人的起心动念,一举一动,不仅对人自身产生影响,而且会影响大众和环境,乃至整个世界和宇宙,会遍及一切身、一切刹而重重无尽,其结果必然是"一荣俱荣、一损俱损"。所以,佛教主张要以"无缘大慈、同体大悲"的菩萨情怀对待一切众生、一切生灵,回报万物施与自身的恩惠;倡导天下一体,众生平等,清净国土,珍爱自然,戒禁杀戮,善待生命。在佛教看来,唯有如此才是正确的生活态度和生活方式。然而要做到这一点,佛教认为首先应学会正确认识和把握自己,要知道世间一切事物无自信,无实在的本质存在,无不变的本质,只是相对的存在;懂得"人空"和"法空"或"我空"和"法无我",就会破除"人我执"和"法我执",摈除"一切以我为中心、我要主宰一切、我要拥有一切"的心理障碍和精神痼疾,破除"个人自我中心主义"和"人类中心主义",在精神境界上得到解脱,在心灵上得到净化,从而体认一切生命的价值,体悟世界的真如妙理,公平对待所有众生,自觉拯救众生、改善社会和成就圆满人生。然而,在佛教看来,如果人们不能正确认识和把握自己,就不能破除"人我执"和"法我执",就会在日常行为中形成强烈的"我执""我相",一切完全以"自我"为中心,"我要主宰一切、我要拥有一切"的心理就会占据人们的头脑,精神和心灵就会迷失方向和自我,生命的意义将被扭曲变形,把整个宇宙万物视为强取豪夺、肆意虐取的对象,时刻迷恋于个人的名、权、利等身外之物而失去理智,就会为达到自己的目的而不择手段和不计后果,抱怨、不满、愤恨、失望、忧愁、绝望等心理精神障碍自然在所难免,暴力、伤害等冲突也无法避开。所以,如果人类不剔除这些极端自私、贪婪等丑恶的心行,及早熄灭贪、嗔、痴、慢、疑等心毒,就会在毁灭其他生命的同时也葬送自己。因此,佛教认为,维护生态平衡的根本在于保持人

---

① 转引自国家宗教事务局宗教研究中心组编《中国五大宗教论和谐》,宗教文化出版社2010年版,第20—21页。

类的心态平衡，解除人类的危机在于解除人类的生态危机和心灵污染。所以，佛教生态观强调，唯有不断净化人类的心灵，改造人类的精神，提升人类的精神境界，保持人类的心态平衡和精神健康才能有效地化解人类的生态危机，改善人类的生存环境，为人与自然的和谐共生与共荣提供保障，从而促进人与自然的和谐共生与共荣。

对人与自然关系的论述，佛教的主张清晰、明显且果断，而且自其诞生之日起，就一直秉持这种理念去展开它的信仰实践。然而，基督教则不然，在基督教思想中，关于人与自然关系的主张显得较为复杂而难以厘清和理解。学者杨通进认为，在基督教思想中有关人与自然关系的主张，有三种观念并存，即存有"人与自然相分离"二元论，也有"以上帝为纽带的人与自然平等"观，还有"人替上帝管理自然的托管理论"[①]。笔者认为，基督教思想中关于人与自然关系的论述除了杨通进所讲的三种观念外，还有第四个观念，就是人要保护自然和人与自然和谐相处的理念。虽然"从圣经第一卷书《创世记》到最后一卷书《启示录》的记载；从对世界初始的伊甸园，到世界的终极新天新地的描述，都清楚地表明人与自然始于和谐美好，也必将回归和谐美好"[②]。但是，在西方文明中，却只有"人与自然相割裂"的二元论得到"发扬光大"。当然，基督教思想中对于人与自然关系的认识和态度不是一成不变的，而是呈现出一个曲折变化的过程。

在基督教的早期阶段，为了与已有的传统宗教习俗和观念展开竞争而获取其在社会中的地位，基督教对"多神论"和"万物有灵论"采取的是排斥和批判态度，强烈宣称"一神论""上帝创世说"和"人类中心论"，声称只有耶和华、上帝才具有神性，才是宇宙唯一的至高神、万能神，除了崇拜耶和华、上帝外，不崇拜任何别的神、偶像；世界是上帝创造的，唯有人类是上帝按自己形象来造的，只有人才有灵魂，而且是唯一有希望获得上帝拯救的存在物；人被喻为大自然的主人而非自然

[①] 杨通进：《基督教思想中的人与自然的关系》，《首都师范大学学报》1994 年第 3 期，第 78—85 页。

[②] 国家宗教事务局宗教研究中心组编：《中国五大宗教论和谐》，宗教文化出版社 2010 年版，第 436 页。

的成员，其生命形态高于其他生命形式，并统治和支配着"海里的鱼、空中的飞鸟和陆地上的爬行动物"，自然界的阳光、水、空气、动物、植物等所有存在物都是上帝为了人类而创造出来，是为了人类的利益而存在的。这样，早期基督教的上帝造世说和人类中心论不仅把人与自然、上帝与自然分离开来，还否定了大自然的神圣性，同时也对当时社会较流行的"万物有灵论"进行了反对。西方文明就在早期基督教的这种人与自然相分离的人类中心论的信念下实践着它们的人与自然的关系，从而成为西方人剥夺大自然的合理托词，使得大自然成为人类贪欲之下的牺牲品。

这种人与自然相割裂的二元思想在西方文明中长期占据主导地位。它不仅在一定意义上表达了人类自我意识的觉醒，也有助于人类认识自然和发展相应的科学技术去"征服和战胜"自然，从而成为助推近现代自然科学技术迅猛发展的思想源泉，利于减少人类对大自然的依赖，减轻大自然对人类的伤害；也在一定意义上将"人替上帝代管自然的理念"导向不合理不正确的方向，使人们错误地认为人是自然的主人，是来统治大自然的，人有权任意处置自然，包括肆无忌惮地掠夺、破坏。同样，在"人与自然相分离的二元理论"的主导下，"以上帝为纽带的人与自然相平等的理念"也被抑制得毫无生气，没有发挥作用的空间。在这种情形下，基督教又对其信徒宣称"天国"的美好，使得基督徒把对天国的追求作为他们永恒的目标和向往，而对大自然和地球则漠不关心，因为在他们看来，地球并不是人类永恒的休息之地，也非人类的母亲，只是人类通往天国的一个短暂的居所。总之，这种在价值观或本体意义上就人为地将人与自然相割裂、相对立起来的思想，无疑在一定程度上成为造成当代西方环境污染破坏和生态危机的罪魁祸首。

直到 20 世纪六七十年代，西方社会的环境污染和破坏达到了十分严重境地的时候，不少思想家们才开始反省基督教的传统自然生态观，质疑基督教的这种人与自然相分离的二元思想的环境伦理根基。于是，一些人们转求于亚洲或东方宗教的思想，一些人们则转向美国印第安人的万物有灵论，去寻求环境保护的思想火花。这种做法和趋势自然引起基督教内部的迅速回应，一些神学家们开始对"犹太——基督教的传统教义"进行重新阐释，并力图通过"汲取东方宗教和印第安人万物有灵论的有用成分"① 来对它们进行整合，以重建与环境主义相吻合的基督教传统。历史学家怀特就是这群人中的佼佼者，他通过在对被誉为"生态学家的神圣祖先"——圣弗朗西斯思想的重新发现、挖掘和整理的基础上来建构他的"生态神学"理论。怀特认为，导致"现代西方生态危机的宗教根源就是犹太——基督教的那种把人与自然割裂开来的二元论传统"②，而解决这个问题的办法就是"重建新的基督教传统"；他认为，"圣弗朗西斯的思想有利于帮助人们建立一种以'关于人与其他创造物之间的友谊的、审美的、自我节制的关系'③ 为基础的基督教的同情；从而，他指出，"自然中的生物和非生物在精神上是与人类平等的，人类应当与它们共存，尊重和爱护它们，建立一种以对大自然的超功利的爱为基础的环境道德，使得人类在享受其权利以满足其生理需要的同时，也能够认识到其他有机体的权利"④。

在一批如怀特这样的生态神学家的影响和努力推进下，关心生态环境成为神学研究的新课题。基督教根据现代生态学对传统经典理论中关于上帝与自然的关系、人与自然的关系进行重新阐释和强调，以重建与环境主义相一致的传统。它指出"圣经中神把地球交给人'托管'，其中《旧约圣经》就有四条基本的生态学原则：'地球保护原则''安息日原则''成效原则'和'实践及有限原则'"⑤；神设立"安息年"，不仅要人纪念上帝的创世之功，还要让土壤休养生息、保养土地的肥力；即便在战争年代，神也要人不可忘记保护自然的责任，"你若许久围困你攻打所要取得一座城，就不可举斧子砍伐树木，因为你可以吃那树上的果子，不可砍伐。田间的树木岂是人，叫你糟蹋吗？"（申命记20：19）。"你若

---

① 杨通进：《基督教思想中的人与自然的关系》，《首都师范大学学报》1994 年第 3 期，第 78—85 页。

② 同上。

③ 同上。

④ ［美］L. White：《我们生态危机的宗教根源》，载《Science》155（1967.4.10）；《资源保护的延续》，载［美］I. G. Barbour 编《西方人与环境伦理学》（麻省，1973）；此处转引自杨通进《基督教思想中的人与自然》，《首都师范大学学报》（社会科学版）1994 年第 3 期，第 78—85 页。

⑤ 国家宗教事务局宗教研究中心组编：《中国五大宗教论和谐》，宗教文化出版社 2010 年版，第 380 页。

路上遇见鸟窝，或在树上，或在地上，里头有雏或有蛋，母鸟伏在雏上，或在蛋上，你不可连母带雏一并取去。总要放母，只可取雏。这样你就可以享福"（申命记22：6—7）。《以赛亚书》为我们描绘了人与自然和谐美好的图景："公义必当他的腰带，信实必当他胁下的带子。豺狼必与羔羊同居，豹子与山羊羔同卧。……在我圣山的遍处，这一切都不伤人，不害物。因为认识耶和华的知识要充满遍地，好像水充满洋海一般"（赛11：5—9）。

到了20世纪80年代，世界基督教教会联合会提出基督教应该关心"和平、正义和上帝创造的完整性"[①]。正如德国神学家莫尔特曼所言："我们需要一种新的基督教自然神学，这不是信仰的前提，而是信仰的成果，不是为了神，而为了自然。因为相信神显而认识神的人，在大自然中处处都能见到'神痕迹'。对他们而言，自然变成了神行将来临的荣耀的比喻。他们把每一件造物，甚至最细小的，田野里的百合花，都看作是神的正在到来的荣耀的活生生的希望。已经创造出来的整个天和地的世界，因而都是神王国来临的一个单一的真正的希望。对于将要显现在现今大地现实中的未来的神性光辉来说，现今大地现实是透明的。"

第二节　宗教情感体验与和谐社会建设

宗教信仰者在大脑中对某种超自然现象形成某种宗教信仰和产生观念的时候，往往伴有某种特殊的宗教体验和宗教心理反应。美国宗教心理学家威廉·詹姆士把这种感受和体验称为"宗教经验"[②]。它被认为是宗教信仰者对所信仰的神、神圣物、神圣力量等神圣事物的某种内心感受和精神体验。这种宗教心理反应与体验与一般的心理反应和体验相比，具有一定的特殊性，不仅在于宗教的心理反应和体验主要起源于宗教信仰，是一般的心理反应和体验的独特组成部分；还在于这种宗教感受和

---

① 国家宗教事务局宗教研究中心组编：《中国五大宗教论和谐》，宗教文化出版社2010年版，第381页。

② [美]威廉·詹姆士：《宗教经验之种种：人性之研究》，唐钺译，商务印书馆2002年版，第1页。

宗教经验被不少神学家和具有宗教体验的信仰者认为是人与神的遭遇、相会、会合，是人神的合一，因而具有浓厚的神秘主义性质，所以一般又被称为"神秘主义"。学者彭彤、王宗昱等人认为，宗教经验作为宗教的结构性要素之一，是宗教行为活动的意识性、精神性和非理性因素，是人类的最初经验，是人类在追求宇宙终极价值时获得的意义感受，是人们对宗教整体的感觉、知觉、表象、印象、感受、情绪和信仰等一切感知和内在评价。施莱尔·马赫、奥托、威廉·詹姆士、瓦哈等西方宗教学者都把宗教经验视为宗教现象的核心、基础和出发点，而把其他一切宗教现象看作宗教信仰者个人的宗教经验之社会表现形式。人类就是从宗教经验中获得认识宇宙世界和了解人类自身的途径和方法，从而创造了人类世界和人类自己；人们可以这么认为，是"宗教肯定了人类的最初文化创造，是宗教经验形塑了人类的生活和生产方式，给予了人类进行各种生活行为和生产行为的模式，从而决定了人类的许多行为方式"①。尽管人类社会经历了长期的世俗化过程，但宗教经验仍然以各种变形的方式保存在人们的日常生活中，而且还在潜移默化地影响着人们的生活和生产行为。

通过以上分析，笔者认为，宗教经验实际上有两部分，一是宗教体验的成分，一是宗教情感的内容。两者密切联系，但也不完全等同。一般来说，体验中有情感的要素，情感中也有体验的成分。但体验侧重于经历、过程、直觉、感受，而情感偏重于情绪、感情、心境和心理反应。如果使用经验一词来表达，虽然涵盖了这两部分的内容，但不能突出两者，也不能明显区分两者，同时也不太符合中国人的表达习惯，所以，为了能够让人们对两者有更深刻的认识和理解，该文暂且把这种宗教心理反应和宗教体验称为宗教情感体验，而且被视为构成宗教的核心要素之一。陈麟书、王晓朝等学者把宗教情感体验视为宗教意识的非理性因素，而把宗教思想、观念视为宗教意识的理性因素。在他们看来，当社会成员不能在宗教的理性因素中找到他们所需要的需求和满足时，就会在非理性的精神生活中寻找寄托、补偿和慰藉。

---

① 王宗昱：《宗教经验及其文化价值》，《北京大学学报》（哲学社会科学版）2000年第4期，第123—131页。

一 宗教情感

1. 宗教情感的内涵

宗教情感是宗教意识在情绪、情感方面的表现，是宗教信仰者对神圣事物和超自然信仰所产生的特殊的心境和激情，所引发的肯定或否定的心理反应，如喜、怒、悲、恐、爱、厌等，是神圣事物和超自然现象是否满足信教者需要而产生的情志体验，是宗教活动的动力和核心。

普通心理学认为情绪和情感是个体的一种态度体验，只不过两者的倾向性不同，情绪侧重于个体需求欲望，情感偏向于社会需求欲望。宗教情感具有明显的非理性特征，不仅反对用理性去为信仰对象证明或证伪，也不赞成用形而上学和道德论的碎片拼凑起来的宗教，它被认为宗教信仰者对"宇宙的直觉"，这种直觉唤起个体对宇宙的"无限的情感"，也即"虔诚"。虽然这种虔诚感有各种表现形式，但在所有的宗教情感里都表达了一种"有限依存无限"之感，即"有限的万物依存于最高无限的存在"，因此，施莱尔·马赫认为，"直觉性、虔诚感和依存感"是宗教情感观的关键概念。

宗教情感起源于宗教信仰，也起源于人类主体与客体之间的压迫与反压迫、控制与反控制的矛盾。按照马克思主义理论的观点，宗教本身就是人类客体对人类主体的自然压迫控制和社会压迫控制的产物。当人类主体的能力十分低下时，无法摆脱自然力量和社会力量的控制压迫时，就会把强大的自然力量和社会力量当成异己的力量来对待，人类主体就会产生人格化的欲望，在幻想中驾驭、占有和同化客体，达到主客体的同一，就会对这种异己力量产生诸如恐惧、有限、失落、自卑、感恩等复杂的态度和体验。

宗教情感不是一般情感，两者既有联系又有区别。就联系来说，宗教情感被视为一般情感的独特组成部分。一般情感有很多类型，有对人而产生的情感，也有对物而生之情感。宗教情感是宗教信仰者对神圣事物、超自然现象的敬畏、向往、倚重而产生的特殊情感。就区别而言，两者起源不同。一般情感起源于各自事物，而宗教情感源于宗教信仰。个体的信仰越是坚毅，其情感就越为强烈。几乎大部分人在遭遇困难、挫折的时候，都期望获得一种外来力量的支持和帮助。

2. 宗教情感的表现形式和作用

一般宗教情感的表现形式可以归纳为六种：对神灵的敬畏感、依赖感、惊异感、神秘感、羞耻罪恶安宁感和向往虔诚感。

（1）对神灵威力的敬畏感

对神灵威力的敬畏感是宗教的基础，也是宗教情感的最基本要素。几乎所有的宗教，假如缺乏对超自然力量的敬畏，原始自然宗教就不可产生；若缺乏对祖先灵魂的敬畏，也就没有对祖灵图腾崇拜的出现。它是宗教信仰者将其信奉的神灵视为超自然、超人间的神圣事物，由此而在内心产生的某种恐惧、畏惧、尊敬、景仰、爱慕、向往的感受和相应的感情流露。每每在宗教仪式上，人们都可以感觉到气氛十分庄严、肃穆，每位宗教徒都小心翼翼，生怕因为言谈举止的冒昧触犯神灵而遭受神灵的惩罚；同时，又希望自己的虔诚而获得神灵的欢心与恩典。因而，对神灵有所需求，不管是希冀得到神灵的恩赐，还是希冀不受神灵的惩罚都是敬畏感产生的基础。它是自然力量和社会力量的压迫在人的内心中的反映，它使人们自觉不自觉地为自己或他人设置各种行为戒律，并使自己和他人严格按照这些戒律来行为。

（2）对神灵力量的依赖感

依赖感与敬畏感一样，是一种常见的宗教情感。它是宗教信仰者通过依赖某种超自然、超人间力量来满足自己的愿望和需求的一种心理状态。在现实生活中，人的需要和欲望是无止境的，而自然的客观条件是有限的，人实现自己愿望和获得自己需要的能力也是有限制的，这就使人产生一种依赖心理，希望获得超自然神秘力量的帮助来实现自己的愿望，当人们有了这种意识并进行崇拜时，人们就进入了"宗教"。特别是在早期人类社会，受人类自身能力的制约，人类的几乎所有需要都仰仗自然，依靠自然；在这种人类认识力、智力以及生产力未能达至的领域，人们常常借助自己的想象力来实现自己的心愿，将这些支配日常生活的自然力和自然物变成超自然、超人间的神圣事物，这样，自然和原始宗教就随之而出现。随着人类认识能力和社会生产力以及科学技术水平的发展和进步，人类对自然和社会的认识越来越深刻，渐渐地不再崇拜自然物和自然力，而依赖于一个不同于自然物的精神或意志，那就是上帝。这样，自然原始的传统宗教渐渐衰微而演变为现代宗教。基督教等现代宗教的一神信仰，即上帝崇拜，就反映了信仰者对上帝的深深依赖。因而施莱尔·马赫才会把"依赖感视为宗教的基础"。费尔巴哈在《宗教的本质》中写道："人们的依赖感是宗教的基础"；只不过费尔巴哈认为"人们所依赖的这个东西无非就是自然"，所以，他才得出结论"自然是宗教最初的、原始的对象。这一点是一切宗教一切民族的历史充分证明了的"。① 当然，费尔巴哈对这种依赖感持一定的否定态度，在于他认为依赖感会导致人在神面前不自由。然而，有学者认为，依赖感是人对自然和社会的依赖在人心目中的反映，它能使人自觉地积极维护自然的生态平衡，自觉地、积极地将社会公众利益与个人自身利益紧密联系起来，从而利于社会凝聚力的增强。

总之，依赖感产生了神灵和宗教，神灵和宗教反过来又强化人类对它们的依赖。这种依赖感一旦以神圣事物为表现时，则使这种依赖感变形为具有神秘意义的宗教体验。

(3) 对神灵力量巨大莫测的惊异感

对未知力量的惊奇和对新事物的好奇是人类的本能之一。自然力量的巨大和神秘莫测，自然景象的壮观和精巧都会激起人们的惊奇感；同样，自然规律的反常、世界秩序的混乱，更能引发人们的惊奇感。因而，亚里士多德、费尔巴哈等认为，人类因自然力量的巨大莫测、自然现象的壮观精巧以及自然过程的有序规律而所生的惊奇感是宗教产生的最初原因之一。一旦这种自然力量、自然规律被神话，被想象为是神灵活动的结果或神圣天意的表现，作为人类自然感情的惊奇感就会披上神秘的面纱。宗教神学家和宗教信仰者在体验到这种惊奇感之后，就会把这种自然的规律性认为是神灵和上帝对世界的统治安排和对人的恩惠；反之，则把这种反常规的自然秩序事件，想象为是神灵和上帝据其意志和权力创造的奇迹和对人的惩罚。它是人对自然力量、自然变化、社会现象所产生的惊奇和迷惑，是自然力量和社会力量的巨大无穷和神秘莫测在人内心当中留下的印象，它使人自觉地服从自然和社会法则的约束和控制。

---

① 此处转引自吕大吉《宗教学通论新编》，中国社会科学出版社 1998（2004.5 重印）年版，第 266 页。

(4) 与神灵交往合一的神秘感

宗教信仰者自认为与神灵相遇、交往或融为一体的体验具有不可言说的神秘性，而被称为宗教信仰的神秘感。有些宗教学者将此直接称为"神秘主义"。这种神秘体验具有不可言说的突发性、不可为理性所测察的直感性、不可持久的瞬间性和主体意识丧失的被动恍惚性。

它在宗教信仰中具有核心地位。许多宗教神秘主义教派都强调通过对神的虔诚信仰和诚挚的爱，进入忘我恍惚和与神融为一体的醉迷状态。这种主体非理性的体悟，使主体与神灵合一，它是宗教情感中的最高情绪状态。很多宗教信仰者，都期待这种神秘感的到来和体验。

(5) 对神灵审判的羞耻罪恶安宁感

宗教信仰者一旦虔诚地接受了某种宗教信仰，就会相信神灵会时常检视自己的言行，会对自己言行的善恶经常地进行审判，并给予某种神灵的启示来警醒自己。因而，虔诚的宗教徒会经常自觉不自觉地运用宗教的道德规范、自然法则和社会法律道德来审视和检查自己的言行。当他觉察到自己的言行有罪恶时，就会感到羞耻和罪恶的感觉，就会在神灵面前祈祷、忏悔自己的恶行来得到神灵的宽恕，以此宣泄内心的冲突、焦虑和紧张。而当他觉察自己的言行符合神灵的教诲时，就会在神灵面前褒奖自己的善行，希冀得到神灵的恩赐和护佑，并不断地净化和善化自己的道德品行，由此体验到一种纯净的内心喜悦和安宁感。害怕神灵审判是自然法则、社会道德法律以及宗教戒律对人的行为活动的决定性在人的内心中所产生的反映。

(6) 对信仰理想的向往虔诚感

宗教信仰的理想是与神灵合一、摆脱现实苦难、灵魂得救和永享天国之幸福。这些理想汇聚了宗教的核心和精髓，体现了宗教信仰者的根本追求，因而对宗教信仰者具有强大的诱惑力和吸引力，从而激发广大宗教信仰者强烈的内心向往、虔诚和牺牲精神，使信徒自觉地依从宗教戒律来行为。许多宗教狂热都是在实现或保卫宗教理想的名义下兴起的。

一般认为，宗教情感具有四个作用：第一，宗教情感能够激发宗教信仰者的信仰动机和行为。很多宗教信仰者信仰某种宗教，都是在特定的情境下被激发起对神圣事物的特殊感情才信仰某种宗教；还有不少信仰者坚持笃信某种宗教，也是在宗教情感的支撑下做到的。第二，宗教情感是宗教信仰者适应宗教信仰生活的心理工具。信徒在信仰宗教的过程中，也不是一帆风顺的，总是会遇到这个或那个麻烦、困难或障碍；这时，有着深厚持久宗教情感体验的信仰者在这种情感的支持下，能够激发极大的勇气、力量去克服各种困难，而坚持他的信仰毫不动摇；像这种没有一种特殊的情感的支撑，或者根本都没有对宗教产生任何情感的信徒，在遇到各种信仰障碍的时候就会打退堂鼓，很难坚持他的信仰，也很难去适应那种宗教信仰生活。第三，宗教情感是宗教信仰者信仰心理活动的组织者。第四，宗教情感是宗教信仰者之间沟通交流的重要手段，反映了他们对真理的渴求。信仰者信仰的虔诚度影响信仰者的情感，宗教情感越强烈，表明信仰者对信仰对象的依赖和敬畏程度就越高。宗教情感会越过理性，对宗教信仰对象直接表达出具有神秘主义色彩的肯定，而对于一般的现实常常持否定的态度。

二 宗教体验

1. 宗教体验的内涵

宗教体验是指宗教信仰者通过亲身的宗教信仰实践所获得的对宗教信仰的认识和经验，是宗教信仰者用自己的生命所验证的事实和生命感悟及留下的印象和亲身经历；宗教信仰者用生命体验到的东西一般在大脑记忆中会留下深刻的印象，随时可以让信仰者回想起曾经亲身经历和感受过的生命历程，使其感觉到事物的真实和现实；因此，宗教体验一旦获得，则有可能会强化宗教信仰者的宗教情感和宗教信念，并进一步地激发信仰者对神灵或神圣事物等超自然现象的顺从和依赖，从而深化自身信仰。因此，宗教信念越强烈，获得的宗教体验或会越深刻，而宗教情感也会越激烈。

宗教体验与宗教经验不完全相同。"经验"在《现代汉语词典》中被解释为"由实践得来的知识或技能，也指经历、体验"[①]。宗教经验一般是指宗教主体在宗教实践中获得的对宗教事物的内心感受、印象、态度、评价。它所包括的范围和内容相对广泛，既有宗教信仰主体知觉感官的

---

① 中国社会科学院语言研究所词典编辑室编：《现代汉语词典》（第6版），商务印书馆2012年版，第683页。

表象成分，也有宗教信仰者的主观评价和能动表现因素；既包含宗教信徒切身的个人体验，也涉及非宗教信仰者对宗教的外在感知成分；既含有宗教信仰者在宗教活动中出现的短暂的、强烈的和神秘的特殊感受，也含有宗教信徒在宗教活动中获得的长时期的、持续的和一般的经验感受。

而体验一词原本是西方现代生命哲学中的一个术语。《现代汉语词典》中的"体验"是指"通过实践来认识周围的事物，也指亲身经历"①。德国学者伽达默尔认为它是在19世纪70年代末经由狄尔泰加以术语化而成。"体验"的德语表达形式为"erlebnis"，是动词"erleben"即经历的名词，而"erleben"又是"leben"即生命、生存、生活的动词化（相当于英语中的life、live、living），从leben到erleben再到erlebnis的变化历程表明"体验"是一种经历，这种经历不是一般的经历，而是与生命活动紧密相关联，类似"直觉"的那种直接性，即"意识直接与对象的同一，而排除任何中介的外在的理性化、逻辑化的东西"。② 有学者认为："体验以生命为前提，具有时间上的永恒性，空间上的整体性，方式上的直接性和本质上的超越性。"③ 宗教体验作为宗教经验的核心，其实质是"意义感受"④，是活动主体自身在追求宗教信仰的意义过程中对宗教信仰意义的强烈感受。而所谓意义，并非现代语言学和语言哲学所指的"语义"含义，而是意义哲学所指的"人生在世有所依持的那样一些存在状态"⑤，包括求生存与求生存的意义。人是具有自然和社会属性相统一的物种，求生存作为人自然属性的需求，是指个人求活着与种族的延续，包括求食、求偶等内容。然而，人更重要的是具有社会属性，因为除了求生存的需要和活动外，为了使人生富有价值和意义，人还要有求生存意义的需要和活动。道德、信仰、艺术、爱等都是人类寻求意义的活动，没有这些活动和需要，人的生活就无法体现其社会属性，就

---

① 中国社会科学院语言研究所词典编辑室编：《现代汉语词典》（第6版），商务印书馆2012年版，第1281页。
② ［德］伽达默尔：《真理与方法》，上海译文出版社1999年版，第77页。
③ 叶朗：《现代美学体系》，北京大学出版社1986年版，第540页。
④ 彭彤：《论宗教经验的概念、核心和特征》，《四川大学学报》（哲学社会科学版）2000年第4期，第118—121页。
⑤ 潘显一、冉昌光：《宗教与文明》，四川人民出版社1998年版，第167页。

会失去精神寄托、追求和梦想而空虚无聊和行尸走肉。宗教体验只在宗教信仰者的某些特殊阶段出现和存在，宗教信仰者自身不可能每时每刻都能获得，非宗教信仰者更不用说对此有何感受和加以客观描述。

由此可见，宗教体验的作用在于不仅能将主体与客体、意识与对象融合为一体，而且还为人的存在提供意义和目的。因此，宗教体验与宗教经验的差异在于是否为主体提供安身立命的存在之"意义"，而不是超越主客二分的理论架构。

2. 宗教体验的特征

一般认为，宗教体验具有以下几个特征。

第一，宗教体验只能在宗教信仰者的宗教活动中产生。宗教体验不同于世俗日常生活经验，不能在日常生活中产生。从一定意义上讲，世俗日常生活经验和意识会对宗教体验产生阻碍作用。因此，要产生宗教体验，只能在宗教信仰者中断日常生活经验和日常意识，进入宗教活动的过程中时产生，在宗教信仰者"脱离世俗生活、摆脱日常意识、进入宗教祈祷、敬畏和热爱当中的时候"① 出现。

第二，宗教体验是由体验主体、体验对象、体验现象和体验条件四者合一的过程、状态和经历，其核心是体验者与神或神性物的相遇。宗教体验不是随时随地都能产生，必须四个要素同时具备并合为一体的时候才会出现，即有体验主体——体验者，体验对象——被人体验到的神灵、神性物或超自然的存在物，体验现象——神灵的出现或显现或超自然物的存在，体验条件——适合的时间、地点、气氛等，抽象地讲就是日常生活经验和日常意识的中断。只有四个要素同时具备，方可出现宗教体验。

第三，宗教体验是宗教体验者在具体的宗教崇拜活动中将自身的宗教知识和内心向往与形象的宗教事物相结合所获得的特殊内心体验和心理感受，因而宗教体验既具有一定的形象性，又具有真假虚实的双面性。就其形象性和真实性来讲，一切感官经验都是以客观存在物为前提和基础，或者说，主观观念化的东西来源于客观实在的主观化表现，来源于

---

① 彭彤：《论宗教经验的概念、核心和特征》，《四川大学学报》（哲学社会科学版）2000年第4期，第121页。

客观事物的一般化表现。在成熟的宗教体系中，超自然的事物一般被拟人化为神，崇拜对象表现出宗教化的人物形象，宗教中的天堂、地狱的描绘也表现出鲜明生动的形象性；诱发宗教体验的整个宗教仪式、宗教建筑和宗教法器不仅具有强烈的形象性，也具有客观的真实性，宗教体验就是在主体与这些形象性事物和事件交互作用影响下出现的，这对于体验者而言，他认为这是他本人的切身体验，是真实的，不是假的。因而宗教体验具有一定的形象性和真实性。就其虚假性而言，任何一种超验的思想和观念都被认为是主观的臆想；同样，宗教体验到的神圣对象被认为是主观观念的对象化，是超验的事物，与信仰者自身浓厚的主观臆想分不开，而这些超验的神圣事物在人们看来不是客观存在的，是人们主观臆想出来的，特别是在非信仰者看来，是不可能存在的，是不真实的。因此，与客观存在的自然的非超验事物相比，显示出其虚假的一面。

第四，宗教体验是一种以对神灵强烈的敬畏和向往情感为特征的心理状态。奥托在《论神圣观念》中，认为"人对神圣物的体验是一种完全特殊的、不可归约为任何其他东西的心理状态"，他把这种心理状态称为"对神既敬畏又向往的感情交织"。宗教体验的这种情感不同于日常生活中以感官愉悦来达到心理满足的情感，而是一种以愉悦心情的严肃、庄重、崇高等感情态度为特征。费尔巴哈也曾说："宗教的前提，是意志与能力之间、愿望与获得之间、目的与结果之间、思想与存在之间的对立与矛盾。"① 这种对立与矛盾，既有现实与理想、无限与有限的冲突与矛盾，也有生与死、爱与恨之间的冲突与对立。在现实条件下人又未能突破这种对立和矛盾来实现自己的梦想和愿望，只有通过宗教幻想一个完美无缺的神圣天国世界，并通过对神灵、天国的崇拜，通过宗教体验来超越这一切和解决这一矛盾。在这里，带有浓厚宗教色彩的这种特殊情感成为沟通尘世与天国、凡人与神灵之间的桥梁与纽带。因此，没有信仰者对神灵、天国等神圣物的敬畏、向往和倚重，宗教体验就没有产生的根基。所以，宗教体验的相当一部分情感就是对神灵护佑的喜悦和神灵万能的敬畏的情感。

---

① ［德］费尔巴哈：《费尔巴哈哲学著作选集（下卷）》，商务印书馆1984年版，第462页。

三 宗教情感体验的特性和地位

宗教情感体验作为宗教信仰者的特殊情感和亲身体验，具有很多特性。美国宗教学家 C. D. 巴特森和 W. L. 文铁斯在其合著的《宗教经验》中认为宗教经验具有三种特性，即具有"独特性、复杂性和多样性"。而我国学者戴建宁则主张宗教经验具有七个本质特征，分别为"普遍性、特殊性、层次性、变异性、目的性、无客观具体对象性和虚真性"①。结合国内外学者的观点，笔者把宗教情感体验的特性归结为六个方面：即直觉的情感性和非理性、个体的独特性和差异性、方式形式的多样性、程度的深浅性和适应的变化性、作用功能的复杂性和真实虚假的双面性。

第一，宗教情感体验具有直觉的情感性和非理性。如前所述，宗教情感体验侧重于信仰主体的情绪情感的变化反应和心理状态，是一种直觉反应，因而既具有较强的情感性，也具有明显的非理性特征。而宗教思想观念侧重于理性思维和逻辑推理，体现了明显的理性特征和非情感性特征。这是宗教情感体验与宗教思想观念的一个主要差异。

第二，宗教情感体验具有个体的独特性和差异性。宗教情感体验是信仰个体的独特性的体验，而不同的个体具有各自的差异性，这种个体差异不仅体现在个体信仰不同的宗教差异，信仰不同教派的差异；还表现在个体的年龄、性别、个性、生活条件、人生经历、知识水平、道德修养、兴趣爱好、社会背景等多方面的差异。这些差异会导致每一个信仰者的宗教情感体验都不一样。

第三，宗教情感体验具有获得方式和表现形式的多样性。由于个体的独特性和差异性，这也决定了宗教情感体验的获得方式是多样的，表现形式也是多样的。吕大吉先生将宗教情感体验的获得方式归纳为四种："一是采用逻辑推理的方法，证明神的存在，即理论的论证，把信仰者引导到教义规定的修行目标上来，从理智上坚定对神和宗教的信仰，使虔诚的信仰转化为感情上的反应，产生神秘的宗教体验；二是通过洁净心灵，纯正行为，从而获取神、佛的恩宠和悦纳；三是通过宗教

---

① 戴建宁：《宗教经验的本质特征》，《宁夏社会科学》1991 年第 3 期，第 92—97 页。

的修习，控制自己的思想感情，排除外界刺激和肉欲的干扰而获得神秘的宗教体验，包括佛教的禅定、止观、念佛、诵经，道教的坐忘、止念、定观、存神，基督教的祷告，伊斯兰教的静坐沉思等；四是服用诸如兴奋性刺激的酒类或如龙舌兰、大麻叶之类麻醉药物，激发神秘的宗教体验"[①]，吕大吉认为此种方法是一种生理变态和心理变态的综合现象。在表现形式上，宗教情感体验也是多样的，如前面介绍，光是宗教情感，在一般情形下就有六种表现，还有宗教体验的形式也很多，因此，宗教情感体验具有多样性，这种多样性就体现在它的获得方式和表现形式上。

第四，宗教情感体验具有程度上的深浅性和适应的变化性。宗教情感体验在程度上具有深浅性，有的信仰者情感体验深刻，有的情感体验比较肤浅；情感体验的程度越深，其信仰宗教就会越虔诚和持久；情感体验程度较浅，其信仰宗教的虔诚度可能就较低，持久性也可能会受到影响。因而，我们可以通过考察信仰者的宗教情感体验的程度来辨别他们信仰的虔诚度。同时，一个信仰者和一个信仰群体获得的宗教情感体验不是一成不变的，会随着时间、环境、社会发展的变化而变化。这种变化不仅表现在个体微观差异，还表现在社会宏观差异。就个体微观来讲，每个信仰者的宗教情感体验会随着个人年龄、生活环境、人生经历、社会阅历、学识涵养等方面的变化而变化；就社会宏观来讲，一个时代社会群体的宗教情感体验虽然有其特殊性，但也会随着社会的发展变化、人们宗教思想观念的变化而变化。这种变化在一定意义上是出于适应社会发展的需要，因而笔者将此称为适应的变化性。

第五，宗教情感体验具有真实虚假的双面性。宗教情感体验对于体验者来讲，既具有真实性的一面，也具有虚假性的一面。就真实性而言，宗教情感体验是真实的宗教主体在真实的宗教建筑、宗教仪式、宗教法器等形象性宗教事物、宗教事件的相互作用、联系和影响下产生，是信仰者个人的切身体验，因而具有真实性；就虚假性而言，宗教情感体验所体验、感受到的神圣事物被认为是主观观念化的对象，是超验的事物，

---

① 吕大吉：《宗教学通论新编》，中国社会科学出版社1998（2004.5重印）年版，第290—291页。

是主观的臆想，被认为是虚假的，不真实的。因而，被认为具有真实虚假的双面性。

第六，宗教情感体验具有功能作用上的复杂性。如前所述，宗教情感体验不仅具有直觉的情感性和非理性；还具有个体的独特性和差异性；不仅具有获得方式和表现形式的多样性，还具有程度上的深浅性适应的变化性和真实虚假的双面性；这些特性决定了宗教情感体验对信仰者个体、信仰群体乃至社会的作用和功能要受多种因素的影响，因而具有复杂性。同时，对宗教情感体验、宗教信仰本身乃至生命和自然的很多方面的认识和了解人们还仍然处于未知状态，因此，对宗教情感的作用和功能的分析和认识人们不能做简单处理，应慎重对待，不能轻易做出简单的判断和论调。

大致而言，宗教情感体验具有上述六个方面的主要特性，这些特性决定了它在宗教信仰体系中占有十分重要的地位，使之成为核心要素之一。事实上，自从宗教诞生以来，宗教情感体验就受到有关神学家和宗教学者的关注。比如，被誉为中世纪最后一位教父经院哲学家的安瑟伦曾提出："我绝不是理解了才信仰，而是信仰了才理解。因为我相信，除非我信仰了，我绝不会理解。"① 这句话表明一个观点，无论有没有宗教观念，宗教情感的激荡才是宗教的最根本的因素。19世纪新教神学家施莱尔·马赫和奥托把宗教信仰者个人对神的依赖感、敬畏感之类的宗教感情和宗教体验，视为宗教的核心和基础。施莱尔·马赫认为："宗教的本质既不是思维也不是行动，而是直觉和感受。"② 奥托在《论神圣观念》（1917）中说道："任何宗教都是人与神的相会，以这种人神相会的直接的、神秘的体验为基础而产生的对神的恐惧、战栗、欣喜和虔敬等感情的交织，构成了宗教的核心。"③ 近代宗教哲学家克利也认为："所谓宗教，不是宗教行为，也不是宗教信仰，而是指我们自己与我们所称为上帝者的相交通契合之谓。"④ 詹姆士也认为："皈依的人必须把情感鼓动

---

① 吕大吉：《宗教学通论新编》，中国社会科学出版社 1998（2004.5 重印）年版，第 260 页。
② 同上。
③ 同上。
④ 同上。

到爆炸点。"① 美籍宗教学家瓦哈在《宗教社会学》中宣称,"宗教中的决定因素不是其处于不断改变中的思想、礼仪和制度,而是'人神结合的宗教体验',它是宗教之最深奥的来源,决定了宗教的各个方面"②。他把"宗教经验"作为全部宗教现象的基础、核心和出发点,而把其他的一切宗教现象说成是宗教信仰者个人的宗教经验之社会表现形式。无论从历史还是从逻辑来看,宗教情感都是先于宗教观念而产生,宗教情感在一定程度上促进宗教观念的形成。只有宗教情感体验才是所有宗教的核心。

中国学者吴俊通过对当代中国汉民族宗教体验研究认为,"中国人非常注重情感和体验。因此,对于中国汉民族来讲,宗教体验可以作为宗教信念的依据。宗教体验与宗教信仰互相作用、相互影响,体验催生信仰,信仰引发体验"③。麦克阿盖尔认为:"没有它就不会有宗教。"

可见,宗教情感体验对宗教信仰的影响是重大的,将此视为宗教信仰的核心并不过分,是有充足的理由的。当然,宗教情感体验在每个个体上应是有差异的,鉴于客观条件制约,笔者在此不能详述。

四 宗教情感体验与和谐社会建设

宗教情感体验作为宗教的核心要素,是宗教组织产生凝聚力的重要源泉,它来源于宗教信仰者的信仰实践,在宗教信仰体系中占据重要地位,在人类社会的发展和建设中也发挥着重要作用。当然,这种作用也具有双面性。与此同时,社会对宗教情感体验也会产生作用。

第一,宗教情感体验作为人类最初的朴素的情感体验,在人类的生存和发展过程中起到了"基础性意义"的作用,在于它不仅用神的启示或神话对人类早期的活动和所取得的成果给予肯定、表达和解释,还为人类进行各种生活和劳作提供了最初的经验模式,从而塑造了人类的价

---

① 吕大吉著:《宗教学通论新编》,中国社会科学出版社1998(2004.5重印)年版,第260页。
② 同上。
③ 吴俊:《体验与信仰——当代中国汉民族宗教体验研究》,《海南大学学报》(人文社科版)2009年第3期,第277—282页。

值、生活方式和行为习惯，形塑了人类最初的社会情感体验和民族情感体验，决定了人类的文化形态。尽管人类日渐世俗化了，但最初的宗教情感体验仍以变形的方式保持在社会群体的无意识当中，并以潜在的形式影响着人们的日常生活，只是人们没有觉察到而已。

在人类之初，人与自然混沌为一体而没有自我意识。面对浩瀚无垠的宇宙，人类感觉到自身的渺小；面对生、老、病、死等苦难，人类感到无能为力；面对风、雨、雷、电等变幻莫测的自然界，人类又感到恐惧和害怕。所有这些都使人类认为这个世界是由神灵主宰和控制的世界。于是，他们祈盼着有一位能超越人类自身局限的神能够帮助他们，给他们带来智慧、吉祥、幸运和快乐。人类最初的宗教情感和体验使原始人类靠着神而活着，靠着仪式与神建立了沟通和联系，并迈出了超越自己的第一步，开始有了自我意识，把自己从自然中分离出来，摆脱对自然的依赖，使自己成为独立的自我存在，使自己的存在与活动有了神圣性。原始人类就是这样靠着神的力量摆脱了对自然的依赖，并树立了独立的自我意识。这个过程就是通过宗教情感、体验和经验来实现的一个宗教认识的过程。在原始社会靠着神而活着的人类到了现代社会，却渐渐把神给忘了。日益世俗化的现代人认为神是不存在的，也不需要靠着神就能好好活着。但是，他们的祖先——原始人类则认为神灵是到处存在的，而且必须靠着神才能活着，没有神他们就没法活下去。这就是最初的宗教情感体验给人类祖先的认识和经验。在基督教的眼里，"那些宣称非宗教的现代人等于人的新的堕落，是已经失去了有意识地过宗教生活的能力，也失去了理解宗教并使用它的能力，宗教和神话被掩藏在他们的无意识的黑暗中"[1]。但是，虽然他们在意识层面上日益远离宗教，却在无意识中仍受宗教的支配。人类的许多行为习惯，在现代人看来已不是宗教，但它所用的名称，采取的仪式、步骤、运行方式以及伴随的心理感受等都与宗教情感、体验有着千丝万缕的渊源关系。可以说是宗教情感、体验和生活给予了人类生活和劳作的经验和模式。伊利亚德在《神圣与世俗》中指出，"世俗的人从无意识得到了帮助，但是却不能得到对世

---

[1] 王宗昱：《宗教经验及其文化价值》，《北京大学学报》（哲学社会科学版）2000 年第 4 期，第 123—131 页。

彻底的宗教经验和宗教理解"[①]。荣格也认为，人类早期的宗教情感、体验和经验仍然以集体无意识的形式潜藏在社会成员当中，埋藏在他们的大脑潜意识当中，并影响着他们的日常生活，只是他们没有觉察到而已。人们的社会情感和民族情感就是在人类早期的宗教情感体验长期积淀的基础上形成的，因而可以说，宗教情感体验形塑了社会情感体验和民族情感体验，在此基础上又造就了各种文化形态。总之，人类不仅仅是自然的产物，更是文化和社会的产物。人类在最初的宗教情感体验和经验的基础上创造了宗教，不仅用它来肯定、表达和解释人类早期的活动和文明成果，而且依靠它渐渐由自然的存在转化为社会的存在。这就不难理解，为什么世俗化很强的现代社会仍有很多人需要过宗教生活，原因就在于世俗生活与宗教生活并不是完全分开的。

第二，宗教情感体验是人类最初采用"直觉"的方式来认识宇宙、世界、自然和人的方法，这在人类认识能力和思想发展过程中起到过一定的历史作用，这是不可否认的事实。到了技术工具日益理性化的现代社会，为了调节人的身心、人与自然的关系它还将继续发挥重要作用。在人类的早期阶段，由于受客观条件的制约，人类只能依靠自身的感觉器官、身体去观察、体验和认识所接触的周边事物。虽然这种认识以形象性、直觉性、具体性为主要特征，其抽象性、概括性、逻辑性不强，但是在人类早期阶段，这是人类认识世界和自然乃至人的本质的最主要、最直接、最普遍的方法，它在当时的条件下帮助人类认识自己周边事物方面起到过不可替代的作用。人类就是在这个认识的基础上，不断地丰富和深化自己对世界、自然和人的本质认识，才使人类不断地摆脱自然的依赖而转变为具有文化和社会属性的人。随着人类原初社会的解体和生产力的发展，人类观察、认识世界的能力和条件不断得到加强，使得人类对世界诸事物的概括性、抽象性和逻辑性认识越来越深刻，人的抽象思维和逻辑思维能力得到强化。特别是随着人类近现代科学技术的发展，人类认识世界和人的方法、工具、条件和途径得到极大的提升和改进，致使人类对世界、自然和人的认识越来越概括性、抽象性和逻辑性，

[①] 王宗昱：《宗教经验及其文化价值》，《北京大学学报》（哲学社会科学版）2000年第4期，第123—131页。

也越来越依赖于现代科技设备和仪器；同时，却也越来越忽略人类最初认识世界、自然和人的那种借助自身感觉器官和身体的"体验式、直觉式"的认识方法，由此导致现代社会的人们对世界和人的认识患上了"缺乏人的主观感受和能动性的缺陷"；致使许多宗教学家们认为，"人们日常生活中所使用的一般概念或范畴不能来认识和描述人和世界的最高本体或真理"，为了探求人和世界的这种最高本体或真理问题，他们于是"试图抛开逻辑概念或范畴，提出直觉一类的宗教体验的方法"[1]。这一现象表明，倡导这一方法的宗教思想家们已经意识到"人类逻辑思维能力的局限性，觉察到他们所掌握的概念或范畴无法认识事物的根本，因而提出直觉的宗教体验方法"[2]。这一做法表达了"人们对身边日常简单事物的观察和了解"的不满足感，而需要认识和思考"更高级的哲学问题"的强烈愿望，也体现了人们"对真理的渴求和哲学意识的增强"[3]。可见，宗教情感体验在人类历史进程中起过一定的积极作用。而且随着现代化进程的不断深化，社会被工具技术理性意识所左右，而情感价值感性意识越来越被抑制甚至被抛弃，导致社会成员的身心和人格被扭曲，人与自然的关系被异化，以至于现代社会的问题层出不穷。因此，在现代社会，宗教情感体验不仅依然在人们认识世界、发现真理方面具有借鉴作用，而且为了安顿人们的心灵，调和人与自然的关系，它将继续起到重要作用。

第三，宗教情感体验作为宗教信仰者的特殊情感和亲身体验，在一定程度上能够改善信仰者的心境而有益于他们的身心健康；同时，它还能够在一定程度上培植和保持信仰者的正性情绪和情感，提升他们的心理品质和道德修养而有益于社会。

人类从一开始，就为了自身的生存和发展而要面对来自自然和自身的双重压力而不断努力和抗争，但是，不管是面对自然的压力，还是面对自身的压力，人类抵御和化解这种压力的能力毕竟是有限的，即使是

---

[1] 姚卫群：《宗教体验及其作用》，《长春工业大学学报》（社会科学版）2004年第6期，第1—4页。

[2] 同上。

[3] 同上。

在生产力和科学技术高度发达的今天，人类依旧面临着来自诸多方面的压力和挑战，有些压力和挑战在今天没有了，但新的压力和挑战又会出现；有些压力在古代社会没有，但对人所造成的身心伤害却还胜过古代。因此，人类要真正化解或从根本上消除这些压力和挑战，在特定时间内或一定的时期内是很难办得到的，但不是说人类对此就无能为力了，暂时或表面上缓解或消除某些压力还是很有可能的。实践证明，宗教信仰者在参加宗教活动进入某种宗教状态时，即所谓的宗教体验状态时，就能够实现这个目的。每当一个人或一个群体在遇到困难和打击时就会产生极大的痛苦和挫折感，这种负性情绪对人和群体所带来的伤害和威胁是巨大的，但当人或群体信奉某种神灵并产生宗教热忱的时候，他或他们要么就会沉浸在忘我的愉悦心境中而暂时忘却这种痛苦，或者想象这种困难和痛苦在神灵的护佑下不久或今后很快就会被消除，或者把承受这种痛苦当作一种幸福或神的一种恩赐或考验，由此他们会很快恢复事前的那种良好心境；要么产生一种无比强大的力量和无比强烈的信念激励他或他们勇敢地去面对和克服这种困难和挑战，使他或他们能够渡过难关。这种状况是一般非信仰者所难以理解和相信的。事实也是如此，在现实社会的很多情境中，一些人面对艰苦贫乏的物质生活还能挺过去或适应，而当面临精神心理上的痛苦、折磨和打击时往往很难承受得住。但是，宗教信仰者特殊的宗教情感体验往往能给其带来无比的力量和勇气，带来某种良好愉悦的心态并给予其未来以希望，从而在一定程度上能够改善信仰者的心境，使其在心灵上能够超越理想与现实、有限与无限、生与死、爱与恨的内心矛盾和冲突，摆脱心灵上的各种困扰，调节信仰者的身心，利于信仰者自信心的形成、保持身心平衡，而有益于信仰者的身心健康。同时，宗教情感体验往往给信仰者带来的是一种正性的情绪情感体验，不管是一种悲伤情绪情感的发泄，还是一种忘我愉悦的心境，都能较容易诱发信仰者正性的情绪情感，抑制负性的情绪情感的发生和作用，而有利于信仰者正性情绪情感的培植和涵养，从而提升他们的心理品质，使信仰者承受痛苦、挫折、灾难的能力，忍受他人恶行的能力，节制自身不良言行的能力，克服死亡恐惧的能力，平衡功利心态的能力得到提高，使信仰者的道德品质修养得到提升，从而有利于缓冲人与人之间的各种冲突，协调个人与社会利益之间的矛盾，而利于人与人之间、人与社会之间以及人与自然之间的关系趋向协调与和谐。例如，韩慧娟等通过对 18 名基督徒与非基督徒的情绪主观体验变化研究发现，"基督教徒的情绪体验与普通的情绪体验不同，基督徒更多的是正性情绪体验"[①]。姚卫群提出："应当承认，不少宗教信奉者在进行宗教活动并产生相应的体验过程中，使自己的道德修养水准有所提高，从而不仅有益于自身，也有利于社会。[②]"这是因为，特殊的宗教情感体验的产生一般是在宗教信仰者自觉到其道德行为符合宗教道德规范或神灵的旨意的时候才会产生。因此，为了追求、达到或实现这种特殊的情感体验，一些信仰者们往往会自觉按照神明的旨意或宗教道德的要求去行为，当其意识到自己的言行不符合宗教教义规定或神灵旨意时，信仰者就会在内心里产生羞耻感和恐惧感。而当其觉得自己的道德行为符合宗教道德要求时，就会得到神灵的恩宠或与神灵合一的神秘体验。这就会引导信仰者走上一条不断净化自己道德行为的道路上来，从而不断提升信仰者的道德修养。当然，并非所有的宗教情感体验都对信仰者的身心健康和社会发展带来益处。这需要人们在具体情形下辩证地去看待。

第四，宗教情感体验作为宗教的非理性因素，具有明显的情感性和非理性特征；同时，它还具有变异性、特殊性和层次性的特性，从而决定了其对宗教信仰凝聚力的产生与维护及宗教功能的发挥方面的作用具有复杂性。

宗教情感体验属于宗教意识形态领域，包含宗教情绪、宗教感情、宗教激情、宗教体验经验等内容，是宗教非理性因素的基本表现形式，在现实的宗教生活中起到重要作用，但这种作用由于受社会、自然、个体等多种因素的影响而呈现出复杂性。首先，宗教情感体验是产生和维护宗教信仰凝聚力的重要源泉和动力。这种情感是在特定的宗教环境中经过长期的潜移默化的影响和熏陶培育起来的，在信仰者内心里表现为

[①] 韩慧娟、刘昌：《宗教体验的情绪活动与生理活动研究》，《世界宗教研究》2010 年第 2 期，第 31—39 页。

[②] 姚卫群：《宗教体验及其作用》，《长春工业大学学报》（社会科学版）2004 年第 6 期，第 1—4 页。

对神灵或神圣事物的敬畏感、依赖感、神秘感、惊异感、虔诚感等心理活动，这种心理活动一旦与宗教信仰相结合，在特定宗教环境、气氛的感染和影响下，就会非常自然地将自身的命运与敬奉神灵和利己联系起来，从而产生一种持久而深厚的、特殊的宗教情感。这种宗教情感与独特的族群习俗、族群生活、族群感情和族群文化等结合，还会产生"更具有极大稳定性、专一性、狭隘性和不可伤害性"①②的族群情感和民族情感。这种情感具有不可侵犯性，一旦谁伤害这种感情，往往就会引发严重的族群冲突乃至流血斗争。这种非理性的宗教情感体验，是宗教信仰凝聚力产生和维护的重要源泉和动力，它在强化宗教共同体的维系、巩固和团结方面起到非常重要的作用。可以说，如果没有这种情感，任何一个宗教群体是很难维系、发展和巩固下去的。

其次，这种宗教情感体验容易固着在信仰者或信仰群体的内心世界和大脑里，但也不是就凝固不变的。而且这种变化还在程度上、层次上和个体上都具有差异性。一般情况下，它常以"宗教情绪的形式"表现出来，这种情绪总会"随着人与自然关系的变化、人与社会关系的变迁，以及人与人之间关系的变动和个人的不同而波动起伏变化"，因而呈现出"较大的变动性和不稳定性"③。在一般情形下，"人们宗教情绪的高涨"通常发生在人遭遇到"天灾人祸或陷入绝望"的时候，甚至还会出现"群体性的'求神禳灾'的集体性行为"；在存有阶级对抗和不平等的社会中，"如果被剥削、被压迫阶级无法生活下去和陷入绝望时"，宗教情绪也容易产生向上的波动，成为底层民众摆脱剥削、对抗统治的一种"出路"，"这种情绪如果在异端宗教的引导下"，往往会引发"社会动荡和社会革命"④⑤，待到"社会动荡和社会革命"结束后，容易被政权掌控者所利用来维护新的统治秩序，但也存在不被控制而持续对抗统治政权的情形。这种情况在人类的历史上并不少见，特别是在农业社会中时常发生。像"中东战争""两伊战争""伊科战争""科索沃军事行动"

---

① 陈麟书、陈霞：《宗教学原理》，宗教文化出版社2002年版，第79页。
② 王晓朝：《宗教学基础十五讲》，北京大学出版社2003年版，第195页。
③ 陈麟书、陈霞：《宗教学原理》，宗教文化出版社2002年版，第79页。
④ 同上书，第80页。
⑤ 王晓朝：《宗教学基础十五讲》，北京大学出版社2003年版，第195页。

9·11事件等都曾明显地受到此类因素的影响而发生。在当今的现代工业信息化社会，随着社会的政治、经济、文化的变化，人们的宗教思想观念的变化，宗教情绪、情感也会发生变动。此外，宗教情绪情感也会随着个人的宗教思想观念、年龄、个性、生活变故、文化修养、社会阅历变化而发生变化。

如果任由宗教情绪不断地向前高涨发展，势必产生宗教激情。它是宗教情绪达到了高昂状态的一种宗教情感。这种宗教激情通常是在"为了维护宗教利益或体验到神恩和受到宗教共同体的极大恩惠以及宗教情感受到激化"等特殊情况下产生。宗教信徒通常借助宗教共同体来表达宗教情感、从事宗教活动和过宗教生活，因而共同体往往是宗教利益的体现和代表载体。共同体在政治、经济、情感等方面的利益一般都不容许外来力量的侵犯、干涉和伤害，假如一旦有危害共同体现象的发生，这一共同体的信徒就会被激发起高昂的宗教激情并为之斗争，甚至不惜一切代价乃至流血拼命。像印度发生的"印度教与锡克教及伊斯兰教之间的冲突，爱尔兰出现的基督教新教与天主教之间的冲突，黎巴嫩发生的基督教徒与穆斯林之间的冲突，以及伊斯兰教内部逊尼派与什叶派之间的冲突"①，在一定意义上都与此密切相关联。

假如宗教情感继续发展到极端，那就不是出现宗教激情，而会导致宗教狂热和宗教极端主义。这时，人们的宗教情感则完全失去理性，而由没有任何理智的宗教偏激和极端情绪所控制和支配，从而使其做出失去理智的极端偏激言行。像现实社会生活中出现的为了实现某些特殊的意图而假以表达对宗教信仰的虔诚而自残、自焚行为、自杀行为以及危害社会的行为，都在一定程度受宗教极端狂热主义的影响和支配。如果这种宗教狂热是以群体组织形式出现，则对社会的危害性就更大。同样，如果宗教狂热与政治相关联或涉入政治领域，则会给人类社会带来灾难性的伤害。像一些国际和地方的宗教极端狂热的暴恐组织和分子，不但被宗教狂热所支配，而且还带有非常强的政治意图，其对国际和地方社会的危害是难以估量的。

可见，作为宗教的核心因素，宗教情感体验所具有的功能和所发挥

---

① 陈麟书、陈霞：《宗教学原理》，宗教文化出版社2002年版，第80页。

的作用是十分复杂的，人们不能对此做简单的分析和认识。但不管如何，具有非理性特点的宗教情感体验仍然要受宗教思想观念和教义的规范和制约，在宗教理性因素——宗教思想观念、教义的控制与指导下表现出来和发生作用。完全不受宗教思想观念和教义约束的宗教情绪、情感、激情是很少存在的。正因为如此，宗教情绪、感情和激情才能自始至终为"确定的宗教目标服务并由既定的宗教信仰所引导"[1]，最终为宗教发挥应有的作用。

第五，宗教情感体验作为一种相对永久、朴素、非理性和虚真的情感体验，容易给体验者带来一种超凡脱俗、愉悦的心境使其难以忘怀而沉醉在这种状态中，并且容易固着在信仰者个体和群体的内心世界和大脑里；同时，这种情感体验很容易因环境、气氛和群体的渲染而助长，因而这种情感体验极易在现实生活中被不正当组织和个人所利用和盗用，诱导那些追求、渴望获得或具有这种类似情感体验的个体和群体从事不正当目的和利益的活动。像各类邪教组织、宗教极端组织等不正当组织不仅打着传统正统宗教的旗帜，挂着基督教、伊斯兰教、佛教等宗教的牌子，以耶稣基督、真主安拉、释迦牟尼佛等为印记，篡改传统正统宗教的教理教义，曲解传统正统宗教的基本学说，冒用传统正统宗教的徽号和概念，冒充传统正统宗教蛊惑民众，招揽信徒，欺骗愚弄信众，以此来扩展其组织；同时，还会在觉察和领略到"宗教情感体验对传统宗教形成、传播和巩固中所起的核心作用"[2] 后，从传统正统宗教那里大肆盗用这种宗教情感体验和经验为其组织的建立和发展提供服务，并不择手段地诱发信徒的宗教情感体验，编造谎言、虚构神迹，使他们由相信邪教、宗教极端组织制造的神迹而产生对邪教教主、宗教极端组织领袖的敬畏、崇拜和依恋，进而亡命地信仰邪教和极端宗教以及追崇邪教教主和宗教极端组织领袖，从而实现暗示、诱导、欺骗、恐吓、强迫信众跟随他们从事不正当目的活动、谋取不正当利益的意图和野心。例如，

---

[1] 陈麟书、陈霞：《宗教学原理》，宗教文化出版社2002年版，第81页。
[2] 严梅福：《揭露邪教对宗教情感和宗教经验的盗用》，《湖北省反邪教协会通讯》2013年第10期（总第138期），http://www.cnhubei.com/xwzt/2012/cfqy/zjsd/ymf/201309/t2716329.shtml，2013—09—29 16：52。

"邪教组织东方闪电用糖水或蜂蜜在地上写成字,吸引嗜甜的蚂蚁,使之聚集成字的样子,制造'蚂蚁写字'"的"神迹"事件,以此糊弄欺骗群众来实现其意图。这只是邪教等不正当组织攫取信众宗教情感体验和经验的一些浅显的做法。为了实现意图,他们会使用各种办法来诱发信徒的宗教情感体验。具体包括以下几个方面。

首先是采用自我吹捧、欺骗暗示、恐吓胁迫、信息化技术等手段和办法来诱发信徒的"宗教情感体验"。

不正当组织头目利用人性中对自然、宇宙和未知领域固有的"敬畏感、依赖感",采用"自我吹捧"的方法来打动信众的心灵,诱发信徒的宗教情感。他们当中一些人自称"上帝""上帝拣选的王""复活的耶稣";还有的号称自己为"神所设立的基督""主佛""万王之王"。通过这种不需"资本"的大吹特捧,一方面是克服自身内心的恐惧和心虚,为自己仗势;另一方面是在众人面前把自己装扮成具有"超能力、超能量"的非凡之人,让别人相信只有依靠他才能解除灾难、病痛,拯救自己乃至家庭。这是他们惯用的手法,以此来诱发信徒的"宗教情感"。

为了不让自己的"吹捧"露馅现形,不正当组织头目又常用"欺骗暗示"的办法,诱发信徒的"宗教情感"。他们经常谎称自己能直接与神灵沟通,或就是某某"神""佛",具有利用神力治疗各种疑难杂症的超灵力,能摘除肿瘤,能让盲人重见光明,能让瘫痪者重新站起来,能让哑巴说话,甚至还能"起死回生";有的还号称自己能让他的信徒"开天目、转法轮",能让跟随他的人"白日飞升","成佛成神仙","去天国永生"。如果撒谎欺骗还不够奏效,他们就会"广施暗示"来诱发信徒的宗教情感。比如通过篡改自己的名字、出生日期或人生经历,谎称自己与耶稣、佛同日出生,或就是"耶稣、佛、菩萨"的转世,或者直接把自己装扮成"耶稣、佛、仙"的模样,以此暗示自己是"神"是"佛",诱发信徒的宗教情感。

如果"欺骗""暗示"还不奏效,他们就继续"恐吓""胁迫",让信徒归顺他们,听令他们。他们常用"世界末日""魔鬼缠身""大灾难降临""遭受天谴""遭受神灵的惩罚""不信他就得不到吉祥"等来恐吓信众,要信徒百分之百地敬奉、敬拜他们。此外,还会采用一些威胁、卑鄙手段胁迫信徒服从他们。总之，为了不正当的目的和利益，这些组织会运用各种手段和技巧来欺骗、愚弄、胁迫信徒，使信徒归顺、听令、服从他们，以此来达到他们的目的，实现他们的意图。特别是在当今信息化社会，他们还广泛采用各种网络传播等先进的信息化技术来蛊惑民众，迷惑信徒，以此实现他们的真实意图。

其次是通过"制造幻觉"来诱发信徒的"宗教情感体验"。这些不正当组织会运用各种手段和技巧让其跟随者产生幻觉，并使信徒把幻觉当成宗教体验，从而达到其目的。

第一，采取单一信息的强刺激制造幻觉。心理学研究证实，"一个人若在长时间内与外界隔绝，只接受单一的信息刺激，就容易出现幻觉，甚至妄想等精神症状"[①]。熟悉此法的不正当组织对信徒实行信息封闭，只要求信徒听、读、抄、背、看其所谓教主的"话语、经文、书籍、录像带、录音带"等，不许接触外面的任何信息，将一切与其组织不相关和不利的"信息"全部切断隔绝，包括不准读教外的书籍，不准听广播、看电视、读报刊等，在这种长时间的单一信息的强刺激下，结果很多人自称有了"宗教体验"，开了"天目"，见到了"神、佛、仙"等神迹。实际上这只是一种幻觉而已。

第二，采用各种手段制造身心疲劳诱发幻觉。心理学研究表明，"人在极度疲劳时容易产生幻觉"[②]。此类组织依据这个原理，运用各种手段，包括严格控制信徒的饮食，以各种方式剥夺信徒的自主控制时间，加长修行等活动时间，增加信徒的体力消耗强度，减缩休息睡眠时间等办法，造成信徒的身心极度疲劳，再施加恶意的语言诱导，以此诱发信徒的各种"幻觉"，让信徒误认为获得宗教体验。

第三，运用"社会催眠"诱发幻觉。此类组织在对信徒实施单一信息刺激、时间控制和使之身心疲劳的基础上，对其进行"社会催眠"，以诱发信徒的"宗教体验"。根据心理实验显示，"减少外部刺激，持续剥

[①] 严梅福：《揭露邪教对宗教情感和宗教经验的盗用》，《湖北省反邪教协会通讯》2013年第10期（总第138期），http://www.cnhubei.com/xwzt/2012/cfqy/zjsd/ymf/201309/t2716329.shtml，2013—09—29 16：52。

[②] 同上。

夺感觉，会降低大脑皮层唤醒能力，酮类固醇激素水平上升，造成情绪、认知、行为等方面紊乱，出现思维反应迟钝，判断力下降以致丧失，于是人就会进入催眠状态"[1]。在这种状态下，信徒极容易解除心理防卫，进入思维松懈无戒备状态，此时意识与潜意识的界限模糊不清，意识对潜意识的压抑松懈，这时歪理邪说通过意识进入潜意识，潜意识的内容就返回到意识当中，致使出现幻觉和妄想，痴迷者却以为自己修行上了层次，见到了神迹，而不认为是幻觉。

总而言之，这些不正当组织所采取的不正当手段来诱发信徒的宗教情感体验与传统宗教信徒信仰正统宗教所产生的宗教情感体验是完全不同的。传统宗教信徒的宗教情感体验来自神职人员本着经典和教义的要求，引导信徒逐步地抛弃杂念妄想，专行修炼，不搞歪门邪道，不使用编造谎言和虚构神迹的办法引发出来。这种宗教情感体验是信徒们在神职人员的谆谆教导下，潜心研读经典，深刻领会教义，严格遵守宗教戒律，在坐忘止念、禅定止观、静坐沉思、祷告念经等虔诚的宗教修炼活动中，在庄严、肃穆、神圣的宗教仪式气氛的感染下自然而然地产生出来的。这种情感体验具有"极大的震撼性"，是一种"个体、主观的"[2]的感受和体验，会因此而强化他们的内心信仰，使他们变得更加虔诚，从而更自觉地遵守宗教的戒律，提升自己的道德水准。几千年来，传统宗教就是靠着这种情感体验来促动人们笃信宗教，从而为宗教的建立、发展和巩固打下坚实的基础。

第三节 宗教道德规范与和谐社会建设

一 宗教道德规范的内涵

宗教道德规范既属于道德的范畴，也属于宗教的领域。它是指在宗教的形成和发展过程中，为了调整神灵与人之间、人与人之间、人与自

---

[1] 严梅福：《揭露邪教对宗教情感和宗教经验的盗用》，《湖北省反邪教协会通讯》2013年第10期（总第138期），http://www.cnhubei.com/xwzt/2012/cfqy/zjsd/ymf/201309/t2716329.shtml，2013—09—29 16：52。

[2] 同上。

身之间以及人与自然之间的关系而形成的，以信仰为根基，以宗教情感体验为纽带，通过宗教世界观论证的，与宗教教义紧密联系的伦理道德观念、戒律体系和行为规范的总称。

从一般形态来看，宗教道德规范除了信奉该宗教信奉的神灵，以及遵守该宗教的戒律禁忌之外，其余的都是人类世代崇奉的社会公共道德规范。它具体包括调整神灵与人之间关系的人神之道，也包括调整人与自身和人与人之间关系的人际之道以及调整人与自然之间关系的自然之道。

神人之道，也即"神道"，是指调整信仰者与信仰的神灵之间的关系而制定的宗教道德规范，是对神灵的信仰、崇拜、敬畏、挚爱以及与拜神有关的宗教生活戒律和禁忌的总称。它要求信仰者对神灵承担信仰、敬畏、崇拜、服从等专门的道德责任，并以戒律、禁忌、承诺等形式来表达这种具有神圣特性的道德义务和规范。因为在它看来，神不仅是宇宙和人间的创造者和掌控者，而且也是真善美的最高境界和唯一源泉。人类的一切吉凶祸福都受神灵的掌控，人类的一切善念和善行都来源于神。因而，信仰神、服从神和崇拜神自然就被宗教道德规范纳为其行为规范的首要规则。比如，基督教中宣扬对上帝的信仰、仁爱、服从。

人际之道是调整信仰者自身、信仰者与信仰者之间以及信仰者与世俗非信仰者之间关系而制定的宗教道德规范。宗教通过神启的方式，将原属于调节人与人之间的世俗道德规范赋予了神灵的威力而改变为宗教道德规范。世俗社会的交往、生产、劳动、谋生等基本的日常生活和实践是一切宗教生活得以正常维系的现实条件和前提，任何一个宗教信仰者都不可能脱离世俗的社会而生活下去，宗教信仰者只有处理好自身、信仰者之间、信仰者与世俗民众之间的关系，才能保证宗教生活和宗教信仰的正常进行；否则，信仰者过上正常的宗教信仰生活就是一句空话。因而，人际之道主要起到维持宗教信仰者正常世俗生活的作用。比如，在佛教中调整人与自身关系的修身养性、净化心灵的"八正道"；在调节人与人之间关系的行为规范，佛教中有"五戒"，犹太教中有"十戒"。

自然之道是调整信仰者与其赖以生存的自然生态环境之间的关系而制定的宗教道德规范。自然生态环境是人类社会存在和发展的基本物质条件，没有这个基础，人类是不可能存在和发展下去的，更谈不上信仰宗教和过上正常的宗教信仰生活。因而，为了保护好这个基础不被人类自身的行为所破坏和伤害，世界上众多的宗教教义都普遍认定，保护自然生态环境和资源是人类的神圣使命。

　　从历史时序来看，宗教道德规范的三个层面所处的主导地位随着人类社会的发展变化而变化。在古代社会，由于人类生产能力和认知能力的束缚，人类自我意识不强，此时，调整神灵与人之间关系的神人道德规范占据主导地位，"'以神灵为本'的神本观念"[1]浓厚，信仰神灵、遵从神灵、崇拜神灵、服从神灵的观念盛行；到了现代社会，随着人类社会科技的发展和自我意识的增强，调整人与人之间关系的人际之道占据主导地位，"'以人为本'的人本"[2]意识强烈；到了当代社会，由于人类对自然的无节制的开发和索取所引发的自然生态环境危机的日趋逼近，人类意识到自然生态环境对人类的生存和发展的重要性，调整人与自然关系的自然之道占据主导地位，"'以生态为本'的生态性伦理"[3]理念深入人们的思想之中。从横向空间视角来看，宗教道德规范的三个层面同时对信仰个体、群体乃至非信仰群体产生影响和作用。一个信仰者在宗教信仰的实践中，会同时面对和遭遇这三个层面的道德规范，在信仰的驱使下，以这三个层面的规定标准来比照自己的言行，是否符合神灵或上帝的旨意、意愿或要求，从而随时反省自身和调整自身的言行，以期获得神灵的赞许、恩赐和奖赏。

　　宗教道德规范有助于帮助信仰者实现其所追求的理想、目标和境界。它是在汲取了人类一切道德优秀成果的基础上产生的，是在世俗道德规范的基础上被神学升华的一种伦理道德规范，是世俗道德规范的神圣化和宗教化。

二　宗教道德规范的特点

　　宗教道德规范建立在信仰的基础上，以宗教情感体验为纽带，以服务宗教教义体系为目的，因而表现出一些鲜明的特点。

---

[1]　陈麟书、陈霞：《宗教学原理》，宗教文化出版社2002年版，第325页。
[2]　同上。
[3]　同上。

第一,教化理念上的神圣性和终极性。

宗教道德规范通过塑造至善至上万能的神灵来成为人类真善美的化身和人类道德榜样的象征,并借助神灵的权威来强化信众的道德要求、约束信众的言行和引导信众不要满足于眼前的物质利益需求,而要以追求个体的自我彻底解脱乃至人类的最终解脱为目标,要把精力放在为来世或死后的积善修德等一些精神需求的满足上,要把眼光放在为来世进入天堂或佛国等人生的终极价值追求上来。这样,它使人们自觉地将自己的言行置于神力的控制和保护之下,实现了神力对人们行为的规范。这种教导,既体现了神圣性,又具有终极性,有利于调动人们追求更崇高更有意义的事物上来,有助于人们不沉迷于吃喝玩乐等简单庸俗的生活当中来,也有助于人们不会斤斤计较个人的一些物质得失和琐碎事情上来,使人们怀有更远大的梦想和追求,使人们的生活充满希望、意义和梦想。当然,在一些学者看来,这种追求是虚无缥缈的空中楼阁,是抽象的,不能实现的。但在笔者看来,对于一个饥饿的人来讲,倘若没有办法来满足他的真实需求或者我们对此束手无策的时候,一个画着的饼也能给他带来喜悦;同样,对于一个缺失精神食粮的人来说,倘若没有办法解决他的内心空虚和苦闷或者我们对此束手无策时,有一个画着的精神饼也能给他带来希望。当前社会,大多数民众,特别是底层民众没有或找不到适合自己的能够安顿自己心灵、净化自己道德思想的精神食粮,在日常生活中接触的是不健康甚至是充满暴力和色情等内容的东西,而宗教信仰对于他们来说,既简单又能够消费得起且能够给他们带来精神心灵愉悦。

第二,教化内容上的超越性和普世性。

在教化内容上,宗教道德规范具有超越性和普世性。这种超越性不仅体现在超阶级性,还表现在超现实性、超世俗性和超自我性。在宗教看来,人类的真善美与丑恶的界限,不是在国家之间、阶级之间和政党之间体现,而是在每一个人的内心表现,善恶仅仅是"一念之差"。坏人恶人心中仍存有人性美好的一面,好人善人心中也总有人性丑恶的一面。因而,宗教主张消除恶,要从每个人的内心做起,认为世俗世界的丑恶虽不能除尽,但只要每个人身体力行,以宗教道德规范为行为标准,就能将人人心中丑恶的一面束缚起来,使人性的真善美得以呈现、扩张和持久。由于它把善恶的界限放在人性和每个人的内心之上，而非国家、阶级和政党之上，从而抹去了它的阶级性和历史性，而体现它的超阶级性和普世性。同时，宗教道德规范在教化信众的时候，总是要求信众不要过分关注或看重现实世俗社会的自身肉体的物质利益的满足，强调要不断提升自身的精神道德修养和净化自己的心灵，关心众生的疾苦，关注来世的去向。这种追求教导，立即"把人从他所处的物质世界提升到精神世界，从现实世界提升到理想世界，从一种个别肉体的事实存在，转变为一种普遍的精神价值存在，使人从自然的生存中，从世俗的社会生活中解脱出来"。[①] 使人自然感觉到一种超越尘世、超越自我的洒脱和自由，也使个人的独特存在融合到信仰所指示的普遍存在之中，从而体现了宗教道德规范教化的超现实性、超世俗性和超自我性。

第三，教化方式上的"平等性和示范性"[②]。

在教化方式上，大多数的宗教都对信众不设门槛，不分贵贱，不问身份，不讲地位和根器高低，来者一视同仁，都被认为在神或上帝面前是平等的，都被认为皆有佛性，采取有教无类的方便法门施教，把教化的重心放在日常行为准则的遵守上；同时，宗教道德规范还往往通过宗教领袖身体力行的示范性作用，来影响和引导广大信众，引领人心向上，为了积累功德来世升入天堂或佛国，自觉地按照宗教道德规范的行为准则、戒律去刻苦修行和自我磨炼，去恶从善，不断加强个人自身的道德修养和奉献精神。这就体现了宗教道德规范教化的平等性和身体力行的示范性特点。当然，有不少学者认为，这种平等性是虚伪的，抽象的，不现实的。但就笔者看来，虽然这种平等性具有一定的抽象性，但它毕竟给信众在思想上注入了平等的理念。这是真实不虚的。

第四，教化效果上的"多重保证性"[③] 和自律内倾性。

世俗道德规范一般是依靠社会舆论的评价监督来约束世人的行为。这种监督作用往往不具有法制的强制力，是人们自发的，因而也是不充分的，难以得到广大社会成员的直接认可，在实际生活中很难起到约束

[①] 王晓朝：《宗教学基础十五讲》，北京大学出版社2003年版，第270页。
[②] 胡昂：《略论宗教道德问题》，《学术界》2009年第4期，第171—176页。
[③] 同上。

和控制人们的行为作用,特别是在当今社会,人们在现代化浪潮的驱动下,物质利益欲望越来越强烈,而精神道德的观念日益薄弱,很多世人往往为了利益而违背道德要求,成为世俗道德陷入危机的重要原因之一。然而,宗教道德规范通过人们的信仰和借助神灵的力量来约束和控制人的言行,信众也因为出于对来世的执着追求和对神圣力量的敬畏,往往也能自觉地遵照神圣教诲遵守宗教道德规范,并自觉地将其内化为自己的行为准则,落实到日常的一言一行当中。因而,与世俗道德规范相比,宗教道德规范不仅具有世俗道德规范所具有的社会舆论评价监督的约束作用,还借助外在于人的神圣事物威力来震慑人自身,并逐步促其由外力强制的他律转为内在约束的自律,因而,它在教化效果上较一般的世俗道德规范具有更多的保证,而且还更多地体现出自律内倾性。

总而言之,宗教道德规范是以对上帝、佛、真主、神等超自然力量的信仰为其核心和出发点,规定了信教者必须承担的各种信仰上的道德义务,由此形成一系列的戒律、禁忌、规范,来约束信教者的宗教行为和社会行为。

三 宗教道德规范与世俗道德规范的关系

宗教道德规范和世俗道德规范两者既有联系,也有区别。从联系来讲,两者均属于道德范畴和社会意识形态,都是调整人们思想道德和行为的规范和准则。只不过世俗伦理道德是宗教伦理道德的基础,宗教道德规范实际上是世俗道德的宗教化和神圣化的结果和神化形态,在一定程度上能给世俗道德规范较大的影响。

从区别来看,世俗道德规范主要调整世俗关系中感性的人与人之间的社会关系的行为规范和准则,其主要维护人与人之间的人道主义;而宗教道德规范则调整宗教关系中感性的人与非感性的神之间的神人关系的行为规范和准则,其本质特征是以维护神人关系的神道主义。当然,宗教道德规范也调整人与人、人与自然的关系,只不过这种人与人、人与自然的关系的调整都是置在神人关系之下的一种调整,因而,从这一意义上来讲,宗教道德规范调整的范围要大于世俗道德规范。

四 宗教道德规范社会作用的两面性

为了消除因对自然未知领域的不确定性而产生的恐惧，人类创造了宗教，以实现人类对自然的更多认知和把握；但是，人又因为不能完全通过自身的能力来达成自己的目标，在这种情况下，人类只有借助一个外力——神灵的力量来实现自己的目的，因而，在人类所创造的活动本身里就包含两种相互矛盾的因素，即价值目的与工具手段的对立与矛盾，这就使宗教道德规范和宗教文化里自然含有对立和矛盾的两个方面，也使其社会作用呈现出矛盾的两面性。

一方面，宗教道德规范的创立者们，为了保证道德规范具有较强的约束力和强制力，于是通过确立神、上帝、真主或佛等神灵在信仰者心中至高无上的地位，再通过神灵的权威把世俗道德抬高为宗教教义、信条、清规、戒律和禁忌，使人很自然将宗教道德看作一种最高的道德源泉和力量，从而实现对人们言行和心灵的约束，因而宗教道德规范实际上是神化的世俗道德规范。信仰者一旦接受和认可了自己所崇奉的神灵，就会因为对神灵的崇拜和敬畏而听从神灵的教诲劝诫和遵守这些神圣的道德规范，或者说他们认为遵守了这些神圣的道德规范，就是信仰了宗教，就是崇奉了神灵。他们自然就把自己的言行与神的奖惩联系起来，不仅用宗教道德的准则来调整人与神之间的关系，而且用来调整人与人之间关系，因而在现实生活中起到较大的社会作用。许多虔诚的信教者因为恪守宗教道德的清规戒律而成为善男信女，很多原本道德不高尚的人在这种神圣权威的恐吓和引导下，也渐渐恪守宗教道德规范而成为道德高尚的模范。他们的一言一行在人群中起到表率和示范作用，从而影响一群人的精神面貌或一方的社会风气；同时，宗教道德规范提倡人们要忍耐、顺从、宽容、爱敌如友、众生平等、扬善抑恶和追求公道，而有利于化解人际冲突和纠纷，促进群体的融合、团结与凝聚力，维护群体和谐，维护社会公平正义与社会的和谐与稳定。正因为如此，历史上有不少无神论者和唯物主义者，尽管他们本人不信仰宗教而且反对和批判宗教和教会，但对宗教道德规范在感化人们维持社会秩序方面持肯定态度，而且主张保留宗教道德规范这种特殊的社会作用，保留神和宗教的地位。

另一方面，由于宗教道德规范是借助神灵的力量来约束和规范信教者和人们的言行，因而自然会养成人们对神圣力量的依赖，使人们将现实生活中的一切事件都与神灵的威力挂起钩来，认为任何事件都是神灵的安排，深陷宿命论的消极思维中，从而抑制人们的创造力和抗争精神，甚至易使一些信教者悲观厌世，走上不正常生活的道路；同时，宗教道德规范教导人们把目光和追求放在来世而非现世，放在天上而非人间，在一定程度上有助于慰藉现实生活中遭受苦难的人们的心灵和平衡他们的心态，但在存有剥削和阶级对立的社会中，宗教道德规范的这种教导易起到被统治者所利用来恐吓人民的心智，麻醉人民放弃斗争、容忍残暴的消极作用，从而掩盖现实苦难的真实根源，模糊阶级对立和斗争，使现实世界的统治秩序合理化，为统治者歌功颂德，粉饰太平；当然，也易被反抗者用来为被统治被压迫阶级鸣诉不平，发泄愤懑，反对横征暴敛，追求社会公道和弃恶扬善。

五　宗教道德规范与和谐社会建设[①]

宗教道德规范社会作用的两面性决定了其对和谐社会建设既有积极作用，又有消极作用。

1. 宗教道德规范对和谐社会建设的积极作用

宗教道德规范对和谐社会建设的积极作用体现在以下四个方面：

（1）宗教道德规范不仅是虔诚宗教信仰者的实际行为准则，还发挥着引导信仰者修养善德的道德导向作用，有利于弘扬社会正气、抑制社会不良风气和抗争社会罪恶势力。

和谐社会是建立在良好的人际关系基础上，而要保持人际关系的和谐关键在于广大社会成员能够自觉遵守社会道德和法律，自觉依照道德规范来行为，依照法律规定来作为，每个社会成员如果能够恪守本分，能够"己所不欲，勿施于人"，良好的人际关系自然就能够维持。一般宗教都要求信仰者不杀人、不害人、不贪财、不偷盗、不淫

[①] 注：该部分内容已经发表在冯小林、冯寿林、曾薇《宗教道德规范对和谐社会建设作用的两面性探析》，载于张桥贵、郭飞平主编，曾黎、马永清、孙浩然执行主编《社会治理与社会建设——边疆民族地区社会建设研讨会论文集》，知识产权出版社2017年版。

乱、不诬陷和爱人，作为一位虔诚的信仰者，宗教教规戒律具有绝对的至上性，因而大多数虔诚的信仰者，出于对宗教神圣的坚定信仰，为了求得神灵的恩宠以死后升入天堂和得到来世的幸福，凡事都会以宗教的教义戒律为标准来行为，都会恪守宗教道德规范的训条和训诫来进行个人的身心修养，而成为宗教信仰者践行的实际行为准则。任何违反准则的言行都被视为对神灵的亵渎和背叛，不仅会引起违规者沉重的负罪感，还要受到谴责甚至惩处，严重的有可能被逐出教门。这在日常生活中，对广大信仰者的言行起到实际的约束作用，发挥着引导信仰者修养善德、抑制恶行邪念的道德导向功能，从而有利于调整和维护人与人之间的良好关系；有些虔诚的善男信女还能够成为执行人道主义的模范，与社会上的罪恶势力进行抗争。例如，在中国历史上，有不少农民起义往往打着"替天行道"的旗号反对反动的封建统治者；在欧洲的宗教改革运动中，一些社会人士也利用宗教道德的某些方面来批判天主教封建神权统治的腐朽性；南非进步的宗教界人士，运用宗教道德规范的训条来积极反对种族隔离政策；国际上不少宗教界进步人士也以宗教道德规范为准则，进行反战和平运动，在客观上起到扶扬社会正气和抑制歪风邪气的积极作用。宗教道德规范的这些作用，在社会主义社会的条件下，能在客观上同社会主义社会的道德规范起到某种协调作用。

（2）宗教道德规范不仅有助于中华民族传统美德的继承，还为社会主义道德与和谐文化建设提供充足的道德文化资源。

宗教道德规范中有关处理人与人之间关系以及养老敬老的规定，同中华民族的传统美德具有一些相似之处，因此，从宗教道德规范中汲取某些积极因素，有助于中华民族传统美德的继承。

宗教道德规范所倡导的人际交往的基本原则和规范，与中国传统美德所推崇的"仁爱"原则和"以和为贵"的人际关系观具有某些相通之处。比如在《圣经·新约全书》中，耶稣有这样一句箴言："你们的仇敌，要爱他；恨你们的，要待他好；……有人打你这边的脸，连那边的脸也由他打。你们愿意人怎样待你们，你们也要怎样待人"（《路加福音》）。同样，佛教倡导"无缘大慈、同体大悲"，主张众生平等，众生同体，众生皆苦，要无条件、无分别的，没有丝毫自私和自我成分地平等善待一切有情众生，这种慈悲与爱是无限的、无条件和无私的，其对象不只是人类，包括一切有情生命，这是一般世人所难以想象的。"仁爱"原则提倡人与人应该相互关爱，相互尊重，要同情和帮助他人，体现了古代的朴素的人道主义精神。在现实生活中，仁爱思想和这些宗教道德规范都告诉人们，在处理人际关系时，不能只考虑自己的利益，而应首先想到别人，站在他人和别人的立场上来思考问题，这样，人与人之间的关系问题才有可能公正地解决。当然，宗教道德规范和这种"仁爱"思想也有其一定的历史缺陷，即很容易被统治者用来调和阶级矛盾和维护统治阶级的利益。

敬老、养老和爱老是中华民族的优良传统和美德，是中华传统文化的重要组成部分。无论儒家，还是道家、法家和墨家，都非常强调敬重老人、赡养老人和爱戴老人，都主张子女孝敬父母，尊老爱幼，不违背父母的意愿，要物质奉养和精神赡养父母，将对父母的爱由己及人，扩展到对社会上一般人的爱。在《善生经》里，释迦牟尼佛规定，"夫为人子，当以五事敬顺父母。云何为五？子女敬养父母的五条：一者，供养能使无乏。二者，凡有所为，先白父母。三者，父母所为，恭顺不逆。四者，父母正令，不敢违背。五者，不断父母所为正业"。在《大乘本生心地观经》也规定："世若无佛，善事父母，事父母即是事佛也。"可见，释君的目的在于教诲人们要父慈子孝。同样，在基督教的《圣经》中也记载了耶稣对敬老爱老的训诫，强调老年人是智慧的代表，教导教徒要尊敬老年人。基督教主张对老年人要谦让，不可深责。基督教把子女必须孝敬父母作为人们所必须遵守的训诫。此外，其他宗教也提倡尊老敬贤，强调要善待双亲，主张厚养薄葬。可见，宗教道德中这些有关敬老、爱老的思想与中华传统文化中的敬老、爱老的思想具有相通之处，在一定程度上能够强化这种思想和观念，而有助于在信仰群体乃至全社会形成敬老、养老、尊老、爱老的良好道德风尚。当然，有些内容与当前社会主义道德规范所提倡的具有一些原则性的差异，但这并不影响我们对此去其糟粕，取其精华，古为今用。

社会主义和谐社会建设应包括道德建设与和谐文化建设。而道德建设的重点应是社会公德建设、职业道德建设、家庭美德建设和社会主义市场经济道德建设。宗教道德与前三者之间具有很多相通之处。这是因为，宗教道德汲取了人类社会千百年来形成的伦理道德来补充发展自己，使之成为与宗教教义相联系的宗教道德的组成部分。世界三大宗教的道德规范和戒律，如基督教中的不杀人、不许奸淫、不许偷盗、不许作假证、不许贪恋他人财物；佛教中的五戒：不杀生、不偷盗、不邪淫、不妄语和不饮酒以及伊斯兰教所奉行的善行、忍耐和诚实等，很大一部分属于社会公德的范畴。各种宗教大多有不赌、不嫖、不偷、尊敬长者、帮助弱小等规定，宗教信仰者出于对神、上帝、佛的信仰和崇拜，以及对死后堕落地狱和来世因果报应的恐惧，一般会以这些道德规范作为自己的言行准则来要求自己，自觉遵守这些宗教戒律和禁忌，这些宗教道德规范对于约束宗教信仰者的言行，抑制犯罪起到一定的作用。在处理人与社会的关系上，宗教道德要求信仰者和人们一起要热爱祖国、热爱集体，遵守法度，勤劳勇敢，勤奋工作，尽职尽责，尽社会义务，建立公平、正义、和谐安宁的社会秩序；在家庭道德方面，它要求信仰者和人们一样要孝敬父母、慈爱子女，夫妻互爱，兄弟相亲，家庭和睦，邻舍友爱。在现实生活中，大多数宗教信仰者都能遵守这些要求，这不能不归功于宗教道德规范的教化和约束作用。因而，如果没有宗教道德规范，如何约束宗教信仰者将是一大难题。

此外，宗教道德规范也为社会主义市场经济道德建设提供不少道德文化资源。众所周知，市场经济不仅需要法治的约束，更需要道德的规范，因而市场经济本质上是道德经济、法制经济和信用经济。市场经济越发达越需要市场信用和诚信，一个没有诚信、不讲信用的市场经济是无法高效正常健康运行的。当前我国经济领域出现的道德滑坡和诚信危机现象，说明我国的市场经济正遭受到欺诈、虚伪行为和现象的挑战，因而不对市场经济进行道德约束和法治规范，将会扰乱我国正常的经济秩序，而阻碍社会主义市场经济的健康有序发展。但是，如何对社会主义市场经济进行道德约束和法治规范，我们并没有很好的举措。然而，宗教领域很多对市场秩序的规范和商业道德建设的做法值得我们借鉴和汲取。比如，在《圣经》和《古兰经》中就有许多关于经济活动应遵循的基本道德规范，第一，买卖公平，分量充足；第二，诚实经商，反对不择手段谋取财富；第三，守信①。佛教也主张从事正当的、追求普遍和共同利益及造福社会贫弱的商业经济活动，反对用欺诈邪恶等非法手段牟取商业利益。这些宗教商业道德所要求的公平、公正、正当、诚实、守信等原则，也是社会主义市场经济道德所倡导和推崇的。这些商业美德对于在市场经济条件下规范宗教信仰者和影响无宗教信仰人们的交易行为，确立交易双方之间的信任，降低交易成本，维护市场秩序方面有着重要作用。

（3）宗教道德规范中有关协调人与自然关系的准则为社会主义和谐生态建设和人与自然地和谐共处提供了丰富有益的思想源泉。

在人与自然的关系上，世界各大宗教大多都主张人和自然都是由神创造和主宰的，人与自然是一体的，人应该善待和保护自然和环境，这是人类的神圣使命。例如，佛教主张众生平等，一切众生皆有佛性；佛教的"五戒"中第一戒就是"不杀生"，指不可杀一切有情生命；为了不杀生，佛教实行素食制度；佛经中还有舍身饲虎、割肉赎鸽的故事；这些都彰显了佛教为了一切众生可以舍己的献身精神和博大胸怀。华严学所讲的"一即一切，一切即一"的思想，揭示了世间万物之间的你中有我，我中有你的整体性和统一性②。道教继承和发展了中国传统文化中的"天人合一、和谐共生"的思想，主张"天地与我同根，万物与我同体"，世间万物是互相依存、不可分离的关系，"人、我、自然"存在浑然一体，动植物都有存在的价值，人类应该效法天道和自然来行为，倡导"清心寡欲"，"返璞归真"，"顺意自然"，反对暴殄天物，信仰者自身不仅需要性命双修，还要救人救世，将慈悲之心扩展到自然物上，为此，道教还特别设定了"放生会"和"水陆道场"来履行"戒杀放生"的原则。基督教主张万物都是由神创造的，人是万物的管理者，人要当好上帝的管家，要爱与之相邻的自然环境。伊斯兰教主张"两世吉庆"和"人与自然"的和谐统一，强调以仁爱之心爱惜生物，反对今世过度享乐

---

① 鞠凤芝、杨玉环：《浅谈宗教道德中的某些积极因素》，《理论界》2004年第6期，第328—329页。

② 张志蓬：《宗教道德对于构建和谐社会的积极作用探讨》，《理论探索》2007年第4期，第32—33页。

和耗费，要为来世着想，合理开发自然。像宗教的这些道德伦理规范，能激发广大信仰者对大自然生起"敬畏之心"，从而善待我们的自然，这有利于我们更好地处理人与自然的关系，促进人与自然和谐共处，促进社会主义和谐生态环境的构建。

（4）宗教道德规范不仅为和谐社会建设创造了良好的社会氛围，而且有利于维护社会的稳定与和谐。

在现实社会中，虽然一些别有意图的宗教头目，为谋取个人私利，在各种势力的支持下，利用宗教信众的宗教狂热，煽动迷信盲从的信徒制造一些扰乱公共秩序、破坏社会稳定和危害公共安全的事端，以达到其不可告人的真实企图。即便这样，历史和现实都说明，宗教道德规范在一定程度上能够帮助人们解脱现实苦恼和维持社会秩序。一方面，宗教道德规范依靠其咒言和惩戒条令，强制性地要求宗教信仰者严格遵守道德规约和律令，使宗教信众在敬畏和警醒中加强道德自律，提升道德修养，实现信教群众的自我认同，而利于维护信教群体内部的团结与和谐，为和谐社会建设创造了良好的社会氛围；另一方面，几乎所有的宗教道德规范都教育和引导信众要学会感恩和赎罪，佛教教导人们要"诸恶莫作，众善奉行"，遵守"五戒"和"十善"；道教要人们效法和顺意自然，与人为亲，与物为亲，救人救世，建功立德；基督教和天主教要人们爱人如己、爱敌如友；伊斯兰教则要求人们忍耐、宽仁、行善。这些规劝都有助于信众和人们自我省思，告诫人们在遇到冲突和矛盾时应择取"忠恕之道"，从而有利于矛盾冲突的不扩大和不激发，有利于维护群体人际关系的和谐和社会稳定。而且，宗教道德规范注重的并不只是一时的得失和现有的对错与奖惩，它更关心的是死后的去向与来世的苦乐和因果报应，从而使人们始终保持着对神灵与未来的敬畏而保持行为的谦恭，不断加强自我修养，这无疑有助于人与人、人与社会、人与自然的和谐共处，使社会和谐稳定发展。何况我国五大宗教都有爱国爱教的光荣传统，其道德规范和教义本身都蕴藏着以和为贵、求同存异、兼容并蓄和利于社会文明进步发展的内容和精神。数以亿计的宗教信众本身就是和谐社会建设的重要力量之一，他们共同倡导的遵纪守法、勤劳致富、扶贫济困、乐善好施等原则，其本意与社会主义的社会公德、职业道德和家庭美德不谋而合。

2. 宗教道德规范对和谐社会建设的消极作用

如前所述，宗教道德规范是借助神灵的力量来保证其强制力和威慑力。因而它是一把"双刃剑"，它既有利于维护社会的稳定和促进社会的和谐，也对人们和社会产生一些消极的作用。

（1）崇拜神灵的宗教道德神灵至上观易诱使信众轻视否定人生价值和现世生活，而导致信众对神灵的过分依赖和消极悲观的处世态度与宿命论思想。

宗教道德视神灵为世间万物的本源，主张神灵是根本，是至上至善和万能的。这种神灵至尊的道德观很容易使人走向依赖神灵、轻视人生、轻视人的现世生命价值的道路。事实也是如此，几乎大部分的宗教道德观都轻视、贬低和否定人的生命价值，不承认现世生活的意义。在宗教道德的视野里，人的一辈子不过都是为进入永生而进行的一种特殊的磨炼或考验。因为生命的肉体存在最终会消失毁灭的，是短暂的；生命的"灵魂"存在是永恒不灭的，是长久的；因而生命的意义和价值不在于现世生活，而在于死后的去向和来世的回报。现世生活只不过是进入来世彼岸世界生活的一个过程和桥梁，是神灵早已安排好的，是无法改变的，禁欲、苦行才是摆脱来世苦难进入天堂或佛国的条件。至于来世永生如何知晓或证实，以及天堂地狱是否真实存在，宗教道德并没有直接办法或途径来给予证实。只要求信仰者做到不怀疑而真心信仰就行了。由于宗教道德强调来世和永生的意义和价值，因而自然要求信仰者更多地关注自身的精神活动和道德修养，放弃或忽视自身的物质追求。这就很容易诱使人们消极对待现世人生和现世生活，并走向宿命论。

在阶级社会里，宗教道德认为人生就是苦难和罪恶的，主张人们要忍受现实苦难、忽视世俗生活、放弃反抗和采取禁欲主义的人生态度，使其长期被统治阶级所利用，成为控制和奴役被统治阶级的思想工具。故而马克思在研究分析宗教时写道："宗教的苦难既是现实苦难的表现，又是对这种现实苦难的抗议。宗教是被压迫生灵的叹息，是无情世界的感情，正像它是没有精神状态的精神一样，宗教是人民的鸦片。"[①]

我国改革开放以来，伴随着人们物质生活水平的提高，而精神生活

---

① 《马克思恩格斯全集》第 1 卷，中央编译局编译，人民出版社 2002 年版，第 453 页。

却显得空虚无聊，人们出现了信仰上的危机。社会中旧的神学意识开始在人群中蔓延开来，这对人们，特别是广大青少年会产生一定消极影响。近年来出现的信徒低龄化、初高中生信徒增多等问题日益凸显，极大影响了他们建立科学的世界观、人生观和价值观。

（2）平等友爱永恒的宗教道德理想天国观和苦难无期的恐怖地狱观易诱使信众沉迷缥缈的信仰生活而厌恶世俗婚姻家庭生活和轻视社会劳动实践。

宗教道德不仅为信众塑造了一个至上、至善、万能和爱一切众生的神，而且还为众生塑造了一个人人平等、人人友爱、没有世俗烦恼和纷争、没有衣食住行之忧和永恒的理想天国，描绘了一个黑暗、受苦和没有期限的恐怖地狱。宗教道德理想天国的塑造很容易让信众在精神和心理上得到满足，产生向往之情；恐怖黑暗的地狱描绘又易使信众对死后的去向产生忧虑和恐惧。为逃避远离地狱而趋向天国，信众很易厌恶现实的世俗生活，放弃现世的婚姻家庭生活乃至社会的责任，而沉迷于缥缈的个人信仰生活中来，不与世俗人群来往，不参与社会劳动生产和实践。因为世俗生活不仅没有平等，而且有人事的纷争、烦恼和衣食住行的忧虑，还有战争和罪恶，沉溺于世俗的花天酒地享乐生活之中还有堕落地狱的危险和可能，这些足以使信众与理想天国的情境形成鲜明的对比，从而使信众对地狱生活生恐惧和逃避远离之心，对理想天国的信仰生活生向往和陶醉之心，对现世世俗社会生活生厌离之心。当然，从某种意义上来讲，这是个人的选择自由和权利，他人和社会无权干涉，但假如每一个社会成员都是如此，那么人类社会也就不可能延续发展至今。

（3）抽象超阶级的宗教道德博爱观在世俗社会中较难落实，而且易为社会罪恶者开脱罪责和在一定程度上纵容。

几乎所有的宗教道德都主张其信众要无条件地爱一切人，包括自己的敌人和仇人。比如，基督教主张"爱人如己，爱敌如友"，不但要像爱自己一样爱亲人朋友和邻人，还要像爱自己的亲人一样爱仇敌；提倡人与人应该相爱、相互尊重、同情和帮助，认为仁爱是处理人与人之间关系的原则，爱能够忍受一切，能够承受一切；圣经《罗马书·爱成全律法》中说："爱是不加害于人的，所以爱就成全了律法。"佛教主张"广爱博施",要"无缘大慈,同体大悲",要慈悲一切众生,不分善恶,不分人与动植物,一律平等对待。伊斯兰教也要求信众慈善、友爱地对待他人,认为四海人类皆为兄弟,因而即使是非穆斯林也要平等友好地与他人和睦相处。宗教道德把"爱一切人"的博爱观纳入一个超现实的、超阶级的抽象的神学范畴来考量,而不考虑现实的人际关系亲疏、利益矛盾纠纷和个性差异,在理念和气势上确实非常雄伟宏大,显示出超凡的大度和气量,但在实际生活中却很难落实,也很少人能够做到。就拿基督教来说,它一方面主张"爱一切人",但是又号召"基督教镇压一切不愿信奉基督的人,把各种异教及自己教徒中违背、越轨宗教教义和清规戒律者看成所谓的异端,大加摧残迫害"[1]。在《路加福音》第 19 章第 27 节中更明白地说道:"是这样,把他们拉来,在我面前杀了罢了。"西方教会在历史上对于异教徒进行残杀就是依照《圣经》来行为的。"犹太教、伊斯兰教以及其他宗教的圣书,也同样浸透了这种对异教徒、不信神者的疯狂的、不能容忍的和仇恨的精神。"[2]宗教道德的这种提法,还很容易在存有剥削的阶级社会中,被统治阶级所利用来掩盖被剥削阶级受现实苦难的根源,模糊阶级之间的对立和斗争,抑制人们的抗争意志和精神,从而起到麻醉人们放弃斗争、容忍残暴的消极作用。

同样,在对待罪恶的问题上,几乎所有的宗教都主张采取忍让、宽恕和包容的态度,不赞同"以牙还牙"和"以怨报怨"的做法。比如,《圣经》中当论到"爱仇敌"时,主耶稣说:"我告诉你们,不要与恶人作对,有人打你右脸,连左脸也转过来给他打",即使是恶棍,只需及时在神父面前忏悔就能免罪。正如《路加福音》第 15 章第 7 节中所说的,"一个罪人悔改,在天上也要这样为他欢呼,较比为九十九个不用悔改的义人,喜欢更大"。从这里可以看出,决定是否免除罪恶的不是看一个人的道德水准,而是看一个人是否信仰基督教。佛教也主张不能"以怨报怨",否则反而会变本加厉;不可助他人反抗欺凌,主张逆来顺受,对种种恶行,待之忍让和宽容,即使杀人者也无须惩处,只要

---

[1] 陈麟书:《论宗教道德》,《宗教学研究》1985 年第 6 期,第 97 页。
[2] 同上。

"放下屠刀",就"立即成佛"。这种没有前提和条件的抽象的提法,意味着一个人罪恶再大,只要口念"南无阿弥陀佛",就能免除罪责,就可以不受法律的制裁,就能获得佛性,就能达到西方极乐世界。这种不看行为表现、不论道德水准,只看对神的虔诚之心和态度的善恶评判标准和做法,在一定程度上不但不能消除和惩处罪恶,反而为作恶多端的恶人开脱罪责,在一定程度上起到助容罪恶的作用。究其原因,在于宗教道德所关心的并不是人与人之间的现实的道德关系,而是人对神的道德态度。

(4)排他性意识强烈的宗教道德观易诱发狭隘的小群体意识而不易促进社会不同群体之间的融合认同与和谐共处。

不同宗教具有不同的道德规范、教义制度和组织体系,同一宗教不同教派之间对同一宗教的道德规范、教义制度和组织体系的诠释、规定和做法也有差异,从而使之有了相互区别的边界,显示了各自的价值理念、追求目标和文化特征,从而吸引着和凝聚着不同需求的宗教信众。然而,宗教信仰不只是一个简单的崇拜,这里面有触及人的灵魂和内心,有信仰追求和文化认知,甚至有以身命相随相伴的决心和意志等成分和内涵。特别是文化的影响力更是不可小觑,它会不同程度地影响一个人的整个方面,包括他的思想观念、情感心理、思维方式、行为方式和生活方式。信教群众与非信教群众、信这个教派的信仰者与信那个教派的信仰者在人生观、价值观、世界观、情感表现、思维方式、行为方式等方面也会存在差异,甚至是分歧和冲突;同时,宗教道德规范只对本宗教内部信徒或本宗派内部信徒产生约束力,以保证其所信仰的神灵和教义的神圣性,其结果就会导致我宗教或我教派的唯我独尊,而他宗教或他教派不如我宗教或我教派的认知和心理,这势必会造成对不同宗教或同一宗教不同教派的偏见和排斥,而必然会使信教群体与非信教群体、信这个教派群体与信那个教派群体在交往上产生不认同或者非认同取向,从而诱发狭隘的小群体意识,不易促进社会不同群体之间的融合认同与和谐共处。

比如基督教《圣经》在《新约·路加福音》第14章第26节中就有这样的表述:"到我这里来,若不爱我胜过爱自己的父母、妻子、儿女、兄弟、姐妹和自己的性命,就不能做我的门徒。"在《马太福音做门徒的代价》中,还有更直接明白的表达:"你们不要想,我来是叫地上太平,我来并不是叫地上太平,乃是叫地上动兵刃。因为我来是叫人与父生疏,女儿与母亲生疏,媳妇与婆婆生疏。人的仇敌就是自己家里的人。爱父母胜过爱我的,不配作我的门徒;爱儿女胜过爱我的,不配作我的门徒;不背着他的十字架跟从我的,也不配作我的门徒。得着生命的,将要失丧生命;为我失丧生命的,将要得着生命。"这种表述,让信徒爱耶稣胜过一切,为耶稣可以舍弃自己的所有,其价值取向与世俗常理难以相容,也与人之常情大大背离,必不能为不信教者或其他信教者所接纳,从而直接将信徒的行为推到让不信教者无法理解和认同的境地。按照这种思维逻辑,如果一种宗教道德的排他性意识过分强烈,那么,天下太平与和谐就难以实现和保证。从小的方面来说,就会造成一个家庭、一个族群、一个国家和民族之间的裂痕而产生矛盾和分裂,阿拉伯民族和以色列的犹太民族之间的民族与宗教的争端就是典型表现。从大的方面来讲,就容易造成世界性的冲突和战争,例如,"9·11"事件及以后的阿拉伯民族与西方基督教民族之间的严重对抗,就含有宗教的排他性成分在里面。还有当前威胁世界安全和稳定的最大的不安定因素——国际恐怖主义和地方恐怖主义,就是一些恐怖主义组织利用宗教强烈的排他性来唆使其信徒从事危害社会和人类和平的破坏性活动。这些问题归根于宗教道德固有的排他性。这些问题不加以防范,世界将难以安宁与和谐。

(5)倾向于神灵万能的宗教道德观在一定程度上对社会发展起到消解和阻碍作用。

宗教道德为了约束人们的行为,在人们面前塑造了一个无所不能的、十全十美的、万能的神灵或上帝。崇拜神灵和敬拜神灵成为宗教道德的主要特点之一。在宗教道德看来,神灵或上帝是神圣的,而且是万能的。神灵或上帝所创造的世界是完美的,不需要人们再去改善,那种为了改善世界的劳动被看作一种罪恶,是"徒劳的",是"来自魔鬼的一种想法和做法",是不符合神灵或上帝的本质意志的;人们不必为现世的生活而努力,一切神灵或上帝都已经安排好了,人们只要向神灵或上帝祈祷就行了。例如,在基督教《圣经》的《马太福音不要忧虑》中就有这样的劝说:"所以我告诉你们:不要为生命忧虑吃什么,喝什么,为身体忧虑穿什么。生命不胜于饮食吗？身体不胜于衣裳吗？你们看那天上的飞鸟，也不种，也不收，也不积蓄在仓里，你们的天父尚且养活他，你们不比飞鸟贵重得多吗？你们哪一个能用思虑使寿数多加一刻呢？何必为衣裳忧虑呢？"在《圣经》中上帝还把劳动视为对人类不遵守上帝的戒约而偷吃禁果的一种惩罚。这实际上不仅表明其具有鄙视劳动的意思，还告诉信徒们不必劳作和耕种，不必为吃穿忧愁，只要祈求上帝，就可以获得所需要的东西。佛教为人们设计了一个不需要劳动而能衣食无忧的幸福美满的西方极乐世界。伊斯兰教也为人们设计了一个不劳而获的幸福天堂。从客观来说，这些说教，在一定程度上能够有利于缓解人们在现实社会中为衣食住行奔波操劳而所造成的各种生活压力，但若完全依照此说教来行事，一方面，则有可能抑制人们的想象力和人们在改造客观世界上的主观能动性，而不利于社会的创新进步；另一方面，还有可能消解人们的进取心和劳动热情，使人们不思进取和劳作而阻碍社会生产力的发展。

六　正确发挥宗教道德规范在社会主义和谐社会建设中的积极作用

由于宗教道德规范社会作用的两面性，因而要发挥它在社会主义和谐社会建设中的积极作用，我们不能直接把它搬用到社会中来，而应该慎重对待和认真思考，首先认识它与社会主义道德规范的关系和它发挥作用的障碍，在此基础上，来寻求其合理的途径和出路。

1. 宗教道德规范与社会主义道德规范

社会主义道德规范是社会主义经济基础的反映，是社会主义社会人民以马克思主义世界观为指导，在长期的社会主义革命和建设实践过程中自发形成和培养起来的朴素的思想道德规范，它以为人民服务为核心，以集体主义为原则，以诚实守信为重点，以社会主义公民基本道德规范和社会主义荣辱观为主要内容，代表着无产阶级和最广大人民的根本利益和长远利益的先进的思想道德规范体系。它由不同层次和不同方面的道德规范所组成。就层次来讲，社会主义道德规范在社会主义初级阶段存在四个层次的道德要求，由低要求向高要求分别是：社会主义社会公德和家庭道德，这是最一般、最简单和最起码的道德要求；第二层次的是以"爱祖国、爱人民、爱劳动、爱科学、爱社会主义"等"五爱"在内的社会主义基本道德要求；第三层次是社会主义职业道德；第四层次，也是最高层次的是共产主义道德要求。就内容来讲，社会主义伦理道德规范包括政治伦理道德、经济或商业伦理道德、生态伦理道德、社会公共伦理道德、职业伦理道德和家庭伦理道德等方面的内容。这四个层次的道德要求和多个方面的伦理道德相互作用和影响，构成一个有机的社会主义伦理道德规范体系，共同约束、引导社会主义社会公民的思想和行为。

宗教道德规范与社会主义道德规范都属于道德规范和意识形态范畴，但两者毕竟受不同世界观的指导，因而，两者既具有一致和相互适应的一面，也有不一致、不适应和冲突的一面。就适应性而言，人们的伦理道德观念随着社会的发展而不断变化。在剥削阶级社会中，宗教道德规范体现的是统治者和剥削阶级的意志，代表着统治者和剥削阶级的利益，以统治者和剥削阶级的"善恶"为善恶标准，为维护统治者和剥削阶级利益的社会统治秩序服务的。但是在社会主义社会中，随着社会主义社会国家主权的独立和新型人际关系的建立，代表和体现最广大人民根本利益的新思想、新道德的不断涌现，使得宗教道德正日益朝着与社会主义相协调、相适应的方向发展，从而改变宗教道德规范原来以剥削阶级的"善恶"为善恶标准，而代之以符合最广大人民根本利益的"善恶"为道德标准，如宗教道德规范在社会主义社会中仍然继续鼓励宗教徒行善，宗教界也仍然继续为社会做好事和服务及从事各种慈善公益事业，诸如帮扶老弱病残，救济各类灾民难民，开展各种社区和社会工作，开办各类幼儿园、学校和敬老院，积极为现代社会建设贡献一分力量，为社会成员送上一份爱心和温暖。但是这种慈善和行善，无论在实质上，还是在内容上，都与过去有着一定的区别。就实质来讲，社会主义社会中的宗教道德规范是社会历史进步发展的产物，与社会发展进步的方向和历史的必然是相一致的。就内容而言，宗教道德规范代表的是社会大多数人利益的积极、健康、先进和有益的行为要求。因而，宗教道德规范在本质上讲已经成为社会主义道德规范的组成部分，与社会主义道德规范是相适应和相协调的，能够协调人与人之间的关系，维护社会的稳定和安宁，与社会主义道德规范共同推动社会主义伟大事业的发展。就不适应性来讲，两种道德规范的"世界观、社会基础和社会效果"[1]是不同的。宗教道德规范的世界观是以唯心史观为基础，认为上帝和神灵是宇宙和人类社会的本源和主宰，道德准则来源于神灵的启示，把调整人与人之间的关系置于调整人与神的关系之下并从属于它；它是剥削社会的产物，总体上是为维护统治者和剥削阶级的统治秩序服务的，要人们认可剥削阶级社会的合理性，忍受现实社会的一切痛苦；放弃现实社会的各种争斗，以追求天国的永恒幸福为最高理想和最终人生目标，易使人们沉迷于缥缈的信仰生活而不积极参与社会生产劳动实践和推动社会发展进步。社会主义道德规范是以唯物史观为指导，根本上否定人与神的关系，认为物质是世界的本源，以调整现实社会中人与人之间的世俗关系为基础，强调人对自己、对他人和对社会所负有的责任和义务；它是无产阶级革命和斗争胜利的产物，总体上是为维护无产阶级和最广大劳动人民的根本利益和社会秩序服务的，成为全体社会公民都应遵守的行为准则；社会主义道德规范作为共产主义道德的组成部分，鼓励人们为追求现实生活幸福而勤奋努力，培养和发挥人们在改造自然、改造社会的能动性和创造性，体现了它的勃勃生机。

总而言之，在社会主义社会中，宗教道德规范与社会主义道德规范共存于社会主义社会中，并相互形塑和作用，但两者都能为社会主义和谐社会建设贡献自己的力量。

2. 宗教道德规范在社会主义和谐社会建设中发挥作用的困境与挑战

宗教道德规范要在社会主义和谐社会建设中，特别是在为社会主义道德规范建设发挥积极作用，在当前情形下，有其困境和挑战。

第一，启蒙运动以来祛魅化思潮和世俗化趋势对传统宗教神圣性的持续消解，使得宗教教义劝说的有效性不断沦丧，是宗教道德规范发挥社会作用所面临的第一困境和挑战。

启蒙运动以来，随着人们思想的不断解放和科技的不断发展进步，人们对世界的认识越来越深刻，对科技的依赖性越来越强，对神圣超验力量的依赖性渐渐减少，致使对神圣世界的祛魅化思潮不断强势和浓厚。西美尔认为，启蒙文化的后果是改变了"人的内在需求"，致使"人的内

---

[1] 陈麟书：《论宗教道德》，《宗教学研究》1985年第6期，第93—101页。

在需要站在空白的零点上",从而使"信仰的超验教义内容变得不可信了"①。卢曼也认为,"传统宗教丧失了基于宇宙论的世界论说的有效性,丧失了对政治、经济乃至日常生活的社会法权,丧失了为社会沟通语义系统提供元叙述的能力"②。而这结果又根源于"信仰主体与信仰对象(超验内容)分离"③。在西美尔看来,在原初社会中,"信仰主体与信仰对象(超验内容)是一体的",而到了现代社会,"信仰主体与信仰对象(超验内容)分离"了,造成了"信仰对象成了抽象的规定性",并"被当作幻想排除",而"只剩下信仰主体孤零零的憧憬(宗教需要)"④。但西美尔明确肯定,宗教在现代社会并不会如马克思所设想的那样会趋于消亡。因而,宗教在现代社会仍然存在和发展是不可避免的,而祛魅化和世俗化又是社会发展的趋势,这势必造成宗教与世俗化之间的矛盾和紧张。因此,在今天的情境下,一方面,要妥善处理好宗教的存在和发展问题,发挥宗教道德规范的积极作用;另一方面,又要"维持文明的世俗化不被宗教化"⑤。这一困境和矛盾会直接影响宗教道德规范社会作用的发挥。

第二,现代化以来个体自由和个人主义倾向与社会整合和社会集体意识的矛盾,是宗教道德规范有效发挥社会作用所面临的第二困境和挑战。

由于现代社会结构和功能的日益高度分化,使得传统宗教的整合功能似乎与日益盛行的个人主义和自由化趋势产生对立,宗教在社会意识形态层面上处于边缘化的境地,宗教信仰似乎日益成为私人生活空间的物品,而使宗教道德规范曾经拥有的神圣合法性也渐渐被剥夺。美国学者贝格尔在《神圣的帷幕》中说道:"在现代社会,宗教就'共同性'

---

① [德]西美尔:《现代人与宗教》,曹卫东等译,中国人民大学出版社2003年版,第26—27页。

② [德]卢曼:《宗教教义与演化》,刘锋、李秋零译,中国人民大学出版社2003年版,导言第22页。

③ [德]西美尔:《现代人与宗教》,曹卫东等译,中国人民大学出版社2003年版,第26—27页。

④ 同上。

⑤ 郑永年:《中国面临三大宗教困境》,新加坡联合早报网,http://www.zaobao.com/forum/expert/zheng-yong-nian/story20091124-55789,2009年11月24日。

而言，缺乏'实在性'，而就'实在性'而言，缺乏'共同性'。在这种情况下，宗教成为一种并非不可抛弃的'宗教爱好'，从而不可能再承担其在传统社会所承担的整个任务。"① 在此情形下，宗教道德规范所发挥的作用或许仅对私人道德领域产生影响。由于宗教的多元化和社会的分化，这种影响也倾向于个体化和个别化。因而，西美尔认为："现代社会中的个体原则是自由，这意味着要摆脱社会整合性，摆脱社会约束。这就是宗教的现代性危机。②" 刘小枫也提出："个体与社会共同体的团契的矛盾，是自由民主社会中的宗教现代性的根本困境。③" 因此，现代化以来日益凸显出来的个体自由和个人主义与社会整合、社会约束和社会集体意识产生矛盾，不仅是宗教伦理道德发挥作用所面临的困境之一，同样也是现代社会伦理问题的根本困境之一和社会整合与社会约束面临的困境之一。这一个体化倾向在全球化浪潮和互联网的推波助澜下，使得几乎全球每个国家都面临着这一伦理困境，社会主义国度也不例外。

第三，出于国家和社会安全的考虑，世俗政治权力对宗教权威的抑制和贬低势必造成其与宗教权威之间的紧张对立是影响宗教道德规范发挥社会作用的第三困境与挑战。

在西方社会历史中，政教不分的惨痛教训仍然深深印刻在人们的记忆中，因而，出于对国家政治安全和社会安全的考虑，世俗政治权力一般不容忍宗教干预政治，而在现实社会中，宗教力量却热衷于政治并倾向于拥有一定的政治影响力，特别是中国不少家庭和地下教会及邪教，以"推动中国政治的民主化进程"为其目标与政府对峙。这一背后"既有宗教力量争取发展空间的缘由，也不排除西方国家特别是美国的背景"④。这势必造成政治权力与宗教权威之间的对立和紧张，由此导致政治力量对宗教力量的不宽容，而陷入恶性循环。

---

① ［美］彼得·贝格尔：《神圣的帷幕》，高师宁译，上海人民出版社1991年版，第159页。
② ［德］西美尔：《现代人与宗教》，曹卫东等译，中国人民大学出版社2003年版，第26—27页。
③ 刘晓枫：《现代性社会理论绪论》，上海三联书店1998年版，第509页。
④ 郑永年：《中国面临三大宗教困境》，新加坡联合早报网，http://www.zaobao.com/forum/expert/zheng-yong-nian/story20091124-55789，2009年11月24日。

同时，出于维护政治意识形态和社会主流意识形态在民众中的权威，世俗政治往往将宗教置于世俗政权规定的框架之内，并对宗教意识形态和宗教世界观给予压抑和贬低，从而使得宗教世界观的合理性和宗教超验的正当性难以得到正确解决，这势必影响宗教道德规范发挥社会作用的范围和程度。这是宗教道德规范发挥社会作用的第三困境和挑战。

因此，宗教道德规范要在社会主义和谐社会建设中发挥积极作用，中国面临两大任务，一是政治权力如何处理好与宗教的关系，做到宽容宗教并给予正教适度的发展空间，正确解决宗教世界观的合理性和宗教超验的正当性问题，还要打击邪教和其他一些宗教黑色组织；二是宗教如何处理好与政治权力的关系，如何处理好宗教世界观和宗教的超验性与政党世界观和世俗世界观的关系，做到不给政治添乱和不干预政治。如果政治不包容宗教，"宗教力量势必会对政治继续发起挑战"，这样，两者的关系难以摆脱"恶性循环"的局面。但是，政治包容宗教并不意味着宗教就可以干预政治。因而，如果"一些宗教力量想以改变政治为目标，就必然会遭遇到来自政治的压力"[1]。因此，政治与宗教的良性互动需要双方的理解、合作和努力。

第四，社会的分化也引发宗教的分化，而导致宗教信仰的多样化和宗教组织的多元化，使得人们在宗教信仰的选择上更自由和更广泛了，由此造成不同宗教争夺信众和生存发展空间的竞争会越来越激烈，从而影响宗教之间关系和其形象，这是宗教道德规范发挥社会作用所遭遇的第四困境和挑战。

现代社会的基本特征之一就是高度分化。宗教作为社会的一个组成部分，也体现了现代社会的这一特征。宗教的分化体现在宗教信仰的多样化和宗教组织的多元化上。这种分化成为现代社会的常态现象。特别是在中国，政府认可的正教有五种，而且多带有一定的民族性；除此之外，还有很多不被政府承认的家庭教会、地方教会、新兴宗教和邪教。这种状况，一方面，使人们在宗教信仰的选择上更自由和更广泛；另一方面，这些宗教组织为了争夺信众和生存发展空间，展开了越来越激烈

---

[1] 郑永年：《中国面临三大宗教困境》，新加坡联合早报网，http://www.zaobao.com/forum/expert/zheng-yong-nian/story20091124-55789，2009年11月24日。

的竞争。加上还有不少"外教"利用各种途径和机会想方设法渗透中国这个"大市场"中来;同时,"内教"为了保存自身在"中国这个宗教市场中"的影响力为此展开了反渗透行动;此外,正教与邪教之间的斗争也交织在一起,还有一些国际和地方恐怖组织亦趁机利用宗教进行破坏社会安定的活动。这些现象势必影响宗教之间的和谐相处及自身在社会中的形象、地位和影响力,还对社会安全与和谐构成一定的威胁。其结果不仅会影响政府对宗教的态度,还会影响民众对宗教的态度,最终影响宗教道德规范社会作用的发挥。因此,宗教道德规范要有效发挥社会作用,还需要宗教界的和谐共处。

总而言之,宗教道德规范要在社会主义和谐现代社会的建设中有效发挥其应有的作用,并不是一帆风顺的,这当中面临不少困境和挑战。当然,也不是说宗教道德规范就没有任何机会和条件发挥其社会作用,它还是有不少机遇和可能的。

第四节　宗教群体组织与和谐社会建设

任何一个宗教,如果没有一个实体要素——信仰群体和组织,那它就是一个空架子,是没有多大价值和意义的。宗教群体和组织作为宗教的实体性要素,在宗教信仰体系中占据着十分重要的地位。几乎所有的宗教信仰活动都是由信仰群体和组织来演绎,如果没有这些群体和组织的介入和参与,那么宗教及其信仰只不过是存留在宗教典籍里的文字而已,宗教的世界和生活就是死气沉沉,没有任何活力;然而,一旦有了这些群体和组织的融入和参与,宗教里的世界和生活才由此变得有生气和热闹,并在千百年中不断地演绎着许许多多令人难以忘怀的故事和情节。同样,在和谐社会建设中,宗教群体和组织作为一支非常大的力量,扮演着非凡的角色和起着重要的作用。

在一般情况下,为简单明了,大多数人会把宗教群体和组织合在一起,总称为宗教群体或宗教组织。而在我们看来,宗教群体和宗教组织还是有一定的差别,虽然这种差异在一些人看来似乎不足为重,可以忽略不计,但是笔者认为这种差异还是比较大的,而且不能忽视,因为在有些宗教里,有较大的信仰群体但组织相对松散,组织性不够强;有些宗教信仰则是组织性较强而信仰群体较少较弱。还有一些宗教，不仅信仰群体庞大，而且组织性也很严密和强大。此外，宗教群体和宗教组织实际上在层次上也有差别，在于宗教组织是宗教群体经历组织化发展阶段后的产物，因而是宗教群体的高级形式，故把它们单独划分出来做分析。

一　宗教群体

1. 宗教群体的概念和特点

宗教群体是指由两个或两个以上基于对神圣事物的共同信仰而认同相应的价值理念、遵守相应的道德行为规范的信仰者，在长期追崇、敬拜神圣事物的信仰实践活动和持续的交往互动基础上形成的具有共同的身份认同、归属和期待的人的结合体。

宗教群体作为社会群体的一种特殊类型，不仅具有社会群体的一般特征，还具有宗教群体的独有特点。

第一，具有对某种神圣事物的群体意识。一个宗教群体之所以成为宗教群体，而不是一般的社会群体，在于这个群体在长期生活实践交往互动中，彼此之间互相影响或学习，产生对某种神圣事物的一致信念和敬仰，这就是所谓的宗教群体的集体意识。这是所有宗教群体不同于社会其他群体所具有的特征之一，只不过不同的宗教群体，其所信仰和敬仰的神圣事物不同而已，但都是对自然界中某种超自然力量的一种相信和崇拜。

第二，具有相对持久连续的信仰实践交往互动。若干个体要成为一个群体，成为一个具有群体意识的群体，必须有一个较长时间的交往互动。没有这个相互之间的交往互动，彼此之间就难以建立一种较为稳定的交往关系和情感联系，也难以产生相互之间的影响和作用。同样，宗教群体要成为一个具有对某种神圣事物共同意识的群体，就必须有一个较长时间的共同信仰实践活动，通过这一信仰实践互动，成员相互之间彼此结成一种较为永久的宗教信仰关系。这种关系有亲密，也有疏远，但都需要在一个相对持久连续的信仰实践活动中交往互动。

第三，具有对信仰身份的共同认同和明确的信仰成员关系。在长期的信仰生活实践中，信仰成员彼此之间形成一种较为稳定的交往互动关系和模式，彼此之间相互熟悉、信任、了解和帮助，并产生一种共同的身份认同感，明白他们是一个群体，自己属于这个群体的一员；其他群体成员也一致认为他们是属于该群体的。群体成员有了这种身份认同，也就产生相互依存的关系，就期望本群体成员做出与这个群体相符合和允许的行为，不期望做出不符合本群体要求的行为，也不期望非本群体成员做出与本群体相一致的行为。也就是说，这个群体与其他群体产生了一种较为明显的界限。

第四，具有共同的信仰道德行为规范和信仰期待。为了维护全体群体成员的权益，群体内部不仅自然会产生分工合作，也会出现相应的权利义务规范和道德要求，这些道德规范和行为要求一旦经全体成员的认可，就成为大家共同遵守的信仰道德行为规范。这是保证群体能够维系生存和发展的基本条件。任何一个群体，不管是社会一般的群体，还是宗教群体，都需要有相应的道德规范和行为要求来约束群体成员，来明确成员之间的权利、义务和责任，才能使这个群体正常运作下去，否则就难以延续下去。同时，这个群体成员之所以结合成为一个信仰群体，就是他们想借助这个群体的力量来实现他们共同的信仰期望，这种期望是大家所认可的，所接受的，被认为能够最终实现的。这种信仰期望也是维系信仰群体克服困难挫折、延续发展的重要力量。一个群体如果没有一种期望，那这个群体很难延续下去。

2. 宗教群体的分类

依据宗教群体成员关系的亲疏程度，可以将宗教群体分为宗教初级群体和宗教次级群体。宗教初级群体也称为宗教首属群体、宗教直接群体或宗教基本群体，这种宗教群体成员是在面对面接触而产生情感的基础上结成的彼此之间相互熟悉、认识和了解且关系亲密的信仰者结合体。宗教初级群体主要依赖于以血缘、地缘、业缘、趣缘关系为基础的情感和传统习俗的力量来维系其生存和发展的。它主要有宗教家庭、宗教伙伴和宗教社区。宗教家庭是家庭中的所有成员都皈信于某一宗教信仰的家庭，也包括所有家庭成员都皈信于宗教，但不是信一种宗教，而是信仰多种宗教的家庭。宗教伙伴是指不具有血缘关系而具有地缘、业缘或趣缘关系的个体信仰同一种宗教且关系亲密的群体。这种群体成员没有血缘关系，人数不多，但他们因某种地理位置的关系或职业关系或共同的兴趣爱好结合在一起，而且信仰同一种宗教。宗教社区是社区的一种典型类型。社区是一个"区域性社会"，"它是在一定的地理环境和地域中的人们，基于一定的利益和共同需求，在长期持续的社会交往和接触中而形成的、具有共同文化心理特征的人们的社会生活共同体"①。宗教社区则是指在一定地理环境和地域中的人们因信仰同一种宗教而具有此种宗教文化心理特征的人群的生活共同体。它实际上是宗教群体扩延到邻里和一定地理空间范围的产物。我国一些民族宗教社区，整个族群不仅生活在一定的地理空间范围内，而且还信仰相同的宗教，像云南的傈僳族基督教社区、傣族小乘佛教社区，宁夏、甘肃的回族穆斯林社区等，都是典型的宗教社区，还有农村的一些天主教村或基督教村。宗教社区不仅具有社区的一般特征和功能，还具有宗教的功能。

宗教次级群体，也称为宗教次属群体或宗教间接群体，指的是成员为了共同的宗教信仰目标而集聚在一起，通过一定的规章制度结成正规关系的信仰者群体。这种宗教群体主要有各种宗教组织，它主要依靠组织化、制度化的力量来维系其运行和发展，不特别强调成员关系的亲密，着重于人们为了共同的宗教信仰事业而合作的形式。它是现代社会结构的基础之一。

依据群体成员的身份所属和心理归属感，可以将宗教群体分为我教（内教）群体与他教（外教）群体。我教群体，也称内教群体，就是指群体成员在身份上归属于某个宗教群体，同时在心理上也自觉认同并归属于某个宗教群体；相反，他教群体，也可称为外教群体，就是指群体成员在身份上不属于某个宗教群体，同时在心理上也不认同自己归属于这个宗教群体的信仰群体，被称为他教群体或外教群体。这实际上是群体成员以自己的身份归属和心理归属为参照来识别信仰群体。在一定程度上，我教群体和他教群体常常是处于一种隔离不往来乃至对立的状态，每当彼此之间有比较严重的利害矛盾和冲突时，就较容易诱发抵制、争斗、侵略等行为。

依据信教群体与政治和法律的关系为标准来划分宗教群体，可以将宗教群体划分为宗教红色群体、宗教灰色群体和宗教黑色群体。宗教红

---

① 张艳国、聂平平主编：《社区管理》，武汉大学出版社2013年版，第2页。

色群体，顾名思义，一般是指能够与当政者在思想、利益等方面保持一致的，并遵守当政者制定的各种法律规范，同时得到执政者所认可和允许存在发展的信教群体，可以被视为宗教红色群体；宗教灰色群体，是指在根本利益上能够基本上与当政者保持一致，也基本上能够遵守当政者所制定的法律规范，但还没有得到执政者正式认可却又已在开展活动和正式运行的信教群体，可以称为宗教灰色群体；宗教黑色群体，就是违背执政者的意图和基本利益，也不认可和遵守当政者所制定的法律规范，同时被执政者认定为有违法犯罪和损害社会公共利益行为的信教群体，可以称为是宗教黑色群体。不过，在很多人看来，宗教黑色群体不认为是宗教群体，因为这样会玷污宗教的本质。当然，这里涉及对宗教的界定问题，在此不详谈。从历史来看，一般情况下，宗教红色群体、宗教灰色群体和宗教黑色群体都有可能同时出现和存在于一个社会中，甚至可能不断地延续下去。这种现象在历史上很多时候和很多国家都出现和存在过。这种分类对于管理者来说，可能具有较大价值和意义。

3. 宗教初级群体的特点、功能和变化趋势

宗教初级群体作为宗教群体的一种特殊类型，与宗教组织等其他宗教次级群体相比，具有不一般的特点和功能。

（1）宗教初级群体的特点

一般来说，宗教初级群体的特点主要表现为：

第一，成员人数不多，规模不大，成员身份比较固定。宗教初级群体一般人数在2人至30人，只有在人口相对少、规模相对小的群体中，成员之间互动交往才有可能深入，才有可能建立起比较亲密的情感关系；同时，这种小群体中的每个成员身份相对特殊而具有一定的不可替代性，群体中无论哪一个成员缺失，都会给其他成员在心理上带来较大的影响，甚至是心理创伤或阴影。

第二，成员之间经常有面对面的交往、互动和沟通，使得成员自身全部的个性特点得以展现。在规模较小的群体中，群体成员面对面直接接触的机会较多，频率也会较高。正是在这种面对面的直接交往中，人们彼此互相熟悉和了解，成员的全部个性特点，包括他的兴趣、爱好、习性、情绪、情感等统统在众人面前展示出来。

第三，成员之间的交往富于感情，互相之间依赖信任程度较高。在

初级群体中，成员之间的交往不只是停留在表面的寒暄问暖，而是深入到每个人的内心世界，富有深情厚谊，是出自真心地相互之间的关心、爱护，通过这种交流，来达到相互的心理慰藉，满足各自的情感需求。同时，在这种长期的感情交流的基础上，成员互相之间建立一种高度的信任感和依赖感。总之，情感交流是成员间亲密关系的基础。

第四，主要依靠情感等非正式手段实现群体整合和控制，群体的凝聚力和整合程度较高。在初级群体中，一般无明确严格的规章制度，成员的行为、成员间的关系以及与群体的关系，主要受情感、习惯、风俗、道德、良心、群体意识、群体力量等非正式手段来调控，以维持群体的正常存在和发展。在这种情况下，群体意识较强烈，特别是在维护和争取群体利益和荣誉方面，所有成员会在行动上表现出高度的一致性，群体的凝聚力和整合程度都较高。

（2）宗教初级群体的功能

正是由于宗教初级群体的这些特点，也就决定了宗教初级群体的作用或功能比较复杂，一般可以从两个方面去看待，一个是积极功能，一个是消极功能。

宗教初级群体的积极功能大致有：

它是信仰成员社会化和宗教社会化的基本主体，承担着社会化和宗教化的基本功能。社会化是社会成员通过人际交往互动，学习生活技能，将社会价值观内化为自己行为道德规范，形成具有社会属性人的过程。宗教初级群体不仅是宗教信仰者社会化的基本主体，也是其宗教社会化的基本主体。这是因为，宗教不仅"传授给个体知识和文化"，还"教给信徒行为规范"，教育他们"扮演社会角色"[1]。所以，宗教信仰有助于促进个体的社会化，宗教初级群体就是信仰成员社会化的基本主体；同时，它还是信仰成员宗教社会化或宗教化的基本主体。这是因为，各信教成员通过宗教生活和他们之间的交往互动，学习和接触某种宗教文化，使得宗教的相关知识、理念、价值观、活动技巧等传递给信仰者，并成为他们的行事规则和生活习惯，同时也培养了他们的宗教情感、态度、信仰和参与宗教生活的能力，使他们渐渐地由一个普通的非宗教信仰的

---

[1] 戴康生、彭耀：《宗教社会学》，社会科学文献出版社2007年版，第137—139页。

社会人成为一个具有虔诚信仰的宗教人,这就是一个宗教社会化或者说宗教化过程。通过宗教化,宗教信仰不仅巩固和强化已有的信仰者,还不断地获得新的信教成员,使其队伍得以保持和不断扩大,并延续下去。因此,宗教初级群体承担着宗教信仰者社会化和宗教化的基本功能。可见,如果没有宗教初级群体的作用,宗教信仰是很难在社会中传播和延续下去的。

它能满足群体成员的多方面需求,特别是情感需求。初级群体是群体成员经常面对面的直接接触交流基础上形成的亲密团体,是个体最有归属感的群体,它能真正全面地关心成员,满足成员的多种需求,特别是在人们情感慰藉、心理压力减缓、人性异化防止、社会交往和精神愉悦等方面发挥着其他群体所不能替代的作用。

它有助于社会控制和社会秩序的维护。宗教初级群体作为宗教群体组织中最基本的单位,不仅是人们从事社会生活的重要场所,也是人们进行宗教生活实践活动最基本的组织形式。社会文化和宗教文化通过潜移默化的形式在初级群体中保存和传递下去,内化为群体成员的行为规范,从而起到宗教控制和社会控制的效力;同时,人们对初级群体的认同感、归属感、责任感和荣誉感,使得群体成员能自觉维护群体的利益,做有利于群体的事情,防范、制止和杜绝不利于群体事件的发生,这也有利于宗教秩序和社会秩序的实现;此外,初级群体的稳定和功能的有效发挥可以满足其成员的多种需要,能减少对整个社会秩序的压力。历史经验启示人们,宗教初级群体自身的稳定是宗教内部稳定和社会安定的基础。社会的初级群体衰败或被大规模地破坏必然会对社会秩序产生影响,甚至是威胁而引发社会的动荡;重视宗教初级群体的建设和引导,保证其稳定和健康发展,对于维护宗教秩序和社会秩序,促进精神文明建设与和谐社会建设仍然具有十分重要价值。

宗教初级群体的消极功能,也可以从个体微观层面和社会宏观层面两个层面来进行考察。

就微观层面来看,宗教初级群体若发展过度,虽然它在满足群体成员多方面需求特别是情感需求方面的能力会得到提升,条件会得到改善,但受其自身封闭性和排他性的影响,而有可能造成对个性的压抑,从而不利于其主观能动性的发挥,制约其在社会中的发展。同时,初级群体中成员间关系密切,虽然给成员带来较强的归属感和忠诚感,但有可能削弱个体意识而导致成员盲从群体规范,此时,若群体意识和价值观与宗教的主流价值观和社会发展相一致,或许不会出现什么大碍。然而,如果群体意识和价值观与宗教的主流价值观、社会发展的要求不一致,就有可能出现大问题,这是由于成员对群体的忠诚有可能会损害宗教这个整体的合理利益和社会利益,如小团体主义、小群体本位主义等。

从宏观层面来讲,宗教正规组织中的初级群体的存在,有可能对宗教正式组织关系乃至社会秩序进行干扰,消解甚至破坏宗教组织和社会的整合和控制作用,阻碍组织效率的提高,而影响组织目标的实现和社会的良性运行,这主要是初级群体中"非正式的个人化的关系模式与正规组织中正式的非个人化的关系模式"[1] 相矛盾,群体规范与组织规则相冲突,从而导致群体目标与组织目标的偏差乃至相悖,当前我国一些宗教组织中的帮派主义、山头主义、裙带关系等存在,在一定程度上成为损害宗教整体形象、降低宗教组织的整体效率和影响社会和谐的重要因素。

总之,宗教初级群体在宗教生活和社会生活中既有积极的作用,也有消极影响。它的过度萎缩或过度膨胀既不利于成员个人的健康成长发展,也不利于宗教和社会的良性运转。在实践中,我们要运用适当的策略,把握一个"度"的原则,使得宗教初级群体既能充分发挥其积极功能,又能将其消极功能限制在一个最小范围内。

(3) 宗教初级群体的变化趋势

传统社会中,宗教初级群体较发达,其所承载的功能不仅较为齐全,而且在社会中居于重要地位。进入现代社会以后,宗教初级群体日渐衰落,特别是随着社会转型和社会分化的加剧,宗教初级群体的原有功能呈现一些弱化和转移的景象,群体成员关系渐趋松散,有些宗教初级群体已名存实亡,如一些传统的民族宗教聚居区和村落,随着村人口向外流动迁移,而成为"空心村落和社区"。这种宗教初级群体的日趋衰落,一方面,有可能为个体的自由提供更广阔的空间,而有利于个人自主性的发挥;另一方面,这种初级群体衰落,也有可能会促进更大范围的宗

---

[1] 郑杭生主编:《社会学概论新修》,中国人民大学出版社2002年版,第163页。

教重新整合和社会整合，从而使人们有可能会更多地依赖正式组织及规章制度等次级关系来解决和处理问题；此外，宗教初级群体的衰落而影响其整合和控制功能的发挥，在一定程度会削弱成员的群体意识和归属感而促进个体自我意识的增强，而给宗教整合和社会整合与控制带来较大的压力和难度，由此又会进一步淡化群体意识和人际交往，造成人与人之间和群体之间关系的冷漠、疏远，而不能满足个体内在的情感需求和群体归属感，最终引发人性需求得不到满足而带来一系列的社会问题，诸如心理疾患、精神疾病、自杀、酗酒、暴力、吸毒等现象的增加，在一定程度上与初级群体的衰落和初级群体的生活质量降低具有内在关联性。

二 宗教组织

当很多人接受某种宗教观念而信奉某种宗教时，一个小群体的活动范围或一个固定的活动场所就难以满足信众的信仰需求。而且，由于信仰人数的增多，信仰群体中成员的人际关系就会变得越来越复杂，人的需求和个性差异也会越来越明显。同时，随着这种宗教信仰的向外传播，它必然会跨越其原有的地理范围广泛流传到各个区域。这时，如果没有一个强有力的组合形式将其组织起来，没有一个统一的被认可的行为规范和教义体系将其规范起来，这个信仰群体就会犹如一盘散沙不但没有凝聚力，而且会混乱不堪甚至将难以正常维系下去。这时，为了把这种个人的、小群体的信仰观念规范化为多数甚至是无数信众共同信奉的教义，把个人的、小范围的情感体验转变为无数信众共同追求的信仰目标，把个人、小群体的崇拜行为程序化为无数信众共同奉行的信仰礼仪制度，把这种"变动不居、因人而异的信仰要素固定化、规范化为神圣不可违犯"[1]的信仰体系，这些信众就会自觉地在共同信念或共同信仰目标的追求下组织起来，采取某种组合形式结成为一定的互动群体。宗教组织和制度自然而然就诞生出来。

可见，宗教组织是宗教发展和社会分工到一定阶段的必然产物，是宗教群体组织化、制度化的结果，是宗教群体的高级专门形式。有了这

---

[1] 吕大吉主编：《宗教学纲要》，高等教育出版社2003年版，第120页。

些宗教组织,信众的思想、观念、行为就能被统一和规范起来,并服从于组织的目标和意志。宗教组织不仅使个体的信仰有了组织和规范的意义,也使得宗教的其他要素有了组织的保障。宗教组织一经诞生,就对宗教及其社会本身产生积极和消极的作用。

1. 宗教组织的概念

对于什么是宗教组织,很多学者对此做了各自的阐述。比如,迪尔凯姆在其《宗教生活的基本形式》中提出,宗教是与神圣事物有关的一种统一的信仰与行为体系,它将所有信奉者结成一个统一的社会群体(即道德共同体的教会)。吕大吉等学者认为,所谓宗教组织,就是"宗教信仰者在其中过宗教生活、进行宗教活动的机构、团体、社会或其他形式的群体","任何宗教组织或宗教团体本质上都是共同宗教信念或信仰的产物,而组织形式是它的表现形式并为之服务"[1]。戴康生等学者主张:"宗教组织是一种与统一的宗教信仰与行为体系相联系的,由共同遵守一定的制度规范的信奉者所结成的社会群体。"[2] 还有很多学者,诸如王晓朝[3]、陈麟书[4]、孙尚扬[5]、冯天策[6]等也都对宗教组织进行了界定,在此不一一列举。结合国内外学者的研究,笔者姑且将宗教组织定义为:在一定社会环境中的人们,出于对超自然神圣事物的共同信仰和追求,为了实现与神圣事物的融合和最终到达超自然彼岸世界的神圣目标,按一定的方式组合起来并在神职人员的引领下进行一系列的信仰行为活动和实践,遵守相应的制度规范而形成的具有共同信仰心理意识的有机实体,它表现为团体、机构、社会或其他形式的群体。宗教组织本质上是对神圣事物信念的产物。

由此可见,宗教组织具有几个明显特征:第一,宗教组织的目标是以宗教的目标为其宗旨,即引领信众敬拜超自然神圣事物和走向超自然的彼岸世界,这是它不同于其他社会组织的"神圣性"之所在。当然,

---

[1] 吕大吉主编:《宗教学通论新编》,中国社会科学出版社1998年版,第347页。
[2] 戴康生、彭耀主编:《宗教社会学》,社会科学文献出版社2007年版,第90页。
[3] 王晓朝:《宗教学基础十五讲》,北京大学出版社2003年版,第83页。
[4] 陈麟书、陈霞:《宗教学原理》,宗教文化出版社2002年版,第84—85页。
[5] 孙尚扬:《宗教社会学》,北京大学出版社2003年版,第83页。
[6] 冯天策:《宗教论》,山东人民出版社2005年版,第84—85页。

不同宗教对超自然神圣事物和彼岸世界的称呼、理解和解释是不一样的，而且这种理解和解释也会随社会环境和条件的变化而变化，但有一个相同点，就是它们都对超自然神圣事物产生信念和崇拜。第二，宗教组织是一个集社会性和宗教性于一身的有机社会实体。宗教组织的社会性，就是它具有一般社会组织的基本特征，包括它的"非人格化特征、整体的合理性和个体的非合理性以及道德和非道德的两重性"[①]；它的宗教性，就是宗教组织的独特性，是以神圣事物为追求目标的社会实体，从它的象征体系到其行为和活动都可以感受到神圣性的关怀。第三，宗教组织的基础在于具有对超自然神圣事物信仰和追求的信众。任何组织都需要有成员，没有成员的组织只是一个虚架子。宗教组织也是如此，只不过宗教组织的成员都是超自然神圣事物的信仰者和崇拜者。第四，每一个宗教组织都是宗教信众的联系纽带，它把一个一个的信徒组织成为一个群体并为其提供心理、社会乃至政治上的依靠，在指导、培养、维护和实践宗教信仰方面起到一定的作用。第五，宗教组织用来指导、约束其成员的行为和活动的价值规范、道德约束机制都是依照宗教信条、教义和经典来建立的。第六，宗教组织的具体形式和结构受其观念、思想和社会结构及条件的影响和制约，而这些都会随着社会条件和时代的变迁而变化，因而一个时代有一个时代的宗教组织形式，没有一成不变的固定形态。"在人类早期阶段，宗教的组织结构与机制往往与社会的组织结构职能交叉，甚至合一或重合；在特定的历史阶段或特定的历史条件下，宗教的组织结构同政权机构、司法机构、文化教育机构全部或部分重合的情况也是常见的。"[②] 到了近代社会以来，大多数宗教组织渐渐与政治分离独立开来，只在少数国家还是采用政教合一的体制。

2. 宗教组织的构成要素

关于宗教组织的组成要素，不同学者也有各自的主张。笔者通过比较多位学者的研究结论，认为宗教组织至少有五个基本要素：一是明确的组织目标；二是成型的组织规章制度；三是被认可接纳的组织成员及其相应的角色和地位；四是一套组织权威体系；五是组织运行所需的物

[①] 郑杭生主编：《社会学概论新修》，中国人民大学出版社 2002 年版，第 163 页。
[②] 王晓朝：《宗教学基础十五讲》，北京大学出版社 2003 年版，第 196 页。

质资源条件。任何组织都有自己的共同目标，宗教组织也不例外，不过宗教组织与其他组织不同的地方之一，就在于它的目标是引领信众对超自然神圣事物的追求、信仰、依赖以获得神灵的奖赏和拯救，最终走向超自然的彼岸世界，这是宗教组织的共同目标。为了实现这个共同目标，显然需要一套行为和活动的礼仪和规范，因而，规章制度也是宗教组织不可缺少的一个要素，有了它，就能保证组织有一致性的行为，使得整个组织始终围绕着目标来正常运转。当然，光有组织目标和规范是不够的，还需要有"人"，即组织成员。要成为组织的一员，必须获得组织的同意和接纳并依照一定的程序加入这个组织当中。当组织中的成员多了起来，就需要有分工，这就有了组织角色的分化，不同成员在组织中担当不同角色，承担不同的责任起到不同的作用，自然在组织当中体现了不同的地位。有的成员担当更大的责任，起到更重要的作用；有的就次之，这就自然出现一个等级式的权威体系。整个组织的运行就依靠这个权威体系来领导、指挥和协调。一般来说，宗教组织的领导者常常是宗教专职从业人员，有些是宗教最初的创始人，他们一般是在宗教制度化后被追认为宗教领袖或"圣人、先知、教祖"，如佛教的释迦牟尼佛祖、基督教的耶稣；有些是来自"师徒相承制度或祖师制度"的接班人，像印度的耆那教传说有二十四祖，锡克教有十代祖师，佛教各宗派组织的寺院组织都是传承制度；还有一些领导者，主要是一些较大宗教组织的领导者，大多数出自宗教自身教育部门培养出来的具有较高宗教神学涵养并有一定领导力的宗教职业工作者或"大师"，比如天主教的修道院学校、基督教的神学院、伊斯兰教清真寺内设学校和伊斯兰教大学以及佛教的佛学院，像这些宗教教育学校均为各自的宗教组织培养出不少自己的宗教领导人才。

此外，宗教组织要正常运转起来还需要有一定的经济物质条件，包括一定的经济实力、物质资源、场地设施、技术和信息。有了这些经济基础和硬件实施，宗教组织才有可能持续运行下去。

3. 宗教组织的类型

对于宗教组织的类型研究，我国老一代和新一代宗教学者都做了一些探讨。笔者先对此做一简单的介绍和归纳，然后谈谈自己的一些想法。

戴康生、彭耀两位学者在其主编的《宗教社会学》一书中，花了很大篇幅来讨论宗教组织类型研究这个主题。他们不仅探讨了"宗教社会学研究宗教组织的方法"，还将宗教组织的类型研究划分为"发展和深入"两个阶段（主要以国外学者的研究为主）。同时，还分析了我国"国内宗教组织的研究近况"，从而指出，对宗教组织的类型研究，西方学者开始得早，但"尚未摆脱基督教中心的模式"，即他们对宗教组织的类型研究虽然"设定了不同的变量标准模式"，但是"基本类型却是雷同的，将其分为'教会、教派、宗派和膜拜团体'"而存在局限性，而国内学者的研究还处于"刚起步阶段"，有进一步发展的必要①。

吕大吉主张可以依据宗教的观念和思想差异，将宗教组织分为救世型和出世型两类；救世型宗教组织是以追求彼岸的终极幸福为目标，却意在解救现实的困难，通过祈求超自然神灵赐给人们尘世的幸福，免除生活中的灾祸甚至期望直接降临人间，给人类带来幸福；出世型宗教组织则以个人的解脱为终极目标，而不是社会的拯救，其宗教生活基本上是远离社会，遁世苦修②。他认为，大多数宗教组织都是救世型。他还依据在社会政治生活中所处的地位和参与程度，可以分为"政教合一型"组织和"政教分离型"组织；政教合一型组织或者与社会的政治系统合二为一，或高居于社会系统之上，对其具有支配性影响；政教分离型组织，虽然该组织与政治有密切关系，但是不去直接支配俗权，也不直接支配政治③。近代以来，许多西方国家都实行了政教分离体制。

陈麟书、袁亚愚对几种常见的宗教分类法进行了归纳和介绍，实际上也可视为宗教组织的分类。他们依据五个标准对宗教进行划分：一是依据各宗教所信仰神的数量及专一程度为标准，划分为"一神—多神教"（一神教、主神教、多神教及二元神教）或一神教、多神教、无神的伦理宗教、敬祖宗教、原始宗教；二是依据发生学的标准，可以分为"自然宗教"和"人为宗教"；三是依据宗教在国家和社会中所处的地位为标

---

① 戴康生、彭耀主编：《宗教社会学》，社会科学文献出版社2007年版，第115—126页。
② 吕大吉：《宗教学通论新编》，中国社会科学出版社1998（2004.5重印）年版，第370—371页。
③ 同上书，第371—372页。

志，可分出"合法宗教"和"非法宗教"，或"制度化宗教"和"非制度化宗教"；四是以宗教传播流行的范围为准，可分为"世界性宗教"和"非世界性宗教"（可再细分为全国性宗教、民族性宗教、地方性宗教）；五是依据宗教演变及宗教学说和教义的渊源关系，把犹太教和基督教视为同一类型，婆罗门、印度教和佛教神学视为同一类型[1]。此外，他们还将"新宗教"归类为"救世型、避世型、涉世型、自救型、超欲型和罪恶型"六类[2]。

王连合、华热多杰通过对宗教组织的内涵和外延的考查，主张从三个视角对宗教组织进行分类。第一是宗教学和社会学视角的分类，可以将宗教组织分为各种宗教及其教派（如藏传佛教及其内部教派）、各种宗教活动场所（如寺院、道观、教堂、清真寺及其他村庙、祠堂场所和其他野外）和各种宗教协会和宗教性团体（如中国佛教协会）。第二是法学视角的分类。这种分类主要是国外一些做法，如西班牙把宗教团体分为特别类、普通类和天主教宗教基金，法国宗教团体可以注册为"礼拜协会或文化协会"，沙特将宗教组织分为直接为统治集团服务的上层宗教机构、面对广大穆斯林的宗教机构和着重向国外派遣教职的机构。第三是民法意义上的宗教组织类型。所谓民法意义上的宗教组织，就是要享有民事主体资格的宗教组织，在他们看来，我国只有两类，一类是宗教团体；一类是既具有财产和圣职人员，有能够以自己的财产承担法律责任的宗教组织，而具备这些条件的只有"佛教的寺庵，道教的道观，基督教、天主教的教堂、礼拜堂，伊斯兰教的清真寺"[3]。此外，还有学者提出将宗教分为"混合宗教和独立宗教"组织、"超世宗教和现世宗教"组织、"制度化宗教和精神化宗教"组织[4]。

上述学者的研究为我们认识和了解宗教组织提供了大量的素材，但若从治理的角度来看，有些分类在实践中或许难以操作。因为在现代社会中，无论在哪一个国家，都很难回避宗教信仰及其组织的问题，很多

---

[1] 陈麟书、袁亚愚主编：《宗教社会学通论》，四川大学出版社1992年版，第92—101页。
[2] 同上书，第336—341页。
[3] 王连合、华热多杰：《宗教组织的内涵与外延》，《青海民族研究》2005年第2期，第48—52页。
[4] 戴康生、彭耀主编：《宗教社会学》，社会科学文献出版社2007年版，第126页。

国家都不是一种宗教信仰，而是多种宗教信仰。特别是现代社会本身就是一个高度组织化的社会，各类组织，除了政治组织、经济组织，还有很多社会组织、国际组织，包括宗教组织遍地都是，而且不是一种，而是多种，甚至很多组织还具有跨国跨境跨地域跨民族的特点，这些复杂的情形给我们一个严峻的思考，即如何在这一个开放的、复杂的组织化社会中来保障一个社会的稳定与和谐，来保障一个社会的正常运转，来保障一个社会执政者的执政地位，国际社会中的诸多事件，如苏联共产党的倒台、突尼斯事件、乌克兰事件等，原本这些国家都是一个相对较和谐的社会，却在一些看似平淡的事件之中使之一夜之间动荡不安，执政者的执政地位一夜之间就丢失了，这给我们治理者出了一个很大的难题。因此，为让我们对宗教组织有更进一步了解，特别是在治理和管理方面有所帮助，笔者也尝试对宗教组织做一些思考。

从依法治理的角度讲，一个宗教组织要想享有一个合法运行的社会资格，首先应该具备的一定的条件并被这个社会所认可。这个条件各个国家相关法律法规的规定不一样。在我国主要是要具有独立的民事法人主体资格，即依照我国民法的规定，能够享受权利并承担义务，并能成为民事主体——法人的宗教组织。要符合这个条件，首先必须是宗教组织，其次必须具有一定数量的财产，再次这个组织必须拥有该财产的实际控制支配权。能达到这个要求的，王连和、华热多杰认为在我国只有佛教的寺庵，道教的道观，基督教、天主教的教堂、礼拜堂，伊斯兰教的清真寺。按照这种条件来实施管理，这里面就涉及一个问题，那就是政府一方面要制定一套资格标准，同时还要依照这套标准来审核一个组织是否具备这个资格，这就是说，政府既是规则的制定者，又是规则的裁判员，好坏都是政府说了算。这势必引发一个问题，那就是宗教组织的申请者认为只要与政府搞好了关系，一切事情都好办，"只唯政府，而不唯信众"，这种情况持续下去势必使宗教组织也染上"官僚"那一套习气，脱离信众，这在一定意义上自然违背了宗教组织的宗旨；还有一个问题就是，宗教组织不是经济组织，更不是政治组织，也不是一般的社会组织，它在社会中扮演的是一个"道德和精神模范"的表现性角色，起到的是一个"模式维持"的作用，是一个服务性、公益性和非营利性的社会组织角色，但是，在这种制度管制下，这些宗教组织都有可能趋利而不坚守自己的本色,这样,它的"神圣性"自然会受到质疑。长久下去,宗教组织所担当的"道德和精神模范"的这一角色形象也渐渐受损,甚至会丢失。其后果与我们过去对医院的管理所导致的今天的医院景象是类似的。当前,中国社会已出现不少人试图通过承包承租宗教活动场所来获得经营收入的现象,实际上就已表明我国现有的宗教管理体制是有漏洞的。因此,我国现行的宗教组织登记管理制度有待完善。笔者认为,首先应该将宗教组织与其他法人组织,特别是经济组织相区别开来,并区别对待,不能用一般社会组织的标准来衡量宗教组织。刘澎研究员提出把现行的登记管理改为"备案管理"的建议可以值得商讨。这样做,就把宗教组织的准入门槛降低。同时,鼓励它们依靠自己的力量包括财资来办教,而不是依靠政府的拨款来办教。如果是这样,这些宗教组织与国家企业就没有什么两样了。笔者认为,除了依法备案以外,还须强化宗教组织的安全意识和安全保护能力。因为宗教组织,特别是宗教活动场所,是信徒经常聚会和集会的活动场所,这些活动场所如果不能确保安全,或存在安全隐患,都有可能给聚会者带来人身财产损害。

依法治理宗教组织,就要树立起法治的权威,其衡量的标准就是以法律为准绳,看其组织章程、宗旨、所作所为是否遵守法律规范,对于不依法行事的宗教组织,就是给予依法取缔,而不是以"听不听政府的话"为准来管理宗教组织,"听政府的话"就认为是正当合法的,"不听政府的话"就是不合法不正当的,这种标准势必会影响宗教组织的独立性,甚至出现干涉宗教组织的"业务范围"的事情,会使得宗教组织围绕政府团团转,不是真心实意去服务信众,出现人们常说的"婆婆管得太紧,媳妇不知如何是好"的尴尬局面。同时,要树立依法治理宗教组织的理念,也需要有完备的治理宗教组织的法律法规。这也是建构中国社会现代治理体系需要直接面对的难题。如果这个问题没有解决好,没有处理好,也谈不上中国社会现代治理体系的建构和完善。要实现这个超越,首先政府要有这个自信心,有了信心才能放心。没有这个自信心,自然就放心不了,就会管得死和紧;一统就没有活力和生气,一松就会出现乱的怪局面。因此,依法治理宗教,首先要树立起自信的法治观念,然后加紧完善这一领域的相关法律,之后就是正确科学实施,对宗教组织进行依法备案和定性，涉及违法犯罪的组织给予惩治甚至依法取缔。这样才能使得对宗教组织的治理走上一个健康的良性的道路上来；否则，我们是很难跳出当前这个混乱无序而又被动尴尬的怪圈。

当然，对于信仰这类组织的惩治，需要慎之又慎，弄不好就会伤害一大批信仰者的心，损害我们党和政府的光辉形象，就会失去一大批支持我们的民众，失去支持我们的力量。在这个问题上，我们还是要学会运用统一战线的眼光和战略，努力争取和团结最大多数，不是把他们往反对我们的力量那边推。

因此，从这个理念出发，我们尝试依据宗教组织与政治和法律的关系，把宗教组织划分为宗教红色组织、宗教灰色组织和宗教黑色组织。所谓宗教红色组织，就是宗教组织能够与当政者在政治思想、利益等方面保持一致的，并遵守当政者制定的各种法律规范，同时得到执政者认可和允许存在发展的组织，可以被视为宗教红色组织；宗教灰色组织，就是指在基本利益上能够与当政者保持一致，基本上也能遵守当政者所制定的法律规范，但还没有得到执政者正式认可却又已在开展活动和正式运行的宗教组织，可以称为宗教灰色组织；宗教黑色组织，就是违背执政者的政治意图和根本利益，也不认可和遵守当政者所制定的法律规范，同时有损害社会公共利益的违法犯罪行为的"宗教"组织，可以称为宗教黑色组织。对于这一点，很多人不赞同将此定为"宗教组织"，认为这有悖于宗教的本质。当然，如前所述，这里涉及对宗教的界定问题，在此不详谈。从历史来看，一般情况下，宗教红色组织、宗教灰色组织和宗教黑色组织都有可能同时出现和存在于一个社会中，甚至可能不断地延续下去。这种现象在历史上很多时候和很多国家都出现和存在过。这种分类对于管理者来说，可能具有一定价值和意义。

但不管如何，既然它打着"宗教旗号"，我们就给它这么一个界定。就好比一些公司企业，打着公司企业的牌子，却生产制造出损害消费者身心健康等合法权益的假冒伪劣产品来坑害消费者，你不能说它不是公司企业，它干得就是公司企业这个活，只是没有按照法律规范来做，因此要依法予以取缔和惩罚。这个比喻不一定很恰当。但事实上也是这样，宗教组织在某种意义上就是为广大"信仰"消费者提供健康、优质的信仰消费品，只是有些这样的组织打着这种旗号，干的却不是这种活，那当然要给予依法取缔和打击。否则，它会欺骗和损害不知情的信众的合法正当利益。若是这样，一个社会像这样的"组织"多了，社会就根本无法来保证它的"正常运行"与和谐安定。

像这类灰色组织，我们应依照统一战线的战略思想，尽量通过做实际工作把它们感化、教育和争取过来，不能轻易给它们戴上一个"不法组织"的帽子给予惩治。这样做，虽然简单方便，但其留下的后遗症所带来的隐患是难以估量的。对于这一点，笔者建议有必要纳入绩效考核当中，避免一些领导干部出于对政绩的考量，急功近利而采取一些粗暴简单的工作方式方法来解决老百姓的一些实际问题，此种做法，问题看似解决，实际上没有解决，而是把矛盾冲突给隐藏掩盖起来，不仅给党和政府的形象大打折扣，而且埋下了更大的隐患，这对于社会和谐是不利的。当然，对于那些无理取闹、蛮不讲理和讲法的组织和成员，也要依照法律规范给予适时恰当地限制、阻止、教育和惩治。

除此之外，还可以依照前面宗教群体的分类，将宗教组织分为我教组织和他教组织，所属组织和参照组织。这种分类在学理上具有一定的探讨价值。

4. 宗教组织的作用

宗教组织一旦形成，就会对宗教组织成员个人、整个组织乃至宗教本身和社会都会产生影响和作用。这种影响和作用由于宗教组织及宗教本身所具有的特性，而呈现出"两面性"的特点；同时，这种影响和作用由于还受宗教组织性质、类型及其他社会因素的制约而呈现出"复杂性"。

对宗教信仰者个人而言，宗教组织不仅通过组织内的群体共同生活，使信仰者个人实现"个人信仰的宗教意义"，而且通过组织内个体角色的互动和认同，获得"群体意义"；同时，它还能把个人内在的独具特色的信仰、观念规范化和条理化，成为众多信众共同信奉的教义学说；把个人内心的情感体验凝练化和组织化，成为信众共同追求的修行目标；把个人的崇拜行为制度化和程式化，成为信众共同遵奉的宗教礼仪制度；宗教组织通过把这些个人信仰要素规范化和制度化，使得因人而异、变化不定的宗教信仰要素统一、规范和固定下来，成为"神圣不可违犯"的宗教信仰体系，也使得个人性的信仰活动转变成为大众性、社会性的宗教信仰活动，组织内部的凝聚力、归属感也得到增强。然而，宗教组织的权威若过于强大，不但容易产生出某种教条僵化的东西，从而抑制信众的创造力和灵活性，还会强化成员对组织的过度依赖，制约信徒个性的发展，甚至磨灭个性。另外，随着宗教组织制度化和组织化的日趋深化和稳定，利益冲突将成为宗教组织内部角色冲突的主要原因，致使信仰动机日趋复杂化，而个人信教动机的复杂性又会加剧内部冲突，内部冲突的加剧进而影响成员对宗教组织的虔信程度，也自然影响宗教组织和宗教的发展。

对于宗教组织自身及宗教而言，组织化和制度化是宗教存在和发展的必须过程，这不仅是因为宗教组织为宗教各要素功能的发挥提供组织载体，通过它的介入，将抽象的宗教观念转变为具体的信仰实践，成为一种实际的社会力量和思潮；同时，通过组织活动确立成员交往的行为规范，并将信众团结起来，围绕着既定的目的和目标开展互动合作，使得宗教观念能够借助组织这个载体巩固和发展，从而保障宗教稳定有效地延续下去。同样，随着宗教的组织化和制度化的日趋成熟和稳固，宗教组织的一些负面效应也会明显呈现出来。它不仅会滋长组织内部的官僚化习气，还由于其烦琐的组织程序、保守的组织制度和"道德准则的程式化"[1]而使宗教本身的"神圣性"具有不断被消解的危机。同时，还有可能给信众带来强迫而非内心自愿加入宗教组织的压力。

对于社会而言，宗教组织作为社会组织的特殊形式，不仅具有社会组织的一般特性和功能，还具有宗教组织本身所具有的独特性和特殊作用。当然，这种作用和影响取决于宗教组织的性质和类型。就性质来讲，宗教组织若与政治秩序所维护的根本利益是一致的，那么它就起到维护所处社会政治秩序的作用；反之，若宗教组织与政治秩序所维护的根本利益不一致或相违背，那么它就对所处社会政治秩序的维护起阻碍作用。

就类型而言，政教合一型组织与救世型组织的社会作用具有很多类似之处，在于它们都是社会的组成部分，并已融入社会和政治领域当中，因而对社会的作用几乎等同于宗教本身的作用，主要在于维护其所

---

[1] 戴康生、彭耀主编：《宗教社会学》，社会科学文献出版社2007年版，第113页。

处社会的政治社会秩序。至于这种维护作用是积极还是消极、保守的甚或反动的，取决于其所维护的社会政治秩序是否代表社会前进发展的方向，是否符合社会发展的规律和趋势。假若此种社会政治秩序符合社会发展的潮流，那么对它的维护是必要的，也是积极的；反之，如果这种社会政治秩序阻碍社会的进步和发展，那么维护此种社会政治秩序的宗教组织也就起到保守，甚至是消极和反动的作用。这里需要明确的是，政教合一型组织并不等同于救世型组织，或者说，救世型组织不完全都是政教合一型组织，也有属于政教分离型组织。只有"国家宗教的组织与体制一般属于政教合一型"[1]，当然也属于救世型，它因维护所处社会的政治社会秩序而不会支持社会的变革，但在特殊历史时期，一些居于垄断地位的传统宗教组织迫于民众变革社会的强烈愿望和压力，也会对现存的政治社会制度提出反对意见和主张，并组织群众掀起社会变革运动。此时，这种宗教组织在社会历史上就可能起到积极的社会作用。

至于出世型宗教组织，其对社会所起的作用与政教分离型宗教组织的社会作用同样具有许多相似之处。它们对社会政治制度的作用和影响具有间接性和隐藏性的特点，但在宗教领域的作用往往较之于救世型宗教组织显得直接和明显，主要在于通过教义学说的宣教来转移苦难民众对自身苦难和现实社会的注意力和关注，为他们的现实苦难、不满和失望提供一种平衡心理的解释并给予某种精神补偿，从而使信众能够容忍和逃避现实社会的不满和失望，而把"积极的反抗力量"转化为消极的容忍和逃避，转化为"旁观者或遁世者"，在一定程度上维护了统治者所维持的社会政治秩序。因此，在某种意义上来说，此类宗教组织及其信众是"通过逃避社会来抗议社会，通过退出政治来参与政治"[2]。

就性质而言，如前所言，我们把宗教组织分为"红色、灰色和黑色"组织。总体而言，宗教红色组织和宗教灰色组织对社会的益处大于其弊处，而宗教黑色组织对社会的弊处大于其益处。

---

[1] 吕大吉主编：《宗教学纲要》，高等教育出版社2003年版，第132页。
[2] 同上。

由上可知，宗教组织对信仰者个人、组织和宗教本身以及社会的作用不仅具有"两面性"，还具有"复杂性"。

三 宗教群体组织与和谐社会建设

1. 宗教红色群体组织与和谐社会建设

如前所述，宗教红色群体组织是指被国家和政府所认可，其组织章程和宗旨不与国家政府和人民意志相违背，不损害国家和人民乃至社会利益的宗教群体组织。依照这个标准，我国共有八个全国性的爱国宗教红色组织，分别是中国佛教协会、中国道教协会、中国伊斯兰教协会、中国天主教爱国会、中国天主教教委委员会、中国天主教主教团、中国基督教"三自"爱国运动委员会和中国基督教协会；此外，还有"近5500个宗教红色社会团体和地方组织"，以及"14万处依法登记并开放的宗教活动场所和110余所宗教院校"[①]。这些宗教红色群体和组织秉承爱国、爱民的理念，在党和政府的正确领导下，组织正常的宗教活动，举办好各种宗教事务，以服务信教群众和满足其信仰需求；同时，协助党和政府贯彻执行宗教信仰自由的政策，帮助广大信教群众和宗教界人士不断提高爱国主义和社会主义觉悟，代表和维护宗教界群众的合法权益，充分调动和发挥爱国宗教群众和组织的积极性、智慧和力量，为社会主义和谐社会建设贡献智慧和力量，具体表现为：

第一，在政治领域，宗教红色群体和组织，以及绝大多数的宗教教职人员，都是热爱祖国、崇尚团结、追求和平进步的；中国共产党作为以马克思主义为指导的政党，主张无神论；但并不因为作为执政党，就把自己的意志强加给全体人民，而是奉行宗教信仰自由原则，尊重和保护公民的宗教信仰自由和权利，维护宗教界的合法权益；中国的信教公民也尊重执政党的信仰，拥护执政党的宗教政策，愿意在中国共产党的领导下实践自己的信仰。中国共产党同宗教界通过以爱国主义为基础建立了"信仰上互相尊重、政治上团结合作"的关系，为中国政教关系的和谐奠定了坚实基础，保持和促进了中国政教关系的和谐以及中国宗教

[①] 中华人民共和国国务院新闻办公室：《2012年中国人权事业的进展》白皮书，中国网，http://zx.findart.com.cn/10883258-zx.html，2013年5月14日讯。

与社会关系的和谐。遵守国家宪法和法律，拥护中国共产党的领导和社会主义制度，接受人民政府的管理，维护民族团结和祖国统一，同全国人民一道建设国家、服务社会和利益人群，积极协助党和政府贯彻执行宗教信仰自由政策，宗教红色群体和组织的这一立场，在广大宗教徒当中起到良好的政治示范和凝聚作用；特别是在当前错综复杂的国际形势下，西方敌对反华势力利用宗教、民族和人权问题加大对我国"西化""分化"和"瓦解"的力度，而我国绝大多数信教群众和教职人员都能够坚持国家利益、中华民族整体利益至高无上的立场，与反华势力、"台独"势力、民族分裂势力、宗教极端势力和恐怖势力进行坚决的斗争，在维护民族团结和祖国统一事业中做出了应有的贡献。比如，在第 26 届"世界佛教徒联谊会"上，作为"世佛联"大会承办方韩国组委会违背"一个中国原则"的承诺，公然邀请所谓"西藏流亡政府"前首席噶伦桑东等人参会，中国佛教代表团就此及时向韩方组委会提出不满和强烈抗议，如果韩方组委会不纠正错误，中国代表团和中国执委将不出席开幕式和以后的大会活动，在此情形下，韩方才正式做出表态，将"已进入开幕式现场的达赖喇嘛方面有关人员全部清理出会场"，并"保证大会以后的一切活动也不再允许他们参加"[①]，中国佛教代表团的这一举措对企图分裂我国统一和破坏民族团结的势力给予了沉重打击，从而有力捍卫了国家和民族的尊严。宗教界人士还广泛参与国家政治生活，通过人民代表大会和政治协商会议等途径参政议政，表达对国家和社会事务管理的意见和主张，其中，担任各级人大代表和政协委员的就有 1.7 万余人；同时，宗教界还积极加入打击危害社会、危害人类的邪教组织的斗争中来。此外，中国大陆、台湾和港澳等两岸三地宗教界的友好往来，有利于中华民族的整体认同，特别是中国大陆与中国台湾地区的宗教交往对进一步推动祖国和平统一进程产生了重要影响。

第二，在经济领域，广大信教群众和不信教群众一样，都是社会主义建设的主力军，积极投身到社会主义社会的经济建设中，很多信教人士直接工作在第一线，为国家创造着大量的财富；在宗教界，很多宗教

[①] 新华社：中国佛教协会发言人就中国佛教代表团退出第 26 届"世佛联"韩国大会发表谈话，新华网北京 2009 年 6 月 15 日电。

组织和教职人员努力开展以自办自养为目的的经济活动，而且规模逐渐加大，许多寺观教堂兴办各种实业，不少宗教人士也成了懂经济的行家能手，不少寺观教堂甚至还积蓄了相当强的经济实力，这不仅解决了宗教组织的自养问题，在一定程度上减轻了信教群众的经济负担，有助于克服宗教组织单纯依赖施舍及政府救济来维持运转的缺陷；同时，在经济活动领域，绝大多数的信教群众都能秉持宗教所教导的道德伦理和规范，以"诚实守信""生财取财有道"的原则从事经营活动，较少违背"良心""唯利是图"而出现假冒伪劣、坑蒙拐骗等行为，从而有助于社会经济的健康有序发展。

第三，在社会领域，中国宗教群体和组织发扬宗教的慈悲救世、服务社会、爱人助人的优良传统，积极投身于社会慈善和公益事业中，参与和兴办各种社会公益慈善事业，在济困救灾、慈幼助残、养老抚孤、教体文卫、护生环保等方面发挥着有益的作用。

中国地域辽阔，地区差异大，地形气候复杂，加上社会福利和社会保障，特别是农村的社会福利和社会保障体系没有完全建立起来，小农经济和个体经济的脆弱性使得单门独户的个体和家庭，特别是农民无法承受和抵御天灾人祸的风险和折腾，面对此种现象，不少宗教群体和组织毅然担负起了社会体制无法全部承担的社会救助职能，做一些扶危济困的善事好事，为了担当这个责任，很多宗教组织设置了各种基金会，作为社会慈善机构，用于帮扶一些需要帮扶的人群，解决一些能够解决的问题，由此形成了中国宗教一向所具有的爱国爱教、慈悲济世、扶危解困、服务社会和造福人类的优良传统。到了近现代，中国无论是整个国家，还是每一个国民，不仅深受帝国主义的压迫和屈辱，还要忍受各种天灾人祸甚至战乱的摧残和折磨，面对此种情形，为了拯救人民于水深火热之中，中国宗教继续弘扬优良传统，为此，佛教提出要践行"人间佛教"的主张，道教提出要实践"生活道教"的目标，伊斯兰教则提出要实现"两世吉庆"的向往，天主教、基督教则提出要倡导"作光作盐"和"荣神益人"的意义。他们为了实现各自的主张和追求，在新中国成立后，除了积极投身到国家和社会建设中来，做好本职工作之外，积极参与和兴办各种社会公益慈善事业，在扶贫、救助、解困、救灾、助残、慈幼、养老、支教、义诊、护生、环保等方面发挥了重要作用。

例如，1985年成立的中国基督教爱德基金会，是由丁光训主教发起成立的以教育、医疗卫生、社会救助和农村发展为主的民间社会服务机构，它成为新中国宗教界开展社会服务工作的开端。爱德基金会在1985年到2005年的20年间，共筹集捐献资金近8亿元，资助项目遍及全国34个省、自治区、直辖市的200多个县市，项目受益人群达数百万人[①]。据统计，截至2006年6月，在民政部门正式登记注册的各级佛教慈善团体有60多家，其中省级机构10余家，地市县级机构有40余家[②]。各地佛教组织和团体，纷纷成立慈善团体、功德会，数量不断增加。在2004年印度洋发生海啸灾难后，中国宗教界立即采取行动，纷纷向灾区捐款捐物；佛教界则举行"海峡两岸百寺千僧、捐款千万救苦救难"消灾祈福万人大法会，迅速募集1200多万元善款援助灾区，在海内外产生了广泛影响。2008年，汶川大地震后，中国宗教界纷纷伸出援助之手，献出爱心，积极投入救灾活动，据不完全统计，仅捐款就达7亿元人民币，为抗震救灾做出了积极的贡献[③]；许多宗教界人士和法师亲赴灾区，以无边大爱的精神为灾区人民提供物质和精神救助，在救灾、灾后重建等领域积极努力，以各种方式，通过不同的渠道，为抗灾救灾工作做出贡献。2009年8月8日，台风"莫拉克"重创台湾中南部。中国中华宗教文化交流协会与中国佛教协会、中国道教协会为灾区民众紧急捐助"1400万元人民币"[④]。2010年4月14日，青海省玉树县发生两次地震。地震发生后，共有4万余名喇嘛云集玉树灾区，为受灾群众超度祈福，"他们在精神层面发挥的作用，恐怕是其他单位无法替代的"[⑤]；4月16日，中国佛教协会举行祈福回向法会，现场募集善款233万元；地震发生当日，河北省佛教协会即将20万元救灾款及100顶帐篷运抵灾区；随后，浙江

[①] 蒋坚永：《当代中国宗教与社会和谐关系的理论与实践》，中国宗教学术网，2011年5月13日。

[②] 杨桦：《佛教界人士探讨佛教慈善事业发展方向》，《人民政协报》2006年11月20日至22日。

[③] 魏武：《宗教信仰自由的伟大实践——新中国成立60年宗教工作综述》，新华网，北京2009年9月4日电。

[④] 同上。

[⑤] 金泽、邱永辉主编：《中国宗教报告》，社会科学文献出版社2011年版，第35页。

省普陀山佛教协会捐款200万元,深圳弘法寺募集善款260余万元,四川甘孜石渠县色秀寺也捐献了500顶帐篷和价值30余万元的被褥等3卡车物资,中国佛教协会西藏分会共计"募捐75万余元"[①]。从2003年到2008年,浙江佛教界共举行各类"捐款6000多万"[②]。在农村,宗教界主要是捐资捐物,为当地百姓修桥铺路,建房等,为和谐农村建设贡献力量。

在慈幼助残、养老抚孤方面,宗教界利用自己的资源和信众的人力,积极照顾、救助鳏寡孤独者。例如,从2002年起,河南省基督教两会助养了4896名艾滋孤儿,每年向每名孤儿提供1340元助养款,并安排1640名教会工作人员担任义务助养员;此外,还举办50余期艾滋病防治常识培训班,直接受益人数近2万人,间接"受益人数130多万人"[③]。2003年开始,少林寺与河南省慈善总会联合发起并组织实施了"千名孤儿救助"慈善项目,救助河南省境内19个县"1039名4岁至15岁的孤儿"[④]。自2011年10月开始,中国佛教慈善网开始关注陕西紫阳、云南山区、湖北竹山的留守儿童,至今,中国佛教慈善网为陕西紫阳、云南山区、湖北竹山三个地区的留守儿童捐助共计154万余元;在助困帮扶孤老方面发放善款达350万元;同时,中国佛教慈善网还发起了爱心扶贫"暖冬过好年"的活动和享温暖阳光"圆轮椅梦"活动,为大山深处的贫困家庭送去温暖,奉献爱心,让他们感受到社会的关心和帮助,善款总额近80万元,开展慰问贫困家庭活动,送去米、面、油、爱心毛衣、棉被及善款,共计10余万元;关注饮水环境,为市区十余所养老院安装了净水设备,"善款共计达300万元"[⑤]。江苏南京的鸡鸣寺,在每年中秋、重阳、腊八、春节等节日都会准备丰盛的素宴,邀请周边社区孤寡老人来寺共度欢乐的节日。福建的南普陀寺慈善事业基金会在重阳老年节向

[①] 金泽、邱永辉主编:《中国宗教报告》,社会科学文献出版社2011年版,第36页。

[②] 张永明:《农村基层宗教组织与农村治理研究》,《前沿》2011年第12期,第126—130页。

[③] 魏武:《宗教信仰自由的伟大实践——新中国成立60年宗教工作综述》,新华网,北京2009年9月4日电。

[④] 同上。

[⑤] 肖占军:《中国佛教协会慈善公益委员会第三次会议工作报告》,中国佛教新闻网,2014年8月1日。

厦门市老年基金会"捐赠了15万元善款,用以支持厦门市爱心护理院建设"①。2012年4月,中国佛教慈善网发出呼吁关爱"黎明之家"残障孤儿,为残障孤儿送去生活必需品,并"捐赠1万元资助残障孤儿的日常生活"②。全国助残日,河北省宗教界积极为残疾人捐款捐物;老人节,河北省宗教界组织对特困老人进行慰问;此外,每逢我国传统节日时,河北省各宗教团体、宗教场所以及宗教人士都要筹措善款慰问特困家庭;据河北省民族宗教事务厅调查统计,河北省90%以上的宗教团体、宗教场所都定期帮扶困难群众③。

我国宗教界除积极参与各种捐资捐物、扶危济困、救助救灾活动外,还努力参与社会教育事业、文化事业、医疗卫生事业、护生环保事业的建设和服务。

在服务教育事业方面,各宗教努力对宗教教义做出符合社会进步要求的阐释,夯实与社会主义社会相适应的理论基础。如基督教开展神学思想建设、天主教推动民主办教、汉传佛教推动人间佛教思想建设、藏传佛教进行寺庙爱国主义教育和法制宣传教育、伊斯兰教"解经"、道教界积极倡导道风建设等。再如,中国佛教慈善网在开展助学活动中,救助贫困学子共计500余名,发放善款达154万元。2013年12月16日,中国佛教协会慈善公益委员会捐赠"甘肃东乡县春台乡中心小学"宿舍楼项目资金200万元,资金分期拨付,目前第一批援助资金60万元已经到位。江苏省无锡祥符禅寺积极参与慈善公益事业,多年来,该寺着重于希望小学的捐建,"在贵州捐资23万元和37万元分别改建遵义湄潭县杪乐乡群乐小学和凤岗县绥阳镇大石村小学;在西藏捐资助学195万元,援建拉萨市堆龙德庆县、达孜县教学楼两幢并配备了电脑设备;在青海捐资助学92万元,援建循化县道帏乡古雷中学教学楼;资助中国藏语系高级佛学院63万元,新疆尼勒克县希望小学30万元,资助山西省忻州市忻

---

① 李玉燕:《重阳老年节,南普陀寺15万援建爱心护理院》,《海峡导报》2008年10月8日。
② 肖占军:《中国佛教协会慈善公益委员会第三次会议工作报告》,中国佛教新闻网,2014年8月1日。
③ 政协河北省委员会民族和宗教委员会:《河北省开展宗教慈善事业情况的调研报告》,http://www.hebzx.gov.cn/html/2013-12-04/。

府区巨源小学房屋修缮费20万元；资助扬州鉴真佛学院等20多所学校132.48万元，受惠人数约650人"①。多年来，无锡祥符禅寺累计资教助学592.48万元，受惠人数近650人。浙江农村信教具有教徒总量多、妇女教徒多、文盲教徒多、病残教徒多等五多的特点，浙江宗教徒中，农村人口占82.46%，女教徒占43.44%，年龄60岁以上34.9%，针对农村信教群众文化素质偏低，浙江一些农村宗教组织利用教堂办文化补习班，专门"为村民进行文化补习，丰富农村精神文明生活"②。2013年3月，天津市佛教慈善功德基金会在山东大学设立"慈心助学金"，并继续资助中国人民大学、辽宁大学的贫困生；10月，天津市佛教慈善功德基金会工作人员在妙贤法师的带领下，前往云南西双版纳勐景来地区"捐款18万元援助当地傣族佛寺及佛学院的僧寮建设、向天津武清区特困生捐助助学款15万元"③。此外，全国各地一些宗教组织为满足信教群众的多种需求，还举办下岗工人培训、志愿者培训、技工培训等各类培训活动。

在文化事业方面，宗教界对传统宗教文化的学术研究，对宗教典籍的整理和研究、对宗教哲学、伦理学、文学、艺术等优秀宗教文化的弘扬，对宗教文物的保护，对旅游文化的促进，都有助于社会主义先进文化的建设和社会主义文化事业的发展。

在医疗卫生方面，我国宗教界为有困难有需要的人群积极提供义诊和医疗咨询服务，兴建医疗设施，合建慈善诊所，捐助医疗器械，开设自闭症儿童疗育中心，为困难患者解决住院治疗的费用，为他们带去希望。

例如，四川泸州教会从"1984年创办福音幼儿园，1996年始在古蔺县、叙永县启动养殖项目，2000年创办福音诊所，2002年该诊所扩大为社区医疗服务站，2003年成立社会服务部，与街道、社区联合创办老年活动中心；2007年，与残联合办脑瘫儿康复（0—6岁）中心，2011年福

---

① 江苏省佛教协会：《江苏省佛教慈善工作经验交流 各协会寺院报告汇总》，中华佛光文化网江苏讯，2012年9月12日。
② 张永明：《农村基层宗教组织与农村治理研究》，《前沿》2011年第12期，第126—130页。
③ 肖占军：《中国佛教协会慈善公益委员会第三次会议工作报告》，中国佛教新闻网，2014年8月1日。

音医院开业";20多年来社会服务工作成绩斐然,在当地产生较好的声誉"①。自1998年至2012年上半年,江苏省无锡祥符禅寺扶残助医96.3万元,捐助省残联基金会10万元,资助省、市残联公益活动5.2万元,资助特困白血病患者和癌症患者及无锡市癌症俱乐部、马山癌症俱乐部等78.1万元,受惠人数约950人②。2006年以来,辽宁天主教服务中心和沈阳市及辽宁省疾控中心合作,在城市和农村举行49次外展活动,受益人数达43098人,建立了艾滋病转介系统,为艾滋病感染者提供心理咨询1000多次,化解矛盾,帮助实现家庭和谐③。2008年9月18日上午,广东省顺德区佛教协会与大良医院共同协作,成立全国首个佛、医合作慈善诊室;根据双方签订的协议,顺德区佛教协会暂定2008年至2010年间,每年捐资15万元人民币设立扶贫助医基金,主要用于大良辖区已参加城乡居民基本门诊合作医疗的贫困低保(含低保临界)人群2600余人的慈善诊室挂号、诊金、药费、处理费和允许范围内的临床检查项目费用的垫付④。广东顺德区佛教界与大良医院共同协作,体现了普度众生的宗旨,也符合建设和谐社会的要求。自2009年开始,由河北省民族宗教事务厅与河北省残联、河北省红十字会联合组织,全省宗教界共同主办的"爱心助听"和"救助贫困先心病儿童"两个工程,每年捐助200万元,对200名1至6岁儿童进行医疗救助。同时,石家庄市赵县基督教"两会"赵县希望儿童之家、唐山市爱德华老年公寓、邯郸市大名县的基督教敬老院以及省天主教界主办的进德老年之家、石家庄市高邑黎明之家康复站、邢台沙河市北掌教堂开设的眼科诊所等,都免费为困难群众服务⑤。中国佛教慈善网从2010年9月开展救助工作以来,到2013年底共计救助先心病患儿400余名,所用善款达770余万元,救助白血病患

---

① 陈建明:《四川省泸州市基督教会社会服务调研报告——以医疗卫生服务为中心》,《宗教学研究》2011年第4期,第145—151页。
② 江苏省佛教协会:《江苏省佛教慈善工作经验交流 各协会寺院报告汇总》,中华佛光文化网江苏讯,2012年9月12日。
③ 张克祥:《关于宗教组织在和谐社会中发挥积极作用的思考——以辽宁天主教社会服务中心为例》,《中国天主教》2008年第1期,第7—9页。
④ 杨新福、徐积民:《全国首个佛医共建慈善诊室顺德揭牌》,《商报》2008年9月18日。
⑤ 政协河北省委员会民族和宗教委员会:《河北省开展宗教慈善事业情况的调研报告》,http://www.hebzx.gov.cn/html,2013—12—04。

者，共计支付医疗费用74万余元；2012年7月，中国佛教慈善网开展"爱心关注社会弱势群体——云南西双版纳慈善行"，资助当地艾滋病患者10万元用于疾病治疗①。

在保护野生动植物和生态环境方面，各宗教群体组织更是积极作为，视为自己的当然责任，特别是佛教和道教，它们在其教义中就有许多对生命的论述和对生命保护的规定。佛教为了保护野生动植物，在其教义中，把动物置于与人同等重要的范畴来看待，认为人与动物的生命都是同等的，杀害动物就是残害生命，所以，在佛教戒律中，就有"不杀生"的规定，并视为其"五戒"之首。为此，佛教还规定其皈依的弟子，必须吃素，不能吃肉食，而且还认为，放生有助于皈依者功德的累积，杀生则会给信仰者乃至非信仰者带来罪孽，带来麻烦，甚至堕入地狱，为此，全国各地的一些大型佛教寺院，每年，甚至每个月都会定期举行一些大型的弘法放生的活动，放生各种野生动物，在一定程度上有助于物种的保存。此外，全国各地宗教组织还依据各地的情况，开展各种类型的环境保护工作，如开展宗教与环保的学术研讨会，进行环境保护宣传，对环保设施进行投入，号召和带领信众开展植树、修路、打井、修建水利设施等活动。像河北省佛教协会就开展了"百寺帮百村活动"，帮助农村建设水、电、路三通工程以及山地绿化工程②；有十三个省和一个自治区的基督教会修建水利设施167处，全国各地基督教会投入环保宣传的总费用为21.85万元，同时教会还积极参与修路筑桥、开发水利、打井建窖、发展沼气等促进地方社会经济发展的公益活动，这些难以统计③。

总之，全国各地的宗教群体和组织积极开展各种慈善公益活动，分担和解决一些在当前社会体制内政府不能顾及或不能解决的一些个人、家庭乃至社会问题和困难，化解和缓解了不少社会矛盾，有效维护和促

---

① 肖占军：《中国佛教协会慈善公益委员会第三次会议工作报告》，中国佛教新闻网，2014年8月1日。
② 政协河北省委员会民族和宗教委员会：《河北省开展宗教慈善事业情况的调研报告》，http：//www.hebzx.gov.cn/html，2013—12—04。
③ 中国基督教全国两会：《近年来中国基督教公益慈善活动回顾和展望》，中国基督教网，http：//www.ccctspm.org/news/ccctspm，2012—07—06。

进了家庭与社会和谐。

第四，在道德建设领域，宗教界在社会公德、家庭美德和职业道德建设中发挥着积极作用，做出了不少贡献。在于它们以对某些宗教教义、宗教道德规范所作的有利于社会主义的新解释，再通过其特定的道德说教方式，强化信众的道德观念，对他们进行行善止恶的道德要求，引导、教育和规范信徒的言行，使其恪守家庭美德和社会公德，从而利于培养人们的健康心理，给人们以精神信仰支持，消解人生的平面化和现代工具理性的弊端，使人们能够坦然地面对生活，促进人际关系的和谐。同时，由于宗教道德的约束，信教群众中很少有斗殴、赌博、偷盗、嫖娼、吸毒等行为；在从事的各种经营活动中，他们也基本上能做到诚实守信，较少有假冒伪劣、坑蒙拐骗等行为。例如，1993年浙江平阳县43000名基督教徒无一人犯罪[①]。这样，就有利于家庭道德和社会道德建设，有利于促进家庭的和睦和社会的和谐，从而有助于社会秩序的维护和良好社会风气的保持。

第五，在国际友好合作与世界和平维护方面，宗教界也起到良好的作用。随着我国对外开放政策的不断深入，宗教界的对外交流不断扩大，与世界各地的交往也日益频繁，从而加深了彼此之间的了解，增进了与世界各国信教群众和人民的感情，在国外和国际上树立了"以和为贵"的良好中国形象；同时，也进一步向全世界人民表明中国的宗教信仰自由和维护世界和平，推动人类进步的美好愿望和实际行动。此外，宗教界的对外交往在一定意义上也有助于国家的经济建设。总之，中国宗教界在开展国际友好往来，推动世界和谐的发展方面发挥着独特的作用。总体上我国宗教界已成为推进社会主义和谐社会建设的一支重要力量。

但是，在我国社会主义市场经济体制建设和社会转轨的特殊时期，宗教领域也出现了一些与社会主义和谐社会建设不协调的混乱无序现象。这些问题和现象主要表现为：

第一，宗教热在一定程度上削弱了城乡基层组织的影响力和凝聚力，

---

① 张永明：《农村基层宗教组织与农村治理研究》，《前沿》2011年第12期，第126—130页。

影响城乡基层社会的稳定。

随着宗教热在城乡社会的兴起，一部分城乡居民成为虔诚的宗教信徒。这样，在一些党风政风不良、党组织涣散的地方，他们在有困难需要帮助的时候，首先想到的不再是党和政府，而是他们的教友和宗教组织；这样，在情感上和行动上开始与党和政府疏远（特别是在一些农村地区，一些基层干部和党员也开始笃信宗教，有的农村大部分干部也成为宗教信徒，而且成为助推宗教发展的重要力量）；有的城乡宗教力量过于强大，宗教组织要求信众必须听从他们的安排，以致一些基层组织无法有效地去贯彻和落实党的路线、方针和政策，无法承担起其对社会事务的管理和领导职责。这些宗教势力经常组织集会，不断地向群众灌输宗教信仰，时间一长，一些群众成为笃信宗教的虔诚者，甚至个别信教者成为信仰宗教的狂热者。随着宗教力量的日益增强，宗教势力不再甘心其局限在民间的发展，开始逐渐向城乡基层组织渗透，力图获取城乡社会的实际控制权，像浙江有不少农村地区出现了重修族谱和重建宗祠、寺庙的热潮，许多农村居民皈依于基督教、佛教等宗教组织，宗教活动日益兴盛。宗教信仰的大范围扩展，不仅削弱了城乡基层组织的社会权威、影响力和凝聚力，也导致社会主流意识形态在城乡基层社会的缺失，助长了宿命论和迷信观念，民众精神迷茫，动摇了党在城乡基层社会的执政根基，影响了城乡社会的稳定，再加上一些宗教矛盾而时常容易引发一些社会群体性事件。

第二，宗教组织的频繁活动和宗教力量的过于强大影响了城乡居民的自治建设。

城乡居民自治是广大城乡居民直接行使民主权利、依法办理自己事情，实行自我管理、自我教育和自我服务的一项基本制度。其核心就是"四个民主"，即依法民主决策、依法民主选举、依法民主管理、依法民主监督。设置这项制度的目的在于最大限度地调动广大城乡居民的积极性、主动性和活力，发挥他们的聪明才智，为建设自己家园和社会主义事业献计献策献力量。宗教组织活动对于城乡居民自治的影响是：首先影响城乡居民公民意识和法律意识的形成。如果宗教组织的力量过于强大，必然使得信教群众产生强烈的宗教意识而形成强烈的宗教认同感，导致城乡居民的公民意识难以形成，依法办事的理念难以在信众中树立起来，使得国家权力意志不能顺畅贯彻。其次，影响城乡居民的民主选举。在一些宗教势力过于强大的城乡基层社会，宗教组织事实上对城乡基层社会占据一定的实际控制权，虽然宗教组织不能直接介入城乡基层组织的事务中，但在城乡居民选举中，城乡居民为了各自的利益，往往会结成以姓氏、宗族、宗派、教派、财富等形式组织起来的帮派势力而去干预和介入选举活动中，有的地方甚至直接操纵居民选举，使得民主选举不民主、不公正，对城乡居民自治造成较大影响。而且城乡社会的这种帮派意识容易导致城乡基层社会内部利益冲突的加剧，而削弱其内部团结，也自然影响城乡居民的自治。

第三，在一些干部的纵容、支持下，乱建寺庙宫观教堂的行为较为盛行，在一定程度上增加了民众的经济负担和国家对宗教事务的管理难度。

近些年，随着宗教热的兴起，一些非宗教单位试图通过利用宗教进行所谓的"宗教搭台、经济唱戏"来招商引资，以发展地方经济。由此在一些干部的纵容支持下，一些地方在"没有依法办理土地征用、没有依法办理建房申请、没有依法办理宗教活动场所审批手续"的情形下就随意建造寺庙宫观教堂，某些地区、某些宗教的寺观教堂的发展甚至处于失控的混乱状态，至今仍未能得到很好治理。这种情况不仅干扰、损害了正常的宗教活动，冲击了合法的宗教活动场所，而且妨碍了政府对宗教的依法管理，导致宗教事务的管理处于混乱无序状态，污染了社会风气，给城乡社会带来较大的负面影响。滥建乱建寺观教堂，花费资金动辄几十万、几百万，甚至上千万，耗费人力物力不计其数，而这些资金大多数来源于虔诚信众节衣缩食的捐赠，人力则来自信众自愿的义务服务，因而大大地增加信众的直接经济负担和压力，增加了管理的成本和难度。

第四，一些宗教组织内部管理混乱，出现了一些有违宗教组织宗旨的行为和现象，给社会造成不良影响。

具体表现为：在一些宗教组织内部，教派纷争和争权夺利日益明显且倾向越来越激烈；少数宗教教职人员不守宗教戒律，不仅滥传戒、滥收皈依弟子和私办经文，还干预基层行政和司法；有的宗教组织干预国民教育，阻碍了科学教育、科学知识的普及；一些寺观教堂随着经济实力的明显增强，贪污腐化现象时有发生，有的甚至还在一定程度上恢复宗教的封建特权和剥削，既不接受宗教事务部门的行政管理，又游离于宗教团体之外，享受"法外特权"；还有一些寺观教堂乱举行开光仪式、乱设功德箱、设香火、强行摊派收取布施，乘势借机敛财；还有的通过故意炒作一些"宗教事物"来欺骗信众诈取钱物，比如"上头香，动辄几千、几万，甚至几十万、几百万"，加重信众的经济负担和压力，也在一定程度上破坏了一些欠发达地区的经济发展和经济秩序；有的寺观教堂还从事一些违法犯罪活动，甚至勾结境外敌对势力，从事一些危害国家和社会安全和利益的活动。这些不良行为和现象不仅给社会造成非常不好的影响，还为境外敌对势力提供了可乘之机，在很大程度上损害了宗教自身的形象。

此外，在一些合法宗教群体和组织不良行为的影响下，一些非法宗教组织也乘机抬头，打着宗教的外衣，招摇撞骗，从事迷信活动和违法犯罪活动，如温州的"呼喊派"，在温州苍南周边渗透，无固定教义的圆通派常在农村做道场非法牟利，收敛钱财，一些非法宗教组织散布谣言，造谣惑众，破坏社会稳定①。1999年以来，实际神邪教组织由杭州富阳、湖州、上海等地渗入嘉兴市，在信教群众中大肆散布谣言，四处宣扬"末世论"，"地球爆炸论"，破坏社会稳定。随着对外交流的扩大，外来人员的增多，国内外的一些异端邪教总是试图借助各种理由，扩大影响，同境外非法组织勾结，危害国家安全。比如义乌市，境外宗教势力的渗透较为严重。

2. 宗教灰色群体组织与和谐社会建设

宗教灰色群体组织是指在根本利益上能够基本上与当政者保持一致，也基本上能够遵守当政者所制定的法律规范，但还没有得到执政者正式认可却又已在开展活动和运行的信教群体和组织。

依照这个标准，像国内一些未经政府登记批准就运作的被归属于"灰色市场"的宗教活动场所、群体和组织，一些民间宗教信仰群体和组织以及新兴宗教群体和组织，都可以视为宗教灰色群体组织。前者主要

---

① 张永明：《农村基层宗教组织与农村治理研究》，《前沿》2011年第12期，第126—130页。

是基督教和天主教的"地下教会",也称为"地下宗教";后者主要是未经政府登记认可的各种民间宗教信仰和新兴宗教信仰群体和组织,比如原始宗教组织、关公崇拜等民间信仰组织、"壮族麽教、瑶传道教、彝族的毕摩教、东巴教"[1]等民间宗教组织;马西沙等学者将此统称为民间宗教,但他认为民间宗教不是秘密宗教。这些宗教群体和组织与政府和最广大人民群众的根本利益是一致的,也基本上能够遵守国家所制定的法律规范和维护社会的基本秩序,只是因为过分强调享有和践行自己的信仰自由和权益,在未经政府的登记批准情形下就开展信仰活动和相关的组织运作。与宗教红色群体组织相比,其之所以被认为是"灰色群体和组织",主要在于未得到政府的批准认可,未取得法律程序上正式认可的合法地位,或者说还没有取得合法正当的法人资格,处于一种"既不合法又不非法、既合法又非法"[2]的尴尬境况。所谓不合法,是指该群体和组织的信仰活动是在未得到政府批准的情形下就开始进行,在程序和形式上是不合法的,是非法的;不非法是指其信仰活动是信仰主体在享有和践行自己的信仰自由和权益,其本身活动的内容对社会和他人不构成危害,是正当的,合法的,不违法的。至于这些群体和组织究竟有多少人,有人说少则一个多亿,多则四五个亿;总之,目前还没有一个确切的数据。

宗教灰色群体和组织的这种"既不合法又不非法、既合法又非法"的存在境况,既为信众及其家庭和社会带来一些益处,也给其自身乃至国家与社会带来了一些问题。

就其益处而言,首先,这些宗教灰色组织和群体,为渴望信仰的民众提供了足以"慰藉其心灵、安顿其灵魂"的精神寄托和支柱,提供了他们"把自己生活的目标作为自己存在"的一个理由,知道自己为什么要活着和怎样活着,增强了他们面对生活中的各种挫折、挑战和困难的勇气和决心,使他们从激烈的社会竞争压力生活中走出来,告别彷徨、无助、不安、飘荡不定的心灵生活,走上一个相对平静、安宁、坦然的

---

[1] 孙浩然:《民族民间宗教问题及其治理研究》,《吉首大学学报》2016年第1期,第100—106页。

[2] 杨凤岗:《宗教三色市场》,《中国人民大学学报》2006年第6期,第41—47页。

生活道路上来。不管任何一个人，只要他是一个活着的生命，他就有想法，他就需要一种力量来激励他，使他有源源不断的奋斗动力。这个动力，就是我们所说的"精神支柱"或"精神信仰"。只不过，这种精神力量在不同的群体中叫法不一样，表现形式不一样，但其实质和作用都是一样的，就是能够给这个主体一种生存的理由，给这个主体一种生存和活着的动力。对于平民百姓来说，"什么哲学、主义、理论"等这类复杂的事物对他们不实际而难以吸引他们，他们只需要一个告诉他们自己"为什么存在的一个理由"，知道自己为什么活着，在遇到困难的时候，让自己有勇气去面对，知道自己应该怎么办，以及死后或来世会是怎么样，就可以了。然而，对于知识分子来讲，他们考虑的范围更大、更广，意义更为深远和复杂，有所谓"国家、天下"，"个人的责任和追求"，因而需要"什么哲学、主义"甚或是"理想、信念"和社会情怀。因此，平民百姓的喜恶标准与知识分子的好恶标准是不一样的，这里应该有一个区分，不能用知识分子的那套东西来强加给平民老百姓，老百姓不懂得这个，也不了解这个，他们也不会去了解这个，因为这个对他们来说不实际，他们只需要一个简单直白但能管用的东西就行，这个东西不管它叫什么，不管是叫宗教，还是迷信，或是良心，只要对他们有立竿见影的功用就可以了。因此，不管是宗教红色组织群体提供的东西，还是这些宗教灰色群体组织提供的这个东西，都是一样的，都起到了"慰藉心灵、安顿灵魂"的作用。在调查中发现，几乎有70%—80%的信教徒声称，自从信教之后，在心灵上感到更平静、安宁和坦然，脾气没有以前那么暴躁，能更好地与家人和他人相处，能更坚强和更有信心地生活下去。这是一般生活和经历所不能达到的效果。这些成效，使人们不难理解，为什么近十多年来城市中有不少高级白领阶层、年轻人以及一些进城务工人员都皈信各种宗教。

其次，宗教灰色群体组织的存在不仅解决了宗教活动场所不足等问题，也满足了信教群众的信仰需求；其灵活自由的组织形式，方便和吸引了不少信众，也帮助不少信教成员解决生活中的各种困难，对信众道德观念和行为的养成以及遵纪守法观念和行为的养成等方面都起到一定的引导和教化作用，在一定程度上起到了预防和减少违法犯罪的作用，维护了社会的秩序。同时，这些宗教灰色群体组织在劝导和帮助教徒化解家庭邻里矛盾,促进家庭邻里和睦,调解民间纠纷方面,促进基层社会的和谐方面也起到一定的作用。

最后,在农村的一些宗教灰色群体组织,针对农村信教村民文化素质普遍不高、信教者又大多数是"妇女、老人和儿童"的特点,它们经常举行文化补习、识字读经等活动,提高信教村民的文化素质;针对村民文化生活贫乏的情况,它们又经常组织信众举行唱歌、跳舞、游戏等各种娱乐活动,丰富信教村民的业余文化和精神生活;同时,它们还带领信众经常帮助有需求的村民解决一些日常生活中的困难和问题,化解一些家庭和邻里的纠纷和矛盾;组织信众捐款捐赠用于修桥铺路、挖井造林、保护环境,以及救济一些缺医少药生病的人群和农村的孤苦伶仃等贫困人群。正因为这样,不少信众看到信徒做好事而受到感染,也慢慢接近这个宗教和信仰这个宗教。

此外,虽然宗教灰色群体组织身份不合法,但也积极参加各种慈善和社会公益活动。比如,汶川地震发生后,全国各地不少这样的宗教组织纷纷向灾区捐款捐物,派遣人员到灾区进行义务救灾和帮助灾区居民进行灾后重建,受到了当地灾民和灾区政府的欢迎和高度评价,但由于没有合法的身份,有些宗教组织在灾区的宗教活动受到政府部门的关注,有些宗教组织的救助活动只能做一次,而不能持续经常地去做。

总之,宗教灰色群体组织在促进信众的身心和谐、家庭和睦、邻里和谐和社会和谐方面同样发挥了积极的社会功能。只是由于其身份和地位的不正当,其积极的社会作用没有得到大范围渲染发挥而已。但是,人们不能因为它没有得到大范围传播,就由此否定它的存在和成效。

然而,由于宗教灰色群体组织身份和地位的不正当性和不合法性,也给其自身乃至国家和社会带来了一些问题。这些问题大概有:

第一,公开合法身份的缺失,影响宗教灰色群体组织的正常健康发展。

宗教灰色群体组织由于没有法律认可的正当合法身份,使其存在处于一种"非法"的尴尬状态,这种生存状况既不符合法律的要求,也不利于其本身的正常健康发展。一方面,由于它们没有正当的法律地位，其负责人和普通信众也自然缺失一个正当合法的身份，神职人员往往容易被认定为"非法传教或布道者"，而普通信众则容易被定为"非法信教者或非法聚众者"，这种身份的不明确性容易给其负责人和普通信众带来不安全感和不正当感，使他们处于一种提心吊胆的状态，时刻担心公检法机关的突击查处。因而，为了避免公检法机关的打击，它们的活动往往不很公开透明，带有一定的隐秘性和"地下"色彩；有些宗教领袖为了造成更大的影响以便期望能够获取更大的好处，刻意把自己秘密化或神秘化，他们有意把聚会安排在地下室，或者把窗帘都拉上；还有一些教会负责人有私心，为了个人的利益才去发展教会。这些做法容易使宗教灰色组织的发展出现偏差和产生变异，极少数甚至容易走向异端，对社会造成负面影响。另一方面，由于宗教灰色组织缺失公开合法的身份，不能公开活动，也不能公开建立自己的神学培训学校，无法通过正常渠道吸引高素质的人员来从事专门的神职工作。这样，不仅使其神学教育常常处于低层次、低水平上，而且导致合格的神职人员严重缺乏；由于这些原因，造成讲员的水平参差不齐，而且不固定，变动性大；特别是农村的神职人员，年龄多在四五十、五六十岁，而且大部分缺乏"全面系统的神学教育"，缺乏一定的"人文教育以及文明社会的理念"，却精通于中国传统的人治谋略，在教会中享有较高的威信，当中有些人打着信仰的旗帜却为个人谋私利，有时甚至肆无忌惮，而教会却奈何不了他，由此给教会本身带来较大的伤害。由于诸多因素的影响，致使宗教灰色组织的神学教育在办学规模和办学方式上只能是简单、分散和隐蔽，因而无法满足其壮大发展对高素质神职人员的需求；因此，合格神职人员的严重缺乏严重制约了神学教育正规化、规模化的发展和其本身的发展，这一切的根源归于宗教灰色组织本身身份的尴尬。总之，由于宗教灰色组织公开合法身份的缺失，给其健康正常发展带来了诸多不利。

第二，公开合法身份的缺失，使得宗教灰色群体组织的正当权益得不到法律保障。

宗教灰色群体组织由于不具有合法性，导致其不能成为政府承认的民间社团组织，也不能在银行开账户进行公开募捐活动，在购买和捐献等物品方面也无法享受国家规定的免税优惠，更不能以公开合法身份向政府申请设立活动场所，也无法从政府管理部门那里获得设立活动场所的批准许可。而其现有的聚会和活动场所，不管是信徒捐赠使用的、还是承包租赁的或是借用他人的，严格来讲都欠缺合法性，因而随时有可能被赶走或查封。因为宗教灰色群体组织合法身份的缺失，使其正当权益无法得到法律的保护，在客观上容易导致执法机关把他们当成一个"不合法的群体"来看待，而其正常的传教活动也往往容易被视为"非法行为"，出于职能的要求，这些执法机关就有可能会去干涉他们的活动，冲击一些聚会点，抓捕一些传道人，没收他们的财产。就目前来看，由于有些宗教灰色组织的信徒人数已不少，并达到一定规模，使政府意识到完全取缔它已不切实际，对此，政府对这些活动和聚会场所采取一种默认态度，默许它可以通过租或购等方式拥有一个可以活动的地方，但这种默契是十分微妙、脆弱和不稳固的。一旦遭遇某种特殊情况的发生，一些地方政府就很有可能打破这种默契和常规，禁止他们租房或使用自己房产开展聚会活动。这时，宗教灰色群体和组织又有可能成为一个"无家可归、无地可聚"的群体。这样，他们就又很有可能被迫在户外举行聚会，从而引发与政府的直接冲突，严重的还会导致群体性事件的发生，而直接影响当地的社会秩序。这是政府和宗教灰色群体组织在关系的处理上面临的一个共同难题。从这个意义上讲，宗教灰色群体组织关注和顾虑更多的是"其活动场所的安全性"，而非"政府是否愿意给予其合法性身份"。

此外，由于宗教灰色群体组织不具有合法身份，即使虽然它已经意识到教会的职责及其与社会的关系，也非常愿意为中国的经济社会发展和建设做出应有的贡献，但苦于身份的不正当合法性，不能以公开的民间社团或教会名义去创办慈善机构，或进入社会公共领域开展公益慈善服务，而只能隐身于不为民众所知晓的社会后台默默地从事着一些慈善和公益活动，可谓"服务无门、报国无门"。

总之，由于宗教灰色群体组织身份的特殊性，使其许多正当权益得不到法律的保护，因而又可谓"申诉也无门"。

第三，公开合法身份的缺失，为宗教灰色群体组织的许多纠纷和冲突的发生埋下了隐患，而影响社会的安定。

由于宗教灰色群体组织本身没有得到法律的认可，使其不能到政府部门那里进行登记备案，因而不具有明确的、独立的法人资格和法律地位。这样，一些宗教灰色群体组织在拥有资金或购置一些资产的时候，就不能以独立的社团实体名义来进行办理，只能以个人的名义来实施操作。这种状况，就直接造成它的财产所有权归属不明确和混乱，而为日后的财产纠纷和其他冲突埋下了导火索。因为宗教灰色群体组织毕竟不是法人实体，只是一群人的聚集，所以，一旦该群体组织因财产问题而发生有关纠纷时就不知道如何去面对和处理；这是因为，假如要借助法律的途径来解决，就必须有明确的法律行为主体，而该群体组织本身不具有这个行为主体资格，因而法律有理由对此不予受理，即使该群体组织的财产随意被人拿走，其对此也没有任何办法。这些情况，就有可能引发各种冲突，从而影响社会的安全稳定。

第四，公开合法身份的缺失，使得宗教灰色群体组织的维权极易被别有意图者所利用而趋于政治化，直接造成宗教灰色群体组织与政府关系的紧张，甚至对中国的社会安全与稳定构成直接威胁。

一方面，由于宗教灰色群体组织没有经过政府登记不具有合法身份，因而当其产生纠纷、冲突或出现问题的时候，它就非常清楚，很多事情是无法通过正当途径和法律途径来解决，不但是因为自身不具备法律主体资格，而且它还因此担心由于自身身份的不合法性而有可能引火上身，而受到政府的直接打击和处理。所以，它对政府采取的是一种怀疑不信任的态度，自然也就不会主动去求助于政府或依靠政府；但是，当它又无法通过其他途径来解决自身的问题的时候，宗教灰色群体组织就会可能尽最大努力去寻求能够帮助其解决问题的力量和办法。此时，一些别有用心的势力就有可能借此机会对宗教灰色群体组织进行接触和渗透，乘势掌控和利用这个群体，为实现其不良意图所服务。另一方面，由于宗教灰色群体组织自身不具有合法的身份，由此可能导致政府相关部门的一些作为也无法可依，就可能时不时地对其活动进行干预，甚至以"邪教"或"非法聚会"为名进行打击，宗教灰色群体组织为求得生存，只好在法律的夹缝中不断地采取措施维护自身的合法权益。比如，一些熟悉国内外法律知识的所谓的"宗教维权"人士，就会以相关法律知识为武装去争取或抗议，试图取得和维护自己及教会团体的"权利"。这样，自然就会造成宗教灰色群体组织与政府及宗教红色群体组织处于一种紧张状态。同样,宗教灰色群体组织为了竭尽维护自身的权利,也一样有可能去寻求能够给予其支持和帮助的力量,此时,一些别有用心的势力也会因此乘机掌控和利用这个群体。

至于别有用心的势力,并不是空穴来风,而是有切实的依据的。早在鸦片战争时期,外国传教士随着西方帝国主义列强凭借"坚船利炮"打开中国的大门,获取了在华的"宗教治外法权[1]"特权,为西方列强攫取在华利益提供各种服务。正如美国史学家赖德烈指出:"条约(《中美天津条约》)势必使中国信徒脱离中国政府的管辖,而使教会团体成为一些分布在全国各地而受着外国保护的'国中之国'……差不多任何诉讼案子,都可以说成是由于非信徒逼迫信徒的。……许多中国人,因为看见强大的外国靠山的好处,就假装悔改而加入教会。也有不少传教士,用外国政府的保护为饵,引诱中国人入教……。"[2] 直到1943年这种"旧宗教治外法权"才被结束。然而,随着冷战的结束,"新宗教治外法权[3]"又在美国开始形成,他们鼓吹"人权高于主权"和"宗教自由和平论"。1998年美国推出了《国际宗教自由法》,其核心意图就是帮助美国获取在国际宗教事务中,特别是在中国的"新治外法权",从而在中国国内形成为其所掌控的"国中之国",这是美国对中国实施宗教渗透的真实意图和目标;也正如美国经济学家和地缘政治家威廉·恩道尔所指出:"美国采取的是鲜为人知的武器,利用'人权''民主'作为21世纪版的鸦片战争的武器,迫使中国敞开自己,接受美国的超级大国统治。"[4] 美国政治学家萨缪尔·亨廷顿(Huntington Samuel P,1927—2008)也认为:"在美国新人权战略主导下的'宗教政治化',就是要使宗教成为所在国'代表反政府运动的一个重要部

---

[1] 黄超:《美国对华宗教渗透新模式及其意识形态演变》,《中国党政干部论坛》2012年第2期,第49—54页。

[2] Kenneth Scott Latourette, *A History of Christian Mission in China*, N.Y.: Macmillan, 1929, 279, 此处转引自黄超《美国对华宗教渗透新模式及其意识形态演变》,《中国党政干部论坛》2012年第2期,第49—54页。

[3] 黄超:《美国对华宗教渗透新模式及其意识形态演变》,《中国党政干部论坛》2012年第2期,第49—54页。

[4] [美]威廉·恩道尔:《霸权背后》,吕德宏等译,知识产权出版社2009年版,第55页。

分和主导力量'。"①

由此可见，实际上，西方列强在任何时候都没有放弃过试图利用宗教来达到对中国的"控制"。特别是随着中国对外开放的扩大，不仅境外宗教加大了对中国的传教力度，而且境外敌对势力也更为紧凑地加强利用宗教对我国进行"政治渗透"。他们不仅通过各种途径向我国境内"偷运宗教宣传品"，还在"我国周边地区设立广播电台实施空中传教②"或者通过互联网进行网上传教；不仅利用来华经商、旅游、探亲、讲学等机会进行传教活动，还在留学人员、出国务工人员中进行传教，并物色为其服务的人员；不仅直接、间接地通过提供经费资助教堂、寺庙的修建来打造其在中国的活动据点，还培植地下势力，同我国宗教红色组织争夺信众，对抗中国政府；不仅插手干涉我国宗教事务和内政，还积极支持资助宗教界极少数民族分裂分子分裂我国、破坏我国统一和民族团结。

此外，中国宗教灰色群体组织本身极为复杂，不仅有城乡差异、地域差异、教派差异，还在要求、愿望、主张等方面各自也不尽相同，对待政府的管理及其态度上也不一样。这些林林总总的"宗教地下组织"独立于"宗教红色组织"之外，有的不想受到"宗教红色组织"的管束，而要求直接找"政府"登记备案；有的则依靠境外渗透势力的支持要求"绝对自由"和无限扩张，意在建立"国中之国"，而不求合法与登记；有的企图利用"地下教会"来介入政治，通过"绑架不明真相的信众"，躲在以信徒为屏障的暗处策划组织，煽风点火，制造混乱，借此图谋不轨。

不管何种情况，由于它所涉及的问题极为复杂，迫使政府在对待宗教灰色群体组织的态度上很容易倾向于"政治化"，政府相关部门对此不得不采取强硬措施，对其以"危害社会治安"为名进行打压。到目前为止，已在多个城市发生过多起宗教灰色群体组织和政府部门的对抗事件，

---

① [美]亨廷顿：《第三波——20世纪后期民主化浪潮》，刘军宁译，上海三联书店1998年版，第85页。

② 龚学增：《中国宗教现状及发展趋势》，《中央社会主义学院学报》1998年第6期，第25—28页。

其起因主要是宗教灰色群体组织的"聚会场所"或"聚会方式"不当而引发的。虽然这些事件不是全局性的宗教性事件，主要是一些地方性和基层性冲突，而且从本质上和总体上来讲仍属于人民内部矛盾，却为一些境外宗教组织和反华敌对势力趁机利用此种涉教事件干涉我国内政、大肆制造反华舆论和反面宣传提供了条件和素材；部分美国宣教机构甚至根据中国宗教灰色群体组织发展情形，提出"抛弃过去'躲、忍'的策略，转而与'公民维权'相结合，采取更加主动的持续行为去'争权'；一些激进分子则进一步提出具体的'运动式维权'模式：在方法上注重发现事件、引导事件、升华事件、扩大事件、总结事件、推广事件，在行动机制上强调互联网与媒体联动，草根行动、律师维权、民间筹款、教会与知识系统等形成合力，从而迅速使个体的维权事件运动化、规模化、国际化和政治化"①。为此，一些观察人士认为，假若宗教灰色群体组织像这样发展，就有可能变为"民运化"而直接使执政党的统治地位受到威胁。

可见，若长期任由境外宗教组织和西方反华势力借助宗教灰色群体组织问题向我国施压和干涉我国内政，并大肆制造反华舆论和歪曲丑化中国形象，不仅会给我国社会造成不应有的紧张和政治隔阂，还会引发国际舆论对我国的不理解、不支持而产生负面反应，从而最终会使我国的国际声誉和形象受到严重损害，使我国的实际利益遭受巨大损失，并在一定程度上潜在威胁中国社会的安全与稳定。

因此，对于宗教灰色群体组织身份的不合法性及由此可能带来的复杂影响，人们不能再视而不见、听之任之，而应当及时解决。况且，中国国内有很多类似的"宗教灰色群体和组织"，它们游离于"合法与非法、正当与非正当"之间，给我国社会的和谐与稳定增添了不少潜在的不安全因素。因此，对于这些群体和组织的规范，也应该适时进行讨论和解决了。为此，李剑钧等学者提出要"加快推进民间信仰事务管理"规范化，探索"合适的途径方法规范治理基督教、

---

① 黄超：《美国对华宗教渗透新模式及其意识形态演变》，《中国党政干部论坛》2012年第2期，第49—54页。

天主教地下势力"①；孙浩然学者提出要在宗教事务部门专设"民间宗教事务机构"②；这些都是很好的建议，值得借鉴。

总之，对于宗教灰色群体和组织，我们应该在全面推进依法治国的进程中，在人民内部矛盾的范畴里及时提出一些稳妥且具有战略性的解决策略和办法，才是上上之策。

3. 宗教黑色群体组织与和谐社会建设

宗教黑色群体组织是指在主观意志上与执政者的政治意志和根本利益相违背，也不认可和遵守执政者所制定的法律规范，同时又实施了损害和危害社会公共利益或最大多数社会成员利益的行为的"宗教"群体和组织，可以被视为宗教黑色群体组织。

虽然有不少人不同意将这种群体和组织视为"宗教的群体和组织"，理由在于它们本身不属于"宗教"，这种称呼有玷污"宗教"的负面影响。但笔者认为，我们可以将这些群体和组织视为"宗教黑色群体和组织"，主要在于这些群体组织是打着"宗教"的旗帜，或者披着"宗教"的外衣，从事危害执政者利益和广大社会成员根本利益的行为。从表象上看，其确实有一些与宗教群体和组织相似的基本特征，但其所从事的活动却不是真正意义上的宗教群体组织所从事的行为，而是对社会和他人有危害的行为，严重违背了宗教的本来意义，为便于人们识别这些"披着宗教外衣"从事非法、违法犯罪活动的群体和组织，我们可将其称为宗教"黑色"群体和组织，而有别于宗教红色群体组织和宗教灰色群体组织。

依照这种标准，像国内外一些打着"宗教"旗帜，却不从事正当的宗教行为，而是实施一些危害社会安全和稳定，破坏国家统一和民族团结，损害社会公共利益和他人合法正当权益的各种势力、群体和组织，都可以视为"宗教黑色群体和组织"。这些宗教黑色群体和组织与其他违法犯罪活动的群体和组织相比，有一个明显特征，就是它们都是"打着

---

① 李剑钧、陈凤林：《树立治理理念 推进宗教事务管理体制改革创新》，《中央社会主义学院学报》2014年第5期，第90—94页。

② 孙浩然：《民族民间宗教问题及其治理研究》，《吉首大学学报》2016年第1期，第105页。

宗教的旗号,或者借着宗教的力量"来诱惑人们和蒙蔽人们以便于从事各种危害性、破坏性的活动,而其他违法犯罪活动的群体和组织虽然从事的是破坏性、危害性的违法犯罪活动,但它们不是"打着宗教旗号或借着宗教的力量"来进行的,而是以其他的形式和借口来实施的,因而不称为"宗教黑色群体和组织"。就中国来讲,主要有四股势力,分别是:借着宗教力量从事反华活动的敌对势力(包括敌对宗教组织和反华势力)、借着宗教力量从事民族分裂和破坏民族团结的分裂势力、借着宗教力量从事极端行为的宗教极端势力和借着宗教力量从事恐怖活动的恐怖势力。这四股势力会时常相互勾结、掺杂交织在一起,有时难以辨明分清。但不管如何,它们有着一个共同的特征和目标,就是都打着宗教的旗号,干的却不是宗教的活动,而是从事企图颠覆中国共产党在中国的领导和社会主义国家的政权、破坏中国社会的安定、和谐与民族团结和国家统一,损害中国社会主义国家人民群众的合法正当利益的各种危害性、破坏性的行为;一句话,就是与中国社会主义国家政权和人民群众为敌。因此,对于这四股势力,就是中国社会主义国家政权和人民群众要依法打击的对象和力量。此外,对于披着宗教外衣、冒用宗教等从事蛊惑人心、坑蒙拐骗、欺诈、骗财骗色等各种危害社会的违法犯罪活动的群体和组织,也视为宗教黑色群体和组织,像各种邪教组织就属于这种类型的群体和组织。这些群体组织与上述四股势力不同,在于它们主要损害的是社会成员个人的权益和利益,破坏的是一般的社会秩序而不是整体国家的安全和利益。当然,这些群体组织很容易被上述四股势力利用来从事危害社会安全和稳定的活动,因此,也属于依法打击的对象。

利用宗教从事反华的敌对宗教组织和敌对势力相互结合,长期以来对我国进行渗透、破坏、分裂活动,早在近代伴随着西方列强的坚船利炮打开中国的大门时就已形成和出现,并在西方列强侵略中国的活动中充当急先锋。它们不仅直接参与了侵略中国的战争,为西方列强侵略中国收集、提供情报,参与不平等条约的签订,掠夺我国宝贵的文物财富,还包庇教民、霸占土地、贩卖鸦片、干涉中国内政和参与分裂我国边疆的活动。可以说,它们双手沾满了中国人民的鲜血,其罪恶可谓罄竹难书。这些反华的敌对宗教组织和敌对势力之所以能在旧中国横行霸道，为所欲为，在于它们依仗西方列强的炮舰政策，借助不平等条约获取了在华的"宗教治外法权①"，享受着"国中之国"的特权；直到1943年，这种"旧宗教治外法权"②的特权才寿终正寝。新中国成立后，境外敌对宗教组织和敌对势力相互勾结，继续对我国宗教进行渗透和干涉，通过给我国宗教教职人员发放津贴奖金、资助活动经费、密切交往等手段培植代理人和地下势力；分化、瓦解我国天主教、基督教新教和伊斯兰教，破坏我国天主教、基督教和伊斯兰教的大团结。这些地下宗教势力对爱国天主教、基督教和伊斯兰教信徒进行打击和迫害，与爱国宗教组织争夺信众，妄图组建一个与政府对抗的"政教合一的地下政权"③，使我国包括天主教、基督教、伊斯兰教在内的宗教问题变得复杂，对我国的社会和谐与安全构成严重威胁。中国改革开放以后，国外敌对宗教组织和敌对势力通过各种渠道窃取我国情报，并乘机加紧对我国的宣教、传教活动；通过利用网络、广播、派遣传教人员、偷运宗教资料等各种手段和方法加紧对我国进行宗教、思想和政治渗透；以宗教为幌子，借口民族、人权问题，不断对我国边疆地区进行渗透、颠覆和分裂活动，它们勾结台湾分裂分子和反动宗教组织进行"台独宣传"和破坏活动；采用计谋联合我国境内外藏独、疆独、东突等分裂势力对抗我国政府，利用泛伊斯兰教主义和伊斯兰原教旨主义在我国西北地区实施政治渗透，进行分裂、破坏活动；加大培植地下势力，从经费、思想、人员、技术等多方面资助支持国内民族分裂分子和极端宗教势力从事分裂中国、破坏中国民族团结的活动，鼓动民族分裂分子和极端宗教势力利用各种机会攻击中国的政策以及党和政府的领导，鼓动民族分裂分子和极端宗教势力通过"贩卖毒品、武器和倒卖人体器官等方式煽动民族情绪"④，挑起民族纷争；通过各种方式支持国内民族分裂分子和宗教极端势力制造各种恐怖事

---

① 黄超：《美国对华宗教渗透新模式及其意识形态演变》，《中国党政干部论坛》2012年第2期，第49—54页。
② 同上。
③ 闫文虎：《国外敌对宗教组织对我国安全的影响》，《世界经济与政治论坛》2002年第6期，第59—61页。
④ 同上。

件，甚至宣传和煽动开展"圣战"。

这些敌对宗教组织和敌对势力完全成为西方反华敌对势力分裂中国、颠覆中国社会主义国家政权的工具。随着苏联的解体和冷战的结束，这些反华敌对组织和势力在以美国为首的西方列强的领导下，开始酝酿"新宗教治外法权"来对付中国，它们炮制"人权高于主权""宗教自由和平论"的论断，鼓吹"宗教自由促进国家安全"。1998年，美国通过了《国际宗教自由法》，意图为其获得国际宗教事务中的"新宗教治外法权"①；通过"新治外法权"，实现美国对华宗教渗透的最新目标，即通过宗教政治化"在中国国内形成"为其所掌控的"国中之国"②。美国经济学家、地缘政治学家威廉·恩道尔直白地指出："美国采取鲜为人知的武器，利用'人权''民主'作为21世纪版的鸦片战争的武器，迫使中国敞开自己，接受美国的超级大国统治。"③ 总之，反华敌对宗教组织和敌对势力相互勾结，为谋取在中国的特殊利益，长期以来对我国进行渗透、分裂、破坏和颠覆活动，从而成为危害我国社会和谐与安全的一股重要势力。

以宗教为幌子，借口宗教、民族和人权等问题，对中国实施分裂、破坏和暴力行为，图谋将中国一些边疆地区从祖国版图中分裂出去，是一小撮民族分裂势力、宗教极端势力和恐怖主义势力的野心和企图。这几股势力早在近代就已在境外敌对势力和敌对宗教组织的支持下形成和产生，并利用宗教和民族问题实施分裂中国边疆的活动。

例如，19世纪下半叶，英国入侵中国西藏，其直接后果就是埋下了"藏独"的种子。从1876年到1914年，英国采用武力入侵、恐吓威胁、收买人心、签订不平等条约等各种手段试图将中国西藏侵占和分裂出去，最终因为中国人民的坚决抵抗才使其阴谋未能得逞。虽然如此，但毕竟英国对西藏的侵略和渗透时间过于长久，因而在一定程度上培植和助长了西藏的分裂意识和分裂势力。此后不久，美国替代英国插

---

① 黄超：《美国对华宗教渗透新模式及其意识形态演变》，《中国党政干部论坛》2012年第2期，第49—54页。

② 同上。

③ ［美］威廉·恩道尔：《霸权背后》，吕德宏等译，知识产权出版社2009年版，第55页。

手中国西藏问题，这股分裂势力就转向依仗美国力量继续从事分裂活动，而使问题变得更为复杂。1959年3月，以达赖集团为首的西藏反叛势力撕毁和平解放西藏《十七条协议》，全面发动武装叛乱，最终叛乱失败，达赖集团在境外组建所谓的"西藏流亡政府"，继续与中国共产党和中国人民为敌。今天，藏独势力仍在西方反华势力的支持下从事分裂破坏活动，像1987年发生的西藏拉萨骚乱事件、2008年西藏拉萨3·14打砸抢烧暴力事件等，都是它们直接参与和策划的结果，给西藏人民和我国社会造成巨大的损失。这股藏独势力打着"藏传佛教"的幌子，图谋将我国西藏分裂出去，从事着"破坏性、暴力性、极端性"的破坏我国社会安定和谐的行为活动，因而可以视为"宗教黑色组织"和势力。

同样在近代，新疆民族分裂势力在俄国和英国的支持下，就已利用宗教实施了分裂我国新疆的活动。例如，1933年，"南疆一些反动封建地主和宗教头目穆罕默德·伊敏在英帝国主义[①]"的策划支持下，在英印间谍的撮合下，阴谋建立"伪东突厥斯坦伊斯兰教王国[②]"，企图将新疆从中国版图中划出去；日本在此情形下，乘机指使甘肃军阀马仲英部攻入新疆，企图建立一个依附日本的伊斯兰教封建王国，但是，在新疆各族人民的团结反抗和斗争下，将这个维系不到三个月的政权给予推翻，致使帝国主义和分裂势力的阴谋未能实现。新中国成立后，新疆得到和平解放，在全国各族人民的团结奋斗建设社会主义社会的大好形势下，新疆人民也积极努力建设自己的美好家园，使得新疆社会呈现稳定和谐的大好局面，经济得到不断发展，人民生活水平也日益改善和提升。但"东突"势力不甘心过去的失败，它们在境外敌对宗教组织和国际反华势力的支持资助下继续违背人民意愿，伺机实施分裂破坏行为，破坏新疆社会的和谐与稳定。

中国改革开放以后，原先"各自为政"的"东突"势力在敌对宗教组织、敌对宗教势力和国际反华势力的"泛民族主义和泛伊斯兰主

[①] 闫文虎：《国外敌对宗教组织对我国安全的影响》，《世界经济与政治论坛》2002年第6期，第59—61页。

[②] 同上。

义"的鼓动撮合下,乘机统一起来,组建了"东突厥斯坦伊斯兰真主党""伊斯兰改革党"等联盟组织。它们以宗教为掩护,采取"统一行动"卷土重来,伺机在厂矿企业、院校社区等地方进行反对社会主义、反对中国共产党和中国政府的反动宣传,攻击党和政府的领导和政策,蓄意制造民族分裂舆论和挑起民族纷争,扩充人员、筹集反动活动经费、购买武器弹药,实施暗杀、爆炸等恐怖活动,制造恐怖事件。例如,"敌对伊斯兰教组织鼓动我国内部民族分裂分子和宗教极端组织'信仰安拉第一、不能相信共产党',挑起民族纷争和煽动开展'圣战',以建立政教合一的国家政权"①;还有"以土耳其为首的西亚敌对宗教势力,大力向我国新疆等地宣传'泛民族主义'和'泛伊斯兰教主义',并在1993年帮助我国境内伊斯兰教宗教极端组织成立'东突厥斯坦伊斯兰真主党',其反动纲领就是成立以《古兰经》为宪法的'伊斯兰共和国'"②。

进入20世纪九十年代以来,境内外部分"东突"势力在分裂主义、极端主义和国际恐怖主义的影响支持下,转向采取以恐怖暴力为主要手段的分裂破坏活动,策划实施爆炸、暗杀、纵火、投毒、制造骚乱、暴乱、袭杀等一系列的恐怖事件。比如,仅在20世纪九十年代,他们在乌鲁木齐、喀什、和田、叶城、阿克苏等地制造爆炸案二三十起,炸死炸伤无辜群众上百人;制造暗杀基层党政干部、爱国宗教人士和无辜群众六起,杀害人口16人;1998年1月30日至2月18日在喀什制造23起投毒案,造成1人死亡和4人中毒;同年5月23日在乌鲁木齐15个繁华地段纵火,因及时发现才未造成严重后果;它们还制造了1995年7月7日的新疆和田骚乱、1997年2月5日的新疆伊宁骚乱、2013年6月26日的新疆鄯善骚乱以及1995年4月5日阿克陶县巴仁乡反革命武装暴乱和2009年7月5日乌鲁木齐打砸抢烧严重暴力事件,造成武警官兵和群众死亡二百余人,几千群众受伤;2013年4月23日,恐怖分子又在新疆什巴楚县制造严

---

① 闫文虎:《国外敌对宗教组织对我国安全的影响》,《世界经济与政治论坛》2002年第6期,第59—61页。
② 同上。

重的暴力恐怖事件，导致民警、社区工作人员15人死亡①。根据我国《新疆反恐十年成果展览》资料的统计显示，疆独分裂势力在整个20世纪90年代在新疆共制造了"250多起暴力恐怖案件，导致六百多人伤亡"。

此外，还有蒙独势力、台独势力也借助宗教的力量实施破坏活动。这些分裂势力和宗教极端势力及恐怖主义势力在西方国家等国际反华势力的干涉、支持和鼓动下，相互勾结，长期对中国实施破坏活动，使得国际反华势力、疆独势力、藏独势力、蒙独势力、台独势力已不再是各自孤立的势力，而成为共同图谋分裂中国的一股黑恶势力；也使得"疆独问题""藏独问题""蒙独问题""台独问题"与分裂问题、国际问题交织在一起，成为国际反华势力和敌对宗教势力干涉中国内政、牵制中国发展的一个武器和工具，致使这些问题不仅仅成为"分裂问题""宗教问题""民族问题"，也成为敏感的政治问题、军事问题和国际问题，呈现出更为复杂的局面，足够引起我们的关注和重视。

而且，从各种迹象表明，疆独势力中有多股组织在国际恐怖主义的煽动支持带动下，朝极端性发展，已成为恐怖主义组织。根据《南方周末》报道，"东突厥斯坦伊斯兰运动"在2011年9月11日被联合国安理会列为恐怖组织，而且被认为是国际上"最暴力化的组织"。2011年9月12日，中国外交部发言人孔泉在中外记者会上指出，"'东突伊斯兰运动'是一个彻头彻尾的恐怖主义组织，它的宗旨就是要通过恐怖主义活动分裂中国"②。

所谓宗教极端主义和宗教恐怖主义，就是极端主义和恐怖主义盗用宗教的名义，歪曲宗教信仰和宗教教义的本来意义，"断章取义利用宗教的只言片语对宗教经典、教义"③进行错误的、偏激的和极端的解释和阐发，以绝对化、极端化的观点蛊惑煽动人，欺骗诱使人离开宗教信仰的正道，而堕入宗教狂热的歧途，并借机蓄意在不同民族之间、不同信仰之间、不同教派之间制造隔阂、冲突和纷争，为其实施暴力恐怖活动准

---

① 注：本部分数据来源《战略观察》：《中国疆独势力》，战略网，http：//observe. chinaiiss. com/html/20111/11/a3215f_ 3. html，2015—3—3。

② 台海网：《中国反击疆独恐怖势力17年内幕历程》，http：//www. taihainet. com/news/cnnews/2007-01-12/82037. html。

③ 学诚：《佛教反对宗教极端主义》，《中国民族报》2014年5月27日第7版。

备思想、舆论和组织条件，使这些狂热者泯灭良知而走上危害社会安定、伤害生命、残害滥杀无辜群众的暴力道路上来。宗教极端主义和恐怖主义的歪理邪说与宗教信仰的本意背道而驰，它们借用宗教的形式和宗教的语言来包装自己，欺骗、诱惑一些普通群众和青少年，"利用信教群众朴素的宗教情感，歪曲宗教教义，煽动宗教狂热"①，以行"分裂、暴力、恐怖"之真实意图，妄称不遵从它们的人就是"异教徒"和"叛教者"，鼓吹"惩处、杀死异教者是它们所奉神灵的旨意和意愿，为圣战殉教可以获得所奉神灵的赏赐而入天堂"等极端荒谬之言论，导致一些受其言论和思想蛊惑、毒害的人丧尽天良，实施灭绝人性的暴力恐怖行为，残害生命，滥杀无辜，公然践踏人类社会道德和法律的底线，走上与生命为敌、与社会为敌、与人类为敌的反科学、反文明、反社会、反人类的极端、暴力、恐怖的邪路上来。正如习近平总书记所指出的那样，宗教极端主义和恐怖主义，"其思想基础是宗教极端思想，根子则是民族分裂主义"。其对社会的危害性极大，破坏性极强，是严重影响社会和谐安定与长治久安的黑恶势力和毒瘤，历来不得人心，全世界任何热爱生命与爱好和平的人们以及正信各种宗教的人们都会坚决反对这种极端暴力和恐怖行为，像2009年发生在新疆7·5暴乱、2014年3月1日发生在昆明火车站的暴力恐怖事件、2008年3月14日发生在西藏拉萨的打砸抢事件，都是宗教极端势力和恐怖组织有预谋、有组织的行为，给我国人民的生命财产造成严重损失。

因而，就当前国际国内的形势来判断，既有境内的也有境外的宗教极端组织和恐怖势力对我国的社会安全与和谐造成威胁和危害。境内的主要有新疆的宗教极端恐怖组织和势力、西藏的宗教极端恐怖组织和势力、内蒙古的宗教极端恐怖组织和势力、云南的周泽群势力、"宁夏的撒拉教派"②；境外主要有"巴基斯坦达娃宣教团③"（主要对我国宁夏及其他地区进行渗透）、俄罗斯伊斯兰原教旨主义、"中东地区的萨拉菲宗教

---

① 尔肯江·吐拉洪：《宗教极端思想是毒害青少年的最大危险》，《中国统一战争》2014年第9期，第27—29页。

② 李保平：《宗教组织与社会稳定的关系研究——以宁夏回族宗教组织为例》，宁夏社科界网，http://www.nxskl.net/html/2014-03/2029.html。

③ 同上。

极端思想、中亚地区的'伊斯兰解放党'①"等极端势力和恐怖组织，都已成为或正在成为和可能成为危害我国社会安全与和谐的宗教极端组织和恐怖势力；此外，还有不少暂且处于隐蔽状态的极端恐怖势力和日后有可能发展成为"宗教极端组织和恐怖势力"的邪教组织和"地下宗教组织"，都有可能成为威胁和危害我国社会安全与和谐的黑恶势力，因而必须引起我们的高度注意，有必要采取一定的防范措施，切实维护我国的社会安全与和谐稳定，保护人民的生命财产安全。

总而言之，国际敌对宗教组织和反华势力，与中国国内的"民族分裂势力、宗教极端势力和恐怖组织"等四股势力相互勾结，长期打着宗教旗号共同实施图谋分裂中国、颠覆中国共产党的领导和社会主义国家政权、破坏中国社会和谐与稳定的恶劣行为，给我国社会的安定和谐与人民的生命财产安全造成严重的威胁和危害，成为我国政府依法打击的"宗教黑恶势力"。

除此之外，还有不少假借佛道耶等宗教名义或冒用气功和其他名义，通过神化首要分子，利用制造、散布迷信邪说等手段来蛊惑、蒙骗他人，发展、控制成员，骗敛钱财，诱骗奸污妇女，传递消极、恶劣残暴的极端思想和歪理邪说，唆使教徒反社会、反人类的危害社会的"地下非法邪教组织"，也成为我国政府依法打击的"宗教黑色组织"。就目前而言，有7个被中央文件明确为邪教组织，还有7个是被我国公安部明确认定为邪教组织，两者合计14个。前7个分别是：1960年香港梅绮（江端仪）组建的新约教会（后由其女儿张路得、台湾洪三期、左坤发展）、1962年李常受在美国组建的呼喊派［后演变出常受教、中华大陆行政执事站、被立王、主神教、实际神、东方闪电（全能神教）等派系］、1983年江苏淮阴华雪和组建的灵灵教、1984年河南平顶山徐永泽组建的全范围教会、1988年英藉华人释清海在台湾创立的观音法门（1998年其骨干许成另立"圆顿法门"）、1989年陕西耀县季三保组建的徒弟会、1993年"被立王"骨干刘家国创立的主神教；后7个分别为：1954年美籍朝鲜人文鲜明在韩国釜山组建的同一教（即"世界基督教同一神灵协会"）、1968

---

① 苏畅：《当前中亚宗教极端势力及恐怖主义形势》，《社会科学报》2014年7月31日第3版。

年美国人大卫·摩西·白克在美国创立的"天父的儿女"（又称"爱的家庭"，1980年开始向我国渗透）、1979年美籍华人卢胜彦在美国创立的灵仙真佛宗、1980年韩国人朴叫呼创立的"世界以利亚福音宣教会"（1993年渗透我国）、1988年呼喊派骨干吴扬明创立的被立王、1988年韩国人李长林创立的达米宣教会（1992年渗透我国）、河南镇平县徐文库（又名徐双富）创立的三班仆人派。这些黑色组织打着宗教、科学的旗帜编造传播歪理邪说，宣传"世界末日"，建立地下组织，进行非法活动，诱骗强迫他人加入其组织，不择手段骗敛钱财，煽动成员对抗党和政府，扰乱社会秩序，危害社会安全。例如，主神教创建者刘家国，以"赐神灵"为名，强奸妇女19人，以缴纳奉献粮、奉献款为名，诈骗钱财40余万人民币；"天父的儿女"攻击一切社会制度和意识形态，宣称上帝的爱即是性爱，指使信徒用类似卖淫的方法发展信徒，在家庭中实行群居、滥交，甚至提倡儿童性行为，受其影响，境内多数成员有乱搞两性关系、流氓行为；灵仙真佛宗创建者卢胜彦极端敌视社会主义制度，在1989年多次公然发表攻击党和政府的演讲；2013年，"全能神"教成员在山东招远制造的"5·28"故意杀人案，震惊全国，暴露了邪教组织的狰狞面目，再次向社会敲响了警钟。从这些邪教组织的所作所为来看，我国境内的邪教组织偏重于骗财骗色、谋取不正当利益。而通过渗透进入我国的邪教组织侧重于敌视和反对中国共产党和社会主义制度，谋图政治野心。这些邪教组织严重违背了宗教"传递希望和真善美"的本质，因而同样成为威胁和危害我国社会和人民生命财产安全的一股邪恶势力。

总之，由于我国人口众多流动性大，民族成分复杂，宗教种类多，文化多样性鲜明，地域跨度大，边境线又长，农村地域辽阔，便于各种邪恶组织传播和发展。因此，依法打击和防范各种宗教黑色组织的任务任重道远。针对宗教黑色群体组织五股势力的破坏，为有效维护社会的和谐与稳定，保护人民的生命财产安全，我们对此必须保持高度警惕，居安思危，切实采取有效措施进行抵御、防范和打击。具体为：

首先，我们应站在一个战略高度，全面、科学、深刻地认清宗教黑恶势力对我国社会安全与和谐、宗教事务和民族团结长期潜在的危害、威胁和影响，长远规划，有组织、有计划地不断缩小宗教黑恶势力的影响力，不仅要依法打击现有的宗教黑恶势力，还要有效防范新的黑恶势力的产生和发展,做到防微杜渐,使得黑恶势力在中国没有生存和发展的空间和环境。

其次,树立依法从源头治理的理念全面综合治理宗教黑色群体和组织,不断压缩宗教黑色群体组织的生存发展空间,扩大宗教红色群体组织的生存发展环境。

依法从源头治理宗教黑色群体和组织,就要以"保护正当的红色宗教活动、引导规范灰色宗教活动、打击防范黑色宗教活动"为宗旨,依照"打击犯罪、制止非法、抵御渗透、保护合法"的原则,把宗教事务统一纳入法制化、规范化治理的道路上来,全面完善我国宗教治理的各项法律规章制度,特别要加快制定有关依法打击宗教黑色群体组织,主要是宗教极端思想和恐怖势力的政策法规;深入落实和完善《关于进一步治理非法宗教活动遏制宗教极端思想渗透工作的若干指导意见(试行)》;制定和完善有关利用网络进行非法宗教活动、传播宗教极端思想和实施恐怖犯罪的法律规范,明确网络宗教活动的管理体制、管理主体、管理职责、管理权限及公民的权利义务、法律责任和救济办法,规范网络宗教活动的法律治理体系;通过以法律规范为准绳,对正当宗教活动、灰色宗教活动和黑色宗教活动的认定标准进行全面界定、区分、衡量和明确;在此基础上加大宗教知识和党的民族宗教政策的宣传教育力度,引导和教会民众学会正确辨别何为正教、何为邪教,使百姓知晓遵守,自觉远离和抵制非法宗教活动和宗教极端思想,进而加强对电台、网络的非法宗教宣传的管制和边防安全检查工作,防止境外各种反动教义和非法宗教宣传资料趁机涌入我国,从而杜绝宗教极端思想的制造、渗透和传播。依法从源头治理宗教黑色群体和组织,还要提升宗教事务的治理水平,提高和改善网络宗教活动的治理技术,加快对城乡和少数民族地区的宗教管理工作,建立健全县(区)、乡镇(街道)、村(社区)三级宗教事务的管理体系,完善乡村两级宗教管理工作的责任制度,把宗教工作和城乡两个文明建设以及和谐城乡社区建设紧紧结合起来。

再次,强化政府的公共服务意识和服务能力,夯实基层社会和群众基础,增强党和政府的凝聚力,为遏制宗教黑色群体组织的发展和做好宗教及群众工作提供坚强的后盾保障。一方面,促使政府向服务型政府转变,不断提升政府的公共服务意识和服务能力,切实解决群众特别是信教群众急切需要解决的问题和困难，满足群众对公共服务的需求，从而不断密切信教群众与党和政府的关系，以增强党和政府的凝聚力和公信力；同时，努力加强基层干部队伍的培训教育和建设工作，特别是要加强他们的宗教知识和党的民族宗教政策的教育，提升他们的业务能力和工作水平，解决一些基层干部对"非法宗教活动的不敢管、不会管、不愿管"①的难题；同时，进一步加强民族宗教干部队伍建设和统战工作，合理改善工作人员的生活条件和工作待遇，发挥他们对宗教领域的问题和宗教极端思想的分析批判作用，不仅教育信教群众学会辨别是非正邪，还引导宗教界人士和信教人群在暴恐案件和邪教活动等问题上敢于积极发言表态，与非法宗教活动和宗教极端思想进行坚决的批判和斗争；另一方面，大力推进欠发达地区的经济文化和教育建设，推动少数民族地区的经济和教育发展，改善欠发达地区和少数民族地区群众的生活水平，提升他们的教育文化水平，增强群众的辨别是非真假能力和文化科技意识，防止盲目信仰宗教和宗教狂热。此外，还要特别加强中小学和大中专院校的思想道德和社会主义核心价值观教育以及正当的宗教知识教育，培养他们正确的人生观、世界观和价值观，增强他们辨别正教邪教和是非好坏的能力，使他们不受宗教极端思想的蒙蔽、蛊惑和欺骗，而远离非法宗教活动和宗教极端思想。

最后，加强与周边国家的外交往来与友好合作，特别是要做好与俄罗斯、中亚五国、巴基斯坦、尼泊尔、印度、老挝、缅甸、泰国、越南、朝鲜等国的外交工作，在"和平共处五项原则"的基础上坚持独立自主、自办教会、互不干涉宗教事务的原则，加强同这些周边国家的宗教事务的外交往来，通过外交途径与这些国家建立起共同应对宗教极端势力和宗教恐怖势力破坏、渗透的长期战略伙伴关系，同时借此机会向各国人民和宗教界宣传我国的民族宗教政策和宗教信仰自由的实际情形，以此增进彼此之间的了解、合作，减少误会和冲突，争取赢得有利于维护中国国际形象的国际舆论，打破国际敌对宗教组织和西方反华势力对中国国际形象和声誉的造谣中伤和歪曲丑化。

---

① 丁宁：《当前我区宗教工作存在的突出问题和建议》，《新疆日报》（汉）2014 年 11 月 6 日第 11 版。

第五节　宗教行为礼仪与和谐社会建设

在现有的有关宗教要素的研究中，吕大吉等学者把宗教行为视为宗教信仰的基本要素，陈麟书、王晓朝等学者则将宗教礼仪定为宗教信仰的要素之一，而像彭耀、金泽等社会学和人类学者侧重将宗教仪式定为宗教信仰的基本要素之一。不管是行为、礼仪甚或是仪式，实际上都含有特定的行为表达方式和活动意义，只是各自侧重点不一样，但都说明它们都属于宗教信仰的要素之一。

宗教行为要凸显其神圣性，就得通过一定的仪式表现出来；而宗教仪式要展现在人们面前，也必须借助一定的行为载体来表达。因而，仪式离不开行为，行为也离不开仪式；仪式中有行为的内涵，行为中有仪式的成分，因而单纯讲仪式或行为，很容易将两者人为地割裂开来，故笔者将其合称为宗教行为礼仪。

宗教行为礼仪作为宗教的重要要素之一，同样来源于人类的社会实践，也同样对人类的社会实践产生影响；当然，随着社会的变迁，宗教行为礼仪也会随之发生改变。

一　宗教行为礼仪的概念与特征

所谓宗教行为礼仪，是指信教者为了适应超自然领域和表示对其所敬拜的超自然神圣事物的崇拜和敬畏，借助符号化的象征手段来实现人与神圣对象的沟通交流及其相互之间的关系调节，以期求达到特定目的的一种程式化、规范化的言行表达形式和活动（它包括敬拜神圣对象所举行的各种仪式、活动以及言行禁忌和讲究）它是宗教信念和思想的外在表现和宗教信仰的基本要素之一。一般而言，世界上多数宗教，都有自己特色的行为礼仪，这是因为各种宗教所受的社会历史条件和文化传统的影响和作用不同；即使是同一种宗教，由于所处的历史时期不同，其礼仪也会变化而呈现差异性；因而宗教行为礼仪是区分不同宗教的标志之一，也是各个宗教组织用以吸引信徒、培养强化信众的信仰意识和扩大发展宗教组织规模的重要技术手段之一。

宗教行为礼仪作为一种象征性、符号化的言行表达形式，与调节人与人、群体与群体、组织与组织之间关系的社会行为礼仪相比，有着不一样的特点，在于它是调节人与神圣事物之间的关系、具有使信仰者与信仰对象实现沟通和交流或融为一体的象征意义和功能，使信教者产生特殊的宗教情感体验，因而具有超越个体性的社会意义。

二 宗教行为礼仪的类型与意义

金泽将仪式分为强化仪式和转换仪式。强化仪式意在保持原有状态，转换仪式是由一种状态进入另一种状态，这两种仪式都聚焦于超越世俗社会的神圣王国所建立的秩序。罗惠翾将仪式分为强化仪式、通过仪式和纪念仪式。强化仪式是保证业已存在或业已确立的秩序、价值、关联等不会在时间的流逝中，或在生、老、病、死的承继中变得衰弱，而是有所强化，能够继续保持下去，继续沿着有利于个人或群体的生存和发展的方向演进。广泛存在的强化仪式，是强制性的、非个人的，目的不是克服任何具体的生命危机，而是维护群体之总价值。

至于宗教行为礼仪的分类，国内外不少学者对此做了比较深入的研究，有比较多的观点。比如，陈麟书等学者将宗教礼仪分为"物象礼仪、示象礼仪、意象礼仪"[①]，这三者分属不同层次但相互交错和密不可分；吕大吉等学者将宗教行为分为"巫术、宗教禁忌、祈祷献祭、宗教祈祷"[②]；冯天策将宗教礼仪划分为"皈依宗教信仰的礼仪、强化宗教信仰的礼仪、忏悔礼仪、祈求福祉、消灾免祸的礼仪、其他宗教礼仪"[③] 等。笔者结合上述学者的观点，暂且将宗教行为礼仪归结为皈信入教行为礼仪、强化信仰行为礼仪、悔过自新行为礼仪、祈福消灾行为礼仪、生命事件行为礼仪以及节庆纪念行为礼仪等六大类。

1. 皈信入教行为礼仪

为了显示宗教信仰的神圣性，让信教者对崇拜对象产生敬畏和崇拜，世界大多数宗教，基本上都要求正式皈依于它的信教者必须举行特定的入教行为仪式，才被认可和接纳。只是不同的宗教有不同的皈信行为和

[①] 陈麟书、陈霞：《宗教学原理》，宗教文化出版社2002年版，第90页。
[②] 吕大吉主编：《宗教学纲要》，高等教育出版社2003年版，第98页。
[③] 冯天策：《宗教论》，山东人民出版社2005年版，第97—99页。

仪式。比如，佛教要求正式皈依于它的信徒举行"皈依佛、法、僧三宝"的入教仪式。当然，对出离家庭独自修行的比丘和比丘尼与在家修行的优婆塞和优婆夷（俗称居士），其入教的仪式是不一样的。前者更为复杂，后者相对简单。就前者来说，一个信徒要想离开家庭独自修行佛法，按照佛教戒律的要求，必须事先到寺院寻找一位能够接纳自己的"比丘"，请求他担任自己的"依止师"，由他向全寺院的僧侣说明缘由，并广泛征求意见且取得大家的一致赞同后方可收其为"徒弟"。然后，为他剃除须发，授沙弥戒，此人便成为沙弥，正式成为沙弥不得小于7岁。沙弥长至20岁时，在寺院主持和依止师提议下，经过僧侣的同意，召集10位大德长老，共同为他授比丘戒，成为比丘。受比丘戒满5年后，才可以离开依止师独自修行，云游四海。女性出家修行，同样也要找一位比丘尼为依止师，授沙弥尼戒，年满18岁时，再授叉摩那戒，成为"式叉摩那尼"（也称为学戒女）。到20岁，先从比丘尼，后从比丘受比丘尼戒，经两度受戒之后，才成为比丘尼①。

  基督教的入教行为礼仪为洗礼，也称为"圣洗"或"领洗"。洗礼可以分为"注水礼"和"浸水礼"。注水礼，就是基督教"神职人员将祝圣过"②的水杯里的清水洒在领洗者的前额处，让水自然流下来，并将手放在受洗者的头上，同时为其念诵受洗的经文；或者是神职人员用手沾点祝圣过的水在受洗者的前额处画十字，并念诵受洗的经文。多数教会采用"注水礼"为信教者洗礼。对婴儿所施的洗礼也多为注水礼。若对婴儿所施的洗礼不承认的，要求待其成年后再次接受洗礼的，就称为再洗礼派。"浸水礼"，也即"浸礼"，是指在神职人员的主持下，让受洗者全身浸入水池中或天然水中片刻，或者由神职人员帮助受洗者全身浸入水中三次，同时由主礼者为受洗者念诵洗礼的经文，然后"穿上白色的衣服来到主教面前"③，由主教手沾祝圣过的"圣油"在领洗者前额画十字，再步入教堂，一起举行领受"圣体血"的礼仪。采用"浸水礼"受洗的教会通常称为"浸礼宗"或"浸（礼）会"。东正教一般在复活节

---

  ① 张志刚：《宗教研究指要》，北京大学出版社2005年版，第29页。
  ② 同上书，第155页。
  ③ 冯天策：《宗教论》，山东人民出版社2005年版，第97—99页。

举行浸水洗礼仪式。之所以以这样的行为仪式入教,在于基督教认为,这种仪式寓意着信教者的原罪和本罪因皈信基督教而得到上帝的赦免,接收到了上帝给其身体注入的圣灵和获得了恩宠,而正式成为上帝家庭中的一个成员。除此之外,伊斯兰教、道教等其他宗教都有自己的入教行为礼仪,在此不再详述。

2. 强化信仰行为礼仪

世界上大多数宗教,在长期的发展过程中,形成了一整套规范的增进信徒宗教信仰,巩固和发展信众的宗教信念和情感以及宗教组织的权威的行为礼仪,被视为强化信仰的行为礼仪。从一般意义来讲,实际上宗教的任何行为礼仪在某种意义上都具有强化信徒宗教信仰的功能,只不过有些宗教行为礼仪的功能更侧重于增进信徒的宗教信念和情感,因而将它们定为强化信仰的行为礼仪。这种行为礼仪的主要作用和目的在于保证业已确立或存在的信念、价值、秩序、权威等保持原有的状态,不会随着时间的流逝或者不同代际群体之间人的生、老、病、死的承继中变得衰微、弱化和消失,而是有所强化和增进,能够不断地沿袭保持下去,持续地朝着利于个体或群体的生存和发展方向演进,以维护群体的共同价值。这种强化行为礼仪的中心目的由于"不是克服任何具体的生命危机"①,而是维护群体的普遍价值,因而带有一定的强制性和非个人性。它们主要包括一些复杂的宗教戒律、禁忌和祈祷礼仪。

宗教戒律和禁忌是指对信教者言行的规范、限制和要求,是人们信仰和崇拜神圣事物而承担的一种责任和义务,是信众无条件必须履行的禁戒规定。依照不同的标准,宗教禁忌可以分为不同的类别。比如,按照神圣事物的种类,宗教禁忌可分为"神圣实体的禁忌、具有超自然力和神性的人或自然物的禁忌、神圣时间或地点的禁忌"②等;依照禁忌的表现形式,宗教禁忌可分为"语言禁忌、行为禁忌或作业禁忌、饮食禁

---

① 罗惠翾:《从人类学视野看宗教仪式的社会功能》,《新疆师范大学学报》2009年第3期,第37—41页。

② 吕大吉主编:《宗教学纲要》,高等教育出版社2003年版,第98页。

忌、性禁忌"①等。宗教戒律和禁忌作为神圣观念的衍生物，反过来又强化神圣事物的神秘性，使得崇拜的神圣事物变得神秘不可测，而获得神圣不可侵犯的属性。

宗教祈祷礼仪主要是指信教者通过运用言语形式和身体动作来表达其内心对神圣对象的颂赞、感恩、恳求以及依赖和敬畏的行为礼仪，从宗教祭祀中分离出来的仪轨，本质上与献祭行为差不多。它可以分为"请愿式祈祷、代祷、感恩式祈祷、崇拜祈祷以及与神合一的祈祷"②。

以佛教为例，佛教为了增进信徒对佛教的信仰，强化他们的信念和巩固信众的佛教情感，为信众在身、口、意三方面制定和提出了许多戒规、要求和标准，即所谓的"戒、定、慧"三学，对出家和在家弟子提出了共同遵守的"五戒""十善"戒规，以及"八正道""六度"和"四摄"等修持方法。"五戒"包括不杀生、不偷盗、不邪淫、不妄语、不饮酒；"十善"其实是五戒的细化，是身、语、意三业的禁忌，具体为不杀生、不偷盗、不邪淫、不妄语、不两舌、不恶口、不绮语、不贪欲、不嗔恚、不邪见；"八正道"是佛教信众修成正道的途径，佛教认为，佛家弟子只有依法奉持八正道，方能修成正道，具体为正见、正思维、正语、正业、正命、正精进、正念、正定；"六度"是佛教弟子摆脱烦恼、达到觉悟的方法，包括布施、持戒、忍辱、精进、禅定、智慧；而"四摄"则是团结和凝聚大众的条件，包括布施、爱语、利行、同事。同时，佛教还为信众制定了日常课诵的规定。早期佛教的日常课诵主要有两个，一是闻听释迦牟尼佛讲法或僧众相互讨论；二是修习禅定，即跌坐或经行；后来寺院有了佛像和佛经，日常课诵就要求僧人定时念持经咒，礼拜供养佛像、三宝，诵读佛经以及梵呗歌赞；佛教传入中国后，东晋道安法师依据当时情形为僧尼制定了"行香、定座、上经、上讲之法"的讲经仪轨和"日常六时行道、饮食唱时之法"的课诵临斋仪轨；这些仪轨在各地寺院均得到普遍奉行，以此为基础，宋明时期又形成了寺院普遍遵行的朝暮课诵，明清之际渐渐统一为每日在"钟、鼓、磬、木鱼"等法器伴奏下的"五堂功课"和"两遍殿"。至于佛教的祈祷仪轨，有叩

---

① 吕大吉主编：《宗教学纲要》，高等教育出版社2003年版，第98页。
② 同上。

拜（分磕长头和至尊叩拜，叩拜的对象有佛像、佛塔、寺庙等）、转经朝佛、诵经、祈愿等。早期佛教还将祈祷礼仪分为"发言慰问、叩首示敬、举手高揖、合掌平拱、屈膝、长跪、手膝踞地、五轮俱屈、五体投地"①等九个层次的做法，层次越高，难度和要求也越大，其所表达的诚敬之心也越强烈。像这些仪轨，既是对信众的要求，也起到了强化信众信念、巩固信众宗教情感的作用。

再如基督教，为了巩固强化信徒对其崇拜对象——上帝的信仰，不仅要求信徒按照"七圣事"（包括洗礼、坚振、告解、圣体、终傅、神品和婚配）的礼仪达到"信、望、爱"的美德，还严格要求信徒只能崇拜至高无上的唯一的万能之神——上帝，不可崇拜其他偶像，也不可多神崇拜，并在其经典《圣经·旧约·出埃及记》中对信徒提出了"十诫"要求，具体为："除上帝之外，不可有别的神；不可拜偶像；不可妄称神名；当纪念安息日，守为圣日；当孝敬父母；不可杀人；不可奸淫；不可偷盗；不可作假见证陷害人；不可贪恋别人的一切"；基督教还为信徒制定了许多日常生活禁忌，比如禁戒吃血、禁食，反对祭祀祖先，禁戒占卜、风水、巫术、烟酒，遵守安息日等。除此之外，基督教还专门为受洗不久的信教者制定了"坚振"礼仪。所谓坚振，就是坚信礼，或敷油礼，是指已正式入教的信徒在领受过洗礼一段时间之后，再一次接受主教所施行的"按手礼和敷油礼"，基督教认为这样做可以让圣灵降于入教者身上，从而坚定其信仰。基督教强化信徒信仰的祈祷礼仪主要有讲道谈经、唱赞美诗等一系列规范的行为礼仪。

总之，世界上大多数宗教都有自己的一套强化信徒宗教信念和增进信徒宗教情感的规范化的行为礼仪，这些行为礼仪不仅是各种宗教对信徒的要求，实际上也成为各种宗教的标志之一，其目的就在于强化信徒的宗教信仰，维持崇拜对象的神圣性和权威性，使他们对崇拜对象产生敬畏和崇拜之感，而不轻易改变自己的信念，较长时间甚至永久地信仰和践行某一种宗教。

3. 悔过自新行为礼仪

人无完人，孰能无过。任何人都无法保证自己一辈子不犯错误，就

---

① 冯天策：《宗教论》，山东人民出版社2005年版，第98页。

是宗教徒，即使能保证自己皈信宗教后不犯错误，也难以保证他皈信宗教前不犯错误。何况皈信宗教后也难以保证自己不犯罪过呢。不管犯何种错误，总会对犯错误者本人的思想和心理带来一些影响。至于影响的程度有多大取决于错误本身的严重程度和犯错误者本人对错误的认知程度。人若犯了错误不能放下思想负担，就会影响正常生活，对于宗教徒而言，就会影响他们的宗教信仰生活。为了帮助犯错误者本人摆脱因犯错误给自己造成的思想和心理压力，从错误的压力中走出来，走向一个悔过自新的生活道路上来，世界上很多宗教，都为其信徒设置了忏悔认罪的行为礼仪。所谓悔过自新行为礼仪，是指信教者向自己的崇拜对象神灵或上帝承认自己的罪过，忏悔自己所犯的罪孽，借以表示对神灵或上帝的坚定信仰，并祈求神灵或上帝宽恕和赦免自己的罪过，同时希望继续求得神恩的行为仪式。比如，佛教里有一个专门的忏悔自己罪孽的行为礼仪叫"忏法"，就是佛教徒通过念经拜佛来忏悔自己以往所犯罪过，并发愿通过以后的积极修行，永不退转来求得佛的宽恕和获得佛赐给他的幸福的行为礼仪。历来通用的忏悔法有两种，一种是集有关佛经所说，确定忏悔罪过的仪则，像南齐竟陵王萧子良撰写的《净住子净行法门》和梁武帝制作的《梁皇忏》；另一种是依照忏悔、功请、随喜、回向和发愿而行的五悔法门。再如基督教七圣事中有一个"告解"礼仪，也称为和好圣礼，办神功或悔改圣礼，据说就是由耶稣基督为其信徒所设，其原意为忏悔或敬神自白，目的就在于赦免教徒在受洗之后对上帝所犯的罪过，使他们重新获得上帝的恩宠，其具体做法是由教徒向神父告知所犯罪过，表示忏悔认罪，而神父则必须替教徒保守秘密，并指导其进行补赎，以求赦免。

4. 祈福消灾行为礼仪

从一定意义讲，不少人皈信某一种宗教，就是希冀通过对神圣对象的崇拜和敬奉来建立起人与神圣对象的关系，实现人与神圣对象的沟通，从而求得神圣对象的赐福恩惠或得到神圣对象的护佑而消除某些灾祸。我们把这种通过祈求神灵或上帝而获得它们的恩典或护佑免除灾祸的行为仪式称为祈福消灾行为礼仪。世界上大多数宗教为了满足信众的这种需求，都有一套规范的祈福消灾行为仪式。其中，最为基本的是物祭礼仪和祈求礼仪。

所谓物祭礼仪，也被称为"物象礼仪"[①]或"献祭"[②]，就是通过向神圣对象祭献物质形态的贡品来表示对神圣对象的敬畏、虔诚、意愿的行为仪式。通过这种向神灵祭献贡物的形式来获得神灵的恩赐或护佑。祭献者把这种贡物视为与神灵建立关系实现人神沟通的媒介物。在祭献者看来，贡物越珍贵，就意味着对神灵越恭敬和越虔诚，那么从神灵那里获得的恩惠和帮助就会越多。从远古到现在，宗教的物祭主要有以人祭献、以血祭献、以食祭献。以人祭献主要发生在古代社会，具有残忍性、野蛮性和非人道性，在战争和复仇行动中常被用来煽动激发强烈的宗教情感。由于它的野蛮和非理性，故不被文明社会所接受和容忍，但在现代社会中也偶尔出现过，在《圣经》和《古兰经》中也有过这样的记载。以血祭献，包括以人血祭献和以动物血祭献，相比人祭文明人道一些，但仍表现了一定的残忍性和野蛮性。随着社会文明的进步，以食祭献随之出现并被广泛接受。不管如何，这三种献祭都是用物祭献，所体现的宗教情感不免带有与神灵进行物物交换的意义，而降低其神圣性，因而不被高层次的佛教信众、基督教和伊斯兰教所接受采用。

祈求礼仪就是信教者通过采用规范化的特定言行动作来表达对神灵的崇拜而希冀得到神灵的恩惠或护佑的行为仪式。祈求礼仪是信教者把神灵当作自己乃至人类幸福的泉源，通过向神的祈求崇拜要求神灵降福给人或帮助人消除灾祸，从而使人神之间的关系不仅变得更为密切，还富有浓厚的情感色彩。相比于物祭礼仪来说，祈求礼仪不再使用实物祭献神灵，而是通过一些规范化的符号动作来实现人与神的沟通，因而摆脱了物祭礼仪中人神之间的那种功利性的物品交换关系，使得宗教行为礼仪的崇高性和神圣性得以重新彰显，其功利性和世俗性受到削弱，使得宗教行为礼仪上了一个新的层次，成为宗教信仰体系中重要的构成要素之一。

在佛教里，祈福消灾的行为礼仪多种多样，有烧香拜佛、诵经念佛、许愿还愿、叩头、化缘、布施等形式，既可以为自己求福，也可以代为他人求福，甚至还可以为死者的亡灵"追福"。而基督教中的祈福礼仪，

[①] 陈麟书、陈霞：《宗教学原理》，宗教文化出版社2002年版，第90页。
[②] 吕大吉主编：《宗教学纲要》，高等教育出版社2003年版，第98页。

可以由信徒在耶稣基督神像面前用祷告的形式直接向上帝祈求福祉,也可以由神职人员为个人或特定人员祝福;每当礼拜、弥撒或聚会结束前,主礼人就会举行简单的祈福仪轨,祈求上帝赐福给参会人员,以示对参会人员的鼓励,激励他们按时按点参加基督教活动。

5. 生命事件行为礼仪

生命,从某种意义上来讲,就是一个过程。宗教的产生和存在一定程度上源于对生命现象的思考和领悟。因而,对生命现象和生命事件的关注在宗教的视野中占据着十分重要的地位。在人的生命历程中,要经历不少生命事件,如出生、成长、生病、结婚、生小孩、衰老、死亡等,每一个生命节点,对于人来说,都是十分重要的。具有关注生命特性的宗教同样关注人在生命历程中的各种重要事件,并由此而形成了一系列规范化的行为仪轨,每当信教者在经历人生历程中的某一生命事件时,其所皈信的宗教神职人员就会为其举行相应的宗教仪式,我们把宗教中这些有关生命事件的行为仪式称为生命事件行为礼仪,它有出生礼仪、命名礼仪、成年礼仪、结婚礼仪、丧葬礼仪等。因斯特·克劳力把人生历程中关键节点中的宗教仪式视为"应付和解决生活危机的手段"[1]。故有学者也将此称为"通过礼",意思就是说,一个人顺利通过了其人生中的"关节阶段",使其又可以继续维系生活阶段,于是,"便在这个关节点举行宗教仪式"[2],故为此名。比如,藏族小孩出生后,一般由父母抱着小孩到活佛那里,向活佛敬献哈达并恭请活佛为小孩赐一个名,当地人们认为活佛赐给的名字能给小孩消灾增福。这就是所谓的"出生命名礼"。在一些宗教中有成年礼仪,当儿童进入青春期时,就会依照习俗举行一定的成年礼,像犹太教中对男性儿童的"割礼",就是其中一种。割礼根源于《圣经》中的叙述,它是为亚伯拉罕秉承神谕定立:"你们所有的男子都要受割礼,这就是我与你及你的后裔所立的约,是你所当遵守的,你们要受割礼,这是我与立约的证据。"除此之外,基督教中还有婚配礼,就是信徒在教堂里举行婚礼并请神父证婚的礼仪。信仰基督教的男女在教堂里举行婚礼,由牧师担任证婚人并主礼,按照教会定好的礼

---

[1] 杨淑荣:《有关宗教礼仪的几种学说》,《世界宗教文化》1996年第6期,第42页。
[2] 同上。

仪程序举行婚礼，宣布"天所配合的人不能分开"而结为夫妻，同时获得证婚人的祝福。终傅礼是基督教为信徒临终时所行的特殊礼仪。这一圣礼最初是给生病的信徒敷油的圣事，意为祝他早日康复，后来演化为只给生重病或临终前的信徒敷油，故为终傅。当基督信徒生重病或将临终时，神父就会来到重病或将临终的信徒跟前，念诵一段祈祷经文，并使用经主教祝圣过的橄榄油敷擦于临终信徒的口、耳、鼻和手足等处，以此象征把生病的信徒交付给基督，请求基督减轻病危者或临终者的形神痛苦，赦免其罪过，使其灵性生命得到拯救而早入天堂。

总之，生命事件行为礼仪，由于各个宗教所产生的历史背景、地理条件以及民族习俗不同而各不相同。

6. 节庆纪念行为礼仪

在宗教的发展历程中，总有一些具有特殊意义和价值的事件的发生，这些事件对于宗教自身的发展具有十分重要的作用，为了不让后来的信仰者们忘记这些有价值的事情，世界上大多数宗教，都会通过举行一些特定的活动来纪念这些事件，于是，就形成了宗教的节庆行为礼仪。这些节庆行为礼仪对于强化信徒的宗教信念、激发信徒的宗教情感和扩大宗教的社会影响，有着独特的作用。在于其活动方式多种多样，不仅融合了大量的宗教活动形式，也吸纳了大量的世俗娱乐形式；活动内容丰富多彩，不仅有"崇拜礼仪、祈求礼仪，还有物象礼仪"[①]；活动范围也极为广泛，不仅超过了"宗教教派的界限"，还跨越了信众和非信众的范围。所以，很多宗教节庆纪念活动不仅带有浓厚的宗教性，还具有浓厚的世俗性、群众性、社交性和娱乐性。在人类一些共同的心理、认知和社会等因素的共同作用和影响下，宗教节庆纪念行为礼仪常常具有一些相似的内容。它主要包括：一是为崇拜对象的诞辰和逝世或降世升天而举行的纪念活动和仪式，如，佛教中有专门为纪念释迦牟尼佛诞生的"佛诞节"（也称为"浴佛节"）和纪念其逝世的"涅槃节"，基督教中也有专门纪念基督诞生的"圣诞节"和纪念耶稣诞生的圣纪；二是为崇拜对象的得道、成神、降经和传经的事迹举行的纪念活动和仪式，像佛教中的"成道节"，是为纪念释迦牟尼佛在菩提树下悟道成道而举行的节

---

① 陈麟书、陈霞主编：《宗教学原理》（修订本），宗教文化出版社2002年版，第90页。

日，基督教中"五旬节"，是为纪念圣徒受灵后开始传教的节日，伊斯兰教的"大赦之夜"，是为纪念真主安拉降经的节日；三是为宣扬有关崇拜对象的圣事、奇迹而举行的纪念活动，如，佛教中有纪念释迦牟尼"示现神变，降伏邪魔"的"灯节"，基督教中有为纪念耶稣被钉死在十字架上第三天又复活的"复活节"，伊斯兰教中的"登宵节"，是为了纪念穆罕默德"升天遨游、朝觐耶路撒冷圣地"而举行的节日；四是为纪念某一神恩而再祈求神灵的赐福和恩惠而举行的行为礼仪。

这些丰富多彩的活动形式与诗赞、歌唱、戏曲、舞蹈、竞技、塑像、书法、绘画、雕刻、游戏等伴合在一起，具有道德教化、娱乐休闲、社交、文化、节庆、经济以及社会化的功能，从而产生强有力的宗教效应。随着历史的进程和社会的发展，宗教节庆纪念渐渐成为"民族或区域文化传统"①的一个组成部分。这些纪念活动在人类的早期起到过激发人类梦想和希望的作用，现在宗教的某些节庆纪念活动，已失去了原有的宗教意义，而成为世界各族人民文化传统的一个重要构成，融入人们的日常生活当中，如佛教的"成道节"吃腊八粥，成为我国人民的一个习俗，道教每年七月十五的鬼节，则成为我国传统节日中一个重要的节日。

总之，宗教行为礼仪是宗教信念和思想的外在表现，它的意义在于它不只是调整信众之间关系的行为规范，更主要的是调整人与神之间关系的禁忌戒律，具有使人同神圣事物融为一体的象征意义和作用，表达的是人内心深处更深刻的、不可言传只可意会的，对人类自身之渺小、宇宙之伟大的感受以及主宰宇宙自然神灵的敬畏和体验。

三 现代宗教行为礼仪与原始民族宗教行为礼仪之比较

一定社会的宗教行为礼仪是特定社会历史条件下的产物，每一种宗教，都有着自己的行为礼仪系统；同一种宗教的行为礼仪，会随着社会历史的发展变化而进行调整和改变。

原始民族宗教的行为礼仪与其所属的社会历史条件是相适应的，因而体现为下面几个特征：

---

① 冯天策：《宗教论》，山东人民出版社2005年版，第98页。

一是原始民族宗教行为礼仪既是全体部族成员的重要集体活动，也是部族成员接受教育的一种重要形式。在原始社会中，几乎所有的事情都与宗教相关联，所有的事物都被视为神圣的，因而所有的活动，包括捕猎、打渔、生产、战斗、生活等都要依照一定的仪式来进行。在原始人看来，只有举行了这种特定仪式，才能得到神灵的帮助、恩赐或谅解。而且，几乎所有的仪式都是全体成员参与，因而，原始宗教的行为礼仪具有全员性和集体性的特点。原始宗教的行为仪式成为原始部落进行群体交往和集体行动的一种重要方式。通过这种群体性的仪式和活动，一方面使原始人的部落集体观得到巩固和强化，并持续地保存下来，内部团结也得到增强，其与超自然的关系也通过这种集体活动的形式被确立固定下来，并成为部族不可冒犯的传统承继下来；另一方面，一些重要的生产劳作知识和生活经验，如捕鱼、打猎、耕作等在宗教礼仪中借助这种象征形式得到重复的强调，从而将先辈们总结的有关生产、生活方面的知识和经验传递给后代子孙，因而，这种行为礼仪在一定意义上成为原始部落集体学习和接受教育的一种重要形式。

二是原始民族宗教行为礼仪是在原始社会生产力水平低下、文字不发达的条件下产生，因而具有一定的野蛮残忍性和粗犷性。在原始社会，生产力水平极其低下，文字也不发达，由此使原始人认为自然界中万事万物都是"有灵魂的"，因而原始人认为，神和人一样，具有同样的需求和爱好，具有与人同样的模样和性情，因而要获得神的帮助或恩赐，就需要采用各种办法来敬奉神，来讨好神。这样，原始人就照着自己的生活样式来敬奉他们所崇拜的神灵，从而把他们刚脱离动物界所具有的野蛮性带入到了宗教行为礼仪当中，以人祭祀、以血祭祀等这些带有血腥味的祭祀礼仪便产生和出现，一直影响人类好长一段时间，直到人类越来越文明开化，才觉察到这种行为礼仪的残忍性、野蛮性、粗狂性和非人道性，不但不是一种对神灵的敬奉，反而是对神灵的一种冒犯和亵渎，才逐渐在后来的宗教行为礼仪中被废除和抛弃。

三是原始民族宗教行为礼仪具有现实性和急功近利性。这是因为，原始社会极其低下的生产力水平和极其恶劣的生活环境，使得原始人时刻面临着死亡和饥饿的威胁，这就促使他们希望通过对神灵的供奉来获得直接的利益和好处，来保障他们的安全，保障他们有充足的食物，保障他们不生病,保障他们能够进行种族的繁衍,致使原始民族宗教行为礼仪带有明显的现实性和急功近利性。

现代宗教是在原始民族宗教的基础上发展而来。同样,现代宗教行为礼仪也是根源于原始民族宗教的行为礼仪,是原始民族宗教行为礼仪为适应历史社会的发展需要而自我调适的结果。因而,现代宗教行为礼仪即体现了现代社会的特点,也带有原始民族宗教行为礼仪的痕迹。两者既有联系,也有区别。

第一,现代宗教行为礼仪继承了原始民族宗教行为礼仪的一些观念和思想内容,摈弃了原始民族宗教行为礼仪中野蛮、残忍和粗俗的一些成分,从而更文明和具人道性。宗教表达了人们对超自然神圣事物的崇拜和敬畏,宗教祭祀礼仪则是表达了人对神灵最虔诚的崇拜,表达了人宁愿把自己的一切都奉献给神灵,特别是原始社会中的人祭礼仪,表示人愿意将自己乃至亲人的生命当作祭品奉献给神灵。人祭礼仪既表达了人对神灵最虔诚的崇拜和敬畏,也表现出这种礼仪的野蛮、残酷和非人道性。世界多数宗教将原始宗教中祭祀神灵的思想和理念给继承保存下来,却将丧失人道的野蛮的人祭行为给予废除。不仅如此,很多宗教还认为,人的生命是神或上帝赐予的,为了表示对神的崇敬,人要珍惜和爱护这个生命,不能轻易抛弃自己的生命,也不能肆意践踏或残害别人、自己乃至其他种类的生命。否则,就会被视为对神灵的大不敬,而遭受神灵的惩罚。比如基督教和伊斯兰教,就认为人是上帝创造的,人不能轻易抛弃,更不能杀人以祭神。所以,这两种宗教用象征性的礼仪来替代献祭;佛教不仅强烈反对用人来充当祭品,而且反对以血祭祀,反对杀生。这些都体现了现代宗教的行为礼仪比起原始宗教的行为礼仪,越来越简洁、文明和人道。

第二,现代宗教行为礼仪相对于原始宗教的行为礼仪而言,显得更简单和易学易行。这些礼仪为了体现其神圣性,会更注重其集体性,但这并不表示就不允许个体独自施行。现代宗教行为礼仪,特别是世界三大宗教的行为礼仪,经过长时期的改造,变得更简单和易学易行,使得信徒们可以独自在任何时间、地点和条件下通过施行最简单的礼仪,来表达他们对神圣对象的崇敬,祈求他们的崇拜对象给予赐福、帮助和宽恕。这些简便易学易行的行为礼仪,是"吸收、改造和同化"了世界不同民族的行为礼仪而建立起来的,适用于世界一切的民族和人们。比如,基督教将犹太教中的割礼演变为简便的"洗礼",把烦琐的圣餐改造为象征性的圣餐礼;佛教的礼仪也是繁简不一,简单的如合掌口念阿弥陀佛,或在佛像前叩首念经;较为繁杂的礼仪如水陆法会、佛诞节等,可以根据信徒的财力物力来进行。伊斯兰教的礼仪由于带有较为浓厚的阿拉伯民族习俗,因而也就限制了传播范围。总体来讲,现代宗教行为礼仪比起原始宗教行为礼仪,显得简便易学易行,这也是其能够在世界各地得以传播的重要原因之一。

第三,现代宗教行为礼仪相对于原始民族宗教行为礼仪而言,其所追求的目标和所表现的内容更深刻,更具有文化意蕴,意义也更为深远。原始宗教行为礼仪建立在朴素的"万物有灵"观念的基础之上,因而其还没有形成明确系统的善恶观、天堂地狱观和来世观,礼仪所追求的目标不是为了"赎罪"和"拯救灵魂",而是为了整个部落、族群当下的生存需要和种族的繁衍,包括确保安全,不被毒蛇猛兽及其他敌人侵袭,身体不生病和求得丰富的食物等,其一切活动的目的归结为都是围绕着"求生存、求食物、求种的繁衍延续"而展开,因而带有"急功近利"的特点。这是在当时生产力水平极其低下,死亡和饥饿时刻威胁着原始人的生存情形下的一种"本能"反应。这也决定了其行为礼仪所表现的内容也是相当的粗浅,加上文字不发达,因而缺乏深刻的文化素养。与此相比,到了现代社会,生产力水平得到了突飞猛进的发展,文字也高度发达,人们的需求比起原始人来说,已发生很大程度的改变,人们不再仅仅单纯为了"食物和种的繁衍"而忧愁,因而也就决定了现代宗教的行为礼仪所追求的目标和所表达的内容,显得更深刻,更具有文化韵味,意义也体现得更为深远。人们追求信仰,举行和参加宗教行为礼仪,不是仅仅希冀通过这种行为礼仪获得直接的实际利益和好处,诸如求财富、求子、求神问药等;更多的是为了"使自己的灵魂能够得到拯救",为了赎罪,为了行善积德,为了期望死后能够升入天堂或有好的福报或得到"永恒的幸福"。当然,也不排除一些信徒为了追求这些实际利益而敬拜神灵或信仰某种宗教。但这并不影响现代宗教行为礼仪确实比原始民族宗教行为礼仪在追求的目的、所表现的内容更深刻,意义更深远。况且,经过长期的发展,现在宗教信仰已具备了非常完整而系统的理论体系,宗教行为礼仪也已有系统的理论基础，包括系统的善恶因果观、天堂地狱观、来世观等，这些理论在很大程度上充实了现代宗教信仰的内容，提升了现代宗教行为礼仪的文化底蕴，体现了人类对人的终极价值和人生永恒意义的追求，使人不再仅仅关注眼前当下的现实利益，而更注重长远的永恒价值和目标，从而大大提升人的精神境界。当然，此举也容易把人引向虚幻的来世永恒幸福的追求道路上来，而把世俗生活仅仅当作暂时的生活。

此外，现代宗教行为礼仪在举行崇拜仪式时，往往会将其独特的宗教建筑与其周边的环境相结合，营造一种神圣的意境，同时伴以音乐、舞蹈、祝祷语等，给礼仪的参与者们一种庄严、祥和、神圣、肃穆的气氛和感觉，从而成为信教者们钟爱的精神和文化生活之一。这些剔除了原始宗教行为礼仪中那种非理智的、粗犷的行为，使得现代宗教行为礼仪更具有较高的文化意蕴。

四 宗教行为礼仪与和谐社会建设

宗教行为礼仪作为宗教信仰的基本要素之一，它对和谐社会建设的作用同样具有两面性，具体表现在以下几方面。

第一，宗教行为礼仪加强信仰者与信仰对象的联系，巩固和强化信众的宗教信仰和宗教意识，使得信徒会时常自觉遵守宗教戒规和禁忌，不做违背社会道德和社会法律规范的行为，不做危害社会与他人的行为，而有利于维护社会秩序，有利于和谐社会的建设。

宗教行为礼仪作为宗教信念和思想的外在表现，是行为礼仪与宗教信仰相结合的产物，一方面，宗教信仰为宗教的行为礼仪罩上了神圣的光圈，并给予其以最高的辩护，使其被视为神的意志的体现和要求，从而与一般的社会行为规范相区别来；另一方面，行为礼仪借此光环提出种种要求和态度，借以表达和强化对这些行为礼仪的遵从和敬畏，从而罩上了宗教信仰的神圣光环，并得到了宗教信仰的最高辩护，被认为是神的意志的体现和要求，从而使其与一般社会行为礼仪相区别开来。其通过特定的、规范的言辞和动作来表达信仰者对神的信仰、敬畏和崇拜，从而实现人与神的对话。这种特定和规范的言语动作，不仅将世俗的人与神圣的神联系起来，还将信仰者纳入一个统一的行为模式和宗教生活之中。人通过献祭、祈祷等方式与神进行接触，请求神灵的帮助和赐福，同时，神在接到人的这种祈求之后，也给予回应。这种人神之间双向的互动，一方面，增强人的宗教情感，另一方面，也强化了神实在性存在的感觉。而且，宗教行为礼仪一般都是周期性的定期重复举行，每当信徒对信仰逐渐失去兴趣的时候，又参加一次这样的宗教信仰活动，增强信徒对宗教的兴趣，从而能巩固和强化信徒的宗教情感和宗教信仰，使信徒经常自觉以宗教戒规和禁忌来规范要求，而较少做违反社会道德和社会法律制度的行为，不做危害社会与他人的行为，而有利于宗教秩序和社会秩序的维护，从而在一定意义上利于和谐社会的建设。

第二，宗教行为礼仪不仅能够对参与者的心理起到慰藉调适的作用，还在一定程度上塑造了信徒自然、平和、恬淡的性格特征，而使信徒的焦虑、紧张、浮躁、恐惧的心理得到宣泄和化解，保持一种相对平和宁静的心理状态，这不仅对当今社会浮躁的人心具有一定的抑制功效，还为和谐社会建设提供一个相对平和宁静的良好环境。原始人之所以敬奉神灵，源于他们认为世间万物都是由神灵所主宰和控制，在强大的无所不能的神力面前，人感觉到自身力量的渺小，而产生对神力的恐惧和依赖。于是，他们既希望得到神力的恩赐和帮助，又担心害怕因得罪神灵而受到神灵的惩罚。因而，为了获得神灵的帮助或恩赐，不受神灵的惩罚，他们不仅创立了宗教，而且还创建了一套与神灵建立联系，实现交流沟通的仪式方法，即行为礼仪。原始人认为，唯有通过这种特殊的言语行为和仪式，才能与神建立联系，才能获取神灵的信任和给予的信息。然后，依照神的要求去做，人就能获得神的恩赐或帮助，而使他们得到丰富的食物，获得充足的猎物，或生命安全得到保障，种族得到延续繁衍。否则，就可能得罪它而受到惩处。通过这种周期性的重复的宗教敬拜仪式，使得个体和族群能够应对个体性和群体性的危机和挑战，从而使得参与者的身心紧张、焦虑和恐惧得到宣泄和化解，人心得到宽慰和解脱，变得安宁和纯净，在某种意义上，参加宗教行为礼仪的信徒们不亚于接受了一次特殊的心理调适保健训练。而且，很多宗教行为礼仪都是在人生或族群有重大意义的时刻隆重举行，如人的出世、成年、结婚、生病、去世，或在族群经历重大事件、遭遇危险、取得重大成功和胜利等。通过这些特殊的带有"神秘"性的行为礼仪，无论是参与者的个人，还是整个族群，都从神灵那里获得了精神力量，获得了心理平衡，而产生信心、勇气和力量，使他们感受更强烈，情绪更高昂，信念更坚定，生命力更旺盛，勇气和决心更强大，而使个体或群体能够坦然面对眼前的危机或风险。这种精神力量和感受，尽管是人借助于超自然力量的接触和交往而产生，但对于参与者来说，却是一种真实的感受，其所产生的精神力量也被认为是一种真实的存在。所以，朱狄在《原始文化研究》中所言："原始人'去祭祀时，人是自然的奴隶；献祭归来时，人是自然的主人，因为他已与自然后面的神灵达成了和解。恐惧和不安被削弱了，人以祈祷和献祭换来了心理的平衡'。"也正如苏联学者乌格里诺维奇所说："礼拜和祷告就其心理学职能来说，乃是人们用来排遣郁积于心的消极威受的一种方法和手段。信徒向神祈祷，希望神让他们免遭灾殃和疾病，对他们有求必应，有愿必偿。而因为他们相信神是实在的，并且是全能的，所以祷告往往使他们心情舒畅，感到安慰。他们的消极的感受为积极的感受所排挤。如果否定或低估礼拜和祷告的心理学意义，那是不对的。"[①] 由此可见，宗教行为礼仪确实能够对参与者的心理起到调适慰藉的作用，若长期参与这些相关活动，会使参与者的性格趋于平和和恬淡，而不浮躁和急躁，这对于今天社会成员浮躁的心理具有一定的抑制功效，同时，还能为社会形塑更多的性格平和者，使更多的社会成员内心趋于平和与宁静，从而为和谐社会建设提供良好的社会心境。

第三，宗教行为礼仪将单个的信仰者个体连接到一个以信仰为核心的群体组织关系之中，使得个人与其所属群体和社会的联系得到加强，群体共同意识也得到巩固和发展，而起到团结群体和整合社会秩序的作用和价值。

一种宗教的行为礼仪总是依照一定的程式化、规范化的行为模式来进行，通过这种固定的规范化、程式化的行为模式，宗教行为礼仪将一个个的信仰者个人连接在以信仰为核心的群体组织社会关系和结构当中，纳入一个统一的宗教信仰体系之中。这样的行为礼仪在群体和社会中一

[①] ［苏］德·莫·乌格里诺维奇：《艺术与宗教》，王先睿、李鹏增译，三联书店1987年版，第11页。

旦得到认可,遵守和奉行这样的行为礼仪就成为个体必须履行的义务和职责,从而便具有了超越个人的约束力和权威,而总是体现出一种特殊的群体性。它不仅规范个体的情感、行为和道德,加强个人与其所从属的群体和社会之间的联系,还加强信仰者与其所崇拜的神圣对象的联系,使得个人的宗教情感体验转变为群体共同所享有的情感体验。宗教行为礼仪便成为群体情感和群体统一性的象征化。而定期举行的宗教行为礼仪又不断增进个人的认同感,进而加深这种群体的共同情感,强化群体的凝聚力,最终起到维持和强化宗教信仰,团结群体,整合和巩固社会秩序的作用和功能。所以,英国人类学家布朗和法国社会学家迪尔凯姆一致认为,"共同仪式的主要功能是集体效忠这种感情的表现与再确定,人们聚在一起举行共同的仪式,是为了要显示与进一步加强他们认同与凝聚的意识。特别是当这种共同的宗教感情同民族感情结合在一起,使宗教感情变为民族的共同的心理和传统习惯,那么,这种结合起来的情感便具有巨大的内聚力"。

第四,宗教行为礼仪作为宗教信念思想的外在表现,是宗教文化的组成部分,它不仅激发文化艺术的创造和保存,还起到文化传承和文化濡化的功能,为丰富和谐社会的文化建设起到不可低估的作用。

宗教及其宗教信仰本身属于一种文化现象。宗教行为礼仪作为宗教信念思想的外在象征表现,其自然也是宗教文化的组成部分。由于宗教信仰的崇拜对象具有虚无缥缈的特性,因而,宗教信仰要吸引信众、巩固和发展信众的信仰信念和决心,单纯依靠虚幻的意念活动难以起到足够的功效,必须凭借一定的外在的、形象化、感性化、物态化的行为和仪式。这种外在的、形象化、感性化的象征表现,必然借助语言和肢体动作来象征模拟完成,其结果,一方面刺激了有关歌赞神灵事工的神话传说、故事小说、诗歌音乐、表演竞技、戏剧舞蹈、绘画雕塑等文学艺术作品的创作以及宗教法器的制造和宫观庙宇神殿的建造等,所有这些,不管是有形的形态,还是无形的形态,在一定意义上都属于文化创造活动,并以文字、实物等形式记载、记录和保存下来,有的甚至保存至今,从而成为珍贵的历史文物。它们都是随着宗教行为礼仪的需要而产生,随着社会文明的发展而变化,因此,宗教行为礼仪在人类历史进程中对文化艺术的创造和保存活动起到激发和推动作用,才使我们今天拥有丰富多样的文化形态。无神论者否认神灵的存在以及宗教存在的合理性，但不能因此对宗教乃至宗教行为礼仪给予全盘否定，即便如此，宗教及其行为礼仪激发文化艺术创造和保存作用的历史事实也不会因此而改变，而是依然客观存在在我们的社会中。就连荀子也不得不"承认祭祀仪式作为一种文事活动不可缺少，虽然他否定祭祀有什么福佑于人的实际作用"，并明确地指出"'上事天，下事地。尊先祖而隆君师'，不仅可以培育'忠信爱德之至（德）'，表达'志意思慕之（感）情'，而且本身是一种体现'礼节文貌之盛'的文化"[1]。可见，荀子对宗教的神学本质予以了否认，但肯定了宗教行为礼仪对民众进行礼教或人伦教化的意义和作用。另一方面，通过宗教行为礼仪的周期性的重复举行，让参加者们享有共同的集体经历，使得过去的历史得以注入参与者的大脑中，种植于人心之中，一个群体内的成员由此便拥有了一个共同的集体经历和社会记忆，而使得每一个成员都得到这种文化的濡化和教化，并内化为自己的行为规范和道德要求，从而能够保持一个相对稳定的群体秩序和社会秩序。先辈们创立的文化也得以通过这种形式一代一代地传承下来。因此，宗教行为礼仪还起到文化濡化和传承文化的功用。当然，在我们看到宗教行为礼仪在激发文化艺术的创造和保存以及文化濡化和传承文化的积极价值的同时，也要看到，宗教行为礼仪对于文化艺术和文化濡化的需要和作用，通常总局限和陶醉在宗教的虚幻世界里，使得文化艺术和文化濡化的社会性、现实性被割裂而难以得到充分的体现，仅仅成为祭祀神灵的礼仪，从而长期以来禁锢人们的思想而得不到充分自由的发展，在一定意义上阻碍了文化的进步和发展。

但是，我们也要看到宗教行为礼仪对社会建设所起的消极作用。首先，宗教行为礼仪在促进社会秩序的形成与维持的同时，也强化了信众安于现状、缺少抗争精神等负面的特性，使信徒过分顺从命运的安排和过分依赖神力的虚幻作用，安于现状和因循守旧，不思创新和进取，在较大程度上消解了社会的怨恨、不满意和抗争冲动，也压抑了信徒个体创新意识和主体自我意识的形成与发展，同时抑制了社会创新能力和技

---

[1] 吕大吉：《宗教学通论新编》，中国社会科学出版社 1998（2004.5 月重印）年版，第 447 页。

术行为能力的发展和提高。其次，宗教行为礼仪的保守性在一定程度上抑制了现代意识的形成和增长，使得信众趋于保守和封闭，趋于安贫乐道和自我陶醉，趋于自给自足，从而使得信徒安于接受和认可旧的社会价值和遵守旧的行为规范，对社会新观念、新价值和新规范往往采取排斥、拒绝的态度，而阻碍信众对这些新鲜事物的认同和接受。再次，在宗教行为礼仪中形成的宗教意识和观念在一定程度上抑制了信众参与市场竞争的意识和观念，使得信众把心思放在追求虚幻的宗教体验中，而不乐于追求财富和积极投入扩大再生产过程中，因而对社会生产和经济建设起到一定的阻碍作用。最后，在宗教行为礼仪中形成的群体认同感和归属感，使得信众在强调自身群体的特殊性和排他性时，容易对其他社会群体产生排斥贬低的态度和刻板印象，从而成为引发社会不同群体之间以及族群之间冲突的深刻社会心理根源。特别是随着社会的分化和发展，多种族、跨地域、跨文化的复杂社会群体的出现，这时，多种宗教信仰和多种宗教行为礼仪会同时在社会中并存，它们之间为了争夺信众和社会影响力，互相之间势必产生竞争和排斥，在此种情形下，宗教信仰及其行为礼仪在整个社会中所起的作用就不再是在单一社会群体中的凝聚团结作用，而是由于宗教信仰的排他性所起的分化和分裂作用。历史上不少民族之间的战争皆因宗教所引起，比如，基督教新旧两派为了推行各自的教义和礼仪而发动多次战争，伊斯兰教内部各个教派之间的矛盾和纷争也起于对教义和教仪的理解差异。当然，这种现象也并不是绝对的，关键取决于各个宗教组织及其教派是否能够真正本着宗教的本意和宗旨来行为，本着维护社会秩序、促进社会和好的旨意来传教。

宗教行为礼仪对社会的发展和进步的消极作用也仅仅是暂时的，随着科学技术的进步、文化教育的发展以及生产力的提高，宗教行为礼仪的负面功能将会不断受到制约和消解。

第三章

宗教功能与和谐社会建设

本章主要从功能视角来考察宗教与和谐社会建设的关系。由于宗教要素与宗教功能之间有不少交叉重叠的内容，因此，在要素中已经讨论过的内容，在此部分尽可能简单甚至省略。

宗教的功能极为复杂，它发挥作用的好坏、优劣不仅取决于宗教自身因素的影响，还受宗教所处社会环境的影响，受各种社会意识形态、政治制度、政策法律、社会结构、文化历史传统等因素的制约。因此，探讨宗教的功能若考虑到这些因素，就是一个非常繁杂的研究任务。受篇幅限制，文章仅从一般意义或通常层面来讨论宗教的功能。换而言之，此部分内容探讨宗教的功能与和谐社会建设，不考虑上述这些因素。这样做，对本章内容写作将会便捷一些，但或许难以满足一些学者和读者的要求，在此还请见谅。

第一节　宗教的认同排斥功能与和谐社会建设

在不少学者看来，宗教具有认同功能，但他们在论述宗教认同功能的时候，又特别强调宗教认同功能所带来的负面效应，包括诸如引起群体、社会冲突以及社会偏见和排斥等。笔者结合各学者的思考，认为如果单纯讲宗教的认同功能，而忽视其认同功能背后的负面效果，并不是一个科学的做法。因为，认同与排斥是一个事物的两个方面，认同某一事物或某一事物的某一方面，自然会排斥与之相反的事物或该事物相反的一方面。由此可见，单纯讲认同或排斥都是不完全正确和科学的，为了将此功能能够比较直白清楚地表达出来，笔者暂且将其称为宗教的认同与排斥功能。

宗教的认同与排斥功能当属宗教基础功能之一，是诸功能中核心的功能之一，可以说，宗教其他功能得以发挥，都是建立在宗教认同排斥功能的基础之上的。宗教认同与排斥功能，意味着对某一宗教或某一教派的认同，自然会对与宗教不相干事物或其他不相干教派产生排斥心理，宗教认同与宗教排斥是一个事物的两个方面，是统一的。

所谓宗教的认同与排斥功能，是指宗教通过一整套的信仰体系的影响和作用，使得信仰者在思想、观念、心理和言行上趋向于对某一超自然神圣事物和力量的共同接受和认可，并将自己视为某一宗教信仰群体中的一员；同时，对其所处社会制度和关系及群体中的地位、角色给予认同和接受，而与其他社会群体相区别开来的功效，称之为宗教的认同与排斥功能。事实上，任何一种社会意识形态和几乎所有的社会实体都具有这种功能，只不过宗教作为一种拥有"至上神圣性"的特殊社会意识形态和社会实体，具有与一般社会意识形态和社会实体不同的独特的认同排斥功能。

宗教的认同与排斥就其结构而言，可以划分为宗教内认同排斥与宗教外认同排斥。所谓宗教内认同排斥是指主体在心理、精神、观念层面上对宗教信仰和非宗教事物的评判与实践，表现出较强的内倾性和隐藏性；宗教外认同排斥是指主体在语言、行为和物质生活等方面对宗教信仰和非宗教事物的评判与实践，具有较强的外向性和显露性。

一般而言，个体通过两种途径获得宗教认同，一是在家庭中从小到大通过潜移默化的熏陶和教化而获得；二是在人生历程中的某个阶段，通过诸如皈依等特定行为而获得。同样，其实现途径也有两条，"一是作为一种社会意识形态；二是作为一种社会组织机构"[①]。宗教作为一种宣扬超自然、超人间力量的社会意识形态，借助其特有的神圣意义的方式来阐述神与人、人与人及人与自然之间的关系，并从此种关系中来阐释和规范人的生命本质、价值、意义和人生的命运，通过使个体认可和接受这种价值及有关人生命本质的教导助人理解自我等，进而使相信和接受这一宣教的人们结成一个信仰群体，而实现群体的认同，使之成为一

---

① 戴康生、彭耀：《宗教社会学》，社会科学文献出版社2007年版，第140页。

个相对稳定和具有凝聚力的社会组织实体。在社会剧烈变革和动荡不安时期，人们的心理也会随之发生剧烈的变化，而产生惶恐、不安、空虚、无聊和无所寄托，宗教在此时借助独特的神圣意义安顿那些惶恐不安、无所寄托和漂泊的心灵，为人们提供心灵上的慰藉和安全感，帮助人们适应剧烈社会变迁而渡过生命中的难关，从而强化群体的认同感、归属感和凝聚力。

宗教之所以具有这种功能，在于它的认同是建立在超自然、超人间和超社会的神圣力量的基础之上。这是一种人类的终极追求和目标，是信教者的价值追求之所在，给予了人们以终极关怀，这种终极关怀克服了人们内心深处对死亡的恐惧与不安，是科学和无神论所不能替代的；同时，宗教还把人们现世中的一切苦乐祸福说成上帝、真主、神的意志安排或累世业力所决定，使人们接受自己的现实命运而甘愿承受现实生活中一切苦难，从而安于现实的生活状态。正因为宗教借助了这种超自然的神圣力量来安顿人们的心灵，克服人们的内心恐惧，铸造人们的共同心理取向，凝聚人们的信念，培养和强化信徒的遵从意识，从而起到约束人们行为和维护社会秩序的作用。人们在这种认同的基础上，又将这种认同推广延伸到对身份的认同、对群体的认同和对社会的认同，或者说人们的身份认同、群体认同和社会认同是在这种认同的基础上实现的。

宗教的这种功能在社会建设中，能够起到"促进整合、净化道德和丰富文化"[①]的作用。宗教通过将其教义信仰体系、礼仪规范体系、组织结构体系赋予超自然的神圣威力，从而将不同身份、不同地位、不同层次的个体和群体的观念、行为得以规范、统一和约束，并整合成为一个具有凝聚力的群体组织，有利于社会秩序的维护和社会的正常运转。同时，在宗教的终极关怀下，信教者的心灵得到慰藉，生命价值得到关怀和尊重，健康人格得以塑造，特别是在宗教抑恶扬善主张的倡导和威慑下，群体和社会风气得到净化，为群体和社会成员营造了一个良好的生活环境和道德风气，有利于社会道德的净化。此外，在超自然神灵力量

---

① 周海生：《正视宗教认同功能　服务和谐社会建设》，《延边党校学报》2011年第3期，第23—25页。

的号召和鼓舞下，各行各业的信徒们秉承神灵的教诲，在各自的岗位上认真工作，努力探索，而创造出丰富多彩的宗教信仰文化，包括诸如宗教典籍、宗教哲学、宗教文学、宗教道德、宗教音乐、宗教绘画、宗教建筑、宗教器物等文化形态，这些文化形态不仅陶冶了人们的性情，满足了人们的精神需求，而且大大丰富了人们的思想认识，丰富了人类的文化。

只要社会管理者们能够客观正确地对待和运用，就能将宗教的这种功能在维护社会稳定方面发挥作用。像中国历史上的道教和佛教，曾在历代一些英明统治者的正确对待和运用下，发挥着维护民族团结统一、发展民族文化、塑造民族共同心理和培养民族情感的积极作用。但是，假如我们不正视事实，而是一味片面地给予坚决否定、拒绝和排斥，就有可能使其成为危害社会发展和破坏社会稳定的导火索和覆舟水。这是因为，一方面，几乎每一个社会中都存在着多种宗教，而宗教内部又有不同的教派，每一种宗教或教派都拥有属于自己族群、阶层的信仰者为其信仰主体，因而带有较强的族群性、派别性和地域性，使得这些信教者倾向于只专注和执着于自己的宗教信仰和认同，而对其他宗教和教派以及非宗教性事物容易产生不认可和排斥的认知、情绪和心态，特别是在这些信仰者的信仰权利和自由遭受到威胁和挑战时，这些宗教信教者、神职人员、宗教群体和组织就有可能联合起来抵抗以捍卫和维护其权利，在长期宗教活动实践中培养和形成的宗教认同与信徒的情绪情感乃至潜意识直接相关联和沟通，信教成员在这种群体情绪和行为的相互感染和刺激下，群体性非理智的宗教狂热就很容易被煽动和激发起来，从而引发群体之间的冲突，对社会秩序和稳定构成直接的威胁，甚至是破坏。

另一方面，宗教通过借助超自然神灵的力量来实现信教者对自身、对群体、对宗教组织以及对宗教信仰本身的认同，因而使得这种认同带有神圣的光环而不可随意侵犯。这不仅使信教者个人本身受到已有宗教认同的约束而难以形成新的自我认同和随意更改自己的信仰和所属群体；也使得信教者个体的个性当中被嵌入了这种神圣性的认同而产生排他性的人格特征，难以与其竞争对手达成妥协合作而容易造成彼此之间分歧与冲突的加剧；同时，这种认同的神圣性还使得宗教本身不能与时俱进，不能及时调整和改变与社会不相符的规则规范去适应社会，而使其处于相对落后与保守的状态；信教者及其群体对此宗教文化的认同也容易造成他们对彼宗教文化和非宗教文化，包括民族文化与世俗科学文化知识产生忽视和排斥的心理，而使其在宗教虚幻的允诺下丧失积极奋进的斗志而消极对待人生，不能直面人生苦难，不愿意为实现现实的利益而采取积极行为，反而极力阻止社会变革和维护社会现状。像历史上的一些宗教战争，就是起源于宗教彼此之间教义与利益的分歧和冲突而发生的。

总之，宗教认同可以有效实现群体与社会的整合而产生强大的凝聚力。它既可以成为强大族群实施扩张野心和政策、欺辱践踏弱小族群的精神武器和手段，也可以成为弱小族群抵御侵略、反抗强权和捍卫本族群利益的精神支柱和力量。在社会主义社会中，人们要全面正确地理解和把握宗教的认同排斥功能，既要最大限度地发挥宗教的认同功能，又要最大限度地消解其排斥作用。为此，一方面，人们要科学正确地贯彻党的宗教信仰自由政策，尊重人民群众的真实意愿和自主选择，保障人民群众的信仰自由和权利。努力创新宗教治理理念和方式方法，坚持依法治理宗教事务，维护一切合法的宗教活动，反对和禁止一切"借宗教名义"实施的违法犯罪活动。另一方面，人们要充分挖掘宗教中有关社会和谐的传统和理念，发挥宗教认同在维护民族国家统一、推动国家对外友好交流的特殊功能与作用。同时，大力鼓励宗教界人士积极开展爱国爱教、建设社会主义精神文明的教育实践活动，使宗教界在抚慰心灵、净化道德、关爱老弱、赈灾救灾、扶贫帮困、希望工程等社会公益慈善事业领域发挥积极的功能和作用，成为团结信众、凝聚人心、维护社会稳定和促进社会和谐的一股正能量。

第二节　宗教的整合分化功能与和谐社会建设

社会作为一个要素齐备、功能健全的有机系统，具有使其各个组成要素有机聚合在一起，且彼此之间相互协调、正常运行的功能，这个功能就是社会所具有的整合功能。社会整合功能是社会系统所具备的基本功能之一，是社会将其各个实体要素组合联系在一起，使之成为一个统一的、功能正常的有机整体的功用。社会是这样，社会的各个子系统也是如此。宗教作为社会的一个子系统，也具备这种整合功能。

宗教的整合功能是指宗教借助其特有的超自然的神圣力量，把社会中不同的个人、群体、阶层或各种社会集团和势力，组合成一个具有共同信念的统一共同体，并且能够促使其内部相互团结协调和功能正常发挥。只不过宗教作为一种以超自然神圣力量的崇拜为主要特征的特殊社会事物，其整合功能有其独特的一面，那就是，宗教在促成其内部有机统一和协调的同时，会与其他社会事物以及非宗教事物相区别开来，而且宗教的这种整合功能越强，它与其他社会事物相区别、相排斥的力量就越明显。也就是说，宗教的整合功能对内来说具有整合凝聚作用，对外则有区别分化作用。因此，人们单独讨论宗教的整合功能，而看不到它的分化作用的一面，也是不全面的。为了有助于人们全面准确地理解宗教的这种功能，笔者将其暂且称为宗教的整合与分化功能。

宗教的整合分化功能，根源于人们对超自然神圣力量的信仰。在这种信仰力的影响和支配下，使认可和接受它的人们形成一个彼此具有认同感和归属感的信仰群体，为了保证这种信仰集体的有序化，就需要规范、统一群体成员的思想、观念和行为，这样，群体规范和组织进而产生。宗教及其组织的整合功能自然体现出来并发挥着作用。宗教整合功能的发挥则会进一步巩固和强化宗教信仰共同体的团结和凝聚。宗教共同体越团结和凝聚，则宗教整合功能则会越强。可见，宗教的整合功能是以宗教信仰所产生的认同感为基础的，一种宗教若不能在信徒中产生共鸣，唤起信徒们一致的情感、思想和观念，其整合功能是很弱的，甚至产生不了的，也起不到作用的。当然，这种整合功能只能在信奉同一个宗教或教派的个体、社会群体和组织中出现，在信奉不同宗教或教派的个体、社会群体和组织中是难以奏效的，若引导不到位，反而不仅容易产生对立和分歧，而且容易产生冲突和纠纷，甚至引发战争，即便这些个体、社会群体和组织同属于一个族群或国家。

宗教通过三种方式和途径来实现整合，一是舆论方式整合，即通过宗教的传教和宣教，将宗教的教义、思想和观念传播给信徒以及非信徒，使其认可和接受宗教的思想和观念，统一信徒们的价值观和世界观，这就是宗教的舆论整合。舆论整合主要实现的是宗教思想和价值观的整合。

二是制度方式整合，即通过宗教各种规范、仪轨和戒律，来达到对宗教信徒行为的规范、约束和控制，使其具有统一性和一致性，从而实现对信徒的行为整合。三是组织方式整合，即通过宗教组织的作用，来实现宗教群体内部权力的分配和成员地位、角色的界定与划分以及秩序的维护，使信教群体成为一个有秩序、有凝聚力、自始至终围绕着宗教信仰目标来开展活动，不脱离宗教信仰宗旨的这样一个集体。组织整合所要实现的是宗教目标、权力和秩序整合。需要强调的是，宗教领袖，特别是杰出宗教领袖，像道教的老子、佛教的释迦牟尼佛、伊斯兰教的穆罕默德、基督教的耶稣等，在宗教整合中发挥着不可替代的作用。实际上，无论是舆论整合、制度整合还是组织整合，都离不开宗教领袖的魅力和光环，如果没有宗教领袖的感召力和吸引力，宗教的整合很难起到良好的效果。

总之，宗教以其特有的方式，来实现对社会的整合。当然，这种整合功能的发挥不仅取决于宗教自身因素的影响，还要受宗教外界因素的制约，外界条件不同，其整合效果也是不一样，对社会和历史产生的作用和影响也是有差异的。一般而言，在单一宗教存在的同质性较强的社会中，或在宗教共同体与国家或族群共同体相统一的社会中，宗教整合功能表现得比较明显，就能促进这个国家或族群社会的凝聚和团结；但是在异质性较强的复杂社会里，或者在宗教共同体与国家或族群共同体不相统一的社会里，宗教的整合功能效果就值得讨论，一般来说，此时这种功能对宗教共同体内部的凝聚和团结或许有一定的帮助，但对整个社会而言，就不一定起促进作用，有可能是阻碍甚至是破坏作用。特别是在宗教种类与派系非常多的国家或族群社会中，假如各个宗教种类和派系内部整合又极为有效，那么就有可能对这个国家或族群社会的统一与团结构成威胁，甚至直接起到破坏和分裂的作用。这是因为，由于宗教种类的繁多和派系的复杂，他们之间为了争夺宗教信仰的资源和信众，相互之间会产生竞争、排挤和冲突；同时，信教群众与不信教群众之间由于信仰的不同，也会在认同感和归属感上产生差异、分歧而引发纠纷和冲突。世界上有不少地区因为宗教的差异原因而引发冲突和混乱，像中东地区以色列与巴勒斯坦之间、伊拉克与伊朗之间的战争与武装冲突，其产生和存在的主要根源就是犹太教与伊斯兰教之间以及伊斯兰教内部不同派系的冲突，印度社会内部不同族群之间的冲突根源主要是印度教与锡克教、伊斯兰教等教派之间的根深蒂固的矛盾，英国北爱尔兰社会的动荡不安的根源主要在于新旧基督教徒之间的分歧与冲突，还有诸如各种极端组织、恐怖组织以及波黑战争和阿富汗的战乱，其背后都有着深刻的宗教因素。所有这些，都对社会的和谐稳定与发展造成直接的阻碍，甚至是破坏作用。但也不完全是这样，比如在当今中国，虽然宗教意识形态与中国社会主义社会的主流意识形态不相一致，甚至有着根本性的区别，但是，宗教界仍然成为中国社会整合与和谐不可或缺的重要力量。其主要原因在于，一方面是中国的五大宗教思想和理念中本身就蕴含着许多丰富的、传统的和谐思想和理念，这为我国各大宗教相互之间的"求同存异、和谐共处、共存、共赢"提供了直接的、良好的思想源泉和保障；另一方面是中国共产党和政府长期以来执行了正确的宗教信仰政策，加上全体宗教界人士的长期共同努力，使得宗教与社会主义社会保持着一种良好的相适应状态，从而促成宗教的各种功能得以正常发挥，为中国社会增添了不少和谐因素，贡献不少和谐力量。比如，根据大量的宗教实践和学术研究显示，参加诸如祈祷等宗教活动有利于增进信徒的健康和幸福感；对于社会资本贫乏、缺少人际关系网的信徒来说，信仰宗教能够增添其与社会交往联系的机会和途径，从而有可能获得更多的来自群体的归属、关怀和帮助；在开展"道德重建和秩序维护"活动的基督教社区，该社区的犯罪率往往比其他社区偏低；还有，在一些信仰基督教的中国农村社区，"定期的礼拜和聚会活动以及共同的基督教信仰"[1]不仅丰富了农民的业余精神文化生活，还改变了他们原先松散的人际关系，使他们成为一个联系紧密的群体，彼此之间相互分担忧愁、相互照应和相互情感慰藉；统一的礼仪和规范又进一步促进人们言行的一致，使群体具有一致的信仰、价值观、礼仪和规范，从而使农村社区呈现出一片祥和文明有序的景象。宗教的这种整合功能在社会主义和谐社会建设中起到一种"社会润滑剂"的作用，是中国共产党和政府正确

---

[1] 任映红：《宗教对当前农村和谐社会建设的影响——温州A村案例》，载《秩序与进步：社会建设、社会政策与和谐社会研究——浙江省社会学学会成立二十周年纪念暨2007学术年会论文集》，2007年，第78页。

领导下的结果。

在当下,中国宗教整合功能的调整与发挥应以促进社会主义和谐社会建设为根本目标。为此,一方面,人们应当努力挖掘中国宗教的和谐、和平的思想和理念,比如道教的"道法自然、天人合一"的主张,佛教的"无缘大慈、同体大悲"的慈悲济世思想,天主教和基督教所宣扬"神爱世人"、"荣神益人"的理念,以及伊斯兰教所倡导的"四海皆兄弟"的观念等,都成为中国宗教"和睦共处、求同存异"的思想和实践基础,从而成为世界各国宗教共存共处共繁荣的良好风范;认真汲取和发扬中国宗教和谐、仁爱、慈善和服务大众的传统优良美德,使之与中国特色社会主义和谐社会的思想、政治立场、价值观以及行为道德规范相协调、相统一,通过建立对"爱国主义是宗教存在和发展的思想"[1] 根基的认同,实现"宗教与国家民族利益"[2] 的相协调、相统一;在此基础上实现政治上对中国特色社会主义制度的认同和中国共产党领导的认同,实现宗教与社会主义和谐社会的相适应、相协调;在历史文化与社会发展上,通过建立对宗教立足传统和本土、与时俱进发展的认同,实现宗教与中国历史文化传统和当代中国社会发展需要的相协调、相统一,从而使之成为中华民族优秀文化的重要组成部分。另一方面,在坚持独立自主、自办宗教、维护和谐的基础上,我们应努力引导宗教积极投入中国特色社会主义和谐社会建设的进程中来,鼓励宗教对外进行友好合作交流,努力向国外宗教信徒和宗教群体组织宣扬中国宗教和谐向善、济世利人的理念和主张,宣扬中国五大宗教"和衷共济、肝胆相照、相濡以沫"的历史与现实,从而让外国宗教朋友和宗教群体组织更客观更正确地了解和认识中国;同时,人们还应加强引导宗教积极投身于社会主义社会的各类公益慈善事业,围绕民众的真实需求开展各种力所能及的社会服务,帮助广大信众解决现实生活中的问题和难题,帮助党和政府分忧解难,以缓解各种社会矛盾和冲突,调节社会人际关系,促进社会和谐。

---

[1] 赵大兴:《中国特色社会主义条件下宗教社会功能的规范与调整》,《北京工业大学学报》2012 年第 1 期,第 26—30 页。

[2] 同上。

第三节　宗教的控制失序功能与和谐社会建设

一个和谐的社会首先要有秩序，而要使社会有秩序，光有社会的认同和整合是不够的，还必须依靠一套制度和规范来约束人们的行为，来实施对社会的控制。可见，社会控制的目的在于使社会有秩序。那么，什么是社会控制呢？不同学者对此有不同的见解，根据笔者的归纳和梳理，发现社会控制有几个关键的内容，那就是社会控制的主体、客体、对象、手段和目标。实际上，在理解社会控制内涵时，有广义和狭义之分。广义的社会控制泛指社会依靠自身力量，利用各种方式和手段对社会个体、群体、组织或集团、势力等社会主体在日常生活中的行为、心理、认知活动等方面予以规范、约束和控制，以协调社会不同主体之间及其各组成要素之间的各种关系，从而来保持社会相对的有秩序。从这个意义上讲，社会控制是全方位和全面的，不仅仅是对主体外在行为的控制，还包括对主体的心理、认知活动的控制。狭义的社会控制仅仅指社会对社会主体的各种越轨行为和具有危害的犯罪行为进行制止、处置、预防和干预，以保证社会的稳定。在现实生活中，社会控制往往体现社会统治者或掌权者的意志和利益，其通过多种途径运用各种手段来实施对社会的干预和影响，以维护社会的秩序。

社会控制的方式和手段是多种多样的，既有比较强硬的手段，比如军队、监狱、警察、法律、行政等，也有一些比较柔和的软控制方式，像道德、习俗、宗教、艺术、舆论、教育等。

宗教作为社会控制的一种特殊的软控制方式，只要它与统治者的意志和利益不存在尖锐矛盾，不构成直接威胁，与主流意识形态没有直接的冲突，统治者们一般都愿意把宗教作为一种社会控制手段而加以运用。因此，宗教的控制功能在不同时代的各类社会中均得到不同程度的发挥，并起到不同的作用。宗教对社会起到控制的功能是指它通过宗教信仰、宗教教义、宗教情感、宗教礼仪、宗教道德以及宗教组织等来实现对人们的行为、思想、观念、心理等方面的约束，从而达到维护社会秩序和稳定的作用。宗教之所以具有社会控制的功能在于：

第一，它是借助超自然神灵的力量，赋予人类社会秩序以神圣性的光环，使得统治者的权力和地位获得"神圣的合法性和权威"[①]，而被认为是"神灵授予的"，也自然就被认为是理所当然的，从而对社会成员的心理起到一定的震慑作用，在社会秩序上起到一定的控制作用。比如，中国古代社会的皇帝被尊奉为"天子"，他的意志代表着"天的意志"，他的一切所为都是"奉天承运"；还有日本天皇，则被奉为"天照大神之子"；罗马帝国的皇帝被尊奉为"神的化身"。凡此种种，世俗人间的统治者们借助宗教给予的神圣性，把世俗人间的权力转化成神灵的意志，从而涂上"神圣的色彩"，而在一定程度上维系着社会的秩序。

第二，宗教以自诩神圣性和追求神圣性来超越世俗性，来否定世俗生活，从根本上否定世俗社会的一切。在宗教和信教者看来，世俗生活中的所有一切都是有瑕疵和弊端的，是不完美的，而且这些事物本身又都是神力所安排，是无法改变的，唯有人通过不断改变自我才能不断完美起来。从这个意义讲，在宗教看来，人生的价值就在于不断完善自我。这就使得宗教只去关注人，而不是社会；想要改变的是人，而非其他。宗教的这种超越性使得它不会主张去改变世俗生活，不会主张去改变现实的社会制度或取代现实的社会制度，这也使得宗教与现实社会制度有一个相容合作共处的基础。为了实现其神圣的目标，宗教往往采取与世俗现实政权相包容、相合作的态度和策略，从而在一定程度上对社会秩序起到客观的维护作用。当然，要把那种打着宗教旗帜而图谋不正当利益的行为排除在外。

第三，宗教通过对超自然、超人间和超社会的认同，将不同的信仰者个人、群体等凝聚在一起，成为一个具有共同信仰的组织结构。通过庞大的组织结构体系，宗教将不同语言、地域、身份、地位、年龄和性别的人聚合起来，一起参加各种宗教活动。通过这些活动的参与，宗教组织不仅增强了宗教群体和组织内部的凝聚力，还把信教者个人、群体以及信徒与社会之间的关系协调起来，成为一个联系紧密的有机整体，从而实现宗教对社会的控制作用。除此之外，宗教还通过信仰、舆论、教育等形式在思想上宣扬善恶相报理论，劝人积极行善积德，引导信徒依照宗教戒律和要求行事，在一定程度上强化了信众的心理承受能力和

[①] 王晓朝：《宗教学基础十五讲》，北京大学出版社2003年版，第225页。

遵守社会规范的自觉性，而不至于因自身苦难和困境产生心理不平衡而去攻击他人和危害社会。总之，宗教从各个方面都体现了它对社会所具有的控制作用。

宗教的社会控制功能被不少学者称为"信仰控制"①，与法律、行政、社会舆论等其他社会控制相比，它的社会控制功能对社会建设的作用具有以下特点：

由于宗教是借助无所不在、无所不能的神灵的力量和神灵的眼睛来进行控制，所以任何事物、任何举动在神灵面前都无法隐藏，这就决定它不仅能控制人的外在行为，还能控制人的内在心理和认知活动，特别是对人的比较隐蔽的情感和思维意识活动能起到调控作用。同时，宗教所持的善恶"因果报应"和"末日审判"说使得任何不道德、丑恶的言行以及违法犯罪行为在神灵面前最终都要受到相应的惩处，只是时间的问题罢了。由此，其产生的威力是无穷和无限的，这就使得它能最大限度地调动行动主体的最大自律力和最大自觉性来对自己的言行进行主动约束和控制，可见，宗教的社会控制更多是依靠主体的自觉自律来完成，这也决定宗教的社会控制方式比较柔和，控制成本相对较低廉。而法律、行政、社会舆论等社会控制手段更多是依靠强制性来实施，只能在一定范围里对人类生活的外在行为起到控制作用，对人的比较隐蔽的思维精神情感心理活动控制效果不佳，并且需要付出较高的成本代价，在于它需要建立一个包含法院、监狱、警察等在内的庞大执法体系。当然，这是保证社会正常运行不可或缺的组成部分。从此种意义上讲，宗教的社会控制能够在一定程度上弥补法律、行政、舆论等社会控制的不足。

但是，宗教的社会控制也有其缺陷和不足之处，对和谐社会建设也具有一定的负面影响。首先，由于宗教借助万能的、无所不在的神灵的力量来实施社会控制，也就意味着它的控制是最好的控制，这无形之中也就否决了采取更高更完美的控制方式的可能。其次，在一个社会中，不可能只存在一种宗教或一个教派，在远古时代这种可能是存在的，但在现代社会，几乎难以找到。这就有可能出现已占据主流地位和统治地

---

① ［美］埃德华·罗斯：《社会控制》，华夏出版社1989年版，第7页。

位的宗教或教派会借此机会利用其特权来维护其特殊利益，借助权力和法律等工具对其他宗教和教派给予打压和排挤，还有可能把反对宗教的力量作为异端给予打击，无形之中也就会引发社会内部的冲突与对立，反而不利于社会控制和稳定，而出现失序的局面。像伊拉克国家的内乱。再次，宗教对信徒所提出的善恶报偿通常是不能立即实现，因而常给人一种虚幻之感，特别是"入天堂"和"下地狱"的果报，往往要等到信徒临终之际才能获知，而临终之时的兑现只有死者自己清楚，对于生者根本无从知晓，有的甚至还要寄望于下辈子了。像这些承诺和说教确实让人感觉有点虚无缥缈而令人难以置信，特别是对于无神论者来说，这简直是不可能的，因而最终因无法让人信服而丧失其权威性、说服力和控制力。最后，以信仰为根基的宗教控制功能的发挥很大程度上是依靠信教者自身的自觉和自律来完成，这样，对于缺乏宗教信仰、又没有自觉自律和道德良知的主体来说，宗教的社会控制几乎难以起到威慑和制约的功效。因此，宗教的社会控制功用要真正实施起来还是有一定的难度。在社会中反而往往容易被个人或社会势力和集团所利用而谋取利益。像历史上不少战争、冲突、起义和运动都或多或少的与宗教有关联，比如欧洲的"十字军"东征，伊拉克内乱与伊朗冲突，巴以冲突，中国东汉末年的"黄巾起义"，还有明清时期的白莲教起义和运动、太平天国运动、义和团运动，都是打着宗教旗号，利用宗教的控制功能来实施的，与宗教的控制功能有着密切关联。再如现代社会中，打着宗教旗帜，利用宗教独特的控制功能谋取不当利益的势力、集团和个人也大有人在，像藏独势力、疆独势力以及各种邪教组织等都是此类组织。这些势力、集团或个人，对社会秩序的维护具有消极作用。从这个意义上讲，宗教又表现出失序的功能。由上可知，宗教对社会是否起到控制作用还是起到失序作用，主要取决于运用宗教的人以及所处的社会历史条件和环境。

在当前中国特色社会主义和谐社会建设的情形下，人们不仅要充分发挥法律、道德、舆论、军队、警察、行政等各种社会控制方式和手段实现对社会的控制和秩序的维护，还应更好地把握和运用好宗教的控制功能，限制和消解宗教的失序功能，更好地为社会主义和谐社会建设提供服务。这是因为，任何一种社会控制方式，无论是法律、道德、舆论，还是警察、行政等世俗的社会控制手段对社会成员的约束能力和范围都是有一定限度的，而社会成员成千上万，其禀性、价值观、心理、行为等各有差异，要把众多的各具个性的社会成员的行为给予约束起来，是非常困难的，特别是在今天祛魅化程度高、个性化强、信息传播快捷的现代社会，实现对全体社会成员的行为和心理的软约束更是难上加难的事情，尤其对于独处的个体行为和心理几乎无法顾及；而宗教恰恰是借助了神灵的力量，每时每地对个体的行为和心理给予"无形的观照"①和监督，而约束了相当多的越轨和偏离行为，使之停滞在萌芽阶段而未发生和造成对社会的危害；对于少数不良和不轨分子，宗教还通过其独特的忏悔仪式为他们悔罪、赎罪，使其从悔罪内疚的心灵负担和阴影中走出来，重新回到社会中，过上正常人的生活。宗教的这种独特的控制功能确实能在一定程度上弥补法律、道德、舆论、行政等社会控制方式的不足。因此，在我们积极发挥法律、舆论、行政等社会控制方式作用的同时，还应充分科学合理地发挥宗教的控制功能，为维护社会主义社会的和谐与安宁提供服务。为此，我们应具体做到：一方面，要以适应当前中国社会主义和谐社会的建设与发展的需要为依据，以"爱国爱教"为基本原则对宗教的控制功能进行适时调整和规范，把宗教文化、宗教教义、宗教道德中符合"社会发展进步和健康文明"②要求的内容挖掘出来并加以发扬光大，将宗教教义的弘扬和宗教活动的开展与社会主义和谐社会建设相结合起来，并融入其中，"对宗教教义进行符合社会发展进步要求的解释"③，摈弃宗教活动中陈旧落后、腐朽、不文明、不健康的糟粕和习俗。同时，积极鼓励宗教参与到维护社会秩序的工作中来，引导信教群众爱国守法，遵守国家法律法规和制度，遵从社会道德和宗教道德，做一个"四讲五爱"社会好公民。另一方面，在宗教界要积极倡导正信正行和理性信教，反对宗教狂热，反对邪教及不端行为，努力防止和杜绝各种势力、集团、个人打

---

① 王晓朝：《宗教学基础十五讲》，北京大学出版社2003年版，第225页。
② 赵大兴：《中国特色社会主义条件下宗教社会功能的规范与调整》，《北京工业大学学报》2012年第1期，第26—30页。
③ 同上。

着宗教的旗帜谋取不当利益的行为，要加大力度打击和预防借宗教煽动狂热从事破坏社会和谐、扰乱社会秩序、破坏国家统一民族团结、危害社会安全的各种违法犯罪行为，以此借助宗教的力量实现维护社会秩序与和谐的目的。

第四节　宗教的心理调节、精神慰藉功能与和谐社会建设

宗教的心理调节与精神慰藉功能，是指宗教信仰所具有的，通过信仰者对特定的超自然神圣事物的敬畏崇拜所产生的信念力量来影响其自身的心理和思维活动，从而把原先不被自己所接纳的事物认知所产生的不平衡心理调整到相对平衡的状态，使其身心在一定时期内保持一种相对和谐、安宁、有益的适度状态，并在精神上获得一种慰藉和喜悦感受的功用，称为心理调节与精神慰藉功能。

宗教心理调节与精神慰藉功能是宗教的重要功能，也是宗教信仰者个体感受最直接和最深刻的功用。在人类发展历程中，在每个人的整个生命旅程中，不管作为群体的人类整体，还是作为个体的个人，都需要承受来自自然和社会两方面的压力和挑战，都会经历一些诸如生、老、病、死以及饥饿、贫穷、战争、灾害、收获等不幸或快乐的事件。然而，当外界一件事情发生后，并不是必然会引起当事人焦虑、恐惧、害怕、不安、悲伤或高兴、喜悦和愉快等心理情绪变化。事实和研究都表明，外界一件事件的发生要引起当事人的心理情绪的变化，不仅取决于事件本身对当事人的刺激程度，还与当事人对此次事件所持的看法和态度有着直接联系。比如，当一件不愉快甚至是不幸事件发生在一个人的身上时，持悲观态度的人就认为自己是不幸的，是遭殃的，在情绪上很快就会发生变化，很容易转向消极、悲伤甚至沉沦下去而一蹶不振。但是，对此持积极态度的人就会认为，这或许就是上天对自己的考验或磨难，需要自己去承受，他就会以积极的心态去对待，这样，其情绪也就不会轻易走向消极，而是保持一种相对稳定或良好的状态。问题在于，并不是所有的人都能以积极乐观的态度来理智对待来自自然和社会的双重挑战和压力，即便这种人能以积极的心态处理他所发生的事情，也不能保

证他能在任何时候面对任何事情都能做到理智对待和以积极的态度来处理，这就自然引起当事人的心理和情绪的变化，甚至会给其带来心灵上的创伤或痛苦。按照心理学的研究表明，如果一个个体或一个群体在遭遇到心理和情绪的波动超过当事人的心理最大承受极限时，若不及时给予排遣或宣泄，就很容易给当事人带来心灵的创伤或痛苦，甚至是精神的崩溃，而影响个体或群体的正常生活，也自然势必影响其所属群体或所属社会的正常秩序，那时，要想保证这个群体或社会的和谐与稳定，就是一件很艰难的事情。因为，无论是在生产力低下的原始社会，还是在文明高度发达的现代社会，大多数社会成员能否保持内心的平和与心理情绪的稳定是保证一个社会正常运行的重要条件之一。若一个群体或社会成员相互之间彼此抱怨、不信任甚至愤懑仇恨，每个成员心浮气躁，焦躁不定，忧虑重重，或担惊受怕，充满无名的恐惧与不安，这个群体或社会就难以和睦、和谐与安定。无论是原始社会的人类，还是现代社会的人们，任何时候都生活在一个充满着危机、不具有安全感和不确定性的社会中，各种天灾人祸、疾病、饥饿、贫穷以及战争的危险等随时随地都在威胁着人类的生命财产安全与生存，使人们时时处于被惊扰、紧张和不安之中。

在没有其他有效途径和办法能够安顿人们紧张、恐慌、不安的心灵时，世事的无常不定使人们转到宗教中去寻求庇护、安顿、寄托于精神的慰藉，祈求超自然超人间神灵的庇佑就成为人们消解这种心理与精神的痛苦的安定剂。为什么人们能在宗教里获得心灵上的安顿与慰藉呢？这是因为：

第一，宗教虽然不能为现实生活中的人们所遭遇的问题提供直接的解决结果，但是，它能从超自然的神圣信念视角给予人们以合理、"虚幻"的阐述和解释，使人们在精神上超然于现实，淡化于现实，而松动固着的心结，帮助人们暂时从现实与人生的种种烦恼困扰中摆脱出来，通过臆想把人们现实中的一切困惑与矛盾给予处理和解决，比如，贫穷可以过得安宁，饥饿能让灵魂获得净化，困难和挫折是神和上帝的磨炼和考验，死亡意味着"新生"和"解脱"，社会中遭遇的不公平不公正以及罪恶要遭受三世的因果报应和末日审判。宗教总是通过贬低世俗价值、推崇神圣价值来消解人们对现世荣华富贵等功名利禄的执着追求，采用

"内在的解释方式和非现实的手段"[①] 来帮助信仰者应对现实中的人生苦难,实现精神上的自我超越、解脱和自我慰藉,化解心中的郁结,消除心灵上的空虚、孤独、愤恨、痛苦与怨气,使其不平衡的心理得到调整,情绪得到安定,心理承受能力得到增强。这些有利于人们心态的调节和社会的和谐安定。

第二,大多数宗教都主张博爱,提倡人与人应该相互关爱和相互帮助;不少宗教还提出抑恶扬善、济世利人、众生平等和财产共有的伦理主张。宗教的这些泛爱思想和主张利于引导和教化信徒存好心、行好事、说好话、积善德,从而为需要爱、渴望爱的人们提供关怀和满足,为那些漂泊在寂寞、孤独、彷徨人生旅途中的人们以及生活在人情日益淡薄、竞争日趋激烈和冷漠的现代社会中的人们提供一个情感抒发和心灵慰藉的场所与平台;此外,一个宗教群体或组织内的人们还可以通过彼此之间相互关怀、帮助、照顾和交流让其感觉到温暖和幸福;信徒之间这种彼此心灵上的沟通与信任,又可以向群体或组织外的人们施予爱的关怀,释放自己的爱与仁慈,满足自身献爱心的需要。这些在客观上有利于家庭、邻里以及社区之间的和睦相处、团结与和谐。

第三,各种宗教都有自己的忏悔表达方式,信教者通过在神灵面前的悔罪表白,忏悔自己的罪过,倾诉自己的苦闷,可以消除其长期所背负的沉重内疚感和负罪感,使其摆脱负面心理的束缚和压力,而将负罪心态调整到正常状态,心理和精神获得解脱,自身的内心平衡也能重新建立起来。

第四,各种宗教都有一系列与神灵进行沟通和向神灵表达诉愿、祈求的特殊行为礼仪。通过向神灵的祈祷、膜拜和祈求等仪式,实现神与人的沟通,让信教者体验到与神沟通、达到人神合一的神秘状态,从而使其灵魂得到净化,宗教情感得到激发,不良心态得到消解;特别是这种状态与宁静的宗教建筑物、仁慈逼真的圣像、优雅动听的宗教音乐、深刻生动的讲道教诲、热心可亲的教友以及慈祥和蔼的教职人员融合在一起的时候,让信教者的身心真正沉浸在一种超然、圣洁、忘我的美感

[①] 陶飞亚:《宗教在服务社会促进发展中的积极作用》,《上海市社会主义学院学报》2008年第2期,第54—56页。

之中，的确令人心旷神怡，烦恼尽消。特别对于那些长期处于紧张劳累、身心疲惫状态的人来说，无疑胜似喝上一碗让人醍醐灌顶、爽心悦目的心灵鸡汤。此外，多数宗教都有一套清心养身、净化心灵的修持方法，这些方法成为信仰者调节自身、驾驭自我和适应环境的独特方式，通过这些方法的使用和礼仪活动的参与，使信仰者的心态调整到一个较好状态，起到一种平衡自我心理冲突的功效，而获得心灵上的慰藉。有的还通过这套修持方法由修身而取得强身的功效，像佛教中的禅坐和道教的炼丹术等都具有这样的效应。

第五，宗教对生命意义和人生价值以及人的生死给予了终极的阐述和解释，主张人的生命是由肉体和灵魂构成的统一体，认为人的死亡是灵魂与肉体的分离，肉体腐烂变成了泥土，而灵魂不因肉体的腐烂而随之消灭；灵魂是不死的，是永恒的，它可以脱离人的肉体而单独存在，灵魂依据人生前行为的善恶死后或升入"天堂"享受，或降入"地狱"受苦。宗教的这种生命灵魂不死说和天堂地狱说为人们"死后去哪里"的疑惑提供了直接的解答，在一定意义上消除一些人们对死亡的恐慌、畏惧和焦虑，为现实生活中被死亡所威胁和折磨的人群给予了心灵上的慰藉，使他们在心理上获得了安全感，在人生的意义和价值追求上树立了信心。宗教直接给予了人们以终极关怀。

正因为宗教的这些效应，才能对信教者的心理起到调节作用，消除一些人们在现实社会生活中因遭受不公正、不公平的待遇而产生的愤恨与怨气，弥补人们心灵上的空虚、孤独、彷徨与苦闷，帮助人们化解心中的郁结，暂时摆脱现实生活中的种种困扰，特别是宗教信仰的终极追求使他们超越现实与自我，获得心理和精神上的自我解脱，而达到内心的安宁与平静。只要人们在心理上达到平衡，那么，在处理人与人的关系上就能够做到理智和冷静，做到有礼有节，非理智和暴躁的情绪就不容易产生，这样，就有利于维护人际关系，也利于维护家庭、邻里、单位和社区的和谐。所以，佛教主张，社会和谐、社区和谐、单位和谐、邻里和谐、家庭和谐以及个人的身心和谐，都需要"从心"开始，这是有一定道理的。一个人人心浮气躁、个个动不动就暴跳如雷的社会，是很难实现社会和谐的。此外，宗教的这些特殊思想、教义、礼仪和功能，在客观上还利于调节民族之间的关系和国与国之间的关系，利于维护民族团结和祖国统一，利于维护世界和平和促进国际合作与交流。

宗教的这种心理调节和精神慰藉功能可以对生理调节起到良好的助推作用，改善甚至增进生理功能，而有利于增强人体免疫能力，减轻甚至消除原来病痛，有益于身体健康，故有不少学者将此称为"信仰治疗"。实际上，信仰治疗的效应根源于心理调节的作用。事实也是如此，心理和生理是相互影响和作用的。现代心理学研究证实，一个心理上不健康，情绪不稳定且在精神上常受折磨的人，其生理免疫功能会随之降低，这样的人容易患病、衰老和死亡；与此相反，一个心理健康的人，经常保持心情愉快，那么，他的生理免疫功能也会提高，而有利于身体健康。

总之，宗教能起到调适信教者心理的作用，在社会建设中有利于促进社会和谐，维护社会稳定。但是，我们也应看到，宗教的心理调节功能是以人性中的内在需求和对超自然神灵的敬畏崇拜所产生的宗教情感为基础，是以神灵的旨意、上帝的安排、命运的注定和前世的业缘等教义为理论解释，因而容易使人走向消极、保守和宿命，产生消极避世的想法和宿命论的思想，把自己的一切都寄托于万能的神灵和听任于命运的安排，回避现实而不去直面人生，不敢正视现实社会中的丑恶现象，更没有勇气为改变现实社会而奋斗，使人沉浸在神灵的万能和天国的空想等精神麻醉中而自我陶醉，减弱自己的行动愿望和力量，甚至有可能受其精神控制而误入歧途。像晚清时期，我国一些著名的思想家沉浸于佛教的精神麻醉而逃避现实，隐遁山林；当代一些宗教持末世论的主张，无疑会给人们增添消极怠世的情绪与想法。

因此，要在和谐社会建设进程中实现宗教心理调节与精神慰藉功能的正确发挥，就应与时俱进，与社会发展前进的步伐相一致；同时，还要努力引导教育广大宗教信众不要盲目依赖神灵的力量和盲目相信命运的摆布，要积极对待人生和现实，相信自己，相信社会。一句话，就是要想方设法将其转化为助推社会和谐与发展进步的积极力量。

第五节　宗教的社会化、宗教化功能与和谐社会建设

社会化是社会学的一个专业术语，原本是指一个生物性的个体向一个社会性个体转变的过程，后来演化为贯穿于社会个体整个生命历程，即包括个体不断学习社会文化知识、获取各种生活技能、培养社会角色和不断适应社会生活的过程，也包括社会文化和价值观念内化为个体行为标准而形塑个体人格特征和个性的过程。

社会化为社会培养出能够适应其生活的社会成员，是社会存在和发展的重要条件之一。没有社会化，就没有合适的社会成员的产生，也就不可能有人类社会的存在和发展。任何一个社会，只要它想长期延续和发展下去，就必须采用各种方法和手段实现对其社会成员的社会化，包括政治社会化、道德社会化、性别社会化等。虽然不同的社会，其社会化的内容有所差异，但社会化的最终目的都是一样的，就是为自己的社会不断地培养出合格的社会成员，使之不断地适应社会生活，并一代一代地传递维系下去。任何一个社会，只要这个环节出了问题或中断了，这个社会就有可能出问题或消失。在过去是这样，在今天仍然是这样；在西方社会是这样，在中国社会也是如此。

社会成员的社会化是在不同的场所，借助不同的工具通过不同的方式和途径来实现的。通常家庭是社会成员最初和最重要的社会化场所，其次是学校、同伴群体、职业组织和大众传媒，教育、学习和实践则是最常用的途径和方式。与以上几类社会化场所和工具相比，宗教对社会成员的社会化具有较明显的差别，并且在不同历史时期的不同社会中所发挥的作用也是不相同的。但不管如何，只要我们纵观整个人类历史进程，就会发现，宗教依然是社会成员社会化的主要工具之一，而宗教活动场所则是社会成员社会化的重要场所之一。这一点尤其在政教合一体制的社会、国教制的社会以及宗教民族化的社会体现得更为明显，比如西方与中东阿拉伯的一些国家。

宗教社会化功能（对社会成员所起的社会化作用的）的特殊性在于：宗教对社会成员所起的社会化作用具有双重效应，即宗教对社会成员进

行世俗社会化的同时，又对社会成员进行宗教社会化，也即宗教化。为便于区别，我们将前者称为宗教的社会化，把后者称为宗教化。宗教社会化的双重效应也使得宗教信徒具有双重性格，即其不仅具有一般社会成员所具有的社会属性，又具有特殊的宗教性心理和行为特征。宗教成员的社会化是在各种宗教场所中不同主体的共同作用下进行，这些场所和主体主要有宗教家庭、宗教伙伴、宗教群体、宗教活动场所、宗教社区、宗教院校、宗教组织以及宗教传播媒介等。这些主体和场所都为宗教成员的社会化发挥了各自的作用。

所谓宗教的世俗社会化功能，就是人们理解的一般社会化功能，也就是如前面所言的社会化的含义，即为社会培养出合格的社会成员的过程。宗教在社会成员的世俗社会化过程中所发挥的作用表现在：

第一，宗教不仅为人类整体的社会化担当了文化传承的载体，还为个体社会化提供了学习成长的环境、条件和机会。

人类世代累积的知识文化，是通过各种途径传承下来的。宗教就是其中一种重要的传承载体。很多族群的实践经验和文化知识大多数通过宗教信仰而代代传习下来。这是因为，宗教本身就是一个庞大而丰富的文化知识体系，世界各大宗教经典都包含着大量的、丰富的和方方面面的人类实践的经验和知识，教徒在学习宗教经典的同时，也不知不觉地在学习人类累积的文化知识。正是因为有了这种途径和方式，人类代代创造的文化知识得以传承下来，因此，从这个意义讲，宗教为人类整体的社会化充当了文化传承的载体。因而有学者主张，"人类从自然崇拜到至上神崇拜的转变过程，不仅是原始宗教形态的演变过程，也是人类实现早期社会化的过程"[①]。在这个过程中，不管自然崇拜、还是图腾崇拜和至上神的崇拜，都在各自的社会历史形态下起到了调整、规范当时人际关系的整合作用，从而使得本氏族成员成为一个具有凝聚力的群体，而与其他氏族成员相区别开来。这种群体内部的归属与群体之间的排斥现象，就是人类社会化的表现之一。另外，宗教信徒学习宗教经典一般都是在宗教神职人员的带领和帮助下，在宁静祥和的宗教活动场所进行。这种条件和环境往往对于处于社会弱势的成员和家庭是很难拥有的，然

[①] 戴燕：《宗教与人的社会化》，《山西师范大学学报》2007年第1期，第22页。

而，只要他或她信仰了宗教，愿意到宗教活动场所去，就能享有这样的学习条件和机会。特别是在政教合一型社会、国教制社会以及民族宗教化社会，宗教从一定意义上就是履行这个社会的文化传承、创建以及教育的职责和作用，整个社会的文化和教育工作几乎都是由宗教体系来实施的。从这个角度来讲，宗教为个体的社会化提供了学习成长的机会和平台。

第二，宗教不仅为社会成员提供了信仰和精神寄托，还为个体社会化传授基本的社会文化和知识，从而有助于加速个体的社会化进程。

宗教通过对超自然神圣事物的关注来引发人们对它的信仰，使个人接受它的价值观、理念和行为规范，在宗教教规的约束下，这些具有一致信念的人们结成一个彼此认同、紧密联系的群体，这不仅有助于这个群体成员解决日常生活中的实际问题和困难，而且在心理和精神上也能得到慰藉和关怀，帮助这些人们度过生命中的困难和困惑时期。同时，宗教还通过其特有的教育方式，教给个体社会实践的经验和文化知识，帮助人们习得各种生活技能，从而加速了人们的社会化进程。

第三，宗教不仅通过自己的说教引导人们遵守社会规范，还为信徒制定专门的行为要求，教给他们什么可以做，什么不能做，从而使信徒在习得和遵循这些行为规范的过程中不断提升自身的社会化水平。

社会规范往往体现了一定的社会文化和价值的内在要求，它是人类在世世代代的社会实践和生活中，不断地进行行为取舍和经验总结的基础上形成的，对所有社会成员都具有一定的约束力，社会个体在学习和遵守这些行为要求的过程中不断地提升自己的社会化水平。宗教作为一种社会文化形式和意识形态，不是一种简简单单的文化形态，而是一种有着自己价值追求和严格道德规范要求的信仰。宗教的价值标准和道德要求与社会规范要求有着内在密切联系，即使在主流意识形态与宗教意识形态不相一致的社会中，宗教的行为道德规范仍和普遍的社会道德规范存在着许多相通的地方，对社会规范起到辅助和支持的作用。宗教通过自己教义的宣讲，引导人们自觉遵守社会规范。同时，宗教还依据自己的教义标准，为其信徒制定专门的教规戒律，并要求他们严格遵守执行。教徒通过对宗教道德规范的习得和遵守，不断促进自身的社会化进程。这在政教合一型、国教制以及民族宗教化的社会中，宗教教规、戒律以及礼仪制度对个体社会化的作用更为显著，甚至超越了这个社会的法律和制度的作用，而影响几乎所有社会成员的整个生命历程，成为这个社会共同遵守的生活习俗。比如犹太人，虽然他们长期分散在全球各个角落，但他们有一个共同的习俗，就是严格遵守犹太教的教规戒律，这使得他们无论走到哪里，都有一个很强烈的、共同的文化认同和身份认同，那就是都认定自己属于犹太民族，是犹太族的一个成员，这就是犹太民族几千年以来依然保持着一个民族共同体的关键原因；再如伊斯兰教的教规戒律，也已经与很多民族的生活习俗融为一体，而成为这个民族的一个共同特征。

第四，宗教教给社会成员扮演社会角色的知识和技能，不仅使其形成良好的角色意识，而且还成功地扮演适当的社会角色，从而有利于个体社会化的顺利进行。

宗教作为一个庞大而复杂的信仰体系，既有大量的组成要素，又内含庞杂的组织体系，这里面可谓要素齐备，功能俱全。从教义来讲，世界上大多数宗教的教义都包含许多劝人行善积德的内容，主张为他人、为社会做好事、做好人，人的生命意义和价值才能体现出来。宗教还教导信众要敬奉神明、孝敬父母、体贴亲人、关爱他人，遵守社会法律和公德；要信徒学会宽容、包容别人和帮助他人，学会与别人和睦相处，不做损人利己和亏心的事情，从而利于避免他们与别人发生矛盾和纠纷，保持良好的人缘。比如，基督教、天主教的"十诫"，佛教中的"五戒、八戒"，就对其信徒做出具体而明确的规定和要求。对于违背宗教教规和戒律的行为，宗教又提出了许多来自神灵的惩罚警示。这些教诲和警示，都有利于信徒树立起自己良好的角色意识，明白自己的各项职责，学会正确处理好与他人的关系，扮演好做人子女、为人父母、为社会公民的角色，从而有助于他们的社会化。

第五，作为人类数千年来思维结晶的文化信仰体系，宗教依然对现代社会成员的社会化产生作用，特别是对人的继续社会化带来影响。

人的社会化是一个从个体生命的诞生直至生命结束的整个生命的过程，只不过在不同的生命阶段，其社会化的内容有变化而已。这种社会化的目的在于保持个体与社会的相适应。由于社会每时每刻都在变化，因而对人的要求也在不断更新，这就要求个体随时调整自己，学习社会变化所带来的新知识、文化、规范和生活经验，与社会的发展变化步伐保持一致，否则就很难在社会中生存下去。社会化的功能和作用就体现在这里。

许多研究表明，在西方现代社会，宗教教育依然是这个社会培养社会成员的社会责任感和伦理道德精神的主要途径之一；家庭宗教的潜移默化的熏陶与教化也仍然是实现个体宗教认同和宗教皈依的主要途径，对社会成员的社会化依旧发挥着重要的作用。这一点，在社会主流意识形态与宗教意识形态不相一致的社会主义社会，虽有所差异，但也具有同样效果。

这是因为，宗教信仰为了实现其终极价值的追求，借助了超自然神圣事物的力量来约束人的行为，出于对神灵恩惠的感激和回报，也出于对神灵威力和惩罚的恐惧，信众为此所付出的一切努力，包括自觉约束自己的行为，抑制自己的欲望以及行善积德等都是客观存在的，对社会具有切实的益处。这种以伦理规范和道德修养为核心的宗教道德规范，与人类社会的普遍行为准则具有较大的一致性和相通性，无论在什么社会，都应是被积极倡导和遵行的。与世俗道德规范相比，宗教道德规范带有明显的"神圣色彩"，更具有权威性和威慑力，更容易被社会成员所遵照。因此，通过宗教教育和家庭宗教的影响，将人类的一些普遍的道德规范内化为个体的行为标准，应该比起世俗道德规范的内化更有成效。此外，各种宗教组织开展的各种宗教活动，不管是正式的，还是非正式的，也都在为个体的继续社会化，包括塑造现代人格特征、培养现代价值观念、适应现代社会生活和增进民族自我认同感与归属感等方面起到较大的正性作用。因此，宗教对现代社会成员的社会化依然发生作用，特别是对人的继续社会化产生影响。

总之，宗教在社会成员的社会化进程中担当着重要的功能，不仅为社会成员的社会化提供了文化载体、环境、条件、机会以及信仰支撑，还为社会成员的社会化提供所需要的文化知识、角色技能和伦理规范，使得他们能较顺利地完成社会化不同阶段的任务，而较成功地融入社会中来。宗教家庭和宗教教育及各种宗教活动的影响仍然是社会成员社会化的主要途径，特别是道德社会化有效形成的主要途径。

宗教在对个体进行社会化的同时，也在对个体进行宗教化。这里的宗教化，并非世俗化的宗教化，即宗教渗透到社会各个领域并产生影响，社会的超自然成分和神秘性增强，宗教的社会意义和社会功能增强等；而是宗教的社会化功能在个体身上的具体体现，是指宗教的价值观念和文化不断内化为个体的价值判断和行为标准的过程，是社会个体的宗教属性越来越增强的过程，也是社会个体的宗教心理和行为特征表现得越来越明显和稳定的过程。宗教化的功能和目的在于宗教培养认同自己和归属自己的社会成员以及接班人。

宗教通过自己的教育及各种活动，将宗教知识、文化、观念和规范传播给信徒，从而塑造信徒的宗教意识、心理和行为特性，使得他们认同和归属自己所信仰的宗教，成为这个群体的一员，并愿意为这个群体和组织的存在、发展和壮大承担相应的义务和职责。对于宗教化非常成功和表现优秀的成员，常常入选和被培养为宗教事业的接班人。因此，宗教化在宗教的延续和发展中担当了极其重要的功能，可以说，没有宗教化，宗教很可能一天都难以存在下去。这正是宗教能在社会中世世代代传递下去的根源所在。当然，这一功能能够正常发挥，归结于神职人员和宗教组织的功劳。

但是，宗教化对于社会成员的世俗社会化会带来一定的负面影响。这是因为，宗教化的内容是宗教通过宗教教育和宗教活动，将宗教文化、宗教教义、神学思想、宗教戒律等教授给信徒，而这些知识文化相对于现代科学文化知识来说，具有一定的陈旧性，与现代社会生活有一定的脱节，特别是对于那些宗教精英，整日埋头苦读和钻研宗教教义、宗教理论和神学思想，没有时间顾及现代社会的科学文化知识和生活经验，致使他们对现代生活的常识和经验了解不多或缺乏，而给他们的现代社会化带来阻碍，造成他们在现代社会生活中的诸多不便，以至于难以真正融入现代生活中来。同时，由于宗教信众比较多，而宗教教育资源，特别是优质的宗教教育资源极为有限，以至于能够真正享用这些资源的人并不多，特别是在政教合一型社会、国教制社会和民族宗教化社会等传统社会，宗教教育资源往往被上层宗教神职人员所占有和垄断，一般信众几乎很难享用到这样的资源，这就导致广大信众的世俗社会化的教育水平受到较大的影响，而普遍呈现较低的文化教育水平，从而不利于他们世俗社会化水平的提升。比如，新中国建立前的藏族地区，受教育程度较高的知识分子全部都是宗教教职人员，而且集中在寺院，平民百姓几乎没有任何机会去享有这样的权利，故大部分都是文盲或受教育程度较低。另外，宗教信众所接受的宗教文化和宗教教义，一般都偏重于本宗教的范围，对其他宗教文化和教义涉及较少，有的甚至还比较排斥，这样，在长时期的影响下，宗教信众容易诱发出狭隘的宗教门户观念，只注重本宗教文化、教义、思想的学习，对世俗文化和其他宗教文化、教义和思想一般忽略或排斥，甚至拒绝接触和了解，形成"唯我宗教独尊"的偏见认知和心理，造成既不利于信众的世俗社会化，也不利于他们宗教化的不良结果。比如，在过去信奉伊斯兰教的回民中就出现过"一度认为念书即反教，而不愿意学习汉字和接受普通教育"[①]；还有在一些全民信仰宗教的少数民族地区，由于人们的宗教信仰意识强烈，而入庙学经的年龄与接受义务教育的年龄相同，故不少父母愿意将适龄子女送去寺庙里学经诵经，而不送去上学接受义务教育，造成这些适龄儿童辍学现象比较严重，从而影响他们的社会化进程。不过这种状况在近些年来有所改观，寺庙与学校常通过协商达成一个一致的意见，既保证他们能够接受义务教育，又保证他们不耽误学经诵经的时间。此外，由于宗教社会化更多是培养信众的宗教意识和有神意识，经过长时期的教化，神灵意识在信众思想中会根深蒂固，使他们认为世界是由神灵主宰的世界，人的命运也自然由神灵来安排，这对于受教育程度不高、主见性不强的信徒，很容易引发他们走上宿命论的道路上来，走上"迷信、迷失自我"的道路上，而不能把控自我，做出一些不被世俗社会所理解和接受的反常行为，有的甚至很容易被不良之人所利用和掌控，而从事一些不正当、危害社会的活动。像恐怖行为、宗教极端主义，就是一些不法分子利用了宗教的这种意识和功能来欺骗一些善良的信众，特别是一些思想未成熟青少年，教唆他们从事一些危害社会的行为和活动。

鉴于宗教社会化的双重效应，作为社会管理者，要时刻关注宗教的正常化发展，把对宗教的正常发展监控作为常态任务来对待，保障公民的宗教信仰自由权利，依法保证和维护正当的宗教信仰自由活动，打击不正当的、非法的宗教活动，抵制西方敌对势力利用宗教对我国进行渗透，依法严厉打击借用宗教从事违法犯罪活动，预防杜绝和严厉打击利

---

① 戴康生、彭耀：《宗教社会学》，社会科学文献出版社2007年版，第137页。

用宗教极端主义、宗教恐怖主义以及一些邪恶思想对青少年儿童进行社会化和宗教化的组织和行为,以保证社会的长治久安。

第六节 宗教的交往渗透功能与和谐社会建设

人与人的相互来往是社会互动的主要表现形式之一,也是社会之所以成为社会的重要原因之一。一个社会,若没有人与人之间的交往沟通,人与人之间不相互往来,就难以产生人与人之间的关系,也就不能成为人之集合体的社会。每一个个体也都是在人际交往中进行社会化的,渐渐学会与人如何相处,学会扮演社会角色,然后在社会中适应和生存下来。因此,无论对个体而言,还是对社会而言,没有人际交往,个体的社会属性难以形成,社会的功能和作用也难以发挥和体现。

宗教信仰为人们提供了一个交往的场所、机会和平台,人们因共同的信仰而聚集在一起,举行各种活动,在活动中彼此之间熟悉、了解,从而建立起相互体贴、相互关心、相互帮助、相互支持的亲密伙伴关系。通过这种交往和活动,信徒们不仅展示了自己,增进了对自我的认识和对群体的认同与归属,而且还满足了彼此之间各自的需要,促进了社会的互动,在一定意义上也带动了社会的发展。美国社会心理学家库利所指出的:"人性是逐渐形成的,并不是与生俱来的,没有共同参与,他不能获得人性,而人性会在独处中衰退。"[①] 另一位美国社会心理学家乔治·米德也认为:"是互动产生了自我,自我必须在社会过程中、在互动中才能得到解释。"

可见,共同的活动参与和密切友好的宗教交往与接触不仅满足了信徒的人性需要,还使得宗教信徒的人性、社会属性和自我意识得到较好的塑造和呈现,其社会功能也得到较好的培养和锤炼,从而促进了信徒各自的社会化进程。共同的宗教信仰和向往不仅让他们有了谈不完的话题,还使他们彼此有了更深厚的情感,彼此感觉是同类人,是同属于一个群体而紧密联系在一起,形成一个相互支持、帮助、关心、体贴和团结的友爱群体。这个群体,不仅是信徒精神寄托和心灵归属的空间,也

[①] 转引自[英]A. 肯顿《行为互动》,社会科学文献出版社2001年版,第22页。

是他们解决日常生活实际困难获得支持的重要源泉。当然，在这个群体中，不乏也有不一样的意见、分歧、声音，也存在着一些排挤、钩心斗角和冲突，但并不影响这个群体的团结、凝聚力和为实现他们的共同奋斗目标而前进，除非这些冲突超过了这个群体的承受能力而导致这个群体分裂、解体或消亡。同时，由于信仰力量的驱使，虔诚的宗教信徒们为了"神的荣耀"，总认为自己有责任和使命让更多的人来知晓自己的信仰，来皈信自己所信仰的宗教，来享有神灵的眷顾和恩赐；因而他们会想方设法寻求一切可能的机遇与非信徒进行接触和交往，以传播其教义，去感染、引导和希望他人也能皈信相同的宗教，因此，从这个层面讲，宗教信仰也能增进信徒与非信徒之间的交往和接触。在一些国家和地区，宗教也成为男女青年接触、认识、交往的途径之一。

宗教信仰还能增进不同地域、不同族群、不同国别的信徒的交往。在不同地区、不同族群、不同国别的信徒，由于共同的宗教信仰所产生的向心力、凝聚力促使他们彼此相互吸引而来往，在友好的交往中，不仅把各自的文化、习俗带给了对方，还增进了彼此之间的了解和友谊，久而久之，成为各地区、各族群、各国家人民群众友好往来和友谊交流的一个重要途径。这种因共同的宗教信仰而交流往来所建立的友谊关系，比起国与国之间官方正式外交所建立的友谊感情有可能更深厚和更长久。在国际政治格局中，每当一些国家或地区之间的关系由于种种原因而造成紧张状态时，这时借助宗教的力量，通过宗教的接触、交往和对话，往往也能达成彼此之间的沟通和谅解，实现关系的缓和与正常化。总之，宗教能够增进国家与人民之间的友好交流与来往，在有冲突、有敌意的国家和地区之间也可起到催化剂的作用，帮助他们彼此化解矛盾，疏通隔阂。

对于当下的中国而言，一方面，由于中国的改革开放，使得本国信徒出访国外和国外信徒来访中国的情形日益增多，再加上各地不断开发以宗教文化为主题的旅游，倡导"宗教搭台、经济唱戏"，吸引了国内外不少宗教信徒和非信徒的来往、参观、考察和交流，在一定意义上确实促进了我国人民与世界其他国家人民的友好往来和交流，也增进了中国人民与世界各国人民彼此的了解和友谊。另一方面，由于中国主动由传统农业社会向现代工业社会转型，由计划经济体制向市场经济体制转轨，带来了社会复杂而剧烈的变革，这不仅使很多社会成员难以跟上社会的变革步伐而在精神、心理和生活方面的压力增大，出现身心不适应，甚至导致精神和心理障碍，而且在市场经济环境下，社会的分化日趋加剧和明显，个体化趋势日益增强，传统社会形成的很多生活集体和生产集体纷纷解体，生产和生活成为个体的事情，基层组织与社会成员的联系大大减少，基层组织的公共职能也随之被大大削弱，人伦关系被功利化和商品化，人与人的关系变得越来越微妙、冷淡，再加上西方社会的各种思潮趁中国改革开放的时机不断涌入，对中国社会成员的传统价值观念造成很大的冲击，致使人们产生一种孤独、无助、漂泊、无归宿的感觉，社会处于一种分散、无序和混乱的状态；特别是在中国广大农村地区，由于城乡发展不平衡和地区发展不平衡，农村地区的精神文明和文化建设处于薄弱状态，广大农民平时忙于谋生赚钱，对农村公共事务很少关心和过问，贫乏、单调的业余生活又让他们感到空虚无聊，教堂、寺庙等场所组织的宗教活动正好迎合了人们的这种精神文化需求，而成为人们业余放松休闲和文化生活的重要组成部分。这是近些年来城乡宗教热兴起的一个很重要的原因。

再加上中国人口大流动和老龄化程度的加剧，在城乡基层社会，不仅出现了大量的人口流向城镇和发达地区，还出现了大量的留守妇女儿童、空巢老人、留守老人和孤寡老人。这些远离亲人在城里打工谋生的人们，平日里忙着上班赚钱，没有空闲和亲朋好友聚会，而信仰宗教加强了他们彼此的联系、交流和沟通；相同的宗教信仰不仅让他们有了共同的话题，定期的宗教活动还让他们有机会常常聚在一起，彼此交流感情和传递信息，使他们感到特别的亲近，消解他们因远离亲人而生起的思念、孤独与寂寞心情，使他们在城里不感到陌生、孤独和漂泊。对于留守妇女来说，平时忙完了家务农活，也没有什么可干的事，也想着找人聊聊天，说说话，解解心里的苦闷，教堂、寺庙等这些公共活动场所自然也成为她们较理想的选择之地。对于大多数的老年人而言，由于他们年老体弱，平时也做不了什么劳动，若长期无所事事、离群独自居处，就很容易造成精神和心理上的不适应，甚至是心理障碍和疾患。所以，他们也想找人一起聊聊天，热闹热闹，缓解一下心灵上的孤独和空虚。城乡的教堂、寺庙等宗教活动场所开展的讲经读经、参禅静修、祈祷、唱赞美歌等活动，不仅迎合了他们的需求，而且对于他们来说，还花费较少，离家较近且较方便。在这里，老人们找到了他们的伙伴和共同话题，也找到了他们的生活乐趣和寄托之所在，让他们感到有了一个自己的生活空间和归宿。正如他们常说："老了，做不动了，总要找点事来做做，或找人聊聊天，否则只能坐在那里等死。"① 由此可见，信教不仅加强人们之间的交流、联系和沟通，而且在基层社会，信教还能使人们结成互帮互助的支持体系，解决人们日常生活中的一些实际困难，从而起到扶贫济困的作用。

但与此同时，宗教在开展和促进人们交往的同时，也具有渗透的功能。这表现为宗教对世俗社会领域的渗透，也表现为宗教在国家之间的渗透。就前者而言，主要是指作为代表神圣领域的宗教进入世俗社会领域的过程和状态，其通过教义的宣讲、传播，以及各种活动的开展，来影响世俗社会，扩大其在世俗社会的影响力，使更多的非信徒受其影响而皈信于宗教的信仰；此外，宗教还对世俗社会的政治、经济、文化、道德以及人们的思想观念等进行渗透而产生影响和作用，使人们的行为和心理带上宗教的烙印，使社会的各个领域受到宗教的羁绊。这个过程也就是我们所说的社会的宗教化过程，是与世俗化过程相反的一个过程。比如，中国的道教，经历几百年甚至上千年的渗透，几乎完全融入中国人民的日常生活中，所以鲁迅先生才会说"中国的根柢还是道教"。随着人类社会现代化进程的日益深入和理性化程度的加深，社会对宗教的反渗透在逐步加强，即宗教的世俗化进程也在加强，人类社会的各个领域也在逐渐摆脱宗教的羁绊；与此同时，宗教本身为了适应社会，也在不断地调节自身以向世俗化转化。即使如此，宗教在社会中的影响和作用仍然较大，人类社会在短时期内是不可能完全摆脱宗教的束缚，就是在当下社会主义的中国，宗教也将依然长期存在和影响人们的生活，只不过没有过去的传统社会那么强烈而已，但它的影响力还是不能小觑。近些年来我国城乡社会掀起的新的宗教热，就足以证明这一点。为此，我

---

① 任映红：《宗教对当前农村和谐社会建设的影响——温州 A 村案例》，载《秩序与进步：社会建设、社会政策与和谐社会研究——浙江省社会学学会成立二十周年纪念暨 2007 学术年会论文集》，2007 年，第 78 页。

们应遵循宗教的内在规律来处理和解决有关宗教的事务和问题，不能违背宗教的发展规律来随意作为；否则，就很容易引发社会矛盾和冲突，而不利于社会的稳定与和谐。关于宗教向世俗社会领域的渗透在此不再详谈，我们重点讨论宗教在国家间的渗透。

宗教在国家间的渗透，这是从政治角度来讲的，可以包括两个方面：一是一些宗教组织或个人为了实现其跨国界、跨地域的宗教传播而展开的渗透，被视为"传教渗透"，其本质是一种异质文化的渗透；二是某些组织或国家为了谋取政治利益和实现其政治意图而利用宗教及其组织对他国所进行的渗透，其本质是政治渗透，是政治意识形态和政治势力的渗透。一些国家为了在他国谋取特殊的政治利益，实现其政治意图，往往会通过经济、文化、外交等各种途径对他国进行渗透，特别是当两国关系比较紧张时，在外交交往不正常或有困难时，一个国家想通过经济、文化、外交等途径对他国进行渗透实现其意图就比较困难，而且也很容易被发现和阻止；然而，如果他们借助宗教的力量，在宗教旗帜的掩盖下进行渗透，其派出去的代表就很容易进入他国进行活动，并不易被发觉；特别是以旅游观光者、经商投资者、探亲访友者等身份获得签证进入他国境内，然后再以宗教身份与所在国的信徒进行秘密交往和联络，开展传教活动以培植势力和建立活动据点，则更具有隐蔽性。这对于所在国来说，就具有潜在的危害。当然，并不是这些宗教渗透都带有政治意图和对所在国政权都造成威胁，但毕竟这种宗教渗透对所在国社会的整合和控制具有一定的妨碍效应，这是所在国政府不希望看到和不愿意发生的事情。比如，在鸦片战争前，西方帝国主义就曾派遣不少传教士来华秘密或公开进行传教活动，这些传教士不仅通过传教活动拉拢一批信众以培植其势力，还通过传教活动建立教堂作为其从事间谍活动和侵略中国的活动据点，并试图通过传教实施对中国的文化渗透和侵略，从精神上达到对中国民众的控制，最终实现其对中国长期殖民主义侵略的野心。当然，在这些传教士中，也不乏一些在中国真正从事传教活动的人士。鸦片战争后，西方帝国主义不仅攫取了大量实际的利益，还获得在中国公开合法传教的权益。可见，通过宗教渗透来实现一些国家对他国的意图和谋取其政治利益在历史上和现在并不少见。

在当下中国，西方敌对势力和反华势力依然没有忘记利用宗教对中国进行政治、组织和思想渗透来图谋实现其对华的政治意图，即通过利用宗教在中国进行违反宪法、法律、法规和政策的宣传和活动，与我国宗教争夺信众，与我们党和政府争夺群众，实现他们在中国境内非法建立和发展宗教组织和活动据点，干涉和控制中国宗教团体和宗教事务，以期颠覆中国共产党领导的中华人民共和国政权和社会主义制度，破坏中国国家的统一、领土的完整和民族的团结，最终实现其对中国进行新殖民主义侵略的野心。特别是在冷战结束后，西方敌对势力和反华势力加紧了这一步伐，以实现对中国的"西化"和"分化"的图谋。这对于当前中国的社会主义和谐社会建设是一个潜在的巨大威胁。如果我们党和政府不加以重视，稍不留意就很有可能被他们钻了空子，而极易步入苏联的悲惨境地。

这种宗教渗透在政治上带有鲜明的恶意性，就是企图利用宗教来达到对中国的西化和分化，颠覆中华人民共和国政权和社会主义制度，分裂中国、瓦解中国和殖民中国；在文化上具有明显的侵略性，就是想通过这种渗透，搞乱中国人民的思想，瓦解中国人民的精神支柱，麻醉和欺骗中国人民，实现对中国民众的精神控制和思想控制；在活动上表现为较强的国际性，就是这种宗教渗透往往都是由中国境外势力、组织、团体和个人来组织策划实施的，不排除境内一些非法组织、团体、势力和个人与他们进行勾结、密谋，具有明显的跨国性和跨地域性；在组织上体现严密性，境外势力为了实现其对中国的图谋，可谓费尽心机，密谋已久，其策划领导组织严密，分工明确，在华身份、活动和目的隐蔽性强，一般中国民众难以知晓其真实意图，而很容易被蒙骗和利用；在手段上带有隐蔽多样性，不仅通过网络广播电视等现代先进的技术和手段进行跨时空的"空中传教"，对中国宗教、人权、民族、国家政权等方面进行横加指责和诽谤攻击，丑化中国形象；还通过偷运、"邮寄、携带、非法通关"等方式将"经书、书刊、音像制品"[1] 等各种宗教印刷品宣传品输入中国，或直接插手干预中国宗教事务和控制中国宗教团体；或以提供经济援助建教堂、印经书、解决生活困难为诱饵，拉拢中国教

---

[1] 覃辉银：《新时期境外宗教渗透及其对策思考》，《华南理工大学学报》（社会科学版）2010年第4期，第66—71页。

职人员，培植代理人，争夺宗教事务领导权，干扰中国宗教的正常发展；不仅直接派遣人员或以观光旅游、投资经商、探亲访友、慈善捐助等名义派遣人员进入中国境内进行非法传教和举办培训班，建立秘密宗教组织和活动场所，发展地下宗教势力，建立起与境外宗教组织的联络渠道和方式；还以各种手段引诱、收买、争取我出国留学、经商、务工、探亲、朝觐等人员信教入教，进而授意他们回国进行传教活动，发展信徒和培养骨干力量，以窃取中国的国家机密和对抗中国政府；或者借用学术、文化、宗教等交流的机会和平台，到中国院校进行讲课，宣传西方宗教观念和政治主张，散播宗教宣传品，暗中收集情报和物色代理人；或在我国边境地区假借捐赠援助入境传教或举办各种宗教活动吸引境内民众信教入教；或当权政府借口人权、民族、宗教问题发表所谓的"白皮书、蓝皮书"指责中国政府，直接干涉中国内政；或直接利用宗教煽动民族分裂情绪对中国进行分裂活动，谋求所谓的"西藏独立、新疆独立"等。

　　总之，一句话，就是这种渗透具有很强的隐蔽性和极大的危害性。其核心表现为内在"意图的政治目的性"和外在"行为的违法性"[1]，是两者的统一，这是人们正确判断和认识宗教渗透的标准，也是人们区别宗教渗透与正常宗教友好交往的一个标准。国外宗教界友人应邀到中国进行讲经、传道、友好访问或作学术讲座，时常会参观考察中国的宗教活动场所和参与一些宗教活动，并且也会不施加任何条件地进行一些捐赠活动，这些活动有可能会涉及一定的宗教知识和文化内容，但这些活动在行为上若没有违反我国的宪法、法律和法规，在意图上没有隐蔽性和政治危害性，那就应属于正常的宗教文化友好交往，而不是宗教渗透，这也是我国宗教界对外友好交流活动不可缺少的内容，应该给予支持。有时在正常的宗教涉外交往中，一些外来宗教人员由于对我国的相关法律规定不了解，而在具体宗教活动中违反了有关规定，对此我们应采取谨慎的态度，运用政治标准来判断其是属于"单纯的违反我国法律的行为"，还是属于"宗教渗透行为"。总之，我们要以法律为依据，来维护

---

[1] 李蕾、周风：《用法律和政治标准来区分宗教交往与渗透》，《中国民族报》2015年6月30日第7版。

国家安全和保障公民个人的宗教信仰自由。

针对宗教渗透,我们首先要坚持独立自主自办宗教原则,宗教事务和宗教团体不受外国势力的控制和支配。其次,要不断完善宗教法律法规,健全我国宗教法律体系,做到有法可依和有法必依,用法律来保障中国公民的宗教信仰自由,来打击借宗教实施违反中国宪法、法律和法规的行为。再次,要努力处理好中国的宗教事务,培养爱国守法、品行高尚的宗教教职人员和"熟悉业务、掌握政策、严守纪律和善于沟通协调"[①]的宗教外事工作人员,依法加强对宗教的对外交流和管理,形成立体化的协调联动反宗教渗透机制,积极抵御境外宗教渗透。最后,加强宗教的对外宣传和舆论导向,做好宗教的国际统一战线工作,一方面,通过外交手段,争取中国周边国家政府的支持和配合,以各种手段遏制境外敌对反华组织对我国的渗透和破坏;另一方面,要支持和鼓励中国宗教界走出国门,参加国际宗教会议,争取国际话语表达权,树立中国宗教界在国际社会中的良好形象和增强他们在海外宗教界的影响力;同时,要积极争取海外宗教界上层人士对中国宗教工作的理解和支持,邀请他们来华参观考察和访问,增进他们与中国国内宗教界人士的沟通、交流以及对中国宗教工作的了解,建立相互尊重理解、平等独立自主的宗教友好交往合作关系。此外,我们政府还需要尊重外籍信徒的宗教信仰要求和海外侨胞及归国侨胞侨眷的宗教感情,解决他们侨居国内的实际生活困难和思想困惑,争取他们努力发扬爱国爱家乡的精神和传统,为抵御渗透、反击敌对势力和增进中外友好合作积极做贡献。

第七节 宗教的政治经济功能与和谐社会建设

宗教不仅具有上述功能和作用,还由于它与世俗社会之间的密切关系而决定了它对世俗社会的政治经济也有着复杂的影响和作用,从而使得宗教具有政治经济功能。

宗教的政治与经济功能是一个极为复杂的事物,无论单纯从纵向或

[①] 覃辉银:《新时期境外宗教渗透及其对策思考》,《华南理工大学学报》(社会科学版) 2010 年第 4 期,第 66—71 页。

横向角度来考察宗教的政治经济功能，还是单纯从历史或空间视角来探讨宗教的政治经济功能，都不可能全面而准确地认识它的这种功能，唯有从纵向与横向、历史与空间相融合的视角来探讨宗教的政治经济功能，人们才有可能较全面准确而深入地认识宗教的政治与经济功能。

为此，人们应把它们放在三个历史时空点上来审视宗教的政治经济功能：一是阶级和国家产生之前宗教的政治经济功能，即原始社会时期宗教的政治经济功能；二是阶级和国家产生之后，阶级社会时期宗教的政治经济功能，主要是宗教在各阶级社会中所起的各种作用；三是社会主义时期宗教的政治经济功能，特别是宗教与社会主义中国社会的政治经济的关系。

（1）原始社会时期宗教的政治经济功能

过去有一段时期，人们对"政治和阶级斗争"有过不正确的看法，认为原始社会既不存在政治，也没有阶级和国家，国家的政治职能仅仅是阶级斗争或阶级专政，忽略甚至不认可它还具有维护不具有阶级性的人际关系以及社会公共生活秩序的职责和功能。但是，随着人们对政治及其文化研究的日益深入，使人们开始意识到，原始社会也有政治性文化和政治性生活，原始社会也是一个具有政治性的社会。因为原始社会本身也是由原始人的聚居而成的群体性生活共同体，既然是群体性社会，也就自然有一套将群体结合在一起的群体性规范、体制、机制和结构。在这种群体性生活共同体中，除了最基本的物质生产和生活条件起到重要的作用之外，与原始人的生活习俗和经验密切相关的原始宗教文化也发挥着不可替代的作用。原始宗教中的各个组成部分，包括共同的宗教信念、共同的宗教崇拜等对原始社会的群体性政治生活同样发挥着重要的功能。它不仅大大巩固和强化原始人对群体生活共同体的认同感和归属感，还增进他们彼此之间的团结、情感和增强这个群体的凝聚力，从而在此基础上产生出他们彼此共同的心理文化特性和宗教情感，以及一致的行为规范和礼仪。这些事物，实际上成为维系原始社会人际关系和群体秩序的神圣规则和政治法律制度。由于各个原始氏族和部落有着自己特色的宗教信奉、行为礼仪和文化，而使他们彼此之间相互区别开来，并成为不同氏族、部落的特色和标志。假如说原始社会早中期阶段的宗教信奉仅仅对原始社会的群体生活起到一种维系作用的话，那么，原始社会末期，伴随着私有财产和群体分化的出现，原始社会的宗教已不再仅仅是维系群体生活的纽带，更是已演变成为维护氏族长老、部落首领以及祭司阶层等特权群体利益的工具和手段，即被打上了"特权和阶级"的烙印。众多的世界民族历史资料考据证实，早期的特权群体和阶级国家总体上都是在以"巫术师和祭司"群体为核心的基础上建立和发展起来的。英国人类学家弗雷泽的"神圣君权起源于巫术师"[①]的理论进一步证实了这一历史现象。此外，在中国历史文献《国语·楚语下》记载的观射父与楚昭王之间"绝地天通"的对话，也告诉人们，古代社会中的男觋女巫是一群被认为能通神事鬼的特殊才智之人，他们不仅通晓，甚至制定和掌握着神灵社会的位序和祭祀神灵的礼仪规范，熟悉神灵和人伦关系的典章制度，还是群体社会和国家公共祭祀活动的主祭之人，后来逐渐演变成为群体社会和国家政治事务的掌管人，即所谓的"官吏"。中国古代社会的各个氏族和部落领袖以及夏商周以来的历代君王，都不只是社会和国家的最高行政长官，而且也是整个社会和国家公共宗教祭祀活动的主持人，是最高的祭祀领袖，后来自呼为承奉上天使命下来统管人间的"天之儿子或嫡长子"——天子。总之，中国历史上的"君权神授"也进一步地表明神权与君权、宗教与政治是不分离的，是合流的，而且神权和宗教是服务并服从于君权和政治的。

　　不仅如此，人们还可以从中考察到原始社会时期宗教的经济功能。从原始社会的发展历程来看，在原始社会的发展过程中，原始人为了群体生活的安全性和可持续性，需要一些具有特殊才能的人从繁重的物质生产和体力劳动中分离出来，专门从事一些保障群体生活和物质生产正常进行的活动，如对群体人员疾病的预防和治疗、对天气变化和日月星辰运行规律的探测、对吉凶祸福的预测和防范等工作。这些人员在长期的生活和生产实践中，慢慢摸索出和掌握了一些有关自然运行的规律和人体活动的奥秘，而成为群体中最有威望和才识的人，并被群体视为具有能与鬼神和精灵沟通接触、掌控他人祸福和命运的神秘超人能力之人，从而使他们令众人感到畏惧和敬重，从而在群体中受到特别的对待和享有特殊的地位，这为他们攫取群体和社会中的特殊利益提供了权力

[①] 吕大吉：《宗教学通论新编》（下），中国社会科学出版社2003年版，第716页。

和便捷的机会，进而使他们有机会成为氏族或部落的首领和领袖，乃至一个社会的君王。由此，人们从中可以洞察到，原始宗教的产生在一定意义上与原始人为了保障群体物质生产和生活正常进行的需要有一定的关联。比如，渔猎时代，原始人认为一切鱼或野生动物的捕获都是鱼神或动物神灵的赏赐，所以，在他们出征捕鱼或打猎的时候必须举行隆重的祭祀仪式，以丰富的食物供奉这些神灵，请求神灵帮助他们捕获到充足的食物；畜牧和农耕时代，原始人同样认为自然界所有的一切都有神灵的主宰，因而为了保障畜养动物的安全健康成长和农作物的丰收，原始人同样需要供奉他们的至上神和举行各种祭祀仪式，请求神灵保佑他们五谷丰登、安居乐业。由于这些从事祭祀和巫术的人们，在实践中掌握了一些自然界天气变化和日月星辰运行的规律，然后要他们的群体成员依照这些规律来行事，因而，在实践中一定程度上确实对原始社会物质生产和群体生活正常的进行起到保障功能。像中国古代社会的人们依据日月运行的规律而制定的阴历，对农作物的生产和耕作就有直接的指导作用。

总之，从原始社会时期开始，宗教就渗透到人类活动的各个领域，包括政治和经济活动，以至于人们认为与人的生死攸关的一切事物以及人类的所有活动，都受到超自然神灵的掌控，人类必须敬畏和崇拜它们，否则人类就会遭受灾害。对于规范群体社会秩序和人际关系的道德准则与政治法律，宗教赋予它们以神圣的意义和神秘的色彩，而被说成是秉承诸神旨意，从而使人类的社会及其秩序得以神圣化，让这些人们必须被迫遵从的社会规范内化为人们内心精神上的信仰追求和价值标准，从而大大减少了这种外在被迫遵从给人类带来的内心痛苦和扭曲。由此可见，假如没有宗教对人类社会的神圣化，人类的道德行为、政治法律和社会秩序就难以维系和承继巩固下来，人类社会也就不可能持续至今天。因此，宗教和政治，都是人类创造的文化形态，都对人类社会的运行起到重要的作用。

（2）阶级社会时期宗教的政治经济功能

原始社会末期伴随着私有财产制度的出现，阶级和国家也相继产生。自此，人类进入阶级社会时期。在阶级社会中，宗教本身并不具有阶级属性；但是，作为社会上层建筑核心要素的政治，不仅带有强烈的阶级性，而且对其他非核心社会上层建筑也起到一定的决定作用；宗教作为社会上层建筑政治要素的从属物，自然也受到政治这一核心要素的制约而被打上阶级的烙印。宗教不仅仅与阶级存在着一定的对应关系，还由于宗教本身所具有的强大的社会整合与控制功能，而常常被不同的政治集团和势力以及阶级所利用，成为政治和阶级斗争的工具。这是因为，在阶级社会中，各个政治集团和阶级都需借助和利用宗教这一社会意识形态和社会实体力量，作为实现本集团和本阶级的政治意图和维护本集团和本阶级的政治经济利益的工具和手段；同时，宗教作为一种社会组织力量，也必须在复杂的阶级斗争过程中寻求自身生存和发展的条件和空间，因而也带有明显的政治性。但是，宗教不单单具有这些阶级政治属性，而且体现一定的非阶级属性和终极价值属性。这是因为宗教本身是人类共同创造的社会文化和意识形态，能够满足人类一些共同的精神、心理和终极价值需求，具有一定的公共性和社会性。

正因为宗教属性的复杂性，也就决定了宗教在阶级社会中与政治的关系也呈现出复杂的特点。它们之间的关系大致可以归结为三种情形：一是宗教与世俗政治的合作共存关系；二是宗教与世俗政治的对立冲突关系；三是宗教与世俗政治的既不合作、也互不干涉的中立关系。在不同的关系模式中，宗教的政治经济功能所发挥的作用和影响也是不一样的。

首先是宗教与世俗政治合作共存关系中宗教的政治经济功能。

在这种关系模式中，又存在着六种社会形态：一是宗教民族化国教制社会形态，二是政教合一型社会形态；三是神权统治型社会形态；四是宗教政党型社会形态；五是政教分离型社会形态；六是"神道设教"。

在实行宗教民族化国教制社会中，宗教是全民族的共同信仰，只不过宗教和神权是在君权和政治的支配下的一种宗教与政治的结合物；它是统治集团利用其手中掌握的政治权力，将某一种宗教视为维护其统治秩序的一种手段和力量，并以国家法律的形式将该宗教定为国家宗教，要求全体国民必须信仰，其他宗教信仰被视为异教而遭受排斥。在国教制社会中，宗教和神权不能凌驾于君权和国家政权之上，而是受国家政权的支配，并通过维护和服务于君权的统治来获取其自身生存和发展的空间和条件；宗教神职人员在此社会中享有较高的社会地位和较大的特权，对国家的政治经济文化和社会生活均产生较大的影响和作用；尽管如此，但他们本身并不具有独立性，而必须在统治集团的授意和支配下行动，宗教领袖也往往必须经由统治者认定，宗教教义也必须依照统治集团的意志来解读或修改。这种宗教与政治、神权与君权的结合形式，就是统治集团通过运用政治权力来实现其国民宗教信仰的一致和统一，使得国家信仰在意识形态中呈现单一化和同质化，从而来实现安定与和谐的统治秩序的维护。在历史上，古罗马帝国就是一个典型的国教制社会。起初，罗马统治者认为基督教会对其统治构成威胁，而对基督教会及其教徒进行迫害；但是，基督教为了求得在罗马社会的生存，广泛吸收大批罗马贵族信教和入教，同时又主动调整其教义与罗马帝国的要求相适应，从而得到罗马帝国统治集团的认可而被加以利用和扶植；在公元313年，罗马帝国颁布"米兰敕令"，对基督教进行解禁，宣布基督教信仰自由；继而在公元391年，罗马皇帝君士坦丁又下令宣布基督教为国教；在扶植和利用基督教的同时，罗马皇帝也加强了对基督教的控制和管理，使其更好地效忠于罗马帝国；当然，基督教也由此而获得许多政治和经济上的特权，使其能够运用暴力对其他宗教进行镇压，而走向宗教专制主义；不过，基督教并没有让罗马帝国万古长存，最终还是走向消亡。在现代时期，也有国教制社会，比如日本明治维新之后，日本天皇将神道教定为国教，提出"神皇与祭政一体"[①]，认为天皇是活神，是天照大神之子孙，鼓吹建立以日本为中心、以神道思想为统治思想的世界秩序。神道思想最终把日本引向侵略。在二战中失败后，日本战后新宗教法令将国家神道定为民间宗教，神道教由此而失去国教的身份和地位。

在政教合一型社会中，宗教与政治、神权与君权结合得最为紧密，二者合为一体。国家政权和宗教教权同为国家政治领袖一人所掌控，国家政治领袖就是宗教领袖；国家法律也常以宗教教义为依据，甚至有的宗教教义直接被认定为国家法律，国家和国民的一切事务均以教义为准

---

① 冯天策：《宗教论》，山东人民出版社2005年版，第185页。

则来进行处理；社会中的国民一般都具有专一和狂热的宗教情感。像穆罕默德一手创建的伊斯兰教及其哈里发帝国，就是典型的政教合一型社会，穆罕默德既是伊斯兰教的宗教领袖，又是阿拉伯帝国的国王，伊斯兰教的经典《古兰经》就是这个国家的法典，阿拉伯帝国的政治、经济、社会、军事、法律以及宗教都是以此来确立的。这种政教合一的形式，是统治集团借用神灵的力量来让民众甘愿接受他们的统治，远比纯粹利用政治力量来实现其统治方便和有利的多，而且对其政治和宗教势力的扩张有着特别的促进意义，使得阿拉伯世界在短时期之内迅速建立和统一起来。这种影响力甚至在阿拉伯帝国消失的今天，仍然对众多的伊斯兰教国家产生较大的作用，像阿拉伯地区的不少伊斯兰国家，政教合一的色彩依然很浓厚，伊斯兰教经典对这些伊斯兰国家和地区的政治经济与社会文化依旧发挥着全面而深入的影响。此外，还有中国解放前的西藏地方政府，自从1265年（萨迦权）之后的700多年里，西藏佛教与西藏地方政权就紧密结合成农奴制的政教合一型社会形态，达赖喇嘛既是藏传佛教的最高宗教领袖，也是地方政权的最高领袖，此种制度一直延续到西藏解放为止。

神权统治型社会，虽然也是神权与政权紧密结合的一种形式，但与国教制不同的是，神权统治下的社会是一个教权高于君权和政权的一种社会形态。在此种神权统治下，宗教领袖以神的名义，掌握着政权，将世俗的君权置于神权之下，服从于神权的统治，世俗的君主听命于宗教领袖。公元11世纪至13世纪是基督教在欧洲鼎盛时期，就是天主教神权统治欧洲时期，当时的罗马教皇成为欧洲权力中心，除了少部分地区外，欧洲的大部分地区均受教皇的管辖，到13世纪末，就连欧洲各诸侯国的君主都得听从于教皇；基督教的经典《圣经》虽不是法律却胜似于法律，任何人不能违反它，否则就被视为冒犯神权而要受到宗教裁判所的审判，最终受到残酷的处罚；即使是国家的法律，也必须以《圣经》为准则进行遵守，不能与之相冲突。在神权统治下，人们的一切言行和思想被神权思想牢牢地控制和束缚，没有丝毫的自由，每日履行一些无意义的宗教仪式。

政教分离是宗教与政治一种形式上的分离，但并不表示两者不合作，而是政教共存的一种新形式，它是现代文明的必然结果，这种形式的分离是为了两者更好合作，使宗教更好地服务于政治。在政教分离形式中，君权和政权仍处于统治主导地位，神权和教权处于被支配地位，服从并服务于国家政权的统治。此种形式中的宗教是统治集团维护统治秩序和教化人心的手段和工具。比如，美国建国之后，就实行政教分离政策，将基督教与国家政治分开，允许各种宗教同时并存，但不许宗教专制。这是因为新生的美国资产阶级亟须发展商品经济和自由贸易，但深感专制神权制度对此造成很大的阻碍；同时，广大的美国民众受到民主共和思想的影响，而厌恶殖民地宗教的专制统治；于是，美国当权者顺应这种趋势，实施政教分离政策。政教分离并不影响基督教在美国的迅速发展，也不妨碍其对美国政治的更好地服务。政教分离仅仅是形式上的分离，是新的历史社会条件下一种更好地实现政治与宗教合作的新方式。

宗教政党型，是指第二次世界大战之后，在欧洲大陆和一些第三世界国家出现的宗教与政党相结合的产物，是现代社会中宗教与政治相结合的一种新形式。政教分离，只是表明宗教不能对国家政权的行政事务进行干预，但并不意味着宗教不能参与社会政治，它还是可以通过组建政党的形式来介入国家行政事务。在这种宗教与政党结合的形态中，宗教政党既是一个政治组织，又是一个宗教组织；既追求政治目标，也追求宗教目的；宗教领袖又是政党领袖，宗教教义也是宗教政党的指导思想和意识形态。其主要是一些信仰某一宗教的小资产阶级和资产阶级政治活动家，在宗教领袖的默许、赞同和支持下，利用宗教对民众的影响和宗教组织的社会功能来组织发动群众，帮助其实现政治目的；或者是一些宗教领袖和宗教组织为了扩大自己的宗教势力和便于直接介入政治，以便增强宗教组织的政治色彩和实现其政治目标，直接在其所掌控的宗教组织的基础上组建自己的宗教政党，或者同政治活动家联手创建宗教政党，达到实现其政治目标的意图。不管采用何种形式将宗教与政党结合，其真实的目的都是借助宗教的力量来实现其真正的政治或宗教目标。依据现有的数据统计，全球各种形式的宗教政党达 50 余个，主要有基督教政党和伊斯兰教政党，其中，基督教政党主要分布在欧洲和南美地区，而伊斯兰教政党则分布在亚非的伊斯兰教国家中。此外，日本有佛教日莲宗派宗教政党，印度有印度教宗教政党，苏联解体后的俄罗斯有东正教君主主义者联盟宗教政党。这些宗教政党在各国的发展有强有弱，在欧洲的法国、德国、意大利、奥地利等国，宗教政党的实力较强，而且直接参与政党政治；在北美地区，宗教政党的势力偏弱小，对政治的干预也较小。总之，宗教涉入现代的政党政治，除了表现为组建宗教政党这一形式之外，还表现为各种宗教组织与各政党之间建立各种复杂的联系，对国家的政治选举活动产生较大的影响。

此外，宗教与政治相结合还有一种独特的形式，那就是中国历史上特有的"神道设教"现象。它是国家统治集团将宗教意识与国家政治意识融合为一体的宗教政治，是统治者借助"神道"的力量，以中国古代圣贤的名义教化百姓以维护社会秩序和扶植伦理道德而制定的一种思想教育政策。它既不讲宗教的轮回报应，也不涉及宗教的组织和仪式，着重是中国古代的圣人如何在神的帮助下创设政治、文物典章治理百姓的道理，起到教育民众、维护社会秩序和扶植伦理道德的作用。"神道设教"符合封建社会全体民众的利益，且有利于封建统治，因而得到封建统治者的推崇。

在宗教与政治合作共存的关系模式中，宗教一般都能主动去适应其所处社会的政治、经济和文化的变化，满足其国家政权的需要；不然，它就很难与所处的社会相适应和进行合作，也自然难以在该社会中生存和发展。当然，在具体的结合模式中，宗教的政治和经济功能的发挥是不一样的；大体上，宗教民族化国教制社会、政教合一型社会和神权统治型社会等三种形态中宗教政治经济功能的表现相似性较大；而政教分离型社会和宗教政党型社会两种社会形态中的宗教政治经济功能所起的作用会具有较大的相似性；当然，前三种形态与后两者之间也存有相似性，但相对来讲，前后之间的差异性会更明显；同时，即使在同一关系模式中的不同社会历史条件下，宗教的政治经济功能的发挥也是有差异的。

从历史上看，宗教的政治功能的一般作用主要表现为：第一，在社会稳定时期，民族化的宗教和国教在民族内部和国家中发挥着社会整合和控制的功能，起到强化民族和国家认同、凝聚民心和教化规范民众的作用。比如，犹太教，其使长期分散的犹太民族形成一种统一而强烈的民族认同感和凝聚力，从而使这个民族得以维系下去；再如穆罕默德通过创建和运用伊斯兰教，将阿拉伯半岛上的民族统一起来，建立起一个强大的阿拉伯帝国。但是，如果民族化宗教或国家宗教把一个民族或国家共同的宗教信仰加以神圣化和绝对化，不允许其信众对之持任何怀疑的态度，更不允许其对不同信仰的他教或他族文明表示欣赏和认可，那么，这种宗教固然可以对这个民族或国家的社会政治秩序与结构起到维护作用，但同时它也会固化这种秩序和结构，而凝固人们的思想观念，不利于人们的思想开放和接受新鲜事物，从而阻滞这个社会的发展和前进。第二，在民族或国家遭遇外族侵略的时候，民族化的宗教或国家宗教能起到维护国家和民族利益的作用。例如，在信仰伊斯兰教的阿拉伯民族和国家遭遇西方列强侵略的时候，伊斯兰教引领阿拉伯民族的人民一起抵抗殖民主义的侵略，维护本民族或国家的利益；英国殖民主义者侵略印度的时候，印度教也引领印度民众与其进行斗争，维护自己的国家和民族利益；在印度支那遭遇美国侵略的时候，佛教僧侣们率领信众与美国侵略者展开了斗争。第三，在一个民族或国家推行对外扩张或殖民主义的时候，其民族宗教或国家宗教起到协助其民族或国家推行扩张或殖民主义的政治作用。例如，在近代历史时期，欧洲各国列强在向美洲、亚洲、非洲扩张和殖民的时候，欧洲的基督教在这些地区实行过基督教专制主义或殖民主义，给这些地区的人民造成难以弥补的伤害和痛苦；还有日本的神道教，在推动和帮助日本推行法西斯侵略的过程中，起到较大的作用。第四，在一个多民族多宗教信仰和多教派的民族国家中，一旦各个宗教或教派掺和到民族或国家的政权政治斗争当中的时候，由于不同的宗教信仰和教派差异，就有可能对国家或民族的分裂和冲突行为起到推波助澜的作用，而容易破坏国家或民族的统一稳定而走向冲突与分裂。这使得宗教成为阶级斗争、政治斗争和派系斗争的工具。比如北爱尔兰与英格兰的统一与分裂的矛盾，与天主教和基督新教两者之间的矛盾冲突有直接的关联。印度教与伊斯兰教之间的矛盾引发的印度与巴基斯坦的分治。天主教、伊斯兰教和东正教之间的矛盾引发的波黑冲突，东正教与伊斯兰教的矛盾引发的科索沃冲突。第五，不同国家如果存在相同的宗教信仰，那么，这种共同的宗教信仰有可能会强化彼此之间的亲近感和认同感，使它们彼此视为兄弟或朋友，从而有助于推进彼此之间在政治上的联袂。比如,信仰基督教的民族或国家会自称自己属于基督教世界,它们常常会形成政治上的联盟;信仰伊斯兰教的民族或国家则会声称自己属于伊斯兰教世界,也常常会形成政治联盟。第六,不同国家或民族如果持有不同的宗教信仰,将有可能强化它们彼此之间国家或民族的排斥力,而容易使它们彼此之间视为敌人或异端,而引发讨伐异教和异族的宗教战争。像历史上的十字军东征,就是基督教国家政权对伊斯兰教国家政权发动的宗教战争。美国当代学者亨廷顿所描述的"文明的冲突",实际上就是基督教世界与伊斯兰教世界的矛盾和冲突。

上述宗教的这些政治功能的发挥,体现了较为明显的阶级属性。但众所周知,阶级社会中的社会关系,并不是所有的关系都具有阶级属性,有一些具有阶级性,而有些属于非阶级范畴。因此,阶级社会中的宗教不仅仅调整具有阶级性的社会关系,还调整一些不具有阶级性的社会关系,而且这些关系的范畴也十分广泛,如地缘关系、血缘关系、业缘关系、种族中的性关系、社区中的人际关系以及教徒之间的关系。宗教通过运用神的力量,以神或天定的名义调整这些阶级和非阶级社会关系相应的道德规范、法律制度、政治规则赋予神圣色彩,从而增强这些伦理道德、法律规章和政治制度的神圣不可侵犯性,强化全体社会民众对这些道德规范、法律规章和政治制度的遵守和服从,从而起到维系社会和群体共同生活正常进行之所需的秩序。宗教的这些作用,不仅体现了宗教的政治功能,还体现了它的一些非政治功能。总之,宗教通过参与国家、民族事务的管理以及阶级斗争和政党活动,将其政治和非政治功能得以发挥出来。其对社会、国家和民族有利的就属于正功能,否则,就属于负功能。对于任何时期任何一种宗教的政治功能,人们都应该历史、客观、具体综合地判断和分析。

不管在阶级还是非阶级社会中,宗教作为一种社会上层建筑和意识形态,总要以一定的物质生产条件为基础;否则,它就难以在社会中生存和发展。因此,任何一种宗教,都要受到一定的物质生产和经济生活条件的制约。依据考古资料表明,在距今3万年至1万年的时候,人类的宗教观念才开始出现。人们的宗教观念一旦形成,宗教信仰一旦出现,就会对所处社会的经济发生作用,自然就体现出宗教的经济功能。因此,对于宗教与经济的关系，人们可以从两方面来看。

一方面，社会物质生产和经济生活为宗教的产生、存在和发展提供了前提和基础，并对宗教的各个要素产生一定的影响。如前所述，宗教是人类物质生产和生活达到一定水平的产物。没有人类物质生产和生活的一定满足，宗教是不可能产生的。同样，在阶级社会中，宗教的存在和发展要依赖社会的一定的物质生活和经济生活条件，没有这个条件，宗教就失去其生存和发展的根基，是难以存在下去的，更不可能对社会产生作用。这是因为，宗教教职人员本身是人，也要衣食住行；各个宗教组织和团体要开展各种宗教活动，也必须有一定的物质条件；宗教活动场所和聚会场所的建造，宗教典籍的整理、出版和发行，宗教各种法器的研制、置办和购买，都必须有充足的物质经济条件来保障，否则就寸步难行。在历史上，宗教的经济主要来源于国家政权的支持资助，宗教的课税，教徒的捐赠，社会各界的捐助，宗教组织和团体从事各种社会服务的收益以及直接从事经营活动的收益。没有一定经济来源做保障，宗教组织难以运作，宗教教职人员难以生活。正是因为有了宗教经济的积累，才使宗教的社会影响力不断壮大。这是因为，宗教在经济积累的过程中，不断通过诸如建造宗教活动场所和设施、建制宗教器物、举行各种宗教慈善救助和法事活动等，扩大其在社会中的影响力；当宗教经济积累到一定富足的时候，宗教组织和团体在宗教信仰的支配下，又将一部分财物回报捐助给社会，用于赈灾济贫、治病救孤、补救民众生活等，从而反过来又进一步扩大宗教的社会影响力和促进宗教经济的积累。在阶级社会中，宗教经济常常是阶级社会经济的组成部分，特别是在国教制社会、政教合一型社会以及神权统治型社会，宗教经济是该社会经济的重要组成部分。同样，中国封建社会中的寺院经济也是封建社会经济的组成部分。

另一方面，宗教对社会物质生产和经济生活也发生各种影响。当然，这种影响和作用同样是十分复杂的。它表现为宗教各要素会对经济发生作用，而且这种影响是各不相同的。同时，不同的宗教对经济的作用也是有差异的，即使是同一种宗教，在不同的社会历史时期和条件下，对经济的影响和作用也不一样。总体来看，宗教对经济的作用既有正面的，也有负面的，大致可以归纳为五个方面。

第一，广大宗教信众，特别是中下层信徒在人类社会经济的发展和物质财富的积累过程中做出了大量的贡献。

从世界历史和范围来看，不管信仰何种宗教，几乎所有宗教的各个信徒，都有两种身份，进行着两种活动：一是信徒身份，即他或她虔诚信仰某种宗教，积极参与和进行各种宗教活动；一是劳动者身份，即他或她积极参与社会财富的创造，在社会的各个领域从事着不同的生产劳动。对于他们来说，信仰宗教与生产劳动并不矛盾。因为对于大多数的普通信众来说，他们本身大多数都是社会的各行各业劳动生产者，有的是农民，有的是渔民，有的是牧民，有的是工人，还有的是知识分子。他们的劳动所得不仅要用来满足自身的需求，还要将自己劳动所得的一部分自愿捐献给教会组织。所以，他们必须通过自己的劳动养活自己，养活自己的家人，还要为自己的信仰进献一份义务，因而，参加生产劳动是他们所必须的。相对于普通信众而言，宗教教职人员有点不同。由于社会分工的需要，他们从社会物质生产劳动中分离出来，不再从事直接的物质生产劳动，而是专门从事各种宗教事务性活动，他们的衣食住行主要来自社会的供养。即便如此，像欧洲中世纪时期，一些基督教修道院的中下层修士修女们，被要求在其修道院从事手工业、畜养和种植劳动。我国历史上提倡农禅并重的佛教派别，也要求其僧侣适当参与种植、造林、建桥修路等劳作，以此来解决自己部分的衣食来源。所以，总体来看，几乎任何宗教的任何信徒，都在其所处的社会从事着各种不同的生产劳动，都在为社会和人类创造各种社会财富，都是人类社会的劳动者和社会财富的创造者。他们对社会经济的发展起到功不可没的作用。

第二，宗教教义和思想观念直接影响经济生活和信众的经济行为。

宗教信仰所具有的强大的社会整合、控制和心理调适功能，直接影响宗教信众的捐赠、布施和纳税等行为。同时，几乎每一种宗教教义中都有一些关于社会经济生活和对信徒经济行为的规定。这些规定不仅直接对社会的经济生活产生作用，而且对信徒的经济行为造成影响。比如，在伊斯兰教中，就有"天课"的规定，而且被定为穆斯林信仰的五项功课之一。凡是信仰伊斯兰教的信徒，都必须将自己劳动所得的一部分作为"天课"，无偿地捐献给教会，做到这一点，被视为履行了天课的职责，否则被视为不是一个虔诚的信仰者。不仅伊斯兰教有这样的规定，天主教、基督教等也都有类似的规定，只不过不称为天课，而称为"什一税"。"什一税"的规定，不仅解决了教会的经济来源，还培养了信众纳税神圣的观念，为资本主义征收个人所得税提前做好了社会心理准备。基督教教义教育新教徒，履行自己的日常事务就是上帝给他安排的天职，做好这些工作就能证明自己是"上帝的选民"，就能使上帝或神得到荣耀，这就使得日常事务的履行被赋予了宗教的神圣意义，从而利于培养信众的积极进取、节俭勤勉的品格，这种品格在推动早期资本主义的发展中起到了重要的作用。马克斯·韦伯将此视为资本主义精神的源泉。伊斯兰教中"真主准许买卖，而禁止重利"的规定对其信徒的经济行为给予了直接的约束，而基督教中"应当用充足的斗和公平的秤，这是善事"的格言不仅规范了其信众的经济行为，还调整他们的经济心态。这些有关经济行为的规定和格言，在规范信众经济行为的同时也对社会经济生活起到良好的调节作用。再如，佛教的不杀生戒律直接影响了佛教徒的行为，使他们不敢杀害病虫害虫，也不敢对牛羊牲畜进行合理宰杀，而对农业牧业渔业以及养殖业的生产和发展造成一定的影响。此外，佛教和天主教出家的神职人员不能结婚的规定，也必然对人口的再生产和物质经济的再生产带来一定的影响。例如，中国西藏解放前僧尼人数超过12万，是当时西藏总人口的十分之一，这些出家人员不仅要接受信徒的供养，还不能结婚生子。因而，在一定程度上不仅影响了该地区的人口增长，还给这个地区的经济发展带来压力。此外，像否定现世、相信命定、安于现状的一些滞后的宗教观念和要求信徒过多地将精力和资金消耗在宗教生活上的举措无疑在一定程度上会制约经济的发展，而强调禁欲和节俭的宗教主张也在一定程度上会抑制社会消费水平的提升。

第三，宗教的祭祀和各种礼仪活动在一定程度上消耗了大量的社会财富，给信众增加不少经济负担，不利于社会财富的积累和经济的增长。

各种宗教都有着自己的祭祀和礼仪活动，它们在举行这些活动的时候，需要耗费不少社会财富和资源。特别是在生产力低下的传统和原始社会，频繁的宗教祭祀和礼仪活动，不仅耗费大量的人力、财力和物力，给信众增加沉重的经济负担，还给生产造成很大的负面影响和破坏作用。比如，一些传统的民族宗教祭祀活动，需要宰杀牛、羊等大量的牲畜，有的甚至还以宰杀牲畜的多少来代表对神灵的虔诚度；更有甚者，有的还用人来祭祀神灵；像这些宗教行为和活动，不仅严重影响人们的正常生活，还破坏了社会的生产力，甚至损害人们的生命财产安全。再如，一些教会组织，漫无休止地修建宫观庙堂，耗费了大量的社会财富，加重了信众的经济负担；还有一些宗教朝圣活动，也要消耗巨大的人力、物力和财力。总之，各种宗教的祭祀和礼仪活动会消耗社会大量的人力、财力和物力，增加信众的各种负担，在一定程度上影响了人们的生产和生活。因此，在宗教祭祀和礼仪活动中提倡节俭、反对浪费应该成为各个宗教一个自律要求。

第四，一定社会的经济制度是各个宗教及其组织和群体生存发展的基础。因此，各个宗教组织和群体都会通过维护其赖以生存和发展的经济制度来影响社会经济的发展。

一般而言，被一个社会所接纳和推崇的居主导地位的宗教，往往是得到统治阶级所认可的宗教。它不仅是这个社会政治制度和秩序的维护者，也是这个社会经济制度和秩序的维护者。这种宗教通常会以神或上帝的名义，使现存的政治和经济制度合法化和神圣化，然后，要求其信众乃至广大的社会成员给予遵守和维护。例如，西藏农奴制时代的藏传佛教，就是得到西藏农奴制政权认可的宗教，它不仅是西藏农奴制社会政治制度和秩序的维护者，还是其经济制度和秩序的维护者。再如，欧洲封建制时代的基督教，是被封建统治阶级所认可的宗教，它在维护封建制政权和经济制度方面起到过作用。而资本主义社会时期的基督教，则是资本主义社会政治和经济制度的维护者。究其原因，在于这些宗教本身就是既定的居统治地位的社会政治和经济关系的产物，或者说，既定的政治秩序和经济制度是它们得以生存和发展的基础。因此，各个社会的宗教及其组织和群体会着力去维护其赖以生存和发展的基础，从而对现存的社会经济发展产生影响。例如，像欧洲中世纪的教堂，不仅是一个城市的宗教中心，还是其政治和经济中心，起到流通经济、交换商品枢纽的作用。还有众多的教会组织，当其财富积累到一定数量的时候，会将其积累的社会财富，通过宗教慈善、公益以及社会服务，赈灾扶贫，治病救孤，回报给社会。这也是对现存的社会经济起到调节和维护作用。

第五，宗教实体经济作为社会经济的一个特殊组成部分，其积累和消费若超过社会总体经济的承受能力，就有可能对社会总体经济带来消极影响甚至是破坏性作用。

宗教经济作为宗教生存和发展的基础，在任何时候对于任何一个宗教的发展壮大都是极为重要的。因此，几乎所有的宗教都非常重视其自身经济实力的壮大，而且将此视为扩大其社会影响力的一个重要手段。纵观历史和现实社会，人们都会发现，几乎所有的宗教都掌控着一定的经济来源和经济收入，各种宗教组织往往都占有一定的社会财富。特别是在历史上，很多宗教不仅享受政府的各种免税特权，占据大量的土地庄园和劳动力，征收赋税和经营放贷，还从事各种经营活动和宗教职业性服务，以获取收益。这就是宗教实体经济。它是指与宗教有关或以崇尚侍奉神灵、上帝、超自然神圣事物为核心的一切经济活动、经济行为和经济现象，主要包括宗教经济积累和宗教经济消费两大类。

宗教经济积累主要是指宗教实体为壮大自身的经济实力所开展的各项生产性、经营性、服务性活动和其他增加经济收益的活动；它不仅包括接受来自政府和社会的资助、捐赠以及宗教的课税、募捐和教徒的捐献，还包括各种宗教实体开展的各种生产经营性活动，如生产、销售和经营宗教圣像圣物、宗教器具用品、宗教经典书籍、宗教影音资料、宗教服饰装饰等，以及各个宗教组织从事职业性的宗教服务和从事投资经营活动。例如，中世纪的天主教会拥有三分之一的西欧土地，还享有征收什一税和兜售赎罪券的特权收益；今天的梵蒂冈仍然拥有一定的社会影响力，在于它依然掌控和经营着一笔巨额的财富；美国教会每年收受信徒的奉献金高达千亿美元；沙特从朝觐活动中每年获得的收益近八十亿美元。这些宗教实体经济经过长期的积累和发展，已形成一个独特的行业经济，是各国经济的一个特殊领域。纵观历史和现实，宗教实体经济已完全成为各国现实社会经济的组成部分，特别是在民族化国教制社会、政教合一型社会和神权统治型社会，宗教实体经济规模宏大，占据社会经济的比重也较大。以至于欧洲中世纪的不少教堂不仅成为宗教中心，还成为当地的政治经济和城市中心。

宗教经济积累的主要目的在于使宗教经济消费有所保障。所谓宗教经济消费，是指各个宗教组织和群体围绕着其目标开展各项活动所消耗的钱财和物品。它包括宗教活动所需要的基础设施和场所建造开支，宗教典籍器皿、圣像圣物的印造支出，教会组织日常运作和管理的支出，宗教教职人员的活动经费和修持费用的支出，教徒开展宗教活动费用，宗教社会交往和发展活动支出，以及宗教开展社会公益慈善服务的开支等。这些宗教经济消费，表面看上去是一种纯粹的消费，而事实上，宗教通过各种消费过程，一方面，完成其固定资产的积累，不断扩大其社会影响力，树立其"仁慈、博爱、慈悲"的良好社会形象，以换取更多社会成员的信奉；另一方面，通过这种消费过程，取得社会经济资助的反馈，获得社会各个组织和个人更多的经济资助，从而逐步壮大自身的经济实力和社会影响力。

每一个社会的经济积累和消费的总量都是有一定的限度。若一个社会的宗教经济积累和消费量度占据这个社会经济总量的比重偏大，它就有可能会抑制某些行业经济的发展和影响社会的扩大再生产。同时，当一个社会的宗教经济积累和消费量度完全超过了这个社会总体经济所承受的能力。那么，这种宗教经济不只是仅仅抑制社会中某些行业经济的发展和影响社会的扩大再生产，而且还会给这个社会造成不可估量的影响，甚至是政治性的破坏作用。原因在于，宗教经济积累和消费总量过于庞大，表明社会的大量财富集聚在宗教教团和神职人员手中，其结果，一方面有可能导致宗教神职人员生活腐化堕落而有违社会公众对神职人员的角色期望，而自毁宗教的良好社会形象和根基；另一方面使社会财富不能运用到社会的扩大再生产中，导致社会经济的积累、消费和扩大再生产不能保持相对的平衡，超过社会总体经济的承受限度，势必引发国家和社会的经济出现贫乏和混乱，使社会现有的常规经济体系遭受破坏，甚至导致国民经济的整体崩溃，最终可能引起社会的大混乱。例如，中国历史上唐武宗灭佛事件，其根本原因在于当时的佛教寺院经济高度膨胀，致使政府财政空虚和民众贫困，迫使唐武宗动用行政强制性手段实施"灭佛"，来限制佛教经济的过度膨胀。还有欧洲中世纪的天主教罗马教会，不仅占据了欧洲三分之一的土地，还掌控着巨额的财富，致使欧洲各国政府的国库空虚，民众普遍贫穷，而引发很多农民和市民纷纷起来反抗，发动反封建反教会的农民战争。

总之，宗教经济的积累和消费，对社会经济的作用具有正负二重性，保持宗教经济与社会总体经济的适度平衡是维护宗教与社会和谐共处的一个前提和基础。

其次是宗教与世俗政治的对立冲突关系。

宗教与世俗政治的对立冲突，主要是指阶级社会中被统治被剥削阶级的宗教与世俗统治政权的冲突与对抗，是异端宗教或神学异端与国家政权统治秩序和利益的冲突，是阶级社会中被剥削和被压迫阶级反对现存统治政权的一种形式，它本质上是阶级社会中阶级斗争和政治斗争在宗教中的曲折反映，是反对统治政权的异端政治对抗统治政权的正统政治的产物。

它是在人类社会出现阶级和国家之后才出现的现象。在原始社会中，由于原始宗教既还没有成为一个系统的理论体系，也没有成为阶级统治的工具和手段，因而不存在这种现象，即便存在，也是原始社会末期私有制出现以后的事情。只有当宗教理论化后成为一个理论体系和阶级的统治工具之后，才出现了异端宗教或神学异端。之所以被称为异端宗教或神学异端，是相对于阶级社会中被统治阶级所认可的处于主导地位的正统宗教而言，正统宗教是得到统治集团的推崇和保护的宗教，代表的也是统治阶级的意志和利益，它与被剥削被统治阶级的利益和意志是相违背的。而异端宗教或神学异端，是异端政治的支持者，是为被剥削阶级所创建和信奉的，是被统治被剥削阶级意志和利益的体现，与正统宗教是相矛盾和冲突的。这两种宗教，无论是在崇拜对象、教义主张、信众身份，还是宗教仪式、组织形式以及政治倾向方面都存在较大差异。正统宗教与异端宗教的对立和冲突，是世俗阶级社会统治阶级与被统治阶级政治斗争和阶级斗争在宗教领域的反映，是正统政治与异端政治斗争的表现。在阶级社会中，正统宗教成为统治阶级用来维护自己统治秩序和利益的工具和手段，而异端宗教则成为被统治阶级维护自己利益，反对和对抗统治政权的武器和旗帜。因此，被剥削阶级对立和反抗统治阶级，不仅反抗它的政权，还反抗它的宗教。同样，统治阶级统治和打压被统治阶级，不仅从政治上给予打压，还打压它的宗教。正如恩格斯在其著作《德国农民战争》中所指出的那样："一般针对封建制度发出的一切攻击必然首先就是对教会的攻击，而一切革命的社会政治理论大体上必然首先就是神学异端。"① 这种现象，不仅在欧洲存在，在中国同样存在；不仅在过去存在，在现代社会也照样存在。比如，在中国封建社会历史上发生的多次农民起义和战争，就有过宗教异端。像东汉末年张角领导的太平道农民起义，就是反对东汉谶纬神学的异端，而洪秀全以"拜上帝教"形式领导的太平天国运动，是反对清朝传统宗教的异端。

之所以会出现这种现象，主要原因是，很早以前以来，国家政权统治者们就开始借用宗教和神灵的力量来维护他们的统治，受这种传统思想观念的长期熏陶和影响，使得人们的思想观念和情感被打上了神灵的烙印，涂上了宗教的色彩；人们也习惯了这种宗教观念、宗教语言和宗教形式。在宗教意识形态占统治地位的社会中，被统治阶级也不得不模仿和借用宗教的观念、宗教的形式和宗教的语言来发动群众，掀起反抗统治政权的斗争。正因为如此，历史上很多政治运动和社会运动都是打着宗教的旗号，采取神学的形式来进行。宗教异端运动之所以常与被统治阶级相联系，发展成为以底层民众为主体的宗教运动，或多或少地表达和反映了底层民众的社会政治诉求，是底层民众反抗统治集团统治压迫和剥削的重要斗争形式。

由于异端宗教是反抗现存统治政权的，因而很难在统治政权的社会中生存下来。众多的历史事实反复证明，但凡被国家政权所反对，又不能适应社会需求的宗教，很容易在反对国家政权统治的政治斗争中消失，甚至被彻底消灭。一般来说，异端宗教与反对统治集团正统统治的异端政治具有相同或相似的命运，它会伴随异端政治的生灭而生存或灭亡。例如，在世界影响很大的美国大卫宗教，由于与美国政府对抗，于1993年4月被美国政府动用武力予以摧毁。当然，并不是所有的异端宗教都最终走向灭亡，只要这种异端宗教是适应社会发展要求，又代表的是反对没落腐朽阶级统治的新生政治力量，那它就很有可能会得到新生政治力量的支持而伴随新生政治力量的壮大成功而走向发展壮大。这种时候，异端宗教就会很有可能主动抓住机遇调整和改革自己，尽力让自身满足大多数民众的需要和符合新生政治力量的要求，从而成为支持、维护和代表新生政治势力的力量而存活发展下来。像欧洲历史上的不少宗教改

---

① 《马克思恩格斯全集》，人民出版社1965年版，第7卷，第401页。

革，如 16 世纪德国的路德派宗教改革，法国、瑞士和尼德兰的加尔文派宗教改革以及 17 世纪的清教运动，就是一些宗教领袖主动迎合新生资产阶级的要求，起来反对代表传统封建主利益的罗马天主教会，最后因推动新生资产阶级走向成功的功劳而使自己也得到壮大发展。

总之，阶级社会中的异端宗教与正统宗教的争辩和斗争，有些是属于不具有多大社会价值的烦琐的信仰主义的观点之争，有些却折射了社会不同阶级的政治和利益的矛盾和冲突。至于是何种性质，取决于它所表达的社会政治内涵。一般情况下，属于社会阶级政治利益冲突的异端与正教的争斗，多发生在正统宗教处于一个社会意识形态独占统治地位和绝对垄断的国家和地区中。假如各个宗教都能同时允许在这个社会中并存，那么，这种不同宗教和教派的争斗，即便非常激烈，也只能是属于一些宗教观点的争辩。例如，中国历史上的佛教，虽然存在很多宗派之争，但中国历史上的国家政权容许众多的宗教同时并存竞争，因而，这种宗教之争并没有完全演化为阶级利益的政治斗争。当然，也不排除此种斗争被某些政治集团所利用和操控的可能，而被涂上了政治斗争的色彩。

由于异端宗教代表的是异端政治的意志，因而其所维护的也是异端政治和异端经济的利益。因此，相对于正统宗教作为维护和代表正统政治和正统经济的力量。那么，异端宗教对于正统政治和正统经济所起的作用就不是维护和支持作用，而是起消极甚至是破坏性作用。

最后，宗教与世俗政治的既不合作、也不对抗的"中立关系"。

宗教与世俗政治的关系，除了前面两种关系，还存在着第三种关系形态，那就是两者既不合作、也不对抗的中立关系。只要在社会稳定时期，两者不存在直接的利害冲突，即可共处于一个社会中。这种宗教共同体不愿意以任何形式与现存的世俗政权和政治建立任何关系，既不想依赖于世俗政权来发展壮大自己，也不想与任何世俗政权进行对抗，它只一心追求自我的纯粹的宗教生活，并在此基础上结成了一种宗教生活共同体。这种宗教现象在历史上和今天都存在过。比如，现代美国社会中的一个基督教小教派——"阿门（阿米什）教派"[①]，就是属于这种类

[①] 陈麟书、陈霞：《宗教学原理》，宗教文化出版社 2003 年版，第 134 页。

型的宗教组织。阿门教组织，大概有8.5万左右的教徒，而且主要生活在今天美国的宾夕法尼亚州和俄亥俄州，这些信徒，远离喧嚣的当代世俗城市生活，习惯于居住在边远僻静的小村庄，而且抗拒使用任何现代科学技术及其产品。还有生活在美国蒙大拿州米苏拉市东北200千米左右地方的"胡特尔派教徒"①，以及生活在加拿大艾伯塔州的基督教小教派"富达莱特教徒"②，也过着这种意图远离现代世俗社会的纯粹的宗教生活。同样，还有在印度，由法国修女"拉阿拉萨组建的以母爱庙为中心的国际村"③，也属于这种远离世俗社会的纯粹宗教生活共同体。之所以会出现这种情况，是因为信仰这些教派的信徒，对现代世俗生活、人际关系和社会状态比较排斥，不予以认同和接受，因而不愿意同喧嚣的世俗社会和现代生活保持亲近关系，而沉醉于自我的宗教生活中。这种宗教小社会不只是在今天的这些国家和地区出现，还在过去的很多地方，乃至今天的不少地区同样存在过。虽然有的不是一个群体性生活，很多是几个个体独自栖居在一起，散布在一个社会中的各个角落里。比如，古印度时期一些生活在深山老林中的"苦行僧"。这些宗教小群体，虽然对现存的国家政权统治不存在任何大碍，但对现实社会还是有一种无形的影响，即对现代世俗生活是一种无声的抗拒和摒弃。这种宗教群体，其对现存社会的政治和经济的影响也可想而知，既无大碍，也无什么益处。因此，对于这种宗教群体，只要它不违反现实社会，不对现存政权构成威胁，一般现存的国家政权通常都会任其自然，不予以干涉。

总之，阶级社会中的宗教与政治经济的关系十分复杂，其政治经济功能的表现也并非简单。对此，人们应具体问题具体分析，不能简单化。

（3）社会主义时期宗教的政治经济功能

对于长达几千年的封建制度和几百年的资本主义制度而言，社会主义制度是一种新生的社会制度，这种制度起初无论对于欧洲，还是中国，都是陌生的。特别是在社会主义制度刚刚诞生之际，社会主义作为一种与旧的剥削制度不同的社会制度，不仅在主导的政治意识形态上，还是

---

① 陈麟书、陈霞：《宗教学原理》，宗教文化出版社2003年版，第134页。
② 同上。
③ 同上。

在社会生产资料所有制形式以及社会发展目标等方面与旧的社会制度有着本质性的区别。旧有的政治势力将其视为洪水猛兽，想尽各种办法，运用各种计谋，企图将其扼杀在新生的摇篮之中。但是，由于社会主义制度本身不仅是先进生产力和先进文化的代表，还符合人类社会的发展趋势，因而它并没有夭折在新生的摇篮中，而是在与旧政治势力的斗争中成长了起来。但是，由于共产党人本身对什么是社会主义认识不清，对如何在复杂的世界形势下建设壮大社会主义又缺乏经验，也没有较成功的经验可以借鉴，因而，在资本主义的和平演变下，以苏联为主体的欧洲社会主义国家相继解体，剩下了中国等几个少数社会主义国家。

社会主义制度由于是以历史和辩证唯物主义以及无神论思想作为其指导思想，在意识形态上与以唯心主义和有神论为思想基础的宗教有着根本性的区别，这种根本性的区别使得社会主义和宗教一开始就存在隔阂和分歧；再加上由于社会主义在刚诞生之初对宗教的错误认识，也由于宗教在受其自身意识形态和旧社会政治势力的影响下，对社会主义也存在不正确认识；特别是当初的罗马天主教，视"共产主义"为眼中钉，历代罗马教皇都是"强烈的反共产主义者"①；这种双方的错误认识和双方对各自的不友好态度，使社会主义国家和宗教一开始就产生相互排斥和偏见，以至成为对立甚至是敌对关系，从而在社会主义国家建立的较长一段时间里，在对待宗教和处理宗教问题上有过曲折的经历，在与宗教的关系上存在着复杂的情形。多数学者的研究表明，社会主义国家与宗教的关系在一段较长的时间里大体上经历了由"相互排斥和对立"到"相互初步了解和认可"，再到"相互协调和初步适应"的一个曲折复杂的发展过程。当然，在这个过程中，虽然都是"双向互动"，但社会主义国家政权处于主动和强势地位，其领导者对宗教的态度起着主导的作用，而宗教相对处于被动和弱势地位。但这只是大体上的一般情形，并不是所有的社会主义国家都是如此，每个社会主义国家与宗教的关系有其各自的特殊的一面，而且其中还间杂着更为复杂的情形，如有"在对立中有了解，在认可中又有对立"的情形。

在这三种不同的关系形态中，宗教对社会主义国家的政治经济功能

---

① 陈麟书、陈霞：《宗教学原理》，宗教文化出版社 2003 年版，第 468 页。

也是有变化的。首先,在起初的排斥和对立阶段,由于社会主义国家与宗教的这种不友好和谐关系,自然影响社会主义国家政权对宗教的态度和关系,也影响宗教对待社会主义国家政权的态度和关系。在此种情形下,宗教更多是受旧社会政治势力和自身意识形态的影响,对新生的社会主义国家政权是一种排斥和敌对的态势,甚至有的宗教组织和群体在反社会主义政治势力的支持下,公然与社会主义国家政权为敌,从事一些反对社会主义国家的破坏性活动,不仅从信仰上挑动信徒起来对抗社会主义国家,还蓄意进行反革命活动,制造混乱,扰乱社会主义国家的社会秩序,破坏社会安定。比如,苏联苏维埃政权建立之初,作为俄国国教的东正教帮助组织白军对抗苏联红军;当中国共产党即将取得无产阶级革命胜利之时,梵蒂冈教廷组织煽动中国的天主教徒对抗新生的中华人民共和国政权。当然,也有的宗教组织属于"红色宗教组织",在社会主义革命斗争中,就开始同情和支持社会主义和共产党人。更多的宗教组织和群体采取的是一种"观望和中立"的态度,它们既不敢公然与社会主义革命党人为敌,也不支持社会主义革命,同时,与旧社会制度的政治势力也保持一定的距离。但是,由于新生的社会主义国家政权在对待社会成员宗教信仰方面和有关宗教问题上存在一些错误认识,同时又没有经验,如片面理解马克思关于宗教的论述,认为宗教是"鸦片",宗教是"旧社会的残余",宗教是"国内外敌对分子对社会主义的渗透办法",因而在社会主义国家政权建立之初,往往对宗教及其组织采取的是一种"革命"的态度和手段,而伤害了不少宗教徒的感情,在一定程度上也有损社会主义制度优越性的良好形象,结果招致受伤害信徒的不满、愤懑和反抗。例如,1958年,赫鲁晓夫发动了一场针对俄罗斯东正教的反宗教宣传运动,伤害了广大东正教徒的宗教感情。而这些信徒的态度反过来又强化社会主义国家政权对宗教的错误认识和态度,激化它们对宗教采取更为武断和强硬的"革命"手段,由此造成社会主义国家政权与宗教的一种对抗和敌对关系。在这种关系中,宗教对社会主义国家的政治和经济功能谈不上有什么益处,在一定程度上更多的是一种消极作用,有的甚至起到破坏作用。

这种对抗关系所带来的对宗教徒的伤害,不仅引起了社会主义国家政权本身对宗教的重新审视,也引起了宗教对社会主义国家政权的再次思考。于是，双方开始调整各自对待对方的态度和方式，社会主义国家的"政教关系"开始进入"相互承认"期，即社会主义国家政权开始承认宗教在国家的活动，认可宗教信仰是自由和合法的，信教和不信教公民都是一律平等的；反过来，宗教组织和群体以及信徒也承认社会主义国家政权的正当性，接受和遵守国家的宪法、法律和法规，明确开展宗教活动不对国家政治事务进行干预；同时，国家实行政教分离，包括国家同教会的分离，学校教育同教会的分离。实际上，各社会主义国家的宪法里几乎都有"国家同宗教的分离，公民有信仰宗教的自由"的规定。但是由于历史等复杂的原因，致使多数国家的政教关系在较长的一段时期内处于一种曲折而复杂的状态。但从总体上来看，社会主义国家和宗教的相互承认是社会主义国家政教关系的普遍性表现。不过，在"相互承认"的政教关系中，各社会主义国家的表现也是不一样的，有的表现更为积极，而有的则呈现出消极的一面。比如，匈牙利政府和天主教、南斯拉夫和梵蒂冈之间的谈判、协商、合作以及中国政府对宗教"五性"的探索认识和中国宗教界开展的"三自"爱国运动，就表现得较为积极；消极方面的表现为：互不接触、不过问，听之任之；对教派之间的偏见、矛盾不做深入调查、疏导和调解；对待宗教问题视而不见，任其自然；对外国势力利用宗教进行渗透也不提高警惕等；这些消极态度不利于政教关系的良好发展。在此阶段，宗教对社会主义国家的政治经济功能相比对立阶段而言，有所改善，至少消极影响大大减少，破坏性作用基本消除。大部分宗教组织和信众无论是主观上，还是客观上，都接受了社会主义国家政权的领导，都能够遵守社会主义国家的宪法和法律，依照法律行事。同时，在经济领域，很多信徒本身都是社会主义国家各个行业的劳动者，他们在各自的岗位上辛苦劳动，为社会主义经济等各方面建设做出自己的努力。因而，总体上，宗教对社会主义的政治和经济建设起到支持和推动作用。

到20世纪七十年代中后期以来，随着社会主义国家各方面建设的推进和改革开放的出现，社会主义国家政权与其宗教的接触日益频繁，致使社会主义国家对宗教的认识越来越深刻，而宗教对社会主义国家的了解也越来越清晰，从而不仅推动双方进一步的了解和认识，还推动双方积极相互协调，使得社会主义国家的政教关系向"相互协调和初步适应"

发展。社会主义国家政权主动调整一些政策去适应宗教的一些发展要求，而宗教也主动去适应社会主义国家建设和发展的要求，不仅在宗教教义的解读方面去接近社会主义国家的要求，还在宗教的戒律、仪式以及其他方面也主动地去贴近社会主义国家的发展要求。不过，宗教在这一方面体现得更为主动。这是因为，宗教自身认识到，在社会主义国家，只有宗教积极主动地去与社会主义社会相适应，才有可能在社会主义社会长期存在和发展。当然，由于历史等各方面因素的影响，也有一些不尽如人意的事件发生，甚至在有的国家还出现过政教关系的倒退，退回到对抗甚至敌对状态。比如，中国"文化大革命"时期，由于"左倾"主义和"阶级斗争扩大化"的错误，使得党和政府制定和执行的正确的宗教方针政策遭到践踏和破坏，对宗教也采取了"左倾"错误政策，对宗教教职人员进行破坏，对教徒进行打击，对教堂寺庙进行关闭，致使党和国家的宗教工作遭到破坏。

在这一时期，宗教基本上与社会主义社会相适应，宗教作为社会主义社会的一个有机组成部分，其所担当的社会整合和社会控制功能，在凝聚民心，动员信徒为社会主义事业建设做出努力和贡献方面起到独到作用；此外，对社会主义社会成员伦理道德水平的提升和社会主义文化事业建设方面也担当了重要的作用。总之，宗教在维护社会主义社会的政治秩序，巩固社会和谐方面起到重要作用。就其经济功能而言，宗教经济已成为社会主义社会经济的组成部分，它在扶贫济困、抑制消费、保护生态环境、促进积累、规范社会成员特别是信徒的经济行为方面起到一定的调节作用。总体来看，宗教在社会主义社会中所担当的政治经济功能大体上表现为正向功能大于负向功能，积极功能大于消极功能。

在当代社会主义中国，宗教基本上能与社会主义中国社会相适应，并已成为社会主义中国社会的一个组成部分，是社会主义中国社会的一种文化形式，是中国社会的一种柔性服务方式。它在促进社会整合，使人向善，提升社会成员的道德素养，增进人与人特别是信徒之间的沟通交流和人际交往，调节社会成员的心态和给予社会成员以精神慰藉，扶危济困，增进社会互助和生态环境保护等方面提供着自己独特的服务。当然，由于宗教与社会主义社会的意识形态和指导思想有着根本性的差异，因而，宗教对中国社会也存在一些消极作用。比如，它会影响信教群众的政治参与热情和现代公民意识的培养和塑造，对社会主义中国社会的法治建设进程会产生一定的负面效应，容易被居心不良者所利用而影响基层社会的安定团结。因此，在完善中国宗教的法治建设，加强对宗教的依法治理的同时，要不断引导和促进宗教与社会主义中国和谐社会的相适应，真正做到为中国特色社会主义和谐社会建设帮忙而不添乱。

第八节 宗教的文化道德功能与和谐社会建设

宗教作为人类文明进程中的一种社会现象和社会意识形态，它与人类文化和社会道德有着紧密的联系，在人类文明的历史进程中起着十分重要的作用。从远古时期到现代社会，人类的社会生活无不受到宗教的影响，历史上很多民族的文化和生活习俗都保留着本民族宗教的痕迹，民族文化的兴旺衰落与民族宗教的繁荣衰败息息相关。从一定意义上讲，宗教是社会的一种特殊文化形态，也是社会一种独特的道德规范，因而它必然具有一定的文化功能和道德功能。宗教的文化功能与道德功能是宗教社会功能在文化领域和道德领域的体现。这两种功能与和谐社会建设同样存在着紧密的关系。

1. 宗教的文化功能与和谐社会建设

宗教作为一种社会文化现象，它和其他文化形态一样，具有文化的一般构成、属性和特征。宗教文化和文化的构成一样，它也由最表层的宗教物器文化、中间层的宗教制度文化和最里层的宗教精神心理文化三个层面构成。宗教物器文化主要是指那些借助实物形态而体现出来的具有文化内涵的各种宗教用具、物品、器皿、建筑、雕像等，这些宗教物器是围绕着宗教活动所需而创制的实物，它们是宗教文化得以确立的物质基础。没有这些基本的物质形态，宗教文化就缺失其载体，就难以存续下来。宗教制度文化是宗教文化的第二层面的文化构成，它是由一系列相关的宗教组织结构、宗教教阶制度、宗教礼仪规范、宗教习俗禁忌等构成的制度体系，它是保证宗教活动得以正常进行的所有形式和方法。宗教精神心理文化是宗教文化最里层最核心的部分，是宗教文化的精髓和灵魂，它包括宗教思想观念、宗教心理、宗教意识活动及其形式。这三个部分相互联系和作用，共同构成了宗教文化这个整体。在人类社会的早期阶段，宗教文化几乎是人类文明的主要表现形式，随着人类文明进程的发展，宗教文化才渐渐被世俗文化所取代而退居次要位置。

宗教的文化功能是宗教本身作为一种特殊的社会文化形态对社会所产生的作用，它通过两个途径来实现，一是宗教自身作为一种社会文化形态通过其在社会角色扮演中所起的作用而体现出来；二是宗教这种文化形态与其他社会文化形态发生关系和产生作用来实现。

就前者而言，宗教和所有的文化形态一样，不仅具有文化的一般功能，还具有一些自身独特的功能；它不仅影响人们的生活方式和社会的组织运行方式，还影响人的自身素质以及适应社会和自然的能力；它具体包括整合凝聚功能、规范调控功能、维持秩序功能、描述解释预测功能、文化教化导向功能、传承发展交流功能及增添生活的趣味和意义功能。对于前三种功能，既是宗教本身的功能，也是宗教的文化功能的体现，笔者已在前文详细地讨论过，故在此不再另述，主要对后面四种功能做一番阐述。

描述解释预测功能是指任何一种文化，都试图对人类社会的各种现象，包括自然现象、社会现象以及人的心理精神活动现象进行描述，并做出自己的解释，在一定的条件下，还试图对这些现象的未来发展趋势做出自己的判断和预测，以便人们对此有更好把握。宗教也具有这种功能。宗教运用自己独特的知识、语言和表达方式，对这些现象做出自己的描述、解释和预测。特别是在人类社会的早期阶段，由于主客观因素的影响，人们难以运用今天的理性思维和实证方法来对自己世界的主观和客观现象做出合理的描述和解释，而宗教独特的思维和表达方式恰恰满足了人类这一需求，借助宗教的方式人们来表达自己对现实社会的感受、看法和主张，从而使得宗教的这种功能得到最充分的发挥。而且，宗教还起到前科学的功能，古代宗教的不少内容与近现代科学有着密切的联系，具有前科学的性质。比如，人类的早期医学就是起源于古代宗教的巫医，近现代的科学实验就是萌芽于古代的巫术行为，近现代的化学则发源于古代宗教的炼丹术，而人类最初的冶金技术则产生于古代宗教的炼金术，最初的天文学则脱胎于古代宗教的占星术。另外，世界上不少宗教典籍都包含着大量的科学文化知识，本身就是一部大百科全书。比如，中国道教典籍《道藏》，不但是研习道教的典籍，而且是研究传统文化的宝贵资料。它里面包含的内容十分丰富，既有道教教义思想、方术科仪、仙传道史的论述和记载，又有诸子百家、天文地史、医药养生的探索和主张。它是研习中国古代哲学、天文、地理、历史、艺术、医药、化学等方面珍贵的文献典籍。再如佛教典籍《大藏经》，既有印度古代佛教学者的著述，又有中国古代佛教学者的论述，是研究印度文化和中国古代哲学、伦理、历史、逻辑、文学和艺术的宝典史料。此外，还有犹太教的《塔木德》、基督教的《圣经》、伊斯兰教的《古兰经》和印度教的《吠陀》，都是人类珍贵的精神财富和文化宝藏。可见，宗教对人类社会的发展起到过重要的作用。只不过随着人类认识水平和科学技术水平的提升，宗教的这种表达方式才渐渐退出社会的中心位置。但是，人们不能因此而忘却或忽略宗教的这种功能。即使在现代社会，虽然很多自然现象、社会现象和精神心理现象被自然科学、社会科学和精神心理科学所阐述和解释，而不再求之于宗教，但对于有关人的心灵问题、人生问题、生命的终极价值问题以及伦理道德问题的描述和解释，自然科学、社会科学和精神心理科学则还远不能超胜于宗教，在这些领域，宗教仍保留着相当大的解释能力。

文化教化导向功能是指文化具有教化人、培养人和塑造人格以及引导人的言行的作用。宗教也起到这种教化导向作用。而且，宗教的教化导向功能与其文化功能更有特色，在于宗教不仅借助了超自然神圣事物的力量，还更侧重从人的内心、心灵入手，更强调人的内心的自律和自觉。它通过一定的制度设置，以宗教教义为核心，采用不同的方式，对不同的信教者进行教育和引导，使众多的信徒走上善良的人生道路。在长期的教化实践中，宗教教化总结摸索出了各式各样的教化方式，这些方式与其他教育方式结合，形成了一个多样化、系统化和立体化的宗教教育体系。这个宗教教育体系庞大而复杂，它有融入信徒日常生活的广泛和持久的堂式教育；有与家庭家族传统结合的宗教家庭教育；有与国民文化教育相结合的学校教育，不过，这种教育主要是在宗教民族化国教制社会、政教合一型社会和神权制社会实行；有单独在神学院、佛学院等宗教学校进行的培养专门宗教教职人员的神职教育；还有借助诸如影视、广播、报纸、杂志、网络等现代的传媒技术和手段，针对广大信众和非信众进行的大众化宗教传媒教育。总之，宗教教育方式多种多样，教育手段和方法也灵活多变，几乎融入社会生活的方方面面。

传承发展交流功能，是指宗教具有把人类创造的文化知识世代传续下来，并在传播交流交往的过程中使文化得到保护和发展的作用。众所周知，宗教本身不仅是一种文化形态，也是一种社会组织形式、生活方式、教化方式和信息传播方式，由于其角色的多重性，因而决定其自身担当的社会功能也是多元的。宗教通过自身的独特方式，不仅将一些思想观念传播给广大的社会成员，还影响人们的生活方式和行为方式。在这一过程中，不仅将人类创造和累积起来的文明成果给以传承和保存，还在与不同的族群和群体进行交往交流过程中，创造出新的文化知识。比如，佛教自创建以来，并不局限在古印度传播，释迦牟尼及其弟子努力将佛教传播向印度周边地区和国家进行广泛，各国也派遣法师学者赴印度学习取经，使之流传到东南亚、南亚、东亚。在这一过程中，各个民族和国家对佛教经典进行翻译、注译，并结合自身的实际进行创新和发展佛教，而使佛教分化出许多支派，成为东方文化中一个重要的文化形态。同时，各国派遣的法师学者赴印度取经的过程中，也将本国的文化带到了印度地区，促进了不同国家和地区的文化交流。例如，中国的玄奘远赴印度学习取经之时，不仅将众多佛教经典带回到中国，还将中国的《老子》翻译成梵文在印度流传，对中印宗教和文化的交流做出了了不起的功绩。再如，阿拉伯民族在向世界各地传播伊斯兰教的过程中，不断吸收波斯文化、印度文化和希腊古典文化等先进文化，使得这些地区的古典文化得以保存。同时，在此基础上又创造了辉煌的阿拉伯伊斯兰文明，不仅影响了欧洲文化，还对欧洲的文艺复兴运动乃至于世界文化的发展起到了推动作用。此外，近代的基督教在伴随西方殖民主义向外扩张而向世界各地传输的过程中，西方传教士不仅把基督教传播到欧洲殖民地，还把西方的数学历法、天文地理、水利火器、哲学艺术等近现代科学文化知识输送到世界各地。同时，又将世界各国的先进文化知识带回欧洲，从而促进了世界各国的宗教与文化交流。事实上，宗教在向外传播的过程中，不仅促进了不同宗教、不同文化的交流，还增进了不同国家和地区的人民和不同群体的人们之间的相互交往、交流、了解和友好往来。可见，宗教在推动世界各国人民友好往来和国际和平方面能够起到良好的作用。像中国的玄奘和印度的达摩在促进中印人民的友好交往方面做出了不可磨灭的贡献，而中国的鉴真和尚不畏艰难险阻东渡日本传扬佛教，则成为中日人民友好往来的见证；意大利的利玛窦历尽千辛万苦到中国传播基督教，是中意人民友好交往的最好见证。妈祖信仰增进了东南沿海地区人民，特别是海峡两岸同胞的友好往来和密切联系。当然，并不是所有的宗教往来都能促进不同国家不同地区人们的友好往来和交流。宗教能否促进不同国家不同地区人民的友好往来和交流受多方面因素的影响，但主要取决于两个方面的因素：一是宗教自身的综合素质。所谓宗教的综合素质，是指宗教本身对其他宗教和其他文化的包容度、宽容度及其教义、理念、目标和行为的正当性以及符合人类真、善、美标准的程度。如果一种宗教过于狭隘和排他，又缺乏正当性，难以被他国他族他群的人们所理解和接受，就难以得到正常的传播，也难以在社会和世界立足发展，就自然会消亡，也自然就不具有交流交往的功能。像日本的国家神道宗教，以神化日本天皇和服务日本天皇为主旨，对其他民族的宗教和文化具有强烈的排斥性和贬低性，也就注定它和天皇的命运是一样的，随着天皇正当性神圣性的消失而自行消亡。二是宗教的文化交流交往功能能否得到正确的发挥。虽然一种宗教自身的综合素质比较高，但如果其文化交流交往的功能得不到正确的发挥，也会影响其在促进不同国家不同地区人们的友好交流交往和国际和平方面的积极作用，甚至还很容易引发国家和民族的冲突、矛盾和争端。历史和世界上的不少国家、地区和民族的冲突、争端都或多或少地与宗教有着一定的关联。像历史上的十字军东征，现代社会中的巴以冲突以及伊斯兰教国家与基督教国家之间的矛盾和冲突等，都不同程度地受到宗教因素的影响。因此，人们应该正确和充分地发挥宗教的文化传承、发展和交流交往功能的积极方面，促进不同国家、地区和民族的友好往来和交流，以赢得世界各国各民族人民的友好、理解、支持和帮助，为构建和平发展的国际社会秩序与和谐的中国社会主义社会创造良好的条件和环境。

增添生活的趣味和意义功能是指宗教通过自己的形式，使人们普通而平凡的日常生活变得多姿多彩和更有神圣意义的作用。从人的出生到死亡，这一看似漫长而又短暂的生命过程，每个人不仅要经历生、老、病、死等事件,还有可能要经受和体验人生的酸、甜、苦、辣等各种感受。如果没有宗教赋予生命的价值和意义以及人们日常生活的神圣性和庄严性;那么,在这一平淡而又矛盾的人生历程中,不少人出于人性的弱点,很有可能对生命既不尊重也不珍惜,对生活既无目标也无意义,要么放荡自己行尸走肉而使自己的人生失去目标和意义,要么践踏自己也践踏他人而过着恃强凌弱的生活。正是出于这种考虑,宗教的创建者和继承者们,在创建宗教的时候或是在长期的实践中,就将宗教的生活与人们的日常生活结合起来,把宗教的教义理念、礼仪、禁忌融入人们日常的婚生、嫁娶、丧葬、饮食、服饰、娱乐等生活中。比如,中国农历七月十五日的宗教祭祀活动,逐渐演变为中国民间祭祀祖先的风俗;一些地方道教宫观和佛教寺庙定期举办的消灾祈福祭祀礼仪,渐渐发展成为该地定期举办的庙会和集市,而形成赶集、逛庙的民间习俗。再如基督教的圣诞节、伊斯兰教的古尔邦节等,融宗教礼仪、喜庆娱乐、社交访友于一体,具有多种社会功能,成为一种民间习俗文化。这样,不仅丰富了人们的日常生活和文化习俗,在此基础上形成了一种独特的宗教习俗文化,成为社会约定俗成的控制系统,对人们的日常行为给予调控和规范,使人类社会及其日常生活不至于混乱而变得有秩序。同时,更为重要的是,它还赋予了生命和生活的神圣价值与庄严意义,以唤起人们对生命意义的理解和对生命本身的尊重以及对美好生活的憧憬和追求,使人们不至于在茫茫的人生旅途中迷失方向而丢失自我。

就后者来说,宗教作为一种特殊的文化形态,还与其他文化形态发生关系并相互之间产生影响。首先是宗教与哲学的结合,产生了宗教哲学。宗教哲学在各个民族文化中具有重要地位,它思想深邃,博大精深,对一个民族文化的基本精神有着深刻影响。例如中国的宗教哲学,虽然不处于中国文化的核心地位,但它渗透到中国各个时代的主流文化中,影响着中国文化的基本走向,像道教的"天人合一"观念、佛教的"人的主体意识"和"圆融"思想,为中国儒家思想所吸收,成为中华民族文化精神的一个组成部分。其次是宗教与伦理道德的结合,而形成的宗教伦理;通过借助神灵的名义和力量,将人类社会中普通的伦理道德规范赋予神圣性,而上升为神灵的旨令或诫命,从而对信奉者产生很强的约束力,也对其他社会成员造成一定的影响,并融入一个民族的文化精神和心理之中。因此，从某种意义上讲，世俗普通伦理一旦失去宗教神圣性的庇护，其约束力就大大被削弱，难以与宗教伦理的约束力持平。可见，具有神圣性色彩的宗教伦理，在一定程度上强化了某些伦理道德的约束成效，对于社会和群体的内部调控和社会群体秩序的维护起到一定的强化作用。最后，宗教与艺术的结合，而结成的宗教艺术，包括宗教音乐、宗教绘画、宗教书法、宗教雕塑、宗教建筑等更是异彩纷呈，大大丰富了一个民族文化的艺术殿堂。不仅陶冶信众的性情和心灵，提升他们的精神境界，还深刻地影响着一个民族的审美心理。另外，很多宗教建筑风格各异，历史悠久，不仅成为珍贵的历史文物和人文景观，还成为人们心驰神往的宗教圣地和风景秀丽的旅游景点。

总之，宗教作为一种复杂的文化形态，既保持其相对独立的特性，又与世俗其他文化相互影响和作用，体现其思想的价值、知识的价值、伦理的价值和审美的价值，从而成为社会精神生活和人类文明的一个不可或缺的组成部分。

2. 宗教的道德功能与和谐社会建设

宗教的道德功能与宗教的文化功能具有很多交叉融合的地方，在实际中是很难将两者完全区分开来。比如，宗教文化的教化导向功能，就包含了宗教道德的教化和导向功能在里面，还有宗教的伦理价值和功能，实际上就是宗教道德功能的体现。但是，为了不至于让人们只看到宗教的文化功能，而忽略宗教的道德功能，故笔者还是在本部分内容中，特意将宗教的道德功能单独提出来给予强调，以引起人们对宗教道德功能的重视。

所谓宗教的道德功能，是指宗教本身作为一种特殊的道德形态，对社会各领域和世俗道德的影响和作用。它同宗教的文化功能一样，也有两个基本的实现途径：一是宗教自身作为一种道德形态，对社会的影响；二是宗教这种特殊的道德形态对社会世俗道德的影响和作用。

就前者而言，宗教作为一种特殊的道德形态，首先是具有立教之功用，然后对社会成员起到道德教化、道德规范和控制以及道德情操培育的作用。

宗教最本质的内容就是信众对超自然神圣事物的虔诚信仰，而这种信仰最本质的属性就是对具有"道德人格"的神明的崇拜和信奉。任何一个宗教的信仰对象，无论是道教的"太上老君"或"三清"尊神，佛教的佛或菩萨，基督教的上帝或基督，还是伊斯兰教的"真主"安拉，每一个信奉对象都是具有道德属性的"神明"。而且，几乎任何一种宗教，都把是否恪守神明道德诫命视为能否得到神灵恩宠或死后升入天堂的条件。可见，宗教道德是宗教信仰最本质的部分，是宗教的根基。一种宗教若没有宗教道德来作支撑，是难以成教的，即便已成教，也是难以维系下去的。因此，宗教之道德是宗教立教之根基。这是宗教道德功能最显著的功用。

至于宗教的教化、规范和控制以及情操培育功能，是宗教在社会领域具体作用的表现。宗教通过把世俗的道德转化为神灵的诫命、教义和信条，并以此作为衡量一个人的行为正当与不正当、善与不善的标准，而去唤起信众对真善美的追求和对假丑恶的贬弃，使得信众逐渐接受宗教道德伦理的教育和规训，自觉遵照和恪守这些道德诫命和律条，从而不断提升自己的道德素养。同时，通过信徒的改变而又去影响其他社会成员，也使得其他社会成员得到一定的熏陶和影响，这样就起到一种普遍的道德教化的作用，通过这种特殊的道德教育，社会成员的社会角色和社会行为也得到调整和规范，而有利于约束和控制人们的社会言行。此外，当信众走进神圣而庄严肃穆的寺观教堂时，唱诵着优美的宗教诗歌时，聆听着悦耳的宗教音乐时，欣赏着高雅的宗教绘画雕塑艺术时，观览着风景秀丽的宗教圣地时，这些宗教文化特有的神话之美、象征之美、超越之美、艺术之美和人性之美，撞击着被世俗生活所折磨而变得麻木的人们的心灵，激活了人们内心的情感世界，而使人们的心扉得以敞开，疲惫的身心得以在超然而神怡的情操美感中得到沐浴和慰藉，情操得到陶冶培育。虔诚的信众在这种情操美感中感受到神灵的爱和自我超越的自豪感，自觉以宽容、博爱、仁慈和善思善行去处理人与人、人与自然的关系，还运用各种修持方法提升自己的道德和精神境界。正是通过对信徒的情操美感的培育和陶冶，宗教使信徒的精神面貌得到一定程度的改善，从而又进一步促进宗教情操培育功能的发挥。

就后者来说，宗教道德对世俗社会道德所起到的作用主要有赋予世俗道德神圣性功能、维系世俗道德功能和助推世俗道德功能。宗教借助神圣的力量，将社会的某些世俗道德纳入宗教的教义和信条里面来，从而将社会的世俗道德戴上一层神圣的面纱，被奉为是神灵的意志，这样，平凡的世俗伦理道德就转变成为神的诫命和超凡的宗教戒律。在神圣光环的照耀下，世俗的伦理道德也如同神圣宗教一样，具有神圣不可侵犯性而受到世人普遍的敬畏，从而对信众产生很强的自律力和约束力，对广大社会成员也产生一定制约作用。故美国当代宗教社会学家贝格尔（Peter L. Berger, 1929— ）将宗教形象地比喻为人类世俗社会的"神圣帷幕"。这进一步表明宗教确实对世俗社会的秩序和稳定以及世俗道德起到一定维系的作用。当然，在不同的社会制度和历史条件下，宗教维护社会秩序和稳定的方式或途径也是不尽相同。比如，它可以采用多种手段来论证世俗社会及其道德的合理性，也可以将某些世俗道德直接纳入宗教里面来而变成宗教戒律。比如，基督教的《圣经·旧约》中的"摩西十诫"，实际上前四条是告诉信徒要遵照上帝的要求来处理人与神的关系，属于宗教道德范畴；后六条则告诉信徒要依照上帝的意志来处理人与人的关系，属于世俗道德范畴。"摩西十诫"将两者在区分的基础上又强调两者具有一致性，即两者都是上帝所作要求，都是上帝的意志表现，其目的在于赋予世俗道德以神圣色彩，从而让信徒明白，人与人的关系同人与神的关系具有同样的神圣性和不可侵犯性，要信徒依照处理人与神的关系来处理好人与人的关系。此外，还有佛教中的"五戒"，既具有宗教道德的内容，也含有世俗道德的属性。但不管怎样，宗教的这种维系功能在任何社会中都是不能缺失的。

同时，宗教还通过为世俗道德树立更高尚完美的宗教道德追求、更严厉的宗教道德要求来突破和超越世俗道德的局限，并以此来鞭策世俗道德，从而让人们可以用宗教道德来检视自己的道德情形和世俗道德的状况，以发现自身的道德缺陷和不断地加强自身的道德修养，最终不断地提升自我、超越自我和完善自我。因此，从这个意义上讲，宗教起到助推世俗道德的作用。

像宗教的这些道德功能，对于和谐社会建设是有利的，也是所需要的。当然，在不同的社会制度和历史条件下，其所起的作用有可能是积极的，也有可能是消极的，人们应具体情况具体分析。不过，在当前中国社会主义和谐社会建设进程中,一方面,中国宗教界要进一步加强宗教道德建设,来推动中国宗教朝更健康更好的方向发展。另一方面,中国各宗教可以将各自的教义和伦理道德要求与社会主义的荣辱观相结合,融入解经读经和宣教讲道中,以弘扬社会良好风气,抑制社会歪风邪气,扬善抑恶,为促进社会主义精神文明建设做出自己的贡献。

第九节 宗教的社会服务关怀功能与和谐社会建设

宗教的功能不仅体现在政治、经济、文化和道德领域,还体现在社会领域。为社会提供服务和社会关怀是宗教社会服务功能和社会关怀功能的具体体现,也是宗教参与社会活动和互动的重要途径和方式。

众所周知,任何一种宗教,想要在所处社会中生存发展,就必须参与到社会中,融入社会中,而不能远离和脱离现实社会;否则,它就难以在社会中存在。因此,以什么样的方式和途径来参与和融入社会,与社会保持紧密的联系,是任何一种宗教都必须考虑的事情。在长期的社会参与实践中,各个宗教摸索出了一套参与社会和融入社会的途径和方式,那就是积极为社会提供服务,帮助有需要的社会成员解决日常生活中的各种实际困难和问题,满足广大社会成员,特别是广大信徒的生活实际需求;同时,给予社会成员特别是广大信徒以直接的社会关怀。只有这样,宗教才能赢得广大民众的支持和理解,才能吸引更多的人加入信仰者的队伍中来。因此,开展社会服务和给予社会关怀是各大宗教的一个优良历史传统。

宗教的社会服务功能和社会关怀功能包括两方面,一是社会服务功能,一是社会关怀功能。所谓宗教的社会服务功能主要是指宗教组织和群体以及宗教徒个人出于信仰而向社会提供的"物质"形式的帮助或"劳务"①形式的服务或其他有利于（社会关系调节）社会和谐和发展的活动。宗教所提供的社会服务是一种特殊的社会服务，是社会服务的一种补充，它包括赈贫济困，扶弱助小，救灾解难，照料孤老寡残，支持、促进社会慈善公益和教育医疗以及卫生环保事业等活动。

而宗教的社会关怀功能，同样作为社会关怀的一种，它既包括通过提供社会服务给予社会的一种关怀，也包括不通过社会服务给予社会的其他关怀活动，既包括减缓人的现实苦难和满足人的精神心理依托和慰藉等一般层次的宗教关怀，也包括对人生价值和本原及终极问题的思考和阐释等所表现出的深层次的宗教关怀。

社会服务和社会关怀既有联系，又有区别。从联系来看，两者都是通过提供某种物质帮助或服务或其他形式活动来满足社会的某种需求，都能起到调节一定社会关系的作用，都是宗教介入和参与社会的一种有效方式。从区别来看，首先，两者在形式或方式上表现不同，社会服务一般比较直接和固定单一，而社会关怀则比较间接和灵活多样。其次，两者在反馈结果上也存有一些差异，社会服务有可能在短时间内就能得到直接回报，也有可能得不到回报，而社会关怀则一般在短时间内都不能得到直接回报，即便有回报，一般也是时间较长的间接回报。

近些年来，伴随着中国宗教的健康发展，中国各宗教组织和群体及宗教徒个人在社会服务和社会关怀方面发挥着积极的重要作用，尤其是在解困救灾、扶贫帮弱、扶正祛邪、维护社会稳定和民族团结与尊严方面起到重要的作用。各宗教组织和群体及宗教徒个人成立或组建全国性和地方性等各种类型的公益慈善机构和基金会，开展各式各样的社会公益和慈善实践活动。例如，1985年，基督教成立"爱德基金会"；从2003年到2011年底，"基督教全国两会社服部共募集资金六千五百多万元"，用于国内各省的"公共设施建设、赈灾救灾、扶贫济困、安老助学"等方面，开办"医院或诊所37家，康复机构10家，戒毒中心4家，

---

① 唐代虎、陈建明：《宗教界社会服务与社会关怀概念之辨析》，《天府新论》2013年第3期，第98—103页。

养老院 180 家，孤儿院 9 家"①；1997 年，河北天主教成立"北方进德天主教社会服务中心"；截至 2007 年 5 月，天主教在全国各地创办的公益性组织达"345 个"②；中国道教协会和成都慈善会在 2006 年共同发起"中华道德慈善行帮困助学"③ 活动；1985 年，佛教在杭州成立"社会公益福利基金"④；2004 年 4 月，苏州寒山寺成立"寒山寺慈善中心"，2011 年 7 月又组建"苏州和合文化基金会"⑤，以捐赠助学、扶危济困，帮助千家万户困苦的家庭；2010 年，中国佛教协会成立"中国佛教协会慈善公益委员会"和"中国佛教慈善网"，中国佛教慈善网自从 2010 年 9 月到 2014 年，其共用于慈善项目款项达"1300 万元"⑥。

总之，在中国进入快速现代化的转型时期，中国各个宗教为了积极应对现代化，也在不断地淡化其神圣性的同时积极投身到广泛的社会服务和社会关怀事业中来，以迎合世俗社会的需求，从而融入世俗社会中来，使得社会排斥宗教的强度日渐降低，对宗教的正面评判得到加强，在一定程度上也接受宗教在精神层面的影响。

当然，宗教的社会服务和社会关怀的作用和影响并不是单向的，在发挥其社会服务和社会关怀功能的同时，实际上不仅起到宣传宗教、传播宗教和扩大宗教社会影响力的作用，还不可避免地会流露和表达其一定的利益和信仰需求，从而与社会产生一定的紧张，甚至是冲突和矛盾。另外，一些境外敌对组织和反动势力以及国内非法组织和邪恶势力也常常打着社会服务的旗帜实施宗教和政治渗透，或向民众传输歪理邪说，以期蛊惑民心来达到颠覆政府和不可告人的目的。在当前中国社会主义

---

① 顾梦飞、房赢：《中国基督教公益慈善事业经验交流暨先进表彰会在杭州召开》，中国基督教网站，http://www.ccctspm.org/news/ccctspm/2012/619/12619947.html，2012—06—19。

② 陶飞亚：《宗教在服务社会促进发展中的积极作用》，《上海市社会主义学院学报》2008 年第 2 期，第 55 页。

③ 同上。

④ 同上。

⑤ 江苏省佛教协会苏州寒山寺：《发扬和合精神积极参与公益事业——寒山寺慈善事业经验交流汇报》，摘自《江苏省佛教慈善工作经验交流 各协会寺院报告汇总》，中华佛光文化网江苏讯，2012—09—23。

⑥ 肖占军：《中国佛教协会慈善公益委员会第三次会议工作报告》，中国佛教网，http://www.fjxw.net/csgy/xcbd/2014-08-01/53871.html，2015—8—1。

和谐社会建设时期，为了维护社会的稳定与和谐，中国政府有必要通过制定和实施相应的法律法规和政策，一方面，对宗教的社会服务和社会关怀功能的发挥给予一定的规范和引导，将其规范在一定的法律法规范围内；另一方面，对借助社会服务从事违法犯罪活动、破坏社会稳定与和谐以及颠覆中国国家政权的行为，要坚决依法给予取缔和打击。

第十节　宗教的自然生态调适和改造功能与和谐社会建设

生态与自然作为人类赖以生存的基本条件，对人类社会的存在和发展起着举足轻重的作用。因此，这就决定了人与自然的关系问题是人类社会不可回避的话题，是任何一种文化都需要认真考虑和对待的问题，而且，如何正确对待和处理人与自然的关系也是考量一种文化是否有智慧和智慧程度如何的重要指标。宗教作为人类社会的一种文化结晶，在长期的实践中总结和摸索出很多合理处理和对待人与自然关系的经验和知识，从而形成了有关宗教调适和改造自然的观念、看法和主张，这些观念、看法和主张在社会实践中产生作用，就是宗教的自然生态调适与改造功能的具体体现和发挥。

由此可知，宗教的自然调适和改造功能是指宗教中有关人与自然关系的主张、看法和观念对人们调适自然、改造自然的社会实践所产生的影响和作用。纵观世界上的任何一种宗教，几乎每一种宗教的教义中都含有人类必须与自然和谐相处才能共存和相互受益的思想和观念。例如佛教主张人与自然都是因缘而成，生命主体人与环境自然是"一体不二"的关系，即两者相互依存构成一个有机整体，任何一方失去对方都将不复存在。而且"物我同根，是非一气"，世间的一花一草皆有佛性，且存在"有情众生"和"无情众生"之区别，因此，佛教提倡只有尊重生命，爱护自然，人类才能保证自身的长久存在和发展。基督教注重发展与和谐，强调管理和保护这个世界是人类的一种责任，是上帝派给人的一份工作和使命，要人类保证自己的生存方式能够合理，保证人与自然相和谐，保证所有的人类都能过上安居乐业的生活。在天主教教义中，同样蕴含着大量的有益的与万物和谐的理念和主张。伊斯兰教提倡要"以仁爱之心"来保护人类的生存环境,对于自然,主张开发与保护并重,而中国土生土长的道教,更是强调人与自然的和谐,它提出天地万物皆由"阴阳之道"所成,阴阳相交万物才化生,阴阳和谐万物才能和谐,才能生机勃勃。因而"一切有形,皆含道性","天道恶杀而好生",故而主张要"道法自然",要随顺自然和敬重生命,反对随意践踏自然、毁坏自然和对自然界进行任意干预,故道教重视人的行为要与天地运行的规律相协调、相吻合,强调人类只有遵循"道法自然"的规律去处理人与自然的关系,才能确保天地万物的平安与和谐,才能确保人类享有长久的幸福与平安。道教提出这样的主张,广大道教徒也是这样效法去行事,他们遵照道教教义的教化,积极植树造林,保护生态环境。总之,几乎每一种宗教教义中都有许多关于人如何正确处理人与自然关系的内容,体现了宗教关爱生命、保护自然的理念和主张。这也说明,宗教确实具有调适自然和改造自然的功能。

在社会主义和谐社会建设时期,人们应该充分发挥宗教的调适和改造自然的功能,使其更好地为改善人与自然的关系,保护生态环境做出更好更大的贡献。因为,正如前面所言,一个和谐的社会,如果缺失人与自然的和谐,是不可能长久的。因此,要构建社会主义和谐社会,必须积极充分地发挥宗教的这种特殊功能,努力使人们走上一条人与自然和谐相处、共同发展的光明大道上来。

总之,宗教作为一种复杂的社会历史现象和文化现象,在人类社会发展的历程中,扮演着各种角色,发挥着各种功能。这些角色和功能是在与社会长期的共存互构中形成,同时对社会产生影响和作用。在我们建设社会主义和谐社会建设的特殊时期,我们应该充分发挥宗教的这些功能,为社会主义和谐社会建设做出应有的贡献。

第四章

宗教信仰者与和谐社会建设

宗教要素、宗教功能与社会的共存互构，在很大程度上要借助宗教实践的行动者来实现。没有活生生的行动者的介入，无论是宗教要素，还是宗教功能与社会的共存互构皆成为不可能。因此，宗教实践的行动者是宗教与社会共存互构的重要桥梁和纽带，而这个桥梁纽带就是宗教信仰者本身，即宗教信徒。

在一定意义上，社会主要由两种人群组成，一是信教者，一是不信教者；因此，宗教与社会的关系在一定层面上可以被理解为是信教者与不信教者的关系。为此，笔者专门选取了佛教徒和基督教徒以及不信教者作为实证研究的对象，对他们展开调查研究、实证分析和对比分析，探究他们之间的相同点和不同之处，从而有助于人们对宗教与社会的共存互构关系有更生动而具体形象的认识。

第一节 宗教信仰者与和谐社会建设的定量分析

一 问卷调查对象基本情况

本次问卷调查对象的基本情况主要表现在他们的居住地区类型、居住社区类型、性别状况、年龄特征、婚姻状况、收入状况、教育程度、家庭经济和社会地位状况、家庭关系状况、家庭成员信仰状况、个人政治面貌、职业状况以及户籍状况等。

从受访者的居住地区类型来看，居住在市县区中心城区的有142人，占22.8%；居住在市县区边缘城区的有75人，占12%；居住在市县区城乡接合部的有 51 人，占 8.2%；居住在市县区城区以外乡镇的有 43 人，占 6.9%；居住在农村的有 300 人，占 48.2%；其他的有 12 人，占 2%。

信教者和不信教者在居住地区类型上的差异是：居住在城乡接合部和县城以外的乡镇的不信教者比例均高出信教者比例 3.9 个百分点；而居住在边缘城区的信教者比例高出不信教者比例 2.68 个百分点；其他的差异性不明显。这在一定程度上表明，居住在城乡接合部和县城以外乡镇的信教者较少，居住在中心城区、边缘城区和农村的信教者偏多。

表 4—1　　　　　　　　　受访者居住的地区类型

		您信教吗						
		频率					占总人数的百分比（%）	排序
		不信教	信教			不好说	合计		
			佛教徒	基督徒	小计				
您居住的地区类型	1. 市/县城的中心城区	69	39	33	72	1	142	22.8	2
	2. 市/县的边缘城区	32	17	23	40	3	75	12.0	3
	3. 市/县的城乡接合部	31	9	10	19	1	51	8.2	4
	4. 市/县城区以外的乡镇	27	6	9	15	1	43	6.9	5
	5. 农村	148	73	78	151	1	300	48.2	1
	6. 其他（请说明）	1	10	1	11	0	12	2	6
	合计	308	154	154	308	7	623	100.0	

从受访者的居住社区类型来看：（1）居住在未改造的老城区社区的有 46 人，占 7.4%；（2）居住在单位社区的有 42 人，占 6.7%；（3）居住在保障性住房社区的有 5 人，占 0.8%；（4）居住在普通商品房社区的有 148 人，占 23.8%；（5）居住在别墅区或高级住宅区的有 3 人，占 0.5%；（6）居住在新近由农村社区改造过来的城市社区的（即指村改居、村居合并或城中村）有 33 人，占 5.3%；（7）居住在农村社区的有 320 人，占 51.4%；（8）居住在其他类型社区的有 26 人，占 4.2%。

信教者和不信教者在居住社区类型上的差异是：居住在新近由农村社区改造来的城市社区、单位社区、普通商品房社区的不信教者高出信教者1%、2.9%和1.6%；居住在未改造老城区社区、农村社区和其他类型社区（如少数民族社区）的信教者比例高出不信教者比例0.6%、1.6%和3.2%。可知，居住在老城区社区、农村社区和其他类型社区的信教者偏多。

表4—2　　　　　　　　　　受访者居住的社区类型

<table>
<tr><th colspan="2" rowspan="3">您居住的社区类型</th><th colspan="6">您信教吗</th><th rowspan="3">占总人数的百分比（%）</th><th rowspan="3">排序</th></tr>
<tr><th rowspan="2">不信教</th><th colspan="3">频率
信教</th><th rowspan="2">不好说</th><th rowspan="2">合计</th></tr>
<tr><th>佛教徒</th><th>基督徒</th><th>小计</th></tr>
<tr><td colspan="2">1. 未改造的老城区社区</td><td>22</td><td>10</td><td>14</td><td>24</td><td>0</td><td>46</td><td>7.4</td><td>3</td></tr>
<tr><td colspan="2">2. 单位社区</td><td>22</td><td>9</td><td>10</td><td>19</td><td>1</td><td>42</td><td>6.7</td><td>4</td></tr>
<tr><td colspan="2">3. 保障性住房社区</td><td>3</td><td>2</td><td>0</td><td>2</td><td>0</td><td>5</td><td>0.8</td><td>7</td></tr>
<tr><td colspan="2">4. 普通商品房社区</td><td>75</td><td>33</td><td>37</td><td>70</td><td>3</td><td>148</td><td>23.8</td><td>2</td></tr>
<tr><td colspan="2">5. 别墅区或高级住宅区</td><td>1</td><td>1</td><td>1</td><td>2</td><td>0</td><td>3</td><td>0.5</td><td>8</td></tr>
<tr><td colspan="2">6. 新近由农村社区改造来的城市社区</td><td>20</td><td>7</td><td>4</td><td>11</td><td>2</td><td>33</td><td>5.3</td><td>5</td></tr>
<tr><td colspan="2">7. 农村社区</td><td>157</td><td>75</td><td>87</td><td>162</td><td>1</td><td>320</td><td>51.4</td><td>1</td></tr>
<tr><td colspan="2">8. 其他类型社区</td><td>8</td><td>17</td><td>1</td><td>18</td><td>0</td><td>26</td><td>4.2</td><td>6</td></tr>
<tr><td colspan="2">合计</td><td>308</td><td>154</td><td>154</td><td>308</td><td>7</td><td>623</td><td>100.0</td><td></td></tr>
</table>

从受访者的性别来看，男性286人，女性337人。女性偏多，主要是女性相对比较容易接受调查，而男性接受调查的意愿低于女性。信教者和不信教者在性别上的差异是：男性不信教者比例高出男性信教者比例5.5个百分点；而女性不信教者比例低出女性信教者比例5.5个百分点。可见，不信教者多为男性，而信教者中多为女性，女性信教者多出男性信教者13.6个百分点。这表明女性比男性更容易信仰宗教。

表4—3　　　　　　　　　　　受访者的性别情况

您信教吗								
		频率					占总人数的百分比（%）	排序
		不信教	信教			不好说	合计	
			佛教徒	基督徒	小计			
您的性别	1. 男	150	72	61	133	3	286	45.9	2
	2. 女	158	82	93	175	4	337	54.1	1
	合计	308	154	154	308	7	623	100.0	

从受访者的年龄特征来看，（1）16岁至18岁有11人，占1.8%；（2）18岁以上至30岁之间的有200人，占32.1%；（3）31岁至40岁的有100人，占16.1%；（4）41岁至50岁的156人，占25%；（5）51岁至60岁的有67人，占10.8%；（6）61岁至70岁有62人，占10%；（7）71岁至80岁的有20人，占3.2%；（8）80岁以上的有7人，占1.1%。这一年龄比例特征，也比较符合我国人口的总体年龄特征。

表4—4　　　　　　　　　　　受访者的年龄特征

您信教吗								
		频率					占总人数的百分比（%）	排序
		不信教	信教			不好说	合计	
			佛教徒	基督徒	小计			
您的年龄属于	1. 16—18	8	1	2	3	0	11	1.8	7
	2. 18—30	116	28	52	80	4	200	32.1	1
	3. 31—40	53	21	25	46	1	100	16.1	3
	4. 41—50	73	49	34	83	0	156	25.0	2
	5. 51—60	27	22	18	40	0	67	10.8	4
	6. 61—70	19	22	20	42	1	62	10.0	5
	7. 71—80	8	8	3	11	1	20	3.2	6
	8. 80以上	4	3	0	3	0	7	1.1	8
	合计	308	154	154	308	7	623	100.0	

信教者和不信教者在年龄上的差异是：年龄在 16—18 岁、18—30 岁、31—40 岁的不信教者比例分别高出信教者比例 1.6 个百分点、11.68 个百分点和 2.2 个百分点；而年龄在 41—50 岁、51—60 岁、61—70 岁、71—80 岁的信教者比例分别高出不信教者比例 3.2 个百分点、4.2 个百分点、7.4 个百分点和 1 个百分点。可知，年轻者中多为不信教者，年龄主要集中 18—40 岁之间；而信教者中多为年长者，年龄多集中于 40—70 岁之间，以 50—70 岁者居多。因此，在成年期，年龄越偏年轻，信教的可能性偏低；而年龄偏年老，信教的可能性偏高；人们会随着年龄的增长而逐渐改变对宗教的看法，由排斥走向接受，这说明年龄是影响人们信仰宗教的一个因素之一。

从受访者的婚姻状况来看，未婚者有 183 人，占 29.4%；已婚者 355 人，占 57%；离异者 18 人，占 2.9%；丧偶者 40 人，占 6.4%；独身者 2 人，占 0.3%；其他 25 人，占 4%。这一比重比较符合中国人口的总体特征。

表 4—5　　　　　　　　　　　受访者的婚姻状况

		您信教吗					占总人数的百分比（%）	排序
		频率						
		不信教	信教			不好说	合计	
			佛教徒	基督徒	小计			
您的婚姻状况	1. 未婚	107	24	49	73	3	183	29.4	2
	2. 初婚	167	100	86	186	2	355	57.0	1
	3. 离异	8	5	5	10	0	18	2.9	5
	4. 丧偶	16	13	9	22	2	40	6.4	3
	5. 独身	0	2	0	2	0	2	0.3	6
	6. 其他	10	10	5	15	0	25	4.0	4
	合计	308	154	154	308	7	623	100.0	

信教者和不信教者在婚姻上的差异是：未婚的不信教者比例高出信教者比例 11 个百分点；而初婚、离异、丧偶、独身的信教者比例分别高出不信教者比例 6.1 个百分点、0.6 个百分点、1.9 个百分点和 0.6 个百分点。可见，未婚者多为不信教者，信教者中多为已婚者和丧偶者；由

此可知，已婚者的信教可能性高于未婚者的信教可能性；丧偶者信教可能性也偏高；至于独身者，不知是因为信教而造成独身，还是因为独身而走向信教，两者之间究竟有何内在关系，尚且不清。总之，人们会随着婚姻的变化而改变或有所改变对宗教的认知。这说明婚姻也是影响人们信教的因素之一。

从受访者的文化程度状况看，（1）小学、私塾及以下者137人，占22%；（2）初中文化程度者153人，占24.6%；（3）普通高中文化程度者94人，占15.1%；（4）职高、技校、中专文化程度的有34人，占5.5%；（5）大专或高职文化程度的有59人，占9.5%；（6）本科文化程度的126人，占20.2%；（7）硕士研究生文化程度的16人，占2.6%；（8）博士研究生水平的有4人，占0.6%。之所以本科程度人数偏高，主要在于我们的调查员本身是大学本科，因而可能接触的人群以本科生为主。

表4—6　　　　　　　　　　受访者的文化程度情况

		您信教吗						
			频率				占总人数的百分比（%）	排序
		不信教	信教			不好说	合计	
			佛教徒	基督徒	小计			
您的文化程度	1. 小学、私塾及以下	54	42	39	81	2	137	22.0	2
	2. 初中	83	33	37	70	0	153	24.6	1
	3. 普通高中	48	22	24	46	0	94	15.1	4
	4. 职高、技校、中专	11	12	11	23	0	34	5.5	6
	5. 大专或高职	25	13	20	33	1	59	9.5	5
	6. 本科	77	28	18	46	3	126	20.2	3
	7. 硕士	7	3	5	8	1	16	2.6	7
	8. 博士	3	1	0	1	0	4	0.6	8
	合计	308	154	154	308	7	623	100.0	

信教者和不信教者在文化程度上的差异是：小学私塾及以下、职高技校中专、大专高职、硕士中的信教者比例高出不信教者比例8.7个百分点、3.8个百分点、2.5个百分点和0.3个百分点；而初中、普高、本科、

博士的不信教者比例高出信教者比例4.2个百分点、0.6个百分点、10.06个百分点和0.6个百分点；同时，小学私塾及以下、初中、普通高中、职高技校中专、大专高职、本科、硕士、博士等信教受访者各占其受访者总数的59.1%、45.7%、48.9%、67.6%、55.9%、36.5%、50%、25%；可知，小学及私塾以下、职校技校中专、大专、硕士文化程度者中的信教者比例较高，其次是普通高中和初中，本科和博士文化程度者中信教比例较低；在信教者群体中，小学私塾及以下和初中文化程度者占了总人数的49%；由此可知，在信教者群体中，文化程度偏低者较多；而文化程度较高者，信教的可能性较低。

从调查者个人的收入状况来看：(1)500元以下及无固定收入者161人，占25.8%；(2)500元—999元收入者55人，占8.8%；(3)1000—1499元收入者68人，占10.9%；(4)1500—1999元收入者65人，占10.4%；(5)2000—2499元收入者72人，占11.6%；(6)2500—2999元收入者56人，占9%；(7)3000—3499元收入者45人，占7.2%；(8)3500—3999元收入者18人，占2.9%；(9)4000—4999元收入者29人，占4.7%；(10)5000—7999元收入者31人，占5%；(11)8000—11999元收入者11人，占1.8%；(12)12000—19999元收入者5人，占0.8%；(13)2万上以上—29999元的没有；(14)3万元以上—49999元的有5人，占0.8%；(15)5万元以上收入者2人，占0.3%。

信教者和不信教者在收入状况上的差异是：500元及无固定收入、1500—1999元、2500—2999元、4000—4999元收入的信教者比例低出不信教者比例2.5个百分点、1.6个百分点、1.9个百分点、1.6个百分点；而500—999元、1000—1499元、2000—2499元、3500—3999元、5000—7999元、8000—11999元、30000—49999元收入的信教者比例高出不信教者比例1.6个百分点、1.2个百分点、0.6个百分点、1.2个百分点、1个百分点、1.6个百分点、0.6个百分点；同时，500元及无固定收入、500—999元、1000—1499元、1500—1999元、2000—2499元、2500—2999元、3000—3499元、3500—3999元、4000—4999元、5000—7999元、8000—11999元、12000—19999元、3万—5万、5万以上的收入者中信教者比例各占其受访者人数的24.3%、30.9%、52.9%、46.1%、

51.3%、44.6%、48.8%、61%、41.3%、51.6%、72.7%、40%、60%、50%；由此可知，虽然信教者中，低收入者偏多；但在高收入者中，信教的比例却偏高。

表4—7 受访者的个人收入情况

		您信教吗						
		频率					占总人数的百分比（%）	排序
		不信教	信教			不好说	合计		
			佛教徒	基督徒	小计				
您的个人平均月收入	1. 500元以下及无固定收入	83	35	40	75	3	161	25.8	1
	2. 500—999元	25	13	17	30	0	55	8.8	6
	3. 1000—1499元	32	21	15	36	0	68	10.9	3
	4. 1500—1999元	35	18	12	30	0	65	10.4	4
	5. 2000—2499元	35	16	21	37	0	72	11.6	2
	6. 2500—2999元	31	13	12	25	0	56	9.0	5
	7. 3000—3499元	22	12	10	22	1	45	7.2	7
	8. 3500—3999元	7	5	6	11	0	18	2.9	10
	9. 4000—4999元	17	4	8	12	0	29	4.7	9
	10. 5000—7999元	13	11	5	16	2	31	5.0	8
	11. 8000—11999元	3	4	4	8	0	11	1.8	11
	12. 12000—19999元	3	1	1	2	0	5	0.8	12
	13. 30000以上—49999元	1	1	2	3	1	5	0.8	13
	14. 50000元及以上	1	0	1	1	0	2	0.3	14
	合计	308	154	154	308	7	623	100.0	

从受访者的家庭经济状况在所属地的等级状况来看，（1）自认为家庭经济状况在所属居住区处于上等水平的有31人，占5%，其中，上等偏上者3人，上等偏中和偏下者各14人；（2）认为属于中等水平者444人，占71.3%；其中，中等偏上者64人，占10.3%；中等水平者235人，占37.7%；中等偏下者145人，占23.3%；（3）认为处于下等水平

者的有108人，占17.3%；其中，下等偏上这45人，占7.2%；下等偏中者44人，占7.1%；下等偏下者19人，占3%；（4）还有33人对此不清楚，7人回答为其他。

信教者和不信教者在家庭经济状况上的差异是：上等偏中、上等偏下、中等偏下、下等偏中、下等偏下的信教者比例低出不信教者比例1.2个百分点、3.2个百分点、0.6个百分点、1.9个百分点、0.3个百分点；而上等偏上、中等偏上、中等偏中、下等偏上的信教者比例高出不信教者比例1个百分点、1个百分点、1个百分点和2.5个百分点；同时，上等偏上、上等偏中、上等偏下、中等偏上、中等偏中、中等偏下、下等偏上、下等偏中、下等偏下的信教者占其受访者比例的100%、35.7%、14.2%、50%、50.2%、48.9%、57.7%、43.1%、47.3%；由此可知，在信教者中，中等家庭收入者偏多；同时，在中等和下等收入偏上家庭中，信教比例偏高；而上等偏中和偏下收入家庭信教比例偏低。

表4—8　　　　　　　　受访者的家庭经济状况特征

		您信教吗						
			频率				占总人数	排序
		不信教	信教			不好说	合计	的百分比
			佛教徒	基督徒	小计			(%)
您的家庭经济状况	1. 上等偏上	0	1	2	3	0	3	0.5	11
	2. 上等偏中	9	2	3	5	0	14	2.2	8
	3. 上等偏下	12	0	2	2	0	14	2.2	9
	4. 中等偏上	29	19	13	32	3	64	10.3	3
	5. 中等偏中	115	55	63	118	2	235	37.7	1
	6. 中等偏下	73	37	34	71	1	145	23.3	2
	7. 下等偏上	18	16	10	26	1	45	7.2	4
	8. 下等偏中	25	8	11	19	0	44	7.1	5
	9. 下等偏下	10	4	5	9	0	19	3.0	7
	10. 不清楚	14	8	11	19	0	33	5.3	6
	11. 其他	3	4	0	4	0	7	1.1	10
	合计	308	154	154	308	7	623	100.0	

从受访者家庭在本地的社会地位状况看,自认为家庭在本地社会地位:(1)处于上等地位者的有37人,占5.9%;其中,回答处于上等偏上者5人,占0.8%;上等偏中者19人,占3%;上等偏下者13人,占2.1%;(2)处于中等地位者有434人,占69.6%;其中,中等偏上者有70人,占11.2%;处于中等水平的有258人,占41.4%;处于中等偏下者有106人,占17%;(3)处于下等水平者有70人,占11.3%;(4)还有63人回答不清楚的,占10.1%;还有19人对此未作答。从中可知,自认为家庭经济状况与社会地位状况的比例总体上接近,但也有所差别,比如,自认为社会地位处于上等者高出经济地位上等者1.2个百分点;自认为社会地位处于中等水平的比经济地位上等者高出3.5个百分点。这说明,家庭经济状况并不是衡量家庭社会地位的绝对指标。

表4—9　　　　　　　　受访者的家庭社会地位状况特征

		您信教吗						
		频率					占总人数的百分比(%)	排序
		不信教	信教			不好说	合计	
			佛教徒	基督徒	小计			
您家在本地的社会地位	1. 上等偏上	3	2	0	2	0	5	0.8	11
	2. 上等偏中	11	4	4	8	0	19	3.0	8
	3. 上等偏下	6	3	4	7	0	13	2.1	10
	4. 中等偏上	29	22	17	39	2	70	11.2	3
	5. 中等偏中	134	53	68	122	3	258	41.4	1
	6. 中等偏下	47	31	27	58	1	106	17.0	2
	7. 下等偏上	12	14	7	21	1	34	5.5	5
	8. 下等偏中	10	4	6	10	0	20	3.2	6
	9. 下等偏下	7	4	5	9	0	16	2.6	9
	10. 不清楚	38	11	14	25	0	63	10.1	4
	11. 其他	11	6	2	8	0	19	3.0	7
	合计	308	154	154	308	7	623	100.0	

信教者和不信教者在家庭社会地位上的差异:在上等偏上、上等偏中、中等偏中家庭社会地位的信教者比例低出不信教者比例0.3个百分

点、1个百分点和3.8个百分点；而在上等偏下、中等偏上、中等偏下、下等偏上、下等偏下家庭社会地位的信教者比例高出不信教者比例0.3个百分点、3.2个百分点、3.5个百分点、2.9个百分点、0.6个百分点；下等偏中家庭社会地位的信教者与不信教者比例持平；同时，上等偏上、上等偏中、上等偏下、中等偏上、中等偏中、中等偏下、下等偏上、下等偏中、下等偏下家庭社会地位的信教者比例占其受访者比例的40%、42.1%、53.8%、55.7%、47.2%、54.7%、61.7%、50%、56.2%；可知，在信教者中，家庭社会地位居中者偏多；家庭社会地位上等偏下、中等偏上、中等偏下、下等偏上和偏下者中的信教比例偏高；上等偏上和上等偏中以及中等偏下者中信教比例偏低。

从受访者的家庭关系状况看，有441人认为家庭关系和睦，占总比例的70.8%；有156人认为家庭关系一般，占总比例的25%；有14人认为不和睦，占总比例的2.2%；还有12人回答不好说或拒绝回答。

信教者和不信教者在家庭关系上的差异是：和睦和不和睦家庭关系的信教者比例低出不信教者比例1个百分点和1.9个百分点；而一般家庭关系的信教者比例高出不信教者比例0.6个百分点；因此，总体上，两者在家庭关系上的差异不明显。

表4—10　　　　　　　　　受访者的家庭关系状况

		您信教吗						
		频率					占总人数的百分比（%）	排序
		不信教	信教			不好说	合计	
			佛教徒	基督徒	小计			
您的家庭关系状况	1. 和睦	221	103	114	217	3	441	70.8	1
	2. 一般	75	43	34	77	4	156	25.0	2
	3. 不和睦	10	0	4	4	0	14	2.2	3
	4. 其他	2	8	2	10	0	12	1.9	4
	合计	308	154	154	308	7	623	100.0	

从受访者的家庭人口数看：(1) 回答有2人及以下者52人，占8.3%；(2) 回答3口人的有138人，占22.2%；(3) 回答4口人的有194人，占

31.1%；(4) 回答 5 口人的有 124 人，占 19.9%；(5) 回答 6 口人的有 70 人，占 11.2%；(6) 回答 7 口人的有 17 人，占 2.7%；(7) 回答 8 口人的有 12 人，占 1.9%；(8) 回答 9 口人的有 7 人，占 1.1%；(9) 回答 10 口人及以上者有 9 人，占 1.4%。可知，目前在我国，四口之家居多，占 31.1%；三口之家次之，占 22.2%；5 口之家居第三，占 19.9%；6 口之家居第四，占 11.2%；2 人及以下之家居第五，占 8.3%。

表 4—11　　　　　　　　受访者的家庭人口数特征

		您信教吗					占总人数的百分比（%）	排序
		频率						
		不信教	信教			不好说	合计	
			佛教徒	基督徒	小计			
您的家庭人口数	1. 2 人及以下	13	19	16	35	4	52	8.3	5
	2. 3 口人	81	26	30	56	1	138	22.2	2
	3. 4 口人	96	48	49	97	1	194	31.1	1
	4. 5 口人	60	32	31	63	1	124	19.9	3
	5. 6 口人	36	19	15	34	0	70	11.2	4
	6. 7 口人	10	2	5	7	0	17	2.7	6
	7. 8 口人	8	3	1	4	0	12	1.9	7
	8. 9 口人	2	0	5	5	0	7	1.1	9
	9. 10 口人及以上	2	5	2	7	0	9	1.4	8
	合计	308	154	154	308	7	623	100.0	

信教者和不信教者在家庭人口数上的差异：2 人及以下、4 口人、5 口人、9 口人、10 口人家庭的信教者比例高出不信教者比例 7.1 个百分点、0.3 个百分点、1 个百分点、1 个百分点、1.6 个百分点；而 3 口人、6 口人、7 口人、8 口人家庭的信教者比例低出不信教者比例 8.1 个百分点、0.6 个百分点、1 个百分点、1.2 个百分点；可知，2 人及以下和 3 口人家庭的信教者与不信教者的差异比较大。同时，2 人及以下、3 口人、4 口人、5 口人、6 口人、7 口人、8 口人、9 口人和 10 口人及以上家庭的信教者比例占其受访者比例的 67.3%、40.5%、50%、50.8%、48.5%、41.1%、33.3%、71.4% 和 77.7%；可见，2 人及以下家庭、9 口人家庭

和 10 口及以上家庭的信教比例偏高；而 3 口人家庭、6 口人家庭、7 口人家庭、8 口人家庭中的信教比例偏低，特别是 8 口人家庭的信教比例最低；而 92.5% 的信教者主要来自 2 人及以下、3 口人、4 口人、5 口人和 6 口人家庭。

从家庭成员信仰情况来看，(1) 有 103 人回答全家人不信仰任何宗教，也不烧香拜菩萨（神），占 16.5%；(2) 有 170 人回答全家人虽然不信仰宗教，但会烧香拜菩萨（神），占 27.3%；(3) 有 132 人回答全家人都信仰同一种宗教，属于单一宗教信仰家庭，占 21.2%；(4) 有 11 人回答全家人都信仰宗教，只是信仰不同的宗教，属于多宗教信仰家庭，占 1.8%；(5) 有 174 人回答信教成员中只信仰同一种宗教，其他成员不信教，占 27.9%；(6) 有 13 人回答信教成员中信仰两种不同宗教，其他成员不信教，占 2.1%；(7) 有 18 人对此不回答，占 2.9%；回答家庭成员中有信仰三种和四种宗教的各有 1 人，各占 0.29%。

表 4—12　　　　　　　　　受访者的家庭成员信仰情况

		您信教吗						
		频率					占总人数的百分比（%）	排序
		不信教	信教			不好说	合计	
			佛教徒	基督徒	小计			
您的家庭成员信仰情况	1.	98	3	2	5	0	103	16.5	4
	2.	157	11	1	12	1	170	27.3	2
	3.	8	49	74	123	1	132	21.2	3
	4.	4	4	3	7	0	11	1.8	8
	5.	32	74	64	138	4	174	27.9	1
	6.	3	2	8	10	0	13	2.1	7
	7.	1	0	0	0	0	1	0.2	9
	9.	1	0	0	0	0	1	0.2	10
	10.	4	11	2	13	1	18	2.9	6
	11.	98	3	2	5	0	103	16.5	5
	合计	308	154	154	308	7	623	100.0	

从中可知，只信仰同一种宗教，其他成员不信教的家庭占比例最高；全家人虽不信教但会烧香拜菩萨的家庭占比例居第二；全家人都信仰同一种宗教，属于单一宗教信仰家庭占比例居第三；全家人不信仰任何宗教，也不烧香拜菩萨的家庭占比例居第四；同时可知，39.9%的信教者来自全家人都信仰同一种宗教，属于单一宗教信仰家庭；44.8%的信教者来自家庭成员中只信仰同一种宗教，其他成员不信教的家庭。

另外，虽然调查对象中有308人不信仰宗教，却有170个家庭会烧香拜菩萨或神；烧香拜菩萨或神在我国被称为民间信仰，可见，调查对象中民间信仰者占有较大的比例，从一定意义上讲，民间信仰取代了一部分宗教信仰；调查对象中多宗教信仰家庭比例不很高。

从受访者的政治面貌来看：（1）回答为中共党员的有72人，占11.6%；（2）回答为民主党派党员的有4人，占0.6%；（3）回答为共青团员的有133人，占21.3%；（4）回答为群众的有401人，占64.4%；（5）对此不回答或有其他情形者13人，占2.1%。

表4—13　　　　　　　　　受访者的政治面貌特征

		您信教吗						
		频率					占总人数的百分比（%）	排序
		不信教	信教			不好说	合计	
			佛教徒	基督徒	小计			
您的政治面貌	1. 中共党员	51	15	4	19	2	72	11.6	3
	2. 民主党派党员	2	2	0	2	0	4	0.6	5
	3. 共青团员	81	25	25	50	2	133	21.3	2
	4. 群众	167	110	121	231	3	401	64.4	1
	5. 其他	7	2	4	6	0	13	2.1	4
	合计	308	154	154	308	7	623	100.0	

可知，在中共党员中，有26.3%的受访者自称信教者；50%的民主党派党员受访者自称信教者；37.5%的共青团员受访者自称信教者；57.6%的群众受访者自称信教者。在信教者中，75%的信教者来自群

众，16.2%的信教者为共青团员；6.1%的信教者为中共党员。因此，信教者的主体是群众，也有一小部分来自共青团员和中共党员。

从受访者目前的身份来看：（1）回答是学生的有120人，占19.3%；（2）回答为机关公务员（公检法外）的有14人，占2.2%；（3）回答是国有企业事业单位人员的有40人，占6.4%；（4）回答是民企外企公司人员的有38人，占6.1%；（5）回答是军人的没有；（6）回答是公检法警察的有5人，占0.8%；（7）回答是居委会干部的有7人，占1.1%；（8）回答是私营企业主的有16人，占2.6%；（9）回答是工人的有63人，占10.1%；（10）回答是商业服务人员的有22人，占3.5%；（11）回答是个体工商户的有41人，占6.6%；（12）回答是农林牧渔劳动者的有84人，占13.5%；（13）回答是下岗待业或失业人员的有15人，占2.4%；（14）回答是离退休人员的有38人，占6.1%；（15）回答是全职料理家务的有31人，占5%；（16）回答是自由职业者的有53人，占8.5%；（17）回答是其他（包括不作回答）的有36人，占5.8%。

表4—14　　　　　　　　　受访者的目前身份情况

		您信教吗					占总人数的百分比（%）	排序
		频率						
		不信教	信教			不好说	合计	
			佛教徒	基督徒	小计			
您目前的身份	1. 学生	170	18	29	47	3	120	19.3	1
	2. 机关公务员	8	5	1	6	0	14	2.2	14
	3. 国企事业人员	28	3	9	12	0	40	6.4	6
	4. 民企外企人咒	19	7	10	17	2	38	6.1	7
	5. 军人	0	0	0	0	0	0	0	0
	6. 公检法检察	2	3	0	3	0	5	0.8	16
	7. 居委会干部	6	1	0	1	0	7	1.1	15
	8. 私营企业主	7	7	2	9	0	16	2.6	12
	9. 工人	32	16	15	31	0	63	10.1	3
	10. 商业服务人员	14	3	5	8	0	22	3.5	11
	11. 个体工商户	21	11	9	20	0	41	6.6	5

续表

您信教吗								
		频率					占总人数的百分比（%）	排序
		不信教	信教			不好说	合计	
			佛教徒	基督徒	小计			
您目前的身份	12. 农林牧渔劳动者	36	25	23	48	0	84	13.5	2
	13. 下岗待业人员	3	9	3	12	0	15	2.4	13
	14. 离退休人员	8	10	18	28	2	38	6.1	8
	15. 全职料理家务	15	7	9	16	0	31	5.0	10
	16. 自由职业者	26	11	16	27	0	53	8.5	4
	17. 其他	13	18	5	23	0	36	5.8	9
	合计	308	154	154	308	7	623	100.0	

可知，自称农林牧渔劳动者的信教者占信教者总数的15.58%；自称学生身份的信教者占信教者总数的15.2%；自称工人的信教者占信教者总数的10.06%；自称离退休人员的信教者占信教者总数的9.09%；自称自由职业的信教者占信教者总数的8.7%；回答为其他的信教者占信教者总数的7.4%；自称个体工商户的信教者占信教者总数的6.4%；自称民企外企公司人员的信教者占信教者总数的5.5%；自称全职料理家务的信教者占信教者总数的4.8%；因此，信教者多数（58.7%）来自农林牧渔劳动者、学生、工人、离退休人员和自由职业者等五大职业群体；少数来自个体工商户、民企外企公司人员、全职料理家务、国企事业单位和下岗失业待业人员。

从受访者所在单位的性质来看：（1）回答是政府机关的有17人，占2.7%；（2）回答是工业交通部门的有25人，占4%；（3）回答是邮电通讯部门的有10人，占1.6%；（4）回答是商业贸易的有78人，占12.5%；（5）回答是房地产建筑行业的有20人，占3.2%；（6）回答是金融保险行业的有18人，占2.9%；（7）回答为水电气供应部门的有5人，占0.8%；（8）回答为科教文卫的有112人，占18%；（9）回答是军队系统的没有；（10）回答是公检法系统的有3人，占0.5%，与前面回答是公检法单位的5人不符，原因在于可能回答者把自己归入政府机关里去了；（11）回答是农林牧渔的有87人，占14%；（12）回答是社会服务行业的有 56 人，占 9%；（13）回答是群团或自治组织的有 20 人，占 3.2%；（14）回答是其他的有 172 人，占 27.6%；之所以这么高的比例，包括很多人对自己的单位性质不清楚，也包括不作回答的情况；同时，还包括不少是全职料理家务的人以及自由职业者等。

表 4—15　　　　　　　　　受访者的单位性质特征

	您信教吗						
	频率					占总人数的百分比（%）	排序
	不信教	信教			不好说	合计	
		佛教徒	基督徒	小计			
您目前的单位性质							
1. 政府机关	5	7	5	12	0	17	2.7	10
2. 工业交通部门	16	4	5	9	0	25	4.0	6
3. 邮电通讯部门	3	3	3	6	1	10	1.6	11
4. 商业贸易	42	20	14	34	2	78	12.5	4
5. 房地产建筑业	12	5	3	8	0	20	3.2	8
6. 金融保险业	5	8	4	12	1	18	2.9	9
7. 水电气供应部门	2	1	2	3	0	5	0.8	12
8. 科教文卫	64	19	26	45	3	112	18.0	2
9. 军人系统	0	0	0	0	0	0	0	0
10. 公检法系统	2	0	1	1	0	3	0.5	13
11. 农林牧渔业	31	33	23	56	0	87	14.0	3
12. 社会服务业	29	14	13	27	0	56	9.0	5
13. 群团或自治组织	11	8	1	9	0	20	3.2	7
14. 其他	86	32	54	86	0	172	27.6	1
合计	308	154	154	308	7	623	100.0	

可知，受访者的单位性质与其身份是对应的，其基本特征与上面的受访者身份特征相似，在此不另述。

从受访者的户籍情况看，有 144 人回答自己的户籍在城市，占 23.1%；有 116 人回答自己的户籍在城镇，占 18.6%；有 361 人回答自己的户籍在农村，占 57.9%；有 2 人回答为流动人口，占 0.3%。

可知，有 182 位信教者自称户籍为农村，占信教者总数的 59%；有 73 位信教者自称户籍为城市，占信教者总数的 23.7%；有 52 位信教者自称户籍为城镇，占信教者总数的16.8%；因此，信教者中多数人的户籍为农村，其次是城市，再次是城镇。

表4—16 受访者的户籍特征

<table>
<tr><th colspan="9">您信教吗</th></tr>
<tr><th rowspan="3">您目前的户籍</th><th rowspan="3"></th><th colspan="5">频率</th><th rowspan="3">合计</th><th rowspan="3">占总人数的百分比（%）</th><th rowspan="3">排序</th></tr>
<tr><th rowspan="2">不信教</th><th colspan="3">信教</th><th rowspan="2">不好说</th></tr>
<tr><th>佛教徒</th><th>基督徒</th><th>小计</th></tr>
<tr><td>1. 城市</td><td>67</td><td>37</td><td>36</td><td>73</td><td>4</td><td>144</td><td>23.1</td><td>2</td></tr>
<tr><td>2. 城镇</td><td>62</td><td>23</td><td>29</td><td>52</td><td>2</td><td>116</td><td>18.6</td><td>3</td></tr>
<tr><td>3. 农村</td><td>178</td><td>93</td><td>89</td><td>182</td><td>1</td><td>361</td><td>57.9</td><td>1</td></tr>
<tr><td>4. 流动人口</td><td>1</td><td>1</td><td>0</td><td>2</td><td>0</td><td>2</td><td>0.3</td><td>4</td></tr>
<tr><td>合计</td><td>308</td><td>154</td><td>154</td><td>308</td><td>7</td><td>623</td><td>100.0</td><td></td></tr>
</table>

从受访者的户口性质来看，回答为农业户口的有347人，占55.7%；回答是非农业户口的有137人，占22%；回答是居民户口的有98人（之前是非农业户口），占15.7%；回答是居民户口（之前是农业户口）的有40人，占6.4%；回答为其他的有1人，占0.2%。

表4—17 受访者的户口性质特征

<table>
<tr><th colspan="9">您信教吗</th></tr>
<tr><th rowspan="3">您目前的户口性质</th><th rowspan="3"></th><th colspan="5">频率</th><th rowspan="3">合计</th><th rowspan="3">占总人数的百分比（%）</th><th rowspan="3">排序</th></tr>
<tr><th rowspan="2">不信教</th><th colspan="3">信教</th><th rowspan="2">不好说</th></tr>
<tr><th>佛教徒</th><th>基督徒</th><th>小计</th></tr>
<tr><td>1. 农业户口</td><td>175</td><td>85</td><td>86</td><td>171</td><td>1</td><td>347</td><td>55.7</td><td>1</td></tr>
<tr><td>2. 非农业户口</td><td>74</td><td>31</td><td>30</td><td>61</td><td>2</td><td>137</td><td>22.0</td><td>2</td></tr>
<tr><td>3. 居民户口（之前是非农业户口）</td><td>42</td><td>31</td><td>25</td><td>56</td><td>0</td><td>98</td><td>15.7</td><td>3</td></tr>
<tr><td>4. 居民户口（之前是农业户口）</td><td>17</td><td>6</td><td>13</td><td>19</td><td>4</td><td>40</td><td>6.4</td><td>4</td></tr>
<tr><td>5. 其他</td><td>0</td><td>1</td><td>0</td><td>1</td><td>0</td><td>1</td><td>0.2</td><td>5</td></tr>
<tr><td>合计</td><td>308</td><td>154</td><td>154</td><td>308</td><td>7</td><td>623</td><td>100.0</td><td></td></tr>
</table>

可知，有171位信教者自称自己的户口为农业户口，占信教者总数的55.5%；有61位信教者自称自己的户口为非农业户口，占信教者总数的19.8%；有56位信教者自称自己的户口为居民户口（之前是非农业户口），占信教者总数的18.1%；有19位信教者自称自己的户口为居民户口（之前是农业户口）；因此，信教者的户口多数是农业户口；有一小部分是非农业户口和居民户口。

从受访者是否认为是有神论或无神论者来看，有272人明确回答自己为有神论者，占总比例的43.7%，这与前面的308位宗教信徒来看，有近5%的出入，说明有些宗教信仰者对自己是否为有神论者还是无神论者并不很明确；有185人认为自己为无神论者，占29.7%，这与前面的308名非信教者存在着近20%的出入，说明不信教者对自己是否为无神论者也不十分肯定；有156人回答"不好说"，占25%；还有10人对此不作回答，占1.6%。

可知，有236位信教者自称有神论者，占信教者总数的76.6%；有10位信教者自称无神论者，占信教者总数的3.2%；有58位信教者自称为不好说，占信教者总数的18.8%。可见，有76.6%的信教受访者自称为有神论者，有3.2%的信教受访者自称无神论者，还有18.8%的信教受访者对自己是有神论者还是无神论者不清楚。

表4—18　　受访者认为自己是有神论者还是无神论者情况

		您信教吗						
		频率					占总人数的百分比（%）	排序
		不信教	信教			不好说	合计	
			佛教徒	基督徒	小计			
您认为自己是	1. 有神论者	29	99	137	236	7	272	43.7	1
	2. 无神论者	175	9	1	10	0	185	29.7	2
	3. 不好说	98	42	16	58	0	156	25.0	3
	4. 其他	6	4	0	4	0	10	1.6	4
	合计	308	154	154	308	7	623	100.0	

通过以上分析，人们可以发现，在居住地区类型上，居住在城乡

接合部和县城以外乡镇的信教者较少，居住在中心城区、边缘城区和农村的信教者偏多。在居住社区类型上，居住在老城区社区、农村社区和其他类型社区（如少数民族社区）的信教者偏多。而其他类型社区偏少。在性别上，不信教者多为男性，而信教者中多为女性，女性比男性更容易信仰宗教。在年龄上，年龄越偏年轻，信教的可能性偏低；而年龄越偏年老，信教的可能性越偏高，因此，随着人们年龄的增长，也会改变对宗教的看法，这表明年龄是影响信教的一个因素之一。在婚姻状况上，未婚者多为不信教者，信教者中多为已婚者和丧偶者；已婚者的信教可能性高于未婚者的信教可能性；丧偶者信教的可能性也偏高，这说明，随着人们婚姻状况的改变而会在一定程度上影响人们对宗教的态度，因而，婚姻也是影响人们信教的因素之一。在信教者群体中，文化程度偏低者较多；而文化程度越高者，信教的可能性较低。虽然信教者中，低收入者偏多；但在高收入者中，信教的比例却偏高。在家庭收入上，中等家庭收入信教者偏多；同时，在中等和下等收入偏上家庭中，信教比例偏高；而上等偏中和偏下收入家庭信教比例偏低。在家庭社会地位上，家庭社会地位居中信教者偏多；家庭社会地位上等偏下、中等偏上、中等偏下、下等偏上和偏下者中的信教比例偏高；上等偏上和上等偏中以及中等偏下者中信教比例偏低。在家庭关系上，信教者和不信教者的差异不明显。在家庭人口上，92.5%的信教者主要来自2人及以下、3口人、4口人、5口人和6口人家庭。在家庭信仰上，39.9%的信教者来自全家人都信仰同一种宗教，属于单一宗教信仰家庭；44.8%的信教者来自家庭成员中只信仰同一种宗教，其他成员不信教的家庭。在身份上，信教者的主体是群众，也有一小部分来自共青团员和中共党员。在职业上，信教者多数（58.7%）来自农林牧渔劳动者、学生、工人、离退休人员和自由职业者等五大职业群体；少数来自个体工商户、民企外企公司人员、全职料理家务、国企事业单位和下岗失业待业人员。在户籍上，信教者中多数人的户籍为农村，其次是城市，再次是城镇。在户口类型上，信教者的户口多数是农业户口；有一小部分是非农业户口和居民户口。在有神论和无神论上，有76.6%的信教受访者自称有神论者，有3.2%的信教受访者自称无神论者，还有18.8%的信教受访者对自己是有神论者还是无神论者不清楚。

由此，人们对信教和不信教受访者的基本情况有了大致了解。之所以要将这些情况表述出来，在于笔者认为，这些因素都有可能对人们的思想观念、心理和行为产生影响。下面对问卷的主体内容进行分析。

二　信教和不信教受访者的工作与劳动比较

工作和劳动是每个有劳动能力社会成员应该履行的一种社会责任。笔者认为，宗教信仰有助于让人们正确对待工作和劳动。

从受访者的每周劳作或工作时间来看：（1）劳动时间在20小时以下的60人，其中，不信教者33人，信教者24人，各占总人数的5.3%和3.9%；（2）在20—30小时的共有36人，不信教者16人，信教者20人，各占总人数的2.6%和3.2%；（3）在30—40小时之间的有86人，不信教者39人，信教者46人，各占总人数的6.3%和7.4%；（4）在40—48小时之间共有128人，不信教者64人，信教者64人，各占总人数的10.3%；（5）在48至56小时之间的有103人，不信教者44人，信教者58人，各占总人数的7.1%和9.3%；（6）在56—64小时之间的有81人，不信教者50人，信教者31人，各占总人数的8%和5%；（7）在64小时以上的有59人，不信教者35人，信教者22人，各占总人数的5.6%和3.5%；（8）回答其他的有70人，不信教者27人，信教者43人，各占总人数的4.3%和6.9%。

从中可知，劳动时间在20小时以下、56—64小时和64小时以上的，均是不信教者比例多出信教者比例2个百分点—3个百分点左右；而劳动时间在20—30小时、30—40小时、48—56小时的，均是信教者比例多出不信教者比例0.6个百分点—2.2个百分点左右；在40—48小时方面两者却均衡。因此，虽然信教与不信教群众在一些劳动时段存有差异，但整体来看，两者差异并不显著。

在个人感觉工作劳动强度和压力来看：（1）自我感觉工作劳动强度很大的有39人，其中，不信教者24人，信教者15人，各占总人数的3.9%和2.4%；（2）感觉比较大的有175人，其中，不信教者86人，信

表 4—19

受访者平均每周劳作时间

您平均每周劳作或工作多少小时

			您平均每周劳作或工作多少小时?								合计
			1 ≤20	2 (20—30)	3 (30—40)	4 (40—48)	5 (48—56)	6 (56—64)	7 (≥64)	8 (其他)	
您信教吗	1. 不信教	计数	33	16	39	64	44	50	35	27	308
		"您信教吗?" 中的 %	10.7%	5.2%	12.7%	20.8%	14.3%	16.2%	11.4%	8.8%	100.0%
		"您平均每周劳作或工作多少小时" 中的 %	55.0%	44.4%	45.3%	50.0%	42.7%	61.7%	59.3%	38.6%	49.4%
		总数的 %	5.3%	2.6%	6.3%	10.3%	7.1%	8.0%	5.6%	4.3%	49.4%
	2. 信教	计数	24	20	46	64	58	31	22	43	308
		"您信教吗?" 中的 %	7.8%	6.5%	14.9%	20.8%	18.8%	10.1%	7.1%	14.0%	100.0%
		"您平均每周劳作或工作多少小时" 中的 %	40.0%	55.6%	53.5%	50.0%	56.3%	38.3%	37.3%	61.4%	49.4%
		总数的 %	3.9%	3.2%	7.4%	10.3%	9.3%	5.0%	3.5%	6.9%	49.4%
	3. 不好说	计数	3	0	1	0	1	0	2	0	7
		"您信教吗?" 中的 %	42.9%	0%	14.3%	0%	14.3%	0%	28.6%	0%	100.0%
		"您平均每周劳作或工作多少小时" 中的 %	5.0%	0%	1.2%	0%	1.0%	0%	3.4%	0%	1.2%
		总数的 %	0.48%	0%	0.16%	0%	0.16%	0%	0.32%	0%	1.2%

续表

		您平均每周劳作或工作多少小时								合计
		1 ≤20	2 (20—30)	3 (30—40)	4 (40—48)	5 (48—56)	6 (56—64)	7 (≥64)	8 (其他)	
合计	计数	60	36	85	128	103	81	59	70	623
	"您信教吗?"中的%	9.6%	5.8%	13.8%	20.5%	16.5%	13.0%	9.5%	11.2%	100.0%
	"您平均每周劳作或工作多少小时"中的%	100.0%	100.0%	100.0%	100.0%	100.0%	100.0%	100.0%	100.0%	100.0%
	总数的%	9.6%	5.8%	13.8%	20.5%	16.5%	13.0%	9.5%	11.2%	100.0%

	值	df	渐进 Sig.（双侧）
Pearson 卡方	29.864ª	14	0.008
似然比	28.871	14	0.011
线性和线性组合	0.028	1	0.867

教者 86 人，各占总人数的 13.8%；（3）感觉一般的有 246 人，其中，不信教者 131 人，信教者 112 人，各占总人数的 21% 和 18%；（4）感觉不太大的有 82 人，其中，不信教者 40 人，信教者 42 人，各占总人数的 6.4% 和 6.7%；（5）感觉很小的有 30 人，其中，不信教者 10 人，信教者 19 人，不好说者 1 人，各占总人数的 1.6%、3% 和 0.2%；（6）感觉其他的有 51 人，其中，不信教者 17 人，信教者 34 人，各占总人数的 2.7% 和 5.5%。

表 4—20　　受访者对自己工作劳动的强度压力情况

			您觉得自己的工作劳动强度和压力						合计
			1	2	3	4	5	6	
您信教吗	1.不信教	计数	24	86	131	40	10	17	308
		"您信教吗?"中的%	7.8%	27.9%	42.5%	13.0%	3.2%	5.5%	100.0%
		"您觉得自己的工作劳动强度和压力"中的%	61.5%	49.1%	53.3%	48.8%	33.3%	33.3%	49.4%
		总数的%	3.9%	13.8%	21.0%	6.4%	1.6%	2.7%	49.4%
	2.信教	计数	15	86	112	42	19	34	308
		"您信教吗?"中的%	4.9%	27.9%	36.4%	13.6%	6.2%	11.0%	100.0%
		"您觉得自己的工作劳动强度和压力"中的%	38.5%	49.1%	45.5%	51.2%	63.3%	66.7%	49.4%
		总数的%	2.4%	13.8%	18.0%	6.7%	3.0%	5.5%	49.4%
	3.不好说	计数	0	3	3	0	1	0	7
		"您信教吗?"中的%	0%	42.9%	42.9%	0%	14.3%	0%	100.0%
		"您觉得自己的工作劳动强度和压力"中的%	0%	1.7%	1.2%	0%	3.3%	0%	1.1%
		总数的%	0%	0.5%	0.5%	0%	0.2%	0%	1.1%
合计		计数	39	175	246	82	30	51	623
		"您信教吗?"中的%	6.3%	28.1%	39.5%	13.2%	4.8%	8.2%	100.0%
		"您觉得自己的工作劳动强度和压力"中的%	100.0%	100.0%	100.0%	100.0%	100.0%	100.0%	100.0%
		总数的%	6.3%	28.1%	39.5%	13.2%	4.8%	8.2%	100.0%

	值	df	渐进 Sig.（双侧）
Pearson 卡方	15.939[a]	10	0.101
似然比	17.492	10	0.064

可见，在自我感觉劳动强度很大和一般的方面，信教者比不信教者少1.5%—3%，而在自我感觉劳动强度很小方面，信教者又多出不信教者2.5%—2.9%；因此，在自我感觉工作劳动强度上，信教者略轻松于不信教者，这或许说明宗教信仰对信教者能起到一定的自我调节作用。

从受访者对待本职工作的态度来看：（1）回答非常认真的有175人，其中，不信教者87人，信教者85人，各占14%和13.6%；（2）回答比较认真的有340人，不信教者有171人，信教者有166人，各占27.4%和26.6%；（3）回答一般认真的96人，不信教者有45人，信教者有50人，各占7.2%和8%；（4）回答比较不认真的有8人，不信教者4人，信教者4人，各占0.6%；（5）回答非常不认真的有4人，不信者1人，信教者3人，分别占0.2%和0.5%。

表4—21　　　　　　　　受访者对待本职工作的态度

		你认为自己对待本职工作					合计
		非常认真	比较认真	一般认真	比较不认真	非常不认真	
您信教吗	1.不信教	计数	87	171	45	4	1	308
		"您信教吗?"中的%	28.2%	55.5%	14.6%	1.3%	0.3%	100.0%
		"你认为自己对待本职工作"中的%	49.7%	50.3%	46.9%	50.0%	25.0%	49.4%
		总数的%	14.0%	27.4%	7.2%	0.6%	0.2%	49.4%
	2.信教	计数	85	166	50	4	3	308
		"您信教吗?"中的%	27.6%	53.9%	16.2%	1.3%	1.0%	100.0%
		"你认为自己对待本职工作"中的%	48.6%	48.8%	52.1%	50.0%	75.0%	49.4%
		总数的%	13.6%	26.6%	8.0%	0.6%	0.5%	49.4%
	3.不好说	计数	3	3	1	0	0	7
		"您信教吗?"中的%	42.9%	42.9%	14.3%	0%	0%	100.0%
		"你认为自己对待本职工作"中的%	1.7%	0.9%	1.0%	0%	0%	1.1%
		总数的%	0.5%	0.5%	0.2%	0%	0%	1.1%

续表

		你认为自己对待本职工作					合计
		非常认真	比较认真	一般认真	比较不认真	非常不认真	
合计	计数	175	340	96	8	4	623
	"您信教吗?"中的%	28.1%	54.6%	15.4%	1.3%	0.6%	100.0%
	"你认为自己对待本职工作"中的%	100.0%	100.0%	100.0%	100.0%	100.0%	100.0%
	总数的%	28.1%	54.6%	15.4%	1.3%	0.6%	100.0%

	值	df	渐进 Sig.（双侧）
Pearson 卡方	2.242[a]	8	0.973
似然比	2.350	8	0.968

可见，不信教者和信教者在对待本职工作的态度上没有明显差异，但在一些选项的回答中，均呈现出信教者比例高于不信教者的比例，这说明信教者的自我反省和自我要求在一定程度上或许高于不信教者。

在对待劳动和工作的看法与态度上：（1）回答工作劳动是单调乏味和费力气的事，如果不是经济所迫，自己才不会干这种事的有50人，不信教者有31人，信教者18人，各占5%和2.9%；（2）回答认为工作和劳动是迫不得已的事情，一旦自己的经济需求得到满足，就不想或立即放弃工作和劳动的有60人，不信教者35人，信教者25人，各占5.6%和4.0%；（3）回答劳动和工作仅仅是生活的一个方面，不值得更多的关注，有时间花在更重要的事情方面，比如家庭、业余爱好、友情和一般闲暇消遣的有106人，不信教者52人，信教者52人，各占8.3%；（4）回答工作和劳动是生命和生活中的一部分，即使自家经济需求得到满足，只要自己能够胜任，就应该坚持工作和劳动的有295人，不信教者169人，信教者122人，各占27.1%和19.6%；（5）回答劳动和工作是上天（上帝）给我们的恩赐，我们必须珍惜和认真对待，否则会遭受应有惩罚的有74人，不信教者有16人，信教者58人，各占2.6%和9.3%；（6）回答劳动和工作是上天（上帝）的要求，我们必须认真对待和履责，否则会遭到应有的惩罚的有8人，不信教者为0，信教者8人，各占0%和1.3%；（7）回答没有工作或学生或不作回答的共计30人，不信教者5人，信教者25人，各占0.8%和4%。

表4—22　　　　　　　受访者对劳动和工作的看法

			你认为劳动和工作是（单选）是							合计
			1	2	3	4	5	6	7	
您信教吗	1.不信教	计数	31	35	52	169	16	0	5	308
		"您信教吗?"中的%	10.1%	11.4%	16.9%	54.9%	5.2%	0%	1.6%	100.0%
		你认为劳动和工作是的%	62.0%	58.3%	49.1%	57.3%	21.6%	0%	16.7%	49.4%
		总数的%	5.0%	5.6%	8.3%	27.1%	2.6%	0%	0.8%	49.4%
	2.信教	计数	18	25	52	122	58	8	25	308
		"您信教吗?"中的%	5.8%	8.1%	16.9%	39.6%	18.8%	2.6%	8.1%	100.0%
		你认为劳动和工作是的%	36.0%	41.7%	49.1%	41.4%	78.4%	100.0%	83.3%	49.4%
		总数的%	2.9%	4.0%	8.3%	19.6%	9.3%	1.3%	4.0%	49.4%
	3.不好说	计数	1	0	2	4	0	0	0	7
		"您信教吗?"中的%	14.3%	0%	28.6%	57.1%	0%	0%	0%	100.0%
		你认为劳动和工作是的%	2.0%	0%	1.9%	1.4%	0%	0%	0%	1.1%
		总数的%	0.2%	0%	0.3%	0.6%	0%	0%	0%	1.1%
合计		计数	50	60	106	295	74	8	30	623
		"您信教吗?"中的%	8.0%	9.6%	17.0%	47.4%	11.9%	1.3%	4.8%	100.0%
		你认为劳动和工作是的%	100.0%	100.0%	100.0%	100.0%	100.0%	100.0%	100.0%	100.0%
		总数的%	8.0%	9.6%	17.0%	47.4%	11.9%	1.3%	4.8%	100.0%

续表

	你认为劳动和工作是（单选）是							合计
	1	2	3	4	5	6	7	
Pearson 卡方	值			df		渐进 Sig. （双侧）		
	61.361ª			12		0.000		
似然比	68.517			12		0.000		

从中可知，把劳动和工作视为单调乏味和迫不得已的不信教者分别高出信教者比例 2.1 个百分点和 1.6 个百分点；把劳动和工作仅仅视为生活的一个方面而不给予更多关注的信教比例与不信教者比例持平；把劳动和工作视为生命和生活中的一部分，无论如何都需要坚持的不信教者比例高出信教者比例 7.5 个百分点；而把劳动和工作视为上天的恩赐认为必须认真对待和珍惜的信教者比例高出不信教者比例 6.7 个百分点；而把劳动和工作视为上天的要求而必须认真对待否则会遭惩罚的信教者比例高出不信教者比例 1.3 个百分点。可见，大部分受访者对劳动和工作持比较正面的看法和态度，但对劳动和工作的态度和看法倾向于被动、消极的信教者比例略低于不信教者比例，而对劳动和工作的态度和看法倾向于主动和积极的信教者比例略高于不信教者比例；同时，信教者比不信教者更倾向于把劳动和工作加以神圣化对待，而不信教者则相反。宗教信仰对人们的工作和劳动的看法与态度具有一定程度的影响。

在认为一个人有了宗教信仰，会更加敬业或认真对待自己的本职工作的回答中：（1）认为非常正确的有 130 人，不信教者 15 人，信教者 113 人，各占 2.4% 和 18.1%；（2）认为比较正确的有 174 人，信教者 70 人，不信教者 103 人，各占 11.2% 和 16.5%；（3）认为基本正确的有 139 人，不信教者 89 人，信教者 46 人，各占 14.3% 和 7.4%；（4）认为不太正确的有 66 人，不信教者 51 人，信教者 15 人，各占 8.2% 和 2.4%；（5）认为无任何依据的有 82 人，不信教者 68 人，信教者 14 人，各占 10.9% 和 2.2%；（6）认为其他的有 32 人，信教者 15 人，不信教者 17 人，分别占 2.4% 和 2.7%。可见，第 1 和第 2 项回答信教者明显高于不信教者，而后几项回答则是不信教者高于信教者。

表 4—23 受访者对有了宗教信仰的人会更加敬业的看法

<table>
<tr><th colspan="2" rowspan="2"></th><th rowspan="2"></th><th colspan="6">一个人有了宗教信仰，会更加敬业或认真对待本职工作和勤奋精进，您对此认为</th><th rowspan="2">合计</th></tr>
<tr><th>非常正确</th><th>比较正确</th><th>基本正确</th><th>不太正确</th><th>无任何依据</th><th>其他</th></tr>
<tr><td rowspan="12">您信教吗</td><td rowspan="3">1. 不信教</td><td>计数</td><td>15</td><td>70</td><td>89</td><td>51</td><td>68</td><td>15</td><td>308</td></tr>
<tr><td>"您信教吗？"中的%</td><td>4.9%</td><td>22.7%</td><td>28.9%</td><td>16.6%</td><td>22.1%</td><td>4.9%</td><td>100.0%</td></tr>
<tr><td>一个人有了宗教信仰，会更加敬业或认真对待本职工作，您认为的%</td><td>11.5%</td><td>40.2%</td><td>64.0%</td><td>77.3%</td><td>82.9%</td><td>46.9%</td><td>49.4%</td></tr>
<tr><td colspan="2">总数的%</td><td>2.4%</td><td>11.2%</td><td>14.3%</td><td>8.2%</td><td>10.9%</td><td>2.4%</td><td>49.4%</td></tr>
<tr><td rowspan="3">2. 信教</td><td>计数</td><td>113</td><td>103</td><td>46</td><td>15</td><td>14</td><td>17</td><td>308</td></tr>
<tr><td>"您信教吗？"中的%</td><td>36.7%</td><td>33.4%</td><td>14.9%</td><td>4.9%</td><td>4.5%</td><td>5.5%</td><td>100.0%</td></tr>
<tr><td>一个人有了宗教信仰，会更加敬业或认真对待本职工作，您认为的%</td><td>86.9%</td><td>59.2%</td><td>33.1%</td><td>22.7%</td><td>17.1%</td><td>53.1%</td><td>49.4%</td></tr>
<tr><td colspan="2">总数的%</td><td>18.1%</td><td>16.5%</td><td>7.4%</td><td>2.4%</td><td>2.2%</td><td>2.7%</td><td>49.4%</td></tr>
<tr><td rowspan="3">3. 不好说</td><td>计数</td><td>2</td><td>1</td><td>4</td><td>0</td><td>0</td><td>0</td><td>7</td></tr>
<tr><td>"您信教吗？"中的%</td><td>28.6%</td><td>14.3%</td><td>57.1%</td><td>0%</td><td>0%</td><td>0%</td><td>100.0%</td></tr>
<tr><td>一个人有了宗教信仰，会更加敬业或认真对待本职工作，您认为的%</td><td>1.5%</td><td>0.6%</td><td>2.9%</td><td>0%</td><td>0%</td><td>0%</td><td>1.1%</td></tr>
<tr><td colspan="2">总数的%</td><td>0.3%</td><td>0.2%</td><td>0.6%</td><td>0%</td><td>0%</td><td>0%</td><td>1.1%</td></tr>
<tr><td colspan="2" rowspan="4">合计</td><td>计数</td><td>130</td><td>174</td><td>139</td><td>66</td><td>82</td><td>32</td><td>623</td></tr>
<tr><td>"您信教吗？"中的%</td><td>20.9%</td><td>27.9%</td><td>22.3%</td><td>10.6%</td><td>13.2%</td><td>5.1%</td><td>100.0%</td></tr>
<tr><td>一个人有了宗教信仰，会更加敬业或认真对待本职工作，您认为的%</td><td>100.0%</td><td>100.0%</td><td>100.0%</td><td>100.0%</td><td>100.0%</td><td>100.0%</td><td>100.0%</td></tr>
<tr><td>总数的%</td><td>20.9%</td><td>27.9%</td><td>22.3%</td><td>10.6%</td><td>13.2%</td><td>5.1%</td><td>100.0%</td></tr>
<tr><td colspan="3">Pearson 卡方</td><td colspan="2">值</td><td colspan="2">df</td><td colspan="3">渐进 Sig.（双侧）</td></tr>
<tr><td colspan="3"></td><td colspan="2">157.019[a]</td><td colspan="2">10</td><td colspan="3">0.000</td></tr>
<tr><td colspan="3">似然比</td><td colspan="2">172.337</td><td colspan="2">10</td><td colspan="3">0.000</td></tr>
</table>

可见，在对一个人有了宗教信仰，会更加敬业或认真对待自己的工作上，回答非常正确、比较正确的信教者比例分别高出不信教者比例15.7个百分点和5.3个百分点；而回答基本正确、不太正确和无任何依据的信教者比例分别低出不信教者比例6.9个百分点、5.8个百分点和8.7个百分点；因此，信教者比不信教者更倾向于认同一个人有了宗教信仰，会更加敬业或认真对待工作。

总之，通过信教者和不信教者在工作和劳动时间、工作劳动强度、工作劳动看法和态度的比较分析，人们可以发现，在工作和劳动时间上，两者差异并不显著；在自我感觉工作劳动强度上，信教者略轻松于不信教者；在对待本职工作态度上，信教者的自我反省和自我要求在一定程度上或许高于不信教者；在对劳动和工作的态度和看法上，倾向于被动、消极的信教者比例略低于不信教者比例，倾向于主动和积极的信教者比例略高于不信教者比例；同时，信教者比不信教者更倾向于把劳动和工作加以神圣化对待，而不信教者则相反；同时，信教者比不信教者更倾向于认同一个人有了宗教信仰，会更加敬业或认真对待工作。因此，信教者和不信教者在劳动和工作的状况、看法和态度上存在着一定的差异。

三　信教和不信教受访者个人及家庭生活情况分析

从受访者对自己的收入状况感受来看：（1）回答很满意的有30人，不信教者6人，信教者23人，各占1%和3.7%；（2）回答比较满意的有129人，不信教者48人，信教者79人，各占7.7%和12.7%；（3）回答基本满意的有204人，不信教者有116人，信教者有85人，各占18.6%和13.6%；（4）回答不太满意的有154人，不信教者有82人，信教者有71人，各占13.2%和11.4%；（5）回答很不满意的有39人，不信教者有31人，信教者有8人，各占5%和1.3%；（6）回答其他的有67人。可知，回答很满意和比较满意的信教者明显高于不信教者；在后几项回答中，不信教者却明显多于信教者，这说明信教者比不信教者更容易感到满足。

表4—24　　　　　　　　　　　受访者对收入的感受

<table>
<tr><th colspan="2" rowspan="2"></th><th rowspan="2"></th><th colspan="6">您对您目前的收入状况感到</th><th rowspan="2">合计</th></tr>
<tr><th>很满意</th><th>比较满意</th><th>基本满意</th><th>不太满意</th><th>很不满意</th><th>其他</th></tr>
<tr><td rowspan="12">您信教吗</td><td rowspan="3">1. 不信教</td><td>计数</td><td>6</td><td>48</td><td>116</td><td>82</td><td>31</td><td>25</td><td>308</td></tr>
<tr><td>"您信教吗?"中的%</td><td>1.9%</td><td>15.6%</td><td>37.7%</td><td>26.6%</td><td>10.1%</td><td>8.1%</td><td>100.0%</td></tr>
<tr><td>"您对您目前的收入状况感到"中的%</td><td>20.0%</td><td>37.2%</td><td>56.9%</td><td>53.2%</td><td>79.5%</td><td>37.3%</td><td>49.4%</td></tr>
<tr><td></td><td>总数的%</td><td>1.0%</td><td>7.7%</td><td>18.6%</td><td>13.2%</td><td>5.0%</td><td>4.0%</td><td>49.4%</td></tr>
<tr><td rowspan="3">2. 信教</td><td>计数</td><td>23</td><td>79</td><td>85</td><td>71</td><td>8</td><td>42</td><td>308</td></tr>
<tr><td>"您信教吗?"中的%</td><td>7.5%</td><td>25.6%</td><td>27.6%</td><td>23.1%</td><td>2.6%</td><td>13.6%</td><td>100.0%</td></tr>
<tr><td>"您对您目前的收入状况感到"中的%</td><td>76.7%</td><td>61.2%</td><td>41.7%</td><td>46.1%</td><td>20.5%</td><td>62.7%</td><td>49.4%</td></tr>
<tr><td></td><td>总数的%</td><td>3.7%</td><td>12.7%</td><td>13.6%</td><td>11.4%</td><td>1.3%</td><td>6.7%</td><td>49.4%</td></tr>
<tr><td rowspan="3">3. 不好说</td><td>计数</td><td>1</td><td>2</td><td>3</td><td>1</td><td>0</td><td>0</td><td>7</td></tr>
<tr><td>"您信教吗?"中的%</td><td>14.3%</td><td>28.6%</td><td>42.9%</td><td>14.3%</td><td>0%</td><td>0%</td><td>100.0%</td></tr>
<tr><td>"您对您目前的收入状况感到"中的%</td><td>3.3%</td><td>1.6%</td><td>1.5%</td><td>0.6%</td><td>0%</td><td>0%</td><td>1.1%</td></tr>
<tr><td></td><td>总数的%</td><td>0.2%</td><td>0.3%</td><td>0.5%</td><td>0.2%</td><td>0%</td><td>0%</td><td>1.1%</td></tr>
<tr><td rowspan="4">合计</td><td></td><td>计数</td><td>30</td><td>129</td><td>204</td><td>154</td><td>39</td><td>67</td><td>623</td></tr>
<tr><td></td><td>"您信教吗?"中的%</td><td>4.8%</td><td>20.7%</td><td>32.7%</td><td>24.7%</td><td>6.3%</td><td>10.8%</td><td>100.0%</td></tr>
<tr><td></td><td>"您对您目前的收入状况感到"中的%</td><td>100.0%</td><td>100.0%</td><td>100.0%</td><td>100.0%</td><td>100.0%</td><td>100.0%</td><td>100.0%</td></tr>
<tr><td></td><td>总数的%</td><td>4.8%</td><td>20.7%</td><td>32.7%</td><td>24.7%</td><td>6.3%</td><td>10.8%</td><td>100.0%</td></tr>
<tr><td colspan="3" rowspan="3">Pearson 卡方</td><td colspan="3">值</td><td colspan="2">df</td><td colspan="2">渐进 Sig.（双侧）</td></tr>
<tr><td colspan="3">44.184[a]</td><td colspan="2">10</td><td colspan="2">0.000</td></tr>
<tr><td colspan="3">似然比　　　46.733</td><td colspan="2">10</td><td colspan="2">0.000</td></tr>
</table>

受访者家庭总体收入和支出情况来看：（1）第1种回答，即收入大大超过支出，有大量节余的共有21人，其中，不信教者8人，信教者13人，各占1.3%和2.1%；（2）第2种回答，即收入大于支出，有较大节余的共有108人，不信教者52人，信教者56人，各占8.3%和9%；（3）第3种回答，即收入略大于支出，稍有节余的有293人，不信教者有136

人，信教者有 152 人，各占 21.8% 和 24.4%；(4) 第 4 种回答，即收支相抵，没有节余的有 120 人，不信教者 71 人，信教者 48 人，各占 11.4% 和 7.7%；(5) 第 5 种回答，即收入小于支出，年年负债的有 51 人，不信教者 28 人，信教者 22 人，各占 4.5% 和 3.5%；(6) 第 6 种回答，即其他，包括不清楚、不回答等情况有 30 人，不信教者 13 人，信教者 17 人，各占总比例的 2.1% 和 2.7%。可知，前三项回答都是信教者明显高于不信教者，后几项回答是不信教者高于信教者或两者持平。这种结果，到底是因为经济宽裕才去信教，还是因为信教而获得经济宽裕，现无法证实，但信教与收入之间应该存在一定的内在关联性。

表 4—25　　　　　　　　受访者家庭收入与支出情况

		过去一年，您家庭总体的收入与支出情况是（单选）						合计
		1	2	3	4	5	6	
您信教吗	1.不信教	计数	8	52	136	71	28	13	308
		"您信教吗?"中的%	2.6%	16.9%	44.2%	23.1%	9.1%	4.2%	100.0%
		"过去一年，您家庭总体的收入与支出情况是（单选）"中的%	38.1%	48.1%	46.4%	59.2%	54.9%	43.3%	49.4%
		总数的%	1.3%	8.3%	21.8%	11.4%	4.5%	2.1%	49.4%
	2.信教	计数	13	56	152	48	22	17	308
		"您信教吗?"中的%	4.2%	18.2%	49.4%	15.6%	7.1%	5.5%	100.0%
		"过去一年，您家庭总体的收入与支出情况是（单选）"中的%	61.9%	51.9%	51.9%	40.0%	43.1%	56.7%	49.4%
		总数的%	2.1%	9.0%	24.4%	7.7%	3.5%	2.7%	49.4%
	3.不好说	计数	0	0	5	1	1	0	7
		"您信教吗?"中的%	0%	0%	71.4%	14.3%	14.3%	0%	100.0%
		"过去一年，您家庭总体的收入与支出情况是（单选）"中的%	0%	0%	1.7%	0.8%	2.0%	0%	1.1%
		总数的%	0%	0%	0.8%	0.2%	0.2%	0%	1.1%

续表

		过去一年，您家庭总体的收入与支出情况是（单选）						合计
		1	2	3	4	5	6	
合计	计数	21	108	293	120	51	30	623
	"您信教吗？"中的%	3.4%	17.3%	47.0%	19.3%	8.2%	4.8%	100.0%
	"过去一年，您家庭总体的收入与支出情况是（单选）"中的%	100.0%	100.0%	100.0%	100.0%	100.0%	100.0%	100.0%
	总数的%	3.4%	17.3%	47.0%	19.3%	8.2%	4.8%	100.0%

	值	df	渐进 Sig.（双侧）
Pearson 卡方	11.065ᵃ	10	0.352
似然比	12.700	10	0.241

从受访者的生活水平变化情况看：（1）回答上升很多的有151人，不信教者71人，信教者80人，各占11.4%和12.8%；（2）回答略有上升的有366人，不信教者185人，信教者175人，各占29.7%和28.1%；（3）回答无变化的有62人，不信教者31人，信教者30人，各占5%和4.8%；（4）回答略有下降的有16人，不信教者9人，信教者7人，各占1.4%和1.1%；（5）回答下降很多的共有16人，不信教者12人，信教者4人，各占1.9%和0.6%；（6）回答其他，包括不清楚、不好说和不回答的共有8人，均为信教者。可见，信教者和不信教者在生活水平变化感受上不存在明显差异。

表4—26　　　　　　受访者生活水平变化感受

			与5年前相比，您家的生活水平有什么变化						合计
			1. 上升很多	2. 略有上升	3. 没有变化	4. 略有下降	5. 下降很多	6. 其他	
您信教吗	1. 不信教	计数	71	185	31	9	12	0	308
		"您信教吗？"中的%	23.1%	60.1%	10.1%	2.9%	3.9%	0%	100.0%
		"与5年前相比，您家的生活水平有什么变化？（单选）"中的%	47.0%	50.5%	50.0%	56.3%	75.0%	0%	49.4%
		总数的%	11.4%	29.7%	5.0%	1.4%	1.9%	0%	49.4%

续表

<table>
<tr><th colspan="3"></th><th colspan="6">与5年前相比，您家的生活水平有什么变化</th><th rowspan="2">合计</th></tr>
<tr><th colspan="3"></th><th>1. 上升很多</th><th>2. 略有上升</th><th>3. 没有变化</th><th>4. 略有下降</th><th>5. 下降很多</th><th>6. 其他</th></tr>
<tr><td rowspan="6">您信教吗</td><td rowspan="3">2. 信教</td><td>计数</td><td>80</td><td>175</td><td>30</td><td>7</td><td>4</td><td>12</td><td>308</td></tr>
<tr><td>"您信教吗？"中的%</td><td>26.0%</td><td>56.8%</td><td>9.7%</td><td>2.3%</td><td>1.3%</td><td>3.9%</td><td>100.0%</td></tr>
<tr><td>"与5年前相比，您家的生活水平有什么变化？（单选）"中的%</td><td>53.0%</td><td>47.8%</td><td>48.4%</td><td>43.8%</td><td>25.0%</td><td>100.0%</td><td>49.4%</td></tr>
<tr><td colspan="2">总数的%</td><td>12.8%</td><td>28.1%</td><td>4.8%</td><td>1.1%</td><td>0.6%</td><td>1.9%</td><td>49.4%</td></tr>
<tr><td rowspan="3">3. 不好说</td><td>计数</td><td>0</td><td>6</td><td>1</td><td>0</td><td>0</td><td>0</td><td>7</td></tr>
<tr><td>"您信教吗？"中的%</td><td>0%</td><td>85.7%</td><td>14.3%</td><td>0%</td><td>0%</td><td>0%</td><td>100.0%</td></tr>
<tr><td>"与5年前相比，您家的生活水平有什么变化？（单选）"中的%</td><td>0%</td><td>1.6%</td><td>1.6%</td><td>0%</td><td>0%</td><td>0%</td><td>1.1%</td></tr>
<tr><td colspan="2">总数的%</td><td>0%</td><td>1.0%</td><td>0.2%</td><td>0%</td><td>0%</td><td>0%</td><td>1.1%</td></tr>
<tr><td rowspan="4" colspan="2">合计</td><td>计数</td><td>151</td><td>366</td><td>62</td><td>16</td><td>16</td><td>12</td><td>623</td></tr>
<tr><td>"您信教吗？"中的%</td><td>24.2%</td><td>58.7%</td><td>10.0%</td><td>2.6%</td><td>2.6%</td><td>1.9%</td><td>100.0%</td></tr>
<tr><td>"与5年前相比，您家的生活水平有什么变化？（单选）"中的%</td><td>100.0%</td><td>100.0%</td><td>100.0%</td><td>100.0%</td><td>100.0%</td><td>100.0%</td><td>100.0%</td></tr>
<tr><td>总数的%</td><td>24.2%</td><td>58.7%</td><td>10.0%</td><td>2.6%</td><td>2.6%</td><td>1.9%</td><td>100.0%</td></tr>
<tr><td colspan="3" rowspan="3">Pearson 卡方</td><td colspan="3">值</td><td colspan="2">df</td><td colspan="2">渐进 Sig.（双侧）</td></tr>
<tr><td colspan="3">20.496[a]</td><td colspan="2">10</td><td colspan="2">0.025</td></tr>
<tr><td colspan="3">似然比　　27.195</td><td colspan="2">10</td><td colspan="2">0.002</td></tr>
</table>

从受访者对当前生活总体感受来看：（1）回答很满意的有66人，不信教者21人，信教者44人，各占3.4%和7.1%；（2）回答比较满意的有215人，不信教者88人，信教者125人，各占14.1%和20.1%；（3）回答基本满意的有216人，不信教者121人，信教者92人，各占19.4%和14.8%；（4）回答不太满意的有95人，不信教者64人，信教者30人，各占10.3%和4.8%；（5）回答很不满意的有19人，不信教者13人，信教者6人，各占2.1%和1%；（6）回答其他的有12人，不信教者

1人，信教者11人，各占0.2%和1.8%。可见，很满意和比较满意回答者中，信教群众高于不信教群众，而在基本满意、不太满意和很不满意回答者中，不信教群众明显又高于信教群众。可见，信教受访者在生活满意度上明显高于不信教者，表明宗教信仰有助于提升信教者的生活满意度。

表4—27　　　　　　　　　受访者的生活满意度情况

<table>
<tr><td colspan="3" rowspan="2"></td><td colspan="6">您对您当前的生活总体上感到</td><td rowspan="2">合计</td></tr>
<tr><td>1. 很满意</td><td>2. 比较满意</td><td>3. 基本满意</td><td>4. 不太满意</td><td>5. 很不满意</td><td>6. 其他</td></tr>
<tr><td rowspan="12">你信教吗</td><td rowspan="3">1. 不信教</td><td>计数</td><td>21</td><td>88</td><td>121</td><td>64</td><td>13</td><td>1</td><td>308</td></tr>
<tr><td>"您信教吗？"中的%</td><td>6.8%</td><td>28.6%</td><td>39.3%</td><td>20.8%</td><td>4.2%</td><td>0.3%</td><td>100.0%</td></tr>
<tr><td>"您对您当前的生活总体上感到"中的%</td><td>31.8%</td><td>40.9%</td><td>56.0%</td><td>67.4%</td><td>68.4%</td><td>8.3%</td><td>49.4%</td></tr>
<tr><td>总数的%</td><td>3.4%</td><td>14.1%</td><td>19.4%</td><td>10.3%</td><td>2.1%</td><td>0.2%</td><td>49.4%</td></tr>
<tr><td rowspan="4">2. 信教</td><td>计数</td><td>44</td><td>125</td><td>92</td><td>30</td><td>6</td><td>11</td><td>308</td></tr>
<tr><td>"您信教吗？"中的%</td><td>14.3%</td><td>40.6%</td><td>29.9%</td><td>9.7%</td><td>1.9%</td><td>3.6%</td><td>100.0%</td></tr>
<tr><td>"您对您当前的生活总体上感到"中的%</td><td>66.7%</td><td>58.1%</td><td>42.6%</td><td>31.6%</td><td>31.6%</td><td>91.7%</td><td>49.4%</td></tr>
<tr><td>总数的%</td><td>7.1%</td><td>20.1%</td><td>14.8%</td><td>4.8%</td><td>1.0%</td><td>1.8%</td><td>49.4%</td></tr>
<tr><td rowspan="4">3. 不好说</td><td>计数</td><td>1</td><td>2</td><td>3</td><td>1</td><td>0</td><td>0</td><td>7</td></tr>
<tr><td>"您信教吗？"中的%</td><td>14.3%</td><td>28.6%</td><td>42.9%</td><td>14.3%</td><td>0%</td><td>0%</td><td>100.0%</td></tr>
<tr><td>"您对您当前的生活总体上感到"中的%</td><td>1.5%</td><td>0.9%</td><td>1.4%</td><td>1.1%</td><td>0%</td><td>0%</td><td>1.1%</td></tr>
<tr><td>总数的%</td><td>0.2%</td><td>0.3%</td><td>0.5%</td><td>0.2%</td><td>0%</td><td>0%</td><td>1.1%</td></tr>
<tr><td colspan="2" rowspan="4">合计</td><td>计数</td><td>66</td><td>215</td><td>216</td><td>95</td><td>19</td><td>12</td><td>623</td></tr>
<tr><td>"您信教吗？"中的%</td><td>10.6%</td><td>34.5%</td><td>34.7%</td><td>15.2%</td><td>3.0%</td><td>1.9%</td><td>100.0%</td></tr>
<tr><td>"您对您当前的生活总体上感到"中的%</td><td>100.0%</td><td>100.0%</td><td>100.0%</td><td>100.0%</td><td>100.0%</td><td>100.0%</td><td>100.0%</td></tr>
<tr><td>总数的%</td><td>10.6%</td><td>34.5%</td><td>34.7%</td><td>15.2%</td><td>3.0%</td><td>1.9%</td><td>100.0%</td></tr>
<tr><td colspan="3"></td><td>值</td><td colspan="2">df</td><td colspan="3">渐进 Sig.（双侧）</td></tr>
<tr><td colspan="3">Pearson 卡方</td><td>42.484[a]</td><td colspan="2">10</td><td colspan="3">0.000</td></tr>
<tr><td colspan="3">似然比</td><td>44.703</td><td colspan="2">10</td><td colspan="3">0.000</td></tr>
</table>

从受访者当前最想实现的个人愿望来看：家庭健康、团聚，家庭幸福和睦是受访者的第一愿望，第二是提高衣食住行、医疗等生活条件的质量，第三是安全、稳定的生活和工作，第四是获得社会认可的生活和事业的圆满、成功和成就，第五是获得周围人的理解、信任，获得亲情、友情和爱情，第六是获得周围人及社会的尊重和尊敬，第七是获得更多的知识、经验和见识，第八是通过自己的努力影响社会，使得社会变得更好。同时，在个人愿望方面，信教者较不信教者更希望通过个人的努力而使社会变得更好，更希望获得周围人的尊重；不信教者较信教者更希望获得家庭健康团聚和幸福和睦，更希望提高衣食住行、医疗等生活质量。

表4—28　　　　　受访者当前最想实现的个人愿望情况

	您当前最想实现的个人愿望是							
		频率					占总人数的百分比（%）	排序
		不信教	信教			不好说	合计	
			佛教徒	基督徒	小计			
有效	1. 家人健康、团聚，家庭幸福和睦	255	119	119	238	5	498	79.9	1
	2. 不断提高衣食住行、医疗等生活条件的质量	212	81	75	156	4	372	59.7	2
	3. 安全、稳定的生活和工作	150	54	42	96	2	248	39.8	3
	4. 得到周围人的理解、信任，获得亲情、友情和爱情	110	39	62	101	1	212	34.0	5
	5. 获得周围人及社会的尊重、尊敬	80	52	49	101	3	184	29.5	6
	6. 获得更多的知识、经验和见识	102	41	40	81	1	184	29.5	7

续表

您当前最想实现的个人愿望是

		频率					占总人数的百分比（%）	排序
		不信教	信教			不好说	合计		
			佛教徒	基督徒	小计				
有效	7. 获得社会认可的生活和事业的圆满、成功、成就	131	48	47	95	3	229	36.8	4
	8. 通过自己的努力影响社会，使社会变得更好	78	50	46	96	1	175	28.1	8

表4—29　　受访者的婚姻家庭生活满意度情况

			您的婚姻家庭生活满意度（以百分计算）					
			91—100分	71—90分	51—70分	31—50分	30分以下	其他	合计
您信教吗	1. 不信教	计数	101	126	9	1	7	64	308
		"您信教吗？"中的%	32.8%	40.9%	2.9%	0.3%	2.3%	20.8%	100.0%
		"您的婚姻家庭生活满意度（以百分计算）"中的%	47.0%	48.6%	47.4%	33.3%	77.8%	54.2%	49.4%
		总数的%	16.2%	20.2%	1.4%	0.2%	1.1%	10.3%	49.4%
	2. 信教	计数	113	130	10	2	2	51	308
		"您信教吗？"中的%	36.7%	42.2%	3.2%	0.6%	0.6%	16.6%	100.0%
		"您的婚姻家庭生活满意度（以百分计算）"中的%	52.6%	50.2%	52.6%	66.7%	22.2%	43.2%	49.4%
		总数的%	18.1%	20.9%	1.6%	0.3%	0.3%	8.2%	49.4%
	3. 不好说	计数	1	3	0	0	0	3	7
		"您信教吗？"中的%	14.3%	42.9%	0%	0%	0%	42.9%	100.0%
		"您的婚姻家庭生活满意度（以百分计算）"中的%	0.5%	1.2%	0%	0%	0%	2.5%	1.1%
		总数的%	0.2%	0.5%	0%	0%	0%	0.5%	1.1%

续表

		您的婚姻家庭生活满意度（以百分计算）						
		91—100分	71—90分	51—70分	31—50分	30分以下	其他	合计
合计	计数	215	259	19	3	9	118	623
	"您信教吗？"中的%	34.5%	41.6%	3.0%	0.5%	1.4%	18.9%	100.0%
	"您的婚姻家庭生活满意度（以百分计算）"中的%	100.0%	100.0%	100.0%	100.0%	100.0%	100.0%	100.0%
	总数的%	34.5%	41.6%	3.0%	0.5%	1.4%	18.9%	100.0%
	Pearson 卡方	值		df		渐进 Sig.（双侧）		
		8.720ª		10		0.559		
	似然比	8.898		10		0.542		

从受访者的婚姻家庭生活满意度来看：（1）选择91—100分的有215人，不信教者101人，信教者113人，各占16.2%和18.1%；（2）选择71—90分的有259人，不信教者126人，信教者130人，各占20.2%和20.9%；（3）选择51—70分的有19人，不信教者9人，信教者10人，各占1.4%和1.6%；（4）选择31—50分有3人，不信教者1人，信教者2人，各占0.2%和0.3%；（5）30分以下的有9人，不信教者7人，信教者2人各占1.1%和0.3%；（6）而选择其他的有118人，不信教者64人，信教者51人，各占10.3%和8.2%，主要是未婚者。可见，在婚姻家庭生活满意度方面，选择91—100分和71—90分的信教者明显高于不信教者1.9个百分点和0.7个百分点；而选择51—70分和31—50分的信教者多出不信教者0.2个百分点和0.1个百分点，选择30分以下的不信教者高出信教者0.8个百分点，由此可知，信教者在婚姻家庭生活满意度上略高于不信教者。

总之，由以上分析可知，与不信教者相比，信教者在收入满意度、婚姻家庭生活满意度上，都高于不信教者。这不仅表明，信教者对生活更容易感到满意，也说明宗教信仰有助于提升信教者的生活满意度。同时，在个人最想实现的愿望来看，信教者较不信教者更倾向于获得他人的尊敬和通过自己的努力，而使社会变得更美好；不信教者较信教者更倾向于获得家庭的健康和睦和幸福，获得较好的衣食住行条件和医疗保障。

四 信教和不信教受访者财富观与慈善爱心情况分析

通过上面的分析发现，信教者和不信教者在生活态度和观念上存在一定的差异，造成这种差异的主要原因在于他们受不同思想观念的影响；那么，他们在财富观和爱心方面是否也存在着不同呢？

表4—30　　　　　　　　　受访者的个人财富观

			你认为个人的财富是						合计
			1	2	3	4	5	6	
您信教吗	1. 不信教	计数	29	195	47	33	4	0	308
		"您信教吗？"中的%	9.4%	63.3%	15.3%	10.7%	1.3%	0%	100.0%
		"你认为个人的财富是"中的%	19.9%	87.4%	75.8%	25.4%	6.6%	0%	49.4%
		总数的%	4.7%	31.3%	7.5%	5.3%	0.6%	0%	49.4%
	2. 信教	计数	117	26	12	97	55	1	308
		"您信教吗？"中的%	38.0%	8.4%	3.9%	31.5%	17.9%	0.3%	100.0%
		"你认为个人的财富是"中的%	80.1%	11.7%	19.4%	74.6%	90.2%	100.0%	49.4%
		总数的%	18.8%	4.2%	1.9%	15.6%	8.8%	0.2%	49.4%
	3. 不好说	计数	0	2	3	0	2	0	7
		"您信教吗？"中的%	0%	28.6%	42.9%	0%	28.6%	0%	100.0%
		"你认为个人的财富是"中的%	0%	0.9%	4.8%	0%	3.3%	0%	1.1%
		总数的%	0%	0.3%	0.5%	0%	0.3%	0%	1.1%
合计		计数	146	223	62	130	61	1	623
		"您信教吗？"中的%	23.4%	35.8%	10.0%	20.9%	9.8%	0.2%	100.0%
		"你认为个人的财富是"中的%	100.0%	100.0%	100.0%	100.0%	100.0%	100.0%	100.0%
		总数的%	23.4%	35.8%	10.0%	20.9%	9.8%	0.2%	100.0%

续表

		你认为个人的财富是						合计
		1	2	3	4	5	6	
合计	Pearson 卡方	值			df		渐进 Sig. （双侧）	
		292.663ª			10		0.000	
	似然比	324.449			10		0.000	

从受访者对个人财富的看法来看：（1）第1种回答，即认为个人的财富是上天（上帝）的恩赐，要按照上天（上帝）的旨意来处置，不能随意挥霍浪费的有146人，其中，不信教者29人，信教者117人，各占4.7%和18.8%；（2）第2种回答，即认为个人的财富是上天或上帝的恩赐，自己有处置的权利，不需要按照上天或上帝的旨意来处置的共有223人，不信教195人，信教者26人，各占31.3%和4.2%；（3）第3种回答，即认为个人的财富是自己个人的收入，自己想怎么花就怎么样花的共有62人，不信教者47人，信教者只有12人，各占7.5%和1.9%；（4）第4种回答，即认为个人的财富是自己的收入，自己要计划着花费，不能挥霍浪费的有130人，其中，不信教者有33人，信教者有97人，各占5.3%和15.6%；（5）第5种回答，即认为个人的财富是自己的个人收入，除自己的正当花费外，要拿出一部分来回馈社会的有61人，其中，不信教者有4人，信教者则有55人，各占0.6%和8.8%。可见，第1、4、5种回答是信教者明显多于不信教者，而第2、3种回答则是不信教者明显高于信教者。总体来看，相对于不信教者而言，信教者更倾向于不挥霍浪费财富和主张将一部分财富回馈给社会。

从受访者近5年是否向灾区捐献款物情况看：（1）回答经常捐献的有33人，不信教者14人，信教者有19人，各占2.2%和3%；（2）回答有过多次的有143人，不信教者有57人，信教者82人，各占9.1%和13.2%；（3）回答偶尔有过的共有350人，其中，不信教者188人，信教者159人，各占30.2%和25.5%；（4）回答没有的有84人，不信教者45人，信教者39人，各占7.2%和6.3%。可知，回答经常捐献和多次捐献的信教者高出不信教者0.8个百分点和4.1个百分点，而在偶尔捐献和没有捐献的，不信教者多出信教者比例4.7个百分点和0.9个百分点，因此，总体看，信教者捐献款物方面要略多于不信教者。

表4—31　　　　　　　　　受访者向灾区捐献款物情况

<table>
<tr><th colspan="2" rowspan="2"></th><th rowspan="2"></th><th colspan="5">在过去5年中，您有无向地震灾区或其他灾区捐献钱物或其他物品</th><th rowspan="2">合计</th></tr>
<tr><th>1. 经常捐献</th><th>2. 有过多次</th><th>3. 偶尔有过</th><th>4. 没有</th><th>5. 其他</th></tr>
<tr><td rowspan="9">您信教吗</td><td rowspan="3">1. 不信教</td><td>计数</td><td>14</td><td>57</td><td>188</td><td>45</td><td>4</td><td>308</td></tr>
<tr><td>"您信教吗?"中的%</td><td>4.5%</td><td>18.5%</td><td>61.0%</td><td>14.6%</td><td>1.3%</td><td>100.0%</td></tr>
<tr><td>"在过去5年中，您有无捐献钱物或其他物品"中的%</td><td>42.4%</td><td>39.9%</td><td>53.7%</td><td>53.6%</td><td>30.8%</td><td>49.4%</td></tr>
<tr><td></td><td>总数的%</td><td>2.2%</td><td>9.1%</td><td>30.2%</td><td>7.2%</td><td>0.6%</td><td>49.4%</td></tr>
<tr><td rowspan="3">2. 信教</td><td>计数</td><td>19</td><td>82</td><td>159</td><td>39</td><td>9</td><td>308</td></tr>
<tr><td>"您信教吗?"中的%</td><td>6.2%</td><td>26.6%</td><td>51.6%</td><td>12.7%</td><td>2.9%</td><td>100.0%</td></tr>
<tr><td>"在过去5年中，您有无捐献钱物或其他物品"中的%</td><td>57.6%</td><td>57.3%</td><td>45.4%</td><td>46.4%</td><td>69.2%</td><td>49.4%</td></tr>
<tr><td></td><td>总数的%</td><td>3.0%</td><td>13.2%</td><td>25.5%</td><td>6.3%</td><td>1.4%</td><td>49.4%</td></tr>
<tr><td rowspan="3">3. 不好说</td><td>计数</td><td>0</td><td>4</td><td>3</td><td>0</td><td>0</td><td>7</td></tr>
<tr><td colspan="2">"您信教吗?"中的%</td><td>0%</td><td>57.1%</td><td>42.9%</td><td>0%</td><td>0%</td><td>100.0%</td></tr>
<tr><td colspan="2">"在过去5年中，您有无捐献钱物或其他物品"中的%</td><td>0%</td><td>2.8%</td><td>0.9%</td><td>0%</td><td>0%</td><td>1.1%</td></tr>
<tr><td colspan="2"></td><td>总数的%</td><td>0%</td><td>0.6%</td><td>0.5%</td><td>0%</td><td>0%</td><td>1.1%</td></tr>
<tr><td colspan="2" rowspan="4">合计</td><td>计数</td><td>33</td><td>143</td><td>350</td><td>84</td><td>13</td><td>623</td></tr>
<tr><td>"您信教吗?"中的%</td><td>5.3%</td><td>23.0%</td><td>56.2%</td><td>13.5%</td><td>2.1%</td><td>100.0%</td></tr>
<tr><td>"在过去5年中，您有无捐献钱物或其他物品"中的%</td><td>100.0%</td><td>100.0%</td><td>100.0%</td><td>100.0%</td><td>100.0%</td><td>100.0%</td></tr>
<tr><td>总数的%</td><td>5.3%</td><td>23.0%</td><td>56.2%</td><td>13.5%</td><td>2.1%</td><td>100.0%</td></tr>
<tr><td colspan="2" rowspan="2">Pearson 卡方</td><td></td><td colspan="2">值</td><td colspan="2">df</td><td colspan="2">渐进 Sig. (双侧)</td></tr>
<tr><td></td><td colspan="2">15.301^a</td><td colspan="2">8</td><td colspan="2">0.054</td></tr>
<tr><td colspan="2">似然比</td><td></td><td colspan="2">15.843</td><td colspan="2">8</td><td colspan="2">0.045</td></tr>
</table>

从受访者近3年是否为修桥铺路、慈善救济或救济困难人群捐赠情

况来看：(1) 回答有的共计 307 人，其中，不信教者 137 人，信教者 163 人，各占 22% 和 26.2%；(2) 回答没有的共计 130 人，不信教者 79 人，信教者 51 人，各占 12.7% 和 8.2%；(3) 回答记不得的共计 181 人，不信教者 89 人，信教者 92 人，各占 14.3% 和 14.8%。可知，在修桥铺路、慈善救济或救济困难人群捐赠情况方面，回答有过的信教者比例明显高出不信教者比例 4.2 个百分点，而回答没有的信教者比例明显低出不信教者比例 4.5 个百分点，因此，信教者在慈善救济捐赠所表现出来的爱心要高于不信教者。

表 4—32　　　　受访者近 3 年为修桥铺路、慈善救济捐赠情况

		您近 3 年来有无为修桥铺路、慈善救济或救济困难人员捐赠过				合计
		1. 有	2. 没有	3. 记不得	4. 其他	
您信教吗	1.不信教	计数	137	79	89	3	308
		"您信教吗?" 中的%	44.5%	25.6%	28.9%	1.0%	100.0%
		"您近 3 年来有无为修桥铺路、慈善救济或救济困难人员捐赠过吗?" 中的%	44.6%	60.8%	49.2%	60.0%	49.4%
		总数的%	22.0%	12.7%	14.3%	0.5%	49.4%
	2.信教	计数	163	51	92	2	308
		"您信教吗?" 中的%	52.9%	16.6%	29.9%	0.6%	100.0%
		"您近 3 年来有无为修桥铺路、慈善救济或救济困难人员捐赠过吗?" 中的%	53.1%	39.2%	50.8%	40.0%	49.4%
		总数的%	26.2%	8.2%	14.8%	0.3%	49.4%
	3.不好说	计数	7	0	0	0	7
		"您信教吗?" 中的%	100.0%	0%	0%	0%	100.0%
		"您近 3 年来有无为修桥铺路、慈善救济或救济困难人员捐赠过吗?" 中的%	2.3%	0%	0%	0%	1.1%
		总数的%	1.1%	0%	0%	0%	1.1%

续表

<table>
<tr><th colspan="2"></th><th colspan="4">您近3年来有无为修桥铺路、慈善救济或救济困难人员捐赠过</th><th rowspan="2">合计</th></tr>
<tr><th colspan="2"></th><th>1. 有</th><th>2. 没有</th><th>3. 记不得</th><th>4. 其他</th></tr>
<tr><td rowspan="4">合计</td><td>计数</td><td>307</td><td>130</td><td>181</td><td>5</td><td>623</td></tr>
<tr><td>"您信教吗?"中的%</td><td>49.3%</td><td>20.9%</td><td>29.1%</td><td>0.8%</td><td>100.0%</td></tr>
<tr><td>"您近3年来有无为修桥铺路、慈善救济或救济困难人员捐赠过吗?"中的%</td><td>100.0%</td><td>100.0%</td><td>100.0%</td><td>100.0%</td><td>100.0%</td></tr>
<tr><td>总数的%</td><td>49.3%</td><td>20.9%</td><td>29.1%</td><td>0.8%</td><td>100.0%</td></tr>
<tr><td colspan="2">Pearson 卡方</td><td colspan="2">值</td><td>df</td><td colspan="2">渐进 Sig.（双侧）</td></tr>
<tr><td colspan="2"></td><td colspan="2">15.866[a]</td><td>6</td><td colspan="2">0.014</td></tr>
<tr><td colspan="2">似然比</td><td colspan="2">18.575</td><td>6</td><td colspan="2">0.005</td></tr>
</table>

从受访者为修桥铺路、慈善救济捐赠次数来看：（1）回答捐赠1次的有54人，不信教26人，信教者28人，各占8.5%和9.1%；（2）捐赠2次的有95人，不信教者44人，信教者50人，各占14.3%和16.3%；（3）捐赠3次的有74人，不信教者29人，信教者42人，各占9.4%和13.7%；（4）捐赠4次的有20人，不信教者9人，信教者11人，各占2.9%和3.6%；（5）捐赠5次的有32人，不信教者16人，信教者14人，各占5.2%和4.6%；（6）捐赠6次的有7人，不信教者4人，信教者3人，各占0.3%和1%；（7）捐赠7次有3人，不信教者1人，信教者2人，各占0.3%和0.7%；（8）捐赠8次的有5人，不信教者2人，信教者3人，各占0.7%和1%；（9）捐赠9次及以上的17人，不信教者4人，信教者12人，各占1.3%和3.9%。总体来看，不信教者捐赠次数明显且普遍少于信教者，表明信教者相对于不信教者而言，更具有关爱心和同情心。

第四章 宗教信仰者与和谐社会建设 / 311

表4—33 受访者为修桥铺路、慈善救济捐赠次数情况

			如果有，请问捐赠过									合计
			1	2	3	4	5	6	7	8	9	
您信教吗	1. 不信教	计数	26	44	29	9	16	4	1	2	4	135
		"您信教吗?" 中的%	19.3%	32.6%	21.5%	6.7%	11.9%	3.0%	0.7%	1.5%	3.0%	100.0%
		"如果有，请问捐赠过" 中的%	48.1%	46.3%	39.2%	45.0%	50.0%	57.1%	33.3%	40.0%	23.5%	44.0%
		总数的%	8.5%	14.3%	9.4%	2.9%	5.2%	1.3%	0.3%	0.7%	1.3%	44.0%
	2. 信教	计数	28	50	42	11	14	3	2	3	12	165
		"您信教吗?" 中的%	17.0%	30.3%	25.5%	6.7%	8.5%	1.8%	1.2%	1.8%	7.3%	100.0%
		"如果有，请问捐赠过" 中的%	51.9%	52.6%	56.8%	55.0%	43.8%	42.9%	66.7%	60.0%	70.6%	53.7%
		总数的%	9.1%	16.3%	13.7%	3.6%	4.6%	1.0%	0.7%	1.0%	3.9%	53.7%
	3. 不好说	计数	0	1	3	0	2	0	0	0	1	7
		"您信教吗?" 中的%	0%	14.3%	42.9%	0%	28.6%	0%	0%	0%	14.3%	100.0%
		"如果有，请问捐赠过" 中的%	0%	1.1%	4.1%	0%	6.3%	0%	0%	0%	5.9%	2.3%
		总数的%	0%	0.3%	1.0%	0%	0.7%	0%	0%	0%	0.3%	2.3%
合计		计数	54	95	74	20	32	7	3	5	17	307
		"您信教吗?" 中的%	17.6%	30.9%	24.1%	6.5%	10.4%	2.3%	1.0%	1.6%	5.5%	100.0%
		"如果有，请问捐赠过" 中的%	100.0%	100.0%	100.0%	100.0%	100.0%	100.0%	100.0%	100.0%	100.0%	100.0%
		总数的%	17.6%	30.9%	24.1%	6.5%	10.4%	2.3%	1.0%	1.6%	5.5%	100.0%

	值	df	渐进 Sig.（双侧）
Pearson 卡方	11.796[a]	16	0.758
似然比	13.047	16	0.669

从受访者近3年向寺庙、教堂捐赠情况看：（1）回答有的共计259人，不信教者63人，信教者189人，各占10.1%和30.3%；（2）回答没有的有214人，不信教者160人，信教者54人，各占25.7%和8.7%；（3）回答记不得的有119人，不信教者66人，信教者53人，各占10.6%和8.5%；（4）回答不好说的有30人，不信教者18人，信教者12人，各占2.9%和1.9%。可见，在向寺庙、教堂捐赠方面，回答有过的信教者比例明显高出不信教者比例20.2个百分点，而回答没有的信教者比例明显低出不信教比例17个百分点，因此，在向寺庙、教堂捐赠上，信教者与不信教者存在显著差异。

表4—34　　　　　　　　受访者向寺庙、教堂捐赠情况

			您近3年来有无为寺庙、教堂捐赠过					合计
			1. 有	2. 无	3. 记不得	4. 不好说	5. 其他	
您信教吗	1.不信教	计数	63	160	66	18	1	308
		"您信教吗？"中的%	20.5%	51.9%	21.4%	5.8%	0.3%	100.0%
		"您近3年来有无为寺庙、教堂捐赠过吗？"中的%	24.3%	74.8%	55.5%	60.0%	100.0%	49.4%
		总数的%	10.1%	25.7%	10.6%	2.9%	0.2%	49.4%
	2.信教	计数	189	54	53	12	0	308
		"您信教吗？"中的%	61.4%	17.5%	17.2%	3.9%	0%	100.0%
		"您近3年来有无为寺庙、教堂捐赠过吗？"中的%	73.0%	25.2%	44.5%	40.0%	0%	49.4%
		总数的%	30.3%	8.7%	8.5%	1.9%	0%	49.4%
	3.不好说	计数	7	0	0	0	0	7
		"您信教吗？"中的%	100.0%	0%	0%	0%	0%	100.0%
		"您近3年来有无为寺庙、教堂捐赠过吗？"中的%	2.7%	0%	0%	0%	0%	1.1%
		总数的%	1.1%	0%	0%	0%	0%	1.1%

续表

		您近3年来有无为寺庙、教堂捐赠过					合计
		1. 有	2. 无	3. 记不得	4. 不好说	5. 其他	
合计	计数	259	214	119	30	1	623
	"您信教吗?"中的%	41.6%	34.3%	19.1%	4.8%	0.2%	100.0%
	"您近3年来有无为寺庙、教堂捐赠过吗?"中的%	100.0%	100.0%	100.0%	100.0%	100.0%	100.0%
	总数的%	41.6%	34.3%	19.1%	4.8%	0.2%	100.0%
	Pearson 卡方	值		df		渐进 Sig. (双侧)	
		133.050[a]		8		0.000	
	似然比	140.353		8		0.000	

从受访者对乞丐行乞的态度：（1）选择第1种回答，即遇到乞丐乞讨主动给钱物的有265人，不信教者114人，信教者147人，各占18.3%和23.6%；（2）选择第2种回答，即遇到乞丐乞讨不太情愿多少给一点的有65人，不信教者40人，信教者25人，各占6.4%和4%；（3）选择第3种回答，即遇到乞丐乞讨要催讨多次，才会施舍一点财物的有16人，不信教者8人，信教者8人，各占1.3%和1.3%；（4）选择第4种回答，即遇到乞丐行乞，先要辨明是真假再做决定的有217人，不信教者110人，信教者105人，各占17.7%和16.9%，这说明乞丐乞讨中确实存在着假乞丐现象；（5）选择第5种回答，即不辨明真假，一概不施舍任何钱物，劝其离开的有33人，不信教者22人，信教者10人，各占3.5%和1.6%；（6）选择第6种回答，即直接威胁对方离开的有5人，不信教者3人，信教者2人，各占0.5%和0.3%；（7）选择第7种回答的有22人，不信教者11人，信教者11人。可见，在对待乞丐行乞的态度上，遇到乞丐乞讨主动给钱物的信教者比例高出不信教者比例5.3个百分点；而不太情愿给，或辨明真假再决定，或不管真假一概不给，或威胁对方离开的信教者比例低出不信教比例2.4个百分点、0.8个百分点、1.9个百分点和0.2个百分点，因此，信教者与不信教者在此方面的表现还是有较明显的差异。一方面说明，信教者更有同情心，另一方面，也说明信教者更容易被欺骗。

表4—35　受访者对待乞丐乞讨的态度

<table>
<tr><th colspan="3"></th><th colspan="7">当您遇到乞丐向您乞讨时，您会（单选）</th><th>合计</th></tr>
<tr><th colspan="3"></th><th>1</th><th>2</th><th>3</th><th>4</th><th>5</th><th>6</th><th>7</th><th></th></tr>
<tr><td rowspan="12">您信教吗</td><td rowspan="4">1. 不信教</td><td>计数</td><td>114</td><td>40</td><td>8</td><td>110</td><td>22</td><td>3</td><td>11</td><td>308</td></tr>
<tr><td>"您信教吗？"中的%</td><td>37.0%</td><td>13.0%</td><td>2.6%</td><td>35.7%</td><td>7.1%</td><td>1.0%</td><td>3.6%</td><td>100.0%</td></tr>
<tr><td>"当您遇到乞丐向您乞讨时，您会（单选）"中的%</td><td>43.0%</td><td>61.5%</td><td>50.0%</td><td>50.7%</td><td>66.7%</td><td>60.0%</td><td>50.0%</td><td>49.4%</td></tr>
<tr><td>总数的%</td><td>18.3%</td><td>6.4%</td><td>1.3%</td><td>17.7%</td><td>3.5%</td><td>0.5%</td><td>1.8%</td><td>49.4%</td></tr>
<tr><td rowspan="4">2. 信教</td><td>计数</td><td>147</td><td>25</td><td>8</td><td>105</td><td>10</td><td>2</td><td>11</td><td>308</td></tr>
<tr><td>"您信教吗？"中的%</td><td>47.7%</td><td>8.1%</td><td>2.6%</td><td>34.1%</td><td>3.2%</td><td>0.6%</td><td>3.6%</td><td>100.0%</td></tr>
<tr><td>"当您遇到乞丐向您乞讨时，您会（单选）"中的%</td><td>55.5%</td><td>38.5%</td><td>50.0%</td><td>48.4%</td><td>30.3%</td><td>40.0%</td><td>50.0%</td><td>49.4%</td></tr>
<tr><td>总数的%</td><td>23.6%</td><td>4.0%</td><td>1.3%</td><td>16.9%</td><td>1.6%</td><td>0.3%</td><td>1.8%</td><td>49.4%</td></tr>
<tr><td rowspan="4">3. 不好说</td><td>计数</td><td>4</td><td>0</td><td>0</td><td>2</td><td>1</td><td>0</td><td>0</td><td>7</td></tr>
<tr><td>"您信教吗？"中的%</td><td>57.1%</td><td>0%</td><td>0%</td><td>28.6%</td><td>14.3%</td><td>0%</td><td>0%</td><td>100.0%</td></tr>
<tr><td>"当您遇到乞丐向您乞讨时，您会（单选）"中的%</td><td>1.5%</td><td>0%</td><td>0%</td><td>0.9%</td><td>3.0%</td><td>0%</td><td>0%</td><td>1.1%</td></tr>
<tr><td>总数的%</td><td>0.6%</td><td>0%</td><td>0%</td><td>0.3%</td><td>0.2%</td><td>0%</td><td>0%</td><td>1.1%</td></tr>
</table>

续表

		当您遇到乞丐向您乞讨时，您会（单选）							合计
		1	2	3	4	5	6	7	
合计	计数	265	65	16	217	33	5	22	623
	"您信教吗？"中的%	42.5%	10.4%	2.6%	34.8%	5.3%	0.8%	3.5%	100.0%
	"当您遇到乞丐向您乞讨时，您会（单选）"中的%	100.0%	100.0%	100.0%	100.0%	100.0%	100.0%	100.0%	100.0%
	总数的%	42.5%	10.4%	2.6%	34.8%	5.3%	0.8%	3.5%	100.0%

	值	df	渐进 Sig.（双侧）值
Pearson 卡方	15.131[a]	12	0.234
似然比	16.190	12	0.183

从受访者对待他人遗失的钱物态度来看：(1) 选择第 1 种回答，即主动捡起保存物品寻找失主或交给相关部门的有 359 人，不信教者 156 人，信教者 196 人，各占 25% 和 31.5%；(2) 选择第 2 种回答，即捡起物品找不到失主自己受用的有 65 人，不信教者 37 人，信教者 28 人，各占 5.9% 和 4.5%；(3) 选择第 3 种回答，即不管它，也不去捡它的有 68 人，不信教者 40 人，信教者 28 人，各占 6.4% 和 4.5%；(4) 选择第 4 种回答，即怕惹麻烦，装着没有看见就离开现场的有 38 人，不信教者 23 人，信教者 15 人，各占 3.7% 和 2.4%；(5) 选择第 5 种回答，即视周围情况来决策和行动的有 75 人，不信教者 41 人，信教者 34 人，各占 6.6% 和 5.5%；(6) 选择第 6 种回答，包括不好说等情况的有 18 人，不信教者 11 人，信教者 7 人，各占 1.8% 和 1.1%。可见，在对待他人遗失钱物的态度上，主动捡起并寻找失主或交相关部门的信教者比例高出不信教者比例 6.5 个百分点，而捡起物品自己受用或不去管它或装着不看见的信教者比例低出不信教者比例 1.4 个百分点、1.9 个百分点和 1.3 个百分点，因此，在对待他人遗失钱物的态度上，信教者和不信者之间存在一定的差异。这表明信教者更会主动去关心他人。

表 4—36   受访者对待他人遗失的钱物态度分析

			当你遇到他人遗失的钱物等物品，您会选择怎么做						合计
			1	2	3	4	5	6	
您信教吗	1. 不信教	计数	156	37	40	23	41	11	308
		"您信教吗？" 中的%	50.6%	12.0%	13.0%	7.5%	13.3%	3.6%	100.0%
		"当你遇到他人遗失的贵重物品，您会选择"%	43.5%	56.9%	58.8%	60.5%	54.7%	61.1%	49.4%
		总数的%	25.0%	5.9%	6.4%	3.7%	6.6%	1.8%	49.4%
	2. 信教	计数	196	28	28	15	34	7	308
		"您信教吗？" 中的%	63.6%	9.1%	9.1%	4.9%	11.0%	2.3%	100.0%
		"当你遇到他人遗失的贵重物品，您会选择"%	54.6%	43.1%	41.2%	39.5%	45.3%	38.9%	49.4%
		总数的%	31.5%	4.5%	4.5%	2.4%	5.5%	1.1%	49.4%

续表

<table>
<tr><th colspan="3"></th><th colspan="6">当你遇到他人遗失的钱物等物品，您会选择怎么做</th><th rowspan="2">合计</th></tr>
<tr><th colspan="3"></th><th>1</th><th>2</th><th>3</th><th>4</th><th>5</th><th>6</th></tr>
<tr><td rowspan="3">您信教吗</td><td rowspan="3">3. 不好说</td><td>计数</td><td>7</td><td>0</td><td>0</td><td>0</td><td>0</td><td>0</td><td>7</td></tr>
<tr><td>"您信教吗？"中的%</td><td>100.0%</td><td>0%</td><td>0%</td><td>0%</td><td>0%</td><td>0%</td><td>100.0%</td></tr>
<tr><td>"当你遇到他人遗失的贵重物品，您会选择"%</td><td>1.9%</td><td>0%</td><td>0%</td><td>0%</td><td>0%</td><td>0%</td><td>1.1%</td></tr>
<tr><td colspan="2"></td><td>总数的%</td><td>1.1%</td><td>0%</td><td>0%</td><td>0%</td><td>0%</td><td>0%</td><td>1.1%</td></tr>
<tr><td rowspan="6">合计</td><td colspan="2">计数</td><td>359</td><td>65</td><td>68</td><td>38</td><td>75</td><td>18</td><td>623</td></tr>
<tr><td colspan="2">"您信教吗？"中的%</td><td>57.6%</td><td>10.4%</td><td>10.9%</td><td>6.1%</td><td>12.0%</td><td>2.9%</td><td>100.0%</td></tr>
<tr><td colspan="2">"当你遇到他人遗失的贵重物品，您会选择"%</td><td>100.0%</td><td>100.0%</td><td>100.0%</td><td>100.0%</td><td>100.0%</td><td>100.0%</td><td>100.0%</td></tr>
<tr><td colspan="2">总数的%</td><td>57.6%</td><td>10.4%</td><td>10.9%</td><td>6.1%</td><td>12.0%</td><td>2.9%</td><td>100.0%</td></tr>
<tr><td colspan="2" rowspan="2">Pearson 卡方</td><td colspan="3">值</td><td colspan="2">df</td><td colspan="2">渐进 Sig. （双侧）</td></tr>
<tr><td colspan="3">16.379[a]</td><td colspan="2">10</td><td colspan="2">0.089</td></tr>
<tr><td colspan="2">似然比</td><td colspan="3">18.957</td><td colspan="2">10</td><td colspan="2">0.041</td></tr>
</table>

从受访者遇到老人或孕妇摔跤的态度看：（1）选择第1种回答，即不管什么原因，立马上前去扶住的有210人，不信教者86人，信教者123人，各占13.8%和19.7%；（2）选择第2种回答的，即先看看，觉得有必要的，就去帮扶一下的有262人，不信教者130人，信教者127人，各占20.9%和20.4%；（3）选择第3种回答，即不去帮扶，而是打电话报警的有78人，不信教者42人，信教者36人，各占6.7%和5.8%；（4）选择第4种回答，即不管闲事，继续走自己的路或做自己的事情的有16人，不信教者13人，信教者3人，各占2.1%和0.5%；（5）选择第5种回答，即怕上当受骗，不去管它，最多报警的有33人，不信教者26人，信教者7人，各占4.2%和1.1%；（6）选择第6种回答，即怕惹麻烦，装着没看见，迅速走过去的有7人，不信教者5人，信教者2人，各占0.8%和0.3%。选择其他（包括视情况而定、不好说等）有17人，不信教者6人，信教者10人。可见，在遇到老人或孕妇摔跤的态度上，回答立马去扶的信教者比例高出不信教者比例5.9个百分点，而后面

表 4—37　受访者对待老人或孕妇棒胶的态度情况

您信教吗			当您在街上或路边见到有老人或孕妇棒胶，您首先会怎么做（单选）							合计
			1	2	3	4	5	6	7	
1. 不信教		计数	86	130	42	13	26	5	6	308
		"您信教吗?"中的%	27.9%	42.2%	13.6%	4.2%	8.4%	1.6%	1.9%	100.0%
		"当您遇到老人或孕妇棒胶，您首先会"中的%	41.0%	49.6%	53.8%	81.3%	78.8%	71.4%	35.3%	49.4%
		总数的%	13.8%	20.9%	6.7%	2.1%	4.2%	0.8%	1.0%	49.4%
2. 信教		计数	123	127	36	3	7	2	10	308
		"您信教吗?"中的%	39.9%	41.2%	11.7%	1.0%	2.3%	0.6%	3.2%	100.0%
		"当您遇到老人或孕妇棒胶，您首先会"中的%	58.6%	48.5%	46.2%	18.8%	21.2%	28.6%	58.8%	49.4%
		总数的%	19.7%	20.4%	5.8%	0.5%	1.1%	0.3%	1.6%	49.4%
3. 不好说		计数	1	5	0	0	0	0	1	7
		"您信教吗?"中的%	14.3%	71.4%	0%	0%	0%	0%	14.3%	100.0%
		"当您遇到老人或孕妇棒胶，您首先会"中的%	0.5%	1.9%	0%	0%	0%	0%	5.9%	1.1%
		总数的%	0.2%	0.8%	0%	0%	0%	0%	0.2%	1.1%

续表

		当您在街上或路边见到有老人或孕妇摔跤，您首先会怎么做（单选）							合计
		1	2	3	4	5	6	7	
合计	计数	210	262	78	16	33	7	17	623
	"您信教吗？"中的%	33.7%	42.1%	12.5%	2.6%	5.3%	1.1%	2.7%	100.0%
	"当您遇到老人或孕妇摔跤，您首先会"中的%	100.0%	100.0%	100.0%	100.0%	100.0%	100.0%	100.0%	100.0%
	总数的%	33.7%	42.1%	12.5%	2.6%	5.3%	1.1%	2.7%	100.0%

	值	df	渐进 Sig.（双侧）
Pearson 卡方	33.964[a]	12	0.001
似然比	34.774	12	0.001

几种回答都是不信教者比例高出信教者比例，因此，在对待老人或孕妇的态度上，信教受访者和不信教受访者存在着较明显的差异。

从受访者对"社会上大多数人都是可以信任"的态度看：（1）对此认为非常同意的有57人，不信教者20人，信教者37人，各占3.2%和5.9%；（2）回答比较同意的有355人，不信教者173人，信教者176人，各占27.8%和28.3%；（3）回答不太同意的有134人，不信教者71人，信教者63人，各占11.4%和10.1%；（4）回答非常不同意的有22人，不信教者15人，信教者7人，各占2.4%和1.1%；（5）回答不好说的有55人，不信教者29人，信教者25人，各占4.7%和4%。可知，信教者对社会信任的认可度要高于不信教者。这表明信教受访者和不信教受访者在对社会上大多数都是可以信任的回答中，存在着一定的差别。

表4—38　受访者对"社会上大多数人都是可以信任的"的看法

			社会上大多数人都是可以信任的					合计
			1. 非常同意	2. 比较同意	3. 不太同意	4. 非常不同意	5. 不好说	
您信教吗	1. 不信教	计数	20	173	71	15	29	308
		"您信教吗？"中的%	6.5%	56.2%	23.1%	4.9%	9.4%	100.0%
		"社会上大多数人都是可以信任的"中的%	35.1%	48.7%	53.0%	68.2%	52.7%	49.4%
		总数的%	3.2%	27.8%	11.4%	2.4%	4.7%	49.4%
	2. 信教	计数	37	176	63	7	25	308
		"您信教吗？"中的%	12.0%	57.1%	20.5%	2.3%	8.1%	100.0%
		"社会上大多数人都是可以信任的"中的%	64.9%	49.6%	47.0%	31.8%	45.5%	49.4%
		总数的%	5.9%	28.3%	10.1%	1.1%	4.0%	49.4%
	3. 不好说	计数	0	6	0	0	1	7
		"您信教吗？"中的%	0%	85.7%	0%	0%	14.3%	100.0%
		"社会上大多数人都是可以信任的"中的%	0%	1.7%	0%	0%	1.8%	1.1%
		总数的%	0%	1.0%	0%	0%	0.2%	1.1%

续表

<table>
<tr><th colspan="2"></th><th colspan="5">社会上大多数人都是可以信任的</th><th rowspan="2">合计</th></tr>
<tr><th colspan="2"></th><th>1. 非常同意</th><th>2. 比较同意</th><th>3. 不太同意</th><th>4. 非常不同意</th><th>5. 不好说</th></tr>
<tr><td rowspan="5">合计</td><td>计数</td><td>57</td><td>355</td><td>134</td><td>22</td><td>55</td><td>623</td></tr>
<tr><td>"您信教吗？"中的%</td><td>9.1%</td><td>57.0%</td><td>21.5%</td><td>3.5%</td><td>8.8%</td><td>100.0%</td></tr>
<tr><td>"社会上大多数人都是可以信任的"中的%</td><td>100.0%</td><td>100.0%</td><td>100.0%</td><td>100.0%</td><td>100.0%</td><td>100.0%</td></tr>
<tr><td>总数的%</td><td>9.1%</td><td>57.0%</td><td>21.5%</td><td>3.5%</td><td>8.8%</td><td>100.0%</td></tr>
<tr><td>Pearson 卡方</td><td colspan="2">值</td><td>df</td><td colspan="3">渐进 Sig.（双侧）</td></tr>
<tr><td></td><td></td><td colspan="2">14.113^a</td><td>8</td><td colspan="3">0.079</td></tr>
<tr><td></td><td>似然比</td><td colspan="2">15.714</td><td>8</td><td colspan="3">0.047</td></tr>
</table>

总之，通过对信教者与不信教者在对待财富、捐赠、乞丐行乞、老人和孕妇摔跤、遗失财物、社会信任的态度和看法等指标的比较，发现信教者比例都多于不信教者比例，这表明信教者相对于不信教者，更乐于社会公益和慈善事业，更有社会责任感、关爱心和同情心。

五 信教和不信教受访者习惯与兴趣爱好分析

信教和不信教受访者在个人习惯和兴趣爱好方面是否存在差别，宗教信仰会不会对信教者的兴趣习惯爱好带来影响？

从受访者近3年来是否打麻将或扑克情况看：（1）回答经常打的有53人，不信教者39人，信教者14人，各占6.3%和2.2%；（2）回答偶尔打的有181人，不信教者96人，信教者84人，各占15.4%和13.5%；（3）回答很少打的有180人，不信教者85人，信教者92人，各占13.6%和14.8%；（4）回答没有打过的205人，不信教者86人，信教者116人，各占13.8%和18.6%。

可见，在是否有无打麻将或扑克的习惯中，回答经常打、偶尔打和没有打过的信教者比例低于不信教者比例4.1个百分点、1.9个百分点和4.8个百分点；而回答很少打的信教者比例又高出不信教者比例1.2个百分点；因此，在是否打麻将或扑克方面，信教者比不信教者具有这种爱好习惯更不明显，而不信教者有这种习惯爱好表现得较明显，这表明宗教信仰会对信教者的习惯爱好产生影响。

表4—39　　　　　受访者有无打麻将或扑克习惯情况

<table>
<tr><th colspan="2" rowspan="2"></th><th rowspan="2"></th><th colspan="5">您近3年来打麻将或扑克吗</th><th rowspan="2">合计</th></tr>
<tr><th>1. 经常打</th><th>2. 偶尔打</th><th>3. 很少打</th><th>4. 没有打过</th><th>5. 其他</th></tr>
<tr><td rowspan="9">您信教吗</td><td rowspan="3">1.不信教</td><td>计数</td><td>39</td><td>96</td><td>85</td><td>86</td><td>2</td><td>308</td></tr>
<tr><td>"您信教吗?"中的%</td><td>12.7%</td><td>31.2%</td><td>27.6%</td><td>27.9%</td><td>0.6%</td><td>100.0%</td></tr>
<tr><td>"您近3年来打麻将或扑克吗?"中的%</td><td>73.6%</td><td>53.0%</td><td>47.2%</td><td>42.0%</td><td>50.0%</td><td>49.4%</td></tr>
<tr><td colspan="2">总数的%</td><td>6.3%</td><td>15.4%</td><td>13.6%</td><td>13.8%</td><td>0.3%</td><td>49.4%</td></tr>
<tr><td rowspan="3">2.信教</td><td>计数</td><td>14</td><td>84</td><td>92</td><td>116</td><td>2</td><td>308</td></tr>
<tr><td>"您信教吗?"中的%</td><td>4.5%</td><td>27.3%</td><td>29.9%</td><td>37.7%</td><td>0.6%</td><td>100.0%</td></tr>
<tr><td>"您近3年来打麻将或扑克吗?"中的%</td><td>26.4%</td><td>46.4%</td><td>51.1%</td><td>56.6%</td><td>50.0%</td><td>49.4%</td></tr>
<tr><td colspan="2">总数的%</td><td>2.2%</td><td>13.5%</td><td>14.8%</td><td>18.6%</td><td>0.3%</td><td>49.4%</td></tr>
<tr><td rowspan="3">3.不好说</td><td>计数</td><td>0</td><td>1</td><td>3</td><td>3</td><td>0</td><td>7</td></tr>
<tr><td colspan="2">"您信教吗?"中的%</td><td>0%</td><td>14.3%</td><td>42.9%</td><td>42.9%</td><td>0%</td><td>100.0%</td></tr>
<tr><td colspan="2">"您近3年来打麻将或扑克吗?"中的%</td><td>0%</td><td>0.6%</td><td>1.7%</td><td>1.5%</td><td>0%</td><td>1.1%</td></tr>
<tr><td colspan="3">总数的%</td><td>0%</td><td>0.2%</td><td>0.5%</td><td>0.5%</td><td>0%</td><td>1.1%</td></tr>
<tr><td rowspan="4" colspan="2">合计</td><td>计数</td><td>53</td><td>181</td><td>180</td><td>205</td><td>4</td><td>623</td></tr>
<tr><td>"您信教吗?"中的%</td><td>8.5%</td><td>29.1%</td><td>28.9%</td><td>32.9%</td><td>0.6%</td><td>100.0%</td></tr>
<tr><td>"您近3年来打麻将或扑克吗?"中的%</td><td>100.0%</td><td>100.0%</td><td>100.0%</td><td>100.0%</td><td>100.0%</td><td>100.0%</td></tr>
<tr><td>总数的%</td><td>8.5%</td><td>29.1%</td><td>28.9%</td><td>32.9%</td><td>0.6%</td><td>100.0%</td></tr>
<tr><td colspan="3">Pearson 卡方</td><td colspan="2">值</td><td colspan="2">df</td><td colspan="2">渐进 Sig. (双侧)</td></tr>
<tr><td colspan="3"></td><td colspan="2">19.317[a]</td><td colspan="2">8</td><td colspan="2">0.013</td></tr>
<tr><td colspan="3">似然比</td><td colspan="2">20.376</td><td colspan="2">8</td><td colspan="2">0.009</td></tr>
</table>

从受访者是否有意识地锻炼身体或进行体力劳动情况看：(1) 回答天天锻炼或劳动的有119人，不信教者47人，信教者70人，各占7.5%和11.2%；(2) 回答经常的共计192人，不信教者84人，信教者106人，各占13.5%和17%；(3) 回答偶尔有的200人，不信教者113人，信教者84人，各占18.1%和13.5%；(4) 回答很少的有75人，不信教者42人，信教者33人，各占6.7%和5.3%；(5) 回答几乎没有的共计30人，不信教者18人，信教者12人，各占2.9%和1.9%。

可见，在是否有意识锻炼身体或进行体力劳动方面，回答天天锻炼或劳动、经常锻炼或劳动的信教者比例高出不信教者比例3.7个百分点和3.5个百分点；而回答偶尔有、很少有以及没有的信教者比例低出不信教者比例4.6个百分点、1.4个百分点和1个百分点；由此可知，信教者比不信教者表现得更有意识锻炼身体或进行体力劳动。

表4—40　受访者有意识地锻炼身体或进行体力活动（劳动）情况

			您会有意识地锻炼身体或进行体力活动（劳动）吗						合计
			1. 天天锻炼或劳动	2. 经常	3. 偶尔	4. 很少	5. 几乎没有	6. 其他	
您信教吗	1. 不信教	计数	47	84	113	42	18	4	308
		"您信教吗？"中的%	15.3%	27.3%	36.7%	13.6%	5.8%	1.3%	100.0%
		"您会有意识锻炼身体或进行体力（劳动）吗？"中的%	39.5%	43.8%	56.5%	56.0%	60.0%	57.1%	49.4%
		总数的%	7.5%	13.5%	18.1%	6.7%	2.9%	0.6%	49.4%
	2. 信教	计数	70	106	84	33	12	3	308
		"您信教吗？"中的%	22.7%	34.4%	27.3%	10.7%	3.9%	1.0%	100.0%
		"您会有意识锻炼身体或进行体力（劳动）吗？"中的%	58.8%	55.2%	42.0%	44.0%	40.0%	42.9%	49.4%
		总数的%	11.2%	17.0%	13.5%	5.3%	1.9%	0.5%	49.4%

续表

			您会有意识地锻炼身体或进行体力活动（劳动）吗					合计
			1. 天天锻炼或劳动	2. 经常	3. 偶尔	4. 很少	5. 几乎没有	6. 其他	
您信教吗	3.不好说	计数	2	2	3	0	0	0	7
		"您信教吗？"中的%	28.6%	28.6%	42.9%	0%	0%	0%	100.0%
		"您会有意识锻炼身体或进行体力（劳动）吗？"中的%	1.7%	1.0%	1.5%	0%	0%	0%	1.1%
		总数的%	0.3%	0.3%	0.5%	0%	0%	0%	1.1%
合计		计数	119	192	200	75	30	7	623
		"您信教吗？"中的%	19.1%	30.8%	32.1%	12.0%	4.8%	1.1%	100.0%
		"您会有意识锻炼身体或进行体力（劳动）吗？"中的%	100.0%	100.0%	100.0%	100.0%	100.0%	100.0%	100.0%
		总数的%	19.1%	30.8%	32.1%	12.0%	4.8%	1.1%	100.0%

Pearson 卡方	值	df	渐进 Sig.（双侧）
	15.620[a]	10	0.111
似然比	16.885	10	0.077

从受访者的饮食习惯情况来看：（1）回答顿顿要吃肉，一餐无肉就吃不下饭的有 28 人，不信教者 17 人，信教者 11 人，各占 2.7% 和 1.8%；（2）回答经常以荤菜鱼肉为主，否则不习惯的有 122 人，不信教者 68 人，信教者 53 人，各占 10.9% 和 8.5%；（3）回答喜欢寻吃一些珍奇野生动物肉的有 17 人，不信教者 8 人，信教者 9 人，各占 1.3% 和 1.4%；（4）回答偶尔吃一些肉类食物的，以吃素菜为主的 360 人，不信教者 172 人，信教者 183 人，各占 27.6% 和 29.4%；（5）回答完全吃素的有 35 人，不信教者 8 人，信教者 26 人，各占 1.3% 和 4.2%。

可见，在饮食习惯方面，回答顿顿要吃肉、经常以荤菜鱼肉为主的信教者比例低出不信教者比例 0.9 个百分点和 2.4 个百分点；而回答偶尔吃肉类食物和完全吃素的信教者比例高出不信教者比例 1.8 个百分点和

2.9个百分点；在喜欢寻吃一些珍奇野生动物肉方面，信教者和不信者表现的相似性较明显；因此，在饮食习惯上，信教者比不信教者更倾向于以素食为主。

表4—41　　　　　　　　　受访者的饮食习惯情况

<table>
<tr><th colspan="3" rowspan="2"></th><th colspan="6">您的饮食习惯是</th><th rowspan="2">合计</th></tr>
<tr><th>1</th><th>2</th><th>3</th><th>4</th><th>5</th><th>6</th></tr>
<tr><td rowspan="12">您信教吗</td><td rowspan="4">1. 不信教</td><td>计数</td><td>17</td><td>68</td><td>8</td><td>172</td><td>8</td><td>35</td><td>308</td></tr>
<tr><td>"您信教吗？"中的%</td><td>5.5%</td><td>22.1%</td><td>2.6%</td><td>55.8%</td><td>2.6%</td><td>11.4%</td><td>100.0%</td></tr>
<tr><td>"您的饮食习惯是"的%</td><td>60.7%</td><td>55.7%</td><td>47.1%</td><td>47.8%</td><td>22.9%</td><td>57.4%</td><td>49.4%</td></tr>
<tr><td>总数的%</td><td>2.7%</td><td>10.9%</td><td>1.3%</td><td>27.6%</td><td>1.3%</td><td>5.6%</td><td>49.4%</td></tr>
<tr><td rowspan="4">2. 信教</td><td>计数</td><td>11</td><td>53</td><td>9</td><td>183</td><td>26</td><td>26</td><td>308</td></tr>
<tr><td>"您信教吗？"中的%</td><td>3.6%</td><td>17.2%</td><td>2.9%</td><td>59.4%</td><td>8.4%</td><td>8.4%</td><td>100.0%</td></tr>
<tr><td>"您的饮食习惯是"的%</td><td>39.3%</td><td>43.4%</td><td>52.9%</td><td>50.8%</td><td>74.3%</td><td>42.6%</td><td>49.4%</td></tr>
<tr><td>总数的%</td><td>1.8%</td><td>8.5%</td><td>1.4%</td><td>29.4%</td><td>4.2%</td><td>4.2%</td><td>49.4%</td></tr>
<tr><td rowspan="4">3. 不好说</td><td>计数</td><td>0</td><td>1</td><td>0</td><td>5</td><td>1</td><td>0</td><td>7</td></tr>
<tr><td>"您信教吗？"中的%</td><td>0%</td><td>14.3%</td><td>0%</td><td>71.4%</td><td>14.3%</td><td>0%</td><td>100.0%</td></tr>
<tr><td>"您的饮食习惯是"的%</td><td>0%</td><td>0.8%</td><td>0%</td><td>1.4%</td><td>2.9%</td><td>0%</td><td>1.1%</td></tr>
<tr><td>总数的%</td><td>0%</td><td>0.2%</td><td>0%</td><td>0.8%</td><td>0.2%</td><td>0%</td><td>1.1%</td></tr>
<tr><td colspan="2" rowspan="4">合计</td><td>计数</td><td>28</td><td>122</td><td>17</td><td>360</td><td>35</td><td>61</td><td>623</td></tr>
<tr><td>"您信教吗？"中的%</td><td>4.5%</td><td>19.6%</td><td>2.7%</td><td>57.8%</td><td>5.6%</td><td>9.8%</td><td>100.0%</td></tr>
<tr><td>"您的饮食习惯是"的%</td><td>100.0%</td><td>100.0%</td><td>100.0%</td><td>100.0%</td><td>100.0%</td><td>100.0%</td><td>100.0%</td></tr>
<tr><td>总数的%</td><td>4.5%</td><td>19.6%</td><td>2.7%</td><td>57.8%</td><td>5.6%</td><td>9.8%</td><td>100.0%</td></tr>
<tr><td colspan="3">Pearson 卡方</td><td colspan="2">值</td><td colspan="2">df</td><td colspan="3">渐进 Sig.（双侧）</td></tr>
<tr><td colspan="3"></td><td colspan="2">16.751[a]</td><td colspan="2">10</td><td colspan="3">0.080</td></tr>
<tr><td colspan="3">似然比</td><td colspan="2">18.309</td><td colspan="2">10</td><td colspan="3">0.050</td></tr>
</table>

从受访者是否具有饮酒习惯来看：（1）回答每天喝一些但不醉的有24人，不信教者15人，信教者9人，各占2.4%和1.4%；（2）回答每

326 / 宗教与和谐社会建设的关系研究

表4—42　受访者的饮酒习惯情况

<table>
<tr><th colspan="2"></th><th></th><th colspan="8">饮酒：</th><th>合计</th></tr>
<tr><th colspan="2"></th><th></th><th>1</th><th>2</th><th>3</th><th>4</th><th>5</th><th>6</th><th>7</th><th>8</th><th></th></tr>
<tr><td rowspan="12">您信教吗</td><td rowspan="4">1. 不信教</td><td>计数</td><td>15</td><td>4</td><td>7</td><td>23</td><td>16</td><td>154</td><td>84</td><td>5</td><td>308</td></tr>
<tr><td>"您信教吗?"中的%</td><td>4.9%</td><td>1.3%</td><td>2.3%</td><td>7.5%</td><td>5.2%</td><td>50.0%</td><td>27.3%</td><td>1.6%</td><td>100.0%</td></tr>
<tr><td>"饮酒"中的%</td><td>62.5%</td><td>80.0%</td><td>63.6%</td><td>51.1%</td><td>53.3%</td><td>52.4%</td><td>41.0%</td><td>55.6%</td><td>49.4%</td></tr>
<tr><td>总数的%</td><td>2.4%</td><td>0.6%</td><td>1.1%</td><td>3.7%</td><td>2.6%</td><td>24.7%</td><td>13.5%</td><td>0.8%</td><td>49.4%</td></tr>
<tr><td rowspan="4">2. 信教</td><td>计数</td><td>9</td><td>1</td><td>4</td><td>22</td><td>13</td><td>136</td><td>119</td><td>4</td><td>308</td></tr>
<tr><td>"您信教吗?"中的%</td><td>2.9%</td><td>0.3%</td><td>1.3%</td><td>7.1%</td><td>4.2%</td><td>44.2%</td><td>38.6%</td><td>1.3%</td><td>100.0%</td></tr>
<tr><td>"饮酒"中的%</td><td>37.5%</td><td>20.0%</td><td>36.4%</td><td>48.9%</td><td>43.3%</td><td>46.3%</td><td>58.0%</td><td>44.4%</td><td>49.4%</td></tr>
<tr><td>总数的%</td><td>1.4%</td><td>0.2%</td><td>0.6%</td><td>3.5%</td><td>2.1%</td><td>21.8%</td><td>19.1%</td><td>0.6%</td><td>49.4%</td></tr>
<tr><td rowspan="4">3. 不好说</td><td>计数</td><td>0</td><td>0</td><td>0</td><td>0</td><td>1</td><td>4</td><td>2</td><td>0</td><td>7</td></tr>
<tr><td>"您信教吗?"中的%</td><td>0%</td><td>0%</td><td>0%</td><td>0%</td><td>14.3%</td><td>57.1%</td><td>28.6%</td><td>0%</td><td>100.0%</td></tr>
<tr><td>"饮酒"中的%</td><td>0%</td><td>0%</td><td>0%</td><td>0%</td><td>3.3%</td><td>1.4%</td><td>1.0%</td><td>0%</td><td>1.1%</td></tr>
<tr><td>总数的%</td><td>0%</td><td>0%</td><td>0%</td><td>0%</td><td>0.2%</td><td>0.6%</td><td>0.3%</td><td>0%</td><td>1.1%</td></tr>
<tr><td rowspan="4" colspan="2">合计</td><td>计数</td><td>24</td><td>5</td><td>11</td><td>45</td><td>30</td><td>294</td><td>205</td><td>9</td><td>623</td></tr>
<tr><td>"您信教吗?"中的%</td><td>3.9%</td><td>0.8%</td><td>1.8%</td><td>7.2%</td><td>4.8%</td><td>47.2%</td><td>32.9%</td><td>1.4%</td><td>100.0%</td></tr>
<tr><td>"饮酒"中的%</td><td>100.0%</td><td>100.0%</td><td>100.0%</td><td>100.0%</td><td>100.0%</td><td>100.0%</td><td>100.0%</td><td>100.0%</td><td>100.0%</td></tr>
<tr><td>总数的%</td><td>3.9%</td><td>0.8%</td><td>1.8%</td><td>7.2%</td><td>4.8%</td><td>47.2%</td><td>32.9%</td><td>1.4%</td><td>100.0%</td></tr>
</table>

	值	df	渐进 Sig.（双侧）
Pearson 卡方	14.337[a]	14	0.425
似然比	15.069	14	0.373

天喝且醉的有5人，不信教者4人，信教者1人，各占0.6%和0.2%；(3) 回答经常喝且喝醉的有11人，不信教者7人，信教者4人，各占1.1%和0.6%；(4) 回答经常喝但不喝醉的有45人，不信教者23人，信教者22人，各占3.7%和3.5%；(5) 回答偶尔喝但一喝就醉的有30人，不信教者16人，信教者13人，各占2.6%和2.1%；(6) 回答偶尔喝但少量的有294人，不信教者154人，信教者136人，各占24.7%和21.8%；(7) 回答滴酒不沾的有205人，不信教者84人，信教者119人，各占13.5%和19.1%。

可见，在是否有饮酒习惯方面，回答每天喝但不醉、每天喝且醉、经常喝且喝醉、常喝但不醉、偶尔喝但一喝就醉、偶尔喝但少量的信教者比例低出不信教者比例1个百分点、0.4个百分点、0.5个百分点、0.2个百分点、0.5个百分点和2.9个百分点；而回答滴酒不沾的信教者比例高出不信教者比例5.6个百分点。这表明在饮酒习惯方面，信教者表现得比不信教者更不明显。

从受访者是否具有吸烟习惯来看：(1) 回答每天抽且量大的有20人，不信教者11人，信教者9人，各占1.8%和1.4%；(2) 回答每天抽且量不大的有41人，不信教者30人，信教者11人，各占4.8%和1.8%；(3) 回答经常抽的37人，不信教者18人，信教者19人，各占2.9%和3%；(4) 回答偶尔抽的59人，不信教者36人，信教者22人，各占5.8%和3.5%；(5) 回答不抽的443人，不信教者200人，信教者237人，各占32.1%和38%。

表4—43　　　　　　　　受访者的吸烟习惯情况

			吸烟					合计
			1. 每天必吸且量大	2. 每天必吸且量不大	3. 经常吸	4. 偶尔吸	5. 不吸	6. 其他	
您信教吗	1. 不信教	计数	11	30	18	36	200	13	308
		"您信教吗？"中的%	3.6%	9.7%	5.8%	11.7%	64.9%	4.2%	100.0%
		"吸烟"中的%	55.0%	73.2%	48.6%	61.0%	45.1%	56.5%	49.4%
		总数的%	1.8%	4.8%	2.9%	5.8%	32.1%	2.1%	49.4%

续表

			吸烟						合计
			1. 每天必吸且量大	2. 每天必吸且量不大	3. 经常吸	4. 偶尔吸	5. 不吸	6. 其他	
您信教吗	2. 信教	计数	9	11	19	22	237	10	308
		"您信教吗?" 中的%	2.9%	3.6%	6.2%	7.1%	76.9%	3.2%	100.0%
		"吸烟" 中的%	45.0%	26.8%	51.4%	37.3%	53.5%	43.5%	49.4%
		总数的%	1.4%	1.8%	3.0%	3.5%	38.0%	1.6%	49.4%
	3. 不好说	计数	0	0	0	1	6	0	7
		"您信教吗?" 中的%	0%	0%	0%	14.3%	85.7%	0%	100.0%
		"吸烟" 中的%	0%	0%	0%	1.7%	1.4%	0%	1.1%
		总数的%	0%	0%	0%	0.2%	1.0%	0%	1.1%
合计		计数	20	41	37	59	443	23	623
		"您信教吗?" 中的%	3.2%	6.6%	5.9%	9.5%	71.1%	3.7%	100.0%
		"吸烟" 中的%	100.0%	100.0%	100.0%	100.0%	100.0%	100.0%	100.0%
		总数的%	3.2%	6.6%	5.9%	9.5%	71.1%	3.7%	100.0%

	值	df	渐进 Sig.（双侧）
Pearson 卡方	17.776[a]	10	0.059
似然比	19.404	10	0.035

可见，在是否具有吸烟习惯上，回答每天抽且量大、每天抽且量不大、偶尔抽的信教者比例高出不信教者比例0.4个百分点、3个百分点和2.3个百分点；而回答不抽的信教者比例高出不信教者比例5.9个百分点；回答经常抽的信教者比例和不信教者比例相当；因此，在吸烟习惯上，信教者比不信教者更少有这种习惯。

从受访者对当自己遇到困难、挫折时的态度来看：(1) 回答这是自己的报应或业障，理应承受，不要抱怨或不满的回答有77人，不信教者30人，信教者47人，各占4.8%和7.5%；(2) 回答认为"怎么老天或神对我不公平，总是与我作对"的有37人，不信教者27人，信教者10人，各占4.3%和1.6%；(3) 回答"这是上天给我的惩罚，罪有应得，躲也躲不了，只能认命"的有43人，不信教者19人，信教者23人，各占 3% 和 3.7%；(4) 回答"这是上天给我的考验或磨难，是在促进我的成长，应该努力克服"的有 331 人，不信教者 142 人，信教者 184 人，各占 22.8% 和 29.5%；(5) 回答"这是自己做错的事导致的后果"的有 73 人，不信教者 50 人，信教者 22 人，各占 8% 和 3.5%。(6) 回答其他的有 62 人。

可见，在遇到困难、挫折时的态度上，回答这是自己的报应而理应承受、这是上天给我的惩罚而只能认命、这是上天给我的考验而应努力克服的信教者比例高出不信教者比例 2.7 个百分点、0.7 个百分点和 6.7 个百分点；而回答这是老天对我不公和与我作对的信教者比例低出不信教者比例 2.7 个百分点；因此，在遇到困难和挫折的态度上，信教者比不信教者表现出更高的耐挫力和抗逆力。

表 4—44　　受访者遇到困难、挫折时的态度情况

			当您在遇到困难、挫折或疾病、不幸的时候，您是怎么想的						合计
			1	2	3	4	5	6	
您信教吗	1.不信教	计数	30	27	19	142	50	40	308
		"您信教吗?"中的%	9.7%	8.8%	6.2%	46.1%	16.2%	13.0%	100.0%
		当您在遇到困难、挫折不幸时，您是%	39.0%	73.0%	44.2%	42.9%	68.5%	64.5%	49.4%
		总数的%	4.8%	4.3%	3.0%	22.8%	8.0%	6.4%	49.4%
	2.信教	计数	47	10	23	184	22	22	308
		"您信教吗?"中的%	15.3%	3.2%	7.5%	59.7%	7.1%	7.1%	100.0%
		当您在遇到困难、挫折不幸时，您是%	61.0%	27.0%	53.5%	55.6%	30.1%	35.5%	49.4%
		总数的%	7.5%	1.6%	3.7%	29.5%	3.5%	3.5%	49.4%
	3.不好说	计数	0	0	1	5	1	0	7
		"您信教吗?"中的%	0%	0%	14.3%	71.4%	14.3%	0%	100.0%
		当您在遇到困难、挫折不幸时，您是%	0%	0%	2.3%	1.5%	1.4%	0%	1.1%
		总数的%	0%	0%	0.2%	0.8%	0.2%	0%	1.1%

续表

		当您在遇到困难、挫折或疾病、不幸的时候，您是怎么想的						合计
		1	2	3	4	5	6	
合计	计数	77	37	43	331	73	62	623
	"您信教吗？"中的%	12.4%	5.9%	6.9%	53.1%	11.7%	10.0%	100.0%
	当您在遇到困难、挫折不幸时，您是%	100.0%	100.0%	100.0%	100.0%	100.0%	100.0%	100.0%
	总数的%	12.4%	5.9%	6.9%	53.1%	11.7%	10.0%	100.0%
	Pearson 卡方	值		df		渐进 Sig.（双侧）		
		36.654[a]		10		0.000		
	似然比	39.032		10		0.000		

总之，通过信教者和不信教者在个人习惯和兴趣爱好方面的比较，人们可以发现，信教者比不信教者更少有打麻将、打扑克、饮酒和吸烟习惯；在饮食上，信教者比不信教者更倾向于以清淡素食为主；在锻炼身体上，信教者比不信教者更有意识锻炼身体或进行体力劳动；在遇到困难和挫折的态度上，信教者比不信教者表现出更高的耐挫力和抗逆力。由此可知，信教者比不信者表现出较好的个人习惯、健康的兴趣爱好及更强的意志力。

六　信教和不信教受访者不当行为与违法犯罪行为及其看法分析

信教者和不信教者在不当行为和违法犯罪行为及其看法方面是否也存在区别？宗教信仰是否也会对此产生影响？为弄清这个问题，首先要明确不当行为的概念。不当行为是指不正当行为，这种行为相对于正当行为而言，虽然它没有构成违法犯罪，但对于自身、他人乃至社会具有一定的威胁性和危害性，不符合社会伦理道德的行为。这些行为对于行为主体而言，或许并没有意识到，却常常实施。

从受访者对"当自己与别人发生争执或矛盾"时的态度来看：(1) 回答不管三七二十一，与其争吵，不达目的不罢休的回答有 17 人，不信教者 13 人，信教者 4 人，各占 2.1% 和 0.6%；(2) 回答视具体情况而定的有 252 人，不信教者 139 人，信教者 113 人，各占 22.3% 和 18.1%；（3）回答理智对待，尽量去理解包容别人的有 236 人，不信教者 113 人，信教者 119 人，各占 18.1% 和 19.1%；（4）回答容忍别人，不与他人一样，主动退让，待时机成熟再作解释的有 103 人，不信教者 34 人，信教者 66 人，各占 5.5% 和 10.6%；（5）回答其他的有 15 人。

可见，在处理人际争执或冲突的态度方面，回答不管三七二十一，与其争吵，不达目的不罢休和视具体情况而定的信教者比例低出不信教者比例 1.5 个百分点和 4.2 个百分点；回答理智对待，尽量理解包容别人和容忍别人主动退让的信教者比例高出不信教者比例 1 个百分点和 5.1 个百分点；因此，在处理人际争执或冲突方面，信教者比不信教者更能理智对待和包容理解他人，更有包容心、宽容心。

表4—45　　　　受访者对"自己遇到与别人争执的态度"情况

		当您遇到因利益或名誉与别人发生争执或矛盾冲突时，您首先会怎么做					合计
		1	2	3	4	5	
您信教吗	1. 不信教	计数	13	139	113	34	9	308
		"您信教吗？"中的%	4.2%	45.1%	36.7%	11.0%	2.9%	100.0%
		"当您与别人发生争执或矛盾时,您首先会怎么做?"中的%	76.5%	55.2%	47.9%	33.0%	60.0%	49.4%
		总数的%	2.1%	22.3%	18.1%	5.5%	1.4%	49.4%
	2. 信教	计数	4	113	119	66	6	308
		"您信教吗？"中的%	1.3%	36.7%	38.6%	21.4%	1.9%	100.0%
		"当您与别人发生争执或矛盾时,您首先会怎么做?"中的%	23.5%	44.8%	50.4%	64.1%	40.0%	49.4%
		总数的%	0.6%	18.1%	19.1%	10.6%	1.0%	49.4%
	3. 不好说	计数	0	0	4	3	0	7
		"您信教吗？"中的%	0%	0%	57.1%	42.9%	0%	100.0%
		"当您与别人发生争执或矛盾时,您首先会怎么做?"中的%	0%	0%	1.7%	2.9%	0%	1.1%
		总数的%	0%	0%	0.6%	0.5%	0%	1.1%

续表

		当您遇到因利益或名誉与别人发生争执或矛盾冲突时，您首先会怎么做					合计
		1	2	3	4	5	
合计	计数	17	252	236	103	15	623
	"您信教吗?"中的%	2.7%	40.4%	37.9%	16.5%	2.4%	100.0%
	"当您与别人发生争执或矛盾时,您首先会怎么做?"中的%	100.0%	100.0%	100.0%	100.0%	100.0%	100.0%
	总数的%	2.7%	40.4%	37.9%	16.5%	2.4%	100.0%
	Pearson 卡方	值		df		渐进 Sig.（双侧）	
		25.236[a]		8		0.001	
	似然比	27.967		8		0.000	

从受访者"是否与别人争吵过或打过架"情况来看：(1) 回答很少有过的有 304 人，不信教者 129 人，信教者 170 人，各占 20.7% 和 27.3%；(2) 回答偶尔有过的有 166 人，不信教者 88 人，信教者 77 人，各占 14.1% 和 12.4%；(3) 回答有过多次的有 32 人，不信教者 20 人，信教者 12 人，各占 3.2% 和 1.9%；(4) 回答经常有的共计 74 人，不信教者 42 人，信教者 31 人，各占 6.7% 和 5%；(5) 回答不记得的有 35 人。

表 4—46　　受访者"对自己有无与别人争吵过或打过架"情况

您信教吗			在过去 3 年中,不管什么原因,您有没有与别人争吵过或打过架						合计
			1	2	3	4	5	6	
	1. 不信教	计数	129	88	20	10	42	19	308
		"您信教吗?"中的%	41.9%	28.6%	6.5%	3.2%	13.6%	6.2%	100.0%
		"在过去 3 年中，您有无与别人争吵或打过架?"中的%	42.4%	53.0%	62.5%	83.3%	56.8%	54.3%	49.4%
		总数的%	20.7%	14.1%	3.2%	1.6%	6.7%	3.0%	49.4%

续表

<table>
<tr><th colspan="2" rowspan="2"></th><th colspan="6">在过去3年中，不管什么原因，您有没有与别人争吵过或打过架</th><th rowspan="2">合计</th></tr>
<tr><th>1</th><th>2</th><th>3</th><th>4</th><th>5</th><th>6</th></tr>
<tr><td rowspan="6">您信教吗</td><td rowspan="3">2.信教</td><td>计数</td><td>170</td><td>77</td><td>12</td><td>2</td><td>31</td><td>16</td><td>308</td></tr>
<tr><td>"您信教吗？"中的%</td><td>55.2%</td><td>25.0%</td><td>3.9%</td><td>0.6%</td><td>10.1%</td><td>5.2%</td><td>100.0%</td></tr>
<tr><td>"在过去3年中，您有无与别人争吵或打过架？"中的%</td><td>55.9%</td><td>46.4%</td><td>37.5%</td><td>16.7%</td><td>41.9%</td><td>45.7%</td><td>49.4%</td></tr>
<tr><td colspan="2">总数的%</td><td>27.3%</td><td>12.4%</td><td>1.9%</td><td>0.3%</td><td>5.0%</td><td>2.6%</td><td>49.4%</td></tr>
<tr><td rowspan="3">3.不好说</td><td>计数</td><td>5</td><td>1</td><td>0</td><td>0</td><td>1</td><td>0</td><td>7</td></tr>
<tr><td>"您信教吗？"中的%</td><td>71.4%</td><td>14.3%</td><td>0%</td><td>0%</td><td>14.3%</td><td>0%</td><td>100.0%</td></tr>
<tr><td>"在过去3年中，您有无与别人争吵或打过架？"中的%</td><td>1.6%</td><td>0.6%</td><td>0%</td><td>0%</td><td>1.4%</td><td>0%</td><td>1.1%</td></tr>
<tr><td colspan="3">总数的%</td><td>0.8%</td><td>0.2%</td><td>0%</td><td>0%</td><td>0.2%</td><td>0%</td><td>1.1%</td></tr>
<tr><td colspan="2" rowspan="4">合计</td><td>计数</td><td>304</td><td>166</td><td>32</td><td>12</td><td>74</td><td>35</td><td>623</td></tr>
<tr><td>"您信教吗？"中的%</td><td>48.8%</td><td>26.6%</td><td>5.1%</td><td>1.9%</td><td>11.9%</td><td>5.6%</td><td>100.0%</td></tr>
<tr><td>"在过去3年中，您有无与别人争吵或打过架？"中的%</td><td>100.0%</td><td>100.0%</td><td>100.0%</td><td>100.0%</td><td>100.0%</td><td>100.0%</td><td>100.0%</td></tr>
<tr><td>总数的%</td><td>48.8%</td><td>26.6%</td><td>5.1%</td><td>1.9%</td><td>11.9%</td><td>5.6%</td><td>100.0%</td></tr>
<tr><td colspan="3">Pearson 卡方</td><td colspan="2">值</td><td colspan="2">df</td><td colspan="3">渐进 Sig.（双侧）</td></tr>
<tr><td colspan="3"></td><td colspan="2">17.741[a]</td><td colspan="2">10</td><td colspan="3">0.059</td></tr>
<tr><td colspan="3">似然比</td><td colspan="2">19.095</td><td colspan="2">10</td><td colspan="3">0.039</td></tr>
</table>

可见，在与别人是否有过争吵或打架方面，回答很少有过的信教者比例高出不信教者比例6.6个百分点；而回答偶尔有过、有过多次、经常有的信教者比例低出不信教者比例1.7个百分点、1.3个百分点和1.7个百分点；因此，在与别人是否争吵或打过架方面，信教者比不信教者的发生比例偏低，表明宗教信仰对信教者的吵架和打架行为具有一定的抑制作用。

从受访者近5年有无赌博行为来看：（1）回答经常的有10人，不信教者10人，占1.6%，信教者无；（2）回答偶尔会的有50人，不信教者

33人，信教者16人，各占5.3%和2.6%；(3) 回答会，但很少的有109人，不信者57人，信教者49人，各占9.1%和7.9%；(4) 回答没有的439人，不信教者196人，信教者240人，各占31.5%和38.5%。

表4—47　　　　　　　　　受访者有无赌博行为情况

<table>
<tr><th colspan="2" rowspan="2"></th><th colspan="5">您近5年来有无赌博行为</th><th rowspan="2">合计</th></tr>
<tr><th>1. 经常</th><th>2. 偶尔会</th><th>3. 很少会</th><th>4. 没有</th><th>5. 其他</th></tr>
<tr><td rowspan="3">您信教吗</td><td rowspan="3">1. 不信教</td><td>计数</td><td>10</td><td>33</td><td>57</td><td>196</td><td>12</td><td>308</td></tr>
<tr><td>"您信教吗？"中的%</td><td>3.2%</td><td>10.7%</td><td>18.5%</td><td>63.6%</td><td>3.9%</td><td>100.0%</td></tr>
<tr><td>"您近5年来有无赌博行为吗？"中的%</td><td>100.0%</td><td>66.0%</td><td>52.3%</td><td>44.6%</td><td>80.0%</td><td>49.4%</td></tr>
<tr><td></td><td></td><td>总数的%</td><td>1.6%</td><td>5.3%</td><td>9.1%</td><td>31.5%</td><td>1.9%</td><td>49.4%</td></tr>
<tr><td></td><td rowspan="4">2. 信教</td><td>计数</td><td>0</td><td>16</td><td>49</td><td>240</td><td>3</td><td>308</td></tr>
<tr><td></td><td>"您信教吗？"中的%</td><td>0%</td><td>5.2%</td><td>15.9%</td><td>77.9%</td><td>1.0%</td><td>100.0%</td></tr>
<tr><td></td><td>"您近5年来有无赌博行为吗？"中的%</td><td>0%</td><td>32.0%</td><td>45.0%</td><td>54.7%</td><td>20.0%</td><td>49.4%</td></tr>
<tr><td></td><td>总数的%</td><td>0%</td><td>2.6%</td><td>7.9%</td><td>38.5%</td><td>0.5%</td><td>49.4%</td></tr>
<tr><td></td><td rowspan="4">3. 不好说</td><td>计数</td><td>0</td><td>1</td><td>3</td><td>3</td><td>0</td><td>7</td></tr>
<tr><td></td><td>"您信教吗？"中的%</td><td>0%</td><td>14.3%</td><td>42.9%</td><td>42.9%</td><td>0%</td><td>100.0%</td></tr>
<tr><td></td><td>"您近5年来有无赌博行为吗？"中的%</td><td>0%</td><td>2.0%</td><td>2.8%</td><td>0.7%</td><td>0%</td><td>1.1%</td></tr>
<tr><td></td><td>总数的%</td><td>0%</td><td>0.2%</td><td>0.5%</td><td>0.5%</td><td>0%</td><td>1.1%</td></tr>
<tr><td colspan="2" rowspan="4">合计</td><td>计数</td><td>10</td><td>50</td><td>109</td><td>439</td><td>15</td><td>623</td></tr>
<tr><td>"您信教吗？"中的%</td><td>1.6%</td><td>8.0%</td><td>17.5%</td><td>70.5%</td><td>2.4%</td><td>100.0%</td></tr>
<tr><td>"您近5年来有无赌博行为吗？"中的%</td><td>100.0%</td><td>100.0%</td><td>100.0%</td><td>100.0%</td><td>100.0%</td><td>100.0%</td></tr>
<tr><td>总数的%</td><td>1.6%</td><td>8.0%</td><td>17.5%</td><td>70.5%</td><td>2.4%</td><td>100.0%</td></tr>
<tr><td colspan="2" rowspan="3"></td><td>Pearson 卡方</td><td colspan="2">值</td><td colspan="2">df</td><td colspan="2">渐进 Sig.（双侧）</td></tr>
<tr><td></td><td colspan="2">30.473[a]</td><td colspan="2">8</td><td colspan="2">0.000</td></tr>
<tr><td>似然比</td><td colspan="2">34.310</td><td colspan="2">8</td><td colspan="2">0.000</td></tr>
</table>

可见，在有无赌博行为方面，回答经常有、偶尔有和很少有的信教

者比例低出不信教者比例1.6个百分点、2.7个百分点和1.2个百分点；而回答没有的信教者比例高出不信教者比例7个百分点；因此，信教者比不信教者更少有赌博行为，也表明宗教信仰对信教者的赌博行为具有一定的抑制作用。

从受访者是否有沉迷网络游戏或网瘾电视剧的行为来看：（1）回答第1种的有346人，不信教者154人，信教者186人，各占24.7%和29.9%；（2）回答第2种的有64人，不信教者34人，信教者30人，各占5.5%和4.8%；（3）回答第3种的有137人，不信教者71人，信教者66人，各占11.4%和10.6%；（4）回答第4种的有38人，不信教者26人，信教者11人，各占4.2%和1.8%；（5）回答第5种的有15人，不信教者11人，信教者4人，各占1.8%和0.6%；（6）回答其他，包括偶尔玩游戏但未沉迷的有23人，不信教者12人，信教者11人，各占1.9%和1.8%。

表4—48　　　受访者有无沉迷网络游戏、网瘾和电视剧情况

		您有无沉迷于网络游戏或网瘾或电视剧中						合计
		1.从来没有过	2.没有接触过	3.过去有过，现在无	4.过去没有，现在有	5.一直沉迷，难以自拔	6.其他	
您信教吗	1.不信教	计数	154	34	71	26	11	12	308
		"您信教吗？"中的%	50.0%	11.0%	23.1%	8.4%	3.6%	3.9%	100.0%
		"您有无沉迷于网络游戏或网瘾或电视剧中？"中的%	44.5%	53.1%	51.8%	68.4%	73.3%	52.2%	49.4%
		总数的%	24.7%	5.5%	11.4%	4.2%	1.8%	1.9%	49.4%
	2.信教	计数	186	30	66	11	4	11	308
		"您信教吗？"中的%	60.4%	9.7%	21.4%	3.6%	1.3%	3.6%	100.0%
		"您有无沉迷于网络游戏或网瘾或电视剧中？"中的%	53.8%	46.9%	48.2%	28.9%	26.7%	47.8%	49.4%
		总数的%	29.9%	4.8%	10.6%	1.8%	0.6%	1.8%	49.4%

续表

			您有无沉迷于网络游戏或网瘾或电视剧中						合计
			1. 从来没有过	2. 没有接触过	3. 过去有过，现在无	4. 过去没有，现在有	5. 一直沉迷，难以自拔	6. 其他	
您信教吗	3. 不好说	计数	6	0	0	1	0	0	7
		"您信教吗?"中的%	85.7%	0%	0%	14.3%	0%	0%	100.0%
		"您有无沉迷于网络游戏或网瘾或电视剧中?"中的%	1.7%	0%	0%	2.6%	0%	0%	1.1%
		总数的%	1.0%	0%	0%	0.2%	0%	0%	1.1%
合计		计数	346	64	137	38	15	23	623
		"您信教吗?"中的%	55.5%	10.3%	22.0%	6.1%	2.4%	3.7%	100.0%
		"您有无沉迷于网络游戏或网瘾或电视剧中?"中的%	100.0%	100.0%	100.0%	100.0%	100.0%	100.0%	100.0%
		总数的%	55.5%	10.3%	22.0%	6.1%	2.4%	3.7%	100.0%

Pearson 卡方	值	df	渐进 Sig.（双侧）
	17.421[a]	10	0.066
似然比	20.111	10	0.028

可见，在是否沉迷网络游戏或网瘾电视剧方面，回答从来没有过的信教者比例高出不信教者比例5.2个百分点；而回答过去无，现在有以及一直沉迷而难以自拔的信教者比例低出不信教者比例2.4个百分点和1.2个百分点；因此，在是否沉迷网络游戏和网瘾方面，信教者比不信教者更少有这种行为，也表明宗教信仰对信教者的网络游戏和网瘾行为具有一定的抑制作用。

从受访者对宗教信仰是否具有抑制网瘾作用的评价来看：(1) 回答具有很大抑制作用的有98人，不信教者14人，信教者84人，各占2.2%和13.5%；(2) 认为具有较大抑制作用的有126人，不信教者30人，信教者93人，各占4.8%和14.9%；(3) 回答具有一般作用的有173人，不信教者100人，信教者69人，各占16.1%和11.1%；(4) 回答具有较小抑制作用的有 100 人,不信教者 69 人,信教者 31 人,各占 11.1% 和 5%;(5)回答几乎没有作用的有 69 人,不信教者 52 人,信教者 17 人,各占 8.3% 和 2.7%;(6)回答其他有 57 人,不信教者 43 人,信教者 14 人,各占 6.9% 和 2.2%。

可见,在对宗教信仰是否具有抑制网瘾作用的评价上,回答有很大抑制作用和较大抑制作用的信教者比例高出不信教者比例 11.3 个百分点和 10.1 个百分点;而回答一般作用和较小抑制作用的信教者比例低出不信教者比例 5 个百分点和 6.1 个百分点,这表明信教者比不信教者更倾向于认同宗教信仰具有抑制网瘾的作用。

表4—49 受访者对宗教信仰是否具有抑制网瘾作用的评价

			您认为宗教信仰对网瘾或沉迷网络游戏具有多大程度的抑制作用						合计
			1. 很大	2. 较大	3. 一般	4. 较小	5. 几乎无	6. 其他	
您信教吗	1. 不信教	计数	14	30	100	69	52	43	308
		"您信教吗?"中的%	4.5%	9.7%	32.5%	22.4%	16.9%	14.0%	100.0%
		"您认为宗教信仰对网瘾有多大的抑制作用"的%	14.3%	23.8%	57.8%	69.0%	75.4%	75.4%	49.4%
		总数的%	2.2%	4.8%	16.1%	11.1%	8.3%	6.9%	49.4%
	2. 信教	计数	84	93	69	31	17	14	308
		"您信教吗?"中的%	27.3%	30.2%	22.4%	10.1%	5.5%	4.5%	100.0%
		"您认为宗教信仰对网瘾有多大的抑制作用"的%	85.7%	73.8%	39.9%	31.0%	24.6%	24.6%	49.4%
		总数的%	13.5%	14.9%	11.1%	5.0%	2.7%	2.2%	49.4%
	3. 不好说	计数	0	3	4	0	0	0	7
		"您信教吗?"中的%	0%	42.9%	57.1%	0%	0%	0%	100.0%
		"您认为宗教信仰对网瘾有多大的抑制作用"的%	0%	2.4%	2.3%	0%	0%	0%	1.1%
		总数的%	0%	0.5%	0.6%	0%	0%	0%	1.1%

续表

		您认为宗教信仰对网瘾或沉迷网络游戏具有多大程度的抑制作用						合计
		1. 很大	2. 较大	3. 一般	4. 较小	5. 几乎无	6. 其他	
合计	计数	98	126	173	100	69	57	623
	"您信教吗?"中的%	15.7%	20.2%	27.8%	16.1%	11.1%	9.1%	100.0%
	"您认为宗教信仰对网瘾有多大的抑制作用"的%	100.0%	100.0%	100.0%	100.0%	100.0%	100.0%	100.0%
	总数的%	15.7%	20.2%	27.8%	16.1%	11.1%	9.1%	100.0%
Pearson 卡方	值		df		渐进 Sig.（双侧）			
	143.200ᵃ		10		0.000			
似然比	154.293		10		0.000			

从受访者是否看过黄色淫秽影片录像书报情况看：（1）回答几乎天天看的有 1 人，为不信教者，占 0.2%，信教者没有；（2）回答经常会看的 4 人，不信教者 3 人，信教者 1 人，各占 0.5% 和 0.2%；（3）回答偶尔会看的 44 人，不信教者 27 人，信教者 17 人，各占 4.3% 和 2.7%；（4）回答会看，但很少的有 96 人，不信教者 53 人，信教者 40 人，各占 8.5% 和 6.4%；（5）回答没有看过的有 468 人，不信教者 221 人，信教者 243 人，各占 35.5% 和 39%。

表 4—50 　　受访者近 3 年是否看过黄色淫秽影片录像书报情况

			您近 3 年看过黄色淫秽影片录像书报吗						合计
			1. 几乎天天看	2. 经常会看	3. 偶尔会看	4. 很少看	5. 没有看过	6. 其他	
您信教吗	1. 不信教	计数	1	3	27	53	221	3	308
		"您信教吗?"中的%	0.3%	1.0%	8.8%	17.2%	71.8%	1.0%	100.0%
		"您近 3 年看过黄色淫秽影片录像书报吗?"中的%	100.0%	75.0%	61.4%	55.2%	47.2%	30.0%	49.4%
		总数的%	0.2%	0.5%	4.3%	8.5%	35.5%	0.5%	49.4%

续表

			您近3年看过黄色淫秽影片录像书报吗						合计
			1. 几乎天天看	2. 经常会看	3. 偶尔会看	4. 很少看	5. 没有看过	6. 其他	
您信教吗	2. 信教	计数	0	1	17	40	243	7	308
		"您信教吗？"中的%	0%	0.3%	5.5%	13.0%	78.9%	2.3%	100.0%
		"您近3年看过黄色淫秽影片录像书报吗？"中的%	0%	25.0%	38.6%	41.7%	51.9%	70.0%	49.4%
		总数的%	0%	0.2%	2.7%	6.4%	39.0%	1.1%	49.4%
	3. 不好说	计数	0	0	0	3	4	0	7
		"您信教吗？"中的%	0%	0%	0%	42.9%	57.1%	0%	100.0%
		"您近3年看过黄色淫秽影片录像书报吗？"中的%	0%	0%	0%	3.1%	0.9%	0%	1.1%
		总数的%	0%	0%	0%	0.5%	0.6%	0%	1.1%
合计		计数	1	4	44	96	468	10	623
		"您信教吗？"中的%	0.2%	0.6%	7.1%	15.4%	75.1%	1.6%	100.0%
		"您近3年看过黄色淫秽影片录像书报吗？"中的%	100.0%	100.0%	100.0%	100.0%	100.0%	100.0%	100.0%
		总数的%	0.2%	0.6%	7.1%	15.4%	75.1%	1.6%	100.0%
Pearson 卡方			值			df		渐进 Sig.（双侧）	
			13.202[a]			10		0.213	
似然比			13.237			10		0.211	

可见，在有无看过黄色淫秽影片录像方面，回答天天看、经常看、偶尔看和很少看的信教者比例低出不信教者比例0.2个百分点、0.3个百分点、1.6个百分点和2.1个百分点；而回答没有看的信教者比例高出不信教者比例3.5个百分点；因此，在有无看过黄色淫秽影片方面，信教者比不信教者更少有这种行为，也表明宗教信仰对信教者的这种行为具有一定的抑制作用。

从受访者有无吸毒经历来看：（1）回答经常会吸的有2人，不信教者和信教者各有1人，占0.2%；（2）回答偶尔会吸的有4人，不信教者和信教者各 2 人，各占 0.3%；（3）回答没有吸收过的有 598 人，不信教者 297 人，信教者 294 人，各占 47.7% 和 47.2%；（4）回答其他的有 8 人，不信教者 4 人，信教者 4 人。在有无吸毒经历上，信教者和不信教者的差异并不明显。

表 4—51　　　　　　　　　　　受访者有无吸毒经历

<table>
<tr><th colspan="3"></th><th colspan="4">您有无吸毒经历</th><th rowspan="2">合计</th></tr>
<tr><th colspan="3"></th><th>1. 经常会吸</th><th>2. 偶尔会吸</th><th>3. 没有吸过</th><th>4. 其他</th></tr>
<tr><td rowspan="12">您信教吗</td><td rowspan="4">1. 不信教</td><td>计数</td><td>1</td><td>2</td><td>297</td><td>4</td><td>4</td></tr>
<tr><td>"您信教吗？" 中的%</td><td>0.3%</td><td>0.6%</td><td>96.4%</td><td>1.3%</td><td>1.3%</td></tr>
<tr><td>"您有无吸毒经历？" 中的%</td><td>50.0%</td><td>50.0%</td><td>49.7%</td><td>50.0%</td><td>40.0%</td></tr>
<tr><td>总数的%</td><td>0.2%</td><td>0.3%</td><td>47.7%</td><td>0.6%</td><td>0.6%</td></tr>
<tr><td rowspan="4">2. 信教</td><td>计数</td><td>1</td><td>2</td><td>294</td><td>4</td><td>6</td></tr>
<tr><td>"您信教吗？" 中的%</td><td>0.3%</td><td>0.6%</td><td>95.5%</td><td>1.3%</td><td>1.9%</td></tr>
<tr><td>"您有无吸毒经历？" 中的%</td><td>50.0%</td><td>50.0%</td><td>49.2%</td><td>50.0%</td><td>60.0%</td></tr>
<tr><td>总数的%</td><td>0.2%</td><td>0.3%</td><td>47.2%</td><td>0.6%</td><td>1.0%</td></tr>
<tr><td rowspan="4">3. 不好说</td><td>计数</td><td>0</td><td>0</td><td>7</td><td>0</td><td>0</td></tr>
<tr><td>"您信教吗？" 中的%</td><td>0%</td><td>0%</td><td>100.0%</td><td>0%</td><td>0%</td></tr>
<tr><td>"您有无吸毒经历？" 中的%</td><td>0%</td><td>0%</td><td>1.2%</td><td>0%</td><td>0%</td></tr>
<tr><td>总数的%</td><td>0%</td><td>0%</td><td>1.1%</td><td>0%</td><td>0%</td></tr>
<tr><td rowspan="6">合计</td><td colspan="2">计数</td><td>2</td><td>4</td><td>598</td><td>8</td><td>10</td></tr>
<tr><td colspan="2">"您信教吗？" 中的%</td><td>0.3%</td><td>0.6%</td><td>96.0%</td><td>1.3%</td><td>1.6%</td></tr>
<tr><td colspan="2">"您有无吸毒经历？" 中的%</td><td>100.0%</td><td>100.0%</td><td>100.0%</td><td>100.0%</td><td>100.0%</td></tr>
<tr><td colspan="2">总数的%</td><td>0.3%</td><td>0.6%</td><td>96.0%</td><td>1.3%</td><td>1.6%</td></tr>
<tr><td colspan="2">Pearson 卡方</td><td colspan="2">值</td><td>df</td><td colspan="2">渐进 Sig.（双侧）</td></tr>
<tr><td colspan="2"></td><td colspan="2">1.727[a]</td><td>10</td><td colspan="2">0.998</td></tr>
<tr><td colspan="2">似然比</td><td colspan="2">2.381</td><td>10</td><td colspan="2">0.992</td></tr>
</table>

从受访者对黄赌毒现象的看法来看：（1）持第 1 种回答，即认为是个人自由，只要不影响他人，别人和政府不要干涉的有 38 人，不信教者 27 人，信教者 11 人，各占 4.3% 和 1.8%；（2）持第 2 种看法，即认为

是个人权利，别人和政府无权干涉，也不要干涉的有 6 人，不信教者 3 人，信教者 3 人，均占 0.5%；（3）持第 3 种看法，即危害个人、家庭和社会，国家必须严厉打击，个人必须严格自律的有 554 人，不信教者 262 人，信教者 285 人，各占 42.1%和 45.7%；（4）持第 4 种看法的有 18 人，不信教者 11 人，信教者 7 人，各占 1.8%和 1.1%。

可见，在对待黄赌毒的看法上，回答这是个人自由，只要不影响他人则别人和政府不要干涉的信教者比例低出不信教者比例 2.5 个百分点；而回答国家必须严厉打击，个人必须严格自律的信教者比例高出不信教比例 3.6 个百分点；回答这是个人权利的信教者比例与不信教者比例持平；因此，在对待黄赌毒的看法上，信教者比不信教者较倾向于黄赌毒行为对个人、家庭和社会有害，政府必须管理，个人必须自律和远离这些行为。

表 4—52　　　　　　受访者对黄赌毒现象的看法

			您对黄赌毒现象持何种看法				合计
			1	2	3	4	
您信教吗	1.不信教	计数	27	3	262	11	3
		"您信教吗?"中的%	8.8%	1.0%	85.1%	3.6%	1.0%
		"您对黄赌毒现象是怎么看的?"中的%	71.1%	50.0%	47.3%	61.1%	60.0%
		总数的%	4.3%	0.5%	42.1%	1.8%	0.5%
	2.信教	计数	11	3	285	7	2
		"您信教吗?"中的%	3.6%	1.0%	92.5%	2.3%	0.6%
		"您对黄赌毒现象是怎么看的?"中的%	28.9%	50.0%	51.4%	38.9%	40.0%
		总数的%	1.8%	0.5%	45.7%	1.1%	0.3%
	3.不好说	计数	0	0	7	0	0
		"您信教吗?"中的%	0%	0%	100.0%	0%	0%
		"您对黄赌毒现象是怎么看的?"中的%	0%	0%	1.3%	0%	0%
		总数的%	0%	0%	1.1%	0%	0%

续表

		您对黄赌毒现象持何种看法				合计
		1	2	3	4	
合计	计数	38	6	554	18	5
	"您信教吗?"中的%	6.1%	1.0%	88.9%	2.9%	0.8%
	"您对黄赌毒现象是怎么看的?"中的%	100.0%	100.0%	100.0%	100.0%	100.0%
	总数的%	6.1%	1.0%	88.9%	2.9%	0.8%

	值	df	渐进 Sig.（双侧）
Pearson 卡方	11.785[a]	10	0.300
似然比	13.442	10	0.200

从受访者对当地黄赌毒现象严重与否的评价来看：(1) 认为不严重的有76人，不信教者42人，信教者34人，各占6.7%和5.5%；(2) 认为不太严重的有87人，不信教者38人，信教者47人，各占6.1%和7.5%；(3) 认为一般严重的有169人，不信教者83人，信教者83人，各占13.3%；(4) 认为比较严重的有100人，不信教者53人，信教者47人，各占8.5%和7.5%；(5) 认为很严重的有58人，不信教者23人，信教者35人，各占3.7%和5.6%；(6) 认为不清楚的有127人，不信教者65人，信教者60人，各占10.4%和9.6%。

可见，在对当地黄赌毒现象的评价上，认为不严重、比较严重的信教者比例低出不信教者比例1.2个百分点和1个百分点；认为不太严重和很严重的信教者比例高出不信教者比例1.4个百分点和1.9个百分点；而认为一般严重的两者持平；因此，在对当地黄赌毒现象的评价上，信教者和不信者的回答差异不大；但两者的评价结果表明，现实生活中存在一定的黄赌毒现象。

表4—53 受访者对当地黄赌毒现象严重与否的评价情况

				您认为当地的黄赌毒现象严重与否						合计
				1. 不严重	2. 不太严重	3. 一般	4. 比较严重	5. 很严重	6. 不清楚	7. 其他	
您信教吗	1. 不信教	计数		42	38	83	53	23	65	4	308
		"您信教吗?" 中的%		13.6%	12.3%	26.9%	17.2%	7.5%	21.1%	1.3%	100.0%
		"您认为当地的黄赌毒现象严重与否?" 中的%		55.3%	43.7%	49.1%	53.0%	39.7%	51.2%	66.7%	49.4%
		总数的%		6.7%	6.1%	13.3%	8.5%	3.7%	10.4%	0.6%	49.4%
	2. 信教	计数		34	47	83	47	35	60	2	308
		"您信教吗?" 中的%		11.0%	15.3%	26.9%	15.3%	11.4%	19.5%	0.6%	100.0%
		"您认为当地的黄赌毒现象严重与否?" 中的%		44.7%	54.0%	49.1%	47.0%	60.3%	47.2%	33.3%	49.4%
		总数的%		5.5%	7.5%	13.3%	7.5%	5.6%	9.6%	0.3%	49.4%
	3. 不好说	计数		0	2	3	0	0	2	0	7
		"您信教吗?" 中的%		0%	28.6%	42.9%	0%	0%	28.6%	0%	100.0%
		"您认为当地的黄赌毒现象严重与否?" 中的%		0%	2.3%	1.8%	0%	0%	1.6%	0%	1.1%
		总数的%		0%	0.3%	0.5%	0%	0%	0.3%	0%	1.1%
合计		计数		76	87	169	100	58	127	6	623
		"您信教吗?" 中的%		12.2%	14.0%	27.1%	16.1%	9.3%	20.4%	1.0%	100.0%
		"您认为当地的黄赌毒现象严重与否?" 中的%		100.0%	100.0%	100.0%	100.0%	100.0%	100.0%	100.0%	100.0%
		总数的%		12.2%	14.0%	27.1%	16.1%	9.3%	20.4%	1.0%	100.0%
			值					df		渐进 Sig.（双侧）	
Pearson 卡方			10.229[a]					12		0.596	
似然比			12.550					12		0.403	

从受访者对宗教信仰是否具有抑制黄赌毒行为的态度来看：（1）认为具有很大抑制作用的有103人，不信教者19人，信教者84人，各占3%和13.5%；（2）认为具有较大抑制作用的有171人，不信教者52人，信教者115人，各占8.3%和18.5%；（3）认为具有一般作用的有177人，不信教者106人，信教者68人，各占17%和10.9%；（4）认为具有较小作用的有75人，不信教者55人，信教者20人，各占8.8%和3.2%；（5）回答没有作用的有56人，不信教者46人，信教者10人，各占7.4%和1.6%。

可见，在对宗教信仰是否具有抑制黄赌毒行为的态度上，回答具有很大抑制作用、较大抑制作用的信教者比例高出不信教者比例10.5个百分点和10.2个百分点；而回答一般作用、较小作用的信教者比例低出不信教者比例6.1个百分点和5.6个百分点；因此，信教者比不信教者更倾向于认同宗教信仰具有抑制黄赌毒行为的作用。

表4—54　受访者对宗教信仰是否对黄赌毒行为具有抑制作用的看法

			您认为宗教信仰对黄赌毒行为具有多大程度的抑制作用						合计
			1. 很大	2. 较大	3. 一般	4. 较小	5. 几乎没有	6. 其他	
您信教吗	1. 不信教	计数	19	52	106	55	46	30	308
		"您信教吗？"中的%	6.2%	16.9%	34.4%	17.9%	14.9%	9.7%	100.0%
		"您认为宗教信仰对黄赌毒行为具有多大程度的抑制作用？"中的%	18.4%	30.4%	59.9%	73.3%	82.1%	73.2%	49.4%
		总数的%	3.0%	8.3%	17.0%	8.8%	7.4%	4.8%	49.4%
	2. 信教	计数	84	115	68	20	10	11	308
		"您信教吗？"中的%	27.3%	37.3%	22.1%	6.5%	3.2%	3.6%	100.0%
		"您认为宗教信仰对黄赌毒行为具有多大程度的抑制作用？"中的%	81.6%	67.3%	38.4%	26.7%	17.9%	26.8%	49.4%
		总数的%	13.5%	18.5%	10.9%	3.2%	1.6%	1.8%	49.4%

续表

			您认为宗教信仰对黄赌毒行为具有多大程度的抑制作用						合计
			1. 很大	2. 较大	3. 一般	4. 较小	5. 几乎没有	6. 其他	
您信教吗	3. 不好说	计数	0	4	3	0	0	0	7
		"您信教吗?"中的%	0%	57.1%	42.9%	0%	0%	0%	100.0%
		"您认为宗教信仰对黄赌毒行为具有多大程度的抑制作用?"中的%	0%	2.3%	1.7%	0%	0%	0%	1.1%
		总数的%	0%	0.6%	0.5%	0%	0%	0%	1.1%
合计		计数	103	171	177	75	56	41	623
		"您信教吗?"中的%	16.5%	27.4%	28.4%	12.0%	9.0%	6.6%	100.0%
		"您认为宗教信仰对黄赌毒行为具有多大程度的抑制作用?"中的%	100.0%	100.0%	100.0%	100.0%	100.0%	100.0%	100.0%
		总数的%	16.5%	27.4%	28.4%	12.0%	9.0%	6.6%	100.0%
	Pearson 卡方		值		df		渐进 Sig. (双侧)		
			127.960ᵃ		10		0.000		
	似然比		136.646		10		0.000		

从受访者有无婚外性行为来看:(1) 回答有过,且在10次以上的有10人,不信教者5人,信教者5人,各占0.8%;(2) 回答有过6—10次的共计7人,不信教者2人,信教者5人,各占0.3%和0.8%;(3) 回答有过3—5次的有5人,不信教者4人,信教者1人,各占0.6%和0.2%;(4) 回答有过1—2次的共计11人,不信教者7人,信教者4人,各占1.1%和0.6%;(5) 回答有过这种念头,没有这种行为的有76人,不信教者49人,信教者27人,各占7.9%和4.3%;(6) 回答念头和行为没有的共计399人,不信教者175人,信教者219人,各占28.1%和35.2%;(7) 回答其他,有115人,不信教者66人,信教者47人,各占10.6%和7.5%,这些人主要是未婚者。

表 4—55　受访者有无婚外性行为情况

			从初婚到现在，您是否有过婚外性行为						合计
			1. 有，10次以上	2. 有 6—10次	3. 有 3—5次	4. 有 1—2次	5. 只是有过这种念头	6. 念头和行为都无	7. 其他（含未婚）	
您信教吗	1. 不信教	计数	5	2	4	7	49	175	66	308
		"您信教吗?" 中的%	1.6%	0.6%	1.3%	2.3%	15.9%	56.8%	21.4%	100.0%
		"从初婚到现在，您是否有过婚外性行为吗?" 中的%	50.0%	28.6%	80.0%	63.6%	64.5%	43.9%	57.4%	49.4%
		总数的%	0.8%	0.3%	0.6%	1.1%	7.9%	28.1%	10.6%	49.4%
	2. 信教	计数	5	5	1	4	27	219	47	308
		"您信教吗?" 中的%	1.6%	1.6%	0.3%	1.3%	8.8%	71.1%	15.3%	100.0%
		"从初婚到现在，您是否有过婚外性行为吗?" 中的%	50.0%	71.4%	20.0%	36.4%	35.5%	54.9%	40.9%	49.4%
		总数的%	0.8%	0.8%	0.2%	0.6%	4.3%	35.2%	7.5%	49.4%
	3. 不好说	计数	0	0	0	0	0	5	2	7
		"您信教吗?" 中的%	0%	0%	0%	0%	0%	71.4%	28.6%	100.0%
		"从初婚到现在，您是否有过婚外性行为吗?" 中的%	0%	0%	0%	0%	0%	1.3%	1.7%	1.1%
		总数的%	0%	0%	0%	0%	0%	0.8%	0.3%	1.1%

续表

<table>
<tr><th colspan="2"></th><th colspan="8">从初婚到现在，您是否有过婚外性行为</th></tr>
<tr><th colspan="2"></th><th>1. 有，10次以上</th><th>2. 有6—10次</th><th>3. 有3—5次</th><th>4. 有1—2次</th><th>5. 只是有过这种念头</th><th>6. 念头和行为都无</th><th>7. 其他（含未婚）</th><th>合计</th></tr>
<tr><td rowspan="4">合计</td><td>计数</td><td>10</td><td>7</td><td>5</td><td>11</td><td>76</td><td>399</td><td>115</td><td>623</td></tr>
<tr><td>"您信教吗?"中的%</td><td>1.6%</td><td>1.1%</td><td>0.8%</td><td>1.8%</td><td>12.2%</td><td>64.0%</td><td>18.5%</td><td>100.0%</td></tr>
<tr><td>"从初婚到现在，您是否有过婚外性行为吗?"中的%</td><td>100.0%</td><td>100.0%</td><td>100.0%</td><td>100.0%</td><td>100.0%</td><td>100.0%</td><td>100.0%</td><td>100.0%</td></tr>
<tr><td>总数的%</td><td>1.6%</td><td>1.1%</td><td>0.8%</td><td>1.8%</td><td>12.2%</td><td>64.0%</td><td>18.5%</td><td>100.0%</td></tr>
</table>

	值	df	渐进Sig.（双侧）
Pearson 卡方	20.162[a]	12	0.064
似然比	21.536	12	0.043

可见，在有无婚外性行为方面，在回答有过的信教者和不信教者似乎差别不大，但在回答有过念头无行为的信教者比例低出不信教者比例3.6个百分点；回答念头和行为都没有的信教者比例高出不信教者比例7.1个百分点，这表明信教者比不信教者更少有婚外性行为，也说明宗教信仰对信教者的婚外性行为具有一定的抑制作用。

从受访者对宗教信仰是否具有抑制婚外性行为的评价来看：(1) 回答非常正确的有95人，不信教者7人，信教者87人，各占1.1%和14%；(2) 回答比较正确的有117人，不信教者28人，信教者86人，各占4.5%和13.8%；(3) 回答基本正确的有119人，不信教者51人，信教者67人，各占8.2%和10.8%；(4) 回答不太正确的有94人，不信教者77人，信教者17人，各占12.4%和2.7%；(5) 回答没有依据的有138人，不信教者114人，信教者24人，各占18.3%和3.9%。可见，信教者和不信教者对此存在较大的差异性。

可见，在对宗教信仰是否具有抑制婚外性行为的评价上，回答非常正确、比较正确和基本正确的信教者比例分别高出不信教者比例12.9个百分点、9.3个百分点和2.6个百分点；而回答不太正确和无依据的信教者比例低出不信教者比例9.7个百分点和14.4个百分点；因此，信教者比不信教者更倾向于认同宗教信仰具有抑制婚外性行为的作用。

表4—56 受访者对有了宗教信仰是否具有抑制婚外性行为的评价

			一个人有了宗教信仰，会更少或不会有婚外性行为您认为这句话						合计
			1. 非常正确	2. 比较正确	3. 基本正确	4. 不太正确	5. 无任何依据	6. 其他	
您信教吗	1.不信教	计数	7	28	51	77	114	31	308
		"您信教吗?" 中的%	2.3%	9.1%	16.6%	25.0%	37.0%	10.1%	100.0%
		一个人有了宗教信仰，会更少或不会有婚外性行为，您认为%	7.4%	23.9%	42.9%	81.9%	82.6%	51.7%	49.4%
		总数的%	1.1%	4.5%	8.2%	12.4%	18.3%	5.0%	49.4%

续表

			一个人有了宗教信仰，会更少或不会有婚外性行为您认为这句话						合计
			1. 非常正确	2. 比较正确	3. 基本正确	4. 不太正确	5. 无任何依据	6. 其他	
您信教吗	2. 信教	计数	87	86	67	17	24	27	308
		"您信教吗？"中的%	28.2%	27.9%	21.8%	5.5%	7.8%	8.8%	100.0%
		一个人有了宗教信仰，会更少或不会有婚外性行为，您认为%	91.6%	73.5%	56.3%	18.1%	17.4%	45.0%	49.4%
		总数的%	14.0%	13.8%	10.8%	2.7%	3.9%	4.3%	49.4%
	3. 不好说	计数	1	3	1	0	0	2	7
		"您信教吗？"中的%	14.3%	42.9%	14.3%	0%	0%	28.6%	100.0%
		一个人有了宗教信仰，会更少或不会有婚外性行为，您认为%	1.1%	2.6%	0.8%	0%	0%	3.3%	1.1%
		总数的%	0.2%	0.5%	0.2%	0%	0%	0.3%	1.1%
合计		计数	95	117	119	94	138	60	623
		"您信教吗？"中的%	15.2%	18.8%	19.1%	15.1%	22.2%	9.6%	100.0%
		一个人有了宗教信仰，会更少或不会有婚外性行为，您认为%	100.0%	100.0%	100.0%	100.0%	100.0%	100.0%	100.0%
		总数的%	15.2%	18.8%	19.1%	15.1%	22.2%	9.6%	100.0%
Pearson 卡方			值		df		渐进 Sig.（双侧）		
			205.303[a]		10		0.000		
似然比			227.779		10		0.000		

从受访者是否有无通过不正当途径获取不正当收入行为情况看：（1）回答有过10次以上的有8人，不信教者3人，信教者5人，各占0.5%和0.8%；（2）回答有过6到10次的有3人，不信教者1人，信教者2人，各占0.2%和0.3%；（3）回答有过3到5次的有5人，不信教者4人，信教者1人，各占0.6%和0.2%；（4）回答有1到2次的有15人，不信

表4—57　受访者是否有无通过不正当途径获取不正当收入行为情况

<table>
<tr><th colspan="2" rowspan="2"></th><th rowspan="2"></th><th colspan="7">您近5年有无通过不正当途径（如欺诈、偷盗、贪污）获取不正当收入的行为</th><th rowspan="2">合计</th></tr>
<tr><th>1. 有10次以上</th><th>2. 有6—10次</th><th>3. 有3—5次</th><th>4. 有1—2次</th><th>5. 有过念头无行为</th><th>6. 念头行为都无</th><th>7. 其他</th></tr>
<tr><td rowspan="12">您信教吗</td><td rowspan="4">1. 不信教</td><td>计数</td><td>3</td><td>1</td><td>4</td><td>8</td><td>30</td><td>256</td><td>6</td><td>308</td></tr>
<tr><td>"您信教吗?"中的%</td><td>1.0%</td><td>0.3%</td><td>1.3%</td><td>2.6%</td><td>9.7%</td><td>83.1%</td><td>1.9%</td><td>100.0%</td></tr>
<tr><td>"您近5年有无通过不正当途径获取不正当收入的行为吗?"中的%</td><td>37.5%</td><td>33.3%</td><td>80.0%</td><td>53.3%</td><td>47.6%</td><td>49.4%</td><td>54.5%</td><td>49.4%</td></tr>
<tr><td>总数的%</td><td>0.5%</td><td>0.2%</td><td>0.6%</td><td>1.3%</td><td>4.8%</td><td>41.1%</td><td>1.0%</td><td>49.4%</td></tr>
<tr><td rowspan="4">2. 信教</td><td>计数</td><td>5</td><td>2</td><td>1</td><td>7</td><td>31</td><td>257</td><td>5</td><td>308</td></tr>
<tr><td>"您信教吗?"中的%</td><td>1.6%</td><td>0.6%</td><td>0.3%</td><td>2.3%</td><td>10.1%</td><td>83.4%</td><td>1.6%</td><td>100.0%</td></tr>
<tr><td>"您近5年有无通过不正当途径获取不正当收入的行为吗?"中的%</td><td>62.5%</td><td>66.7%</td><td>20.0%</td><td>46.7%</td><td>49.2%</td><td>49.6%</td><td>45.5%</td><td>49.4%</td></tr>
<tr><td>总数的%</td><td>0.8%</td><td>0.3%</td><td>0.2%</td><td>1.1%</td><td>5.0%</td><td>41.3%</td><td>0.8%</td><td>49.4%</td></tr>
<tr><td rowspan="4">3. 不好说</td><td>计数</td><td>0</td><td>0</td><td>0</td><td>0</td><td>2</td><td>5</td><td>0</td><td>7</td></tr>
<tr><td>"您信教吗?"中的%</td><td>0%</td><td>0%</td><td>0%</td><td>0%</td><td>28.6%</td><td>71.4%</td><td>0%</td><td>100.0%</td></tr>
<tr><td>"您近5年有无通过不正当途径获取不正当收入的行为吗?"中的%</td><td>0%</td><td>0%</td><td>0%</td><td>0%</td><td>3.2%</td><td>1.0%</td><td>0%</td><td>1.1%</td></tr>
<tr><td>总数的%</td><td>0%</td><td>0%</td><td>0%</td><td>0%</td><td>0.3%</td><td>0.8%</td><td>0%</td><td>1.1%</td></tr>
</table>

续表

		您近5年有无通过不正当途径（如欺诈、偷盗、贪污）获取不正当收入的行为						合计
		1. 有10次以上	2. 有6—10次	3. 有3—5次	4. 有1—2次	5. 有过念头无行为	6. 念头行为都无	7. 其他	
合计	计数	8	3	5	15	63	518	11	623
	"您信教吗?"中的%	1.3%	0.5%	0.8%	2.4%	10.1%	83.1%	1.8%	100.0%
	"您近5年有无通过不正当途径获取不正当收入的行为吗?"中的%	100.0%	100.0%	100.0%	100.0%	100.0%	100.0%	100.0%	100.0%
	总数的%	1.3%	0.5%	0.8%	2.4%	10.1%	83.1%	1.8%	100.0%

	值	df	渐进 Sig.（双侧）
Pearson 卡方	5.820ª	12	0.925
似然比	5.618	12	0.934

教者8人，信教者7人，各占1.3%和1.1%；(5) 回答有过念头没有行为的有63人，不信教者30人，信教者31人，各占4.8%和5%；(6) 回答念头和行为都没有的共计518人，不信教者256人，信教者257人，各占41.1%和41.3%。

可见，在是否有无通过不正当途径获取不正当收入行为上，回答有过10次以上、有过6—10次、有念头无行为、念头和行为都没有的信教者比例高出不信教者比例0.3个百分点、0.1个百分点、0.2个百分点和0.2个百分点；而回答有过3—5次、1—2次的信教者比例低出不信教者比例0.4个百分点和0.2个百分点；从表象看，似乎信教者在这一方面的比例高于不信教者，实际并非如此，这表明信教者更为诚恳，更敢于承认自己的错误。

从受访者对"一个人有了宗教信仰，会更少采取不正当途径获取不正当收入的行为的"态度来看：(1) 认为非常正确的有97人，不信教者7人，信教者90人，各占1.1%和14.4%；(2) 认为比较正确的有164人，不信教者39人，信教者120人，各占6.3%和19.3%；(3) 认为基本正确的有127人，不信教者73人，信教者52人，各占11.7%和8.3%；(4) 认为不太正确的有69人，不信教者50人，信教者19人，各占8%和3%；(5) 认为无任何依据的有128人，不信教者有112人，信教者16人，各占18%和2.6%。

表4—58　　　　受访者对宗教信仰是否有抑制通过
不正当途径获取不正当收入评价

			一个人有了宗教信仰，会更少或几乎不会有采取不正当途径获取不正当收入的行为						合计
			1. 非常正确	2. 比较正确	3. 基本正确	4. 不太正确	5. 无任何依据	6. 其他	
您信教吗	1. 不信教	计数	7	39	73	50	112	27	308
		"您信教吗？"中的%	2.3%	12.7%	23.7%	16.2%	36.4%	8.8%	100.0%
		"一个人有了宗教信仰，会更少地或几乎不会有采取不正当途径获取不正当收入"的%	7.2%	23.8%	57.5%	72.5%	87.5%	71.1%	49.4%
		总数的%	1.1%	6.3%	11.7%	8.0%	18.0%	4.3%	49.4%

续表

			一个人有了宗教信仰，会更少或几乎不会有采取不正当途径获取不正当收入的行为						合计
			1. 非常正确	2. 比较正确	3. 基本正确	4. 不太正确	5. 无任何依据	6. 其他	
您信教吗	2. 信教	计数	90	120	52	19	16	11	308
		"您信教吗？"中的%	29.2%	39.0%	16.9%	6.2%	5.2%	3.6%	100.0%
		"一个人有了宗教信仰，会更少地或几乎不会有采取不正当途径获取不正当收入"的%	92.8%	73.2%	40.9%	27.5%	12.5%	28.9%	49.4%
		总数的%	14.4%	19.3%	8.3%	3.0%	2.6%	1.8%	49.4%
	3. 不好说	计数	0	5	2	0	0	0	7
		"您信教吗？"中的%	0%	71.4%	28.6%	0%	0%	0%	100.0%
		"一个人有了宗教信仰，会更少地或几乎不会有采取不正当途径获取不正当收入"的%	0%	3.0%	1.6%	0%	0%	0%	1.1%
		总数的%	0%	0.8%	0.3%	0%	0%	0%	1.1%
合计		计数	97	164	127	69	128	38	623
		"您信教吗？"中的%	15.6%	26.3%	20.4%	11.1%	20.5%	6.1%	100.0%
		"一个人有了宗教信仰，会更少地或几乎不会有采取不正当途径获取不正当收入"的%	100.0%	100.0%	100.0%	100.0%	100.0%	100.0%	100.0%
		总数的%	15.6%	26.3%	20.4%	11.1%	20.5%	6.1%	100.0%

	值	df	渐进 Sig.（双侧）
Pearson 卡方	218.994[a]	10	0.000
似然比	244.817	10	0.000

可见，在对宗教信仰是否具有抑制人们更少采取不正当途径获取不正当收入的评价上，认为非常正确、比较正确的信教者比例高出不信教

表 4—59　受访者有无轻生行为情况

<table>
<tr><th colspan="2" rowspan="2"></th><th rowspan="2"></th><th colspan="8">您近 5 年有过轻生的行为吗</th><th rowspan="2">合计</th></tr>
<tr><th>1. 有过10
次以上</th><th>2. 有过6—
10 次</th><th>3. 有过 3—
5 次</th><th>4. 有过 1—
2 次</th><th>5. 有过念
头无行为</th><th>6. 念头行
为均无</th><th>7. 其他</th></tr>
<tr><td rowspan="3">1. 不信教</td><td>计数</td><td></td><td>2</td><td>3</td><td>4</td><td>16</td><td>45</td><td>230</td><td>8</td><td>308</td></tr>
<tr><td>"您信教吗?" 中的%</td><td></td><td>0.6%</td><td>1.0%</td><td>1.3%</td><td>5.2%</td><td>14.6%</td><td>74.7%</td><td>2.6%</td><td>100.0%</td></tr>
<tr><td>"您近 5 年有过轻生的行为吗?" 中的%</td><td></td><td>28.6%</td><td>60.0%</td><td>80.0%</td><td>59.3%</td><td>52.9%</td><td>47.9%</td><td>57.1%</td><td>49.4%</td></tr>
<tr><td></td><td>总数的%</td><td></td><td>0.3%</td><td>0.5%</td><td>0.6%</td><td>2.6%</td><td>7.2%</td><td>36.9%</td><td>1.3%</td><td>49.4%</td></tr>
<tr><td rowspan="3">2. 信教</td><td>计数</td><td></td><td>5</td><td>2</td><td>1</td><td>10</td><td>39</td><td>245</td><td>6</td><td>308</td></tr>
<tr><td>"您信教吗?" 中的%</td><td></td><td>1.6%</td><td>0.6%</td><td>0.3%</td><td>3.2%</td><td>12.7%</td><td>79.5%</td><td>1.9%</td><td>100.0%</td></tr>
<tr><td>"您近 5 年有过轻生的行为吗?" 中的%</td><td></td><td>71.4%</td><td>40.0%</td><td>20.0%</td><td>37.0%</td><td>45.9%</td><td>51.0%</td><td>42.9%</td><td>49.4%</td></tr>
<tr><td></td><td>总数的%</td><td></td><td>0.8%</td><td>0.3%</td><td>0.2%</td><td>1.6%</td><td>6.3%</td><td>39.3%</td><td>1.0%</td><td>49.4%</td></tr>
<tr><td rowspan="3">3. 不好说</td><td>计数</td><td></td><td>0</td><td>0</td><td>0</td><td>1</td><td>1</td><td>5</td><td>0</td><td>7</td></tr>
<tr><td>"您信教吗?" 中的%</td><td></td><td>0%</td><td>0%</td><td>0%</td><td>14.3%</td><td>14.3%</td><td>71.4%</td><td>0%</td><td>100.0%</td></tr>
<tr><td>"您近 5 年有过轻生的行为吗?" 中的%</td><td></td><td>0%</td><td>0%</td><td>0%</td><td>3.7%</td><td>1.2%</td><td>1.0%</td><td>0%</td><td>1.1%</td></tr>
<tr><td></td><td>总数的%</td><td></td><td>0%</td><td>0%</td><td>0%</td><td>0.2%</td><td>0.2%</td><td>0.8%</td><td>0%</td><td>1.1%</td></tr>
</table>

续表

		您近5年有过轻生的行为吗							合计
		1. 有过10次以上	2. 有过6—10次	3. 有过3—5次	4. 有过1—2次	5. 有过念头无行为	6. 念头行为均无	7. 其他	
合计	计数	7	5	5	27	85	480	14	623
	"您信教吗?"中的%	1.1%	0.8%	0.8%	4.3%	13.6%	77.0%	2.2%	100.0%
	"您近5年有过轻生的行为吗?"中的%	100.0%	100.0%	100.0%	100.0%	100.0%	100.0%	100.0%	100.0%
	总数的%	1.1%	0.8%	0.8%	4.3%	13.6%	77.0%	2.2%	100.0%

	值	df	渐进 Sig.（双侧）
Pearson 卡方	7.864[a]	12	0.796
似然比	7.787	12	0.802

者比例13.3个百分点和13个百分点；而认为基本正确、不太正确、无依据的信教者比例低出不信教者3.4个百分点、5个百分点和15.4个百分点；因此，信教者比不信教者更倾向于认同宗教信仰具有抑制人们采取不正当途径获取不正当收入的行为。

从受访者近5年来有无轻生行为的情况看：(1) 回答有过10次以上的有7人，不信教者2人，信教者5人，各占0.3%和0.8%；(2) 回答有过6到10次的有5人，不信教者3人，信教者2人，各占0.5%和0.3%；(3) 回答有3—5次的有5人，不信教者4人，信教者1人，各占0.6%和0.2%；(4) 回答有1—2次的有27人，不信教者16人，信教者10人，各占2.6%和1.6%；(5) 回答只有念头没有行为的有85人，不信教者45人，信教者39人，各占7.2%和6.3%；(6) 回答念头和行为都没有的有480人，不信教者230人，信教者245人，各占36.9%和39.3%。

从中可知，在有无轻生行为方面，回答有过10次以及念头行为都没有的信教者比例高出不信教者比例0.5个百分点和2.4个百分点；而回答有过6—10次、3—5次、1—2次以及有念头无行为的信教者比例低出不信教者比例0.2个百分点、0.4个百分点、1个百分点和0.9个百分点；可见，信教者比不信教者较少有轻生行为和念头，这说明宗教信仰对轻生行为具有一定的抑制作用；同时也表明，在现实生活中，确实存在一定比例人群有过自杀的念头和行为。

受访者对"一个人有宗教信仰，会更珍惜自己的生命而不会或很少有轻生的念头和行为"的评价：(1) 认为非常正确的有123人，不信教者16人，信教者106人，各占2.6%和17%；(2) 认为比较正确的有154人，不信教者48人，信教者102人，各占7.7%和16.4%；(3) 认为基本正确的有127人，不信教者78人，信教者47人，各占12.5%和7.5%；(4) 认为不太正确的有58人，不信教者42人，信教者16人，各占6.7%和2.6%；(5) 认为无任何依据的有127人，不信教者104人，信教者23人，各占16.7%和3.7%。此外，回答其他的有34人，不信教者20人，信教者14人，各占3.2%和2.2%。

可见，在对一个人有宗教信仰而不会或少有轻生行为和念头的评价上，认为非常正确、比较正确的信教者比例多出不信教者比例14.4个百分点和8.7个百分点；而认为基本正确、不太正确、无依据的信教者比例低出不信教者比例5个百分点、4.1个百分点和13个百分点；因此，信教者比不信教者主观上更倾向于认同宗教信仰对轻生行为和念头具有一定的抑制作用，宗教信仰会使人更珍惜生命。

表4—60　　受访者对宗教信仰是否具有抑制轻生行为的评价

<table>
<tr><th colspan="2" rowspan="2"></th><th colspan="6">一个有宗教信仰的人，会更珍惜自己的生命而不会或很少有轻生的念头和行为，您</th><th rowspan="2">合计</th></tr>
<tr><th>1. 非常正确</th><th>2. 比较正确</th><th>3. 基本正确</th><th>4. 不太正确</th><th>5. 无依据</th><th>6. 其他</th></tr>
<tr><td rowspan="9">您信教吗</td><td rowspan="3">1. 不信教</td><td>计数</td><td>16</td><td>48</td><td>78</td><td>42</td><td>104</td><td>20</td><td>308</td></tr>
<tr><td>"您信教吗？"中的%</td><td>5.2%</td><td>15.6%</td><td>25.3%</td><td>13.6%</td><td>33.8%</td><td>6.5%</td><td>100.0%</td></tr>
<tr><td>"一个有宗教信仰的人，会更珍惜自己的生命而不会或很少有轻生的念头和行为"中的%</td><td>13.0%</td><td>31.2%</td><td>61.4%</td><td>72.4%</td><td>81.9%</td><td>58.8%</td><td>49.4%</td></tr>
<tr><td colspan="2">总数的%</td><td>2.6%</td><td>7.7%</td><td>12.5%</td><td>6.7%</td><td>16.7%</td><td>3.2%</td><td>49.4%</td></tr>
<tr><td rowspan="3">2. 信教</td><td>计数</td><td>106</td><td>102</td><td>47</td><td>16</td><td>23</td><td>14</td><td>308</td></tr>
<tr><td>"您信教吗？"中的%</td><td>34.4%</td><td>33.1%</td><td>15.3%</td><td>5.2%</td><td>7.5%</td><td>4.5%</td><td>100.0%</td></tr>
<tr><td>"一人有宗教信仰的人，会更珍惜自己的生命而不会或很少有轻生的念头和行为"中的%</td><td>86.2%</td><td>66.2%</td><td>37.0%</td><td>27.6%</td><td>18.1%</td><td>41.2%</td><td>49.4%</td></tr>
<tr><td colspan="2">总数的%</td><td>17.0%</td><td>16.4%</td><td>7.5%</td><td>2.6%</td><td>3.7%</td><td>2.2%</td><td>49.4%</td></tr>
<tr><td rowspan="3">3. 不好说</td><td>计数</td><td>1</td><td>4</td><td>2</td><td>0</td><td>0</td><td>0</td><td>7</td></tr>
<tr><td>"您信教吗？"中的%</td><td>14.3%</td><td>57.1%</td><td>28.6%</td><td>0%</td><td>0%</td><td>0%</td><td>100.0%</td></tr>
<tr><td>"一个有宗教信仰的人，会更珍惜自己的生命而不会或很少有轻生的念头和行为"中的%</td><td>0.8%</td><td>2.6%</td><td>1.6%</td><td>0%</td><td>0%</td><td>0%</td><td>1.1%</td></tr>
<tr><td colspan="3">总数的%</td><td>0.2%</td><td>0.6%</td><td>0.3%</td><td>0%</td><td>0%</td><td>0%</td><td>1.1%</td></tr>
</table>

续表

<table>
<tr><th colspan="2" rowspan="2"></th><th colspan="6">一个有宗教信仰的人，会更珍惜自己的生命而不会或很少有轻生的念头和行为，您</th><th rowspan="2">合计</th></tr>
<tr><th>1. 非常正确</th><th>2. 比较正确</th><th>3. 基本正确</th><th>4. 不太正确</th><th>5. 无依据</th><th>6. 其他</th></tr>
<tr><td rowspan="5">合计</td><td>计数</td><td>123</td><td>154</td><td>127</td><td>58</td><td>127</td><td>34</td><td>623</td></tr>
<tr><td>"您信教吗？"中的%</td><td>19.7%</td><td>24.7%</td><td>20.4%</td><td>9.3%</td><td>20.4%</td><td>5.5%</td><td>100.0%</td></tr>
<tr><td>"一个有宗教信仰的人，会更珍惜自己的生命而不会或很少有轻生的念头和行为"中的%</td><td>100.0%</td><td>100.0%</td><td>100.0%</td><td>100.0%</td><td>100.0%</td><td>100.0%</td><td>100.0%</td></tr>
<tr><td>总数的%</td><td>19.7%</td><td>24.7%</td><td>20.4%</td><td>9.3%</td><td>20.4%</td><td>5.5%</td><td>100.0%</td></tr>
<tr><td>Pearson 卡方</td><td colspan="3">值</td><td colspan="2">df</td><td colspan="2">渐进 Sig.（双侧）</td></tr>
<tr><td colspan="2"></td><td colspan="3">164.351[a]</td><td colspan="2">10</td><td colspan="2">0.000</td></tr>
<tr><td colspan="2">似然比</td><td colspan="3">178.491</td><td colspan="2">10</td><td colspan="2">0.000</td></tr>
</table>

从受访者在过去3年有无浪费行为来看：（1）回答几乎没有的共计152人，不信教者55人，信教者96人，各占8.8%和15.4%；（2）回答很少有的共计148人，不信教者65人，信教者80人，各占10.4%和12.8%；（3）回答偶尔有的共计225人，不信教者124人，信教者98人，各占19.9%和15.7%；（4）回答有过多次的共计65人，不信教者38人，信教者27人，各占6.1%和4.3%；（5）回答经常有的共计29人，不信教者23人，信教者6人，各占3.7%和1%。

可见，在有无浪费行为上，回答几乎没有、很少有的信教者比例多出不信教者比例6.6个百分点和2.4个百分点；而回答偶尔有、有过多次、经常有的信教者比例低出不信教者比例4.2个百分点、1.8个百分点和2.7个百分点；因此，在有无浪费行为方面，信教者比不信教者更少有和较轻；这表明宗教信仰对信教者的浪费行为具有一定的抑制作用。

表4—61　　　　　　受访者近3年有无浪费行为情况

<table>
<tr><th colspan="2"></th><th></th><th colspan="6">在过去3年中，您有没有过倒掉剩菜剩饭的浪费行为</th><th rowspan="2">合计</th></tr>
<tr><th colspan="2"></th><th></th><th>1. 几乎没有</th><th>2. 很少有</th><th>3. 偶尔有</th><th>4. 有过多次</th><th>5. 经常有</th><th>6. 其他</th></tr>
<tr><td rowspan="12">您信教吗</td><td rowspan="3">1. 不信教</td><td>计数</td><td>55</td><td>65</td><td>124</td><td>38</td><td>23</td><td>3</td><td>308</td></tr>
<tr><td>"您信教吗？"中的%</td><td>17.9%</td><td>21.1%</td><td>40.3%</td><td>12.3%</td><td>7.5%</td><td>1.0%</td><td>100.0%</td></tr>
<tr><td>在过去3年中，您有无浪费行为中的%</td><td>36.2%</td><td>43.9%</td><td>55.1%</td><td>58.5%</td><td>79.3%</td><td>75.0%</td><td>49.4%</td></tr>
<tr><td></td><td>总数的%</td><td>8.8%</td><td>10.4%</td><td>19.9%</td><td>6.1%</td><td>3.7%</td><td>0.5%</td><td>49.4%</td></tr>
<tr><td rowspan="3">2. 信教</td><td>计数</td><td>96</td><td>80</td><td>98</td><td>27</td><td>6</td><td>1</td><td>308</td></tr>
<tr><td>"您信教吗？"中的%</td><td>31.2%</td><td>26.0%</td><td>31.8%</td><td>8.8%</td><td>1.9%</td><td>0.3%</td><td>100.0%</td></tr>
<tr><td>在过去3年中，您有无浪费行为中的%</td><td>63.2%</td><td>54.1%</td><td>43.6%</td><td>41.5%</td><td>20.7%</td><td>25.0%</td><td>49.4%</td></tr>
<tr><td></td><td>总数的%</td><td>15.4%</td><td>12.8%</td><td>15.7%</td><td>4.3%</td><td>1.0%</td><td>0.2%</td><td>49.4%</td></tr>
<tr><td rowspan="3">3. 不好说</td><td>计数</td><td>1</td><td>3</td><td>3</td><td>0</td><td>0</td><td>0</td><td>7</td></tr>
<tr><td>"您信教吗？"中的%</td><td>14.3%</td><td>42.9%</td><td>42.9%</td><td>0%</td><td>0%</td><td>0%</td><td>100.0%</td></tr>
<tr><td>在过去3年中，您有无浪费行为中的%</td><td>0.7%</td><td>2.0%</td><td>1.3%</td><td>0%</td><td>0%</td><td>0%</td><td>1.1%</td></tr>
<tr><td></td><td>总数的%</td><td>0.2%</td><td>0.5%</td><td>0.5%</td><td>0%</td><td>0%</td><td>0%</td><td>1.1%</td></tr>
<tr><td rowspan="6">合计</td><td>计数</td><td>152</td><td>148</td><td>225</td><td>65</td><td>29</td><td>4</td><td>623</td></tr>
<tr><td>"您信教吗？"中的%</td><td>24.4%</td><td>23.8%</td><td>36.1%</td><td>10.4%</td><td>4.7%</td><td>0.6%</td><td>100.0%</td></tr>
<tr><td>在过去3年中，您有无浪费行为中的%</td><td>100.0%</td><td>100.0%</td><td>100.0%</td><td>100.0%</td><td>100.0%</td><td>100.0%</td><td>100.0%</td></tr>
<tr><td>总数的%</td><td>24.4%</td><td>23.8%</td><td>36.1%</td><td>10.4%</td><td>4.7%</td><td>0.6%</td><td>100.0%</td></tr>
<tr><td>Pearson 卡方</td><td colspan="2">值</td><td colspan="2">df</td><td colspan="3">渐进 Sig.（双侧）</td></tr>
<tr><td></td><td colspan="2">31.321[a]</td><td colspan="2">10</td><td colspan="3">0.001</td></tr>
<tr><td>似然比</td><td colspan="2">32.956</td><td colspan="2">10</td><td colspan="3">0.000</td></tr>
</table>

从受访者有无一般违法行为来看：（1）回答经常有或多次的共计3人，不信教者2人，信教者1人，各占0.3%和0.2%；（2）回答有过多次共计27人，不信教者16人，信教者11人，各占2.6%和1.8%；（3）回答偶尔有过的527人，不信教者255人，信教者265人，各占40.9%和42.5%；（4）回答几乎没有共计66人。

可见，在有无一般违法行为上，回答经常有或多次、比例低出不信教者比例0.1个百分点和0.8个百分点、1.6个百分点；偶尔有过的信教者比例高出不信者比例1.6个百分点；而回答几乎没有的信教者比例高出不信教者比例0.6个百分点。因此，信教者比不信教者较少有违法行为；这不仅表明在现实生活，有一些人有过违法行为，也表明宗教信仰对信教者的违法行为具有一定程度的抑制作用。

表4—62　　　　受访者近3年来有无一般违法行为情况

<table>
<tr><th colspan="2"></th><th></th><th colspan="4">在过去3年中，您有无一般违法行为，如轻微偷盗、偷电、倒卖假冒伪劣、破坏公共设施</th><th rowspan="2">合计</th></tr>
<tr><th colspan="2"></th><th></th><th>1. 经常有过</th><th>2. 有过多次</th><th>3. 偶尔有过</th><th>4. 几乎没有</th></tr>
<tr><td rowspan="12">您信教吗</td><td rowspan="4">1. 不信教</td><td>计数</td><td>2</td><td>16</td><td>255</td><td>35</td><td>308</td></tr>
<tr><td>"您信教吗？"中的%</td><td>0.6%</td><td>5.2%</td><td>82.8%</td><td>11.4%</td><td>100.0%</td></tr>
<tr><td>在过去3年中，您有无一般违法行为的%</td><td>66.7%</td><td>59.3%</td><td>48.4%</td><td>53.0%</td><td>49.4%</td></tr>
<tr><td>总数的%</td><td>0.3%</td><td>2.6%</td><td>40.9%</td><td>5.6%</td><td>49.4%</td></tr>
<tr><td rowspan="4">2. 信教</td><td>计数</td><td>1</td><td>11</td><td>265</td><td>31</td><td>308</td></tr>
<tr><td>"您信教吗？"中的%</td><td>0.3%</td><td>3.6%</td><td>86.0%</td><td>10.1%</td><td>100.0%</td></tr>
<tr><td>在过去3年中，您有无一般违法行为的%</td><td>33.3%</td><td>40.7%</td><td>50.3%</td><td>47.0%</td><td>49.4%</td></tr>
<tr><td>总数的%</td><td>0.2%</td><td>1.8%</td><td>42.5%</td><td>5.0%</td><td>49.4%</td></tr>
<tr><td rowspan="4">3. 不好说</td><td>计数</td><td>0</td><td>0</td><td>7</td><td>0</td><td>7</td></tr>
<tr><td>"您信教吗？"中的%</td><td>0%</td><td>0%</td><td>100.0%</td><td>0%</td><td>100.0%</td></tr>
<tr><td>在过去3年中，您有无一般违法行为的%</td><td>0%</td><td>0%</td><td>1.3%</td><td>0%</td><td>1.1%</td></tr>
<tr><td>总数的%</td><td>0%</td><td>0%</td><td>1.1%</td><td>0%</td><td>1.1%</td></tr>
<tr><td colspan="2" rowspan="4">合计</td><td>计数</td><td>3</td><td>27</td><td>527</td><td>66</td><td>623</td></tr>
<tr><td>"您信教吗？"中的%</td><td>0.5%</td><td>4.3%</td><td>84.6%</td><td>10.6%</td><td>100.0%</td></tr>
<tr><td>在过去3年中，您有无一般违法行为的%</td><td>100.0%</td><td>100.0%</td><td>100.0%</td><td>100.0%</td><td>100.0%</td></tr>
<tr><td>总数的%</td><td>0.5%</td><td>4.3%</td><td>84.6%</td><td>10.6%</td><td>100.0%</td></tr>
</table>

	值	df	渐进 Sig.（双侧）
Pearson 卡方	3.000[a]	6	0.809
似然比	4.063	6	0.668

从受访者是否有无犯罪行为来看：(1)回答经常有的无；(2)回答有过多次的有不信教者 2 位，占 0.3%；(3)回答偶尔有过的有 14 人，不信教者 9 人，信教者 5 人，各占 1.4% 和 0.8%；(4)回答没有的共计 527 人，不信教者 259 人，信教者 261 人，占 41.6% 和 41.9%；(5)回答其他的共计 80 人，不信教者 38 人，信教者 42 人。

可见，在有无犯罪行为上，回答有过多次、偶尔有过的信教者比例低出不信教者比例 0.3 个百分点和 0.6 个百分点；而回答没有的信教者比例高出不信教者比例 0.3 个百分点。因此，信教者比不信教者较少有犯罪行为，这不仅表明现实生活确实有一些人有过犯罪行为，也表明信教对犯罪行为起到一定程度的抑制作用。

表 4—63　　受访者近 3 年来有无犯罪行为情况

		2. 有过多次	3. 偶尔有过	4. 几乎没有	5. 其他	合计
您信教吗	1. 不信教者					
	计数	2	9	259	38	308
	"您信教吗？"中的%	0.6%	2.9%	84.1%	12.3%	100.0%
	在过去 3 年中，"您有无犯罪行为"中的%	100.0%	64.3%	49.1%	47.5%	49.4%
	总数的%	0.3%	1.4%	41.6%	6.1%	49.4%
	2. 信教					
	计数	0	5	261	42	308
	"您信教吗？"中的%	0%	1.6%	84.7%	13.6%	100.0%
	在过去 3 年中，"您有无犯罪行为"中的%	0%	35.7%	49.5%	52.5%	49.4%
	总数的%	0%	0.8%	41.9%	6.7%	49.4%
	3. 不好说					
	计数	0	0	7	0	7
	"您信教吗？"中的%	0%	0%	100.0%	0%	100.0%
	在过去 3 年中，"您有无犯罪行为"中的%	0%	0%	1.3%	0%	1.1%
	总数的%	0%	0%	1.1%	0%	1.1%

表头：在过去 3 年中，您有无犯罪行为，如严重偷盗、故意伤害、抢劫、贪污行为

续表

		在过去3年中，您有无犯罪行为，如严重偷盗、故意伤害、抢劫、贪污行为				合计
		2. 有过多次	3. 偶尔有过	4. 几乎没有	5. 其他	
合计	计数	2	14	527	80	623
	"您信教吗？"中的%	0.3%	2.2%	84.6%	12.8%	100.0%
	在过去3年中，"您有无犯罪行为"中的%	100.0%	100.0%	100.0%	100.0%	100.0%
	总数的%	0.3%	2.2%	84.6%	12.8%	100.0%
	Pearson 卡方	值		df	渐进 Sig.（双侧）	
		4.678[a]		6	0.586	
	似然比	6.497		6	0.370	

从受访者有无因违法犯罪受过处罚情况来看：（1）回答有过多次的共计2人，不信教者和信教者各1人，各占0.2%；（2）回答有过1—2次的共计15人，不信教者5人，信教者10人，占0.8%和1.6%；（3）回答没有的共计575人，不信教者284人，信教者284人，各占45.6%和45.6%；还有31人回答其他的。可见，在有无因违法犯罪而受过处罚上，回答有过多次的和没有的信教者比例与不信教者比例持平；而回答有过1—2次的信教者比例反而高出不信教者比例0.8个百分点。

表4—64　　　　　受访者有无因违法犯罪而受到处罚情况

			您有没有因违法或犯罪行为而受过处罚				合计
			1. 有过多次	2. 有过1—2次	3. 没有	4. 其他	
您信教吗	1. 不信教	计数	1	5	284	18	308
		"您信教吗？"中的%	0.3%	1.6%	92.2%	5.8%	100.0%
		"您有没有因违法或犯罪行为而受过处罚？"中的%	50.0%	33.3%	49.4%	58.1%	49.4%
		总数的%	0.2%	0.8%	45.6%	2.9%	49.4%

续表

			您有没有因违法或犯罪行为而受过处罚				合计
			1. 有过多次	2. 有过1—2次	3. 没有	4. 其他	
您信教吗	2.信教	计数	1	10	284	13	308
		"您信教吗？"中的%	0.3%	3.2%	92.2%	4.2%	100.0%
		"您有没有因违法或犯罪行为而受过处罚？"中的%	50.0%	66.7%	49.4%	41.9%	49.4%
		总数的%	0.2%	1.6%	45.6%	2.1%	49.4%
	3.不好说	计数	0	0	7	0	7
		"您信教吗？"中的%	0%	0%	100.0%	0%	100.0%
		"您有没有因违法或犯罪行为而受过处罚？"中的%	0%	0%	1.2%	0%	1.1%
		总数的%	0%	0%	1.1%	0%	1.1%
合计		计数	2	15	575	31	623
		"您信教吗？"中的%	0.3%	2.4%	92.3%	5.0%	100.0%
		"您有没有因违法或犯罪行为而受过处罚？"中的%	100.0%	100.0%	100.0%	100.0%	100.0%
		总数的%	0.3%	2.4%	92.3%	5.0%	100.0%
	Pearson 卡方		值	df		渐进 Sig.（双侧）	
			3.092[a]	6		0.797	
	似然比		3.638	6		0.726	

因此，从表象上看，似乎信教者因违法犯罪而受过处罚的比例多于不信教者，而其实不然。它只是不仅表明，在现实生活中，不仅存在一些人因违法犯罪而受到处罚的事实，也表明一些人因违法犯罪而受到处罚而信仰宗教；同时，也说明信教者更敢于承认和面对自己的行为。

从受访者有无捕杀野生动物或砍伐野生珍稀植物行为来看：（1）回答以此为职业，天天会的有1人，为不信教者，占0.2%；（2）回答喜欢并经常的有3人，不信教者1人，信教者2人，各占0.2%和0.3%；（3）回答有过多次的共计21人，不信教者12人，信教者9人，各占1.9%和

表 4-65 受访者有无捕杀过野生动物或砍伐野生珍稀植物行为情况

<table>
<tr><th colspan="2">您信教吗</th><th></th><th colspan="8">您捕杀过野生动物或砍伐过野生珍稀植物吗</th></tr>
<tr><td colspan="2"></td><td></td><td>1. 以此为职业, 天天会</td><td>2. 喜欢并经常</td><td>3. 有过多次</td><td>4. 偶尔有过</td><td>5. 几乎没有</td><td>6. 记不得</td><td>7. 其他</td><td>合计</td></tr>
<tr><td rowspan="3">1. 不信教</td><td>计数</td><td></td><td>1</td><td>1</td><td>12</td><td>18</td><td>221</td><td>30</td><td>25</td><td>308</td></tr>
<tr><td>"您信教吗?" 中的%</td><td></td><td>0.3%</td><td>0.3%</td><td>3.9%</td><td>5.8%</td><td>71.8%</td><td>9.7%</td><td>8.1%</td><td>100.0%</td></tr>
<tr><td>"您捕杀过野生动物或砍伐过野生珍稀植物?" 中的%</td><td></td><td>100.0%</td><td>33.3%</td><td>57.1%</td><td>47.4%</td><td>50.0%</td><td>54.5%</td><td>39.7%</td><td>49.4%</td></tr>
<tr><td></td><td>总数的%</td><td></td><td>0.2%</td><td>0.2%</td><td>1.9%</td><td>2.9%</td><td>35.5%</td><td>4.8%</td><td>4.0%</td><td>49.4%</td></tr>
<tr><td rowspan="3">2. 信教</td><td>计数</td><td></td><td>0</td><td>2</td><td>9</td><td>20</td><td>214</td><td>25</td><td>38</td><td>308</td></tr>
<tr><td>"您信教吗?" 中的%</td><td></td><td>0%</td><td>0.6%</td><td>2.9%</td><td>6.5%</td><td>69.5%</td><td>8.1%</td><td>12.3%</td><td>100.0%</td></tr>
<tr><td>"您捕杀过野生动物或砍伐过野生珍稀植物?" 中的%</td><td></td><td>0%</td><td>66.7%</td><td>42.9%</td><td>52.6%</td><td>48.4%</td><td>45.5%</td><td>60.3%</td><td>49.4%</td></tr>
<tr><td></td><td>总数的%</td><td></td><td>0%</td><td>0.3%</td><td>1.4%</td><td>3.2%</td><td>34.3%</td><td>4.0%</td><td>6.1%</td><td>49.4%</td></tr>
<tr><td rowspan="3">3. 不好说</td><td>计数</td><td></td><td>0</td><td>0</td><td>0</td><td>0</td><td>7</td><td>0</td><td>0</td><td>7</td></tr>
<tr><td>"您信教吗?" 中的%</td><td></td><td>0%</td><td>0%</td><td>0%</td><td>0%</td><td>100.0%</td><td>0%</td><td>0%</td><td>100.0%</td></tr>
<tr><td>"您捕杀过野生动物或砍伐过野生珍稀植物?" 中的%</td><td></td><td>0%</td><td>0%</td><td>0%</td><td>0%</td><td>1.6%</td><td>0%</td><td>0%</td><td>1.1%</td></tr>
<tr><td></td><td>总数的%</td><td></td><td>0%</td><td>0%</td><td>0%</td><td>0%</td><td>1.1%</td><td>0%</td><td>0%</td><td>1.1%</td></tr>
</table>

续表

		您捕杀过野生动物或砍伐过野生珍稀植物吗						合计
		1. 以此为职业，天天会	2. 喜欢并经常	3. 有过多次	4. 偶尔有过	5. 几乎没有	6. 记不得	7. 其他	
合计	计数	1	3	21	38	442	55	63	623
	"您信教吗?" 中的%	0.2%	0.5%	3.4%	6.1%	70.9%	8.8%	10.1%	100.0%
	"您捕杀过野生动物或砍伐过野生珍稀植物吗?" 中的%	100.0%	100.0%	100.0%	100.0%	100.0%	100.0%	100.0%	100.0%
	总数的%	0.2%	0.5%	3.4%	6.1%	70.9%	8.8%	10.1%	100.0%

	值	df	渐进 Sig.（双侧）
Pearson 卡方	8.072a	12	0.779
似然比	10.369	12	0.584

1.4%；（4）回答偶尔有过的38人，不信教者18人，信教者20人，各占2.9%和3.2%；（5）回答没有共计442人，不信教者221人，信教者214人，各占35.5%和34.3%；（6）回答记不得的有55人，不信教者30人，信教者25人，各占4.8%和4%。从受访者的回答中得知，回答有过的信教者大部分是过去有过，现在已没有；而回答有过的不信教者中大部分还在继续这种行为。

可见，在有无捕杀野生动物或砍伐野生珍稀植物的行为上，回答以此为职业的、有过多次、没有的信教者比例低出不信教者比例0.2个百分点、0.5个百分点、1.2个百分点；而回答喜欢并经常有、偶尔有过的信教者比例高出不信教者比例0.1个百分点和0.3个百分点；因此，在有无捕杀野生动物或砍伐野生珍稀植物的行为上，信教者与不信教者之间的差异性并不十分明显，但这些分析结果表明，在现实生活中，确实存在一定的捕杀野生动物和砍伐野生珍稀植物的行为，而有过这些行为的受访者仅占总人数的10.3%，加上不记得的受访者比例，估算有过这种行为的受访者比例大约在10%—20%之间；同时，有近69.8%的受访者表示没有过这些行为。

之所以有这种结果，这与一些宗教教义有关，有些宗教，如中国的佛教和道教，比较强调保护生态和野生动植物的宗教，而其他宗教，则对此没有佛教和道教强调地更明显。尽管如此，总体来看，宗教信仰对捕杀野生动物或砍伐野生珍稀植物的行为还是具有一定程度的抑制作用；宗教信仰还是有助于野生动植物的保护。

从受访者对"宗教信仰是否对违法犯罪行为具有抑制作用"的评判来看：（1）回答具有很大抑制作用的有80人，不信教者7人，信教者73人，各占1.1%和11.7%；（2）回答具有较大抑制作用的有177人，不信教者46人，信教者127人，各占7.4%和20.4%；（3）回答具有一般抑制作用的共计155人，不信教者91人，信教者61人，各占14.6%和9.8%；（4）回答具有较小抑制作用的87人，不信教者74人，信教者13人，各占11.9%和2.1%；（5）回答没有抑制作用的共计90人，不信教者63人，信教者27人，各占10.1%和4.3%。（6）回答其他的34人，不信教者27人，信教者7人。

可见，在对宗教信仰是否对违法犯罪行为具有抑制作用的评判上，回答有很大作用、较大抑制作用的信教者比例高出不信教者比例 10.6%和 13%;而回答一般作用、较小作用和无作用的信教者比例低出不信教者比例 4.8%、9.8%和 5.8%;因此,信教者比不信教者更倾向于认同宗教信仰具有抑制违法犯罪行为的作用。

表 4—66　　　　受访者对"宗教信仰是否具有抑制违法犯罪行为"的评判情况

			您认为宗教信仰对违法犯罪行为具有多大程度的抑制作用						合计
			1. 很大	2. 较大	3. 一般	4. 较小	5. 几乎没有	6. 其他	
您信教吗	1.不信教	计数	7	46	91	74	63	27	308
		"您信教吗?"中的%	2.3%	14.9%	29.5%	24.0%	20.5%	8.8%	100.0%
		"您认为宗教信仰对违法犯罪行为的抑制作用"中的%	8.8%	26.0%	58.7%	85.1%	70.0%	79.4%	49.4%
		总数的%	1.1%	7.4%	14.6%	11.9%	10.1%	4.3%	49.4%
	2.信教	计数	73	127	61	13	27	7	308
		"您信教吗?"中的%	23.7%	41.2%	19.8%	4.2%	8.8%	2.3%	100.0%
		"您认为宗教信仰对违法犯罪行为的抑制作用"中的%	91.3%	71.8%	39.4%	14.9%	30.0%	20.6%	49.4%
		总数的%	11.7%	20.4%	9.8%	2.1%	4.3%	1.1%	49.4%
	3.不好说	计数	0	4	3	0	0	0	7
		"您信教吗?"中的%	0%	57.1%	42.9%	0%	0%	0%	100.0%
		"您认为宗教信仰对违法犯罪行为的抑制作用"中的%	0%	2.3%	1.9%	0%	0%	0%	1.1%
		总数的%	0%	0.6%	0.5%	0%	0%	0%	1.1%

续表

		您认为宗教信仰对违法犯罪行为具有多大程度的抑制作用						合计
		1. 很大	2. 较大	3. 一般	4. 较小	5. 几乎没有	6. 其他	
合计	计数	80	177	155	87	90	34	623
	"您信教吗？"中的%	12.8%	28.4%	24.9%	14.0%	14.4%	5.5%	100.0%
	"您认为宗教信仰对违法犯罪行为的抑制作用"中的%	100.0%	100.0%	100.0%	100.0%	100.0%	100.0%	100.0%
	总数的%	12.8%	28.4%	24.9%	14.0%	14.4%	5.5%	100.0%

	值	df	渐进 Sig.（双侧）
Pearson 卡方	174.432[a]	10	0.000
似然比	192.362	10	0.000

从受访者对"宗教信仰是否对贪污腐败行为具有抑制作用"的评判来看：（1）回答具有很大抑制作用的有76人，不信教者8人，信教者68人，各占1.3%和10.9%；（2）回答具有较大抑制作用的有148人，不信教者28人，信教者116人，各占4.5%和18.6%；（3）回答具有一般抑制作用的共计175人，不信教者96人，信教者76人，各占15.4%和12.2%；（4）回答具有较小抑制作用的94人，不信教者71人，信教者23人，各占11.4%和3.7%；（5）回答没有抑制作用的共计96人，不信教者77人，信教者19人，各占12.4%和3.0%；（6）回答其他的47人，不信教者28人，信教者6人。

可见，在对宗教信仰是否对贪污腐败行为具有抑制作用的评判上，回答很大作用、较大作用的信教者比例高出不信教者比例9.6个百分点和14.1个百分点；而回答一般作用、较小作用和没有作用的信教者比例低出不信教者比例3.2个百分点、7.7个百分点和9.4个百分点；因此，信教者比不信教者更倾向于赞同宗教信仰具有抑制贪污腐败行为的作用。

表4—67　　　　　受访者对"宗教信仰是否对贪污腐败行为具有抑制作用"情况

<table>
<tr><th colspan="3"></th><th colspan="6">您认为宗教信仰对贪污腐败行为具有多大程度的抑制作用</th><th rowspan="2">合计</th></tr>
<tr><th colspan="3"></th><th>1. 很大</th><th>2. 较大</th><th>3. 一般</th><th>4. 较小</th><th>5. 几乎没有</th><th>6. 其他</th></tr>
<tr><td rowspan="9">您信教吗</td><td rowspan="3">1. 不信教</td><td>计数</td><td>8</td><td>28</td><td>96</td><td>71</td><td>77</td><td>28</td><td>308</td></tr>
<tr><td>"您信教吗?"中的%</td><td>2.6%</td><td>9.1%</td><td>31.2%</td><td>23.1%</td><td>25.0%</td><td>9.1%</td><td>100.0%</td></tr>
<tr><td>"您认为宗教信仰对贪污腐败行为的抑制作用"中的%</td><td>10.5%</td><td>18.9%</td><td>54.9%</td><td>75.5%</td><td>80.2%</td><td>82.4%</td><td>49.4%</td></tr>
<tr><td colspan="2">总数的%</td><td>1.3%</td><td>4.5%</td><td>15.4%</td><td>11.4%</td><td>12.4%</td><td>4.5%</td><td>49.4%</td></tr>
<tr><td rowspan="3">2. 信教</td><td>计数</td><td>68</td><td>116</td><td>76</td><td>23</td><td>19</td><td>6</td><td>308</td></tr>
<tr><td>"您信教吗?"中的%</td><td>22.1%</td><td>37.7%</td><td>24.7%</td><td>7.5%</td><td>6.2%</td><td>1.9%</td><td>100.0%</td></tr>
<tr><td>"您认为宗教信仰对贪污腐败行为的抑制作用"中的%</td><td>89.5%</td><td>78.4%</td><td>43.4%</td><td>24.5%</td><td>19.8%</td><td>17.6%</td><td>49.4%</td></tr>
<tr><td colspan="2">总数的%</td><td>10.9%</td><td>18.6%</td><td>12.2%</td><td>3.7%</td><td>3.0%</td><td>1.0%</td><td>49.4%</td></tr>
<tr><td rowspan="3">3. 不好说</td><td>计数</td><td>0</td><td>4</td><td>3</td><td>0</td><td>0</td><td>0</td><td>7</td></tr>
</table>

<table>
<tr><td rowspan="2">3. 不好说</td><td>"您信教吗?"中的%</td><td>0%</td><td>57.1%</td><td>42.9%</td><td>0%</td><td>0%</td><td>0%</td><td>100.0%</td></tr>
<tr><td>"您认为宗教信仰对贪污腐败行为的抑制作用"中的%</td><td>0%</td><td>2.7%</td><td>1.7%</td><td>0%</td><td>0%</td><td>0%</td><td>1.1%</td></tr>
<tr><td colspan="2">总数的%</td><td>0%</td><td>0.6%</td><td>0.5%</td><td>0%</td><td>0%</td><td>0%</td><td>1.1%</td></tr>
<tr><td rowspan="4">合计</td><td>计数</td><td>76</td><td>148</td><td>175</td><td>94</td><td>96</td><td>34</td><td>623</td></tr>
<tr><td>"您信教吗?"中的%</td><td>12.2%</td><td>23.8%</td><td>28.1%</td><td>15.1%</td><td>15.4%</td><td>5.5%</td><td>100.0%</td></tr>
<tr><td>"您认为宗教信仰对贪污腐败行为的抑制作用"中的%</td><td>100.0%</td><td>100.0%</td><td>100.0%</td><td>100.0%</td><td>100.0%</td><td>100.0%</td><td>100.0%</td></tr>
<tr><td>总数的%</td><td>12.2%</td><td>23.8%</td><td>28.1%</td><td>15.1%</td><td>15.4%</td><td>5.5%</td><td>100.0%</td></tr>
</table>

	值	df	渐进 Sig. (双侧)
Pearson 卡方	185.044[a]	10	0.000
似然比	202.653	10	0.000

总之，通过对信教者和不信教者在不当行为、违法犯罪行为及其看法的比较分析，发现信教者比不信教者较少有不当行为和违法犯罪行为；同时，信教者比不信教者更倾向于认同宗教信仰具有抑制不当行为和违法犯罪行为的作用。

七 信教和不信教受访者信仰观念及其评价分析

信教人士和不信教人士在信仰观念及其评价方面有何种差异，各自体现什么样的特征？本部分内容对此进行了一定的分析，以探寻其中的奥秘。

从受访者"在多大程度上相信神灵或万能的神的存在"情况来看：(1) 回答非常同意的有126人，不信教者7人，信教者117人，各占1.1%和18.8%；(2) 回答比较同意的有110人，不信教者20人，信教者87人，各占3.2%和14%；(3) 回答一般同意的有111人，不信教者57人，信教者52人，各占9.1%和8.3%；(4) 回答不太同意的共计124人，不信教者104人，信教者20人，各占16.7%和3.2%；(5) 回答非常不同意的有64人，不信教者58人，信教者6人，各占9.3%和1.0%；(6) 回答说不清的有81人，不信教者57人，信教者24人，各占9.1%和3.9%。

可见，在多大程度上相信神灵或万能的神存在上，回答非常同意、比较同意的信教者比例高出不信教者比例17.7个百分点和10.8个百分点；而回答一般同意、不太同意和非常不同意的信教者比例低出不信教者比例0.8个百分点、13.5个百分点和8.3个百分点；因此，信教者比不信教者更倾向于相信神灵或万能的神的存在。

从受访者在多大程度上相信灵魂存在的情况来看：(1) 回答非常同意的有129人，不信教者11人，信教者118人，各占1.8%和18.9%；(2) 回答比较同意的有128人，不信教者35人，信教者89人，各占5.6%和14.3%；(3) 回答一般同意的有110人，不信教者55人，信教者53人，各占8.8%和8.5%；(4) 回答不太同意的共计106人，不信教者83人，信教者23人，各占13.3%和3.7%；(5) 回答非常不同意的有58人，不信教者51人，信教者7人，各占8.2%和1.1%；(6) 回答说不清的有88人，不信教者70人，信教者18人，各占11.2%和2.9%。

可见，在多大程度上相信灵魂存在上，回答非常同意、比较同意的

第四章 宗教信仰者与和谐社会建设 / 371

表4—68 受访者在多大程度相信神灵或万能神的存在情况

<table>
<tr><th colspan="2" rowspan="2">您信教吗</th><th rowspan="2"></th><th colspan="7">您多大程度上相信神灵或万能神的存在</th><th rowspan="2">合计</th></tr>
<tr><th>1. 非常同意</th><th>2. 比较同意</th><th>3. 一般同意</th><th>4. 不太同意</th><th>5. 非常不同意</th><th>6. 说不清</th><th>7. 其他</th></tr>
<tr><td rowspan="3">1. 不信教</td><td>计数</td><td>7</td><td>20</td><td>57</td><td>104</td><td>58</td><td>57</td><td>5</td><td>308</td></tr>
<tr><td>"您信教吗?"中的%</td><td>2.3%</td><td>6.5%</td><td>18.5%</td><td>33.8%</td><td>18.8%</td><td>18.5%</td><td>1.6%</td><td>100.0%</td></tr>
<tr><td>"您多大程度上相信有神灵或万能的神的存在"中的%</td><td>5.6%</td><td>18.2%</td><td>51.4%</td><td>83.9%</td><td>90.6%</td><td>70.4%</td><td>71.4%</td><td>49.4%</td></tr>
<tr><td></td><td>总数的%</td><td>1.1%</td><td>3.2%</td><td>9.1%</td><td>16.7%</td><td>9.3%</td><td>9.1%</td><td>0.8%</td><td>49.4%</td></tr>
<tr><td rowspan="3">2. 信教</td><td>计数</td><td>117</td><td>87</td><td>52</td><td>20</td><td>6</td><td>24</td><td>2</td><td>308</td></tr>
<tr><td>"您信教吗?"中的%</td><td>38.0%</td><td>28.2%</td><td>16.9%</td><td>6.5%</td><td>1.9%</td><td>7.8%</td><td>0.6%</td><td>100.0%</td></tr>
<tr><td>"您多大程度上相信有神灵或万能的神的存在"中的%</td><td>92.9%</td><td>79.1%</td><td>46.8%</td><td>16.1%</td><td>9.4%</td><td>29.6%</td><td>28.6%</td><td>49.4%</td></tr>
<tr><td></td><td>总数的%</td><td>18.8%</td><td>14.0%</td><td>8.3%</td><td>3.2%</td><td>1.0%</td><td>3.9%</td><td>0.3%</td><td>49.4%</td></tr>
<tr><td rowspan="3">3. 不好说</td><td>计数</td><td>2</td><td>3</td><td>2</td><td>0</td><td>0</td><td>0</td><td>0</td><td>7</td></tr>
<tr><td>"您信教吗?"中的%</td><td>28.6%</td><td>42.9%</td><td>28.6%</td><td>0%</td><td>0%</td><td>0%</td><td>0%</td><td>100.0%</td></tr>
<tr><td>"您多大程度上相信有神灵或万能的神的存在"中的%</td><td>1.6%</td><td>2.7%</td><td>1.8%</td><td>0%</td><td>0%</td><td>0%</td><td>0%</td><td>1.1%</td></tr>
<tr><td></td><td>总数的%</td><td>0.3%</td><td>0.5%</td><td>0.3%</td><td>0%</td><td>0%</td><td>0%</td><td>0%</td><td>1.1%</td></tr>
</table>

续表

<table>
<tr><th colspan="2"></th><th colspan="8">您多大程度上相信有神灵或万能的神的存在</th></tr>
<tr><th colspan="2"></th><th>1. 非常同意</th><th>2. 比较同意</th><th>3. 一般同意</th><th>4. 不太同意</th><th>5. 非常不同意</th><th>6. 说不清</th><th>7. 其他</th><th>合计</th></tr>
<tr><td rowspan="4">合计</td><td>计数</td><td>126</td><td>110</td><td>111</td><td>124</td><td>64</td><td>81</td><td>7</td><td>623</td></tr>
<tr><td>"您信教吗?"中的%</td><td>20.2%</td><td>17.7%</td><td>17.8%</td><td>19.9%</td><td>10.3%</td><td>13.0%</td><td>1.1%</td><td>100.0%</td></tr>
<tr><td>"您多大程度上相信有神灵或万能的神的存在"中的%</td><td>100.0%</td><td>100.0%</td><td>100.0%</td><td>100.0%</td><td>100.0%</td><td>100.0%</td><td>100.0%</td><td>100.0%</td></tr>
<tr><td>总数的%</td><td>20.2%</td><td>17.7%</td><td>17.8%</td><td>19.9%</td><td>10.3%</td><td>13.0%</td><td>1.1%</td><td>100.0%</td></tr>
</table>

	值	df	渐进 Sig.（双侧）
Pearson 卡方	260.187[a]	12	0.000
似然比	298.604	12	0.000

第四章 宗教信仰者与和谐社会建设 / 373

表4—69 受访者相信人有灵魂存在的程度情况

<table>
<tr><th colspan="3" rowspan="2"></th><th colspan="8">您相信人有灵魂存在吗</th></tr>
<tr><th>1. 非常同意</th><th>2. 比较同意</th><th>3. 一般同意</th><th>4. 不太同意</th><th>5. 非常不同意</th><th>6. 说不清</th><th>7. 其他</th><th>合计</th></tr>
<tr><td rowspan="12">您信教吗</td><td rowspan="4">1. 不信教</td><td>计数</td><td>11</td><td>35</td><td>55</td><td>83</td><td>51</td><td>70</td><td>3</td><td>308</td></tr>
<tr><td>"您信教吗？"中的%</td><td>3.6%</td><td>11.4%</td><td>17.9%</td><td>26.9%</td><td>16.6%</td><td>22.7%</td><td>1.0%</td><td>100.0%</td></tr>
<tr><td>"您相信人有灵魂存在吗？"中的%</td><td>8.5%</td><td>27.3%</td><td>50.0%</td><td>78.3%</td><td>87.9%</td><td>79.5%</td><td>75.0%</td><td>49.4%</td></tr>
<tr><td>总数的%</td><td>1.8%</td><td>5.6%</td><td>8.8%</td><td>13.3%</td><td>8.2%</td><td>11.2%</td><td>0.5%</td><td>49.4%</td></tr>
<tr><td rowspan="4">2. 信教</td><td>计数</td><td>118</td><td>89</td><td>53</td><td>23</td><td>7</td><td>18</td><td>0</td><td>308</td></tr>
<tr><td>"您信教吗？"中的%</td><td>38.3%</td><td>28.9%</td><td>17.2%</td><td>7.5%</td><td>2.3%</td><td>5.8%</td><td>0%</td><td>100.0%</td></tr>
<tr><td>"您相信人有灵魂存在吗？"中的%</td><td>91.5%</td><td>69.5%</td><td>48.2%</td><td>21.7%</td><td>12.1%</td><td>20.5%</td><td>0%</td><td>49.4%</td></tr>
<tr><td>总数的%</td><td>18.9%</td><td>14.3%</td><td>8.5%</td><td>3.7%</td><td>1.1%</td><td>2.9%</td><td>0%</td><td>49.4%</td></tr>
<tr><td rowspan="4">3. 不好说</td><td>计数</td><td>0</td><td>4</td><td>2</td><td>0</td><td>0</td><td>0</td><td>1</td><td>7</td></tr>
<tr><td>"您信教吗？"中的%</td><td>0%</td><td>57.1%</td><td>28.6%</td><td>0%</td><td>0%</td><td>0%</td><td>14.3%</td><td>100.0%</td></tr>
<tr><td>"您相信人有灵魂存在吗？"中的%</td><td>0%</td><td>3.1%</td><td>1.8%</td><td>0%</td><td>0%</td><td>0%</td><td>25.0%</td><td>1.1%</td></tr>
<tr><td>总数的%</td><td>0%</td><td>0.6%</td><td>0.3%</td><td>0%</td><td>0%</td><td>0%</td><td>0.2%</td><td>1.1%</td></tr>
</table>

续表

		您相信人有灵魂存在吗						合计
		1. 非常同意	2. 比较同意	3. 一般同意	4. 不太同意	5. 非常不同意	6. 说不清	7. 其他	
合计	计数	129	128	110	106	58	88	4	623
	"您信教吗?" 中的%	20.7%	20.5%	17.7%	17.0%	9.3%	14.1%	0.6%	100.0%
	"您相信人有灵魂存在吗?" 中的%	100.0%	100.0%	100.0%	100.0%	100.0%	100.0%	100.0%	100.0%
	总数的%	20.7%	20.5%	17.7%	17.0%	9.3%	14.1%	0.6%	100.0%

	值	df	渐进 Sig.（双侧）
Pearson 卡方	244.244[a]	12	0.000
似然比	255.391	12	0.000

表4—70 受访者相信人有命运存在的程度情况

<table>
<tr><th colspan="2" rowspan="2"></th><th colspan="7">您觉得一个人有命运吗</th><th rowspan="2">合计</th></tr>
<tr><th>1. 非常同意</th><th>2. 比较同意</th><th>3. 一般同意</th><th>4. 不太同意</th><th>5. 非常不同意</th><th>6. 说不清</th><th>7. 其他</th></tr>
<tr><td rowspan="4">您信教吗</td><td>1. 不信教 计数</td><td>23</td><td>67</td><td>94</td><td>55</td><td>26</td><td>39</td><td>4</td><td>308</td></tr>
<tr><td>"您信教吗?"中的%</td><td>7.5%</td><td>21.8%</td><td>30.5%</td><td>17.9%</td><td>8.4%</td><td>12.7%</td><td>1.3%</td><td>100.0%</td></tr>
<tr><td>"您觉得一个人有命运吗?"中的%</td><td>23.5%</td><td>39.2%</td><td>60.3%</td><td>68.8%</td><td>57.8%</td><td>60.0%</td><td>50.0%</td><td>49.4%</td></tr>
<tr><td>总数的%</td><td>3.7%</td><td>10.8%</td><td>15.1%</td><td>8.8%</td><td>4.2%</td><td>6.3%</td><td>0.6%</td><td>49.4%</td></tr>
<tr><td rowspan="4">2. 信教</td><td>计数</td><td>75</td><td>100</td><td>60</td><td>25</td><td>19</td><td>26</td><td>3</td><td>308</td></tr>
<tr><td>"您信教吗?"中的%</td><td>24.4%</td><td>32.5%</td><td>19.5%</td><td>8.1%</td><td>6.2%</td><td>8.4%</td><td>1.0%</td><td>100.0%</td></tr>
<tr><td>"您觉得一个人有命运吗?"中的%</td><td>76.5%</td><td>58.5%</td><td>38.5%</td><td>31.3%</td><td>42.2%</td><td>40.0%</td><td>37.5%</td><td>49.4%</td></tr>
<tr><td>总数的%</td><td>12.0%</td><td>16.1%</td><td>9.6%</td><td>4.0%</td><td>3.0%</td><td>4.2%</td><td>0.5%</td><td>49.4%</td></tr>
<tr><td rowspan="4">3. 不好说</td><td>计数</td><td>0</td><td>4</td><td>2</td><td>0</td><td>0</td><td>0</td><td>1</td><td>7</td></tr>
<tr><td>"您信教吗?"中的%</td><td>0%</td><td>57.1%</td><td>28.6%</td><td>0%</td><td>0%</td><td>0%</td><td>14.3%</td><td>100.0%</td></tr>
<tr><td>"您觉得一个人有命运吗?"中的%</td><td>0%</td><td>2.3%</td><td>1.3%</td><td>0%</td><td>0%</td><td>0%</td><td>12.5%</td><td>1.1%</td></tr>
<tr><td>总数的%</td><td>0%</td><td>0.6%</td><td>0.3%</td><td>0%</td><td>0%</td><td>0%</td><td>0.2%</td><td>1.1%</td></tr>
</table>

续表

<table>
<tr><th colspan="2"></th><th colspan="8">您觉得一个人有命运吗</th></tr>
<tr><th colspan="2"></th><th>1. 非常同意</th><th>2. 比较同意</th><th>3. 一般同意</th><th>4. 不太同意</th><th>5. 非常不同意</th><th>6. 说不清</th><th>7. 其他</th><th>合计</th></tr>
<tr><td rowspan="4">合计</td><td>计数</td><td>98</td><td>171</td><td>156</td><td>80</td><td>45</td><td>65</td><td>8</td><td>623</td></tr>
<tr><td>"您信教吗?" 中的%</td><td>15.7%</td><td>27.4%</td><td>25.0%</td><td>12.8%</td><td>7.2%</td><td>10.4%</td><td>1.3%</td><td>100.0%</td></tr>
<tr><td>"您觉得一个人有命运吗?" 中的%</td><td>100.0%</td><td>100.0%</td><td>100.0%</td><td>100.0%</td><td>100.0%</td><td>100.0%</td><td>100.0%</td><td>100.0%</td></tr>
<tr><td>总数的%</td><td>15.7%</td><td>27.4%</td><td>25.0%</td><td>12.8%</td><td>7.2%</td><td>10.4%</td><td>1.3%</td><td>100.0%</td></tr>
</table>

	值	df	渐进 Sig.（双侧）
Pearson 卡方	71.978[a]	12	0.000
似然比	69.960	12	0.000

信教者比例高出不信教者比例17.1个百分点和8.7个百分点;而回答一般同意、不太同意、非常不同意的信教者比例低出不信教者比例0.3个百分点、9.6个百分点和7.1个百分点;因此,信教者比不信教者更倾向于相信灵魂的存在。与前面相比,不信教人士相信灵魂存在的比例也高于相信神灵存在的比例。

从受访者在多大程度上相信人有命运的存在情况看:(1)回答非常同意的有98人,不信教者23人,信教者75人,各占3.7%和12%;(2)回答比较同意的有171人,不信教者67人,信教者100人,各占10.8%和16.1%;(3)回答一般同意的有156人,不信教者94人,信教者60人,各占15.1%和9.6%;(4)回答不太同意的共计80人,不信教者55人,信教者25人,各占8.8%和4%;(5)回答非常不同意的有45人,不信教者26人,信教者19人,各占4.2%和3.0%;(6)回答说不清的有65人,不信教者39人,信教者26人,各占6.3%和4.2%。

可见,在相信人是否有命运存在上,回答非常同意、比较同意的信教者比例高出不信教者比例8.3个百分点和5.3个百分点;而回答一般同意、不太同意和非常不同意的信教者比例低出不信教者比例5.5个百分点、4.4个百分点和1.2个百分点;因此,信教者比不信教者更倾向于相信命运的存在;与前面相比,不信教人士相信命运存在的比例则高于相信神灵存在的比例。

从受访者在多大程度上相信"恶有恶报、善有善报"的情况来看:(1)回答非常同意的有121人,不信教者29人,信教者91人,各占4.7%和14.6%;(2)回答比较同意的有187人,不信教者70人,信教者114人,各占11.2%和18.3%;(3)回答一般同意的有144人,不信教者80人,信教者62人,各占12.8%和10%;(4)回答不太同意的共计74人,不信教者57人,信教者17人,各占9.1%和2.7%;(5)回答非常不同意的有35人,不信教者24人,信教者11人,各占3.9%和1.8%;(6)回答说不清的有55人,不信教者44人,信教者11人,各占7.1%和1.8%。

可见,在是否相信"恶有恶报、善有善报"上,回答非常同意、比较同意的信教者比例高出不信教者比例9.9个百分点、7.1个百分点;而回答一般同意、不太同意、非常不同意的信教者比例低出不信教者比例2.8个百分点、6.4个百分点和2.1个百分点;因此,信教者比不信教者

表4—71　受访者相信"恶有恶报、善有善报"的程度情况

			您多大程度上相信"恶有恶报、善有善报"							合计
			1. 非常同意	2. 比较同意	3. 一般同意	4. 不太同意	5. 非常不同意	6. 说不清	7. 其他	
您信教吗	1. 不信教	计数	29	70	80	57	24	44	4	308
		"您信教吗?"中的%	9.4%	22.7%	26.0%	18.5%	7.8%	14.3%	1.3%	100.0%
		"您多大程度上相信'恶有恶报、善有善报'?"中的%	24.0%	37.4%	55.6%	77.0%	68.6%	80.0%	57.1%	49.4%
		总数的%	4.7%	11.2%	12.8%	9.1%	3.9%	7.1%	0.6%	49.4%
	2. 信教	计数	91	114	62	17	11	11	2	308
		"您信教吗?"中的%	29.5%	37.0%	20.1%	5.5%	3.6%	3.6%	0.6%	100.0%
		"您多大程度上相信'恶有恶报、善有善报'?"中的%	75.2%	61.0%	43.1%	23.0%	31.4%	20.0%	28.6%	49.4%
		总数的%	14.6%	18.3%	10.0%	2.7%	1.8%	1.8%	0.3%	49.4%
	3. 不好说	计数	1	3	2	0	0	0	1	7
		"您信教吗?"中的%	14.3%	42.9%	28.6%	0%	0%	0%	14.3%	100.0%
		"您多大程度上相信'恶有恶报、善有善报'?"中的%	0.8%	1.6%	1.4%	0%	0%	0%	14.3%	1.1%
		总数的%	0.2%	0.5%	0.3%	0%	0%	0%	0.2%	1.1%

续表

		您多大程度上相信"恶有恶报、善有善报"							合计
		1. 非常同意	2. 比较同意	3. 一般同意	4. 不太同意	5. 非常不同意	6. 说不清	7. 其他	
合计	计数	121	187	144	74	35	55	7	623
	"您信教吗?"中的%	19.4%	30.0%	23.1%	11.9%	5.6%	8.8%	1.1%	100.0%
	"您多大程度上相信'恶有恶报、善有善报'?"中的%	100.0%	100.0%	100.0%	100.0%	100.0%	100.0%	100.0%	100.0%
	总数的%	19.4%	30.0%	23.1%	11.9%	5.6%	8.8%	1.1%	100.0%

	值	df	渐进 Sig.（双侧）
Pearson 卡方	105.585ª	12	0.000
似然比	103.810	12	0.000

表 4—72　受访者对 "帮人就是帮己，害人就是害己" 所持态度

			您对 "帮人就是帮己，害人就是害己" 是持何看法							合计
			1. 非常同意	2. 比较同意	3. 一般同意	4. 不太同意	5. 非常不同意	6. 说不清	7. 其他	
您信教吗	1. 不信教	计数	83	90	69	20	12	30	4	308
		"您信教吗?" 中的%	26.9%	29.2%	22.4%	6.5%	3.9%	9.7%	1.3%	100.0%
		"您对'帮人就是帮己；害人就是害己?' 是持何看法" 中的%	34.2%	45.0%	68.3%	76.9%	85.7%	88.2%	80.0%	49.4%
		总数的%	13.3%	14.4%	11.1%	3.2%	1.9%	4.8%	0.6%	49.4%
	2. 信教	计数	156	107	32	6	2	4	1	308
		"您信教吗?" 中的%	50.6%	34.7%	10.4%	1.9%	0.6%	1.3%	0.3%	100.0%
		"您对'帮人就是帮己；害人就是害己' 是持何看法" 中的%	64.2%	53.5%	31.7%	23.1%	14.3%	11.8%	20.0%	49.4%
		总数的%	25.0%	17.2%	5.1%	1.0%	0.3%	0.6%	0.2%	49.4%
	3. 不好说	计数	4	3	0	0	0	0	0	7
		"您信教吗?" 中的%	57.1%	42.9%	0%	0%	0%	0%	0%	100.0%
		"您对'帮人就是帮己；害人就是害己' 是持何看法" 中的%	1.6%	1.5%	0%	0%	0%	0%	0%	1.1%
		总数的%	0.6%	0.5%	0%	0%	0%	0%	0%	1.1%

续表

		您对"帮人就是帮己,害人就是害己"是持何看法							合计
		1. 非常同意	2. 比较同意	3. 一般同意	4. 不太同意	5. 非常不同意	6. 说不清	7. 其他	
合计	计数	243	200	101	26	14	34	5	623
	"您信教吗?"中的%	39.0%	32.1%	16.2%	4.2%	2.2%	5.5%	0.8%	100.0%
	"您对'帮人就是帮己;害人就是害己'是持何看法?"中的%	100.0%	100.0%	100.0%	100.0%	100.0%	100.0%	100.0%	100.0%
	总数的%	39.0%	32.1%	16.2%	4.2%	2.2%	5.5%	0.8%	100.0%

	值	df	渐进 Sig.（双侧）
Pearson 卡方	83.475a	12	0.000
似然比	91.664	12	0.000

更倾向于相信恶有恶报、善有善报。

从受访者在多大程度上相信"帮人就是帮己,害人就是害己"的情况来看:(1)回答非常同意的有 243 人,不信教者 83 人,信教者 156 人,各占 13.3% 和 25%;(2)回答比较同意的有 200 人,不信教者 90 人,信教者 107 人,各占 14.4% 和 17.2%;(3)回答一般同意的有 101 人,不信教者 69 人,信教者 32 人,各占 11.1% 和 5.1%;(4)回答不太同意的共计 26 人,不信教者 20 人,信教者 6 人,各占 3.2% 和 1%;(5)回答非常不同意的有 14 人,不信教者 12 人,信教者 2 人,各占 1.9% 和 0.3%;(6)回答说不清的有 34 人,不信教者 30 人,信教者 4 人,各占 4.8% 和 0.6%。

可见,在是否相信"帮人就是帮己,害人就是害己"上,回答非常同意、比较同意的信教者比例高出不信教者比例 11.7 个百分点和 2.8 个百分点;而回答一般同意、不太同意和非常不同意的信教者比例低出不信教者比例 6 个百分点、2.2 个百分点和 1.6 个百分点;因此,信教者比不信教者更倾向于相信帮人就是帮己,害人就是害己。

从受访者对参与诸如算命、抽签、看风水、烧香、改运等活动的作用评价来看:(1)回答有很大作用的有 38 人,不信教者 7 人,信教者 31 人,各占 1.1% 和 5%;(2)回答有较大作用的有 111 人,不信教者 26 人,信教者 81 人,各占 4.2% 和 13%;(3)回答具有一般作用的有 200 人,不信教者 106 人,信教者 91 人,各占 17% 和 14.6%;(4)回答具有较小作用的共计 138 人,不信教者 109 人,信教者 29 人,各占 17.5% 和 4.7%;(5)回答无任何作用的有 86 人,不信教者 45 人,信教者 41 人,各占 7.2% 和 6.6%;(6)回答说不清或其他的有 50 人,不信教者 15 人,信教者 35 人,各占 2.4% 和 5.6%。

可知,在对参与诸如算命等活动的作用评价上,回答有很大作用、较大作用的信教者比例高出不信教者比例 3.9 个百分点和 8.8 个百分点;而回答一般作用、较小作用和无作用的信教者比例低出不信教者比例 2.4 个百分点、12.8 个百分点和 0.6 个百分点;因此,信教者比不信教者更倾向于认同参与诸如算命、抽签、看风水、烧香、改运等活动具有一定的作用。

表 4—73　　受访者对"算命、抽签、看风水、烧香、改运"等活动作用的评价

<table>
<tr><th colspan="2" rowspan="2"></th><th></th><th colspan="6">您认为参与算命、抽签、看风水、收吓、安胎神、安太岁、烧香、进香、改运等活动有作用或影响吗（单选）</th><th rowspan="2">合计</th></tr>
<tr><th></th><th>1. 很大作用</th><th>2. 较大作用</th><th>3. 一般作用</th><th>4. 较小作用</th><th>5. 无任何作用</th><th>6. 其他</th></tr>
<tr><td rowspan="12">您信教吗</td><td rowspan="3">1. 不信教</td><td>计数</td><td>7</td><td>26</td><td>106</td><td>109</td><td>45</td><td>15</td><td>308</td></tr>
<tr><td>"您信教吗？"中的%</td><td>2.3%</td><td>8.4%</td><td>34.4%</td><td>35.4%</td><td>14.6%</td><td>4.9%</td><td>100.0%</td></tr>
<tr><td>"您认为您参与这些活动对您起到作用或影响吗？（单选）"中的%</td><td>18.4%</td><td>23.4%</td><td>53.0%</td><td>79.0%</td><td>52.3%</td><td>30.0%</td><td>49.4%</td></tr>
<tr><td>总数的%</td><td>1.1%</td><td>4.2%</td><td>17.0%</td><td>17.5%</td><td>7.2%</td><td>2.4%</td><td>49.4%</td></tr>
<tr><td rowspan="4">2. 信教</td><td>计数</td><td>31</td><td>81</td><td>91</td><td>29</td><td>41</td><td>35</td><td>308</td></tr>
<tr><td>"您信教吗？"中的%</td><td>10.1%</td><td>26.3%</td><td>29.5%</td><td>9.4%</td><td>13.3%</td><td>11.4%</td><td>100.0%</td></tr>
<tr><td>"您认为您参与这些活动对您起到作用或影响吗？（单选）"中的%</td><td>81.6%</td><td>73.0%</td><td>45.5%</td><td>21.0%</td><td>47.7%</td><td>70.0%</td><td>49.4%</td></tr>
<tr><td>总数的%</td><td>5.0%</td><td>13.0%</td><td>14.6%</td><td>4.7%</td><td>6.6%</td><td>5.6%</td><td>49.4%</td></tr>
<tr><td rowspan="4">3. 不好说</td><td>计数</td><td>0</td><td>4</td><td>3</td><td>0</td><td>0</td><td>0</td><td>7</td></tr>
<tr><td>"您信教吗？"中的%</td><td>0%</td><td>57.1%</td><td>42.9%</td><td>0%</td><td>0%</td><td>0%</td><td>100.0%</td></tr>
<tr><td>"您认为您参与这些活动对您起到作用或影响吗？（单选）"中的%</td><td>0%</td><td>3.6%</td><td>1.5%</td><td>0%</td><td>0%</td><td>0%</td><td>1.1%</td></tr>
<tr><td>总数的%</td><td>0%</td><td>0.6%</td><td>0.5%</td><td>0%</td><td>0%</td><td>0%</td><td>1.1%</td></tr>
<tr><td colspan="2" rowspan="4">合计</td><td>计数</td><td>38</td><td>111</td><td>200</td><td>138</td><td>86</td><td>50</td><td>623</td></tr>
<tr><td>"您信教吗？"中的%</td><td>6.1%</td><td>17.8%</td><td>32.1%</td><td>22.2%</td><td>13.8%</td><td>8.0%</td><td>100.0%</td></tr>
<tr><td>"您认为您参与这些活动对您起到作用或影响吗？（单选）"中的%</td><td>100.0%</td><td>100.0%</td><td>100.0%</td><td>100.0%</td><td>100.0%</td><td>100.0%</td><td>100.0%</td></tr>
<tr><td>总数的%</td><td>6.1%</td><td>17.8%</td><td>32.1%</td><td>22.2%</td><td>13.8%</td><td>8.0%</td><td>100.0%</td></tr>
</table>

	值	df	渐进 Sig.（双侧）
Pearson 卡方	114.603[a]	10	0.000
似然比	123.290	10	0.000

从受访者对诸如算命、抽签、看风水、烧香、改运等活动的看法来看：(1) 认为是迷信，不可信的有145人，其中，不信教者89人，信教者56人，各占14.3%和9%；(2) 认为不完全是迷信，有一定的合理性的有345人，不信教者141人，信教者198人，各占22.6%和31.8%；(3) 认为全是骗钱的，无道理的有47人，不信教者31人，信教者16人，各占5%和2.6%；(4) 回答其他（包括如有迷信、也有宗教成分在里面等）的共计86人，不信教者47人，信教者38人，各占7.5%和6.1%。

可见，在对诸如算命、抽签、看风水、烧香、改运等活动的看法上，回答这是迷信、全是骗钱、回答其他的信教者比例低出不信教者比例5.3个百分点、2.4个百分点和1.4个百分点；而回答不完全是迷信，有一定合理性的信教者比例高出不信教者比例9.2个百分点；因此，信教者比不信教者更倾向于认同诸如算命、抽签、看风水、烧香和改运等活动不完全是迷信，而有一定的合理性。

表4—74　　　受访者对"算命、抽签、看风水、烧香、改运"等活动的看法

			1. 迷信，不可信	2. 不完全迷信，有一定合理性	3. 骗钱的，无道理	4. 其他	合计
您信教吗	1. 不信教	计数	89	141	31	47	308
		"您信教吗?"中的%	28.9%	45.8%	10.1%	15.3%	100.0%
		"您认为上述这些活动是"中的%	61.4%	40.9%	66.0%	54.7%	49.4%
		总数的%	14.3%	22.6%	5.0%	7.5%	49.4%
	2. 信教	计数	56	198	16	38	308
		"您信教吗?"中的%	18.2%	64.3%	5.2%	12.3%	100.0%
		"您认为上述这些活动是"中的%	38.6%	57.4%	34.0%	44.2%	49.4%
		总数的%	9.0%	31.8%	2.6%	6.1%	49.4%

续表

			您认为上述这些活动是（单选）				合计
			1. 迷信，不可信	2. 不完全迷信，有一定合理性	3. 骗钱的，无道理	4. 其他	
您信教吗	3.不好说	计数	0	6	0	1	7
		"您信教吗？"中的%	0%	85.7%	0%	14.3%	100.0%
		"您认为上述这些活动是"中的%	0%	1.7%	0%	1.2%	1.1%
		总数的%	0%	1.0%	0%	0.2%	1.1%
合计		计数	145	345	47	86	623
		"您信教吗？"中的%	23.3%	55.4%	7.5%	13.8%	100.0%
		"您认为上述这些活动是"中的%	100.0%	100.0%	100.0%	100.0%	100.0%
		总数的%	23.3%	55.4%	7.5%	13.8%	100.0%
		Pearson 卡方	值	df		渐进 Sig.（双侧）	
			26.274[a]	6		0.000	
		似然比	28.382	6		0.000	

从受访者对"国家对这些活动的态度"情况来看：（1）回答应把它视为封建迷信糟粕，采取严厉措施予以坚决打击的有54人，不信教者25人，信教者29人，各占4%和4.7%；（2）回答"这是一种民俗现象，只要不违法犯罪，国家采取不理不睬的态度"的有151人，不信教者94人，信教者55人，各占15.1%和8.8%；（3）回答"尊重老百姓的信仰，给予规范和引导"的有361人，不信教者160人，信教者197人，各占25.7%和31.6%；（4）回答"国家不要去理睬或干涉，这完全是个人的自由或事情"的有32人，不信教者14人，信教者17人，各占2.2%和2.7%；（5）回答"其他，包括不好说，说不清，不回答"等情况的有25人。

表4—75　　受访者对"国家对这些活动的态度"看法情况

			您认为国家对这些活动的态度（单选）					合计
			1	2	3	4	5	
您信教吗	1.不信教	计数	25	94	160	14	15	308
		"您信教吗？"中的%	8.1%	30.5%	51.9%	4.5%	4.9%	100.0%
		"您认为国家对这些活动的态度（单选）"中的%	46.3%	62.3%	44.3%	43.8%	60.0%	49.4%
		总数的%	4.0%	15.1%	25.7%	2.2%	2.4%	49.4%
	2.信教	计数	29	55	197	17	10	308
		"您信教吗？"中的%	9.4%	17.9%	64.0%	5.5%	3.2%	100.0%
		"您认为国家对这些活动的态度（单选）"中的%	53.7%	36.4%	54.6%	53.1%	40.0%	49.4%
		总数的%	4.7%	8.8%	31.6%	2.7%	1.6%	49.4%
	3.不好说	计数	0	2	4	1	0	7
		"您信教吗？"中的%	0%	28.6%	57.1%	14.3%	0%	100.0%
		"您认为国家对这些活动的态度（单选）"中的%	0%	1.3%	1.1%	3.1%	0%	1.1%
		总数的%	0%	0.3%	0.6%	0.2%	0%	1.1%
合计		计数	54	151	361	32	25	623
		"您信教吗？"中的%	8.7%	24.2%	57.9%	5.1%	4.0%	100.0%
		"您认为国家对这些活动的态度（单选）"中的%	100.0%	100.0%	100.0%	100.0%	100.0%	100.0%
		总数的%	8.7%	24.2%	57.9%	5.1%	4.0%	100.0%
		Pearson 卡方	值		df		渐进 Sig.（双侧）	
			17.725[a]		8		0.023	
		似然比	18.380		8		0.019	

可见，在对国家对诸如算命、抽签等活动的态度上，回答"把它视为封建迷信糟粕而采取严厉措施予以坚决打击"、"尊重老百姓的信仰而给予规范引导"和"国家不要干涉在于这是个人的事情"的信教者比例高出不信教者比例0.7个百分点、5.9个百分点、0.5个百分点；而回答这是一种民俗现象，只要不违法犯罪，国家就不理不睬的信教者比例低出不信教者比例6.3个百分点；因此，在对这些活动的态度上，

认同它们是民俗现象，只要不违法犯罪，国家就不理不睬和尊重老百姓的信仰而给予引导的信教者比例和不信教者比例都普遍比其他认同比例偏高；只不过信教者比不信教者更倾向于认同国家应尊重老百姓的信仰，给予规范和引导；而不信教者比信教者更倾向于认同这是民俗现象，只要不违法犯罪，国家就不理不睬。

从受访者对"人生需要宗教信仰吗？"的回答来看，（1）认为需要的共计338人，不信教者78人，信教者253人，各占12.5%和40.6%；（2）认为不需要的有82人，不信教者66人，信教者16人，各占10.6%和2.6%；（3）认为不知道的有203人，不信教者164人，信教者39人，各占26.3%和6.3%。

可见，在对人生是否需要宗教信仰的态度上，回答这是人生的需要的信教者比例高出不信教者比例28.1个百分点；而回答不需要和不知道的信教者比例低出不信教者比例8个百分点和20个百分点；因此，信教者比不信教者更倾向于认为人生需要宗教信仰。同时，不信教者有较大比例对此回答不清楚。这也是值得注意的情况。

表4—76　　受访者对"人生需要宗教信仰吗？"的回答情况

			您认为人生需要宗教信仰吗			合计
			1. 需要	2. 不需要	3. 不知道	
您信教吗	1. 不信教	计数	78	66	164	308
		"您信教吗？"中的%	25.3%	21.4%	53.2%	100.0%
		"要宗教信仰吗？"中的%	23.1%	80.5%	80.8%	49.4%
		总数的%	12.5%	10.6%	26.3%	49.4%
	2. 信教	计数	253	16	39	308
		"您信教吗？"中的%	82.1%	5.2%	12.7%	100.0%
		"要宗教信仰吗？"中的%	74.9%	19.5%	19.2%	49.4%
		总数的%	40.6%	2.6%	6.3%	49.4%
	3. 不好说	计数	7	0	0	7
		"您信教吗？"中的%	100.0%	0%	0%	100.0%
		"要宗教信仰吗？"中的%	2.1%	0%	0%	1.1%
		总数的%	1.1%	0%	0%	1.1%

续表

<table>
<tr><td colspan="2" rowspan="2"></td><td colspan="3">您认为人生需要宗教信仰吗</td><td rowspan="2">合计</td></tr>
<tr><td>1. 需要</td><td>2. 不需要</td><td>3. 不知道</td></tr>
<tr><td rowspan="4">合计</td><td>计数</td><td>338</td><td>82</td><td>203</td><td>623</td></tr>
<tr><td>"您信教吗？"中的%</td><td>54.3%</td><td>13.2%</td><td>32.6%</td><td>100.0%</td></tr>
<tr><td>"要宗教信仰吗？"中的%</td><td>100.0%</td><td>100.0%</td><td>100.0%</td><td>100.0%</td></tr>
<tr><td>总数的%</td><td>54.3%</td><td>13.2%</td><td>32.6%</td><td>100.0%</td></tr>
<tr><td rowspan="3">Pearson 卡方</td><td></td><td>值</td><td>df</td><td colspan="2">渐进 Sig.（双侧）</td></tr>
<tr><td></td><td>206.285ª</td><td>4</td><td colspan="2">0.000</td></tr>
<tr><td>似然比</td><td>221.532</td><td>4</td><td colspan="2">0.000</td></tr>
</table>

总之，通过对信教者和不信教者在信仰观念及其评价的分析，人们可以发现，信教者比不信教者更倾向于相信有神灵或万能的神存在，更相信有灵魂的存在，更相信有命运的存在，更相信"恶有恶报、善有善报"，更相信"帮人就是帮己、害人就是害己"；更倾向于认同诸如算命、抽签、看风水、烧香、改运等活动具有一定的作用，更倾向于认同这些活动不完全是迷信，而有一定的合理性；更倾向于认同这些活动是民俗现象，只要不违法犯罪，国家就应不予干涉和尊重老百姓的信仰而给予引导；更倾向于认为人生需要宗教信仰。

另外，值得注意的是，相信"帮人就是帮己、害人就是害己"的受访者比相信"恶有恶报、善有善报"的受访者多；而相信"恶有恶报、善有善报"的受访者比相信命运存在的受访者多；相信命运存在的受访者比相信灵魂存在的受访者多，而相信灵魂存在的受访者比相信神灵或万能神的存在的受访者多。

八 信教和不信教受访者信仰状况分析

不同受访者在个人信仰状况方面具有哪些共同的特点，又存在哪些差异。通过分析，就能见分晓。

从受访者的信仰状况来看，回答不信的有 308 人，占 49.4%；回答信的有 308 人，占 49.4%；回答不好说的有 7 人，占 1.1%。

表4—77　　　　　　　　　　受访者信仰状况

您信教吗		频率	百分比	有效百分比	累计百分比
有效	1. 不信	308	49.4	49.4	49.4
	2. 信	308	49.4	49.4	98.9
	3. 不好说	7	1.1	1.1	100.0
	合计	623	100.0	100.0	

1. 不信教受访者信仰状况分析

对于回答不信教的受访者，当问及是否会烧香敬神或拜佛时，有104人回答不会，占总人数16.7%，占不信教的33.8%；有199人回答会，占总人数31.9%，占不信教的64.6%。也就是说，虽然有308人回答不信教，但仍有高达199人会烧香敬神或拜佛。实际上，这些受访者可以划归到民间信仰者范畴，他们以烧香敬神或拜佛替代了自己的宗教信仰。如果以此计算，实际上真正既不信教，又不烧香敬神者仅占总人数17.3%左右。

表4—78　　　　　　　　受访者中烧香敬神或拜佛情况

请问您会烧香敬神或拜佛吗		频率	百分比	有效百分比	累计百分比
有效	1. 不会	104	16.7	33.8	33.8
	2. 会	199	31.9	64.6	98.4
	3. 其他	5	0.8	1.6	100.0
	合计	308	49.4	100.0	
缺失	系统	315	50.6		
合计		623	100.0		

对会烧香敬神或拜佛的受访者，问及烧香敬神或拜佛的频率时有四种回答：（1）回答每天都会的有8人，占其2.6%，占总人数1.3%；（2）回答每逢节日或节气才会的有117人，占其38%，占总人数

18.8%；(3) 回答偶尔会拜的有87人，占其比例的28.2%，占总人数14%；(4) 回答说不准的或不确定的59人，占其19.2%，占总人数9.5%。

表4—79　　　　　　　　烧香敬神或拜佛频率情况

	如果您会烧香，请问您→平均多少次？	频率	百分比	有效百分比	累计百分比
有效	1. 每天都会	8	1.3	2.6	2.6
	2. 每逢节日或节气会	117	18.8	38.0	40.6
	3. 偶尔会	87	14.0	28.2	68.8
	4. 说不准或不确定	59	9.5	19.2	88.0
	5. 说不清	37	5.9	12.0	100.0
	合计	308	49.4	100.0	
缺失	系统	315	50.6		
	合计	623	100.0		

表4—80　　　　　　　　不信教者不信教原因情况

	您不信宗教的原因是	频率	百分比	有效百分比	累计百分比
有效	1. 对宗教无太多了解，谈不上信不信的问题	136	21.8	44.0	44.0
	2. 感觉宗教的思想和社会的主流思想相反	10	1.6	3.2	47.2
	3. 感觉宗教的东西虚无缥缈，与自己无多大关系	71	11.4	23.0	70.2
	4. 说不清	67	10.8	21.7	91.9
	5. 其他	25	4.0	8.1	100.0
	合计	309	49.6	100.0	
缺失	系统	314	50.4		
	合计	623	100.0		

对不信教者问及不信宗教的原因时，有以下五种回答：(1) 有136

人认为对宗教不了解,占其44%,占总受访者人数的21.8%;(2)有10人感觉宗教的思想与社会的主流思想不同,占其3.2%,占总受访者人数的1.6%;(3)有71人认为感觉宗教的东西虚无缥缈,与自己无多大关系,占其23%,占总受访者人数的11.4%;(4)有67人对自己不信教说不清,占其21.7%,占总受访者人数的10.8%;(5)还有25人回答其他。

不信教者对信教者的态度的有5种回答:(1)非常理解的有35人,占其11.4%,占受访者总人数的5.6%;(2)回答比较理解的有102人,占其33.2%,占受访者总人数的16.4%;(3)回答基本理解的有143人,占其46.6%,占受访者总人数的23%;(4)回答不理解的有25人,占其8.1%,占受访者总人数的4%;(5)回答鄙视的有2人,占其0.7%,占受访者总人数的0.3%。从总体来看,有80%以上的不信教者对信教者的信仰还是能够理解的。这要得益于我国的宗教信仰自由政策。

表4—81　　　　　　　　　　不信教者对信教者的态度情况

	如果您身边有信仰者,您的态度是				
		频率	百分比	有效百分比	累计百分比
有效	1. 非常理解	35	5.6	11.4	11.4
	2. 比较理解	102	16.4	33.2	44.6
	3. 基本理解	143	23.0	46.6	91.2
	4. 不理解	25	4.0	8.1	99.3
	5. 鄙视	2	0.3	0.7	100.0
	合计	307	49.3	100.0	
缺失	系统	316	50.7		
	合计	623	100.0		

从不信教者对一些宗教教规的看法来看:(1)认为有必要的共计131人,占其42.4%,占受访者总人数的21%;(2)认为没有必要的共计155人,占其50.2%,占受访者总人数的24.9%;还有23人认为不好说。

表4—82　　　　　不信教者对一些宗教教规的看法情况

	有些宗教教规要诵经、祷告、斋戒、朝觐，您认为是否有必要				
		频率	百分比	有效百分比	累计百分比
有效	1. 有必要	131	21.0	42.4	42.4
	2. 没必要	155	24.9	50.2	92.6
	3. 不好说	23	3.7	7.4	100.0
	合计	309	49.6	100.0	
缺失	系统	314	50.4		
	合计	623	100.0		

2. 信教受访者信仰状况分析

当问及信教者信仰何种宗教时，回答信仰佛教的有154人，占信教者人数的50%，占总受访者人数的24.7%；回答信仰基督教的有154人，占信教者人数的50%，占总受访者人数的24.7%，两者合计308人，占受访者总人数的49.4%。

表4—83　　　　　信教受访者自我主观认同信仰宗教情况

	如果您信教，请问您认为自己信的是				
		频率	百分比	有效百分比	累计百分比
有效	1. 佛教	154	24.7	50.0	50.0
	2. 基督教	154	24.7	50.0	100.0
	合计	308	49.4	100.0	
缺失	系统	315	50.6		
	合计	623	100.0		

从信教者举行入教仪式来看，回答已经举行了正式入教仪式的有166人，占信教者人数的53.9%，占受访者总人数的26.6%；回答还没有举行的有130人，占信教者人数的42.2%，占受访者总人数的20.9%；还有12人不清楚是否举行了入教仪式。

表4—84　　　　　　　信教受访者举行入教仪式情况

	如果您信教，请问您举行了正式的入教仪式吗				
		频率	百分比	有效百分比	累计百分比
有效	1. 举行了	166	26.6	53.9	53.9
	2. 没有	130	20.9	42.2	96.1
	3. 不清楚	12	1.9	3.9	100.0
	合计	308	49.4	100.0	
缺失	系统	315	50.6		
	合计	623	100.0		

表4—85　　　　　　　信教受访者皈依宗教年限情况

	您正式皈依宗教到现在				
		频率	百分比	有效百分比	累计百分比
有效	1. 1年及以内	23	3.7	7.5	7.5
	2. 2—3年	45	7.2	14.6	22.1
	3. 4—5年	57	9.1	18.5	40.6
	4. 6—10年	56	9.0	18.2	58.8
	5. 11—15年	16	2.6	5.2	64.0
	6. 15—20年	34	5.5	11.0	75.0
	7. 20年以上	32	5.1	10.4	85.4
	8. 其他	45	7.2	14.6	100
	合计	308	49.4	100.0	
缺失	系统	315	50.6		
	合计	623	100.0		

从信教受访者皈依宗教的年限来看：（1）回答1年及以内的有23人，占信教人数的7.5%，占总受访人数的3.7%；（2）回答2—3年的有45人，占信教人数的14.6%，占总受访人数的7.2%；（3）回答4—5年的有57人，占信教人数的18.5%，占总受访人数的9.1%；（4）回答6—10年的有56人，占信教人数的18.2%，占总受访人数的9%；

(5) 回答 11—15 年的有 16 人，占信教人数的 5.2%，占总受访人数的 2.6%；(6) 回答 15—20 年的有 34 人，占信教人数的 11%，占总受访人数的 5.5%；(7) 回答 20 年以上的有 32 人，占信教人数的 10.4%，占总受访人数的 5.1%；(8) 还有 45 人回答不清楚或不知道，在调查中发现，有不少信众是因为受家庭传统的影响，在很小的时候就已正式皈依，到其成年，自己是否皈依并不清楚。

信教受访者皈依宗教，很多信徒往往有多方面的原因。为了探究信众究竟是什么原因让其皈依宗教，本问答题专门设置了多项选择，让信众自由选择，其结果如下：(1) 因生病或想强身健体而信了宗教的，有佛教徒 42 人，占佛教徒的 27.3%，占信教者的 13.7%；有基督教徒 47 人，占基督徒的 30.5%，占信教者的 15.3%，两者合计 89 人，共占信教者总数的 28.9%；(2) 因承袭家庭传统而信仰宗教的，有佛教徒 37 人，占佛教徒的 24%，占信教者的 12%；有基督教徒 49 人，占基督徒的 31.8%，两者合计 86 人，共占信教者的 27.9%；(3) 因追求真理和智慧而信仰宗教的，有佛教徒 25 人，占佛教徒的 16.2%，占信教者的 8.1%；有基督教徒 30 人，占基督徒的 19.5%，两者合计 55 人，共占信教者的 17.9%；(4) 因寻求心灵寄托而信仰宗教的，有佛教徒 63 人，占佛教徒的 40.9%，占信教者的 20.5%；有基督教徒 60 人，占基督徒的 39%，两者合计 123 人，共占信教者的 39.9%；(5) 因社交或其他需要而信仰宗教的，有佛教徒 14 人，占佛教徒的 9.1%，占信教者的 4.5%；有基督教徒 9 人，占基督徒的 5.8%，两者合计共 23 人，共占信教者的 7.5%；(6) 因好奇心而信仰宗教的有佛教徒 13 人，占其 8.4%，占信教者总数的 4.2%；基督徒 14 人，占其 9.1%，占信教者总数的 4.5%；两者合计 27 人，占信教者总数的 8.8%；(7) 还有一部分信徒对自己为什么信仰宗教，也说不来是原因，佛教徒有 26 人，基督教徒 11 人，两者合计 37 人，共占信教者总数的 12%；(8) 因其他原因而信仰宗教的，佛教徒有 12 人，基督教徒 14 人，两者合计 26 人，占信教者总数的 8.4%。

从中可知，因生病或想强身健体、承袭家庭传统、寻求心灵寄托以及追求真理和智慧是信教者信仰宗教的四大主要原因。

表4—86　　　　　　　　信教受访者皈依宗教原因分析

信教原因	佛教徒 人数	占佛教徒比例(%)	占信教者比例(%)	基督教徒 人数	占基督教徒比例(%)	占信教者比例(%)	合计	占信教者比例(%)
1. 生病或想强身健体	42	27.3	13.7	47	30.5	15.3	89	28.9
2. 承袭家庭传统	37	24	12	49	31.8	15.9	86	27.9
3. 追求真理与智慧	25	16.2	8.1	30	19.5	9.7	55	17.9
4. 寻求心灵寄托	63	40.9	20.5	60	39	19	123	39.9
5. 社交或其他需要	14	9.1	4.5	9	5.8	2.9	23	7.5
6. 好奇心	13	8.4	4.2	14	9.1	4.5	27	8.8
7. 说不来	26	16.9	8.4	11	7.1	3.6	37	12
8. 其他	12	7.8	3.9	14	9.1	4.5	26	8.4

从信教受访者最初接触宗教的主要途径来看：（1）因周围亲友邻里的介绍而接触宗教的，有佛教徒70人，占佛教徒的47%，占信教者的22.7%；有基督教徒79人，占基督徒的53%，占信教者25.6%；（2）因家庭的宗教气氛和传统而承袭接触宗教的，有佛教徒59人，占佛教徒的38.3%，占信教者的19.2%；有基督教徒64人，占基督徒的41.6%，占信教者的20.8%；（3）因广播电视、报纸杂志和网络的影响而接触宗教的，有佛教徒18人，占佛教徒的11.7%，占信教者的5.8%；有基督教徒11人，占基督徒的7.1%，占信教者的3.8%；（4）因传教人士的引导而接触宗教的，有佛教徒42人，占佛教徒的27.3%，占信教者的13.6%；有基督教徒70人，占基督徒的45.5%，占信教者的22.7%；（5）因宗教书籍的影响而接触宗教的，有佛教徒39人，占佛教徒的25.5%，占信教者的12.7%；有基督教徒28人，占基督徒的18.2%，占信教者的9.1%；（6）因其他途径而接触宗教的有佛教徒9人，基督教徒有5人。

从中可知，信教者接触宗教的途径不是单一的，而是有多种途径，但周围亲友邻里的介绍、家庭宗教气氛的影响、传教人士的引导、宗教书籍的影响是主要途径；从中还可以发现，广播电视、报纸杂志和网络对人们的宗教影响并不很强，在于我国是实行宗教信仰自由政策的国家，不允许在公开场合宣传和传播宗教；同时，人们还可以发现，佛教徒和基督教徒接触宗教的途径具有一定的差异，宗教书籍对佛教徒的影响较强于基督教徒，而传教人士对基督教徒的影响又明显强于佛教徒，这与各个宗教传播途径有关系；还可以发现，周围亲友邻里的介绍以及家庭宗教气氛的影响对两种宗教信徒的影响具有相似的重要性。

表4—87　　　　　信教受访者最初接触宗教的主要途径分析

最初接触宗教途径	佛教徒 人数	占佛教徒比例（%）	占信教者比例（%）	基督教徒 人数	占基督教徒比例（%）	占信教者比例（%）	合计	占信教者比例（%）
1. 周围亲友邻里的介绍	70	47	22.7	79	53	25.6	149	48.4
2. 家庭的宗教气氛和传统	59	38.3	19.2	64	41.6	20.8	123	39.9
3. 广播电视、报纸杂志和网络的影响	18	11.7	5.8	11	7.1	3.8	29	9.4
4. 传教人士的引导	42	27.3	13.6	70	45.5	22.7	112	36.4
5. 宗教书籍的影响	39	25.5	12.7	28	18.2	9.1	67	21.8
6. 其他	9	5.9	2.9	5	3.2	1.6	14	4.6

从信教受访者在宗教信仰生活中遭遇的感应事件来看：（1）回答疾病的治愈，有佛教徒54人，占佛教徒的35.1%，占信教者的17.5%；有基督教徒66人，占基督徒的42.9%，两者共占信教者21.4%；（2）回答事业的顺达的有佛教徒42人，占佛教徒的27.3%，占信教者的13.6%；有基督教徒44人，占基督徒的28.6%，两者共占信教者的14.3%；（3）回答家庭关系的改善的有佛教徒29人，占佛教徒的18.8%，占信教者的9.4%；有基督教徒68人，占基督徒的44.2%，两者共占信教者的

22.1%；(4) 回答意外事件的逢凶化吉的有佛教徒 57 人，占佛教徒的 37%，占信教者的 18.5%；有基督教徒 50 人，占基督徒的 32.5%，两者共占信教者的 16.2%；(5) 回答心情的舒畅和生活更愉快的有佛教徒 87 人，占佛教徒的 56.5%，占信教者的 28.2%；有基督教徒 112 人，占基督徒的 72.7%，两者共占信教者的 36.4%；(6) 回答其他的有佛教徒 13 人，基督教徒 13 人。

从中可知，在宗教生活中遭遇的感应事件上，有 39% 的信教者回答为疾病的治愈；有 27.9% 的信教者回答为事业的顺达；有 31.5% 的信教者回答为家庭关系的改善；有 34.7% 的信教者回答为意外事件的逢凶化吉；有 64.6% 的信教者回答为心情的舒畅和生活更愉快；因此，心情的舒畅和生活更愉快、意外事件的逢凶化吉、疾病的治愈、事业的顺达和家庭关系的改善是信教者在宗教生活中遭遇的五大主要感应事件。当然，信教者遭遇的感应不是单一的，而是多方面的。这表明，宗教信仰具有调节人们心理和慰藉信教者心灵的功能，而这要归功于宗教信仰的说教，通过宗教的说教，让人们改变了一些世俗的不利于人们身心和谐的观念和看法，真正触动信教者的心灵深处，从而使他们得以改变而获得精神和心理上的轻松。

表 4—88　　信教受访者在信仰生活中遭遇的感应事件分析

信教者在信仰生活中遭遇的感应事件	佛教徒 人数	占佛教徒比例 (%)	占信教者比例 (%)	基督教徒 人数	占基督教徒比例 (%)	占信教者比例 (%)	合计	占信教者比例 (%)
1. 疾病的治愈	54	35.1	17.5	66	42.9	21.4	120	39
2. 事业的顺达	42	27.3	13.6	44	28.6	14.3	86	27.9
3. 家庭关系的改善	29	18.8	9.4	68	44.2	22.1	97	31.5
4. 意外事件的逢凶化吉	57	37	18.5	50	32.5	16.2	107	34.7
5. 心情的舒畅和生活更愉快	87	56.5	28.2	112	72.7	36.4	199	64.6
6. 其他	13	8.4	4.2	13	8.4	4.2	26	8.4

从宗教信仰使受访者信仰宗教后个人的改变情况来看：（1）回答身体更健康，心情更舒畅的有佛教徒 98 人，占佛教徒的 63.6%，占信教者的 31.8%；有基督教徒 109 人，占基督徒的 70.8%，占信教者 35.4%；（2）回答家庭更和睦，与周围人的关系更融洽的有佛教徒 58 人，占佛教徒的 37.7%，占信教者的 18.8%；有基督教徒 90 人，占基督徒的 58.4%，占信教者的 29.2%；（3）回答各方面的运气更好了的有佛教徒 53 人，占佛教徒的 34.4%，占信教者的 17.2%；有基督教徒 51 人，占基督徒的 33.1%，占信教者的 16.6%；（4）回答关心社会公益事业，更乐于助人的有佛教徒 56 人，占佛教徒的 36.4%，占信教者的 18.2%；有基督教徒 62 人，占基督徒的 40.3%，占信教者的 20.1%；（5）回答性格转变，心灵升华的有佛教徒 76 人，占佛教徒的 49.4%，占信教者的 24.7%；有基督教徒 88 人，占基督徒的 57.1%，占信教者的 28.6%；（6）回答其他的有佛教徒 7 人，基督徒 11 人。

表4—89　　信教受访者皈信宗教后个人的改变情况分析

皈信宗教后个人的改变	佛教徒 人数	占佛教徒比例（%）	占信教者比例（%）	基督教徒 人数	占基督教徒比例（%）	占信教者比例（%）	合计	占信教者比例
1. 身体更健康，心情更舒畅了	98	63.6	31.8	109	70.8	35.4	207	67.2
2. 家庭更和睦，与周围人的关系更融洽	58	37.7	18.8	90	58.4	29.2	148	48.1
3. 各方面的运气更好了	53	34.4	17.2	51	33.1	16.6	104	33.8
4. 关心社会公益事业，更乐于助人	56	36.4	18.2	62	40.3	20.1	118	38.3
5. 性格改变，心灵升华了	76	49.4	24.7	88	57.1	28.6	164	53.2
6. 其他	7	4.6	2.3	11	7.1	3.6	18	5.9

从中可知，信仰宗教带给信教者的改变也不是单一的，而是多方面的，而最为明显的改变就是让信教者感受到身体更健康，心情更舒畅；其次是性格改变和心灵得到升华。

表4—90　信教受访者皈信宗教后个人思想和性格变化情况分析

<table>
<tr><th colspan="2" rowspan="2"></th><th rowspan="2"></th><th colspan="6">宗教信仰使您的思想和性格发生了许多变化</th><th rowspan="2">合计</th></tr>
<tr><th>1. 完全符合</th><th>2. 比较符合</th><th>3. 基本符合</th><th>4. 不太符合</th><th>5. 完全不符合</th><th>6. 其他</th></tr>
<tr><td rowspan="8">如果您信教，请问您认为自己信的是</td><td rowspan="4">1. 佛教徒</td><td>计数</td><td>28</td><td>74</td><td>35</td><td>12</td><td>2</td><td>3</td><td>154</td></tr>
<tr><td>(2) 信佛教的%</td><td>18.2%</td><td>48.1%</td><td>22.7%</td><td>7.8%</td><td>1.3%</td><td>1.9%</td><td>100.0%</td></tr>
<tr><td>"宗教信仰使您的思想和性格发生了许多变化"中的%</td><td>38.9%</td><td>48.7%</td><td>58.3%</td><td>66.7%</td><td>100.0%</td><td>75.0%</td><td>50.0%</td></tr>
<tr><td>总数的%</td><td>9.1%</td><td>24.0%</td><td>11.4%</td><td>3.9%</td><td>0.6%</td><td>1.0%</td><td>50.0%</td></tr>
<tr><td rowspan="4">2. 基督教徒</td><td>计数</td><td>44</td><td>78</td><td>25</td><td>6</td><td>0</td><td>1</td><td>154</td></tr>
<tr><td>信基督教的%</td><td>28.6%</td><td>50.6%</td><td>16.2%</td><td>3.9%</td><td>0%</td><td>0.6%</td><td>100.0%</td></tr>
<tr><td>"宗教信仰使您的思想和性格发生了许多变化"中的%</td><td>61.1%</td><td>51.3%</td><td>41.7%</td><td>33.3%</td><td>0%</td><td>25.0%</td><td>50.0%</td></tr>
<tr><td>总数的%</td><td>14.3%</td><td>25.3%</td><td>8.1%</td><td>1.9%</td><td>0%</td><td>0.3%</td><td>50.0%</td></tr>
<tr><td rowspan="5">合计</td><td colspan="2">计数</td><td>72</td><td>152</td><td>60</td><td>18</td><td>2</td><td>4</td><td>308</td></tr>
<tr><td colspan="2">请问您信的是%</td><td>23.4%</td><td>49.4%</td><td>19.5%</td><td>5.8%</td><td>0.6%</td><td>1.3%</td><td>100.0%</td></tr>
<tr><td colspan="2">"宗教信仰使您的思想和性格发生了许多变化"中的%</td><td>100.0%</td><td>100.0%</td><td>100.0%</td><td>100.0%</td><td>100.0%</td><td>100.0%</td><td>100.0%</td></tr>
<tr><td colspan="2">总数的%</td><td>23.4%</td><td>49.4%</td><td>19.5%</td><td>5.8%</td><td>0.6%</td><td>1.3%</td><td>100.0%</td></tr>
<tr><td colspan="2">Pearson 卡方</td><td colspan="3">值</td><td colspan="2">df</td><td colspan="2">渐进 Sig.（双侧）</td></tr>
<tr><td colspan="2"></td><td colspan="3">10.327^a</td><td colspan="2">5</td><td colspan="2">0.066</td></tr>
<tr><td colspan="2">似然比</td><td colspan="3">11.223</td><td colspan="2">5</td><td colspan="2">0.047</td></tr>
</table>

从信教受访者皈信宗教后个人思想和性格变化情况来看：（1）回答完全符合的共计72人，佛教徒28人，占佛教徒总数的18.2%，占信教者的9.1%；基督教徒44人，占基督教徒的28.6%，占信教者的14.3%；（2）回答比较符合的共计152人，佛教徒74人，占佛教徒总数的48.1%，占信教者的24%；基督教徒78人，占基督教徒总数的50.6%，占信教者的25.3%；（3）回答基本符合的共计60人，佛教徒35人，占佛教徒总数的22.7%，占信教者的11.4%；基督教徒25人，占基督教徒总数的16.2%，占信教者的8.1%；（4）回答不太符合的共计18人，佛教徒12人，占佛教徒总数的7.8%，占信教者的3.9%；基督教徒6人，占基督教徒总数的3.9%，占信教者的1.9%；此外，还有认为完全不符合的有佛教徒2人，认为其他的有佛教徒3人和基督徒1人。

从中可知，对皈信宗教后个人思想和性格变化上，回答完全符合、比较符合和基本符合的信教者共计284人，占信教者总数的92.2%；这表明有92.2%的信教者认同皈信宗教后个人思想和性格得到改变。

从宗教信仰使信教受访者感觉生命更有价值和有意义情况来看，对此：（1）回答完全符合的共计106人，佛教徒34人，占佛教徒总数的22.1%，占信教者的11%；基督教徒72人，占基督教徒的46.8%，占信教者的23.4%；（2）回答比较符合的共计142人，佛教徒80人，占佛教徒总数的51.9%，占信教者的26%；基督教徒62人，占基督教徒总数的40.3%，占信教者的20.1%；（3）回答基本符合的共计42人，佛教徒26人，占佛教徒总数的16.9%，占信教者的8.4%；基督教徒16人，占基督教徒总数的10.4%，占信教者的5.2%；（4）回答不太符合的共计12人，佛教徒8人，占佛教徒总数的5.2%，占信教者的2.6%；基督教徒4人，占基督教徒总数的2.6%，占信教者的1.3%；此外，还有认为完全不符合的有佛教徒3人，认为其他的佛教徒也有3人。

从中可知，在宗教信仰是否使自己感觉生命有价值和有意义上，回答完全符合、比较符合和基本符合的有290人，也即有94.1%的信教者认为宗教信仰使他们感觉生命更有价值和意义。

表4—91　　宗教信仰使信教受访者感觉生命更有价值和有意义情况分析

<table>
<tr><th colspan="3"></th><th colspan="6">宗教信仰使您觉得生命更有价值和意义</th><th rowspan="2">合计</th></tr>
<tr><th colspan="3"></th><th>1. 完全符合</th><th>2. 比较符合</th><th>3. 基本符合</th><th>4. 不太符合</th><th>5. 完全不符合</th><th>6. 其他</th></tr>
<tr><td rowspan="8">如果您信教，请问您认为自己信的是</td><td rowspan="4">1. 佛教徒</td><td>计数</td><td>34</td><td>80</td><td>26</td><td>8</td><td>3</td><td>3</td><td>154</td></tr>
<tr><td>（2）信；请问您信的是%</td><td>22.1%</td><td>51.9%</td><td>16.9%</td><td>5.2%</td><td>1.9%</td><td>1.9%</td><td>100.0%</td></tr>
<tr><td>"宗教信仰使您觉得生命更有价值和有意义"中的%</td><td>32.1%</td><td>56.3%</td><td>61.9%</td><td>66.7%</td><td>100.0%</td><td>100.0%</td><td>50.0%</td></tr>
<tr><td>总数的%</td><td>11.0%</td><td>26.0%</td><td>8.4%</td><td>2.6%</td><td>1.0%</td><td>1.0%</td><td>50.0%</td></tr>
<tr><td rowspan="4">2. 基督教徒</td><td>计数</td><td>72</td><td>62</td><td>16</td><td>4</td><td>0</td><td>0</td><td>154</td></tr>
<tr><td>（2）信；请问您信的是%</td><td>46.8%</td><td>40.3%</td><td>10.4%</td><td>2.6%</td><td>0%</td><td>0%</td><td>100.0%</td></tr>
<tr><td>"宗教信仰使您觉得生命更有价值和有意义"中的%</td><td>67.9%</td><td>43.7%</td><td>38.1%</td><td>33.3%</td><td>0%</td><td>0%</td><td>50.0%</td></tr>
<tr><td>总数的%</td><td>23.4%</td><td>20.1%</td><td>5.2%</td><td>1.3%</td><td>0%</td><td>0%</td><td>50.0%</td></tr>
<tr><td colspan="2" rowspan="4">合计</td><td>计数</td><td>106</td><td>142</td><td>42</td><td>12</td><td>3</td><td>3</td><td>308</td></tr>
<tr><td>（2）信；请问您信的是%</td><td>34.4%</td><td>46.1%</td><td>13.6%</td><td>3.9%</td><td>1.0%</td><td>1.0%</td><td>100.0%</td></tr>
<tr><td>"宗教信仰使您觉得生命更有价值和有意义"中的%</td><td>100.0%</td><td>100.0%</td><td>100.0%</td><td>100.0%</td><td>100.0%</td><td>100.0%</td><td>100.0%</td></tr>
<tr><td>总数的%</td><td>34.4%</td><td>46.1%</td><td>13.6%</td><td>3.9%</td><td>1.0%</td><td>1.0%</td><td>100.0%</td></tr>
<tr><td colspan="3">Pearson 卡方</td><td colspan="2">值</td><td colspan="2">df</td><td colspan="3">渐进 Sig. （双侧）</td></tr>
<tr><td colspan="3"></td><td colspan="2">25.619[a]</td><td colspan="2">5</td><td colspan="3">0.000</td></tr>
<tr><td colspan="3">似然比</td><td colspan="2">28.299</td><td colspan="2">5</td><td colspan="3">0.000</td></tr>
</table>

从参加宗教活动使信教受访者感到内心平安踏实情况看，（1）回答完全符合的共计130人，佛教徒52人，占佛教徒总数的33.8%，占信教者的16.9%；基督教徒78人，占基督教徒的50.6%，占信教者的

25.3%；(2) 回答比较符合的共计 133 人，佛教徒 67 人，占佛教徒总数的 43.5%，占信教者的 21.8%；基督教徒 66 人，占基督教徒总数的 42.9%，占信教者的 21.4%；(3) 回答基本符合的共计 35 人，佛教徒 28 人，占佛教徒总数的 18.2%，占信教者的 9.1%；基督教徒 7 人，占基督教徒总数的 4.5%，占信教者的 2.3%；(4) 回答不太符合的共计 5 人，佛教徒 3 人，占佛教徒总数的 1.9%，占信教者的 1%；基督教徒 2 人，占基督教徒总数的 1.3%，占信教者的 0.6%；此外，还有认为完全不符合的有佛教徒 1 人，认为其他的有佛教徒 3 人，基督徒 1 人。

表 4—92　参加宗教活动使信教受访者感到内心平安踏实情况分析

			参加宗教活动或实践（如烧香、念经、拜佛或祈祷、礼拜、念经；伊斯兰教徒的祈祷）感到内心平安踏实						合计
			1. 完全符合	2. 比较符合	3. 基本符合	4. 不太符合	5. 完全不符合	6. 其他	
如果您信教，请问您认为自己信的是	1. 佛教徒	计数	52	67	28	3	1	3	154
		(2) 信；请问您信的是%	33.8%	43.5%	18.2%	1.9%	0.6%	1.9%	100.0%
		"参加宗教活动或实践感到内心平安踏实"中的%	40.0%	50.4%	80.0%	60.0%	100.0%	75.0%	50.0%
		总数的%	16.9%	21.8%	9.1%	1.0%	0.3%	1.0%	50.0%
	2. 基督教徒	计数	78	66	7	2	0	1	154
		(2) 信；请问您信的是%	50.6%	42.9%	4.5%	1.3%	0%	0.6%	100.0%
		"参加宗教活动或实践感到内心平安踏实"中的%	60.0%	49.6%	20.0%	40.0%	0%	25.0%	50.0%
		总数的%	25.3%	21.4%	2.3%	0.6%	0%	0.3%	50.0%

续表

<table>
<tr><th colspan="2" rowspan="2"></th><th colspan="6">参加宗教活动或实践（如烧香、念经、拜佛或祈祷、礼拜、念经；伊斯兰教徒的祈祷）感到内心平安踏实</th><th rowspan="2">合计</th></tr>
<tr><th>1. 完全符合</th><th>2. 比较符合</th><th>3. 基本符合</th><th>4. 不太符合</th><th>5. 完全不符合</th><th>6. 其他</th></tr>
<tr><td rowspan="4">合计</td><td>计数</td><td>130</td><td>133</td><td>35</td><td>5</td><td>1</td><td>4</td><td>308</td></tr>
<tr><td>（2）信；请问您信的是%</td><td>42.2%</td><td>43.2%</td><td>11.4%</td><td>1.6%</td><td>0.3%</td><td>1.3%</td><td>100.0%</td></tr>
<tr><td>"参加宗教活动或实践感到内心平安踏实"中的%</td><td>100.0%</td><td>100.0%</td><td>100.0%</td><td>100.0%</td><td>100.0%</td><td>100.0%</td><td>100.0%</td></tr>
<tr><td>总数的%</td><td>42.2%</td><td>43.2%</td><td>11.4%</td><td>1.6%</td><td>0.3%</td><td>1.3%</td><td>100.0%</td></tr>
<tr><td rowspan="3">Pearson 卡方</td><td></td><td colspan="2">值</td><td colspan="2">df</td><td colspan="3">渐进 Sig.（双侧）</td></tr>
<tr><td></td><td colspan="2">20.008ª</td><td colspan="2">5</td><td colspan="3">0.001</td></tr>
<tr><td>似然比</td><td colspan="2">21.369</td><td colspan="2">5</td><td colspan="3">0.001</td></tr>
</table>

可见，在参加宗教活动是否使自己感到内心平安踏实上，回答完全符合、比较符合和基本符合的信教者有298人，也就意味着有近96.7%的信教者认为参加宗教活动使他们感到内心平安踏实。这说明参加宗教活动对信徒来说是有作用的。

从信教受访者每天用在宗教功课上的时间来看，（1）回答半小时及以下的共计43人，佛教徒33人，占佛教徒总数的21.4%，占信教者的10.7%；基督教徒10人，占基督教徒的6.5%，占信教者的3.2%；（2）回答半小时至1小时的共计191人，佛教徒84人，占佛教徒总数的54.5%，占信教者的27.3%；基督教徒107人，占基督教徒总数的69.5%，占信教者的34.7%；（3）回答1—2小时的共计44人，佛教徒16人，占佛教徒总数的10.4%，占信教者的5.2%；基督教徒28人，占基督教徒总数的18.2%，占信教者的9.1%；（4）回答2—3小时的共计13人，佛教徒8人，占佛教徒总数的5.2%，占信教者的2.6%；基督教徒5人，占基督教徒总数的3.2%，占信教者的1.6%；（5）回答3—4个

表4—93　信教受访者每天用在宗教功课上的时间情况

			您每天用在宗教功课上的时间（小时）								合计
			1. 半小时及以下	2. 半小时至1小时	3. 1—2小时	4. 2—3小时	5. 3—4小时	6. 4—5小时	7. 5—6小时	8. 7—8小时	9. 8—9小时及以上	
如果您信教，请问您认为自己信的是	1. 佛教徒	计数	33	84	16	8	4	1	3	0	5	154
		(2)信；请问您信的是%	21.4%	54.5%	10.4%	5.2%	2.6%	0.6%	1.9%	0%	3.2%	100.0%
		您每天用在宗教功课上的时间中的%	76.7%	44.0%	36.4%	61.5%	80.0%	100.0%	75.0%	0%	83.3%	50.0%
		总数的%	10.7%	27.3%	5.2%	2.6%	1.3%	0.3%	1.0%	0%	1.6%	50.0%
	2. 基督教徒	计数	10	107	28	5	1	0	1	1	1	154
		(2)信；请问您信的是%	6.5%	69.5%	18.2%	3.2%	0.6%	0%	0.6%	0.6%	0.6%	100.0%
		您每天用在宗教功课上的时间中的%	23.3%	56.0%	63.6%	38.5%	20.0%	0%	25.0%	100.0%	16.7%	50.0%
		总数的%	3.2%	34.7%	9.1%	1.6%	0.3%	0%	0.3%	0.3%	0.3%	50.0%
合计		计数	43	191	44	13	5	1	4	1	6	308
		(2)信；请问您信的是%	14.0%	62.0%	14.3%	4.2%	1.6%	0.3%	1.3%	0.3%	1.9%	100.0%
		您每天用在宗教功课上的时间中的%	100.0%	100.0%	100.0%	100.0%	100.0%	100.0%	100.0%	100.0%	100.0%	100.0%
		总数的%	14.0%	62.0%	14.3%	4.2%	1.6%	0.3%	1.3%	0.3%	1.9%	100.0%

	值	df	渐进Sig.（双侧）
Pearson卡方	26.504[a]	8	0.001
似然比	28.416	8	0.000

小时的有 5 人，佛教徒 4 人，占佛教徒的 2.6%，占信教徒的 1.3%；基督教徒 1 人，占基督徒的 0.6%，占信教者的 0.3%；（6）回答 4—5 小时的有 1 个佛教徒；（7）5—6 小时的有 3 个佛教徒和 1 名基督教徒；（8）8—9 小时的有佛教徒 5 人，基督教徒 1 人，这些信徒之所以做功课时间长，主要因为他们是宗教教职人员。

从中可知，在每天用在宗教功课的时间上，最多的是在半小时至 1 小时之间，有 191 人达 62% 之多；其次是在 1—2 小时之间，有 44 人，达 14.3%；再次是在半小时及以下，有 43 人，达 14%；第四多的是 2—3 小时，有 13 人，达 4.2%。

表 4—94　当信教者的所作所为违背自己的信仰时是否感到内疚情况

			当您的所作所为违背自己的宗教信仰时，您会感到内疚						合计
			1. 完全符合	2. 比较符合	3. 基本符合	4. 不太符合	5. 完全不符合	6. 其他	
如果您信教，请问您认为自己信的是	1. 佛教徒	计数	34	57	46	7	2	8	154
		（2）信；请问您信的是%	22.1%	37.0%	29.9%	4.5%	1.3%	5.2%	100.0%
		"当您的所作所为违背自己的宗教信仰时，您会感到内疚"中的%	37.0%	48.7%	62.2%	53.8%	100.0%	80.0%	50.0%
		总数的%	11.0%	18.5%	14.9%	2.3%	0.6%	2.6%	50.0%
	2. 基督教徒	计数	58	60	28	6	0	2	154
		（2）信；请问您信的是%	37.7%	39.0%	18.2%	3.9%	0%	1.3%	100.0%
		"当您的所作所为违背自己的宗教信仰时，您会感到内疚"中的%	63.0%	51.3%	37.8%	46.2%	0%	20.0%	50.0%
		总数的%	18.8%	19.5%	9.1%	1.9%	0%	0.6%	50.0%

续表

		当您的所作所为违背自己的宗教信仰时，您会感到内疚						合计
		1. 完全符合	2. 比较符合	3. 基本符合	4. 不太符合	5. 完全不符合	6. 其他	
合计	计数	92	117	74	13	2	10	308
	（2）信；请问您信的是%	29.9%	38.0%	24.0%	4.2%	0.6%	3.2%	100.0%
	"当您的所作作为违背自己的宗教信仰时，您会感到内疚"中的%	100.0%	100.0%	100.0%	100.0%	100.0%	100.0%	100.0%
	总数的%	29.9%	38.0%	24.0%	4.2%	0.6%	3.2%	100.0%
	Pearson 卡方	值		df		渐进 Sig.（双侧）		
		16.393ª		5		0.006		
	似然比	17.538		5		0.004		

从信教者的所作所为违背其宗教信仰时是否感到内疚情况看，（1）回答完全符合的共计92人，佛教徒34人，占佛教徒总数的22.1%，占信教者的11%；基督教徒58人，占基督教徒的37.7%，占信教者的18.8%；（2）回答比较符合的共计117人，佛教徒57人，占佛教徒总数的37%，占信教者的18.5%；基督教徒60人，占基督教徒总数的39%，占信教者的19.5%；（3）回答基本符合的共计74人，佛教徒46人，占佛教徒总数的29.9%，占信教者的14.9%；基督教徒28人，占基督教徒总数的18.2%，占信教者的9.1%；（4）回答不太符合的共计13人，佛教徒7人，占佛教徒总数的4.5%，占信教者的2.3%；基督教徒6人，占基督教徒总数的3.9%，占信教者的1.9%；此外，还有认为完全不符合的有佛教徒2人，认为其他的10人。

可见，在所作所为违背宗教信仰时是否感到内疚上，回答完全符合、比较符合和基本符合的有92人、117人和74人，三者共计283人，也意味着有91.8%的信教者认为当自己的所作所为违背宗教信仰时会感到内疚。

表4—95　　信教者是否能够坚持按照宗教教义指导、规范自己
　　　　　行为情况

<table>
<tr><th colspan="2" rowspan="2"></th><th rowspan="2"></th><th colspan="5">您是否能够坚持按照宗教的教义指导、规范自己行为</th><th rowspan="2">合计</th></tr>
<tr><th>1. 经常能做到</th><th>2. 有时能做到</th><th>3. 不能</th><th>4. 不好说</th><th>5. 其他</th></tr>
<tr><td rowspan="8">如果您信教，请问您认为自己信的是</td><td rowspan="4">1. 佛教徒</td><td>计数</td><td>63</td><td>68</td><td>4</td><td>17</td><td>2</td><td>154</td></tr>
<tr><td>请问您信的是%</td><td>40.9%</td><td>44.2%</td><td>2.6%</td><td>11.0%</td><td>1.3%</td><td>100.0%</td></tr>
<tr><td>"您是否能够坚持按照宗教的教义指导、规范自己或行为?"中的%</td><td>46.0%</td><td>52.3%</td><td>30.8%</td><td>65.4%</td><td>100.0%</td><td>50.0%</td></tr>
<tr><td>总数的%</td><td>20.5%</td><td>22.1%</td><td>1.3%</td><td>5.5%</td><td>0.6%</td><td>50.0%</td></tr>
<tr><td rowspan="4">2. 基督教徒</td><td>计数</td><td>74</td><td>62</td><td>9</td><td>9</td><td>0</td><td>154</td></tr>
<tr><td>请问您信的是%</td><td>48.1%</td><td>40.3%</td><td>5.8%</td><td>5.8%</td><td>0%</td><td>100.0%</td></tr>
<tr><td>"您是否能够坚持按照宗教的教义指导、规范自己或行为?"中的%</td><td>54.0%</td><td>47.7%</td><td>69.2%</td><td>34.6%</td><td>0%</td><td>50.0%</td></tr>
<tr><td>总数的%</td><td>24.0%</td><td>20.1%</td><td>2.9%</td><td>2.9%</td><td>0%</td><td>50.0%</td></tr>
<tr><td colspan="2" rowspan="4">合计</td><td>计数</td><td>137</td><td>130</td><td>13</td><td>26</td><td>2</td><td>308</td></tr>
<tr><td>请问您信的是%</td><td>44.5%</td><td>42.2%</td><td>4.2%</td><td>8.4%</td><td>0.6%</td><td>100.0%</td></tr>
<tr><td>"您是否能够坚持按照宗教的教义指导、规范自己或行为?"中的%</td><td>100.0%</td><td>100.0%</td><td>100.0%</td><td>100.0%</td><td>100.0%</td><td>100.0%</td></tr>
<tr><td>总数的%</td><td>44.5%</td><td>42.2%</td><td>4.2%</td><td>8.4%</td><td>0.6%</td><td>100.0%</td></tr>
<tr><td colspan="3">Pearson 卡方</td><td colspan="2">值</td><td>df</td><td colspan="2">渐进 Sig. (双侧)</td></tr>
<tr><td colspan="3"></td><td colspan="2">6.106[a]</td><td>4</td><td colspan="2">0.191</td></tr>
<tr><td colspan="3">似然比</td><td colspan="2">6.942</td><td>4</td><td colspan="2">0.139</td></tr>
</table>

从信教者是否能够坚持按照宗教教义指导、规范自己行为情况来看，(1) 回答经常能做到的共计137人，佛教徒63人，占佛教徒总数的40.9%，占信教者的20.5%；基督教徒74人，占基督教徒的48.1%，占

信教者的 24%；（2）回答有时能做到的共计 130 人，佛教徒 68 人，占佛教徒总数的 44.2%，占信教者的 22.1%；基督教徒 62 人，占基督教徒总数的 40.3%，占信教者的 20.1%；（3）回答不能的共计 13 人，佛教徒 4 人，占佛教徒总数的 2.6%，占信教者的 1.3%；基督教徒 9 人，占基督教徒总数的 5.8%，占信教者的 2.9%；（4）回答不好说的共计 26 人，佛教徒 17 人，占佛教徒总数的 11%，占信教者的 5.5%；基督教徒 9 人，占基督教徒总数的 5.8%，占信教者的 2.9%；此外，还有认为其他的有 2 人。

可知，在是否能够坚持按照宗教教义指导规范自己行为上，回答经常能做到、有时能做到的有 137 人和 130 人，两者合计 267 人，占信教者总数的 86.7%；而回答不能做到的仅 13 人；因此，有 86.7% 的信教者经常能和有时能做到坚持按照宗教教义指导规范自己的行为。

从信教者对自己所信仰宗教的教义教规熟悉程度看，（1）回答非常熟悉的共计 56 人，佛教徒 23 人，占佛教徒总数的 14.9%，占信教者的 7.5%；基督教徒 33 人，占基督教徒的 21.4%，占信教者的 10.7%；（2）回答比较熟悉的共计 129 人，佛教徒 57 人，占佛教徒总数的 37%，占信教者的 18.5%；基督教徒 72 人，占基督教徒总数的 46.8%，占信教者的 23.4%；（3）回答一般的共计 101 人，佛教徒 56 人，占佛教徒总数的 36.4%，占信教者的 18.2%；基督教徒 45 人，占基督教徒总数的 29.2%，占信教者的 14.6%；（4）回答不熟悉的共计 15 人，佛教徒 11 人，占佛教徒总数的 7.1%，占信教者的 3.6%；基督教徒 4 人，占基督教徒总数的 2.6%，占信教者的 1.3%；此外，还有 7 位佛教徒认为其他。

可知，在对自己所信仰的宗教教义教规熟悉程度上，回答非常熟悉、比较熟悉的有 56 人和 129 人，两者合计 185 人，这就意味有 56.4% 的信教者对自己所信仰的宗教教义和教规熟悉或基本熟悉；回答一般熟悉和不熟悉的有 101 人和 15 人，意味着有 37.6% 的人不太熟悉或不熟悉。因而，加强信徒对其宗教教义教规的熟悉和理解还是很有必要的。

表4—96　　　　信教者对自己所信仰的宗教教义教规熟悉程度情况

			您对自己所信仰的宗教教义教规熟悉程度					合计
			1. 非常熟悉	2. 比较熟悉	3. 一般	4. 不熟悉	5. 其他	
如果您信教，请问您认为自己信的是	1. 佛教徒	计数	23	57	56	11	7	154
		(2) 信；请问您信的是%	14.9%	37.0%	36.4%	7.1%	4.5%	100.0%
		"您对自己所信仰的宗教教义教规熟悉程度"中的%	41.1%	44.2%	55.4%	73.3%	100.0%	50.0%
		总数的%	7.5%	18.5%	18.2%	3.6%	2.3%	50.0%
	2. 基督教徒	计数	33	72	45	4	0	154
		(2) 信；请问您信的是%	21.4%	46.8%	29.2%	2.6%	0%	100.0%
		"您对自己所信仰的宗教教义教规熟悉程度"中的%	58.9%	55.8%	44.6%	26.7%	0%	50.0%
		总数的%	10.7%	23.4%	14.6%	1.3%	0%	50.0%
合计		计数	56	129	101	15	7	308
		(2) 信；请问您信的是%	18.2%	41.9%	32.8%	4.9%	2.3%	100.0%
		"您对自己所信仰的宗教教义教规熟悉程度"中的%	100.0%	100.0%	100.0%	100.0%	100.0%	100.0%
		总数的%	18.2%	41.9%	32.8%	4.9%	2.3%	100.0%
	Pearson 卡方		值		df		渐进 Sig.（双侧）	
			14.995[a]		4		0.005	
	似然比		17.845		4		0.001	

从宗教信仰实际上成为信教者本人整个生活和生命支柱情况看，对此：（1）回答完全符合的共计70人，佛教徒23人，占佛教徒总数的14.9%，占信教者的7.5%；基督教徒47人，占基督教徒的30.5%，占信教者的15.3%；（2）回答比较符合的共计112人，佛教徒52人，占佛教徒总数的33.8%，占信教者的16.9%；基督教徒60人，占基督教徒总数的39%，占信教者的19.5%；（3）回答基本符合的共计65人，佛教徒36人，占佛教徒总数的23.4%，占信教者的11.7%；基督教徒29人，占基督教徒总数的18.8%，占信教者的9.4%；（4）回答不太符合的共计47人，佛教徒31人，占佛教徒总数的20.1%，占信教者的10.1%；

基督教徒16人，占基督教徒总数的10.4%，占信教者的5.2%；此外，还有认为完全不符合的有8人，佛教徒6人，基督教徒2人；认为其他的6人。

表4—97　　宗教信仰实际上成为自己整个生活和生命支柱情况

			宗教信仰实际成为自己整个生活和生命支柱						合计
			1. 完全符合	2. 比较符合	3. 基本符合	4. 不太符合	5. 完全不符合	6. 其他	
如果您信教，请问您认为自己信的是	1. 佛教徒	计数	23	52	36	31	6	6	154
		（2）信；请问您认为信的是%	14.9%	33.8%	23.4%	20.1%	3.9%	3.9%	100.0%
		"宗教信仰实际成为自己整个生活和生命支柱"中的%	32.9%	46.4%	55.4%	66.0%	75.0%	100.0%	50.0%
		总数的%	7.5%	16.9%	11.7%	10.1%	1.9%	1.9%	50.0%
	2. 基督教徒	计数	47	60	29	16	2	0	154
		（2）信；请问您认为信的是%	30.5%	39.0%	18.8%	10.4%	1.3%	0%	100.0%
		"宗教信仰实际成为自己整个生活和生命支柱"中的%	67.1%	53.6%	44.6%	34.0%	25.0%	0%	50.0%
		总数的%	15.3%	19.5%	9.4%	5.2%	0.6%	0%	50.0%
合计		计数	70	112	65	47	8	6	308
		（2）信；请问您认为信的是%	22.7%	36.4%	21.1%	15.3%	2.6%	1.9%	100.0%
		"宗教信仰实际成为自己整个生活和生命支柱"中的%	100.0%	100.0%	100.0%	100.0%	100.0%	100.0%	100.0%
		总数的%	22.7%	36.4%	21.1%	15.3%	2.6%	1.9%	100.0%
		Pearson卡方	值		df		渐进Sig.（双侧）		
			22.341[a]		5		0.000		
		似然比	25.008		5		0.000		

可见，在宗教信仰是否成为信教者本人整个生活和生命的支柱上，回答完全符合、比较符合、基本符合的有70人、112人和65人，三者合计247人，意味着有80.1%的信教者认为宗教信仰是他们生活和生命的支柱。

表4—98　　维持和鼓励信教者一直坚信宗教信仰的主要原因

<table>
<tr><td colspan="3"></td><td colspan="5">维持和鼓励您一直坚信宗教信仰的主要原因是</td><td rowspan="2">合计</td></tr>
<tr><td colspan="3"></td><td>1</td><td>2</td><td>3</td><td>4</td><td>5</td></tr>
<tr><td rowspan="8">如果您信教，请问您认为自己信的是</td><td rowspan="4">1. 佛教徒</td><td>计数</td><td>53</td><td>54</td><td>24</td><td>8</td><td>15</td><td>154</td></tr>
<tr><td>请问您认为信的是%</td><td>34.4%</td><td>35.1%</td><td>15.6%</td><td>5.2%</td><td>9.7%</td><td>100.0%</td></tr>
<tr><td>"维持和鼓励您一直坚信宗教信仰的主要原因"中的%</td><td>52.5%</td><td>53.5%</td><td>36.4%</td><td>61.5%</td><td>55.6%</td><td>50.0%</td></tr>
<tr><td>总数的%</td><td>17.2%</td><td>17.5%</td><td>7.8%</td><td>2.6%</td><td>4.9%</td><td>50.0%</td></tr>
<tr><td rowspan="4">2. 基督教徒</td><td>计数</td><td>48</td><td>47</td><td>42</td><td>5</td><td>12</td><td>154</td></tr>
<tr><td>请问您认为信的是%</td><td>31.2%</td><td>30.5%</td><td>27.3%</td><td>3.2%</td><td>7.8%</td><td>100.0%</td></tr>
<tr><td>"维持和鼓励您一直坚信宗教信仰的主要原因"中的%</td><td>47.5%</td><td>46.5%</td><td>63.6%</td><td>38.5%</td><td>44.4%</td><td>50.0%</td></tr>
<tr><td>总数的%</td><td>15.6%</td><td>15.3%</td><td>13.6%</td><td>1.6%</td><td>3.9%</td><td>50.0%</td></tr>
<tr><td colspan="2" rowspan="4">合计</td><td>计数</td><td>101</td><td>101</td><td>66</td><td>13</td><td>27</td><td>308</td></tr>
<tr><td>请问您认为信的是%</td><td>32.8%</td><td>32.8%</td><td>21.4%</td><td>4.2%</td><td>8.8%</td><td>100.0%</td></tr>
<tr><td>"维持和鼓励您一直坚信宗教信仰的主要原因"中的%</td><td>100.0%</td><td>100.0%</td><td>100.0%</td><td>100.0%</td><td>100.0%</td><td>100.0%</td></tr>
<tr><td>总数的%</td><td>32.8%</td><td>32.8%</td><td>21.4%</td><td>4.2%</td><td>8.8%</td><td>100.0%</td></tr>
</table>

	值	df	渐进 Sig.（双侧）
Pearson 卡方	6.667[a]	4	0.155
似然比	6.738	4	0.150

从维持和鼓励信教者一直坚信宗教信仰的主要原因来看，（1）回答信仰宗教后所得福报的有101人，佛教徒53人，占佛教徒总数的34.4%，占信教者的17.2%；基督教徒48人，占基督教徒的31.2%，占信教者的15.6%；（2）回答信仰宗教后思想和个性得到提升的有101人，佛教徒54人，占佛教徒总数的35.1%，占信教者的17.5%；基督教徒47人，占基督教徒总数的30.5%，占信教者的15.3%；（3）回答信仰群体团结友爱的关系和气氛的有66人，佛教徒24人，占佛教徒总数的15.6%，占信教者的7.8%；基督教徒42人，占基督教徒总数的27.3%，占信教者的13.6%；（4）回答在宗教信仰中所产生的特殊感应的有13人，佛教徒8人，占佛教徒总数的5.2%，占信教者的2.6%；基督教徒5人，占基督教徒总数的3.2%，占信教者的1.6%；此外，还有27人回答为其他（包括上面的多种理由，不是单一理由），有佛教徒15人，基督教徒12人。

可见，在维持和鼓励信教者一直坚信宗教信仰的主要原因上，有32.8%的信教者认为是信仰宗教后所得的福报；有32.8%的信教者认为是信教后思想和个性的提升；有21.4%的信教者认为是信教群体的团结友爱关系和气氛；有4.2%的信教者认为是信教后所产生的特殊感应。因此，信教后所得的福报、信教后思想和个性的提升、信教群体团结友爱的关系和气氛、信教后产生的特殊感应是维持和鼓励信教者一直坚信宗教信仰的四大主要原因。

总之，通过信教者和不信教者的信仰状况分析，人们可以发现，在308位不信教受访者中，虽然他们不信仰宗教，却有64.4%以上的不信教者会经常烧香拜佛；同样，他们不信仰宗教，但有90%以上的不信教者能理解或基本理解信教者；有42.4%的不信教者认为宗教教义教规是有必要的；至于他们不信教的主要原因，有44%的人回答对宗教不了解，再就是有23%的人认为宗教的东西虚无缥缈，与自己无多大关系。换而言之，假如这44%的人对宗教能了解，或许他们信教的可能性就大。

同时，人们还可以发现，在308位信教者中，有53.9%的信教者认定自己举行了皈依仪式，而有42%信教者回答没有举行皈依仪式，理由在于他们认为，只要内心信仰宗教就行，至于是否举行了皈依仪式并不很重要。分析发现，信教者之所以信仰宗教，有四大主要原因：一是因生病或想强身健体；二是承袭家庭传统；三是寻求心灵寄托；四是追求真理和智慧。信教者接触宗教的途径不是单一的，而是有多种途径，但周围亲友邻里的介绍、家庭宗教气氛的影响、传教人士的引导、宗教书籍的影响是主要途径；广播电视、报纸杂志和网络对人们宗教的影响并不很强。信仰宗教带给信教者的改变也不是单一的，而是多方面的，而最为明显的改变是就是让信教者感受到身体更健康，心情更舒畅；其次是性格改变和心灵得到升华。信教者信教后所遭遇的感应事件不是单一的，而是多方面的，其中，主要有心情的舒畅和生活更愉快、意外事件的逢凶化吉、疾病的治愈、事业的顺达和家庭关系的改善。在每天用在宗教功课的时间上，有62%的信教者是在半小时至1小时之间，有14.3%的信教者是在1—2小时之间，有14%的信教者是在半小时及以下，有4.2%的信教者是在2—3小时。在对自己所信仰的宗教教义教规熟悉上，有56.4%的信教者对自己所信仰的宗教教义和教规熟悉或基本熟悉；有37.6%的信教者不太熟悉或不熟悉。因而，加强信徒对其宗教教义教规的熟悉和理解还是很有必要的。在皈信宗教后的改变上，有92.2%的信教者认同皈信宗教后个人思想和性格得到改变；有94.1%的信教者认为宗教信仰使他们感觉生命更有价值和有意义；有近96.7%的信教者认为参加宗教活动使他们感到内心平安踏实；有91.8%的信教者认为当自己的所作所为违背宗教信仰时会感到内疚；有86.7%的信教者经常能和有时能做到坚持按照宗教教义指导规范自己的行为；有80.1%的信教者认为宗教信仰是他们生活和生命的支柱。

维持和鼓励信教者坚持信仰宗教的主要原因有信教后所得的福报、信教后思想和个性的提升、信教群体团结友爱的关系和气氛、信教后产生的特殊感应。

第二节　宗教信仰者与和谐社会建设的定性分析

人们因性别、年龄、职业和个人经历不同，而有着不同生活压力、生活评价、生活困难、生活期望和兴趣爱好；同时，人们还会因为信仰的差异而影响各自的生活压力感、生活评价、生活困难、生活期望和兴趣爱好，从而影响着社会建设。为了探求这些差异，笔者通过对 50 名不信教者和 50 名信教者的诉说进行分析，力图发现其中的秘密。

一　访谈调查对象基本情况

在 100 名访谈调查对象中，有不信教受访者 50 名，有佛教信仰者 25 名，有基督教信仰者 25 名，共计 100 名访谈个案。

在 50 名不信教受访者中，从性别来看，男性 25 人，女性 25 人；从年龄来看，18—20 岁的有 1 人，21—30 岁的有 14 人，31—40 岁的有 6 人，41—50 岁的有 12 人，51—60 岁的有 8 人，61—70 岁的有 6 人，70 岁及以上者有 3 人，平均年龄在 43.26 岁；从教育程度看，小学、私塾及以下者 8 人，初中的有 17 人，高中的有 6 人，大专的有 4 人，本科的有 12 人，研究生的有 3 人；从职业状况来看，学生 10 人，农民 9 人，工人 6 人，教师 4 人，职业经理 3 人，退休人员 3 人，个体户 2 人，售货员、工程师、自由职业者、司机、编辑、公务员等各 1 人，待业和无职业者及不详者合计 7 人。

在 25 名受访佛教徒者中，有男性 13 人，女性 12 人；从年龄来看，21—30 岁 2 人，31—40 岁 1 人，41—50 岁 9 人，51—60 岁 2 人，61—70 岁 7 人，71—80 岁 4 人，平均年龄 53.76 岁；从教育程度看，私塾及小学 6 人，初中 10 人，高中 6 人，中专 1 人，本科 1 人，研究生 1 人；从职业状况看，个体户 2 人，学生 1 人，退休人员 4 人，务农和料理家务人员 5 人，教师 1 人，临时工、务工和保洁员各 1 人，物流管理人员 1 人，寺庙义工或护工 2 人，保险从业人员 1 人，工人、佛教教职人员 5 人；正式皈依 13 人，其余自认为信仰佛教；从婚姻状况来看，已婚并婚姻存续人员 18 人，未婚 3 人，离异 1 人，丧偶 1 人，结过婚但婚姻未存续的 2 人；从家庭人口数看，孤身 1 人的有 3 人，2 口之家的有 3 人，3 口之家的有 1 人，4 口之家的有 7 人，5 口之家的有 3 人，6 口之家的有 5 人，8 口之家的有 2 人，12 口之家的有 1 人；从户籍情况看，户籍在城市的有 2 人，在城镇的有 11 人，在农村的有 12 人，居住在城镇的有 13 人，在农村的 12 人。

在 25 名受访基督徒中，男性 8 人，女性 17 人；从年龄来看，18—20 岁有 1 人，21—30 岁有 7 人，31—40 岁有 5 人，41—50 岁有 6 人，51—60 岁的有 1 人，61—70 岁有 4 人，71—80 岁的有 1 人，平均年龄 41.76 岁；从教育程度来看，小学及以下 4 人，初中学历的有 6 人，高中学历的有 1 人，中专学历的有 3 人，大专学历的有 4 人，本科学历的有 6 人，研究生学历 1 人；从皈依情况来看，24 人正式皈依，1 人未正式皈依；从皈依年限来看，皈依年限在 1—2 年的有 2 人，3—4 年的有 3 人，5—6 年的有 5 人，7—8 年的有 4 人，10—15 年的有 2 人，16—20 年的有 5 人，20 年以上的有 1 人，还有 1 人不详；从职业状况看，有学生 4 人，司机、工人和务工人员 3 人，务农 1 人，个体、超市店主和自由职业者 3 人，销售人员和保险代理人 2 人，职员和财务人员 3 人，退休人员 3 人，料理家务 3 人，工程师 1 人，教师 1 人，宗教教职人员 1 人；从婚姻状况看，已婚 19 人，未婚 6 人；从家庭人口数看，2 口之家的有 3 人，3 口之家有 10 人，4 口之家有 6 人，5 口之家的有 1 人，6 口之家和 8 口之家各 2 人，还有 1 人不详；从户籍来看，户籍属于城镇 19 人，城市的为 2 人，农村的为 4 人；从居住地来看，居住在城镇的 20 人，居住在城市的 2 人，居住在农村的 3 人。

此部分内容试图从受访者生活压力、生活满意度、生活状况、生活愿望和兴趣爱好的分析，来探究信教者和不信教者之间的异同。

二 信教和不信教受访者生活压力感分析

精神或心理压力是指因各种原因而造成的个体身心紧张、不安和焦虑，从而对其生活产生一定的影响。人们的生活压力主要来自自己的各方面，主要有经济压力、工作压力、就业压力、学习压力、情感压力等。项目团队统将其归结为生活压力。从受访的 100 名访问对象来看，除 30 人对此未做出明确的回答外，其他受访者对自己面临的压力均作了较明确的回答。具体如下。

1. 有 12 人明确表示无论是在经济、工作、劳动、身体或学习等方面均没有什么压力，占受访者总数的 12%；他们分别是佛教徒 4、8、20、21、22、23、24 和基督教徒 9、11、14、21、22；例如佛教徒 8 答道："进入庙堂，在寺里诵经、念佛等，让自己感到很安详"；佛教徒 20 答道：" 闭门在寺庙修行，谈不上工不工作，没有压力"；基督徒9答道：
"我就是一个家庭主妇，每天除了干干家务外，也没什么其他的工作
压力。"

2. 有41人表示压力一般，其中，不信教者23人，佛教徒5人，基
督教徒13人，占受访者总数的41%；他们分别是不信教者10、11、15、
16、17、19、20、21、25、26、28、31、34、38、39、41、42、43、44、
45、46、47、49，佛教徒2、3、6、11、13，基督徒2、3、4、6、7、8、
10、13、15、16、18、19、23；有6人表示压力比较大，分别是不信教者
9、32、48，佛教徒7、16，基督徒5；不信教者10答道："我平均每周工
作32.5小时（6.5h×5），工作压力不大，压力主要来自较大的工作量"；
佛教徒3答道："压力一般，不喜欢这份工作，这份工作单调乏味和费力
气，如果不是经济所迫，自己才不会干这样的事"；基督徒8回答说：
"压力一般，压力来自工作难度较大、工作繁忙、工作量大；和同事相处
的压抑；上级的期待。"

3. 有5人表示压力挺大或相当大，占受访者总数的5%；他们分别
是不信教者12、24、27、40和佛教徒5；虽然他们同样表示压力比较
大，但不同的受访者对此所表现的态度是不同的，例如不信教者12是
这样回答说："我每周工作50小时左右，压力比较大；谈不上喜欢，只
是将工作作为经济的主要来源"；佛教徒5回答道："我每周工作大约
45个小时；工作压力还是挺大的，毕竟家里还有这么多人口需要养活；
工作谈不上喜欢吧，但是毕竟是生活所需要的，不管怎么样都要工作
下去。"

4. 有6人表示压力很大，占受访者总数的6%；他们分别是不信教
者23、36、50和佛教徒1、14以及基督徒1。他们是这样回答的，例
如，不信教者23回答说："我每周工作60个小时，自身感觉劳动强度
大，压力很大，不是很喜欢雕刻这项工作，但是从事这份工作已经多
年，已学会雕刻技术，很难舍弃，并且如果重新换一份工作，又得从头
开始，可能工资也会下降"；不信教者36答道："年龄太大，丧失了劳
动力，由儿子赡养，每天只要处理自己的饭食问题。压力的话，是由年
老带来的疾病困扰，希望自己能够健康生活下去"；不信教者50答道：
"没有工作，现在就是以学业为中心。面临就业的压力了，还是很大

的";佛教徒 1 回答说:"现在回顾以前年轻的时候,觉得自己当时年轻太气盛,没有给自己留后路,现在家里的房子只是付了首付,还有巨大的还债压力。孩子还在上学,开支巨大";佛教徒 14 答道:"我每日工作 10 小时,一周共 70 小时左右。压力很大,不是很喜欢这项工作。但这是目前比较好的一份工作,生活的一部分";基督徒 1 回答说:"虽然不是年富力强的那几年,目前的身体还算硬朗,超市里的工作略显烦琐,因为是一个人在打理,所以有时候很吃力。太太身体不太好,主要在家料理家务,偶尔生意特别好的时候会帮帮忙,大部分时间是一个人。压力很大,一直想把店铺转出去,但是一直未找到合适的买家,所以在勉强维持着。吃住都在店里,很不舒服。也没有想好把店铺转出去之后要经营的项目,女儿快出嫁了,想赶紧安顿好自己的活计,有个稳定的收入来源。"

从访谈对象的情况看,无论是不信教者,还是信教者,不少于 11% 的人感受到生活压力挺大或很大,有 41% 的人感到压力一般;只有 12% 的左右的人感到没有什么压力;总体来看,相比于不信教者,信教者在生活压力面前表现出更轻松、积极和乐观的一面,在于他们有一种精神或信仰的力量在支持着他们。

三 信教和不信教受访者生活满意度分析

人们的生活满意度是自身对生活的一种主观感受,不同的人们,同样由于性别、年龄、职业、环境等差异而对生活的满意度有着各自的主观评价;同样,信仰的差异也会对此产生一定的影响。通过对受访者的交流,笔者发现除了一小部分人对此未做明确回答外,大部分受访者都做了回答,而且受访者对生活满意度的自我评价主要有 5 种回答,分别是满意、比较满意、基本满意、不太满意和不满意;同时,还发现让他们生活满意的事由主要是经济或财务状况、家庭婚姻生活状况、子女教育生活健康事业状况、自身的工作事业状况、自身的身体健康状况、自身的信仰追求状况、居住环境条件以及其他等几个方面,现对此一一给予陈述。

1. 回答满意的共有 29 人,其中,不信教者 9 人,佛教徒 9 人,基督教徒 10 人；他们分别是不信教者 10、14、17、19、33、34、41、49、50、佛教徒 2、3、4、5、6、8、15、20、23、基督徒 8、9、12、14、16、17、18、20、22、24；从受访者的回答来看，每个人对自己满意的回答也是不一样，满意的内容也有所不同，不信教者侧重认为是经济、家庭、子女等方面的原因让他们感到生活满意；而信教者更强调是信仰使他们生活更满意或更有意义；比如：当访问员问到不信教者 10 时回答道："挺好，满意自己的工作，充实，衣食无忧，没有情感方面需求，与家人相处融洽"；佛教徒 2 回答说："很知足，感恩现在的生活，很满意。国家安定，有宗教信仰，家庭和睦"；基督教徒 8 则说："挺满意，有神陪伴我，给我爱；工作方面我有自己的追求，能够得到满足；和兄弟姊妹能够彼此扶持；有父母的支持和关心；生活环境和舍友都很好。"

2. 回答比较满意的有 37 人，其中，不信教者 23 人，佛教徒 5 人，基督徒 8 人；他们分别是不信教者 1、2、3、4、5、6、7、8、9、11、13、18、21、26、27、31、35、36、39、43、44、45、48，佛教徒 7、13、14、22、24，基督徒 2、4、5、6、10、11、23、25；同样，他们回答的方式也有不一样；例如，不信教者 1 答道："我现在每天按时上下班，下班和周末有空就陪陪妻子和孩子，算得上比较舒适和满足。对人生和生活感到比较满意"；不信教者 2 说道："我觉得我个人还行。对生活也比较满意"；佛教徒 7 谈道："自己觉得还行．每天可以睡到自然醒，暂时还不用为生计奔波，精神生活也比较丰富，比较满意，因为没有特别让自己不满意的事情发生"；佛教徒 13 说道："各方面都还不错，孩子们都过得不错，孙子们也都听话。因而比较满意，各方面都还不错"；基督徒 2 说道："我对自己的生活还是感到比较满意的，因为我觉得自己有神的爱，上帝就是我所有生活的中心，而敬畏神是我所当尽的本分"；基督徒 4 对此答道："总体还可以。目前工作较顺利，平时生活节奏不快不慢，较充实。现在没有谈恋爱，和家人相处融洽。自己内心平和，每天作息有规律。但是还希望提高自己的生活质量。"

3. 回答基本满意的有 14 人，其中，不信教者 9 人，佛教徒 3 人，基督徒 2 人；他们分别是不信教者 12、16、20、25、30、38、40、42、47，佛教徒 9、12、21，基督徒 7、15；不信教者 16 对此回答道："我对自己的人生和生活的满意度一般,因为还不能做到各个方面都达到很好的状态";不信教者 20 答道:"基本满意";佛教徒 12 答道:"生活啊,基本上还是满意的,现在儿女们都成家立业了,也没什么要我老头子去操心的,哪有什么不满意的啊";基督徒 15 答道:"生活上很一般。不觉得满意,也不觉得不满意。"

4. 回答不太满意的有 9 人,不信教者 5 人,佛教徒 3 人,基督徒 1 人;他们分别是不信教者 23、32、37、46,佛教徒 1、11、19,基督徒 3;对此,不信教者是这样答道:"对于自己的人生和生活,总的来说,目前而言我觉得还不是很满意。主要是因为我觉得自己的人生才刚开始,尚未涉足社会,也还没开始回报社会,还没实现人生的价值。自己未来的路还很远,生活也是一般,离理想中的生活状态还有很大的差距,需要继续努力。再者,自己目前还没有什么明确的目标,也没有稳定的工作和收入,还没有一定的社会地位";佛教徒 11 答道:"这个我要说不满意,但也不是全不满意。我啊,一辈子都在耕田,又没干过大事业,和别人比起来就不太满意啊";基督徒 3 答道:"我本人对自己目前的生活不是很满意。因为负债的问题,家庭生活有一些压力。又因为自己的身体一直以来都略微欠佳,所以经常会心情不好。"

5. 回答不满意的有 3 人,其中,不信教者 2 人,信教者佛教徒 1 人;他们分别是不信教者 24、29 和佛教徒 10;对此,不信教者 24 答道:我对自己的人生和生活感到不满意。在大城市生活和工作压力都挺大,虽然每个月工资有 5000 元,但还是感觉赚钱太少,物价飞涨,尤其首都物价很高,相对来说生活质量不高。对生活不满意除了感到物价飞涨,还觉得现在的社会,阶层固化,自己很难转型,有钱人怎么都有钱,无产阶级怎么奋斗还是工薪阶层,另外贪官太多,社会竞争黑暗而复杂;佛教徒 10 答道:"我觉得自己过得很失败,现在也处在与现任丈夫分居闹离婚的状态之中,去年还和丈夫家闹分家,总之,情况比较糟糕。对自己的人生和生活我感到不满意,一点都不满意;因为婚姻失败,曾经离过一次婚,现在又面临离婚的困境,家庭矛盾严重,夫家的人对自己的态度十分不好,两个孩子还小。"

从以上可知,性别、年龄、收入状况、婚姻状况、教育程度、职业状况影响着受访者对自己生活满意度的评价,大体来看,女性比男性具有较高的满意度，年长者比年轻者具有较高的满意度，收入状况良好者比收入状况差者具有较高的满意度，婚姻状况良好者比婚姻状况较差者具有较高的满意度，教育程度低者比教育程度高者具有较高的满意度，职业状况较好者比职业状况较差者具有较高的满意度；同时，不信教者和信教者在对各自的生活满意度评价上，也存在一定的差异，信教者的生活满意度较高于不信教者，宗教信仰在一定程度上增添了信教者的生活满意度。

四　信教和不信教受访者生活愿望分析

生活愿望是人们对生活的一种期望，是对美好生活的一种向往和追求，也是激励人们不断奋斗和克服人生和生活苦难的一个重要动力；一个人没有或失去对美好生活的向往、期望和追求，不少人就会因此而失去目标、勇气，而走向懈怠、堕落和沉沦；当然，对于知足常乐者或许就没有这回事；同样，不同性别、年龄、职业的人们，对自己的生活期望是不一样的；同时，信仰的差异或许也会影响到人们的生活愿望。通过对受访者的调查，项目团队发现，受访者的需求大致有以下几方面的愿望。

1. 增加收入的愿望。在受访者中，回答希望自家收入得到较大增加和生活条件得到较好改善的共有 28 人，其中，不信教者 21 人，信教者中佛教徒 4 人、基督徒 3 人；他们分别是不信教者 2、7、9、10、14、16、21、22、23、24、26、27、32、36、37、39、41、44、45、48 和 50，佛教徒 1、2、11、16，基督徒 1、3、6；即便如此，不同受访者增加收入的愿望也各有特点。

有的希望通过增加收入来改善生活条件和住房条件，比如，不信教者 2 回答说："现在唯一不满意的是贫困的家庭状况，没有多余的钱享受物质文化生活，整年都在为经济奔波、操劳，精打细算地过日子。所以目前最需要的莫过于家庭经济收入得到增加，最想实现的是在县城拥有一套属于自己的房子"；不信教者 24 说道："当前最需要钱，最想实现的愿望是在北京买个大房子，真正在北京定居下来"；不信教者 41 答道："我希望今年多赚点钱，买一台冰箱和一辆电动车"；不信教者 48 回答说："我需要挣更多的钱，需要一份轻松但工资高的工作，最想实现的愿望是能买一辆小车";佛教徒1答道:"我觉得自己目前最需要的就是钱。如果有钱的话目前的生活会得到很大的改观";基督徒3答道:"我最需要的积攒更多的钱,给小儿子在城里买房,家人健康、团聚,家庭幸福、和睦。"

有的希望通过增加收入来达到经济上独立和实现自己想要做的事情,例如不信教者14回答道:"我觉得我目前最需要的是经济完全独立,而最想实现的愿望则是多赚点钱";不信教者16答道:"我觉得目前最需要的是赚更多的钱,学习更多的技能,以便将来在社会上能够去跟别人竞争,获取自己想要的东西";不信教者21说道:"我最想实现的愿望是有更多的钱,财源滚滚,衣食无忧,在几年内赚够一辈子够用的钱,有钱之后就可以做自己想做的事";不信教者50说道:"最想实现的愿望是工作赚钱之后带着家人到处旅游,不说游览世界,起码是游览中国(受访者面带微笑,很憧憬的样子)。"

有的是希望增加收入来尽好一份家庭的责任,比如不信教者23回答道:"我当前最需要的是钱,最想实现的愿望是回到家乡也能找到工资较高的工作,能呆在家乡,在家里尽孝敬年迈父母的责任,尽丈夫的责任,尽作为一个父亲的责任。但却感觉很难做到,毕竟家乡经济还没那么发达和景气";不信教者32说道:"我现在最大的愿望就是希望自己能早日升迁,赚的工资足够养得起老婆孩子就行了";不信教者44答道:"我当前最需要的就是提高自己的收入,让我两个孩子能够继续上学,不用为学费而发愁";基督徒6答道:"我最需要的是把工作做好,有固定收入。因为我对家庭有责任心,能够让自己有稳定的生活,能荣耀神。"

有的是想增加收入来还清债务,比如不信教者39回答道:"当前我最需要的是钱(因为买房子欠了别人蛮多钱的),最想实现的愿望是尽快把欠下的20万元的房款还掉,早日把房产证拿到手。"

有的是希望增加收入来让自己的养老有保障,以便安享晚年,例如基督徒1回答说:"我对自己目前的生活不满意,主要是收入来源太单一了,以后老的时候还没有保障,这点比较让人担忧。并且妻子也没有劳动保障,以后老了之后的养老也不想依赖儿女,目前最需要的就是钱。老是为了钱而奔波,没有休闲生活,也没有什么更好的娱乐,压力大又很耗神";基督徒 3 说道:"我最需要的就是钱,赶紧赚点钱,经营一点会赚钱的小项目等着和老公安度晚年。"

有的虽然有增加收入的愿望,但并没有明确用途,如佛教徒 11 答道:"我最需要的就是钱啊(老人在说钱的时候显得比较激动,有些乐呵呵的,似在开玩笑,和那种一谈钱就喜笑颜开的人不一样,老人家讲的如此轻松,想必就不是真的那么想要获得金钱吧),其实啊,我这么大岁数啦,身体好就不错啦,哪还会想那么多其他的啊。"

2. 买房买车愿望。住房和车子已成为国人消费的一个重要对象,通过对受访者的调查,项目团队发现,共有 10 位受访者有这种需求,其中,不信教者 6 人,佛教徒 3 人,基督徒 1 人;他们分别是不信教者 7、10、20、24、39、45,信教者佛教徒 3、10、13,基督徒 11;同样,不同的受访者对买房买车的出发点也有不同,如,不信教者 10 对此答道:"我需要钱,用来买房,中国人传统观念觉得人要有安生之处";不信教者 20 回答说:"我需要买房子,有真正的家。最想实现的愿望是买到属于自己名下的房子,有安全的家,也是需要安全感";不信教者 24 说道:"我当前最需要钱,最想实现的愿望是在北京买个大房子,真正在北京定居下来";不信教者 45 回答道:"我最需要有足够的积蓄,升职,买套房,买一辆车";佛教徒 3 回答说:"最需要的是积攒更多的钱,给小儿子在城里买房";佛教徒 10 说道:"我当前最需要的就是房子,有一个稳定的居住地点和属于自己的房子。最想实现的愿望就是买房子和买车";佛教徒 13 回答说:"一切都不强求,能在老家有套新房子最好,安度晚年";基督徒 11 答道:"新房吧,我现在想要的就是一套新房子。"

3. 自己成家立业愿望。在受访者中,希望自己成家立业的有 4 人,其中,不信教者 3 人,信教者基督徒 1 人;他们分别是不信教者 18、25、50 和基督徒 4。对此,他们是这样回答的,不信教者 18 说道:"尽早结婚成家";不信教者 25 答道:"我最想实现的愿望就是希望建立一个和睦的新家庭,也是想快点找个女朋友";不信教者 50 回答说:"最需要的是有情感伴侣和金钱";基督徒 4 回答说:"我需要事业升职,找个男朋友(这是自然的生理需要,以前有外力现在没有)。"

4. 自己就业和有个好工作以及晋升愿望。在受访者中,希望自己找个好工作和升职的有 12 人，其中，不信教者 8 人，信教者中佛教徒 1 人、基督徒 3 人；他们分别是不信教者 22、23、31、43、45、46、48、49，佛教徒 14，基督徒 4、5、23；同样，不同受访者的回答也是各有特色，如不信教者 23 说道："我最想实现的愿望是回到家乡也能找到工资较高的工作，能呆在家里，在家里尽孝敬年迈父母的责任，尽丈夫的责任，尽作为一个父亲的责任"；不信教者 31 答道："当前我最希望还是找到一份合适的工作，这份工作能够自由地支配自己的时间，不用受到别人太多的管制"；不信教者 43 答道："我需要一份体面的工作"；佛教徒 14 答道："我需要一份稳定长久的工作，既可以顾家又可以很好地养家。希望家庭幸福"；基督徒 4 回答说："我需要事业升职"；基督徒 5 说："我最想实现的愿望：可以有一份不受工作时间、地域的限制的工作。因为父母和我分居异地，没有太多假期；我的时间紧，加班多"；基督徒 23 回答说："我最想的就是能够高兴的毕业，并找到一份满意的工作。"

5. 自己及家人健康、平安幸福愿望。希望家人和自己健康、平安幸福的有 25 人，其中，不信教者 12 人，信教者中佛教徒 6 人、基督徒 7 人；他们分别是不信教者 1、2、3、4、13、19、28、29、33、46、47、49，佛教徒 1、2、6、12、15、19，基督徒 3、10、14、15、16、19 和 20；同样，对此回答不同受访者的态度也是不一样的，例如不信教者 1 答道："我觉得自己最需要的只是平平安安和身体健康"；不信教者 13 答道："我觉得我目前最需要的和最想实现的愿望都是自己和老伴身体健康，对于金钱和生活水平都没有太多的追求"；不信教者 29 答道："我本最希望的是将来能有个孙子，但女儿不幸患有这种疾病，让自己不能够如愿，这是人生中比较遗憾的事情，不过我觉得人还是要懂得知足，现在我只希望未来一家人能够健健康康，阖家幸福"；不信教者 49 答道："我需要更多的关注，希望家人都健康，工作顺利"；佛教徒 6 答道："我最想实现的愿望就是家里的人都健健康康的"；佛教徒 12 回答说："愿望啊，我都这么大岁数啦，也没什么希望做的啦。就希望身体健健康康的就行，没什么很大的要求"；佛教徒 19 说："我就是希望一家人健健康康，平平安安"；基督徒 3 说："健康方面的愿望最为迫切。有个健康的身体对于今后的生活会方便很多"；基督徒 10 说道："我现在什么都不想，只想全家人身体健健康康的"；基督徒14回答道："我对现在的生活比较满意，不会去苛求太多，一个人要懂得知足。现在只要主保佑我们家一家平安就好。"

6. 自我学习成长成才愿望。在受访者中，希望自己加强自我学习和快速得到成长的有12人；其中，不信教者8人，信教者佛教徒3人、基督徒1人；他们分别是不信教者3、10、15、16、21、27、32、38，佛教徒3、20、21，基督徒2；同样，不同受访者对学习成长和成才的愿望也各具特色，例如不信教者3答道："因为还有好多事没去完成，现在有机会，但是力不从心。当前最需要的是学习现代科技"；不信教者10说道："我的愿望就是成为专家型人才"；不信教者15回答说："我目前最想实现的愿望是考上211高校的研究生"；不信教者16答道："我希望学习更多的技能，以便将来在社会上能够去跟别人竞争，获取自己想要的东西。而最想实现的愿望则是在即将到来的设计大赛中获得奖项，因为即将面临的是与自己专业有关的比赛，她希望自己能在这次比赛中把自己学到的东西好好发挥出来，希望能够得到他人的认同"；不信教者38回答说："我最需要的好像没有，不过当下最想要实现的愿望就是英语四级考试可以早日通过以及计算机等级考试也能够顺利通过"；佛教徒20答道："我就是要努力学习佛法，更好掌握佛法"；佛教徒21说道："我没有什么最需要的，最大的愿望就是研习佛法，修行成佛"；基督徒2说："我最想实现的愿望就是成为一名传道人，让更多的人认识上帝，敬畏上帝。"

7. 子女成家立业愿望。在受访者中，希望自己的子女能够早日成家立业的有9人，其中，不信教者6人，信教者佛教徒1人、基督徒2人；他们分别是不信教者2、6、30、36、37、40，佛教徒3，基督徒3、22；对此，不信教者2是这样回答："最大的愿望是孩子成家立业，子孙满堂，有个安详的晚年生活"；不信教者6答道："现在生活还是可以的。跟以前比可就是好很多了。也没有什么特别需要的，就是儿子能够多挣钱养活他一家就行，其他也没什么操心的"；不信教者30回答道："我最想实现的愿望还是女儿能早点成家，自己能早点抱个孙子"；不信教者37说道："子女以后能有好工作，早点娶媳妇"；不信教者40回答说："为儿子找到一个好媳妇成家"；佛教徒3答道："大媳妇再懂事点，大儿子热情点,和大家好好相处";基督徒 3 回答说:"女儿眼看就要嫁人了,但是女儿的嫁妆还杳无音信,有时候这样想起来会有点着急";基督徒 22 回答说:"我们信了上帝的都很幸福,也没什么别的追求,我就觉得就这样就可以,什么时候儿子成家了,有了小孩,就更加的满意。"

8. 子女教育升学成才就业愿望。在受访者中,希望自己的子女能够受到良好教育、升学和早日成才就业的有 6 人,分别是不信教者 11、16、33、35、44 和佛教徒 15;对此,不信教者 11 是这样回答:"我目前最需要的是自己的小孩早点拿到好成绩达到她的目标,这是我目前最想盼望的";不信教者 33 回答说:"我的愿望就是儿孙有前途,有出息,希望他们都好";不信教者 35 说道:"我最大的遗憾是小孩的教育问题。嗯,小孩现在正在读初三,但因性格叛逆,经常和社会不良少年走到一起,经常夜不归宿,对其进行多次劝导也无济于事";不信教者 44 说道:"最想实现的愿望就是我的儿子能够顺利的考完中考,考上我们市里最好的高中";佛教徒 15 回答说:"我最需要的就是幸福生活,最需要的就是子女早点出来,早点工作。"

9. 养老保障安享晚年和子女多陪伴的愿望。在受访者中,有一定比例的老年人,他们的愿望就是希望老年生活有一个稳定的保障,能够安享晚年,希望自己的子女能够经常去看望他们和多陪伴他们。他们是不信教者 4、9、11、34、47,佛教徒 6、8、13,基督徒 13,共计 9 人。对此,他们是这样回答的,不信教者 4 说:"我觉得我当前最需要的就是来自儿女的关心和陪伴吧,因为我儿子在广州工作,工作很忙,女儿嫁到县城,一年到头也就是过年过节来看看我们,见面的机会很少,虽然说有电话吧,打电话总不如看到孩子的面更踏实";不信教者 9 说道:"我最想实现的愿望是能够悠闲的退休养老";不信教者 11 回答说:"我最大的愿望是我的家人能够生活在一个生活环境好、饮食安全和社会保障健全的国家";不信教者 34 答道:"现在的愿望就是好好养老了,但现在国家在养老方面的扶持力度还是太少,一个月就那么几十块钱。现在我们这里的养老金还是太少了,有些地方是很高的,差距还是有点大呢";不信教者 47 答道:"最需要的是孩子们能经常回家来看看,希望孩子们在外面身体好,工作顺利";佛教徒 6 答道:"现在最需要的还是儿女们常常回家看看我跟老伴,其他的就不想奢求什么了。最想实现的愿望就是家里的人都健健康康的";佛教徒8回答说:"我最想实现的愿望便是自己可以安享晚年,并且有更多年轻的信众可以代替年老的人来为寺庙服务";佛教徒13回答说:"一切都不强求,能在老家有套新房子最好,安度晚年";基督徒13答道:"当前最需要的就是儿女们对我们二老的关心,最想实现的愿望就是儿女们能够在家多呆一段时间。"可见,伴随着我国老龄化进程的加速,养老问题也成为社会亟须关注的问题。

10. 旅游休闲和自由生活愿望。在受访者中,有几位受访者提出了自己旅游休闲和获取自由生活的愿望,他们分别是不信教者1、31、50,佛教徒7和基督徒4。对此,他们是这样回答的,不信教者1答道:"我觉得自己最想实现的愿望是能有机会去世界各地旅行,真的旅行";不信教者50答道:"我最想实现的愿望是工作赚钱之后带着家人到处旅游,不说游览世界,起码是游览中国(受访者面带微笑,很憧憬的样子)";佛教徒7谈道:"我最想实现的愿望是带妻子去世界各地旅游";基督徒4答道:"我的愿望就是环游世界,我喜欢旅游,它能让我感受不同地方的文化。"从中发现,这些受访者往往比较年轻,好几位都是大学的学生。

11. 信教者的特殊愿望。通过访谈,项目团队发现一些信教受访者有着与不信教者不同的特殊愿望,这些特殊愿望大都与他们的宗教信仰生活有着密切关系,如,佛教徒2希望"身体好,多做善事;愿望是国家太平,人民安定";佛教徒3"最想实现的愿望是修行成佛";佛教徒4说认为"最想实现的愿望是求生极乐世界,了脱生死";佛教徒8认为"最想实现的愿望便是自己可以安享晚年,并且有更多年轻的信众可以代替年老的人来为寺庙服务";佛教徒20讲道:"最想实现的愿望是普度众生,弘扬佛法,让更多的人知道学习佛法的好处以及对人生的意义";佛教徒21说道:"最大的愿望就是研习佛法,修行成佛,相信精神必定成佛";佛教徒24谈道:"想弄清楚人对这个世界的感觉,最想实现的个人目标是逐渐明白宇宙的运行法则,然后在中国,甚至在全世界做宣说,把自己所领悟到的一些东西分享给全世界。最大的愿望是宇宙和谐";基督徒2讲道:"最想实现的愿望就是成为一名传道人,让更多的人认识上帝,敬畏上帝。他自己也会多传福音,让更多人得到上帝的恩典。希望上帝能够祝福自己和家人朋友";基督徒7说道:

"最大的愿望是全家人全部信仰上帝。因为在地上我所最关心的人只有家人，信仰上帝是最大的福分"；基督徒 8 谈道："我的愿望是家人都能信主。因为我希望他们死后上天堂，不希望他们死后下地狱；我希望他们的生活更有意义，实现他们自己的人生意义；我希望他们理解我所追求的东西，支持我"；基督徒 9 说道："我现在没什么需要，家人都很好，最大的愿望就是有更多的人信仰耶稣，我们国家现在信仰耶稣的人还不多，现如今国家提倡信仰自由，只希望更多人能加入我们这个组织，更好地建设国家"；基督徒 10 讲道："我现在什么都不想，只想全家人身体健健康康的，愿望嘛，我希望我们全家都能信主"；基督徒 12 说道："我的愿望就是更多人能够得救。是的，主能让我们得救"；基督徒 16 谈道："最需要的是主的保佑与祝福，希望一直这么幸福下去"；基督徒 17 说："我最想实现的愿望便是希望自己一直身体健康，能天天感受主的心意并把福音带给更多的人"；基督徒 19 讲道："最需要的是与主越来越亲密，越来越有话讲，越来越了解主，越来越明白主的心意，就像谈恋爱一样。"

可见，不信教者与信教者在生活愿望方面有不少相似之处，但存在一些不同之处，主要表现在不信教者更多地关注自身及家庭的生活以及侧重于物质方面的追求；信教者比较关注自身之外的人和社会的生活，侧重于精神方面的追求；特别是信教者的特殊愿望，与他们的宗教信仰生活存在着密切关系，这对于不信教者而言，或许可能不能理解，但对于信教者来说，便是很自然的事情。

五 信教和不信教受访者兴趣习惯分析

受访者有些什么样的兴趣爱好和习惯，不信教者和信教者之间在这些方面有没有差别？通过对受访者答话的分析，项目团队发现，除一小部分受访者对此回答外，其他受访者均作了直接回答；同时发现，受访者的兴趣爱好和习惯往往是相联系的，因而将此合在一起进行讨论。

1. 回答喜欢阅读看书爱好和习惯的有 17 人；其中，不信教者 7 人，佛教徒 4 人，基督徒 6 人；分别是不信教者 9、14、21、23、24、30、50，佛教徒 4、7、13、20，基督徒 4、7、8、10、11、24；虽然同样是喜欢看书和阅读，但不信教者和信教者之间还是存在较大的差别，不信教者倾向于阅读报纸、杂志、小说等其他书籍,而信教者倾向于喜欢阅读宗教书籍。例如不信教者9答道:"我爱好阅读报刊和杂志";而佛教徒4说:"我喜欢看书,看关于佛学的书,多多学习佛法";基督徒7回答:"我喜欢读书,读一些关于人物传记、宗教信仰方面和思维类的书籍";基督徒10回答:"没什么兴趣爱好,平常没事的时候喜欢看看基督教的书籍,希望多多学习。"

2. 回答喜欢运动锻炼的共有23人;其中,不信教者13人,佛教徒6人,基督徒4人,分别是不信教者10、12、17、22、26、28、29、32、33、40、42、43、48,佛教徒2、7、6、13、14、20,基督徒7、8、12、25;即便如此,他们运动的方式也是多样的,喜欢散步的有不信教者22、26、28、29、32、33、48,佛教徒2和基督徒12,喜欢跑步的有不信教者10、12、17、40、42、43,基督徒7、25;佛教徒6喜欢打太极拳。

3. 回答喜欢看电视电影新闻的共有12人,其中,不信教者10人,佛教徒1人,基督徒1人,分别是不信教者9、21、23、28、31、32、33、36、37、46,佛教徒13,基督徒5;同样,不信教者9、23、28、33、36、37、46和佛教徒13喜欢看电视剧,不信教者31、32喜欢看电影,不信教者21喜欢看新闻,基督徒5喜欢看体育节目。

4. 回答喜欢打牌打麻将的有16人;其中,不信教者9人,佛教徒5人,基督徒2人;分别是不信教者12、18、19、26、28、34、42、45、49,佛教徒7、10、11、14、16,基督徒16、24;即便如此,大部分人主要是在节假日偶尔打打,城市和农村没有宗教信仰的年龄较长者为了消磨时间才会经常打打牌或麻将;基督徒16明确表示在信主之后,就不打牌了。正如基督徒16说道:"以前经常会搓搓麻将,吸烟啊什么的不会,现在麻将也不会去打了。主教育我们要有良好的习惯,改掉恶习。"

5. 回答做家务和喜欢劳动的14人,不信教者6人,佛教徒1人,基督徒7人;分别是不信教者37、39、40、41、42、43,佛教徒14,基督徒4、5、6、8、14、22、24;对此,他们的回答也各有特色,例如不信教者37回答:"作为一名普通的农村家庭妇女,我没有什么特别的爱好,有的是为家庭服务的爱好。如织毛衣,做饭,爱卫生啊。还有也喜欢看电视，聊天"；基督徒 4 回答："我平常会在家里做家务，种花。"

6. 回答喜欢打球的有 10 人；其中，不信教者 6 人，基督徒 4 人；分别是不信教者 14、15、29、31、32、45，基督徒 5、6、8、18；即便这样，他们也表现出差异，其中，不信教者 14、15、31、32、45 和基督徒 5、6、8 喜欢打篮球，不信教者 29 和基督徒 18 喜欢打羽毛球。

7. 回答喜欢听歌、听音乐和唱歌的共有 15 人；其中，不信教者 8 人，佛教徒 2 人，基督徒 5 人；分别是不信教者 12、14、16、26、32、39、46、50，佛教徒 1、11，基督徒 7、8、22、24、25；即便这样，他们所听的歌的内容也有差异，不信教者倾向于喜欢听流行音乐和轻音乐，而信教者喜欢听宗教类歌曲和老歌；例如，不信教者 16 回答："我喜欢弹吉他和唱歌，现在最常做的事情也是弹吉他"；佛教徒 11 答道："文艺方面也还是可以的（大爷显得比较骄傲自豪），吹拉弹唱不说样样精通，起码都会点吧"；基督徒 7 答道："我喜欢唱老歌"；基督徒 24 回答："我喜欢学唱基督教歌曲。"

8. 回答喜欢种花草、养宠物的有 8 人；其中，不信教者 6 人，基督徒 2 人，佛教徒没有；分别是不信教者 9、10、11、13、15、34，基督徒 4 和 6；其中，不信教者 9、10、11、34 和基督徒 4 倾向于喜欢种花种草，而不信教者 13、15 和基督徒 6 喜欢养宠物，主要是狗。

9. 回答有吸烟喝酒行为的 11 人，其中，不信教者 6 人，佛教徒 4 人，基督徒 1 人；其中，既吸烟，又喝酒的有不信教者 9、19、27（偶尔喝）、40，佛教徒 7、16（偶尔喝）和基督徒 1，只吸烟的有不信教者 48 和佛教徒 11、14，只喝酒的有不信教者 13。

10. 回答喜欢书法画画的有不信教者 15、50 和基督徒 15，喜欢旅游的有不信教者 11、基督徒 3 和 4，喜欢爬山的有基督徒 4 和 16，喜欢游泳的有不信教者 20，喜欢钓鱼的有不信教者 11，喜欢打游戏的有不信教者 25、32 和基督徒 23，回答喜欢上网玩电脑的有不信教者 23、24 和基督徒 22，回答喜欢喝茶和诗歌的有佛教徒 5 和 24。

11. 回答喜欢念经念佛听佛经的有佛教徒 3、8、15、20、21，例如佛教徒 8 答道："我个人的兴趣爱好便是念经、听佛经"；回答喜欢做祷告和听唱赞美诗的有基督徒 14、17、19、22，如，基督徒 14 答道："我个人没有什么特别的兴趣爱好，每个礼拜六就来听课做祷告，平时有时候会来做早祷告";回答喜欢做公益服务的有佛教徒 2、12 和基督徒 15、25,例如,佛教徒 2 答道:"我喜欢做公益事业。"

由上可知,不信教者和信教者在兴趣爱好方面存在着一定的共性,但有一定的差异;相对于不信教者而言,信教者的兴趣爱好习惯倾向于更健康科学合理,不良嗜好较少;同时,一些宗教性活动和行为成为信教者的日常生活兴趣爱好和习惯,而不信教者则没有这些。

第三节 宗教信仰者与和谐社会建设分析小结

通过对 623 份问卷的定量分析和 100 个访谈资料的定性分析,人们可以发现,不信教者和信教者在诸多方面存在着一定的相似性,也存在着一些差异;这些差异既与他们的性别、年龄、教育程度、居住地域、职业、婚姻状况、家庭经济状况、家庭传统、生活经历等有关系,也与他们的信仰不同有一定的关联;即便是具有相同的信仰,也与他们信仰年限的长短、信仰的虔诚度等不同而存在一定的差别,具体可以归结为以下几方面:

第一,在基本情况方面,信教者和不信教者在居住地区类型、居住社区类型存有一定的差异;在城乡接合部和县城以外乡镇的信教者较少,在中心城区、边缘城区和农村的信教者偏多;在老城区社区、农村社区和其他类型社区(如少数民族社区)的信教者偏多;而其他类型社区偏少。在性别上,不信教者中多为男性,信教者中多为女性,女性比男性更容易信仰宗教。在年龄上,不信教者中多见年轻者,信教者中多为年长者,年长者比年轻者较容易接受宗教。在婚姻状况上,不信教者中多见未婚者,信教者中多见已婚者,已婚者较未婚者更容易接受宗教。不信教者中多见文化程度较高者,信教者中文化程度较低者偏多,文化程度较低者比文化程度较高者更容易信仰宗教。信教者中低收入者偏多,但在高收入者中,信教比例却偏高。在家庭收入和家庭社会地位上,信教者多来自中等收入家庭和中等社会地位家庭,但在收入较高和社会地位较高的家庭和收入较低和社会地位较低的家庭中的信教和不信教的差异较大。在家庭关系上,信教者和不信教者在家庭关系上没有明显的差别。在家庭人口数上,绝大部分信教者多来自 2 人及以下、3 口人、4 口人、5口人和6口人家庭，这也表明中国当前家庭结构以3口之家、4口之家和5口之家为主。在家庭信仰上，信教者多来自两类家庭，一类是全家人都信仰同一宗教的单一宗教信仰家庭，一类是家庭成员中只信仰同一种宗教，其他成员不信教的家庭。在政治面貌上，大部分信教者是群众，也有一小部分是共青团员和中共党员。在职业上，农林牧渔劳动者、学生、工人、离退休人员和自由职业者等五大职业群体是信教者的主要来源群体，少数来自个体工商户、民企外企公司人员、全职料理家务、国企事业单位和下岗失业待业人员。在户籍上，多数信教者的户籍为农村，少数为城市和城镇。在户口类型上，多数信教者的户口是农业户口；少数为非农业户口和居民户口。在有神论和无神论上，有超76%的信教者自称有神论者，有56.8%的不信教者自称无神论者，有31.8%的不信教者和18.8%的信教者在有神无神的认识上是模糊不清的。

第二，在工作和劳动方面，无论是不信教还是信教受访者，大部分都对工作和劳动持有较积极的态度和看法，普遍认为工作和劳动是生活的一部分，是必需的；在劳动强度上，均有一定比例的人群普遍感受到工作压力，但信教者的压力感略轻松于不信教者；在对待本职工作上，信教者的自我反省和自我要求略高于不信教者；在对劳动工作的态度和看法上，信教者比不信教者表现得较积极主动，比例也稍微高一点；同时，信教者更倾向于把劳动和工作加以神圣化对待，更倾向于认同宗教信仰有助于让人更加敬业或认真对待工作，因此，信教者和不信教者在劳动和工作状况、压力、看法和态度上存在着一定的差异。

第三，在生活压力方面，无论是不信教受访者，还是信教受访者，都有一定比例的人们存在着程度不一的生活压力；总体来看，信教者在生活压力面前表现得更轻松、积极和乐观一些，而不信教者表现得较为焦虑、忧虑和不安一些；究其原因，信教者自认为有一种精神或信仰的力量在支持着他们。

第四，在生活满意度方面，性别、年龄、收入状况、婚姻状况、教育程度、职业状况影响着受访者对自己生活满意度的评价；大体来看，大部分受访者对生活持有较高的满意度，但也存在一定差异，表现为：女性比男性具有较高的满意度，年长者比年轻者具有较高的满意度；收入状况和职业状况较好者的生活满意度高于收入状况和职业状况较差者；

婚姻状况较好者的生活满意度高于婚姻状况较差者；教育程度较低者的生活满意度高于教育程度较高者；同时，信教者的生活满意度要高于不信教者；相对于不信教者，信教者对生活更容易感到满意，信教者的生活态度更倾向于积极乐观，生活容忍度也倾向高，对生活的抱怨偏少。这说明宗教信仰在一定程度上增添了信教者的生活满意度。

第五，在生活愿望方面，不信教者与信教者有不少相似之处，但存在一些差异，主要表现在：不信教者更倾向于获得家庭的健康和睦和幸福，更多地关注自身及家庭的生活，更倾向于获得较好的衣食住行条件和医疗保障，更侧重于物质方面的追求；信教者比较关注自身之外的人和社会的生活，更倾向于获得他人的尊敬和通过自己的努力而使社会变得更美好，更侧重于精神方面的追求；特别是信教者的特殊愿望，与他们的宗教信仰生活存在着密切关系，这对于不信教者而言，或许可能不能理解，但对于信教者来说，便是很自然的事情。

第六，在财富观及慈善公益爱心方面，无论是不信教受访者，还是信教受访者，大部分人都有比较正确的财富观，都或多或少地有过一些慈善或公益行为，都比较有爱心；但不信教者和信教者之间也存在一些差别，就是相对于不信教者，信教者更乐于社会公益和慈善事业，更有社会责任感、关爱心和同情心。

第七，在兴趣爱好和习惯方面，大部分受访者有良好的兴趣爱好和个人习惯；从性别来看，女性的个人习惯和兴趣爱好要好于男性；受教育程度较高者要优于受教育程度较低者；相对于不信教者，信教者表现出更好的个人习惯和健康的兴趣爱好，较少的不良嗜好，更强的意志力；同时，一些宗教性活动和行为成为信教者的日常生活兴趣爱好和习惯，而不信教者则没有这些。也就是说，宗教信仰在一定程度上也会影响人们的兴趣和行为习惯。

第八，在个人不当行为和违法犯罪行为方面，大部分受访者不存在不当行为和违法犯罪行为，但也有一小部分人群有过或存有不当行为或违法犯罪行为；就信教者和不信教者而言，信教者比不信教者较少有不当行为和违法犯罪行为；同时，信教者比不信教者更倾向于认同宗教信仰具有抑制不当行为和违法犯罪行为的作用。

第九，在信仰观念及其评价方面，受访者中有较大比例人群认为有神灵的存在、灵魂的存在和命运的存在，但女性的比例要高于男性的比例，年长者的比例要高于年少者的比例，受教育程度低者的比例要高于受教育程度高者的比例；就信教者和不信教者的差异而言，信教者比不信教者更相信有神灵或万能的神存在、有灵魂和命运的存在，更相信"恶有恶报、善有善报"和"帮人就是帮己、害人就是害己"；更认同诸如算命、抽签、看风水、烧香、改运等活动具有一定的作用和一定的合理性；更认同这些活动是民俗现象，只要不违法犯罪，国家就应不予干涉和尊重老百姓的信仰而给予引导；更认为人生需要宗教信仰。对于命运，信教者比不信教者持有更积极的态度。

第十，在信仰状况方面，虽然不信教受访者不信仰宗教，但有一大半以上的人会经常烧香拜佛，有绝大部分的人能理解和基本理解信教者，有近40%以上的人认为宗教教义教规是必要的，有44%的人认为由于不了解宗教才不信宗教，有23%的人认为是由于宗教的东西虚无缥缈与己无关而不信仰宗教。

同时，一半以上的信教者举行了皈依仪式，但也有一部分信教者未举行皈依仪式，但并不认为就会影响他们的信仰，在于他们认定宗教信仰仪式并不十分重要，关键在于是否真心诚心信仰；信教者信仰宗教的原因是多样的，其中，生病或想强身健体、承袭家庭传统、寻求心灵寄托和追求真理智慧是影响信教者信仰宗教的四大主要原因。信教者接触宗教的途径是多样的而非单一的，周围亲友邻里的介绍、家庭宗教气氛的影响、传教士的引导和宗教书籍的影响是信教者接触宗教的主要途径，而广播电视、报纸杂志和网络对人们信仰宗教的影响并不很强。信教者信教后的感受是多方面的，最为明显的是他们感受到身体更健康，心情更舒畅；再就是性格得到改变和心灵得到升华。信教者信教后所遇见的感应事件也是多方面的，其中，心情的舒畅和生活更愉快、意外事件的逢凶化吉、疾病的治愈、事业的顺达和家庭关系的改善是五大主要感应事件。信教者每天用在宗教功课的时间不一样，大部分信教者保持在半小时至1小时之间，有一小部分保持在1—2小时、3—4小时和半小时以下。有一大半的信教者熟悉或比较熟悉其所信仰的宗教教义和教规，也有一部分人则不太熟悉或不熟悉。绝大部分信教者认为宗教信仰不仅使个人的思想和性格得到改变，而且使其感觉生命更有价值和意义；还认为参加宗教活动令其感到内心平安踏实，而当其违背宗教信仰时会感到内疚。有一半以上的信教者认为自己能够经常或有时依照教义教规来指导规范自己的行为，并认为宗教信仰已成为其生活和生命的支柱。另外，大部分信教者主张维持和鼓励其坚持信教的主要原因是信教后所得的福报、信教后思想和个性的提升、信教群体团结友爱的关系和气氛以及信教后产生的特殊感应。

总之，通过对信教者与不信教者之间的多方面的比较分析，人们可以发现，信教者与不信教者之间不仅存在许多相似性，也存在着不少差异性。这种相似性和差异性，是信教者与不信教者共生共存、相互作用和影响的结果；在一定意义上是宗教与社会相似性与差异性的反映，也在一定程度上折射出宗教与社会的共存互构、相互形塑和作用的关系。因此，宗教信仰者与和谐社会在一定意义上也是一种共生互构的关系。

第 五 章

宗教与中国特色社会主义和谐社会建设

和谐社会作为一种理想的社会状态,一直是人类长久以来梦寐以求的美好愿望和憧憬,也是各时代各地区治国理政者们所追求的理想和目标。

这种对和谐社会的美好向往与憧憬,对于生活在今天物质文化高度发达的现代人来说,并没有比过去传统社会中的人们有丝毫的减弱和逊色,而依然是那样强烈和执着。只不过,相对于过去传统社会而言,现代社会人们对和谐社会的认可标准不同,建设和谐社会的背景和现实条件也不一样,实现社会和谐的途径和方法也有所差异。那么,今天的人们所设想的和谐社会是什么?今天的人们又是如何去理解和谐社会呢?宗教与中国特色社会主义和谐建设又是一种什么样的互构格局?对于诸类问题的解答还是从和谐社会建设本身说起。

第一节 中国社会主义和谐社会建设的理论分析

在人类历史的进程中,人类社会经历了众多的社会形态。但不管是哪种社会形态的人们,都期望自身所处的社会是一种和谐的状态。什么是社会的和谐状态呢?它有些什么表现?中国社会主义和谐社会有哪些特征?对于这些问题的解答,笔者认为还需从最初的和谐社会建设的提出开始。

一　中国社会主义和谐社会建设的提出与内涵

社会主义和谐社会不仅是世界马克思主义者不懈追求的目标，也一直是中国共产党人为之奋斗和孜孜以求的理想，并且，中国共产党人为之进行了艰苦卓绝的探索。

1. 社会主义和谐社会建设的提出

早在新中国建立初期，毛泽东同志针对当时的国际国内形势，就如何维护安定团结的良好社会秩序，调动一切积极力量促进社会发展和更好地促进社会和谐，先后在1956年和1957年发表了《论十大关系》和《关于正确处理人民内部矛盾的问题》等重要文章；但由于一些历史和社会因素的影响，使得这两个重要的文件精神没有在实际中得到很好贯彻和落实。"十一届三中全会"以来，邓小平同志对如何建设社会主义社会进行了初步而重要的探索，提出了"解放和发展生产力才是社会主义的本质，共同富裕是社会主义社会的根本目标"，同时指出要"协调发展和两个文明一起抓"的重要论断；在党的"十四大"以来，以江泽民同志为首的中央领导集体继续领导中国人民践行和探索社会主义和谐社会的建设之路，不仅确立了邓小平同志"建设有中国特色社会主义"理论在全党的指导地位和在中国开展社会主义市场经济建设的目标，而且江泽民同志还提出了"三个代表"重要思想，并在党的十六大报告中明确把"社会更加和谐"作为中国共产党的重要目标给提出来。2004年，党的"十六届四中全会"通过了《中共中央关于加强党的执政能力建设的决定》，把"提高构建社会主义和谐社会的能力"作为该决定的第七部分专门提出来，这样，和谐社会的概念第一次以最完整的形式给提出来。"十六届四中全会"不久后的2005年2月19日，胡锦涛同志在中央举办的省部级干部专题研讨会上，系统地提出了"和谐社会"的理念，并对和谐社会的本质属性、基本特征、基本要素以及战略目标进行了详细的阐述。2006年10月，党的"十六届六中全会"通过了《中共中央关于建设社会主义和谐社会若干重大问题的决定》，第一次以党的中央文件形式对如何开展"社会主义和谐社会建设"进行了明确而具体的规定和阐述，从而成为指导全中国进行社会主义和谐社会建设的纲领性文件。2007年10月，在党的"十七大"上，又进一步将"加快推进以改善民生为重点的社会建设"确定为和谐社会建设的中心,从而进一步明确了和谐社会建设的目标和途径。党的十八大以来,以习近平总书记为首的党的新一代领导集体,在坚持以"马克思列宁主义、毛泽东思想、邓小平理论、'三个代表'重要思想、科学发展观"为指导的同时,提出"四个全面"的战略目标和举措,即以"全面建成小康社会"为战略目标,以"全面深化改革、全面推进依法治国和全面从严治党"为战略举措,继续努力开创中国特色社会主义和谐社会建设新局面,并明确指出"紧紧围绕更好保障和改善民生、促进社会公平正义"深化社会体制改革,形成科学有效的社会治理体制,以"确保社会既充满活力又和谐有序"。

总之,中国社会主义和谐社会建设理论体系和实践体系的形成经历了一个十分复杂的探索历程,这表明中国共产党人对和谐社会建设的认识是一个不断深化和发展的过程,浸透了中国共产党人为之所付出的心血和艰辛。

2. 社会主义和谐社会的内涵

社会和谐不仅是中国社会主义社会的本质属性,也是中国共产党人为之追求奋斗的理想和目标。然而,中国社会主义和谐社会究竟是一个什么样的社会?虽然在《中共中央关于建设社会主义和谐社会若干重大问题的决定》(以下简称《决定》)中,明确把社会主义和谐社会描述为一个"民主法治、公平正义、诚信友爱、充满活力、安定有序、人与自然相和谐"的社会,但是,除了《决定》本身对和谐社会的规定外,人们还可以从哪些方面来正确全面地认识和理解和谐社会的真实内涵?我们的和谐社会还具有一些什么样的本质特性?笔者认为,要真正全面准确和科学地把握和谐社会的基本内涵,人们至少可以从四个方面来看待和谐社会的本质内涵,即《决定》文本视角、社会结构功能视角、矛盾冲突视角和风险危机视角。人们从不同的视角去认识和谐社会,就会有不同的感受和收获,对和谐社会的认识也会更全面和更科学。

(1)《决定》文本视角

人们首先可以从《决定》文本视角来认识和谐社会的基本内涵。《决定》中把和谐社会描述为六个基本属性。笔者认为,这六个基本属性,不仅仅是和谐社会的六个基本特征,实际上也是对人们的一种期待和要求。它告诉人们应该如何正确处理好人自身、人与人、人与群体、群体与群体以及人与社会之间的关系，还告诉人们如何正确处理好人与自然以及社会与自然的关系。

和谐社会首先要有社会成员个体的和谐，没有和谐的社会个体，和谐社会是不可能实现的。而个体的和谐，首要的是身心和谐。如何才能保证个体的身心和谐呢？《决定》中用诚信友爱来形容和要求。一个人不讲诚信，不讲友爱，就难以与他人处理好关系，也就难以保证自身的身心和谐。假若一个人不讲诚信友爱，还经常欺骗愚弄别人，常常与他人发生争执、冲突和矛盾，甚至是吵架和斗殴，可想而知，这种人是难以在社会中与他人处理好关系的，在他遇到困难的时候，也难以得到别人的真心帮助和支持，这种人要想维持其身心的和谐是很困难的。正如孔子所言："己所不欲，勿施于人。"因此，一个人要想得到他人的帮助，要想维护自己的身心和谐，首要的是学会如何正确地对待自己，如何正确合理地与他人相处。只有正确地对待自己，正确地对待他人，才能做到自身的和谐，做到与他人的和谐。而要达到这样的目的，诚信友爱就是最好的解决办法。它告诉广大社会成员，一个人只有做到对自己的诚信友爱，做到对他人的诚信友爱，才能真正得到别人的诚信友爱。因此，诚信友爱既是《决定》对广大社会成员的一种期待和要求，也是社会和谐的一种状态表现。只有每个社会成员真正做到诚信友爱，人与人之间才能和睦相处，社会才有和谐的基础。

社会和谐，光有个体的和谐还是不够的，还需要个体与个体、个体与群体、群体与群体以及人与社会、群体与社会的和谐。要让人与人、人与群体、群体与群体以及人与社会、群体与社会和睦相处，就应该首先做到平等、公平、正义，同时还要讲究民主和法治；特别涉及不同主体之间的利益关系的时候，更需要各方遵守规则，讲究民主、公平和正义；只有这样，才能维护人与人、人与群体、群体与群体以及人和社会、群体与社会的友好合作的关系；假如一个个体、群体总是以自己的利益为中心，仗恃自身的强势，欺压或弱势的个体或群体，和睦相处的关系在这种情形下就会遭到破坏，是难以维系下去的，必然会遭到反抗，久而久之就演化为矛盾、冲突、斗争和战争，社会和谐也就无法维持。因此，民主法治、公平正义是要求社会成员、社会群体以及社会组织在处理各自关系和利益的时候，要以此作为准则和要求，只有这样，社会才会呈现出"民主、法治、公平、正义"的良好局面。

和谐社会不仅需要人自身身心的和谐、人与人的和谐以及人与社会的和谐，还需要人与自然、社会与自然的和谐。因为自然生态环境是和谐社会存在的基本物质条件和前提。任何一种和谐社会，如果没有人与自然的和谐，没有社会与自然的和谐，社会和谐也就失去基本的存在条件，不仅社会和谐实现不了，就连社会本身的存在也将变为不可能。因此，《决定》中明确提出要"人与自然"相和谐，就是告诉人们，在人与自然的关系上，要注意人与自然的相调适，人类在向自然索取的时候，不能超过自然生态环境的承载能力，不能过度地向自然索取；否则，一旦超越了自然本身的承受极限，自然就会失去自身的平衡和协调，就会产生混乱而出现各种自然灾害和环境问题，从而威胁人类自身的生存和发展。到时，自然生态破坏了，没有了，人类也随之灭亡。因此，为了保持人与自然的相和谐，人类必须克制自己的私欲，不能让欲望无限度膨胀，不能为了一己私利而肆无忌惮地搜刮自然、掠夺自然、破坏自然和污染自然，要随时保持人与自然的和谐相处。所以，人与自然相和谐，不仅仅是人与自然和谐相处的一种状态表现，也是对人类的一种要求。只有这样，和谐社会才有一个良好的生态环境作保证。

只有做到了人自身的和谐、人与人的和谐、人与社会和群体与社会的和谐，以及人与自然、社会与自然的和谐，社会才会呈现出"安定有序、充满活力"的美好状态。由此可知，《决定》中对社会和谐的六个方面的界定，绝不是一种简单的拼凑，而是有其深刻的寓意和内涵。它表明这六个方面是相互关联、相互依存、相互影响和互为因果的关系，并共同构成和谐社会这个有机的系统；缺失其中任何一个方面，和谐社会这个体系就不完整，就不能保证和谐。

（2）社会结构功能视角

从社会结构功能的视角来看和谐社会，人们会发现，一个社会要和谐，首要的是要有一个合理的社会结构。只有社会结构合理，社会的功能才能正常发挥，社会才能得以和谐。一个不合理或病态畸形的社会结构，其社会功能的发挥也是不正常的，社会也无法和谐起来。那什么才是合理的社会结构呢？首先还得从社会结构谈起。所谓社会结构，就是构成社会的各要素及其相互之间的关系。任何一个社会，都有构成其本身所具有的一般要素，每一个要素在社会这个整体中起到一定的作用。合理的社会结构，就是构成社会的各个要素能够保持一个相对的平衡，不管是各要素的维度、向度、广度和深度，还是变化的速度和强度，都处于一个相对平衡的状态，这个结构才是一个相对合理的，其功能也能发挥正常；假若这些要素的维度、向度、广度和深度以及变化的速度、强度处于一种不协调的境况，这个社会结构就不能算是合理的，那么，它的功能也不会处于一种常态。同时，在这个结构体系中，经济结构和社会结构是它的两个基本的结构要素，而阶层结构是其核心要素，利益和收入分配结构是它的关键要素。也就是说，在一个和谐社会中，人们应该着重关注经济结构、社会结构、阶层结构和利益收入分配结构的合理与平衡。

就中国而言，我国的社会结构不再是改革开放前的那种状态，经过30多年的变化和调整，已是一种全新的格局。总体上来看，我国的社会结构还是不太合理，表现为经济要素的变化和调整要快于政治和社会要素的调整和变化，或者说物质要素的变化要快于非物质要素的变化，出现了"一条腿长、一条腿短"的状态，用陆学艺先生的话来说，当前中国的社会结构至少滞后经济结构15年，即中国的"社会结构还是工业社会的初期阶段，而经济结构已经是工业社会的中期阶段"①。就阶层结构来说，还未形成理想的"橄榄形"结构，中产阶层还偏小偏弱，这将对中国的和谐与稳定带来不利影响。这是因为，一个社会的中产阶层在政治上被视为社会和谐稳定的基础，在经济上被当作带动社会消费和推动内需的主力军，在文化上是现当代文化的承载主体。因此，中产阶层队伍的大小、强弱会对社会产生直接的影响；扩大中等阶层队伍和维持这个群体的稳定是维护社会稳定的基本条件。就利益和收入分配结构来看，当前我国的利益和收入分配结构也不尽合理，存在着明显的城乡、区域、行业、阶层、群体差异，贫富差距仍然较大，缩小贫富差距，保持一个相对公平合理的利益分配结构是促进社会公平公正、维护社会长久和谐的基本保证。

---

① 陆学艺主编：《中国社会建设与社会管理：探索与发现》，社会科学文献出版社2011年版，第8页。

除此之外，我国社会还有诸多次结构要素，包括组织结构、产业结构、人口结构、就业结构、教育结构、医疗健康结构、保障福利结构等处于一种相对不合理的状态，并且这种不合理的状态还呈现出一种被固化的趋势。这种诸结构要素的不平衡、不合理，是导致当前中国诸多经济和社会问题和矛盾的结构性根源，需要急切进行调整和改进；否则，会对我国社会的和谐与稳定构成威胁和严重影响。

（3）矛盾冲突视角

和谐社会并不意味着社会不存在差别，也不意味着社会就没有矛盾和冲突的产生。实际上，社会和谐仅仅是一种相对的和谐，是一种在不断解决旧矛盾、旧冲突而又产生新矛盾、新冲突中表现出来的暂时的、动态的和谐。和谐社会同样存在着社会问题，同样有社会矛盾和冲突的发生。如果是这样，那和谐社会与不和谐的社会是不是就没有差别呢？它们之间究竟有哪些不同呢？笔者认为，和谐社会与不和谐社会的区别在于，和谐社会不仅有一套预防和减少社会问题、矛盾和冲突的体制和机制，也有一套及时发现和解决社会问题、矛盾和冲突的体制和机制，还有一套能及时有效合理解决社会问题、矛盾和冲突的体制和机制。

首先，和谐社会具有一套预防和减少社会问题、矛盾和冲突的体制和机制。通过这套系统，和谐社会对社会问题、矛盾和冲突的引发源进行治理或干预，把很多问题、矛盾和冲突消除在萌芽阶段，从而降低问题、矛盾和冲突发生的频率，也大大减少了问题、矛盾和冲突的发生。而不和谐的社会，可能就缺失这一套系统，使其不能有效地预防社会问题、矛盾和冲突的产生，致使社会问题、矛盾和冲突日积月累，逐渐演变成为严重的社会问题、社会冲突，甚至引发社会的动荡乃至暴动和动乱。

其次，和谐社会也具有一套能够及时发现和解决社会问题、矛盾和冲突的体制和机制。和谐社会，并不意味着不会产生社会问题、矛盾和冲突，它与不和谐社会一样，也同样会产生社会问题、矛盾和冲突，只不过，和谐社会与非和谐社会不同的是，和谐社会具有一套能够及时发现和解决社会问题、矛盾和冲突的体制和机制，而不和谐的社会则缺失这一套体制和机制，从而使得社会问题、矛盾和冲突得不到及时解决而危害社会的安定与秩序。

最后，和谐社会还具有一套能有效合理解决社会问题、矛盾和冲突的体制和机制。和谐社会不光有一套预防和解决社会问题、矛盾和冲突的体制和机制，还有一套能有效合理解决社会问题、矛盾和冲突的体制和机制。不排除非和谐的社会不具有一套解决社会问题、矛盾和冲突的体制和机制，但社会之所以会不和谐，在于这个社会的问题、矛盾和冲突虽然有可能得到解决，但问题在于社会矛盾和冲突得不到有效合理的解决，从而大幅度增加社会不和谐的因素。而和谐社会则具备这套体制和机制，从而大大减少一些非和谐因素的产生，保证社会的相对和谐；不然，和谐社会也就不和谐了。

总之，从矛盾冲突视角来看待和谐社会，人们会发现，和谐社会不仅会产生社会问题、矛盾和冲突，也存在社会问题、矛盾和冲突，但它与不和谐的社会相比，在于和谐社会具有一套能够有效预防、及时发现和合理有效解决社会问题、矛盾和冲突的体制和机制。就当前中国社会而言，我国社会总体上还是相对和谐的，但仍然存在种种不和谐的现象，也存在着种种诱发不和谐的因素，比较突出的表现是部分社会成员缺失诚信和友爱，道德水平下滑；一部分领导干部的作风、能力和素质难以适应新形势、新情况的工作要求，部分领域的官员腐败现象仍十分严重；地域、城乡、经济社会发展不均衡，与群众利益密切相关的收入、分配、教育、医疗、住房、就业、治安、生产等问题依旧比较突出；敌对势力对我国的渗透和破坏活动仍然比较频繁和猖獗。因此，中国和谐社会建设的任务依然繁重艰巨，和谐社会建设的道路任重而道远。

（4）风险危机视角

若从风险危机视角来看待社会，现代社会则是一个充满着风险和危机的社会，这种风险和危机是现代社会自身的产物，是一种超越了民族国家边界遍及全球和全世界的风险和危机，是一种需要人人都要来分担的对人类社会具有毁灭性后果的风险和危机。在一个和谐的现代社会中，并不意味着就不存在风险和危机，也不意味着就没有风险和危机的产生；相反，和谐的现代社会，同样潜藏着各种风险和危机，同样会出现各种风险和危机，而和谐社会与不和谐的社会不同之处在于，和谐社会应该有一套能有效应对各种风险和危机的体系。通过这套体系，和谐社会自身能够成功而有效地将各种风险和危机给予应对和化解，使社会处于一种相对安全和谐的状态。因此，和谐社会建设的一个基本任务，就是要有效地应对和化解各种风险和危机。

就中国当前的社会而言，由于中国已跻身于世界生产体系和全球经济一体化中，因此，不仅要承受各种全球性风险和危机，如核战争威胁、国际恐怖主义、全球气温升高、大气污染、全球传染性疾病、全球性金融危机等；同时还要面对一些局部性和自身特有的问题和威胁，如水污染、土壤污染、分裂主义、腐败、财富分配不均的风险等。在这些风险和危机中，有些是由现代化自身所引发的，有些则是诸如治理不善等原因所导致。总体来看，中国社会的风险和危机不完全等同于贝克所讲的风险社会，尽管两者之间存在着不少相似性和一致性，但这种相似性和一致性更多的是一种表面现象，其本质性差别表现得更多和更显著。所以，人们不能完全地搬用风险社会理论来解释中国社会的风险状态，也不能简单套用该理论的分析逻辑来对中国社会的风险的产生和规避机制进行诠释。中国社会的风险和危机有其自身的特点，这些特点主要表现为：

第一，中国社会的风险和危机体现更多的是一种发展初级阶段的风险和危机，不同于西方发达国家的发展高级阶段的风险和危机。

与西方发达国家相比，中国还仅仅处于现代化的发展进程中，处于解决温饱奔向小康的进程中，因此，对它来说，经济的增长和财富的积累在这个阶段是至关重要的，生态环境和社会的风险和危机还未完全进入它的思考范围。所以，中国社会的风险和危机是一种主要由追求财富增长所引发的风险和危机。而西方发达国家，早已进入现代化后期，处于发展的高级阶段，经济和财富的增长不是其主要的目标，因而，它的风险和危机主要来自现代化的后遗症或副作用。当然，也不能排除中国社会为了追求经济增长而使用技术而对社会风险和危机的产生形成起到推波助澜的作用。

第二，中国社会的风险和危机是一种在发展进程中，由于现代化社会工程的设计、实施和建设者们囿于其理性思维和行动的制约而采取了不合理恰当的发展理念和行为所导致的非预料性后果。

相对于发达国家而言，中国还只是一个发展中国家。为了能在较短时期内缩小与西方发达国家的差距，实现中国的发展目标和蓝图，中国政府采取了一种"以经济建设"为中心的粗放跨越式发展路径。由于设计、推动和实施这种发展路径的直接责任者们受其理性的约束，不可能对约束其理性行动的所有可能因素给予全面把握和准确理解，因而也就不能对这种发展路径可能带来的意外结果给予正确感知和认识，而产生非预料性的后果。这些后果主要是：经济发展水平在短时期内虽然上了一个台阶，却为此付出了沉重的代价，即生产出生态环境风险和社会风险。而且这种风险一旦产生和形成，便具有再生产的性质。这是因为它们已具备了衍生的条件和环境，故难以在短时期内得以解决和根治。

第三，中国社会的风险和危机还是一种由政治、经济、技术三种权力资本在自我中心主义、急功近利思想和 GDP 主义政策支配下共谋的直接产物。

中国各种生态环境风险和社会风险的出现和扩大化再生产，主要是由政治、经济、技术三种权力资本在自我中心主义、急功近利思想和 GDP 主义政策支配下共谋的直接后果。它不同于贝克等学者提出风险社会是"科学技术依其内在悖论而建构出'人造化自然'之后的必然结果"[①]。这是因为，在中国，虽然掌握了各种权力和资本的利益群体（包括政治权力资本、经济权力资本以及技术权力资本）已经意识到可持续发展对生态环境的重要性，但在利益的驱动下，并不能改变他们肆意向大自然攫取和搜刮的本意和行动，也不能改变他们昧着良心生产、销售各种对人体有害有毒物质的意图和行径。像一些不法无良知的商贩为了追求非法暴利，有预谋、猖獗地制造各种假冒伪劣和有毒有害食品、药品和物品，如假烟、假酒、假药、假疫苗、毒奶粉，并销往各个市场，特别是乡村市场，在牟取非法暴利的同时还坑害一批消费者群体，严重扰乱市场秩序和损害了人民群众的健康；还有不少工厂和生产单位为了减缩成本，想尽办法拒绝采用或逃避使用任何防护处理措施或节能减排设施，将未经任何环保处理的污水、废气、废物排放或倾倒到大自然中；为了力图实现税收的最大化，地方政府无原则地降低环境评价要求和监测标准，对各种污染和破坏环境的行为不干涉而任其所为；还有一些缺乏监督和约束的政府官员为了谋求一己私利，与各种社会风险的生产者

[①] 肖瑛：《风险社会与中国》，《探索与争鸣》2012 年第 4 期，第 46—50 页。

们同谋合污，对各种社会风险的制造和扩展无形中起到了推波助澜的作用。

第四，中国社会风险和危机的主导类型、规避形式、分担形式以及个体抗拒的方式和目标方面有自身的特点，与西方社会风险的这些属性同样存在较显著的差异。

从中国社会风险危机的主导类型来看，受中国经济社会发展水平的约束，中国社会还未真正摆脱贫困和实现全面小康社会，经济社会发展在地区、城乡、行业之间存在着较明显的不平衡，由此带来的财富和资源的分配欠缺公平和公正，这种不公平不公正对社会的稳定与和谐有可能会构成较大的威胁。也就是说，由财富资源分配不公所引发的社会风险占据中国社会风险的主导地位，或者说，财富资源分配风险是中国社会风险的主导类型，支配其他社会风险。从这个意义上讲，要实现中国社会的长久和谐与稳定，首要的任务是要解决财富资源分配的不公平和不公正问题。只有把这个关键问题解决好了，中国社会的和谐与稳定才有一个牢固的基础，否则，中国社会的和谐与稳定就缺失根基，一旦有什么风吹草动，社会安全就难以保证。与中国社会不同的是，西方社会的这种风险已降到次要地位，不占据主导位置。

从中国社会风险的规避形式来看，中国社会风险和危机的规避形式带有明显的个体或小群体性、局部性、条块性和短效性，不具有整体性、全局性、系统性和长效性。理由在于，中国社会正朝着个体化方向发展，但由于中国社会只有注重集体和整体的历史，个体化在中国既缺乏一个自然权利的历史文化传统，也没有一个健全的民主自由制度的保障。也就是说，无论是在思想文化上，还是在制度保障上，国家和社会个体都还没有做好充分准备，就已匆匆走上"被个体化"的行程，从而导致中国的个体化呈现出完全不同于西方社会的基本特征，它表现为中国政府推崇有利于个体自主选择和创造性又不对国家垄断权力构成威胁的个体化，并为此积极实施政策体制改革，将更多的责任转由个体来承担。而社会个体则要求国家为其建立基本的社会福利保障制度，又希冀政府少对他们进行干预，甚至拒绝国家的任何干涉和控制。国家和社会个体的这种个体化态度的分歧和对峙导致中国个体化成为一种畸形或变异的形态，即它不是一种建立在彼此相互尊重基础上的人人平等、正当自由的个体主义，而是一种"利己主义和特权主义"的个体化，一种"被删减的制度化的个体化"①，其实质就是以利己为目的的追求自身特权的自我中心主义。这种利己的自我中心主义表现在社会风险的规避上，就是典型的"小农意识""部门主义"或"小团体主义"，即不是从全体、全局或整体、全球的长远利益出发，而是从个体、小集体或部门的短期利益出发来对风险的生产规避形式做出选择。这就决定了这种风险的规避策略、路径、方法带有明显的小集团性、局部性、条块性和短效性，欠缺整体性、全局性、系统性和长效性。

从中国社会风险的分担形式来看，一方面，中国政府正在为适应市场经济的发展而布局谋划和实施各种政策和体制改革，促成个体享有更多独立性和自主选择权利，同时也将更多的责任转由个体来承担；另一方面，受中国经济社会发展水平以及思想理念的约束，具有普惠意义的中国社会福利保障制度不仅没有充分建立，就连现有的剩余式福利制度还带有明显的体制差别、城乡差别、地域差别和行业差别。这种状况导致的结果是：个体在这个进程中虽然享有的自主选择权利越来越多，享有的机遇也越来越多，但也暗示着个体一旦做出自己的抉择，就意味着将对自己选择的全部后果承担所有的责任。从这个层面来讲，它表明社会风险完全由个体来分担，社会不再也不能为个体分担任何一小点的责任。也就是说，当下中国社会风险的分担呈现出一种纯粹个体化的特征。它使得个体，乃至家庭在当下的中国社会缺乏安全感，也缺乏生活的意义和幸福感；同时也使众多的个体和家庭在各种社会风险面前变得十分脆弱，有一击便垮的态势。这与贝克所讲的西方国家的个体化风险表现不同，西方国家的个体化风险是由于劳动力的流动性，将建立在工业社会基础上的福利制度冲击得遍体鳞伤，无法实现对个体由自己的抉择所带来的各种风险的帮助。

从中国社会个体抗拒风险的方式和目标来看，由于中国社会风险和危机的上述特性，决定了在中国现有的社会治理理念和体系之下，广大社会成员对现有的风险生产和分配制度的后果难以产生怀疑，对各种风险的反抗，也不可能在超越现有的体制外展开；这就决定了人们要想以

---

① 肖瑛：《风险社会与中国》，《探索与争鸣》2012年第4期，第46—50页。

新的社会运动的形式来抗拒社会风险，既不现实，也不会被许可。因此，在反抗风险的方式上，体制内最频繁使用的办法就是"上访"，最为激进和极端的路径就是"闹"和"暴力"，从而跌入"小闹小解决，中闹中解决，大闹大解决，不闹不解决"的恶性怪圈，这种抗拒风险的方式完全不同于西方社会的"法团主义的和平理性方式"①。在抗拒风险的目标上，人们只是以达到单个风险项目的停止运营或以实现抗拒者内心期望的利益赔偿或责任分担为目的。至于实现或推动政治、经济、技术发展模式的整体生态化，人们不会去考虑，也考虑不到。一些政府部门和官员在处理此类事件上，也仅仅停留在"压制、防堵、搞定、摆平"或"花钱买平安"的简单思维和做法上，而不是从根本的意义上去探究和解决这些问题。

可见，中国社会的风险和危机无论是在表现形式、主导类型、规避形式，还是在风险的分配形式、个体抗拒风险的方式和目标等方面都具有自身的特点，与西方社会的风险属性表现具有较明显的差别。这就要求人们在应对、规避和研究这些风险上，不能照搬西方社会的做法，而应该探寻自己的解决之道。

总之，人们可以从不同视角来认识和谐社会的内涵，获取的启发也是不一样的，这样，对开展和谐社会建设就更有帮助。

二 中国社会主义和谐社会建设的内容任务与目标

对于中国社会主义和谐社会建设的内容、任务和目标，虽然《中共中央关于建设社会主义和谐社会若干重大问题的决定》（以下简称《决定》）同样给予了明确的规定。《决定》提出："到二〇二〇年，构建社会主义和谐社会的目标和主要任务是：社会主义民主法制更加完善，依法治国基本方略得到全面落实，人民的权益得到切实尊重和保障；……实现全面建设惠及十几亿人口的更高水平的小康社会的目标，努力形成全体人民各尽其能、各得其所而又和谐相处的局面。②"这是 2006 年 10

---

① 肖瑛：《风险社会与中国》，《探索与争鸣》2012 年第 4 期，第 46—50 页。
② 《中共中央关于构建社会主义和谐社会若干重大问题的决定》，新华网，http://news.xinhuanet.com/politics/2006-10/18/content_5218639.htm，2016—6—11。

月 11 日中国共产党第十六届中央委员会第六次全体会议对社会主义和谐社会建设目标、任务和内容的决定。从这一规定中人们可以得知，中国社会主义和谐社会建设应包括了经济建设、政治建设、社会建设和文化建设，并推动社会建设与各个建设的协调发展，其具体的任务就是要"发展社会事业、促进社会公平正义、建设和谐文化、完善社会管理和增强社会创造力，走共同富裕道路"。

但笔者认为，中国社会主义和谐社会建设的内容、任务和目标不应该是一成不变的，而是一个动态的变化过程，一个不断调整充实和完善的过程。它们会随着我国经济社会的发展而调整变化。在不同的发展阶段，由于和谐社会建设所遭遇的风险、危机、问题和所面临的国内外形势不同，中国社会主义和谐社会建设的内容、目标和任务也会做出相应的调整。

1. 中国社会主义和谐社会建设的内容

就中国社会主义和谐社会建设的内容来看，实际上它经历了一个不断调整和完善的变化过程。从党的"十一届三中全会"到党的十六大之前，中国社会主义建设主要提"物质文明建设和精神文明建设"，而且着重强调经济建设，对政治和文化建设提及不多。党的十六大在"两个文明"的基础上，明确提出"发展社会主义市场经济、社会主义民主政治和社会主义先进文化，不断促进社会主义物质文明、政治文明和精神文明的协调发展"，即所谓的"经济建设、政治建设和文化建设"三位一体的科学论断。从中可知，党的"十六大报告"把经济建设、政治建设、文化建设与物质文明、政治文明、精神文明相联系起来，使三位一体的总体布局更加清晰和深入。党的"十七大报告"提出了"坚持中国特色社会主义经济建设、政治建设、文化建设、社会建设的基本目标和基本政策构成的基本纲领"，即所谓的"经济建设、政治建设、文化建设和社会建设"四位一体的总体设想和思路，继而党的"十八大报告"在"四位一体"的基础上，把"四位一体"推进为"五位一体"建设的思想，即增加了"生态文明建设"。这个总体布局意味着中国社会主义和谐社会建设进入社会主义各项事业全面建设和全面协调发展的新阶段。它表明，中国共产党和中国政府对和谐社会建设的认识越来越全面和深刻。

笔者认为，社会主义和谐社会建设至少还应包括道德建设。这是因为，道德不仅是每一位社会成员个人为人处世的重要准则，也是衡量判断一个人思想言行好坏的重要标准，还是一个社会的重要组成部分。一个社会成员的道德水平的高低对于社会的和谐具有很大的影响。在于社会和谐不仅是人自身的和谐，还是人与人、人与社会、人与自然的和谐，而要处理和协调这些关系并保持一种和谐的状态，没有较高的道德水平，没有一个高尚的道德品质，没有一个包容、理解、关心、体贴、爱护、尊重他人的思想和观念，是难以与他人和睦相处，难以去包容、理解、体贴和宽恕他人，自然就难以维持各种关系的和谐。没有各种关系的和谐，社会的和谐也就成为一句空话。可见，培养广大社会成员高尚的道德水平对于构建和谐社会建设具有极其重要的意义。道德作为一种社会规范和社会控制的手段和方式，是一个人的行为准则，是一种约束社会成员的规范，但道德不同于法律。在于道德主要是靠个体的内心自觉和社会舆论来约束社会成员，具有内在的自觉性，是个体主动地约束自己，是一种软约束。而法律虽然是一种行为规范，但它主要依赖外在的强制力来对社会成员起到约束作用，具有外在的强迫性，是个体被动地遵从，是一种硬约束。也就是说，离开了外在的强制力，法律对社会成员的约束力将大大削弱。因此，单纯靠法律来约束广大社会成员是不够的，还必须通过包括教育在内的各种途径，采用各种办法来提高社会成员的道德水平，才有助于提升社会成员遵从社会规范的自觉性，才有助于维护各种关系的和谐。但一个社会的和谐，单纯依赖道德来约束社会成员又是不够的，特别是在今天复杂的市场经济环境下，没有法律的规定和强制，也是难以维系社会秩序的。这就表明，和谐社会秩序的维持，不光要靠法律来约束社会成员，也要发挥道德对社会成员的约束作用；和谐社会建设，不光要进行法治建设，还要开展道德建设。对于和谐社会秩序的维持，法律和道德两者缺一不可，两者应该相辅相成，共同起到维护社会和谐的作用。可见，在当前我国强调和重视法治建设的同时，也不应忽视和忘却公民的道德建设，两者应该给予同样的重视。历史经验表明，任何时候都不能放松和忽视公民的道德建设，否则，其所带来的负面影响是极为深刻和长久的，是很难扭转过来的。而且，在某种意义上，社会道德建设成效显著，法治建设才有可能取得较大的效果。而法治建设成效上去了，公民的道德水平不一定就能得到提升。所以，道德建设应该被视为和谐社会建设的重要内容。

但有不少人认为，中国已在进行文化建设，文化建设本身包含了道德建设，因此，没有必要将道德建设从文化建设中单独提出来给予强调。但笔者认为，道德建设和文化建设虽然两者有不少联系，但道德建设和文化建设还是有很多差别的。这是因为，道德水平与一个人的文化知识水平没有必然联系，道德水平高的人，不一定就有很高的文化知识水平；同样，一个有较高文化知识的人，也不一定就有较高的道德水平。也就是说，通过加强文化建设，提高社会成员的知识文化水平，不一定能够提升他的道德水平。同样，通过加强道德建设，提升社会成员的道德水平，也不一定能提高他的知识文化水平。因此，文化建设不能完全包含道德建设，更不能等同于道德建设。因此，将道德建设视为和谐社会建设的一个独立的组成部分，是很有必要和有价值的。总之，通过加强社会成员的道德建设，使之成为品德高尚的人，是和谐社会建设不可缺少的重要内容之一。

当然，也有人会提出来，既然道德建设被视为不同于文化建设的一个社会建设的独立组成部分，法治建设是否也是社会建设的一个独立组成部分呢？依照这样的推理，社会主义和谐社会建设不是五位一体，也不是"六位一体"，而是"七位一体"，甚至有可能是更多的一体，即"经济建设、政治建设、社会建设、文化建设、生态文明建设、道德建设、法治建设"。笔者认为，法治建设应该是政治文明建设的重要组成部分，是政治制度建设的重要组成要素，政治建设中很大一部分就是法律和制度建设。如果没有法治建设，政治建设的很多内容就没有了，因而，把法治建设从政治建设中独立出来，政治建设就有可能成为空架子。当然，为了强调法治建设，而提出要加强法治建设是可以的。但如果将法治建设单独从政治建设分离出来，就有点不切实际。当然，这一想法也不是没有一点道理，可以继续讨论。

除此之外，是否还要将国防和军队建设以及党的建设也纳入和谐社会建设的内容，也值得商讨。如果是这样，中国社会主义和谐社会建设的内容就不是"七位一体"，而至少是"九位一体"，在前面"七位一体"的基础上再加上"国防和军队建设以及党的建设"。笔者认为，这里也确实需要值得人们进一步讨论和研究，有可能随着人们认识的深入和改变，说不准在某一时候，人们就会接受和认可"九位一体"建设。这或许只是时间的问题。

2. 中国社会主义和谐社会建设的目标和任务

中国社会主义和谐社会建设的目标和任务，也有一个调整和变化的过程，同时，还有近期、中期和远期目标和任务之分。

从调整和变化的过程来看，中国社会主义和谐社会建设的目标和任务经历了一个不断发展完善和明确的过程。在和谐社会建设理论未提出之前，党的各大会议报告和正式文件，对和谐社会的建设提及较少，任务和目标主要是"两个文明"建设；十六大报告提出了"三个文明"，即物质文明、政治文明、精神文明建设的任务，目标是"全面建设小康社会的目标，开创中国特色社会主义新局面，……推进中华民族的伟大复兴"；党的十七大提出了"促进社会建设同经济建设、政治建设、文化建设"的协调发展，即"四位一体"建设的任务，目标是"在十六大确立的全面建设小康社会目标的基础上对我国发展提出新的更高要求"；党的"十八大报告"在"十七大报告"的基础上，又明确提出"经济建设、政治建设、文化建设、社会建设、生态文明建设""五位一体"的建设任务和"确保到二〇二〇年，全面建成社会主义小康社会"的目标。"十八大"召开以后，中国共产党继续对"十八大"以来提出的各项建设任务和目标进一步发展和完善，分别在党的"十八届三中全会"和"四中全会"上又提出"全面深化改革"和"全面推进依法治国"的战略任务和目标。2014年10月，习近平总书记在党的群众路线教育实践活动总结大会上又提出了"全面推进从严治党"的任务，并在12月江苏视察时，习总书记第一次将"全面从严治党"与"全面建成小康社会、全面深化改革和全面推进依法治国"并列在一起，成为"四个全面"这个整体框架。这样，就形成了在新常态下社会主义和谐社会建设的任务和目标的重要战略布局，即"四个全面"架构下的"五位一体"建设总体规划任务和"实现中华民族伟大复兴"的宏伟目标。可见，中国社会主义和谐社会建设的任务和目标经过党的各大会议报告的发展和完善，越来越明确，越来越清晰。这表明，社会主义和谐社会建设的任务和目标会因我国经济社会的发展而不断变化和调整，而不是一成不变的。随着当前和谐社会建设任务和目标的完成和实现，我国的和谐社会建设任务和目标又将会进行调整和变化。

从近期、中期和远期目标和任务来看，当前我国社会主义和谐社会建设的近期任务和目标就是"四个全面"架构下的"五位一体"建设和"二〇二〇年全面建成小康社会"，也就是实现中国共产党提出来的"第一个百年目标"，即在中国共产党成立一百年之际（2021年）"全面建成小康社会"。它的具体要求已在2015年10月29日《中国共产党第十八届中央委员会第五次全体会议公报》中给予明确提出来，即"经济保持中高速增长，在提高发展平衡性、包容性、可持续性的基础上，到二〇二〇年国内生产总值和城乡居民人均收入比二〇一〇年翻一番，产业迈向中高端水平，消费对经济增长贡献明显加大，户籍人口城镇化率加快提高。农业现代化取得明显进展，人民生活水平和质量普遍提高，我国现行标准下农村贫困人口实现脱贫，贫困县全部摘帽，解决区域性整体贫困。国民素质和社会文明程度显著提高。生态环境质量总体改善。各方面制度更加成熟更加定型，国家治理体系和治理能力现代化取得重大进展"。[①] 由此可知，全面建成小康社会的任务和目标是多方面的，不仅涉及各项建设发展指标的数量，也注重其质量和内涵。社会主义和谐社会建设的中期目标就是中国共产党提出来的第二个百年目标，即在中国成立一百年时（2049）建成"富强、民主、文明、和谐的社会主义现代化国家"。这个目标和任务中涵盖了社会主义社会在经济、政治、文化、社会、生态等多个层面的属性和特征，它们内容丰富，缺一不可。社会主义和谐社会建设的长远目标和任务就是"实现中华民族的伟大复兴"的中国梦，真正使中华民族屹立于世界民族之林。这个任务和目标宏伟而远大，不是在短时间内能够实现的，需要几代中国人的团结努力和奋斗拼搏。

总之，中国社会主义和谐社会建设的任务和目标在中国社会主义和谐建设理论的不断发展丰富和实践的不断深入下，会随之发生调整和变化，也会越来越清晰、明确和宏伟。

[①] 新华社北京10月29日电:《中国共产党第十八届中央委员会第五次全体会议公报》，http://news.xinhuanet.com/fortune/2015-10/29/c_1116983078.htm，2016—6—16。

三 中国社会主义和谐社会建设的指导思想与原则

中国社会主义和谐社会建设不是一项没有组织没有原则的事业和行动，它要遵循一定的思想指导和遵守一定的原则来进行。同样，这些指导思想和原则也不是一成不变的，它也会随着人们对和谐社会建设认识的深入而不断调整和完善。

1. 中国社会主义和谐社会建设的指导思想

就和谐社会建设最初的指导思想来看，早在《中共中央关于建设社会主义和谐社会若干重大问题的决定》中就给予明确地提出。从《决定》中的规定来看，人们可以得知，中国社会主义和谐社会建设，首先是要坚持走中国特色社会主义道路，坚持在中国共产党领导下全体人民共同参与建设、共同享有和谐社会建设的成果。同时，还必须坚持"马克思列宁主义、毛泽东思想、邓小平理论、三个代表重要思想"的指导，坚持党的基本路线、纲领和经验，坚持科学发展观，坚持按照和谐社会的"六个基本特征"总要求，以解决人民群众最关心、最直接、最现实的利益问题为重点，来"发展社会事业、促进社会公平正义、建设和谐文化、完善社会管理、增强社会活力"，达到"社会建设与经济建设、政治建设、文化协调发展"和实现"共同富裕"①。这个指导思想是一个完整的体系，各部分之间相互联系紧密，不可分割。党的十八大继续强调遵循这一指导思想的重要性。党的"十八届三中全会"，在强调遵循该指导思想的基础上，进一步补充强调要"坚定信心，凝聚共识，统筹谋划，协同推进，坚持社会主义市场经济改革方向，以促进社会公平正义、增进人民福祉为出发点和落脚点，进一步解放思想、解放和发展社会生产力、解放和增强社会活力，坚决破除各方面体制机制弊端，努力开拓中国特色社会主义事业更加广阔的前景"②。党的"十八届五中全会"，在遵照前面指导思想的同时，又进一步发展强调全面贯彻党的十八大以来的会

---

① 《中共中央关于构建社会主义和谐社会若干重大问题的决定》，新华网，http://news.xinhuanet.com/politics/2006-10/18/content_5218639.htm，2016—6—11。

② 新华社北京11月15日电：《中共中央关于全面深化改革若干重大问题的决定》，http://news.xinhuanet.com/2013-11/15/c_118164235.htm，2016—6—17。

议精神,"……深入贯彻习近平总书记系列重要讲话精神",坚持"四个全面"的战略布局,"坚持发展是第一要务,以提高发展质量和效益为中心,加快形成引领经济发展新常态的体制机制和发展方式,保持战略定力,坚持稳中求进,统筹推进经济建设、政治建设、文化建设、社会建设、生态文明建设和党的建设,确保如期全面建成小康社会,为实现第二个百年奋斗目标、实现中华民族伟大复兴的中国梦奠定更加坚实的基础"①。可见,中国社会主义和谐社会建设的指导思想也是随着中国社会主义和谐社会建设实践的日益深入而不断发展和完善。

2. 中国社会主义和谐社会建设的原则

关于中国社会主义和谐社会建设的原则,《决定》也做了明确的规定。《决定》指出,构建社会主义和谐社会,必须坚持正确的原则,即"必须坚持以人为本",必须坚持科学发展、改革开放、民主法治,"必须坚持正确处理改革发展稳定的关系,必须坚持在党的领导下全社会共同建设"②。

从中可知,和谐社会建设要坚持以人为本,就是做到"发展为了人民,发展依靠人民,发展成果由人民共享,促进人的全面发展"。也就是说,在社会主义和谐社会建设中,要始终把最广大人民群众的根本利益作为党和国家一切工作的行动准则,作为全部工作的出发点和落脚点。离开了人民群众的根本利益,社会建设也就失去其应有的意义和价值。

坚持科学发展,就是要做到和谐社会建设的顶层设计和总体布局要科学合理,要做到城乡之间、区域之间、经济与社会之间、人与自然之间、国内发展与对外开放之间的发展都要"统筹"布局、规划和协调,不能只顾其中一方面的发展,而忽视另一方面的发展;否则,其结果就很容易导致中国社会"一条腿长、一条腿短"的不协调健康发展,这对中国社会的和谐稳定是极为不利的;同时,还要做到转变增长方式,提

---

① 新华社北京 10 月 29 日电:《中国共产党第十八届中央委员会第五次全体会议公报》,http://news.xinhuanet.com/fortune/2015-10/29/c_1116983078.htm, 2016—6—16。

② 《中共中央关于构建社会主义和谐社会若干重大问题的决定》,新华网,http://news.xinhuanet.com/politics/2006-10/18/content_5218639.htm, 2016—6—11。

高发展质量,降低发展成本和耗损,使发展走上一条"节约、清洁、安全、可持续和全面协调"的道路上来。

坚持改革开放,就是社会主义和谐社会建设要通过不断改革和开放来进行。改革,就是不仅要坚持社会主义经济朝着市场方向发展,还要对不适应社会发展要求的各项体制,包括经济的、政治的、文化的、社会的,进行改革和创新;开放,就是不能搞闭关锁国政策,而是要打开国门,广泛地与世界各国进行友好合作与交流,学习世界各国先进的文化、经验和技术,广泛地利用国际社会的各种有利资源来为中国社会主义社会建设服务。只有这样,才能保证中国社会主义社会建设富有效率、充满活力和生机;离开改革开放,和谐社会建设就会失去动力和活力,自然就没有生机,也就没有什么成效。

坚持民主法治,就是社会主义和谐社会建设要走"民主、法治"的道路,要不断加强社会主义民主政治和法治建设,发展社会主义民主,加强依法治国的方略,使社会主义和谐社会建设有"民主和法治"的保障。只有这样,社会主义和谐社会才能形成一个公平公正的良好社会秩序,和谐才有保障。

坚持正确处理改革发展稳定的关系,就是在社会主义和谐社会建设的进程中,要将"改革的力度、发展的速度和社会可承受的程度"[①] 协调统一起来,要将"三者"保持在一个适度的范围内,保持在社会可以承受的幅度内,这样才能保持社会的稳定与和谐;如果只顾其中一个方面或两个方面而忽视其中的另一方面或两个方面,就有可能超过社会的承受程度而危及社会的稳定与和谐。也就是说,改革和发展都要以社会的稳定为基础,不能离开这个基础,任何一项改革或发展如果会对社会稳定造成冲击,就要考虑先缓一缓,将幅度减小一点;当然,不能只顾稳定,而忘记了发展和改革,也是不对的,这样会失去很多发展的机遇,社会就没有生气。

坚持在党的领导下全社会共同建设,就是社会主义和谐社会建设首先要有中国共产党的领导,这既是前提条件,也是和谐社会建设成功的

---

① 《中共中央关于构建社会主义和谐社会若干重大问题的决定》,新华网,http://news.xinhuanet.com/politics/2006-10/18/content_5218639.htm,2016—6—11。

基本保证。同时，和谐社会建设还必须是全社会共同建设，是人人都有责任、人人都应该参与的一项伟大事业，也是人人都应该享有的一项伟大成果。也就是说，和谐社会建设离不开党的领导，离不开人民群众的广泛参与和支持，这就需要发挥中国共产党的领导核心作用，维护人民群众的主体地位，充分发挥广大人民群众的积极性和创造力，团结一切可以团结的力量，为和谐社会建设注入活力。

党的十八大报告继续重申在夺取中国特色社会主义新胜利进程中所必须坚持的基本要求，再一次强调"必须坚持人民主体地位，必须坚持解放和发展社会生产力，必须坚持推进改革开放，必须坚持维护社会公平正义，必须坚持走共同富裕的道路，必须坚持促进社会和谐，必须坚持和平发展，必须坚持党的领导"，还特别指出要让这些基本要求成为"全党全国各族人民的共同信念"[1]。

党的十八届五中全会公告，在重申坚持这些基本原则和要求的同时，提出要"坚持创新发展，坚持协调发展，坚持绿色发展，坚持开放发展和坚持共享发展"[2]的"五个"坚持发展的原则和要求，从而进一步将这些原则和要求给予明确和具体化。

总之，中国社会主义和谐社会建设的指导思想和原则也不是一成不变的，它会随着人们对和谐社会建设认识的日益深入与和谐社会建设实践的逐渐推进，而不断地发展和完善。人们应本着辩证发展的视角来看待和谐社会建设的指导思想和原则。

第二节　中国社会主义和谐社会建设的实证分析

中国社会主义和谐社会建设自提出到现在已进行了多年，民众对此有何看法，又有什么建议？课题组专门就此进行了问卷调查和访谈调查，下面是对调查资料的分析。

---

[1] 胡锦涛：《坚定不移沿着中国特色社会主义道路前进　为全面建成小康社会而奋斗——在中国共产党第十八次全国代表大会上的报告》，《人民日报》2012 年 11 月 18 日第 1 版。

[2] 新华社北京 10 月 29 日电：《中国共产党第十八届中央委员会第五次全体会议公报》，http://news.xinhuanet.com/fortune/2015 – 10/29/c_ 1116983078. htm, 2016—6—16。

一 中国社会主义和谐社会建设的定量分析

中国社会主义和谐社会建设涉及个人、家庭，也涉及信教群体和不信教群体，每个人、每个家庭、每个群体，都是和谐社会建设的亲历者，也是和谐社会建设的践行者。因此，他们对和谐社会建设有着自己的体会和感受。人们可以从下面的分析中得到大体了解。

1. 受访者个人、家庭与社会主义和谐社会建设

受访者个人和家庭与社会主义和谐社会建设，主要讨论的是个人对和谐社会建设的切身感受和家庭所遭遇的一些切实困难和问题，从而让人们对和谐社会建设应该重点关注个人和家庭的具体方面，以便在和谐社会建设中发力更精准。

就个人满意情况来看，让受访者感到满意的是家庭关系，其次是居住环境和条件，再次是夫妻关系婚姻生活；然后是个人和家庭健康状况；第五是财产及经济收入；第六是个人工作、就业和事业；第七是子孙管教和学习；第八是子孙生育；第九是长辈赡养；第十是宗教信仰。

表5—1　　　　　　　　　　受访者感到满意的事情

		不信教	信教 佛教徒	信教 基督徒	信教 小计	不好说	合计	占总人数的百分比（%）	排序
让您感到满意的有	1. 财产及经济收入	92	47	49	96	3	191	30.7	5
	2. 居住环境和条件	157	91	63	154	4	315	50.6	2
	3. 夫妻关系婚姻生活	137	71	85	156	2	295	47.4	3
	4. 家庭关系	202	83	95	178	3	383	61.5	1
	5. 个人工作、就业和事业	83	43	38	81	2	166	26.6	6
	6. 子孙生育	73	42	35	77	3	153	24.6	8
	7. 子孙管教和学习	78	43	32	75	2	155	24.9	7
	8. 治安状况	57	21	20	41	0	98	15.7	11
	9. 个人和家庭健康状况	147	59	72	131	2	280	44.9	4

续表

		您信教吗						
		不信教	频率			不好说	合计	占总人数的百分比（%）	排序
			信教						
			佛教徒	基督徒	小计				
让您感到满意的有	10. 社会风气	31	13	9	22	0	53	8.5	12
	11. 长辈赡养	72	39	33	72	3	147	23.6	9
	12. 因为有宗教信仰而比别人有更多幸福感	13	46	77	123	5	141	22.6	10
	13. 因为家庭成员的宗教信仰不同而引起冲突	3	2	7	9	0	12	1.9	13
	14. 其他	1	3	1	4	0	5	0.8	14

而让受访者感到不满意的，排在前五位的分别是社会风气、财产及经济收入、治安状况、居住环境和条件以及个人工作、就业和事业。由此可知，大部分受访者对社会风气、财产及收入、治安状况、居住环境和条件以及个人工作、就业和事业有比较大的意见。

表5—2　　　　　　　　受访者感到不满意的事情

		您信教吗						
		不信教	频率			不好说	合计	占总人数的百分比（%）	排序
			信教						
			佛教徒	基督徒	小计				
让您感到不满意的有	1. 财产及经济收入	141	52	44	96	3	240	38.5	2
	2. 居住环境和条件	89	38	52	90	2	181	29.1	4
	3. 夫妻关系婚姻生活	34	14	12	26	1	61	9.8	8
	4. 家庭关系	33	9	11	20	2	55	8.8	10
	5. 个人工作、就业和事业	95	32	28	60	2	157	25.2	5
	6. 子孙生育	31	9	13	22	1	54	8.7	11
	7. 子孙管教和学习	47	17	23	40	0	87	14.0	7
	8. 治安状况	116	57	43	100	2	218	35.0	3
	9. 个人和家庭健康状况	56	26	25	51	4	111	17.8	6

续表

		您信教吗						
		频率					占总人数的百分比（%）	排序
		不信教	信教			不好说	合计	
			佛教徒	基督徒	小计			
让您感到不满意的有	10. 社会风气	168	70	55	125	3	296	47.5	1
	11. 长辈赡养	34	13	12	25	2	61	9.8	9
	12. 因为有宗教信仰而比别人有更多幸福感	19	4	4	8	0	27	4.3	13
	13. 因为家庭成员的宗教信仰不同而引起冲突	9	9	20	29	0	38	6.1	12
	14. 其他	6	6	10	16	0	22	3.5	14

从中可知，和谐社会建设要加强社会风气的扭转，要不断增加居民的收入，要改善治安状况和民众的居住条件，要解决就业问题。

表5—3　　　　　　　受访者家庭遇到的困难或问题情况

		您信教吗						
		频率					占总人数的百分比（%）	排序
		不信教	信教			不好说	合计	
			佛教徒	基督徒	小计			
您家庭遇到的主要困难或问题有	1. 家里有病人，医疗费用大，难以承受	62	22	25	47	2	111	17.8	6
	2. 子女教育费用高，难以承受	97	39	23	62	1	160	25.7	2
	3. 孩子不听话，管教困难，学习成绩差	37	19	12	31	0	68	10.9	9
	4. 家庭收入低，生活窘迫	74	21	19	40	0	114	18.3	5
	5. 物价上涨，影响生活水平	200	72	57	129	4	333	53.5	1

续表

		您信教吗						
		频率					占总人数的百分比（%）	排序
		不信教	信教			不好说	合计	
			佛教徒	基督徒	小计			
您家庭遇到的主要困难或问题有	6. 家庭关系不和（如子女、兄弟姊妹、婆媳关系不和）	23	12	12	24	0	47	7.5	12
	7. 夫妻婚姻关系不好	14	7	6	13	0	27	4.3	16
	8. 照顾老人、赡养老人负担过重	28	15	7	22	1	51	8.2	11
	9. 住房条件差，建或买不起房	65	27	30	57	4	126	20.2	3
	10. 就业难，家人有人无业、失业或工作不稳定	88	26	29	55	3	126	20.2	4
	11 家务负担太重	46	21	15	36	1	83	13.3	8
	12. 劳动、工作负担重，难以承受	44	23	17	40	0	84	13.5	7
	13. 遇到受骗、失窃、被抢劫等犯罪事件	12	10	8	18	0	30	4.8	14
	14. 投资失利或生意失败	8	9	5	14	0	22	3.5	17
	15. 因家庭成员信仰不同引起的冲突或偏见	8	9	11	20	1	29	4.7	15
	16. 后代生育不顺利或不理想	34	4	1	5	0	39	6.3	13
	17. 没有这些问题	4	17	32	49	1	54	8.7	10
	18. 其他	2	5	4	9	11	1.8	1.8	18

就家庭所遭遇的问题或困难来看，排在第一位的是物价上涨，影响生活水平；第二是子女教育费用高，难以承受；第三是住房条件差，建不起或买不起房；第四是就业难，家人有人无业、失业或工作不稳定；

第五是家庭收入低,生活窘迫;后面还有医疗费用大,劳动工作压力负担重,家务负担重,孩子管教困难。

从受访者遇到困难寻求帮助来看,排在第一位的是家庭,第二位的是宗教组织,第三是教友,第四是朋友、同乡等个人关系网,第五是居委会或村委会,第六是家族宗族,第七是工作单位,第八是各级党政部门及工、青、妇组织,第九是新闻媒体,第十是慈善机构。可见,宗教组织和教友成为受访者遇到困难的第二和第三重要的支持提供者。可见,宗教组织和教友不仅是信教受访者,还是不信教受访者在遭遇困难时的重要支持提供者。

表5—4　　　　　　　　受访者遇到困难寻求帮助情况

		您信教吗						
		频率					占总人数的百分比(%)	排序
		不信教	信教			不好说	合计	
			佛教徒	基督徒	小计			
当您生活中遇到困难时,您通常会找下列哪些组织或个人寻求帮助	1. 各级党政部门及工、青、妇组织	29	17	15	32	2	63	10.1	8
	2. 居委会或村委会	71	50	22	72	2	145	23.3	5
	3. 工作单位	56	29	17	46	1	103	16.5	7
	4. 宗教组织(如教会或寺庙)	181	34	52	86	1	268	43.0	2
	5. 教友	104	24	86	110	4	218	35.0	3
	6. 家庭	223	75	82	157	3	383	61.5	1
	7. 家族、宗族	22	54	46	100	2	124	19.9	6
	8. 朋友、同乡、战友、生意伙伴等个人关系网	36	94	66	160	2	198	31.8	4
	9. 慈善机构	10	7	0	7	0	17	2.7	10
	10. 新闻媒体	7	9	2	11	1	19	3.0	9
	11. 网友	1	3	3	6	0	7	1.1	12
	12. 其他	1	7	3	3	0	11	1.8	11

从受访者的家庭冲突情况看,大部分家庭不存在什么冲突,或者

说没有冲突是大部分家庭的常态，但在一些家庭中也存在一定比例的其他冲突形式，如家庭冷暴力比较普遍；其次是打骂孩子；再次是因信仰不同宗教产生的冲突；第四是不尽夫妻责任；第五是不尽赡养责任。

表 5—5　　　　　　　　　　　受访者家庭冲突情况

		您信教吗					占总人数的百分比（%）	排序
		频率						
		不信教	信教			不好说	合计		
			佛教徒	基督徒	小计				
您的家庭冲突有	1. 虐待老人	3	1	2	3	0	6	1.0	9
	2. 打骂孩子	32	17	6	23	1	56	9.0	3
	3. 丈夫打妻子	8	2	5	7	0	15	2.4	7
	4. 妻子打丈夫	8	0	1	1	0	9	1.4	8
	5. 冷暴力不理对方	56	32	23	55	2	113	18.1	2
	6. 不尽赡养责任	16	3	0	3	1	20	3.2	6
	7. 不尽夫妻责任	14	7	1	8	0	22	3.5	5
	8. 信仰不同宗教产生的冲突	3	9	14	23	1	27	4.3	4
	9. 无任何冲突	182	94	101	195	2	379	60.8	1
	10. 其他	41	16	21	37	1	79	12.7	

从受访者家庭采取保护环境和节约能源情况看，有近80%的受访者家庭实施了节约用电和用水行动；有近40%的家庭实施购买环保家电和少用或不用塑料袋行动；有近35%至38%的家庭尽量使用无磷洗衣粉和食用绿色有机食物；还有近30%的家庭做到垃圾分类或不乱丢垃圾和少杀生及多吃素食。可知，大部分受访者还是具有较浓厚的环保意识，能比较正确地处理人与自然的关系。

表 5—6　　　　　　　　　受访者家庭环保行动情况

<table>
<tr><th colspan="2" rowspan="3"></th><th colspan="6">您信教吗</th><th rowspan="3">占总人数的百分比（%）</th><th rowspan="3">排序</th></tr>
<tr><th colspan="4">频率</th><th rowspan="2">不好说</th><th rowspan="2">合计</th></tr>
<tr><th rowspan="2">不信教</th><th colspan="3">信教</th></tr>
<tr><th></th><th></th><th>佛教徒</th><th>基督徒</th><th>小计</th><th></th><th></th><th></th><th></th></tr>
<tr><td rowspan="9">您家庭采取的保护环境和节约能源的行动有</td><td>1. 节约用水</td><td>245</td><td>120</td><td>122</td><td>242</td><td>7</td><td>494</td><td>79.3</td><td>2</td></tr>
<tr><td>2. 节约用电</td><td>270</td><td>123</td><td>127</td><td>250</td><td>7</td><td>527</td><td>84.6</td><td>1</td></tr>
<tr><td>3. 垃圾分类或不乱丢垃圾</td><td>104</td><td>48</td><td>48</td><td>96</td><td>5</td><td>205</td><td>32.9</td><td>7</td></tr>
<tr><td>4. 购买环保家电</td><td>134</td><td>60</td><td>53</td><td>113</td><td>5</td><td>252</td><td>40.4</td><td>3</td></tr>
<tr><td>5. 尽量食用绿色有机食物</td><td>126</td><td>58</td><td>54</td><td>112</td><td>4</td><td>242</td><td>38.8</td><td>5</td></tr>
<tr><td>6. 少用或不用塑料袋</td><td>126</td><td>54</td><td>60</td><td>114</td><td>5</td><td>245</td><td>39.3</td><td>4</td></tr>
<tr><td>7. 使用无磷洗衣粉</td><td>116</td><td>41</td><td>62</td><td>103</td><td>4</td><td>223</td><td>35.8</td><td>6</td></tr>
<tr><td>8. 少杀生，多吃素食</td><td>72</td><td>63</td><td>47</td><td>110</td><td>3</td><td>185</td><td>29.7</td><td>8</td></tr>
<tr><td>9. 其他</td><td>6</td><td>11</td><td>9</td><td>20</td><td>0</td><td>26</td><td>4.2</td><td>9</td></tr>
</table>

表 5—7　　　　　　　　　影响家庭和谐的主要因素

<table>
<tr><th colspan="2" rowspan="3"></th><th colspan="6">您信教吗</th><th rowspan="3">占总人数的百分比（%）</th><th rowspan="3">排序</th></tr>
<tr><th colspan="4">频率</th><th rowspan="2">不好说</th><th rowspan="2">合计</th></tr>
<tr><th rowspan="2">不信教</th><th colspan="3">信教</th></tr>
<tr><th></th><th></th><th>佛教徒</th><th>基督徒</th><th>小计</th><th></th><th></th><th></th><th></th></tr>
<tr><td rowspan="7">当前影响家庭和谐的主要因素</td><td>1. 婚姻的稳定性下降</td><td>82</td><td>35</td><td>36</td><td>71</td><td>2</td><td>155</td><td>24.9</td><td>4</td></tr>
<tr><td>2. 家庭暴力、子女的溺爱并存</td><td>50</td><td>25</td><td>20</td><td>45</td><td>1</td><td>96</td><td>15.4</td><td>5</td></tr>
<tr><td>3. 邻里关系淡薄</td><td>101</td><td>44</td><td>29</td><td>73</td><td>2</td><td>176</td><td>28.3</td><td>3</td></tr>
<tr><td>4. 生活方式存在瑕疵</td><td>136</td><td>67</td><td>54</td><td>121</td><td>7</td><td>264</td><td>42.4</td><td>1</td></tr>
<tr><td>5. 没有信仰或没有宗教信仰</td><td>17</td><td>24</td><td>22</td><td>46</td><td>0</td><td>63</td><td>10.1</td><td>6</td></tr>
<tr><td>6. 因宗教信仰不同导致的家庭成员冲突</td><td>12</td><td>16</td><td>21</td><td>37</td><td>2</td><td>51</td><td>8.2</td><td>7</td></tr>
<tr><td>7. 其他</td><td>96</td><td>46</td><td>54</td><td>100</td><td>0</td><td>196</td><td>31.5</td><td>2</td></tr>
</table>

从影响家庭和谐的主要因素来看,有近42%的受访者认为生活方式的瑕疵是影响家庭和谐的主要因素之一,其次是邻里关系、婚姻的稳定性下降、家庭暴力和子女的溺爱等;还有近10%左右的受访者认为没有宗教信仰或宗教信仰不同而影响家庭成员的关系。

对于和谐家庭建设的建议来看,首先,有超65%的受访者认为国家在出台相关政策时,应优先考虑养老和家庭教育;其次,有53.6%的受访者认为政府应该想办法减轻家庭的养老负担;再次,有44.3%的受访者认为一个家庭要有宗教信仰;还有27.9%的受访者认为家庭教育应该立法;最后有近25%的受访者认为一个家庭应有良好的传统。

表5—8 和谐家庭建设建议

		您信教吗						
		频率					占总人数的百分比(%)	排序
		不信教	信教			不好说	合计	
			佛教徒	基督徒	小计			
和谐家庭建设的建议	1. 国家在出台相关政策时,应将养老和家庭教育放在首位	201	105	96	201	4	406	65.2	1
	2. 家庭教育应该立法	91	46	36	82	1	174	27.9	5
	3. 引入发达地区对口援建,带动少数民族地区小城镇发展,促进当地劳动力就业	129	62	56	118	2	249	40.0	4
	4. 政府应该想办法减轻家庭的养老负担	179	75	79	154	1	334	53.6	2
	5. 一个家庭要有宗教信仰	156	50	67	117	3	276	44.3	3
	6. 一个家庭要有良好的优良传统	18	72	63	135	2	155	24.9	6
	7. 其他	0	5	11	0	16	2.6	7

总之,通过以上分析,人们可以发现,在现实生活中,既有令受访

者们感到比较满意的一些事项，比如家庭关系、夫妻关系和婚姻生活、个人和家庭健康状况等；也有让大部分受访者感到不满意或意见比较大的事情，像社会风气、财产收入、治安状况、居住环境和条件以及个人工作、就业和事业。因物价上涨而影响生活水平、子女教育费用高而难以承受、建不起或买不起房而造成住房条件差、家人无业失业或工作不稳定而导致就业难压力大、家庭收入低而致生活窘迫是大部分受访者家庭所遭遇的五大主要困难；此外，医疗费用大，劳动工作压力负担重，家务负担重，孩子管教困难也是不少家庭普遍存在的问题。在遇到困难时，大部分受访者首先选择寻求家庭帮助，第二是宗教组织，第三是教友，第四是朋友、同乡同学等个人关系网，第五是居委会或村委会，其后是家族宗族、工作单位、各级党政部门及工青妇组织、新闻媒体、慈善机构。可见，宗教组织和教友是信教受访者的重要支持者。大部分家庭不存在什么冲突，但有一些家庭也存在一定的冲突，其中，冷暴力是一些家庭中比较普遍的现象，其次是打骂孩子、因信仰不同宗教而产生的冲突、不尽夫妻义务、不尽赡养义务等。

大部分受访者及家庭具有较浓厚的环保意识，能比较理性地处理人与自然的关系，比如大部分家庭采取了节约用电和用水行动；一部分家庭实施购买环保家电和少用或不用塑料袋行动，尽量使用无磷洗衣粉和食用绿色有机食物，以及做到垃圾分类或不乱丢垃圾少杀生多吃素食。

对于如何建设和谐家庭，大部分受访者主张国家应将养老和家庭教育作为出台相关政策优先考虑的对象，主张政府应该想法减轻家庭的养老负担，主张家庭教育应该立法；同时，一部分受访者认同家庭要有宗教信仰和良好的传统，才有利于和谐家庭的建设。

2. 受访者对社会主义和谐社会建设的看法

民众对我国正在进行的社会主义和谐社会建设有何看法，信教群众和不信教群众对此有无差异和共性。通过此部分内容的分析，人们便能知晓。

从受访者对"同自己周围同事或朋友是否相处和谐"回答来看，(1) 回答很和谐的有 139 人，不信教者 65 人，信教者 73 人，各占 10.4% 和 11.7%；(2) 回答比较和谐的有 363 人，不信教者 183 人，信教者 175

人，各占 29.4% 和 28.1%；（3）回答一般的有 105 人，不信教者 51 人，信教者 53 人，各占 8.2% 和 8.5%；（4）回答不太和谐的共计 6 人，不信教者 2 人，信教者 4 人，各占 0.2% 和 0.6%；（5）回答很不和谐的有 2 人，不信教者 1 人，信教者 1 人；（6）回答其他的有 8 人，不信教者 6 人，信教者 2 人。

可知，在对同自己周围同事或朋友相处是否和谐的回答上，认为很和谐、比较和谐和一般和谐的有 139 人、363 人和 105 人，三者合计 607 人，占总人数的 97.5%；回答不太和谐和很不和谐的有 6 人和 2 人，两者合计 8 人，占总人数的 1.2%；因此，绝大部分受访者都基本能够同周围人士和谐相处；但也存在一小部分人难以与周围人士相处。在信教者和不信教者的差异上，回答很和谐、一般和谐、不太和谐的信教者比例高出不信教者比例 1.3 个百分点、0.3 个百分点和 0.4 个百分点；回答比较和谐的信教者比例低出不信教者比例 1.3 个百分点；而回答很不和谐的两者持平；因此，信教者和不信教者在与周围人士相处上存在一定差异，这说明宗教信仰因素对人际关系具有一定的影响，处理好，就是正向影响；处理不妥当，就是负向影响。

表 5—9　受访者对"同自己周围同事或朋友相处和谐吗？"的看法

		您信教吗							合计	
		1. 不信教		2. 信教				3. 不好说		
				佛教徒	基督徒	小计					
		人数	百分比			人数	百分比	人数	百分比	合计	百分比
你和自己的周围同事或朋友相处和谐吗	1. 很和谐	65	10.4	25	48	73	11.7	1	0.2	139	22.3
	2. 比较和谐	183	29.4	91	84	175	28.1	5	0.8	363	58.3
	3. 一般和谐	51	8.2	33	20	53	8.5	1	0.2	105	16.9
	4. 不太和谐	2	0.3	2	2	4	0.6	0	0	6	1.0
	5. 很不和谐	1	0.2	1	0	1	0.2	0	0	2	0.3
	6. 其他	6	1.0	2	0	2	0.3	0	0	8	1.3
合计		308	49.4	154	154	308	49.4	7	1.1	623	100.0

从受访者对"中国当前社会各阶层之间的收入差距"的评判来看，（1）回答认为"收入差距过大，已成为威胁社会和谐的重要原因"的有281人，不信教者145人，信教者133人，各占23.3%和21.3%；（2）回答"差距比较大，亟须出台相关政策"的有256人，不信教者124人，信教者130人，各占19.9%和20.9%；（3）回答认为"收入差距可以接受，有利于提高人们的工作积极性"的有68人，不信教者31人，信教者35人，各占5%和5.6%；（4）回答认为"收入差距偏小，还有拉大的空间"有6人，不信教者5人，信教者1人；（5）回答认为"收入差距太小，不足以提高效率"有2人，不信教者1人，信教者1人。可知，在对我国当前社会各阶层之间收入差距的评判上，回答差距过大、差距比较大的有537人，占总人数的86.2%；可见，无论是不信教者，还是信教者，都普遍认为当前我国的收入差距偏大，宜进行调整。

表5—10　受访者对"当前社会各阶层之间的收入差距"的看法

		您信教吗							合计	
		1. 不信教		2. 信教				3. 不好说		
				佛教徒	基督徒	小计					
		人数	百分比			人数	百分比	人数	百分比	合计	百分比
您认为当前社会各阶层之间的收入差距大吗	1. 差距过大	145	23.3	73	60	133	21.3	3	0.5	281	45.1
	2. 差距较大	124	19.9	62	68	130	20.9	2	0.3	256	41.1
	3. 差距可接受	31	5.0	13	22	35	5.6	2	0.3	68	10.9
	4. 差距偏小	5	0.8	0	1	1	0.2	0	0	6	1.0
	5. 差距太小	1	0.2	1	0	1	0.2	0	0	2	0.3
	6. 其他	2	0.3	5	3	8	1.3	0	0	10	1.6
	合计	308	49.4	154	154	308	49.4	7	1.1	623	100.0

从受访者对"我国当前的房价"的评判来看，（1）回答认为"太高，严重超出社会和个人的承受能力"的有358人，不信教者174人，信教者181人，各占27.9%和29.1%；（2）回答"较高，有点超出社会和个人的承受能力"的有215人，不信教者107人，信教者105人，各占17.2%和16.9%；（3）回答认为"一般，还可以接受"的有29

人，不信教者17人，信教者11人，各占2.7%和1.8%；（4）回答认为"较低，还有进一步提升的空间"有5人，不信教者4人，信教者1人，各占0.6%和0.2%；（5）回答认为"太低，还不足以反映真实的价格水平"的有2人，均为信教者1人。从中可知，在对我国当前房价的评判上，回答太高和较高的有358人和215人，两者合计573人，占总人数的92%；可见，无论是不信教者，还是信教者，都普遍认为当前我国的房价偏高，需进行调整。

表5—11　　　　　　　受访者对"当前房价"的看法

		您信教吗							合计	
		1. 不信教		2. 信教				3. 不好说			
				佛教徒	基督徒	小计					
		人数	百分比			人数	百分比	人数	百分比	合计	百分比
您认为当前的房价	1. 太高	174	27.9	87	94	181	29.1	3	0.5	358	57.5
	2. 较高	107	17.2	54	51	105	16.9	3	0.5	215	34.5
	3. 一般	17	2.7	7	4	11	1.8	1	0.2	29	4.7
	4. 较低	4	0.6	0	1	1	0.2	0	0	5	0.8
	5. 太低	0	0	0	2	2	0.3	0	0	2	0.3
	6. 其他	6	1.0	6	2	8	1.3	0	0	14	2.2
合计		308	49.4	154	154	308	49.4	7	1.1	623	100.0

从受访者对社会主义和谐新农村建设首先要解决的问题来看，解决农民子女受教育难的问题排在第一位，第二是解决农民看病难的问题；第三是解决农民收入增加问题，第四解决农民工进城就业难的问题，第五要解决农民素质提高的问题；第六要解决进城农民工合法权益维护问题，第七要解决农村基础设施建设的投入问题，第八要解决农村文化道德建设问题，然后是农村综合生产力提高问题。从中可知，人们对社会主义和谐新农村建设首要解决的问题都是一些与人民的生活直接密切相关的问题，也提醒人们新农村建设要重点关注的几个领域。

表5—12　受访者对社会主义新农村建设首先要解决的问题看法

		您信教吗						
		频率					百分比（%）	排序
		不信教（三次累积）	信教			不好说（三次累积）	合计（三次累积）	
			佛教徒（三次累积）	基督徒（三次累积）	小计（三次累积）			
您认为社会主义和谐新农村建设首先要解决哪些问题	1. 农民子女受教育难的问题	173	87	103	190	4	367	19.6	1
	2. 农民看病难的问题	167	74	65	139	2	308	16.4	2
	3. 农民工进城就业难的问题	103	54	35	89	4	196	10.4	4
	4. 进城农民工合法权益维护问题	65	31	44	75	2	142	7.5	6
	5. 农民的素质提高问题	84	35	53	88	3	175	9.3	5
	6. 农村基础设施建设的加大投入	53	24	40	64	1	118	6.3	7
	7. 农业综合生产力的大力提高问题	44	19	16	35	0	79	4.2	10
	8. 农村的体制机制改革问题	23	21	14	35	0	58	3.1	12
	9. 农村领导班子的配备问题	28	22	15	36	1	65	3.4	11
	10. 农村文化道德建设问题	49	32	27	52	2	103	5.5	8
	11. 农民收入的增加问题	128	13	138	96	2	225	12.0	3
	12. 其他（请说明）	7	41	27	25	0	100	5.3	9
	合计	924	462	462	924	21	1869	100.00	

从受访者认为当前社会发展亟待解决的问题来看，第一要解决的是贫富差距问题，第二要解决社会保障问题，第三要解决住房问题，第四

要解决医疗卫生问题,第五要解决充分就业问题,第六要解决社会风气问题,第七要解决环境保护问题,第八要解决收入分配问题,第九要解决社会治安问题,第十要解决教育问题,后面还需要依次解决三农问题、政府效率、安全生产、诚信和信仰问题、执政能力、劳资关系等问题。由此可知,和谐社会建设需要解决的问题不仅多,而且紧急,在于这些问题事关整个社会的发展和社会的安定有序。

表5—13　　受访者认为当前社会发展亟待解决的问题

		不信教（三次累积）	信教 佛教徒（三次累积）	信教 基督徒（三次累积）	信教 小计（三次累积）	不好说（三次累积）	合计（三次累积）	百分比（%）	排序
您认为当前社会发展亟待解决的问题是	1. 社会保障	125	69	68	137	4	266	14.23	2
	2. 贫富差距	214	104	90	194	4	412	22.04	1
	3. 充分就业	79	21	25	46	2	127	6.8	5
	4. 住房问题	100	50	34	84	1	185	9.9	3
	5. 社会治安	40	22	16	38	2	80	4.2	9
	6. 环境保护	44	14	25	39	2	85	4.5	7
	7. 安全生产	20	24	12	33	1	48	2.5	13
	8. 医疗卫生	81	33	47	80	3	164	8.7	4
	9. 教育公平	35	17	14	31	0	66	3.5	10
	10. 三农问题	35	20	10	30	0	65	3.4	11
	11. 社会风气	59	31	96	60	1	120	6.4	6
	12. 收入分配	44	13	23	36	1	81	4.3	8
	13. 诚信和信仰问题	4	14	23	40	0	41	2.1	14
	14. 政府效率	25	17	18	35	0	60	3.2	12
	15. 执政能力	13	3	0	12	0	25	1.3	15
	16. 劳资关系	6	5	10	9	0	15	0.8	17
	17. 其他	0	11	3	26	0	20	1.07	16
		924	462	462	924	21	1869	100.00	

表 5—14　　　　受访者认为构建和谐社会最应防范的问题

		不信教（三次累积）	信教 佛教徒（三次累积）	信教 基督徒（三次累积）	信教 小计（三次累积）	不好说（三次累积）	合计（三次累积）	百分比（%）	排序
您认为当前构建和谐社会最应防范的问题是	1. 贫富差距悬殊	249	98	102	200	5	454	24.2	1
	2. 城乡差距拉大	148	63	36	99	2	249	13.3	3
	3. 区域发展差距拉大	43	34	14	48	0	91	4.8	7
	4. 经济发展停止	32	13	11	24	2	57	3.0	9
	5. 生态环境恶化	152	89	55	134	10	291	15.6	2
	6. 食品安全危机	131	55	47	102	2	238	12.7	4
	7. 社会道德滑坡	51	37	55	92	0	145	7.7	5
	8. 社会保障滞后	23	12	18	30	0	54	2.8	10
	9. 房价过高	55	24	31	55	0	110	5.8	6
	10. 劳资关系恶化	5	3	4	7	0	12	0.6	14
	11. 社会诚信缺失	19	10	24	34	00	53	2.8	11
	12. 社会信仰危机	7	11	44	55	0	62	3.3	8
	13. 行业垄断	2	7	7	14	0	16	0.8	13
	14. 国外势力的干扰	4	1	4	5	0	9	0.4	15
	15. 其他	3	15	10	25	7	28	1.4	12
	合计	924	462	462	924	21	1869	100%	

从当前构建和谐社会最应防范的问题来看，受访者认为首先要防范的是贫富差距悬殊；其次要防范生态环境恶化；第三要防范城乡差距拉大；第四要防范食品安全危机；第五要防范社会道德滑坡；第六要防范房价过高；第七要防范区域发展差距拉大；第八要防范社会信仰危机；第九要防范经济发展停止；第十要防范社会保障滞后；最后还需要防范社会诚信缺失、行业垄断、劳资关系恶化、国外势力的干扰等问题。由

此可知，贫富差距悬殊、生态环境恶化、城乡差距拉大、食品安全危机、社会道德滑落成为构建和谐社会最应防范的前五类问题。实际上，这些问题具有一定的内在关联性，比如，贫富差距与城乡差距、区域差距以及经济发展相联系，而社会道德滑坡与社会信仰危机、社会诚信缺失等相关联。

从对当前造成社会不和谐的主要原因来看，受访者认为，第一是干部腐败；第二是社会道德因素；第三是社会不公平不公正；第四是社会主义市场经济体制机制不完善；第五是个人努力和心态因素；第六是行业垄断、企业垄断和城市垄断；第七是国家政策因素。

表5—15　　　　受访者认为当前造成社会不和谐的主要原因

		您信教吗						
		频率					百分比（%）	排序
		不信教（三次累积）	信教			不好说（三次累积）	合计（三次累积）	
			佛教徒（三次累积）	基督徒（三次累积）	小计（三次累积）			
您认为当前造成社会不和谐的主要原因是	1. 社会道德因素	163	103	104	207	3	373	20.0	2
	2. 个人努力和心态因素	85	58	50	108	3	196	10.4	5
	3. 社会主义市场经济体制机制不完善	122	39	56	95	4	221	11.8	4
	4. 干部腐败	218	89	86	175	2	395	21.1	1
	5. 行业垄断、企业垄断和城市垄断	91	31	36	67	3	161	8.6	6
	6. 国家政策因素	65	36	33	69	2	136	7.2	7
	7. 社会不公平不公正	170	85	80	165	4	339	18.1	3
	8. 其他	10	21	17	38	0	48	2.5	8
	合计	924	462	462	924	21	1869	100%	

从受访者对当前政府工作的满意情况看，第一满意的是低保工作；第二满意是社会治安管理；然后是基层民生工作、劳动就业、应急机制、流动人口管理、社会诚信以及信访问题的解决。但总体来看，选择满意

的人群比例并不很高,这不仅说明,对这些工作的满意情况也只是一小部分人的看法;也表明,政府的这些工作还需不断改进,让更多的民众满意。

表 5—16　　　　　　　　受访者对政府工作的满意情况

		您信教吗						
		频率					百分比(%)	排序
		不信教(三次累积)	信教			不好说(三次累积)	合计(三次累积)	
			佛教徒(三次累积)	基督徒(三次累积)	小计(三次累积)			
您对下列工作你感到较满意的有	1. 低保工作	171	82	87	169	4	344	18.4	1
	2. 流动人口管理	86	53	45	98	2	186	9.9	7
	3. 信访问题的解决	41	33	26	59	0	100	5.3	9
	4. 基层民生工作	113	51	47	98	2	213	11.3	4
	5. 应急机制	102	41	48	89	3	194	10.3	6
	6. 劳动就业	98	49	56	105	2	205	10.9	5
	7. 社会治安管理	138	62	62	124	7	269	14.3	2
	8. 社会诚信	57	27	53	80	1	138	7.3	8
	9. 其他	118	64	41	102	0	220	11.7	3
	合计	924	462	462	924	21	1869	100%	

从受访者对自家所在社区(村)的满意度看:(1)回答很满意的有60人,不信教者19人,信教者40人,各占3%和6.4%;(2)回答比较满意的有213人,不信教者90人,信教者120人,各占14.4%和19.3%;(3)回答基本满意的有239人,不信教者136人,信教者100人,各占21.8%和16.1%;(4)回答不太满意的有91人,不信教者53人,信教者38人,各占8.5%和6.1%;(5)回答很不满意的有11人,不信教者8人,信教者3人。

可知,在对自家所在社区(村)的满意度评价上,回答很满意、比较满意和基本满意的有60人、213人和239人,三者合计512人,占总人数的82.2%；而回答不太满意、很不满意的有91人和11人，两者合计102人，占总人数的16.4%；同时，在很满意和比较满意的回答中，信教者比例明显高于不信教者比例，而对基本满意、不太满意、很不满意的回答，则不信教者明显多于信教者。因此，大部分受访者对社区（村）比较满意或基本满意，但有一部分受访者不太满意，这表明社区或村委会的工作还有待进一步改进。同时，信教者和不信教者在此方面的差异说明信教者比不信教者更容易感到满足。

表5—17　　　受访者对自家所在社区（村）满意度情况

		您信教吗							合计	
		1. 不信教		2. 信教				3. 不好说		
				佛教徒	基督徒	小计					
		人数	百分比			人数	百分比	人数	百分比	合计	百分比
对自家所在社区（村）的满意度	1. 很满意	19	3.0	21	19	40	6.4	1	0.2	60	9.6
	2. 比较满意	90	14.4	59	61	120	19.3	3	0.5	213	34.2
	3. 基本满意	136	21.8	56	44	100	16.1	3	0.5	239	38.4
	4. 不太满意	53	8.5	12	26	38	6.1	0	0	91	14.6
	5. 完全不满意	8	1.3	3	0	3	0.5	0	0	11	1.8
	6. 其他	2	0.3	3	4	7	1.1	0	0	9	1.4
	合计	308	49.4	154	154	308	49.4	7	1.1	623	100.0

从受访者对和谐社会应具有的特征的看法来看，有近77%的受访者认为和谐社会首先应具有公平正义特征；其次是民主法治，认同此特征的人数比例达到70%；第三是诚信友爱，认同人数比例达到60%；第四是有道德，认同人数比例达到57.1%；第五是人与自然相和谐，认同人数比例达到51.2%；第六是安定有序，认同人数比例达到50.8%；第七是文明，认同人数比例为42.2%；第八是充满活力，认同人数比例为37.2%；第九是人们有宗教信仰，人数比例达到31.6%；第十是自由，认同人数比例为31.3%；然后是富强、崇尚科学。由此可知，公平正义被认为是和谐社会的第一大特征。也就是说，一个社会要想达到和谐，首要的是做到公平正义；否则，社会和谐就缺失有效保证。

表 5—18　　　　　　　　　受访者认为和谐社会应具有的特征

		您信教吗						
		频率					占总人数的百分比（%）	排序
		不信教（人数）	信教			不好说（人数）	合计（人数）	
			佛教徒（人数）	基督徒（人数）	小计（人数）			
您认为和谐社会应该具有哪些特征	1. 民主法治	229	107	97	204	4	437	70.1	2
	2. 公平正义	247	116	112	228	5	480	77.04	1
	3. 诚信友爱	193	89	91	180	3	376	60.3	3
	4. 安定有序	171	75	67	142	4	317	50.8	6
	5. 充满活力	112	51	67	118	2	232	37.2	8
	6. 人与自然相和谐	155	74	87	161	3	319	51.2	5
	7. 人们有宗教信仰	44	64	84	148	5	197	31.6	9
	8. 自由	107	41	46	87	1	195	31.3	10
	9. 有道德	173	92	89	181	2	356	57.1	4
	10. 文明	138	63	58	121	4	263	42.2	7
	11. 崇尚科学	105	37	47	84	1	190	30.4	12
	12. 富强	105	45	44	89	1	195	31.3	11
	13. 其他	8	13	4	17	0	25	4.0	13
	合计								

从受访者对"当前社会是否符合一个和谐社会的标准"回答来看，（1）回答完全符合的有17人，不信教者11人，信教者5人，各占1.8%和0.8%；（2）回答比较符合的有125人，不信教者50人，信教者71人，各占8.0%和11.4%；（3）回答基本符合的有323人，不信教者163人，信教者158人，各占26.2%和25.4%；（4）回答不太符合的共计135人，不信教者74人，信教者61人，各占11.9%和9.8%；（5）回答完全不符合的有10人，不信教者5人，信教者5人；（6）回答其他的有13人，不信教者5人，信教者8人。可知，虽然信教者对和谐社会的评判与不信教者的评判存在一定的差异；但大部分受访者倾向于认为当前社会基本符合一个和谐社会的标准，这说明当前社会离民众所希望的和

谐社会还有一定的差距，还需要不断努力建设。

表5—19　　受访者对"当前社会是否符合一个和谐社会的标准"的看法

		您信教吗							合计	
		1. 不信教		2. 信教				3. 不好说		
				佛教徒	基督徒	小计				
		人数	百分比			人数	百分比	人数	百分比	合计	百分比
你认为当前我们的社会是否符合一个"和谐社会"的标准	1. 完全符合	11	1.8	3	2	5	0.8	1	0.2	17	2.7
	2. 比较符合	50	8.0	28	43	71	11.4	4	0.6	125	20.1
	3. 基本符合	163	26.2	89	69	158	25.4	2	0.3	323	51.8
	4. 不太符合	74	11.9	30	31	61	9.8	0	0	135	21.7
	5. 完全不符合	5	0.8	0	5	5	0.8	0	0	10	1.6
	6. 其他	5	0.8	4	4	8	1.3	0	0	13	2.1
	合计	308	49.4	154	154	308	49.4	7	1.1%	623	100.0

表5—20　　受访者对"构建和谐社会是否持有信心"情况

		您信教吗							合计	
		1. 不信教		2. 信教				3. 不好说		
				佛教徒	基督徒	小计				
		人数	百分比			人数	百分比	人数	百分比	合计	百分比
你对构建和谐社会持有信心吗？	1. 完全有信心	43	6.9	34	21	55	8.8	3	0.5	101	16.2
	2. 比较有信心	135	21.7	73	80	153	24.6	4	0.6	292	46.9
	3. 基本有信心	100	16.1	36	43	79	12.7	0	0	179	28.7
	4. 不太有信心	20	3.2	6	3	9	1.4	0	0	29	4.7
	5. 很没信心	3	0.5	0	1	1	0.2	0	0	4	0.6
	6. 其他	7	1.1	5	6	11	1.8	0	0	18	2.9
	合计	308	49.4	154	154	308	49.4	7	1.1	623	100.0

从受访者对"构建和谐社会是否持有信心"来看，（1）回答很有信心的有101人，不信教者43人，信教者55人，各占6.9%和8.8%；（2）回答比较有信心的有292人，不信教者135人，信教者153人，各占21.7%和24.6%；（3）回答一般的有179人，不信教者100人，信教者

79人，各占16.1%和12.7%；（4）回答不太有信心的共计29人，不信教者20人，信教者9人，各占3.2%和1.4%；（5）回答很没信心的有4人，不信教者3人，信教者1人，各占0.5%和0.2%；（6）回答其他的有18人，不信教者7人，信教者11人。从中可知，信教者对和谐社会建设持有较高的信心度。

从以上分析来看，大部分受访者普遍认为当前社会物价上涨快，房价偏高，收入差距大，贫富悬殊，城乡差距较大，生态环境恶化，干部腐败较严重，社会道德滑坡，社会不公正不公平现象较严重，食品安全存在危机；究其原因，受访者普遍认为在于干部腐败，社会道德因素，社会不公正不公平，社会主义市场经济体制机制不完善，行业、企业、城市垄断以及国家政策因素等。和谐社会的首要特征是公平公正，因此，和谐社会建设首要的是防范贫富悬殊；再就是要防范生态环境恶化、城乡差距拉大、食品安全危机、社会道德滑落、房价过高、信仰危机以及经济发展停止等；还要控制房价和物价。此外，加强和谐新农村建设，解决三农问题、农民子女读书难问题、进城农民工的权益保护维护问题等也是和谐社会建设必须应对的事情。

二 中国社会主义和谐社会建设的定性分析

此部分内容主要围绕着访谈对象的生活困难，访谈对象对社会问题的看法、社会建设的看法以及社会建设的建议等四项内容展开分析。

1. 受访者的生活困难分析

通过对受访者的访谈调查，笔者发现，除一部分受访者对此未做回答或明确无困难外，大部分受访者或多或少存在着不同的困难，他们的困难主要表现为收入低、生病、工作压力、人际关系不和或沟通障碍、小孩教育、家庭照顾不到等方面。下面对此作具体分析。

（1）回答有经济困难的共计28人，其中，不信教者20人，佛教徒3人，基督徒5人；分别是不信教者2、9、16、17、18、19、20、21、22、24、26、27、28、31、32、36、37、39、44、45，佛教徒1、3、5，基督徒1、3、5、6、15；他们因为收入低或无稳定收入而缺钱，导致生活不稳定，买不起房子，看不起病，交不起学费，娶不起亲，养老无保障或负较重债务。其中，因无稳定收入而影响生活的有不信教者

19、21、26、28、37、39，佛教徒 1 和基督徒 1、6；不信教者 19 是这样说道："那当然是经济问题了，缺钱。一个人挣钱，挣得太少了呀"；佛教徒 1 回答说："我认为目前全家最大的困扰就是钱的问题"；基督徒 6 答道："我的家庭遇到的主要困难是收入不够，因为我的妻子暂时还没找到工作。" 收入低而买不起房或因买房建房负债的有不信教者 16、20、24、27、32、39、44、45，基督徒 5 和 15，例如，不信教者 16 答道："目前我的家庭遇到的主要困难与钱有关，主要是因为家里现在正在建新的房子，然后还有俩姐妹在上大学，家庭中各方面支出也比较大，而收入却一般，所以资金方面比较紧，入不敷出"；不信教者 20 答道："因经济收入不高，不够用，房屋不够居住，一直是租房子住，每年的租金就很高，没有属于自己的房子"；基督徒 5 回答："我遇到的主要困难是没有房子，因为物价高；有很多知识需要学习，这是正常发展的规律"；因缺钱而买不起房娶不起亲的有不信教者 2、24 和佛教徒 3，不信教者 2 说道："主要困难是收入问题。现在孩子要成家立业，买房子娶老婆，物价上涨那么快，农村收入又不高，压力很大"；不信教者 24 说："现在家庭的主要困难是自己工资太低，无法买房成家"；佛教徒 3 说道："主要困难是在城里买不起房子，原因当然是经济收入不高，自己做保洁员一个月才一千，小儿子才大学毕业两年，工作收入也不高，现在房价这么高，哪买得起房子呀，你看，儿子已经到成家的年纪了，还没有房子，怎么娶到媳妇呀"；因收入低而影响交学费的有不信教者 9 答道："经济收入偏低，子女教育费用高，赡养老人负担重"；因缺钱而影响看病的不信教者 31 谈道："我家最近却面临了严重的经济危机，由于父亲最近生病了，在医院看病花了几万块，对这个普通的工薪家庭来说，每月几万块的开销还是个不小的数字，因此，父亲的医药费给家庭带来了不小的经济负担，不过，现在的困难只是暂时的，父亲的病会慢慢好起来的"；因缺钱而担心养老无保障的有不信教者 18 说道："现在最主要的困难就是父母年龄大，缺钱"；基督徒 1 谈道："目前家庭最主要的困难就是缺钱，以后的晚年生活没有保障。目前的困难也是之前不成功的投资经历所导致的。"

（2）回答因生病或家里有病人造成困难的有 11 人，其中，不信教者 7 人，佛教徒 4 人；他们分别是不信教者 12、13、15、17、31、33、

38，佛教徒1、15、18、19和基督徒2；不信教者12答道："主要困难是爷爷生病在家，好像不能治愈了。医疗条件不太好，不能治愈癌症造成家里的困难和麻烦"；不信教者13答道："由于年事已高，儿孙又孝顺，生活基本是没有任何问题的，主要是有点担心老伴的身体，更怕自己比老伴先离世后，老伴得不到更好的照顾"；不信教者15回答说："目前家庭遇到的主要困难是父母身体不太好"；不信教者17说道："目前就是爸爸生病，先天性心脏病，导致家庭经济困难吧"；不信教者31说："由于父亲最近生病了，在医院看病花了几万块，对于普通的工薪家庭来说，每月几万块的开销还是个不小的数字，因此，父亲的医药费给这个家庭带来了不小的经济负担"；不信教者33答道："那就是身体不好了，其他的没什么了"；不信教者38说："要说家庭困难倒没有，不过麻烦事倒有。就是家里面的奶奶患上了糖尿病，经常住院治疗还没能康复，看着老人家身体那么差还要遭受病痛的折磨就挺可怜的，老人家因为脑梗了一下，对自己的身体状况也不清楚，就盼着老人家能够快点好起来"；佛教徒1说道："只是妻子的身体不是特别好，这点有点让人担心"；佛教徒18答道："家里的顶梁柱倒下，成了家里的负担。在家乡附近工地做工时从二楼摔下来，致残，并且是二级残疾，幸运的是没给摔死"；佛教徒15说："困难就是我们的医保没有解决掉。我们担心以后生病了就会很麻烦。常年在外打工，那个没有解决好，不知道以后会有什么困难，怎么去解决"；佛教徒19答道："目前家庭稳定，夫妻二人都有工作，子女上大学和小学，主要困境是老人生病照顾"；基督徒2主要是母亲身体不好。

（3）回答因工作原因而导致的困难的有9人，其中，不信教者6人，基督徒3人，他们分别是不信教者4、11、15、21、23、43，基督徒4、6、8。其中，不信教者11、15、23、43和基督徒4、6是因为工作转型困难或有压力，不信教者4、21和基督徒8是因为在外地工作而无法照顾到家庭的困难。例如，不信教者11说道："我在工作上感觉上级施加的压力大，完成目标有困难。时常感觉生活烦琐，干太多家务会感到心烦"；不信教者21回答道："自己要在外地上班，妻子待产，一直没有稳定的工作。没有稳定的家，事业也还没成功，生活还处于漂离状态"；基督徒8说道："我遇到的主要困难是与家人两地分居，我的家庭遇到的主要困难是对家人的照顾不到,不能很好地陪伴,因为我在外地工作。"

(4)回答因人际关系或沟通障碍导致困难的有 11 人,其中,不信教者 6 人,佛教徒 1 人,基督徒 4 人;他们分别是不信教者 10、14、11、42、47、50,佛教徒 10,基督徒 4、7、11、13;其中,与父母关系不和的有不信教者 10 和基督徒 4,父母不和的有不信教者 14,夫妻关系不和的有不信教者 11、佛教徒 10 和基督徒 11,婆媳关系不和的有不信教者 42、基督徒 13,与亲戚关系不和的有不信教者 47 和 50,与领导关系紧张的有基督徒 7。同样,他们的表达方式也不同,例如:不信教者 10 答道:"由于性格差异、信任度不够,与父母沟通不畅,父母逼我结婚";不信教者 14 回答:"目前家庭遇到的主要困难是父母之间经常会发生争执,俩人关系并不是很和睦,主要原因是因为父母俩人的价值观不太一致";不信教者 11 答道:"家庭所面临的是主要是沟通问题。虽然我和我爱人已经在一起生活 20 多年了,但是由于来自不同的地方,我们的生活习惯会有不同,有时候思想和行为方面会存在摩擦";不信教者 42 表述道:"婆媳不和,媳妇不懂礼貌,没亲情,不热情。原因是多方面的,主要是媳妇的家教问题,还有这就是我儿子的命";不信教者 47 说道:"大儿子与他姐夫之间的矛盾没有解开,他们互相猜疑,引起矛盾而且渐渐越来越严重,真让人担心";佛教徒 10 答道:"当前最主要的困难就是夫妻关系不好,处于激烈矛盾当中。主要原因是男方与自己的性格不合,对很多事情都没有统一的看法,还有就是男方曾经对自己实施过多次家庭暴力,且对自己重伤期间不管不顾,自己也对对方心灰意冷";基督徒 7 回答:"我所面临的问题是和领导沟通不畅,我想主观原因是我不擅长沟通,客观原因是领导不尊重下属。"

(5)回答因子女教育缘由导致困难的有 6 人,分别是不信教者 8、35、39、40,佛教徒 14、16;不信教者 8、35 是小孩教育问题,不信教者 39 和佛教徒 16 是小孩上学交学费问题,不信教者 40 是小孩辍学无事可做,佛教徒 14 是小孩转学问题。例如,不信教者 8 表述到:"现在最需要一个人来教我怎么照顾好孙子,怎么教育引导他。因为以前自己做父亲的时候,由于自己知识文化水平有限,让我的儿子重走农民的老路,做农民实在很辛苦,还没钱。希望能在我带孙子的时候用好的教育理念去引导他,未来能够跳出农门,成就自己的事业";不信教者 35 答道:

"嗯，小孩现在正在读初三，但因性格叛逆，经常和社会不良少年走到一起，经常夜不归宿，对其进行多次劝导也无济于事"；不信教者40答道："主要是儿子的教育与未来让人担忧。辍学了又没有一技之长和稳定的工作，还没成家"；佛教徒14说道："孩子初中的转学问题。自己工作在外，孩子户口在老家，就学不允许。"

（6）回答没有的共计21人，其中，不信教者5人，佛教徒8人，基督徒8人，分别是不信教者34、41、46、48、49，佛教徒2、6、7、11、12、13、20、24，基督徒10、12、14、16、17、18、19、21。对此，他们的回答也是不一样的，例如，不信教者34答道："这倒是没有，现在家庭都挺好的，我也很知足啊"；佛教徒6答道："我现在很满意现在的生活，没有什么特别大的困难"；基督徒10不假思索地回答："没有，由于主的庇佑，现在我和我的家庭都很好，很和睦地生活着。"另外，佛教徒4和21因出家多年，未与家里联系，也不知家里有什么困难；还有几位对此未做明确回答。

由上可知，受访者主要的困难是经济困难、生病或因病人造成的困难、工作或就业方面引发的困难、人际关系沟通引发的困难、子女教育引发的困难。可见，经济问题仍然是主要问题，其他如生病、工作引发的家庭困难主要也是经济困难；其次是人际交往沟通困难和子女教育困难。

2. 受访者对当前我国社会问题的看法分析

为了解人们对当前我国社会问题的看法，笔者专门就此邀请受访者对社会问题展开评论；通过访谈，项目团队发现，受访者认为当前我国社会存在以下问题：

（1）认为社会存在较严重的收入差距、贫富差距问题的有33人；其中，不信教者22人，佛教徒4人，基督徒7人；分别是不信教者1、4、5、7、9、10、16、17、20、21、22、23、24、25、29、31、35、38、40、41、45、47，佛教徒3、4、10、16，基督徒3、4、10、15、19、23、25。对此，不同受访者的回答也有特色，比如：不信教者1答道："我认为当前社会的贫富差距较大"；佛教徒3和4答道："社会各阶层收入差距过大，贫富差距悬殊"；基督徒3回答："只是觉得贫富差距太大了，有钱人很有钱，没有钱的人又严重的贫穷。"

(2) 认为社会存在不公平不公正的有 9 人；其中，不信教者 6 人，佛教徒 2 人，基督徒 1 人；分别是不信教者 7、8、9、15、16、34，佛教徒 14、16，基督徒 15。对此，不信教者 8 是这样答道："社会上有太多不公平的事，农村人想出人头地只有读书"；佛教徒 16 答道："当前收入差距过大，导致社会公平公正缺失"；基督徒 15 回答："科技越来越发达，人心却越来越冷淡，社会不公现象常有。"

(3) 认为社会贪污腐败现象较严重的有 26 人；其中，不信教者 16 人，佛教徒 5 人，基督徒 5 人；分别是不信教者 2、6、9、19、21、28、29、30、31、37、40、42、44、45、46、48，佛教徒 11、12、13、14、24，基督徒 5、7、8、22、25。其中，不信教者 30、佛教徒 24 和基督徒 7 认为是由于权力过于集中，缺乏制衡和监督而导致腐败行为，不信教者 37、44 认为农村村干部贪污腐败严重，办事都要钱；例如，不信教者 30 答道："当前社会存在的主要问题就是权力过于集中，缺乏制衡，导致贪污腐败问题。我觉得中国不能效仿美国，弄出两个政党，中国共产党的单独管理，是符合中国社会的国情的，但是我觉得共产党内应该有一个制衡机制，有制衡力量，以避免权力的过度集中。当前，习近平主席出台的地方审计直接由中央任命的政策，我觉得这就非常明智"；不信教者 37 答道："政府公务人员的贪污受贿太严重了。在农村，当官的人贪污是很严重的，村里的公共财产都被他们拿去卖了，然后卖的钱都被他们中饱私囊，这是非常可恨的。社会要和谐，首先要治理这些严重的腐败现象"；佛教徒 11 答道："当官腐败的多啊，什么好处都到他们手里去了，像我们这些普通老百姓怎么能得啊"；基督徒 5 答道："腐败，习主席上台后有所改善。"

(4) 认为社会道德滑坡、诚信缺失和人心自私冷漠的有 20 人；其中，不信教者 6 人，佛教徒 4 人，基督徒 10 人；分别是不信教者 1、10、11、20、25、32，佛教徒 7、8、13、24，基督徒 2、3、5、6、8、12、15、17、18、20；其中，佛教徒 13 和基督徒 2、3、6、12、18 认为导致这种问题的主要原因是社会缺失信仰造成，而佛教徒 8 认为是社会孝道缺失引起，不信教者 32、佛教徒 24 和基督徒 15、17、20 认为人越来越商业化、利益化而导致人性善的缺失，变得冷漠、自私。例如不信教者 10 答道："社会风气不引人向善"；不信教者 32 回答："社会最大的问题是人性善的缺失。我觉得现在大部分人都被利欲熏心，被金钱所迷惑，人心险恶，人们都非常自私自利，人与人之间毫无信任可言"；佛教徒24答道："我国社会存在的主要问题是虽然大家越来越富了，但孩子们的孝道观念越来越淡了，更多去追求金钱和荣誉去了，给我们表达孝心的方式也只是给我们更多钱，但我并不需要太多。孩子们的亲情观念变得淡薄，经常在外面工作，经常不能顾及。我认为党和政府对老年人要多一些关心，希望党和政府多弘扬'孝'的观念，也要多弘扬'佛法'"；基督徒2表示："当前社会存在的主要问题就是大多数中国人都缺失信仰，心里没有畏惧感，想做什么就去做什么，而不顾及后果，最终走向罪恶的深渊"；基督徒20表示："我觉得现在社会最大的问题是人与人之间越来越冷漠，缺乏类似兄弟姊妹们之间真心的关爱；另外，对弱势群体的歧视问题也越来越严重，人们也变得越来越物质化。像现在找女友，女方的要求普遍很高，什么要有房有车，再不然就是要买齐三金（金项链、金耳环、金戒指），这些就是主要问题。"此外，佛教徒7认为社会太浮躁，基督徒5认为社会缺乏凝聚力。

（5）认为社会犯罪现象较频发和社会治安状况不佳的有8人；其中，不信教者5人，佛教徒2人，基督徒1人；分别是不信教者6、13、26、28、43，佛教徒5、15，基督徒25。对此，不信教者13是这样回答："我已经上了一定的年纪，经历过的事情也比较多，所以感触也比较深，以前小时候真可谓夜不闭户，道不拾遗，但现在入舍打劫、偷窃、碰瓷讹钱的事情却时有发生"；不信教者26回答："怎么说呢，算不太平吧，就说在我身边的，我朋友就发生了不好的事件，就去年我一个朋友在傍晚散步时就被别人抢了包，还弄断了脊椎。我觉得这个治安方面还是有很大的问题"；不信教者43回答："小偷很多，青少年网瘾问题严重"；佛教徒5回答："当前社会上存在的主要问题还是许多人利用法律的漏洞来进行一些诈骗行为"；佛教徒15回答："中国现在面对的主要问题，就是在法律法规方面有些东西还是跟不上的，有些不到位。唉，现在习近平提出来这个法治社会，很多东西改了很多。有些部分还是跟不上的"；基督徒25答道："当前社会存在的主要问题就是法律法规不够健全，许多法规虽然已经颁布，却没有真正落到实处。例如反腐问题，只是颁布了相关的法规政策，却没有真正做到反腐行动，许多腐败问题仍在滋生。"

（6）认为城乡差距和地域差距发展较大不平衡的有 12 人；其中，不信教者 8 人，佛教徒 2 人，基督徒 2 人；分别是不信教者 8、9、14、15、23、24、38、41，佛教徒 18、19，基督徒 1、23。对此，不信教者 8 答道："城乡差距大，农村人一年到头辛苦死也赚不了多少钱；城市有工资，不用担心收成与投入的问题，社会上有太多不公平的事，农村人想出人头地只有读书，但是国家呢，又从小学到高中都实行按片区招生，本来贫困的地方教育资源就落后"；不信教者 23 回答："当前我国社会存在的主要问题是城乡分化很严重，在农村，尤其是地区经济落后的农村，工作的机会少，工资低，基础设施差，很难摆脱贫穷的状态；而城市，工作机会多，工资也较高，但是农民工们在城市买不起房，在城市生存适应也成为很大问题。并且，农民工不可能一直留在城市打工，过候鸟式的生活，总有一天会年老，总有一天要回到家乡，但是农民工也会面临艰难转型问题，尤其是对没有技术、文化层次较低的农民工，回到家乡，因为年老很难再学一门新技术去再就业，让自己在家乡开厂走先河又没有资金，重新当回农民的话，很多技术都已生疏，并且体力也跟不上了，更有甚者，许多农民工因为去远方打工把田地或是卖掉了或是荒废掉了，连农民也很难当回去"；佛教徒 19 回答："城乡差距大，中西部发展不平衡"；基督徒 1 答道："目前社会存在主要问题是城镇化之后的农村户口转换成城镇户口之后，这群人生存手段的谋取问题。目前的城镇化进程很快，每天都在新农村建设，但是相应的农转非之后，自己的生存手段一直是个老大难。我相信这是目前社会的共同问题。"

（7）认为物价上涨和房价较高的有 15 人；其中，不信教者 6 人，佛教徒 4 人，基督徒 5 人；分别是不信教者 9、20、21、22、35、46，佛教徒 3、4、16、19，基督徒 5、8、10、19、25。对此，不信教者 9 答道："当前主要问题之一是物价上涨"；不信教者 22 答道："房价过高，物价膨胀"；佛教徒 3 和 16 均认为"房价太高，严重超出社会和个人的承受能力"；佛教徒 19 认为"大城市房价过高"；基督徒 19 答道："现在社会的主要问题就是贫富差距问题，物价高的问题，穷的越来越穷，富的越来越富，虽然工资更高了，但物价涨得更快"；基督徒 25 答道："我觉得当前房价、物价都太高，贫富差距大，政府应当遏制通货膨胀的蔓延，使老百姓买得起房，生活更加美好。"

（8）认为环境污染破坏较严重的有12人；其中，不信教者8人，佛教徒2人，基督徒2人；分别为不信教者1、5、9、10、28、45、46、50，佛教徒1、24，基督徒4、19；对此，不信教者1答道："我认为当前社会的贫富差距较大，环境污染日益严重"；不信教者5答道："还有一个就是环境污染问题，以前我们小时候，村里的河流都是非常清澈的，可以直接喝的，河里还有鱼虾，去田里干活的时候还会碰到水蛇什么的。可是现在不行了，现在种田都用化肥和农药，污染很严重的，都出现了土壤板结，我自己也会种点地，也跑过很多地方都有些了解。农村里都污染了，城市里更不要说了，前几年我去广州看我儿子，蓝天白云都很少看到，整天都是灰蒙蒙的，汽车尾气排放太严重了。还有电视新闻里经常说北京的雾霾，真是可怕"；佛教徒1答道："我认为目前社会存在很多问题，农村土地流转、环境保护这些等，我都觉得都是问题。我所在的华北平原，目前沙漠化不断扩张，空气中的含沙量直线飙升，烧的水里边的杂质也越来越多，逐渐到了没有过滤器就过不下去的地步。这些都不能不引起重视"；基督徒19答道："环境越来越差的问题，以前的河水都可以随便喝，大家都可以去河里担水喝，但现在喝的是自来水，还时常有股很大的漂白粉的味道。"

（9）认为社会存在一定食品安全问题的有7人；其中，不信教者4人，佛教徒2人，基督徒1人；分别是不信教者42、43、45、49，佛教徒13、14，基督徒4。对此，不信教者42、43、45均认为"食品安全问题严重或受到威胁，食品安全问题频发"；不信教者49答道："食品安全问题，现在市场上的商品都不敢购买了，还是自己家里种的比较安全，吃得放心"；佛教徒13答道："食品安全也受到威胁，大部分人为了自己的利益害人害己"；基督徒4回答："我觉得有食品安全问题。"

（10）认为医疗卫生领域存在一定问题的有6人；其中，不信教者5人，基督徒1人，佛教徒没有；分别是不信教者12、15、21、35、46，基督徒4。对此，不信教者12答道："医疗卫生条件有待提高"；不信教者15答道："我国的医疗体制还很不完善，觉得病不起"；基督徒4答道："医保制度不健全问题。"

（11）认为教育领域存在一定问题的有12人；其中，不信教者8人，佛教徒 4 人，没有基督徒；分别是不信教者 5、8、9、16、17、38、43、45，佛教徒 2、8、14、16；其中，不信教者 8、9 和佛教徒 2、16 认为教育资源分布不均衡，造成城乡教育之间的不公平。例如，不信教者 8 说道："农村人想出人头地只有读书，但是国家呢，又从小学到高中都实行按片区招生，本来贫困的地方教育资源就落后"；不信教者 16 认为"我国教育也存在着问题，教育制度不完备，很多山区的小孩读不上书，农民工子女的读书问题有待解决"；佛教徒 2 认为"教育资源不均衡、全社会人的素质不高"；不信教者 43、45，佛教徒 2 认为青少年网瘾问题较严重，需要国家和政府的干预。

（12）认为存在"三农"问题的有 8 人；其中，不信教者 6 人，佛教徒 1 人，基督徒 1 人；不信教者 22、23、33、34、38、40，佛教徒 16，基督徒 13。对此，不信教者 22 认为国家要解决"农民收入，还有农民的就业问题"；不信教者 34 和基督徒 13 认为农村建设不到位。

（13）认为人口方面存在问题的有 9 人；其中，不信教者 7 人，佛教徒 2 人，基督徒无；他们分别是不信教者 14、16、18、27、33、38、46，佛教徒 2、4。其中，不信教者 16、33 和佛教徒 2、4 均认为人口素质不高，要提高人口的整体素质；不信教者 14 和 18 认为人口多，而女孩少；不信教者 27 认为人口的观念较落后保守。

（14）认为社会保障存在一定问题的有 6 人；其中，不信教者 2 人，佛教徒 1 人，基督徒 3 人；分别是不信教者 35、50，佛教徒 6，基督徒 4、5、8。对此，不信教者 50 说道："城市中流浪乞讨人员越来越多，社会保障机制还不健全"；佛教徒 6 回答："当前的社会我觉得还是社会保障的问题，现在只有我们这种退休的工人才有退休金拿，但是那些原来就是农民的，在不能干活、儿女不孝的情况下，只依靠政府的养老金的话，物质生活方面还是会捉襟见肘的"；基督徒 8 说道："底层人民生活不能很好地得到保障。"

（15）认为就业领域存在一定的问题有 7 人；其中，不信教者 5 人，佛教徒 1 人，基督徒 1 人；分别是不信教者 22、23、29、35、45，佛教徒 19，基督徒 5。其中，不信教者 22、23 侧重于解决农民就业，特别是进城农民工的就业问题，其他几位强调大学生就业问题。

此外，除几位未对此给予明确答复外，不信教者 5 强调留守儿童问题，他说道："我想说的一个是留守儿童的问题，在广大农村这个现象还是很严重的，像我们村里很多年轻人都去外面打工了，小孩就是归爷爷奶奶带，年纪大了也照顾不过来，学习上更是没法辅导，我们班上有一半以上都是留守儿童，这些孩子都是很可怜的，也很容易出现各种各样的问题"；不信教者39强调："国家政策是很好的，就是地方上落实有些变味"；不信教者24强调："我国社会存在的主要问题是年轻人的压力很大，城乡分化、贫富分化严重，社会矛盾激化。就拿我自己为例，我03年考上某名牌大学读工科系，大学毕业后，我找工作较困难，因为是女孩子，公司单位更愿意找读工科的男生，迫于无奈便转专业考上另一名牌大学的新闻硕士生，毕业后虽然能找到工作，但生活还是很不容易，刚毕业不久，要面临婚姻、成家等。但是，此时还无多少积蓄的我们就面临买房困难。从农村、大山出来的我们一直很努力，父母也倾其全力、财力让我们好好读书，为的是将来能摆脱贫穷的命运，过上好生活，然后反哺家庭。然而虽然现在我们付出了这么多，但还是自己面临很多困难，买房什么的还要向父母伸手，请父母帮扶，这让我们感觉有点付出得不到同等回报的感觉。尤其是现在许多大学生还找不到工作，蜗居在城市的一个角落，而拥有财富的人却拥有着几套房子、几部车子，我觉得这样的社会是不正常、不公平的。从农村、从大山走出来的孩子，生活质量没有提高反而拥有更大的压力，一直在背后支持他们十几年的父母、家庭，经济状况还是一如当年，这就是尖锐的社会矛盾和社会现实。"

从中可知，受访者对当前我国社会问题的看法还是比较多的，收入差距、贫富差距、不公平不公正、腐败、社会道德滑坡、社会诚信缺失、社会犯罪和治安问题、城乡差距和地域差距偏大、物价房价偏高、环境污染、食品安全、医疗教育、人口素质、"三农"、社会保障、就业、留守儿童等领域和方面被认为存在相应问题，需要引起关注和及时解决。不信教者和信教者对此均存在较大的共同点，但也存在一些差别；这些差别或许来自他们信仰的差异。

3. 受访者对当前和谐社会建设的看法分析

受访者对当前我国和谐社会建设的看法和评价主要有下面三种表现：

第一，认为总体不错，回答满意的有24人。其中，不信教者13人，佛教徒 5 人，基督徒 6 人；他们分别是不信教者 4、5、6、7、13、15、16、18、19、22、33、46、49，佛教徒 5、7、12、15、20，基督徒 10、13、14、15、17、19。对此，每一个受访者的回答也各具特色，比如，不信教者 5 回答道："党和政府总体来说还是可以的，没有中国共产党就没有新中国，自改革开放以来，在党和政府的带领下，老百姓的日子是越过越红火，现在的条件在以前是想都不敢想的。最近几年给农民的优惠也很多的，取消农业税啊，农业补贴啊，都提高了农民的收入"；不信教者 6 答道："我觉得还是很好的，就拿我说吧，我以前是国企的工人，企业倒闭后，我现在基本上能有两三千的退休金，这就够我和老伴的基本生活了"；不信教者 7 答道："大体而言，党和国家在中国的发展上是值得肯定的，人民的生活相对过去有非常大提高"；不信教者 15 说道："党是个好党，中央政府是好政府"；不信教者 16 答道："对于党和政府，我个人觉得相对来说还是不错的，能从各方面为人民服务和考虑"；不信教者 18 回答："总的来说，我觉得还是不错的，农民的生活是在不断地提高"；不信教者 33 答道："我觉得现在党和政府做得还好，自从习近平总书记上台，进行一系列的反腐工作，使我们社会的风气变得越来越好了。我对现在的社会还是很满意的，社会建设挺好的"；不信教者 46 答道："社会发展很快，人们生活也越来越好，实现了经济生活的伟大进步"；不信教者 49 答道："党和政府都很好，政策很好"；佛教徒 5 答道："当前的社会建设得比较快，特别是农村这一块，发展尤为显著，这对拉近城乡差距起到很大作用"；佛教徒 7 答道："我感谢党和政府给我们带来的越来越好的生活，总结为一句话就是：中国共产党万岁！至于对于党和政府的看法、建议，我没有其他要说的"；佛教徒 15 答道："我对共产党政府看法就是，感觉很满意，我个人感觉很满意。国家改革开放四十年，发展到这么好的水平，无论是国防还是民生我感觉到很满意，很幸福。社会建设是一个很大的命题。就是讲的话，我感到它是飞速发展。四十年发展，相当于国外的一百年。感觉到很快很好。对人们生活，出行方便啊，交通方便啊，生活水平也提高了，很满意"；佛教徒 20 答道："对党和政府的话，很尊重，对其颁布的政策也很拥护，赞叹。习主席的政策也很好"；基督徒 10 答道："社会建设，这个，我觉得还行，我还挺满意的"；基督徒 15 答道："社会建设整体是呈上升趋势的，我对社会建设抱有很大希望"；基督徒19答道："现在的政府和党挺好的，会关心和帮助我们这些残疾人，没什么特别的建议。"

第二，对此认为政策是好的，但在执行中不能落实到位的有12人；其中，不信教者7人，佛教徒4人，基督徒1人；分别是不信教者8、9、27、39、42、46、49，佛教徒2、13、14、18，基督徒4。对此，不信教者9答道："党和政府的政策和做法，其目的都是代表着人民的利益，是好的，是对的。但是，其政策方针在实施过程中由于具体情况的不同会起到大小不同的作用，难以面面俱到和绝对公平"；不信教者39答道："国家政策是很好的，就是地方上落实有些变味"；不信教者42、佛教徒13和14都认为："党和政府政策很好，就是下面实行的不够好，总是半路被拦截。消息政策宣传不够，百姓感受不到政府的好，对于没有读过书的人来说，更不用谈政策了"；佛教徒18说道："政府是好政府，都为我们农民着想，但是不管什么政策到了地方就不是这样了。中央的路线和初衷本来是好的，意义是好的，但是到了地方就是容易变质，并且很普遍"；基督徒4答道："我没有什么意见，就是政策没有落到实处。"

第三，对此未做直接回答或回答不清楚的有50余人，他们要么认为不清楚或不知道；要么直接对社会建设提出自己的建议，具体在下面讨论；另外，还有几位对此回答不满意，还需党和政府进一步加强建设。

总体来看，大部分受访者对当前的社会建设还是持比较理性的态度，他们都希望我们的社会更美好、更和谐。

4. 受访者对当前和谐社会建设的建议分析

对于如何搞好当前的社会建设，使当前的社会越来越和谐，受访者对此都表达了自己的看法；项目团队将此进行了整理和分类，归纳为以下16个方面。

（1）认为要加大防腐倡廉力度，加强监督，使政府更高效廉洁的有23人；其中，不信教者14，佛教徒3人，基督徒6人；分别是不信教者1、2、5、11、16、18、21、28、31、32、36、37、40、49，佛教徒3、11、18，基督徒1、3、5、6、17、22。对此，不同受访者表达了各自的意见，比如，不信教者1答道："希望加大防腐倡廉工作"；不信教者2回答："要加大力度治理腐败"；不信教者21答道："对于腐败问题，党和政府还要加大打击力度，严惩贪官，不留死角"；不信教者36回答：

"加大廉洁政府的建设";佛教徒3回答:"抑制党员干部的贪污腐败,严厉打击那些贪官";佛教徒18认为要把"反腐坚持到底";基督徒1答道:"建议就是要加大整治贪污腐败的力度";基督徒5答道:"我希望党能加强监督,学习国外先进经验";基督徒22:"没什么看法,但是还是希望党和政府能好好整治一下腐败问题。"

(2)认为要缩小贫富差距、城乡差距和地域差距的有18人;其中,不信教者14人,佛教徒3人,基督徒1人;分别是不信教者1、5、8、15、17、18、22、25、31、34、35、36、40、43,佛教徒3、4、18,基督徒6。对此,不信教者5回答说:"要缩小贫富差距,现在社会的贫富差距实在是太大了,很多老百姓都买不起房子,房价高得吓人";不信教者15回答:"缩小城乡差距和地域差距,构建一个公平公正的社会";不信教者17回答说:"我觉得现在贫富差距挺大的,党和政府应该着力解决这个问题,缩小差距";不信教者34回答道:"最主要的还是要先解决贫富差距的问题,现在的社会贫富差距太大了,这实在不利于社会的和谐,难免会引发矛盾和冲突的呀";佛教徒3、4都回答说:"针对房价和收入差距的问题,政府要想办法努力解决";佛教徒18认为要"缩小收入差距";基督徒6认为要"缩小贫富差距"。

(3)认为要加速经济转型、优化市场经济政策和发展经济的有7人;其中,不信教者6人,佛教徒1人;分别是不信教者1、4、35、42、43、45,佛教徒14。对此,不信教者4答道:"要优化市场经济政策";不信教者35答道:"一个和谐的社会,应该是在社会主义市场经济体制不断完善的基础上建立的";不信教者42回答说:"努力发展经济,尤其是农村的经济不可忽视";佛教徒14表示要"大力发展经济"。

(4)希望增加收入、提高生活水平、关注和改善民生以及更好地为民谋福利、办实事的有26人;其中,不信教者17人,佛教徒5人,基督徒4人;分别是不信教者2、4、5、10、13、15、16、18、21、23、24、25、28、32、39、44、50,佛教徒3、5、6、15、19,基督徒4、5、8、14;即便如此,他们之间也存在不同。不信教者2、10、13、18、44和佛教徒15侧重于增加收入和提高生活水平,例如,不信教者2答道:"希望增加收入";不信教者10答道:"希望政府提高经济收入和生活质量";不信教者44答道:"没什么太大的看法,就是觉得应该多出台一些政策,提高普通老百姓的收入水平"；佛教徒 15 回答说："提高个人收入，提高农民的收入。人们的收入增加了，文明也就随之提高了。"不信教者 4、13、15、16、21、23、24、25、28、32、39、50 和佛教徒 6、19 以及基督徒 5 侧重于要关注改善民生和为民谋福利，例如，不信教者 4 答道："希望党和政府能够继续为民谋福利"；不信教者 16 答道："希望政府要真心实意地为人民服务，关注民生，力求让社会在不断进步的同时，人们能和谐地生活"；不信教者 21 回答："政府要想办法提高老百姓的生活水平，关注民生，不能只关注 GDP 数字，更要关心数字背后的质量"；佛教徒 6 答道："我觉得政府应该多关注民生问题，现在老是加快城市化建设，但是却使更多的人流离失所，这样就有点得不偿失了。当前的目标就是构建和谐小康社会，只有人民的生活水平真正提高了，努力解决人民的住房、交通等问题，才能从根本上建设和谐的小康社会。"不信教者 5、15 和佛教徒 3、5 以及基督徒 4、8、14 侧重于要为民服务和办好事实事，例如，不信教者 5 答道："党和政府应该是为人民服务的，为老百姓办事的。还有在一些政府部门里，我希望我们百姓去找他们办事的时候，工作人员的态度能够好一点，那些程序什么的能够少一点，能够方便我们百姓"；不信教者 15 说道："建议党和政府多为人民干好事"；佛教徒 3 答道："真正为老百姓做些实事，要像毛主席说的那样，政府就是要全心全意的为人民服务"；佛教徒 5 回答说："党和政府应该多从基层人民办实事的立场想想，多做一些具有实际意义的工作"；基督徒 5 答道："现在的政府正处于向服务型政府的转变，向公仆角色转变。我希望政府能控制房价，改善民生。"

（5）认为要重视农业、农村和农民以及加强农村建设的有 17 人；其中，不信教者 13 人，佛教徒 3 人，基督徒 1 人；分别是不信教者 2、4、5、8、12、18、23、24、36、40、41、42、43，佛教徒 1、14、16，基督徒 1。对此，不信教者 2 回答说："要重视农村、农业和农民"；不信教者 4 回答道："要把注意力多些放在解决'三农'问题上"；不信教者 8 答道："农民才是根本，还是要搞活农村才能实现可持续发展，不然两极分化就只会让社会主义伟大目标难以实现"；不信教者 12 回答："党和政府应该不断按照当前我国的国情调整政策，做一些对农民、农村、农业有利的工程项目"；不信教者 18 答道："我觉得对农村的扶持还是不够，政府应当加大对农村建设的扶持。要和谐,当然就要减轻农民的负担,增加农民的收入,缩小各个阶层的贫富差距";不信教者23答道:"对党和政府的建议便是希望政府多帮助返乡农民工,可以让他们接受培训,帮助他们再就业,或者希望政府可以在资金上支持农民工回家建设家乡,鼓励学到新知识、新技术的农民工在家乡创办企业,增加家乡的就业机会。当前的社会建设要倾向于农村,减小城乡差距,完善好乡村的基础设施,引导农村的经济发展,让农村也有许多就业机会,努力让农村留住劳力,让外出打工的农民工也返乡参与家乡建设,让农村留守儿童、留守妇女、留守老人越来越少";不信教者24回答说:"在推进城镇化的过程中,要解决好土地和农民的问题";不信教者36答道:"改善农村人的生活状况";不信教者40回答说:"对农民问题投入更多,争取村村建设新农村";不信教者42、43也希望对农村建设多一些投入;不信教者41回答说:"允许镇上的公交车到我们村上来,车费再便宜点。希望党对农村有更多政策倾斜和补助,对农民种田有技术支持,在农忙时有插秧机和收割机来帮忙。进行村村新农村建设,村村通公路,搞好农村环境,能有人教老人们玩电脑、手机等";佛教徒1回答:"对当前政府的建议是,农村问题的改革力度还得加大,村官的配置、培训,这些都是直接的对百姓有利的事情";佛教徒16答道:"社会主义和谐新农村建设首先要解决的问题是:农民子女受教育难的问题,农民工进城就业难的问题,农业综合生产力的大力提高问题。"

(6)认为要完善社会保障福利政策和制度的有10人;其中,不信教者7人,佛教徒1人,基督徒2人,分别是不信教者4、7、21、34、35、37、44,佛教徒8,基督徒8、23。其中,不信教者4认为要建立"公平公正的福利制度";不信教者7建议"党和国家能够根据实际情况给予贫穷的老百姓真正切实的福利和保障";不信教者21认为"当前社会保障制度还不完善,需要进一步的健全社会保障政策";不信教者34"希望养老金能更高一些";不信教者37和44均认为要"加强养老保险和医疗保险建设";佛教徒8希望"党和政府对老年人要多一些关心,希望党和政府多弘扬'孝'的观念";基督徒8和23也认为"一个和谐的社会应该是社会保障制度更加完善"。

(7)认为要增加教育投入、发展教育和提高人口素质的有19人;

其中，不信教者 14 人，佛教徒 4 人，基督徒 1 人；分别是不信教者 1、9、11、16、19、21、28、29、31、38、42、44、45、46，佛教徒 2、6、13、14，基督徒 6。对此，不信教者 1 相信"社会想要变得更加和谐，首先应该发展教育，提高人口素质"；不信教者 19 认为"关于和谐社会的建设，我认为最重要的就是提高人们的素质，只有素质提高了，好的社会才能建设成"；不信教者 28 回答说："在和谐社会建设问题上，我认为要重视个人教育，提高个人素质，因为只有每个人都做好自己的本职工作，我们的社会才会更加和谐美好"；不信教者 31 回答道："在和谐社会建设问题上，我认为要重视个人教育，提高个人素质，因为儿童是祖国的未来，如果儿童得不到好的教育，那么国家的未来就只会令人堪忧"；不信教者 42 提出："社会建设需要很多优秀的人才，国家的教育方式应该改变，不应该为了考试而学习，为了赚钱得到地位权力而学习"；佛教徒 13 也主张"要改变教育方式"，同时认为"国家更应该实施教育训练，提高大家的素质"；佛教徒 2 回答说："全民素质的提高。'人之初，性本善'，要关注教育，尤其是边远落后农村地区的小学教育"；基督徒 6 认为"和谐的社会应该是人们有更好的教育"。此外，不信教者 44 强调"要降低学杂费"，而不信教者 45 强调"要加强青少年教育"。

（8）认为要加快民主法制建设完善法律、打击犯罪、加强法律知识宣教和治安管理及增强法律意识与思想觉悟的有 17 人；其中，不信教者 12 人，佛教徒 3 人，基督徒 2 人；分别是不信教者 1、15、25、26、30、31、33、38、40、44、48、49，佛教徒 6、12、19，基督徒 5、23。其中，不信教者 1、15、25、30 和佛教徒 19 强调要加强民主法制建设和完善法律，增强法律意识，例如，不信教者 1 答道："加快国家的法制建设，促使人们知法守法"；不信教者 15 回答说："对于我们的社会如何才能更加和谐，我的建议是中国应该不断地完善法律法规，形成全面的法治国家"；不信教者 30 答道："政府应该努力健全法制，让犯罪有成本，让人们不敢犯罪；同时，党内应当更加民主，加强制衡。如果我国建立健全制度建设，社会治安良好，那么我们的社会就会更加和谐"；佛教徒 19 答道："不断完善法律，不断改进政策，促进社会和谐发展"；佛教徒 6 回答说："要想社会变得更加和谐，党和政府就要积极领导人民，做好群众的思想工作，从根本上提升社会风气，这样才能使社会更加和谐"；基督徒5认为"思想观念要改变"。而不信教者38、40侧重于要打击赌博诈骗等犯罪行为，例如，不信教者38答道："就是赌博风气太严重啦。政府等有关部门要加大管理的手段，采取严厉的措施来制止这种危害社会和家庭和谐的行为，要让大家通过辛勤劳动来获得财富，要让大家都知道劳动才受人尊敬。社会的和谐建设在于人心不冷漠，大家相互之间要多帮忙。还有就是要加强法律知识的教育，很多小孩子因为不懂法，触碰了法律的底线，造成了悲剧"；不信教者40回答说："国家也要采取政策缓和各种社会矛盾，对那种骗钱骗人的行为进行打击。"不信教者26、38、31、44强调要加强治安管理，例如，不信教者38表示道："在治安问题上，要加强治安管理，使人民有一个和谐稳定的社会"；不信教者31答道："现在国家治安还是不太好，偷盗猖獗，自己新买的苹果手机就在公交车被偷走了。所以政府要在治安管理问题上多下功夫。"不信教者48、49，佛教徒12和基督徒23则强调"和谐社会的一个重要方面就是没有违法乱纪行为、人人遵纪守法"。

（9）认为要关注就业、优化创业就业环境和解决劳资矛盾的有9人；其中，不信教者8人，佛教徒1人；分别是不信教者4、16、22、23、31、35、43、50，佛教徒16。对此，不信教者4回答说："和谐社会应该有一个好的就业创业环境"；不信教者16答道："还应该在教育投入、大学生就业等方面加大关注，让大学生有一个平等的平台去进入社会，多为大学生提供兼职的机会，不仅可以提高大学生自身的素质，还可以帮助贫困大学生解决生活费等问题"；不信教者43提出"大力发展经济，给自主创业的人提供资金支持"；不信教者50认为"政府要关注基层人群的就业状况"；佛教徒16回答说："社会主义和谐新农村建设首先要解决的问题是：农民工进城就业难的问题。"不信教者23也强调要重视农村的就业问题；不信教者35则强调说："我觉得当前的社会建设需要解决贫富差距悬殊、劳资关系恶化等问题。"

（10）认为要加强党建和干部建设、提高党员和干部素质以及执政管理水平的有12人；不信教者10人，佛教徒1人，基督徒1人；分别是不信教者5、10、11、14、24、33、40、42、43、45，佛教徒14，基督徒8。对此，不信教者10回答说："我建议党应提高入党门槛；党内通过与时俱进的先进监督机制保证党员素质不下降"；不信教者 11 回答说："我认为应该要提高人口素质和执政党的管理水平"；不信教者 40 认为要"提高官员素质"；不信教者 42 和佛教徒 14 回答说："国家要加强自身执政和行政能力建设，做到知人善任"；不信教者 45 说道："加强执政及行政能力建设，加强自身建设，做好强国富民工作。官员要廉政，公平。"

（11）认为要加强精神文明建设、文化建设和道德建设，提高道德水平和素质的有 11 人；其中，不信教者 9 人，佛教徒 1 人，基督徒 1 人；分别是不信教者 5、9、14、16、20、21、44、46、50，佛教徒 1，基督徒 23。对此，不信教者 5 回答说："社会建设要加强精神方面的建设，不仅仅发展经济就可以了，物质文明和精神文明一起发展"；不信教者 9 答道："当前的社会建设在以经济建设为中心的根本前提下精神文明建设和国民素质提高方面需要加强，以及当前社会中道德缺失、诚信缺失现象越发频繁，需要加强诚信道德建设"；不信教者 14 答道："关于当前的社会建设，我的看法主要是提高社会的整体文化素质，文化素质如果没有提高，整个社会的建设终有一天会垮掉"；不信教者 20 认为要"大力加强人文教育，增进社会道德建设，净化社会风气"；不信教者 21 回答："要加强社会道德建设，提高全社会人的素质"；不信教者 44 答道："我觉得国家应该在加强社会风气的管理这一方面多下点功夫，增强大家的社会道德意识，这样，我们老百姓的生活才能过得更加舒心一些"；佛教徒 1 答道："最根本的是要不断加强文化建设，使得新一代人都能够得到良好的教育，有一个很好的自我习惯。这样对于社会的和谐就是指日可待的事情了。"

（12）认为要保护环境、治理污染和加强生态建设与资源利用的有 11 人；其中，不信教者 6 人，佛教徒 3 人，基督徒 2 人；分别是不信教者 5、20、23、28、45、50，佛教徒 2、7、24，基督徒 5、8。对此，不信教者 5 回答："要保护环境，治理污染，让天更蓝，水更清澈"；不信教者 20 答道："党和政府应该优先防范生态环境恶化"；不信教者 23 回答说："我们在急速发展的同时，一定要顾及潜藏的问题，如环境问题、生态问题"；不信教者 28 说道："在环境问题上，应加强绿化建设，保护环境，减少城市污染"；不信教者 45 回答："要有长远发展的观念，在经济发展的同时注意环境的治理"；佛教徒 2 答道："要珍惜土地，关爱地球。我们只有一个地球母亲，没有了土地，就没有我们人类的存在，一定要保护环境、爱惜环境。可惜，我个人的力量还比较小，而且，我们沙河这个地方比较落后，大家的环保意识不强，我一个人的力量还不能影响什么"；佛教徒7答道："希望国家在发展的同时要记住一句话：发展要以保护环境为前提，要走可持续发展路线"；基督徒5答道："资源分配要合理。人与自然不要过度开发。"

（13）认为要调控物价和降低房价的有6人；其中，不信教者3人，佛教徒2人，基督徒1人；分别是不信教者14、29、32，佛教徒3、4，基督徒5。对此，不信教者14答道："对于我们的社会如何才能更加和谐，我的看法是，如果每个人都不再是为了那一套房而奋斗，我们的社会会更加和谐。换言之，政府应该把房价调控到普通民众都能承受的水平，让人们都能为了自己的理想而奋斗"；不信教者29答道："对于当前的社会建设，党和政府应该要降低房价，甚至免费给老百姓提供房子，而不是把土地卖给开发商。这样人民得到自己所需要的，就会真正拥护执政党"；不信教者32答道："党和政府应该要严厉打击类似豆腐渣工程情况，并且要降低房价，使普通民众都能买得起房"；佛教徒3和4都说道："就是针对房价和收入差距的问题，政府要想办法努力解决，把房价降下来，让我们老百姓都有房子住"；基督徒5回答说："我希望政府能控制房价，改善民生。"

（14）认为需要促进社会公平公正的有8人；其中，不信教者5人，佛教徒3人；分别是不信教2、9、35、36、48，佛教徒3、4、14。对此，不信教者2回答说："社会和谐需要促进公平"；不信教者9认为"公平平等社会才会更加和谐"；不信教者36答道："社会公平公正，人人诚信，社会道德良好，人们过上舒适的生活"；不信教者48认为"人人平等对待"社会才能和谐；佛教徒3和4都认为"不同群体之间冲突还比较多，所以，我们的党和政府还要尽力解决公平正义的问题"；佛教徒14回答："在任何领域任何方面都要实施公平公正。"

（15）认为社会成员自身需提高素质，做好自己的事，加强子女教育，互爱互助和学会宽容以及发挥信仰的作用来约束自己的有26人；其中，不信教者10人，佛教徒7人，基督徒9人；分别是不信教者12、17、36、41、42、43、44、45、49、50，佛教徒1、2、5、10、12、13、

14，基督徒3、4、8、13、14、15、17、19、22。对此，也有三种观点：第一，不信教者43、45、50，佛教徒1、5和基督徒3强调要提高自身素质，做好自己的事情，例如不信教者41答道："大家要提高自己的素质，尽量有一种宽容的态度对待任何事和人。不受外国侵略，家长加强子女教育，子女好好读书，人人多做好事，学会宽容忍让，每一个人都要做好自己的事，别去害人就可以了"；不信教者43回答说："大家要提高自己的素质，尽量有一种宽容的态度对待任何事和人"；不信教者50答道："社会和谐首先要从个人做起，人人都规范自律，遵纪守法，宽容待人，实现人与人之间的和谐"；佛教徒1答道："社会的和谐离不开大家的共同努力。大家的努力仰仗的是每个人都能有一个好的价值观、道德观，有很强的自制能力。对自己的行为有清醒的认识，对行为的结果可以自知，可以预测"；佛教徒5答道："这还要从人的本性问题上才能根本解决，如果每个人都积极向上，多行善，不作恶的话，社会肯定会很和谐"；佛教徒2认为和谐社会建设"需要全民素质的提高"；基督徒3答道："社会的和谐问题归根结底是因为个人的不自律，如果每个人都能够很好地约束自己，管理自己的话，社会就会减少很多犯罪。我是这么认为的"；第二，不信教者17、42、44、49，佛教徒10、12、13、14，基督徒22强调社会成员要互助互爱，和睦相处，例如：不信教者17谈道："我觉得当前社会建设需要年轻一代的共同努力。关于这个，我认为只有人与人之间互相帮助，相互友爱，这样我们整个社会才能变得更加和谐"；不信教者42回答："人与人和平相处，要互相宽容"；不信教者44回答道："在社会上，每个人都应该提高一下公德心，不干坏事。还有就是邻居间应该相互帮助，亲戚间应该常走动，增进一下大家的感情"；佛教徒10回答说："就是要大家相互帮助，万众一心的去面对困难"；佛教徒12说道："那就要看坏人有没有那么多了，大家都要多做好事，心要向善，不要尽想着自己，做人不能太自私吧"；佛教徒13和14都认为"人与人和平相处，不要为了金钱利益而反目成仇"；基督徒22答道："具体的我不知道那么多，我就觉得，人和人之间相互尊敬，互相礼让，可能就不会有那么多的摩擦，神爱世人，弟兄姊妹之间也要互相爱，有些事不见得就是你想的那个样子，是吧，多为别人着想，可能很多事就能想明白"；第三，基督徒4、8、13、14、15、17、19侧重发挥信仰的作用来约束自己而有助于促进社会和谐，例如基督徒4答道："我希望所有人都信主，因为主会改变人的内心，会医治人心里受到的伤害"；基督徒8认为"和谐社会需要发挥信仰的作用"；基督徒13说道："《圣经》里面有许多做人的道理和人生准则，如果每个人都能按《圣经》上面的约束自己，社会就能够更加和谐"；基督徒14回答说："社会和谐一方面需要政府的管理；一方面是宗教信仰的问题，一个人有了宗教信仰，他就会对自己的行为准则有一个规范，随随便便的事情他也就不敢做了，我想这也是促进社会和谐的一方面。像我们信了这个主，就会按照圣经上的去做，圣经上有十诫，都是我们要遵守的。"

（16）多建和改建寺庙、教堂，打击邪教，落实宗教信仰自由政策和维护宗教信仰人士的权益的有9人；其中，不信教者1人，基督徒8人；分别是不信教者13，基督徒2、6、7、8、12、13、14、17。对此，不信教者13是这样回答："我国政府要多建点寺庙，多关心民众，社会才能更加和谐"；基督徒2认为："希望党和政府能够更加重视基督教，大力支持基督教"；基督徒6、7回答说："建议落实宗教信仰自由政策。希望政府要不断调整心态，真正落实为人民服务，实现宗教组织的合法化"；基督徒12答道："我觉得政府对信仰问题的政策还有待改善，国家应该重视对信仰问题的政策的实施"；基督徒17答道："邪教是需要打击，但教堂、教会的发展，对和谐社会的构建是非常有作用的，基督教徒有信仰，遵守教义《圣经》，对自己、大众有约束作用，不会危害社会反而使社会更加友爱、团结，所以政府不要干涉，要大力支持才好。但是，因为现在的教堂已有将近10年的历史了，比较简陋破旧，现在的信众也越来越多，教堂容纳不下，所以希望拆掉扩充改建。"

此外，还有不信教者29和30认为中国的社会建设要走自己的路，不能照搬别国的模式，对此，不信教者29答道："中国应走适合自己的道路，不要总是效仿欧美发达地区，以他们的指标评判自己"；不信教者30强调说："我觉得中国不能效仿美国，弄出两个政党，中国共产党的单独管理，是符合中国社会的国情的，但我觉得共产党内应该有一个制衡机制，有制衡力量，以避免权力的过度集中。"

总之，对如何建设和谐社会，受访者对此表达了自己的意见；从中可知，不信教者和信教者的观点和看法有许多一致之处，在于他们都希望在中国共产党和政府的正确领导下，把中国的社会建设得美好和谐，人人都过上好日子；都希望中国的政府官员和干部廉洁公正高效，能够为人民谋福利，为人民办实事好事，及时解决老百姓的问题；但也可以发现，他们之间存在一些差异，比如，不信教者强调外在的因素比较多，而信教者更强调内在的因素；同时，不信教者比较侧重物质等硬件方面的建设，而信教者侧重精神信仰等软件方面的建设。同时，信教者还强调要发挥信仰的作用，真正落实宗教信仰自由政策，而不信教者对此表达的比较少。

三　中国社会主义和谐社会建设的实证分析小结

通过对社会主义和谐社会建设调查资料的定量和定性分析，人们可以发现，无论是对社会问题的看法，还是对社会建设的看法，甚或是对社会建设的建议，受访者在这些方面具有一致的意见。

首先，就个人和家庭而言，大部分受访者倾向于对家庭关系和婚姻家庭生活比较满意，关注家庭建设。大部分受访者家庭普遍认为物价上涨快，子女教育费高，医疗费用高，住房条件不理想，经济和工作压力偏大，个人和家庭难以承受。就不满意的事项来看，大部分受访者普遍对个人和家庭经济收入、社会风气、社会治安等方面不太满意。

其次，对当前社会问题的看法，大部分受访者普遍认为贫富差距悬殊、城乡差距偏大，干部腐败、环境污染、不公平不公正现象比较严重，食品安全存在危机，社会道德滑坡，社会信仰缺失，社会风气不良，社会保障滞后。

再次，对社会建设的看法来看，大部分受访者认为总体情况不错，但由于政策执行等原因，也存在一些缺陷和不足，需要不断改进和完善。

最后，对社会建设的建议，大部分受访者表示首先要惩治腐败，加强监督，维护和促进社会的公平公正；发展经济，提高人民的收入，改善人民的生活；缩小贫富差距，城乡差距和区域差距，促进协调发展；保护生态环境和食品安全，维护民众的生命健康和财产安全；加强法治建设，打击犯罪，完善法律；促进就业，保障权益，完善社会保障制度；加强教育，增加教育投入，提升人口的素质；重视农业和农村建设，保障农民权益。此外，信教群众提出要加强寺庙、教堂建设，打击邪教，落实宗教信仰自由政策，维护宗教人士的权益。

第三节 中国社会主义和谐社会建设中的宗教政策与宗教工作

中国社会主义国家的宗教政策是中国共产党和中国人民政府在长期的革命实践和工作中总结经验、汲取教训的基础上制定的，并在社会主义建设实践中得到不断巩固和完善。其总的要求是：一方面，党和政府坚持贯彻宗教信仰自由政策和坚决实行政教分离原则；另一方面，党和政府要求宗教界坚持爱国主义和独立自主自办教会原则，宗教活动不受外国势力的干涉和支配。

人们对国家的宗教政策有多大程度的了解，对宗教工作又是如何看待？笔者从定量和定性两个方面对此进行分析。

一 受访者对宗教政策和宗教工作看法的定量分析

从受访者对国家的宗教信仰政策的看法来看，回答认为是对的，有利于团结少数民族和宗教信仰者的有不信教者151人，信教者252人，不好说者5人，共计408人，占总人数的65.5%，其中，在信教者中，佛教徒128人，基督徒124人；认为是不对的，理由是中国是共产党领导的社会主义国家，应坚持马克思主义理论和无神论的有31人，其中，不信教者27人，佛教徒3人，基督徒1人，可知，持这种观点的大部分是不信教者；回答没有什么看法的有159人，其中，不信教者122人，佛教徒18人，基督徒17人，不好说者2人；回答其他的25人。由此可知，在受访者中，还有一部分人对我国的宗教政策并不太了解，做好宗教政策的宣传工作还是非常有必要的。

在对自身所在的居委会或行政村有无寺庙、教堂或道观的回答中，回答有的共计317人，其中，不信教者119人，信教者192人，各占总人数的19.1%和30.8%；回答没有的共计198人，不信教者131人，信教者66人，各占总人数的21%和10.6%；回答不清楚的共计104人，不信教者56人，信教者48人，各占总人数的9%和7.7%。

表5—21　　　　　　受访者对国家设定宗教信仰政策的看法

		您信教吗				合计	
		1. 不信教	2. 信教		3. 不好说	人数	百分比
			佛教徒	基督徒	小计			
你对国家设定宗教信仰政策的看法是	1. 是对的，有利于团结少数民族和宗教信仰者	151	128	124	252	5	408	65.5
	2. 是不对的，中国是共产党领导的，应坚持马克思主义理论和无神论	27	3	1	4	0	31	5.0
	3. 没有什么看法	122	18	17	35	2	159	25.5
	4. 其他	8	5	12	17	0	25	3.9
合计		308	154	154	308	7	623	0.2

表5—22　　　　受访者所在居委会或行政村有无寺庙或教堂道观情况

		您信教吗						合计	
		1. 不信教		2. 信教			3. 不好说	人数	百分比
		人数	百分比	佛教徒	基督徒	小计	百分比			
您所在的居委会或行政村有无寺庙或教堂或道观	1. 有	119	19.1	99	93	192	30.8	6	317	50.9
	2. 没有	131	21	34	32	66	10.6	1	198	31.8
	3. 不清楚	56	9	21	27	48	7.7	0	104	16.7
	4. 其他	2	0.3	0	2	2	0.3	0	4	0.6
合计		308		308				7	623	100.0

从受访者对"宗教场所办好教务就行，服务社会是政府有关部门的事情"的看法来看，（1）回答完全赞同的有29人，不信教者14人，

信教者 14 人，各占总人数的 2.2%；（2）回答比较赞同的有 53 人，不信教者 30 人，信教者 23 人，各占总人数的 4.8% 和 3.7%；（3）回答基本赞同的有 102 人，不信教者 64 人，信教者 38 人，各占总人数的 10.3% 和 6.1%；（4）回答不太赞同的共计 292 人，不信教者 137 人，信教者 151 人，各占总人数的 22% 和 24.2%；（5）回答完全不赞同的有 91 人，不信教者 24 人，信教者 65 人，各占总人数的 3.9% 和 10.4%；（6）回答不好说的有 52 人，不信教者 38 人，信教者 14 人，各占总人数的 6.1% 和 2.2%。可见，宗教场所办好教务还是不够的，还应该服务社会。

表 5—23　受访者对"宗教场所办好教务就行，服务社会是政府的事"的看法

		您信教吗					合计	
		1. 不信教		2. 信教			3. 不好说	
		人数	百分比	佛教徒	基督徒	小计	百分比		人数	百分比
"宗教场所办好教务就行，服务社会是政府部门的事"，您对此是如何看待	1. 完全赞同	14	2.2	11	3	14	2.2	1	29	4.7
	2. 比较赞同	30	4.8	14	9	23	3.7	0	53	8.5
	3. 基本赞同	64	10.3	21	17	38	6.1	0	102	16.4
	4. 不太赞同	137	22	81	70	151	24.2	4	292	46.9
	5 完全不赞同	24	3.9	20	45	65	10.4	2	91	14.6
	6. 不好说	38	6.1	7	7	14	2.2	0	52	8.3
	7. 其他	1	0.12	0	3	3	0.48	0	4	0.6
合计		308		154	154	308		7	623	100.0

从受访者对"宗教应当积极适应社会，服务社会"的看法来看，（1）回答完全赞同的有 175 人，不信教者 60 人，信教者 114 人，各占总人数的 9.6% 和 18.3%；（2）回答比较赞同的有 184 人，不信教者 94 人，信教者 89 人，各占总人数的 15.1% 和 14.3%；（3）回答基本赞同的有 192 人，不信教者 106 人，信教者 81 人，各占总人数的 17% 和 13%；（4）回答不太赞同的共计 29 人，不信教者 18 人，信教者 11 人，各占总人数的

2.9%和1.8%；（5）回答完全不赞同的有11人，不信教者5人，信教者6人，各占总人数的0.8%和1%；（6）回答不好说的有28人，不信教者24人，信教者4人，各占总人数的3.9%和0.6%。可见，宗教应当积极适应社会和服务社会。

表5—24　受访者对"宗教应当积极适应和服务社会"的看法

		您信教吗					合计	
		1. 不信教		2. 信教			3. 不好说		
		人数	百分比	佛教徒	基督徒	小计	百分比		人数	百分比
您对"宗教应当积极适应社会、服务社会"持何种看法	1. 完全赞同	60	9.6	60	54	114	18.3	1	175	28.1
	2. 比较赞同	94	15.1	50	39	89	14.3	1	184	29.5
	3. 基本赞同	106	17	37	44	81	13	5	192	30.8
	4. 不太赞同	18	2.9	3	8	11	1.8	0	29	4.7
	5. 完全不赞同	5	0.8	2	4	6	1	0	11	1.8
	6. 不好说	24	3.9	2	2	4	0.6	0	28	4.5
	7. 其他	1	0.12	0	3	3	0.48	0	4	0.6
合计		308		154	154	308		7	623	100.0

从受访者对"提高宗教教职人员素质，有利于发挥宗教促进社会和谐的作用"的看法来看，（1）回答完全赞同的有174人，不信教者38人，信教者135人，各占总人数的6.1%和21.7%；（2）回答比较赞同的有188人，不信教者88人，信教者97人，各占总人数的14.1%和15.6%；（3）回答基本赞同的有171人，不信教者109人，信教者59人，各占总人数的17.5%和9.5%；（4）回答不太赞同的共计34人，不信教者28人，信教者6人，各占总人数的4.5%和1%；（5）回答完全不赞同的有8人，不信教者7人，信教者1人，各占总人数的1.1%和0.2%；（6）回答不好说的有42人，不信教者36人，信教者6人，各占总人数的5.8%和1%。可见，无论是信教者还是不信教者，均有较大比例人数赞同"提高宗教教职人员素质，有利于发挥宗教促进社会和谐的作用"。

表 5—25　受访者对"提高宗教教职人员素质而有利于促进社会和谐"的看法

		您信教吗						合计	
		1. 不信教		2. 信教				3. 不好说	人数	百分比
		人数	百分比	佛教徒	基督徒	小计	百分比			
提高宗教教职人员素质,有利于发挥宗教促进社会和谐的作用,您对此是	1. 完全赞同	38	6.1	72	63	135	21.7	1	174	27.9
	2. 比较赞同	88	14.1	51	46	97	15.6	3	188	30.2
	3. 基本赞同	109	17.5	22	37	59	9.5	3	171	27.4
	4. 不太赞同	28	4.5	2	4	6	1	0	34	5.5
	5. 完全不赞同	7	1.1	1	0	1	0.29	0	8	1.3
	6. 不好说	36	5.8	5	1	6	1	0	42	6.7
	7. 其他	2	0.3	1	3	4	0.7	0	6	1.0
	合计		308	154	154	308		7	623	100.0

表 5—26　受访者对"应弘扬优秀宗教文化来促进和谐"的看法

		您信教吗						合计	
		1. 不信教		2. 信教				3. 不好说	人数	百分比
		人数	百分比	佛教徒	基督徒	小计	百分比			
"应弘扬优秀宗教文化,使之与其他文化共同发挥作用,促进人类自身和谐、人与自然和谐、人与社会和谐",您对此持看法是	1. 完全赞同	56	4.8	74	65	139	16.2	1	196	31.5
	2. 比较赞同	79	7.4	46	48	94	15.1	4	177	28.4
	3. 基本赞同	99	15.9	24	33	57	9.1	2	156	25.0
	4. 不太赞同	28	4.49	1	5	6	0.96	0	34	5.5
	5. 完全不赞同	7	1.1	2	0	2	0.3	0	9	1.4
	6. 不好说	35	5.6	5	1	6	1	0	41	6.6
	7. 其他	4	0.64	2	2	4	0.64	0	8	1.3
	合计		308	154	154	308		7	623	100.0

从受访者对"应当弘扬优秀宗教文化,使之与其他优秀文化共同发

挥作用,促进人类自身和谐、人与自然和谐、人与社会和谐",您对此持何种看法?来看,(1)回答完全赞同的有196人,不信教者56人,信教者139人,各占总人数的4.8%和16.2%;(2)回答比较赞同的有177人,不信教者79人,信教者94人,各占总人数的7.4%和15.1%;(3)回答基本赞同的有156人,不信教者99人,信教者57人,各占总人数的15.9%和9.1%;(4)回答不太赞同的共计34人,不信教者28人,信教者6人,各占总人数的4.49%和0.96%;(5)回答完全不赞同的有9人,不信教者7人,信教者2人,各占总人数的1.1%和0.39%;(6)回答不好说的有41人,不信教者35人,信教者6人,各占总人数的0.93%和1%。可见,无论是信教者还是不信教者,均有较大比例人数赞同"弘扬优秀宗教文化,使之与其他优秀文化共同发挥作用,促进人类自身和谐、人与自然和谐、人与社会和谐"。

从受访者对"中国宗教的现状与未来"的评判来看,(1)回答认为"中国宗教民俗文化以其深厚的根基,博大的内容,动人的色彩将常驻人间,它将在新的历史条件下,通过不断更新而更加健康发展"的有291人,不信教者104人,信教者180人,各占16.7%和28.9%;(2)回答"认为剔除糟粕,取其精华"的有126人,不信教者78人,信教者48人,各占12.5%和7.7%;(3)回答认为"在呼吁和谐社会建设的条件下,宗教民俗文化与现代化建设同步发展"的有122人,不信教者66人,信教者56人,各占10.6%和9%;(4)回答认为"在经济市场化和全球化的充斥下,宗教的发展道路越来越窄"的有35人,不信教者29人,信教者6人,各占4.7%和1%;(5)回答"其他",包括"不好说、不回答以及认为要加强我国宗教建设"等情况的有49人,不信教者31人,信教者18人,各占5%和2.9%。可知,宗教文化在现代社会还是具有较强的生命力,不会因为现代化的进程而衰落。

可见,受访者对国家宗教政策和宗教工作存在着一些看法。大部分受访者还是认同中国现有的宗教政策;对自己周边是否存在宗教活动场所还是比较熟悉;认同宗教场所办好教务还不行,还应服务社会和积极适应社会;认同提高教职人员素质有利于发挥宗教在促进社会和谐发展中的作用;赞同弘扬优秀宗教文化促进社会和谐;对宗教的未来和发展抱有较大的希望和信心。

表 5—27　　　受访者对"中国宗教的现在与未来"的看法

		您信教吗						合计	
		1. 不信教		2. 信教			3. 不好说		
		人数	百分比	佛教徒	基督徒	小计	百分比	人数	人数	百分比
您怎样看待中国宗教的现在与未来	1. 中国宗教民俗文化博大深厚，将在历史条件下，不断更新和健康发展	104	16.7	97	83	180	28.9	7	291	46.7
	2. 剔除糟粕，取其精华	78	12.5	19	29	48	7.7	0	126	20.2
	3. 在呼吁和谐社会建设条件下，宗教民俗文化与现代化建设同步发展	66	10.6	25	31	56	9	0	122	19.6
	4. 在经济市场化和全球化的充斥下，宗教的发展道路越来越窄	29	4.7	5	1	6	1	0	35	5.7
	5. 其他	31	4.97	8	10	18	2.88	0	49	7.9
合计		308		154	154	308		7	623	100.0

二　受访者对宗教政策和宗教工作看法的定性分析

受访者对此有何看法？笔者将 100 名受访者的回答进行归类总结，大致分为不了解不清楚、不太了解或不是很了解、有一些或一般了解和比较了解等四种情形。通过对受访者回答的分析，人们也能大体上知道民众对这一方面问题的了解和评价情况。

1. 回答不了解、不清楚的有28人。其中，不信教者20人，佛教徒7人，基督徒1人；分别是不信教者2、4、6、7、10、11、12、13、17、18、19、20、24、26、34、39、40、41、42、47，佛教徒2、3、4、10、14、20、21，基督徒20。其中，不信教者2、7、12、13、17、18、24和佛教徒2、20、21回答不了解，也不好说和没有什么看法，例如，不信教者2答道："不知道，我只是个种地的"；不信教者40答道："不了解，没什么看法"；佛教徒2回答："不了解这方面的事，不好说看法"；不信教者6和佛教徒14回答："不了解，只知道共产党员不信教"；不信教者10回答说："不了解。我觉得确实管制过严，但还在可以理解承受的范围之内"；不信教者11、19、27和34不了解是因为没接触，也没什么看法；不信教者26回答："不了解，我只知道国家是说宗教信仰自由，这个因为我自己不信"；不信教者27回答："这方面我没有去了解，但是我知道一点，劝人向善的，与人为善的，就是好的，教人为恶的，那就是坏的"；不信教者39回答："不知道，但希望党和政府多去了解这方面的事情"；佛教徒3和4回答说："不了解。不过，对党和政府的宗教信仰自由政策绝对拥护"；佛教徒21回答不了解，是自己一直在修行，不去管这些事情；基督徒20表示："不了解，但是希望政府和党能更关注基督教。"

2. 回答不太了解或不是很了解、很清楚的有28人。其中，不信教者14人，佛教徒5人，基督徒9人；分别是不信教者1、8、9、14、16、28、29、31、32、33、36、37、44、48，佛教徒5、7、11、18、19，基督徒2、3、4、6、7、8、11、14、23。对此，不同受访者的回答也是不一样，例如不信教者1答道："因为不太了解这方面的政策，所以不便做出评论"；不信教者8答道："不是很了解，这方面文化知识接触的少，知道国家主张宗教信仰自由，这个挺好的。还听村委主任说，基督教是政府认定的宗教，但是具体不了解"；不信教者9回答："不太了解，只知道宗教信仰自由政策"；不信教者14答道："我对党和政府在宗教政策和宗教工作等方面并不是很了解。但我觉得政府在宗教和教育方面做得都不是很到位，因为中国本来就是一个没有什么信仰的国家，中国上下五千年流传下来的也是一些迷信的东西，因此政府应该在宗教方面多做一些工作";不信教者16答道:"对党和政府在宗教政策和宗教工作等方面并不是很了解。但我的看法是,宗教有过一些伤害人民和产生冲突的事件,政府要引导人民正确地去信奉宗教,使宗教和社会共同进步,和谐发展。再者,宗教与和谐社会相辅相成,宗教的发展不能说直接影响着和谐社会的建设,但或多或少有一定的影响。例如,有的人盲目地信奉宗教或不能正确辨别真正的宗教和邪教,这对人民生命和财产都有伤害。相反,如果一个人能正确地信奉宗教,那样一个人在生活各方面都能有正确的信仰支撑,这无疑可以增强人民的幸福感";不信教者28、29和32虽然都回答不太了解,但他们的态度有点不同,28和29回答:"对党和政府在宗教政策和宗教工作方面不是很清楚,即使如此,我也并不排斥宗教的发展,我觉得只要宗教不危害社会主义建设就可以允许其健康发展";而32则回答道:"对党和政府在宗教政策和宗教工作方面也不是很清楚,即使如此,我还是比较排斥宗教的发展,我觉得宗教与社会和谐没有多大关系,宗教并不能使人们有多大改变,丑恶的人信仰什么都不能改变他们的心灵,而且现在大部分信仰宗教的人都不虔诚,内心还是为了寻求个人得到保护";但是,不信教者33答道:"宗教政策方面我不太了解,但我认为国家应该要团结宗教,这是十分重要的";不信教者36答道:"不太了解。我们老人家只知道周围身边的事,外界的事情啊,政府的大事情啊,都不太了解。一句话,宗教向好的方向发展就行";不信教者37答道:"作为一名普通的下层老百姓,对于政府在宗教方面的工作不是很了解,也可以说是基本不了解,一个人有信仰是自己的事,别人也管不着;对于宗教嘛,政府对它好的方面应该提倡,对于坏的方面应该尽可能消除。建设和谐社会,就应该将社会的不好成分去除,树立和培养好的社会风气";不信教者44答道:"因为接触的不多,所以不是很了解,大概就是政府不太管寺庙的修建,香火是否旺盛,寺庙的扩大主要资金来源还是香客们朝拜时给寺庙添的香油钱。我觉得这样挺好的,政府不太管寺庙里的事情,因为我觉得寺庙与政府相管辖的范围还是有点冲突的,政府都是提倡科学,先进什么的,而寺庙里是说要供奉神灵什么的。所以不干涉也挺好的";不信教者48答道:"不是很了解";佛教徒5答道:"不是很了解,所以看法也没有";佛教徒7回答说:"不怎么了解,只知道现在信仰自由,所以对这方面的问题,谈不上有什么看法";佛教徒 11 说道:"我们这些农民老百姓哪能知道那么多啊,没有什么了解的。反正就知道神仙岭和观音庙都好多人去祭拜,大家都想受到菩萨佛主的保佑。政府做的事,我们这些老人哪里清楚那么多";佛教徒 18 答道:"不是很了解,这方面文化知识接触的少,知道国家主张宗教信仰自由,这个不错";基督教 2、3、4、6、7、8 都回答道:"不是很了解,所以没有什么特别的看法";基督徒 11 答道:"不怎么了解,我只知道信仰自由";基督徒 14 回答说:"了解也不是特别了解,但是知道大体上政府这一方面对宗教信仰还是自由的。而且自己觉得政府也没必要打压这一块。我知道国家各地方都有些人是有基督教信仰的";而基督徒 23 答道:"不怎么了解。我觉得不要跟国家利益冲突,国家和政府应对宗教政策持开放态度。"

3. 回答有一些了解或一般了解的有 13 人。其中,不信教者 7 人,佛教徒 2 人,基督徒 4 人;分别是不信教者 5、15、21、25、35、46、50,佛教徒 15、17,基督徒 5、12、15、18。对此,不信教者 5 这样说道:"有一些了解,比如我国公民有信仰宗教的自由,也有不信仰宗教的自由。有信仰这种宗教的自由,也有信仰那种宗教的自由。信教的公民和不信教的公民是享有同样的权利和义务,不能歧视信仰宗教或者不信仰宗教的公民。至于宗教工作方面的话,感觉这些年国家的宗教工作做得还是不错的,没发生什么大的关于宗教方面的动乱,说明我们的宗教政策是适应社会发展的";不信教者 15 答道:"对党和政府在宗教政策和宗教工作等方面只有一点点了解。我自己的看法是,宗教活动是在法律允许的条件下进行的,所以宗教理所当然地也应为社会做一点贡献,回馈社会。因为我相信,积极的宗教理念会促进社会的建设";不信教者 21 回答:"有些了解,政府应该加强对宗教团体的管理,加强对道德方面的建设。现在宗教活动场所有些不好的现象,例如,大师开光某件物品,就值多少多少钱,所以,希望政府能加强对宗教的管理和引导,让宗教脱离低俗化、世俗化";不信教者 25 回答说:"了解一般吧,没什么太多的了解,政策的话,我觉得还算比较合理";不信教者 35 说道:"有一点了解,但了解不多,我觉得信不信教是个人信仰自由的问题,但是宗教的发展应当积极适应社会,积极引导宗教与社会主义社会相适应";不信教者 46 答道:"了解一些,政府处理宗教方面很得体,维护了宗教信众的利益，尊重人们的信仰，对社会和谐发展是有很大促进作用的，对邪教的打击让我们更好地做出正确的选择，阻止了可能对社会造成的危害"；不信教者50说道："有了解，在政治书上了解到政府制定的宗教信仰自由政策。我觉得这个政策很好，这是充分尊重人民意愿的表现，体现了民主。而且，宗教是社会不可或缺的一部分，也是文化多元化的体现，宗教信仰可以丰富中华民族文化和内容，使信徒们生活更有希望，有精神寄托"；佛教徒15答道："我了解一部分，比如说，国家在宗教这一块，是比较开放的，就是信仰自由，是国家的政策。在不违背国家法律法规的情况下，是自由信教，这个我还比较了解"；佛教徒17回答说："我了解一些，我国实行的是政教分离政策，只要宗教事业健康规范发展，那国家自然不会干预，对社会也大有益处，但一旦它做出有损国家利益的行为，国家必然会出面干涉，也不存在后面的影响，所以我认为这将对社会的整合作用更明显"；基督徒5答道："了解一点。由党领导，不鼓励也不限制"；基督徒12回答说："这个我有些了解，政府对信仰问题不干涉也不鼓励人们去信。我觉得信仰自由很好，这才能体现出国家的民主与自由"；基督徒15答道："了解不是很多，政教分开，只是觉得政府不应该过多干涉宗教场所，只要不触犯法律，都有绝对自由"；基督徒18回答说："知道一些，党和政府对基督教没什么干涉，不过这一年来，有许多组织打着基督教的名义做一些邪教活动，如九龙教什么的，被政府打击了很多，许多人被抓了进去，现在政府肯定希望信众来我们这正规的教堂。"

4. 回答比较了解的有3人。分别是不信教者43、45和佛教徒13；对此，不信教者43回答道："比较了解。实施的宗教信仰自由政策整体是好的，符合国情。但是需要更加规范管理。我们不信教的人也应该宽容理解人家，尊重人家"；不信教者45答道："比较了解。在高中政治课学的。赞同，实施的宗教信仰自由政策整体是好的，符合国情"；佛教徒13答道："比较了解。实施的宗教信仰自由政策整体是好的，符合国情。但是社会对宗教真正的了解不够，有很多误读、不实际的看法和偏见。大家应该以一种宽容的心态多了解认识宗教，明白其中的奥妙与玄机。"此外，不信教者3、30和基督徒16、17未做明确回答。

由此可知，无论是不信教者，还是信教者，都有较大比例的人群对中国的宗教政策和工作不了解或了解较少；即便是信教者，对这些政策也不很了解。究其原因，不信教者不了解主要是在于自己不信教，因而觉得与自己没有多大关系，而觉得没有必要去了解；而信教者不了解，主要原因是觉得信仰是自己的事情，只要不违反法律，不危害社会就行。同时，也与受访者总体上的文化水平有一定关联；有些受访者了解宗教的相关政策和工作，其主要途径是通过政治课来了解的；可见，加强对民众的宗教政策宣传和相关宗教知识的普及还是很有必要的。

三　受访者对宗教政策和宗教工作看法的实证分析小结

通过对受访者关于宗教政策和宗教工作看法的定量和定性分析，人们可以发现，大部分受访者对中国的宗教政策并不太了解，只有一小部分人群回答比较了解，而且受访者了解宗教政策的渠道和途径并不多。因此，做好宗教政策的宣传工作还是很有必要的。

无论是信教者还是不信教者，均有较大比例人数赞同"提高宗教教职人员素质，有利于发挥宗教促进社会和谐的作用"；同时，大部分受访者认同宗教场所办好教务还是不够的，还应该服务社会；而且宗教本身应当积极适应社会、服务社会；另外，仍有较大比例受访者赞同"弘扬优秀宗教文化，使之与其他优秀文化共同发挥作用，促进人类自身和谐、人与自然和谐、人与社会和谐"。

最后，大部分受访者普遍认为，宗教文化在现代社会仍然具有较强的生命力，不会因为现代化的进程而衰落。因此，要尽量发挥宗教在和谐社会建设中的积极作用。

第四节　宗教在中国社会主义和谐社会建设中的多重特质[①]

宗教不仅由多种要素构成，而且各要素之间存在着相互依存、相互影响和相互作用的关系，共同构成一个庞杂的宗教信仰系统；同时，宗教还具有各种不同的功能，各个功能也是相互制约和相互作用的，并且

---

① 本部分内容已发表在《中央社会主义学院学报》2017年第4期，内容有所删减。

每一种功能还具有一定的两面性。所有的这些情形都充分表明了宗教具有十分复杂的特点。正是由于宗教的复杂性，决定了宗教在不同的社会制度背景下和不同的社会情境中扮演着不同的社会角色，拥有着不同的社会身份和地位，发挥着不同的社会作用。这就决定了宗教具有多重的特质。

一 宗教特质的内涵

特质理论是由美国心理学家 G. W. 奥尔波特在 1961 年提出来的。特质原本是用来表达个体人格特点的一个专业术语，是指在人格结构中表现出来的相对持久不变和一致稳定的思想、情感和行为特点，是个体众多心理和行为表现中最为稳定的那一成分，是个体的行为心理倾向。本文借用特质这一词语来表达宗教的特性，就是指宗教在众多社会环境中所表现出来的相对稳定、一致和广泛的属性。一般而言，只要是属于宗教范畴的一种事物，通常都具有一些相似的属性，这是宗教类事物所具有的共同特质；当然，不同的宗教，又会有与其他宗教相区别的独特的特性，这是各个宗教的个别特质。

在中国特色社会主义和谐社会建设的背景下，宗教的特质具有多重性，它不仅具有在一般社会制度中所含有的普遍性特质；还由于中国特色社会主义制度本身的特殊性，而决定了宗教具有在其他社会制度中所不具有的独特的特质。

二 宗教多重特质在社会主义和谐社会建设中的具体表现

第一个特质：在中国特色社会主义和谐社会建设背景下，宗教与中国社会主义社会既存在着相适应又有不相适应的一面。

社会主义中国社会的宗教，经过社会主义新中国成立之初政治、思想、组织结构和功能上改造和调适，使其性质与剥削社会制度和旧中国社会中的宗教有了本质区别，从而成为中国社会系统的一个子系统，成为中国社会的一个组成部分。

这是因为，在剥削社会制度中，宗教是剥削社会的一个组成部分，是统治阶级麻痹百姓和维护其统治秩序的一种工具和手段，因而，在剥削社会制度中，宗教具有鲜明的阶级性和消极性。同样，社会主义新中国的宗教,与旧中国社会中的宗教也存在着本质差别。旧中国社会中的宗教,曾被西方殖民主义和帝国主义势力所操控,用来服务于对中国人民的殖民压迫和掠夺,也曾被旧中国社会的黑暗统治势力所掌控,用来麻痹中国老百姓和维护他们的统治,因而起到过不少负面作用。但是在社会主义中国社会,通过社会主义新中国国家政权对宗教的积极改造以及宗教自身的主动调适,不仅割断了与外国宗教组织的不正当联系,革掉了殖民主义和帝国主义势力利用宗教实现其殖民中国的历史,使得宗教从殖民主义和帝国主义势力的操控中摆脱出来,不再是帝国主义势力利用它来操控中国实现其殖民统治的工具,还实行政教分离政策,开展了爱国和民主改革运动,废除了剥削制度和各种宗教封建特权,清查了教内的敌对反动分子,纯洁了信众队伍,建立了五个全国性的爱国宗教组织,从而彻底革除了旧中国社会各黑暗统治势力利用宗教麻痹老百姓实现其盘剥、压迫老百姓和维护其特权利益的妄想和意图,使得宗教也从旧社会统治势力的掌控中摆脱出来,也使得它不再是旧中国社会统治者用来麻痹中国老百姓的手段。这些变革真正使新中国的宗教实现了"独立自主"和"自办、自治、自养与自传",成为中华人民共和国公民个人信仰的私事和其所享有的权利和自由,也真正实现了国家政权与宗教的分离,实现了宗教和国家政权"在政治上相互团结、在信仰上相互尊重"的大好局面。然而,由于宗教作为一种特殊的社会意识形态和上层建筑,与社会主义中国社会的主流意识形态存在着根本性的差异,甚至是矛盾,但又由于宗教的极其复杂性而决定了宗教在社会主义中国社会中将长期存在,正如江泽民同志在 2001 年"全国宗教工作会议"上指出:"宗教是人类社会的客观存在,不仅过去长期存在,将来也还会长期存在,不可能强制地加以消灭","宗教走向最终消亡可能比阶级、国家的消亡还要久远"[①]。因此,社会主义国家并不能动用政权来取消宗教的存在。事实上,在社会主义革命和建设实践中确实有过这样的做法,比如苏联和中国的"文化大革命"时期,其结果都证明是不合理和错误的,也是行不通的。这些情形表明两者有矛盾,但又不得不相处在一起,甚至可能是长期共处在一起,这就必然决定了两者要互相调适,不是一方

---

① 《江泽民文选》(第 3 卷),人民出版社 2006 年版,第 375 页。

的调适，而是双方相互调适，单靠一方的调适也是不行的；即社会主义中国社会要与宗教相调适，而宗教也必须自觉与社会主义中国社会相调适。

那么，两者能不能相调适？当然可以，这是因为两者除了有前面的共同基础外，还有一个共同的政治群众基础，那就是社会主义中国社会的广大宗教信众，都是中华人民共和国的社会公民，都是中国社会的基本群众，他们同其他广大不信教群众一样，都是爱国和拥护社会主义制度的，在根本的政治经济利益上都是共同一致的，不同的只是信仰上的差异，一个信仰宗教，一个不信仰宗教而已，这是宗教能够与社会主义中国社会相适应的共同基础。

社会主义中国社会与宗教相调适，不是社会主义要与宗教的唯心主义和有神论思想体系相适应，而是政府要从法律制度上保障社会公民的宗教信仰自由权利，允许和保护合法宗教活动正常进行，打击各种非法的宗教活动以及借助宗教从事违法犯罪的活动。而宗教与中国社会主义社会相调适，也不是要宗教放弃自己的唯心主义的思想和有神论的信仰，而是宗教界要爱国爱教，拥护社会主义制度和中国共产党的领导，维护国家的统一和民族团结，维护社会的稳定与和谐，自觉遵守社会主义中国社会的宪法、法律、法规和政策，积极为政府排忧解难不添乱，与反对社会主义、反对党的领导、破坏国家统一和民族团结、破坏社会秩序与安定的一切违法犯罪行为划清界限和做斗争。既然是相互调适，就必然会出现两者相适应的一面，也存在不相适应的一面，这是中国特色社会主义和谐建设中宗教的第一个特质。

当然，在其他社会制度社会中，也存在着宗教与其他社会制度，诸如封建社会制度、资本主义社会制度相调适的问题，这主要是因为只要这种宗教是从旧社会中存在下来的社会事物，一旦遇到一种新社会制度替代旧的社会制度的时候，从旧社会中幸存下来的宗教要想在新社会制度下生存发展下来，就必须主动与新的社会制度相调适。只不过中国特色社会主义这一新社会制度与过去已有的剥削社会制度有着本质上的差别，因而也就决定了这种相调适有其独特性。

在中国特色社会主义和谐社会建设中，宗教与中国特色社会主义社会的相适应表现在政治、思想、经济、文化和功能上。

在政治上，由于宗教与社会主义中国社会具有共同的政治和群众基础，宗教信众和广大不信教群众在根本的政治和经济利益上是一致的，决定了宗教在政治上不断地与社会主义中国社会相适应，就必须要求宗教要主动适应社会主义中国社会的发展要求，自觉将自己的发展目标与中国特色社会主义和谐现代化社会的建设和中华民族的伟大复兴这一个社会主义社会的发展目标相统一协调起来，要紧紧围绕维护国内国际社会的和平和促进社会主义现代化建设、民族团结、国家统一以及国际友好交往交流等中心任务来开展工作。

在思想上，宗教与社会主义中国社会相适应，就应该顺应社会的发展潮流，与世俗的政治、经济和社会生活相协调起来，争取在政治、经济和社会生活等问题的认识上统一到"爱国"这一思想认同上，从而取得相似或一致的看法，尽量避免或消除思想认识上的误解、分歧和对立。这是做好宗教与社会主义中国社会相适应的前提保证。这一问题不仅仅是社会主义中国宗教界的事情，也是当今世界大多数国家宗教界的一个大问题。从更深层次上讲，它涉及传统宗教如何向现代宗教转型的大问题。在这方面，实际上中国宗教界已经做出了很多努力探索。比如，中国佛教为顺应社会潮流，提出了"人间佛教"的设想，主张要"庄严国土，利乐有情，报四重恩"；中国道教则提出"清净无为、顺其自然、少思寡欲"方能实现"人与自然、人与社会、人与人之间的和谐"；中国基督教和天主教倡导"荣神益人"；中国伊斯兰教则宣扬"两世同庆"。中国宗教界的这些举措，都是宗教界主动在思想上与社会主义中国社会相适应的具体表现。随着社会的发展，中国宗教界也一定会在思想认识上与时俱进。

在经济上，宗教与社会主义中国社会相适应，宗教应该为社会主义市场经济的健康发展服务，自觉维护市场经济秩序，不能阻碍社会主义市场经济的健康有序发展。一方面，广大宗教组织和宗教教职人员应树立起"自力更生、自食其力"的观念，努力走上"自养自立"的发展道路，不给国家经济的发展拖后腿，不给广大信徒增加经济上的巨大负担；同时，各宗教组织和群体以及宗教教职人员不管开展何种形式的宗教活动，都应把握一个基本原则，即开展的活动都应以有利于经济的发展为根基，不能对正常的社会生产和社会生活造成妨碍，凡是有碍于经济发展的宗教事务活动均应该考虑给予尽力克服；另外，还应重视充分发挥宗教道德伦理的作用，以弥补市场经济的缺陷和失灵；另一方面，广大信众也应积极投入到社会主义现代化各项事业的伟大建设中去，积极为社会主义现代化建设做贡献。事实上，中国宗教界在这一方面也已做出了许多积极努力，比如，在新中国建立之后，废除了宗教内部不同程度的压迫剥削制度，各宗教逐步实现了"自食其力和自养自办"。在改革开放和社会主义市场经济建设中，宗教界也积极主动调适自己，以适应改革开放和社会主义市场经济的潮流，比如，各宗教组织和团体通过举办各种宗教实体和实业来为社会提供各种服务而获取社会资源，以筹集宗教事业发展的资财，从而保证宗教事业的自养，以减轻广大宗教信众的经济压力；还有很多宗教团体组织在各相关部门和单位的支持和配合下，筹集和利用各种资源，举办各种类型的培训班，来帮助信徒提升科学文化知识水平和掌握各种科学技术，以便服务于社会主义现代化建设。而广大宗教信众，就更不用说了，他们都是社会主义中国社会各行各业的劳动者，在各自的工作岗位上默默无闻地为社会主义现代化建设奉献自己的力量和汗水。

在文化上，宗教与社会主义中国社会相适应，不仅应该努力保护好珍贵的宗教文化典籍和历史文物古迹，对宗教教义尽量做出符合社会主义社会发展要求的解读，主动剔除宗教文化中的一些糟粕；同时，还应积极投入到社会主义先进文化建设事业中来，努力开发和挖掘宗教中丰富的文化宝藏，为开展文物保护、旅游服务、文化娱乐、学术研究以及国际交往提供动力和资源，为发展繁荣社会主义先进文化、创造更好更受大众欢迎的文化产品做出贡献。

在功能上，宗教与社会主义中国社会相适应，宗教就应该将自身的社会功能调整到与社会主义中国和谐社会建设和发展的目标相吻合相一致，使得自身的社会功能有利于并服务于社会主义中国和谐现代社会的建设；这不仅要充分发挥宗教的道德教化和规范功能，引导和教化广大宗教信众自觉遵守社会主义道德规范，践行社会主义核心价值观，助推社会主义良好风气的形成和社会主义道德与精神文明建设；同时，还应充分发挥宗教的社会服务和社会关怀功能，广泛开展各种社会公益和慈善服务活动，以达到扶危济困、救灾助孤、缓和社会矛盾和化解社会冲突的成效。另外，也不应忽视宗教的国际友好交往功能、心理调适功能和自然生态调适改造功能；同样，在这些领域，一方面，要充分发挥宗教的国际友好交往功能，鼓励中国宗教界积极与世界各国宗教界开展广泛的友好交流交往活动，使之成为世界各国了解中国的一个窗口，通过这个窗口，让世界各国更好更全面地了解中国，以加深国际社会对中国及其宗教界的良好印象，维护中国良好的国际形象，增进中国与世界各国的友谊与友好合作，消除国际敌对反华势力对中国良好国际形象的歪曲和抹黑，为社会主义中国和谐现代社会的建设营造良好的国际环境；另一方面，还要充分发挥宗教对社会个体的心理调适功能，疏解个体心理压力，抚慰和安顿个体心灵，保持个体的身心处于健康和谐状态；另外，还要充分发挥宗教的自然生态调适改造功能，保护野生动植物，保护生态环境，维护生态平衡。

然而，宗教与社会主义中国社会相适应并不是无条件，而是有条件的。也就是说，宗教与社会主义中国社会是相对的，而非绝对的，即两者不仅存在着相适应的一面，也存在着不相适应的一面。两者的不相适应首先表现在思想意识形态上，宗教与社会主义中国社会存在不相适应。宗教是以唯心主义和有神论的思想观为基础的，这是宗教思想观与其他社会意识形态本质性不同的地方，也是宗教思想观的根基和独特性之所在，是不可能改变的，如果改变了，也就不成为宗教了。而社会主义中国社会的主流意识形态以唯物主义和无神论为基础，这是社会主义社会主流意识形态的根本特征。唯心主义与唯物主义、有神论与无神论两种思想观念的争辩存续了上千年，双方谁也没有说服对方，这就说明两者是不能完全调和的，因而也决定了宗教的意识形态与社会主义社会的意识形态始终是存在着相矛盾和不相适应的一面。

首先，这与其他剥削社会特别是资本主义社会中的宗教是截然不同的，其他剥削社会特别是资本主义社会的主流意识形态与宗教意识形态是相适应和相融合的。因为，在剥削社会中，统治阶级为了维护其对被剥削压迫阶级的统治，不但不会排斥宗教的存在和发展，反而还往往会有意地借助宗教意识形态来美化其统治和神化其统治，赋予其统治的神圣色彩，从而更好地麻痹广大被剥削人民群众和维护其统治。若失去宗教这一神圣外衣的庇护，剥削社会制度的剥削性和压迫性的本质就很容易赤裸裸地暴露在广大被统治阶级人民群众面前,这样,它的统治秩序就难以维持下去。在资本主义社会中也是如此,资产阶级为了维护其统治地位,从来不反对也不排斥宗教意识形态,反而,在很大程度上还以宗教意识形态作为其社会主流意识形态的基础。马克斯·韦伯在《新教伦理与资本主义精神》中就指出,"资本主义的意识形态和社会结构就是建立在基督新教的伦理精神基础上"①。例如,在美国,"宗教不仅是美国国家意识形态的基础,而且是影响美国政策走向的力量"②。这也是为什么每一次新的社会革命力量在反抗旧社会统治力量的时候,往往首先反对旧社会的宗教,宣扬代表自己意志的宗教。

其次,宗教与社会主义中国社会不相适应还表现在宗教容易被国际敌对反华势力和国内不法分子所利用来危害社会主义中国社会安全、破坏社会安定。正是由于宗教与社会主义中国社会主流意识形态的这种不相适应,决定了宗教在一定程度上成为一种与中国社会主义制度和其社会主流意识形态相异己的力量,使得宗教成为国际一切敌对反华势力和国内民族分裂分子反对中国社会主义制度和意图颠覆中国共产党的领导的工具和手段。比如,国际敌对宗教组织和反华势力趁中国改革开放的时机,有战略、有计划、有步骤地加紧利用宗教对中国进行长期渗透和实施和平演变;它们以传教或民间往来为由,对中国进行政治、思想意识和组织等方面渗透,建立秘密活动据点,发展宗教信徒和地下组织,物色代理人,培植地下势力,瓦解分裂中国爱国宗教组织,反对中国的社会主义制度,攻击党的领导和独立自主、自办教会的原则,甚至还欺骗拉拢信教民众,鼓动宗教狂热,制造各种事端,扰乱社会秩序,破坏社会的安定团结,妄图颠覆中国共产党领导的社会主义国家政权,图谋重返中国大陆;同时,也使得宗教容易成为一些违法犯罪分子利用它来危害人民生命财产安全、破坏社会主义社会秩序的工具和手段。例如,一些别有用心之徒或不法分子将宗教与封建迷信活动结合起来,编造各种神话轶事,欺骗或蒙蔽群众,以诈取财物、诱奸妇女、图谋不轨,还

---

① 黄秀丽:《美国外交的文化阐述》,西苑出版社2007年版,第97页。
② 谢振东:《美国宗教政治的基本经验》,《四川理工学院学报》(社会科学版)2010年第4期,第34—38页。

有的人则利用宗教蒙蔽或煽动一些对社会不满的人群，挑拨是非，妖言惑众，制造事端，激起社会矛盾，扰乱正常的社会生产和生活秩序，从而严重影响人民的日常生活和危害公共安全。

最后，宗教与社会主义中国社会不相适应还表现为人们对宗教的认识和对待宗教的态度以及对宗教问题的处理上。由于长期以来受过去"左倾"错误思想的影响，社会上一些人们对宗教还存在着一些不科学不正确的认识，对宗教仍采取排斥、歧视或偏见的态度，仍然把宗教当作"迷信"或"不正常或不合理"的现象来看待；还有一些部门工作人员，对全面正确贯彻党的宗教工作方针存在着不正确的理解，在执行上又不上心不得力，对于有关宗教方面的一些问题要么不敢面对而放任自流，撒手不管；要么不会正确及时处理而激发矛盾，以上种种情形导致一些伤害信教群众宗教感情事件的发生，因而在一定程度上有损党和政府的形象，也挫伤了这些信教群众对社会主义的积极性。

这些不相适应是中国社会主义社会宗教问题的独特性之所在。因此，任何抹杀、否认或忽略宗教意识形态与中国社会主义社会主流意识形态的分歧和对立，否认宗教与中国社会主义社会不相适应的一面，都是不正确和不科学合理的。当然，片面夸大这种分歧和不相适应也是错误的。这也说明人们还必须进一步地引导宗教与社会主义中国社会相适应，要遵循宗教自身的发展规律来开展工作。

总之，社会主义中国社会的宗教的这一特质告诉人们，在中国特色社会主义和谐社会建设时期，要想维护社会的和谐与稳定，就必须全面正确认识和处理好宗教与社会主义中国社会的关系，否则，一旦对这种关系处理不妥当，就很容易引发社会矛盾和冲突，而危害社会和谐与稳定；当然，并不是要我们对此就"谈教色变"，一旦遇到有关宗教方面的事情或问题就产生"过度敏感"，这也是不行的；它只是要人们对待有关宗教方面的问题，要保持清醒的头脑，要有政治的眼光和思维，要把它当作重要的事情来对待，不能掉以轻心，要全面正确认识此类问题，要遵循宗教的客观规律来行事，要科学合理地依法解决和处理此类问题。"宗教问题无小事"，只要涉及有关宗教方面的事情都是大事，都要认真对待，慎重处理。同时，这一特质还告诉人们，宗教与社会主义中国社会的相适应是动态的，不是静态不变的，因而要与时俱进；在社会主义革命和建设的不同时期，要依据国内外形势的变化，及时调整两者相适应的任务和内容。比如，在社会主义革命时期，两者的相适应主要体现在政治上，就是革命的一致性，而在当前中国改革开放时期，两者的相适应主要体现在改革开放、"一国两制"、祖国统一、民族团结、社会主义精神文明建设以及全面实现小康社会的建设上。

但不管如何相互调适，总的一条原则是不能违反的，那就是"既要爱国，也要爱教；既要政治上团结合作，也要信仰上尊重保护"，然后，在此基础上"求同存异，彼此共同存在和发展"。

第二个特质：无论是从国际形势还是从国内形势来判断，宗教因素不仅成为影响当今国际社会热点问题和重大冲突的重要因素之一，也日益成为影响中国国家安全与社会和谐稳定的重要因素之一。宗教领域存在着没有硝烟的斗争。这就决定了宗教领域是中国对敌斗争的重要战略阵地之一和维护社会和谐与世界和平的重要力量之所在，也是国家综合国力的重要表现之一。

苏联解体和冷战的结束，并不意味着"历史的终结"［美国日裔学者Francis Fukuyama（福山）之语］①，人类意识形态领域的斗争依然存在；也并不预示着"世界进入一个和平稳定时期"［法国政治学家Pascal Boniface（博尼·法斯）之语］②，国际社会的各种冲突依旧在不断发生，而且日益呈现出错综复杂的趋势和一些新的特点，宗教和民族问题越来越成为影响国际性或局部性冲突的重要因素之一。翻开人类20世纪的历史，人们发现，众多的国际性冲突和局部性冲突，不管是波黑冲突、巴以冲突、印巴纷争以及伊拉克内乱，还是卢旺达事件、北爱尔兰问题、原教旨主义、国际恐怖主义以及极端主义等，都浸染着宗教和民族的因素；特别是进入21世纪以来，"宗教、民族问题成为驱动国际政治的一股重要动力，并引起了国际局势的痉挛性波动。"③ 它的标志性起始时间就是美国"9·11"事件的爆发。众所周知，美国"9·11"事件不仅震

---

① Francis Fukuyama, "The End of History", *The NationalInterest*, 16, Summer 1989.

② ［法］博尼法斯：《透视分解当代世界》，许铁兵译，天津人民出版社2005年版，第186—188页。

③ 陆忠伟：《国际冲突中的宗教因素》，载中国现代国际关系研究所民族与宗教研究中心著《世界宗教问题大聚焦》，时事出版社2003年版，"序"，第1—2页。

惊全世界，同时还引起国际社会对宗教因素影响世界热点问题和国际冲突的重要性和严峻性给予普遍关注和重新思考。这是因为，宗教因素具有非常显著的"弥漫性、渗透性和影响的深层次性"[1] 以及普遍性。所谓宗教因素，并不仅仅单指"某种宗教本身"，而且包括那些"所有与宗教相关的社会现象"[2]，是"宗教在社会不同领域的衍化和延伸，并得到独立发展的，又与宗教密切相关的种种社会现象"[3]。

与此同时，宗教因素还成为影响中国国家安全与社会和谐稳定的重要因素之一。纵观中国所发生的多个危害社会安全稳定的事件，人们会发现，不论是法轮功事件，2008年西藏拉萨"3·14"打砸抢事件，2009年新疆乌鲁木齐7·5打砸抢烧暴力犯罪事件，还是2012年以来邪教组织全能神事件，2014年3·1昆明火车站暴力恐怖案，2014年5·22乌鲁木齐爆炸案，无不与宗教或民族因素有着密切关系。以2014年昆明火车站3·1暴力恐怖事件为例，"2014年3月1日21时20分左右，在云南省昆明市昆明火车站发生的一起以阿不都热依木·库尔班为首的新疆分裂势力一手策划组织的严重暴力恐怖事件，共造成31人死亡、141人受伤，其中40人系重伤"；虽然该团伙只有"8人（6男2女），现场被公安机关击毙4名、击伤抓获1名（女），其余3名落网"[4]，但该事件给社会带来的伤害和影响是十分巨大的，这些事件足以证实与宗教有关的因素对社会影响是极为深刻的。现实社会所发生的一些事实说明，与宗教因素有关的事件或问题对社会影响的全面性和深刻性，学者们的研究报告也进一步地表明宗教因素日益成为影响中国社会安全的重要因素之一。2014年5月6日，由国际关系学院战略研究中心编写的《中国国际安全报告》（2014）正式发布，该报告在肯定中国国家安全形势和意识形态安全总体稳定的情形下，特别指出"宗教渗透对当代中国意识形态安全构

---

[1] 张志刚：《宗教与国际热点问题——宗教因素对冷战后国际热点问题和重大冲突的深层影响》，《北京大学学报》（哲学社会科学版）2008年第4期，第42—54页。
[2] 金宜久：《冷战后的宗教发展与国际政治》，《世界宗教问题大聚焦》，中国现代国际关系研究所民族与宗教研究中心著，时事出版社2003年版，第13页。
[3] 张志刚：《宗教与国际热点问题——宗教因素对冷战后国际热点问题和重大冲突的深层影响》，《北京大学学报》（哲学社会科学版）2008年第4期，第42—54页。
[4] 王长山、侯文坤、王研、李萌、卢国强、张建、吴昊：《昆明火车站暴力恐怖事件直击》，央视网，http://news.cntv.cn/2014/03/02/ARTI1393711488018771.shtml，2016—3—10。

成极大的威胁,对中国国家安全造成严重的危害"①,因而需要引起党和政府乃至社会的高度警惕。

更为重要的是,党和国家领导人在多个场合多次反复强调宗教工作关系到党和国家的安全与社会的稳定。2001 年,江泽民同志在"全国宗教会议"上讲话时指出:"宗教问题是个大问题。因为它关系到我们整个国家的安定团结,关系到民族的团结、祖国的统一,关系到我们整个社会物质文明和精神文明的建设,也关系到渗透与反渗透,和平演变与反和平演变的斗争。就是说,宗教工作如果做得好,可以对促进社会主义建设起好作用;如果做得不好,就会被国内外敌对势力所利用。因此做好宗教工作具有重大意义。"江泽民同志多次强调:"民族、宗教无小事",要求全党高度重视宗教工作,进一步做好宗教工作,有利于保持党的宗教信仰自由政策的稳定性、连续性,有利于团结广大信教群众,共同建设有中国特色的社会主义事业。早在"十七大"胜利闭幕后不久的2007 年 12 月 18 日,中共中央政治局就安排了以"当代世界宗教和加强我国宗教工作"为内容的集体学习,是积极贯彻党的"十七大"精神在宗教工作上得到进一步体现。胡锦涛总书记在主持学习时发表了重要讲话,指出正确认识和处理宗教问题和做好宗教工作,"关系党和国家工作全局,关系社会和谐稳定,关系全面建设小康社会进程,关系中国特色社会主义事业发展。我们要从这样的战略高度,充分认识做好新形势下宗教工作的重要性";"在新的历史条件下,我们要坚持马克思主义的立场、观点、方法,全面认识宗教在社会主义社会将长期存在的客观现实,全面认识宗教问题同政治、经济、文化、民族等方面因素相交织的复杂状况,全面认识宗教因素在人民内部矛盾中的特殊地位,努力探索和掌握宗教自身的规律,不断提高宗教工作水平"。这一重要讲话非常透彻地说明了当前中国宗教工作的任务和特点,同时也为宗教研究指明了方向。

2014 年,在第二次"新疆工作会议"上,习近平同志强调,"要精心做好宗教工作,积极引导宗教与社会主义社会相适应,……;处理宗教问题的基本原则,就是保护合法、制止非法、遏制极端、抵御渗透、

---

① 张艳玲:《中国发布首部国家安全报告 成最权威的智库报告》,中国网, http://world.huanqiu.com/article/2014-05/4988720.html,2016-3-10。

打击犯罪。要依法保障信教群众正常宗教需求,……要重视培养爱国宗教教职人员队伍,采取有力措施提高宗教界人士素质,确保宗教组织领导权牢牢掌握在爱国爱教人士手中"①。这说明在宗教领域,中国与国际上一些敌对和反华势力以及国内一些分裂和邪恶势力也存在着没有硝烟的斗争。党和政府,既不能忽略宗教领域的斗争,不能主动放弃这个与敌斗争的重要阵地,也不能忘记充分发挥宗教界的力量努力维护社会和谐与世界和平。因而从一定意义上讲,在当今社会,宗教领域是一个国家综合国力的重要组成部分之一。

总之,国际形势和国内形势都已充分表明,宗教因素已经成为影响社会安全与和谐稳定的重要因素之一,宗教领域也存在着没有硝烟的斗争,它成为中国对敌斗争的重要阵地之一和维护社会和谐与世界和平的重要力量之所在,这也是当前中国社会宗教的又一个重要的特质,须引起人们对此现象的高度重视,及时制定相关政策以积极应对。

第三个特质:在中国特色社会主义和谐社会建设背景下,中国虽然实行了政教分离制度,使宗教信仰成为个人的私事;但是,政教分离并不是政治与宗教简简单单的分离,不是完全绝对地不存在任何关系;信仰宗教也绝不是完全是个人的私事,也只是相对的。

在今日社会主义中国社会乃至世俗社会,政教分离不是简单地将宗教与政治割裂开来,人们也不可能完全断绝政治与宗教的关系,除非把宗教彻底消灭,但是这一点在人类社会的长久时期内都是不可能做到的,因为宗教是这个"世界的总纲领",它不仅对人类的精神信仰和思想意识起到主导性作用,而且还对世俗社会的政治与社会治理产生全面深刻而久远的影响,因而,完全人为地割断宗教与政治的关系是不切实际的,也是行不通的。政教分离只是国家制度层面上的分离,政教分离只是表明政治与宗教在各自专属的领域要有一个合理的界限和分工,政治专注的是世俗现世社会的权力、秩序和利益,而宗教专注的是来世彼岸世界和人的精神心灵领域;双方各自不能超越对方所专属的合理领域,不能出现"以政干教和以政代教",也不能出现"以教干政和以教代政或政教

---

① 习近平:《第二次中央新疆工作座谈会上的讲话》,新华网,http://news.xinhuanet.com/politics/2014-05/29/,2016-3-7。

不分"的现象，如果双方各自角色错位和越位，出现越俎代庖的事情，其后果都是不堪设想的，对社会就有可能造成灾难性的危害。同时，政教分离也是世俗社会为了防止政治被宗教纷争所绑架，避免宗教间的对立纷争卷入政治领域而引发政治上的对立纷争，或者避免政治被某一宗教派系所掌控而用来歧视、压迫其他宗教派系的信徒，而使政治成为宗教派系斗争的工具。这是政教分离原则之所以成为现代社会的发展趋势和能在现代社会得以确立的主要原因。当然，政教分离本身也是宗教祛魅化的一种表现。然而，政教分离也给社会带来了一些影响，如宗教的边缘化和世俗化，这被不少人认为是宗教走向衰亡的表现；但是，社会的发展趋势并不与这种观点相吻合，世俗化意味着宗教的神圣性越来越被现代科技和工具理性所消解而逐渐丧失，预示着人们越来越功利化和自我中心主义，预示着社会伦理道德越来越走向沦落，也意味着物质主义、享乐主义和拜金主义在社会中越来越盛行，其结果必然给人类社会带来信仰的缺失、精神的空虚和道德的滑坡，而引发整个社会的信仰危机和诚信危机，从而使人们很快意识到宗教信仰缺失对社会的严重危害而转向重新认识和思考宗教信仰的意义和价值，从而使社会出现了新一轮的宗教热。这些应该引发人们重新认识和思考宗教信仰对人类社会的意义和价值。

但是，政教分离也并不是要人们人为地割裂宗教与政治的联系，实际上，在任何时候两者都存在着密切的关系，政治对宗教依然产生作用，宗教也仍旧对政治有影响，这种关系不是人力所能为的；同时，政教分离也不是要人们主动放弃发挥宗教的功能为社会造福和为社会服务。在当前中国特色社会主义和谐社会建设的背景下，政教分离的真正实质应该是让人们在坚持政教分离原则的条件下，在坚持"政治上团结合作、信仰上相互尊重"的前提下寻求一种"政教分工又合作"[①]，共同为人民谋求福祉和造福社会的"新型政教关系"[②]。那么，这种新型政教关系有无确立的可能，笔者认为还是存在这种可能的，不然，中国今天的"政治上团结合作、信仰上相互尊重"的政教关系就不可能建立起来并延续

---

① 王志成、安伦：《全球化时代宗教的发展与未来》，学林出版社 2011 年版，第 54 页。
② 同上。

至今日。之所以这种新型政教关系在当前还没有真正确立起来，在于人们对宗教纷争有可能绑架政治仍然存在潜在担忧，在于人们还没有对发挥宗教功能造福社会的正确认识，还没有对"政教分工又合作"产生认同；同时，还没有对"如何政教分工又合作共同造福人类社会"的具体思路和对策。正因为如此，才导致人们没有充分挖掘和发挥宗教的功能为社会服务和造福，使这种潜在的宝贵资源被埋没和被浪费。在政教分离和现代工业文明给人类社会带来潜在隐忧和危害而人们又没有很好办法应对的情形下，人们对此应引起关注和思考。

同样，在中国特色社会主义和谐社会建设背景下，信仰宗教也不完全是个人的私事。这是因为，就单独个人的信仰自由和权利来讲，信仰宗教确实是个人的私事；不管一个人信仰宗教还是不信仰宗教，信仰这个宗教还是信仰那个宗教，今天信仰宗教还是明天不信仰宗教，完全由公民个人自己来决定，任何人都不能进行干涉，这是公民个人合法正当的权利和自由，因而，从这个层面来讲，信仰宗教确实是个人的私事。但是，当人们一旦因信仰宗教而聚集在一起，成为一个信仰群体或信仰组织的时候，信仰宗教就不再纯粹是个人的私事，而成为一个群体、一个组织乃至一个社会的事情，因为它会涉及和影响到群体、组织乃至整个社会的利益、安全和秩序；特别是因信仰过头而引发的宗教狂热，有可能对群体、组织和社会的利益、安全和秩序造成无法估量的影响，而使社会对此失去控制而陷入混乱之中。因此，出于对群体和社会的安全、利益和秩序的考虑，国家和政府对公民信仰宗教要进行规范和引导，要求法律规定的范围内才享有信仰的自由和权利，任何违背法律规定和超越法律范围的不正当行为，都将被法律所限制、禁止，其权利将被法律所剥夺。换句话说，信仰宗教必须在法律允许的范围内信仰，不能超越法律所规定的范围。任何宗教信徒，不管信哪一种宗教或哪一派系的信徒，都必须坚持基本的政治原则和热爱祖国，遵守社会主义国家的宪法、法律、法规和各项规章制度，不能以信仰为由而行违法犯罪之实；一个不热爱自己祖国的信徒，一个不遵守国家法律的信徒，不仅不是一个好信徒，也有违宗教教义的基本精神。同样，不管任何宗教信徒，在法律面前，和不信教人员一样，都是一律平等的，都享有同等的权利，也必须履行同样的义务；只要违反了国家的法律法规，不管他信教还是不信教,都一律依照法律的规定给予相应的法律制裁;也就是说,在法律面前,人人平等,不能因信仰的差异而享有任何超越法律的特权;当然,也不能因信仰的差异,而造成信教人员不享有与不信教人员所同等享有的权利。

总之,在当前社会主义中国社会,虽然实行了政教分离政策,也实现了信仰宗教成为个人的私事;但这不是绝对的,都只是相对的。这是中国社会宗教的第三个重要特质。

第四个特质:在中国特色社会主义和谐社会建设背景下,中国的宗教已经成为中国社会的一个组成部分,成为中国社会系统的一个子系统,是社会的一种软控制力量和柔性治理方式,又是一种社会服务方式和一种社会关怀与社会支持的力量与方式,也是对外友好交往、维护国家安定与世界和平的重要力量。

中国社会的宗教,经过新中国建国以来与中国社会主义社会的不断调适,已经成为中国社会的一个组成部分,成为中国社会系统中一个不可分割的子系统。在中国社会这个大系统中,中国宗教作为一个子系统,承担着不少系统中的重要功能。首先,它对社会能起到一种软控制的作用,是中国社会柔性治理的一种方式。众所周知,一个社会要想保持有秩序,就必须对社会实施控制,对社会成员的行为进行规范,因而社会才产生了一系列实现社会控制的手段和方式,包括军队、警察、监狱、司法机关等硬控制手段和力量,也包括教育、道德、舆论、文化、宗教等软控制方式和力量。然而,一个社会要想保持和谐,单靠硬控制手段和力量是不行的,因为硬控制力量和方式是以国家权威和强制力为后盾,主要是用来对付反对现存社会秩序和制度的人、组织和势力的,目的在于保卫国家政权不被推翻和颠覆,捍卫国家利益不被侵犯,打击违法犯罪保护人民的生命财产安全不被侵害;由此可见,如果一个社会仅有一套硬控制的方式力量,没有对大多数普通社会成员的思想行为的引导和规范,社会同样会失去秩序而无法正常运作;同样,如果一个社会仅靠软控制力量和方式也难以维护社会的秩序,因为软控制方式更多是通过教育、道德、舆论、文化等方式和力量,实现对社会成员的行为、思想和观念的规范与引导,让社会成员自觉依照社会要求来行为,自觉维护社会的秩序,因而不具有硬控制手段的强制力,对于故意破坏社会秩序、危害社会安全和侵犯国家利益的一切破坏行为，软控制的方式和力量就难以奏效。因此，要想维护社会的良好秩序，必须将硬控制和软控制两者相结合起来共同来维护社会的秩序。但是，有了软硬控制方式的相结合，还不能足以维护社会的秩序，还要看它们的方式和手段运用得齐全不齐全，结合得紧密不紧密，其力量和功能发挥得科学不科学，合理不合理。如果虽然有了软硬控制方式的结合，但如果各自的控制手段和方式运用不齐全，结合不紧密，其功能和力量发挥不科学不合理，同样依旧难以有效维护社会秩序。比如，以软控制方式和力量为例，如果仅仅依靠教育、道德、文化、舆论力量来对社会成员的思想行为进行引导和规范，而缺失宗教的力量和方式来教化、约束社会成员的行为，也是难以对社会成员的思想、行为起到足够有效的引导和规范。因为教育、道德、文化、舆论等方式和力量，不具有宗教方式和力量的神圣性，更多地体现的是世俗性，难以对社会成员起到足够的威慑力和约束力。这一点自宗教世俗化以来导致的宗教边缘化而引起的人类伦理道德的沦落就已得到了充分的证明。因此，要想维护社会的和谐，就软控制方式和力量而言，除了要充分发挥教育、道德、文化、舆论等方式和力量的作用，还必须充分发挥宗教的力量，才能真正起到成效。在中国特色社会主义和谐社会建设时期，人们不仅应充分发挥教育、道德、文化、舆论等软控制方式和力量来维护社会的秩序；同时，还应结合中国当前实际和宗教的特性，主动充分地发挥宗教的整合、规范和控制功能，维护社会秩序和促进社会和谐，让中国的宗教成为一种有效的柔性治理方式，真正起到一种社会软控制力量的作用，去引导、教化和规范广大社会成员的思想和行为，维护社会和谐。这与在旧的剥削制度下统治者利用宗教来维护其统治秩序有着本质上的不同。因为，在中国特色社会主义社会里，人民当家作主成了社会的主人；不管是信教的人群，还是不信教的人群，在根本的政治和经济利益上都是一致的，因而，发挥宗教的软控制功能，维护社会秩序，实际上也是在保护广大人民群众的根本利益。所以，为了维护广大人民群众的根本利益，人们不应因为宗教与中国社会主义社会还存在许多不相适应的一面，而将中国宗教这种独特的软控制力量和方式排除在社会的柔性治理之外，不要浪费中国宗教的这种特殊的软控制力量的作用，为社会服务和为民造福。

其次，中国宗教在社会中开展不少慈善公益活动和有特色的服务活动，帮助社会弱势人群和信教群众解决生活中的实际困难和问题；同时，还给予许多信教群众以情感上的慰藉和精神上的鼓励，因而，它实际上体现了中国宗教所具有的社会服务和社会关怀功能。因此，对于社会和广大社会成员而言，中国宗教已融入社会服务中，融入广大人民群众的日常需求中，所以，它既是我们社会一种特殊的服务方式，也是我们社会一种特殊的关怀方式和支持力量。这是在中国特色社会主义和谐社会建设背景下中国宗教的又一重要特质。

最后，由于宗教的交往功能，使得中国宗教担当了许多对外交往的责任，这对于促进中国与世界其他国家友好往来和交往、增进国际社会对中国的了解和友谊发挥着重要的作用，这有利于维护世界和平和促进社会和谐。因此，中国宗教界是一支维护社会和谐和促进世界和平的重要力量。人们在维护社会和谐和促进世界和平的工作中，不应忽视中国宗教界的这种独特力量的作用，而应充分调动中国宗教界在为维护社会和谐与世界和平方面的积极性和主动性，发挥其独特作用，使其更好地为社会和谐做出更大的贡献。

第五个特质：在中国特色社会主义和谐社会建设背景下，中国宗教作为一种特殊的文化遗产和文化资源，蕴藏着大量宝贵而丰富的思想文化资源，在文物保护、旅游服务、道德建设、文化娱乐、艺术创造、学术研究、国际交流以及社会主义核心价值观的践行等方面均具有独到的价值，在中华民族伟大复兴中将发挥着重要作用。

当下中国的五大宗教，除了道教是土生土长的之外，佛教、基督教、天主教和伊斯兰教都是从国外传入中国并生根发展，且在长期的演化进程中不断与中国固有的儒家文化、道教文化等本土传统文化相融合，发展成为具有中国特色的佛教、基督教、天主教和伊斯兰教，成为中国优秀传统文化的重要组成部分，成为中国宝贵的文化遗产和文化资源。长期以来，这些宗教文化潜移默化地影响着中国人的思维方式、行为方式和生活方式，影响着中国人的宗教信仰、思想观念、哲学文学、音乐绘画、礼仪风俗等方面。没有这些宗教文化，特别是佛道宗教文化，中华传统文化就不可能有那么绚丽多彩，也不可能有那么博大精深和源远流长。

在今天的中国，人们应充分挖掘宗教的潜在价值，发挥宗教的潜在功能，为中国特色社会主义和谐社会建设服务。这是因为，在当今中国社会，人们的道德文明水平与经济发展程度出现不协调和不均衡的现象；整体上看，经济发展水平偏高，发展速度偏快；人们的道德文明水平偏低，提升速度偏慢，从而成为社会主义和谐社会现代化建设的一只短腿，在一定程度上影响了人民的生活幸福指数，影响了社会的和谐，也影响了中国的国际形象。因此，为了实现中国的伟大复兴梦想，为了实现中国社会的长治久安与和谐，我们不仅要在建设强大的经济、军事等国家硬实力的同时，还需加强社会主义精神文明和先进文化等国家软实力建设，践行社会主义核心价值观，把国家、社会和公民的价值要求融为一体，这样，才能符合时代发展的要求，才能实现中国之梦。因为一个国家、一个民族要想兴起，光靠强大的经济、政治和军事等力量是不够的，还需要有强盛的精神文明和文化软实力；否则，社会就会失去平衡，社会就容易引发各种危机。而只有在随着中国经济物质水平发展的同时，促进精神文明的发展和社会主义先进文化的建设，才能实现物质文明和精神文明的均衡发展和相互促进，才能提升人民的幸福感和促进社会的和谐，才能改变中国的国际形象和提升中国的国际地位，才能焕发出中华文明强大而蓬勃的生命力，才能实现中华民族的伟大复兴。

总之，在中国特色社会主义和谐社会建设的背景下，中国社会的宗教具有多重特质，人们应该在充分正确地认识它的多重特质基础上，努力挖掘和发挥它所具有的各种功能，为社会主义和谐社会建设做出应有的贡献。

第五节　宗教与中国社会主义和谐社会建设　　　　关系的实证分析

宗教与中国社会主义和谐建设存在什么样的关系，受访者对此持什么看法？通过对调查资料的定量和定性分析，人们或许对此有新的了解。

一 宗教与中国社会主义和谐社会建设关系的定量分析

为论证宗教与中国社会主义和谐社会建设的关系，笔者专门设计了下面一系列指标对此进行测量。

对宗教是否可以提升社会道德水准的看法，受访者对此持完全赞同的有166人，占总人数的26.6%；回答比较赞同的有152人，占总人数的24.4%；回答基本赞同的有138人，占总人数的22.2%；三者合计共456人，占总人数的73.2%；而持不太赞同和完全不赞同的受访者有81人和5人，合计86人，占总人数的13.8%。因此，有近73%的受访者赞同或基本赞同宗教有助于提升社会道德标准。

表5—28　受访者对"宗教可提升社会道德标准"的看法

		您信教吗							合计	
		1. 不信教		2. 信教				3. 不好说			
				佛教徒	基督徒	小计					
		人数	百分比			人数	百分比	人数	百分比	合计	百分比
您对"宗教可提升社会道德标准"	1. 完全赞同	15	2.4	71	78	149	23.9	2	0.3	166	26.6
	2. 比较赞同	62	10.0	46	41	87	14.0	3	0.5	152	24.4
	3. 基本赞同	88	14.1	23	25	48	7.7	2	0.3	138	22.2
	4. 不太赞同	74	11.9	4	3	7	1.1	0	0	81	13.0
	5. 完全不赞同	4	0.6	1	0	1	0.2	0	0	5	0.8
	6. 不好说	62	10.0	9	6	15	2.4	0	0	77	12.4
	7. 其他	3	0.5	0	1	1	0.2	0	0	4	0.6
	合计	308	49.4	154	154	308	49.4	7	1.1%	623	100.0

对一个家庭成员信仰宗教是否有助于家庭和谐的看法，对此，受访者回答完全赞同的有136人，占总人数的21.8%；回答比较赞同的有130人，占总人数的20.9%；回答基本赞同的有156人，占总人数的25%；三者合计422人，占总人数的67.7%；回答不太赞同和完全不赞同的有115人和15人，两者合计130人，占总人数的20.9%。由此可知，有近67%的受访者赞同或基本赞同一个家庭成员信仰宗教，有助于家庭的和谐。

第五章 宗教与中国特色社会主义和谐社会建设

表 5—29　受访者对"一个家庭成员信仰宗教，是否有助于家庭和谐"的看法

		您信教吗								合计	
		1. 不信教		2. 信教				3. 不好说			
				佛教徒	基督徒	小计					
		人数	百分比			人数	百分比	人数	百分比	合计	百分比
一个家庭成员信仰宗教，是否有助于这个家庭的和谐	1. 完全赞同	13	2.1	48	73	121	19.4	2	0.3	136	21.8
	2. 比较赞同	33	5.3	52	43	95	15.2	2	0.3	130	20.9
	3. 基本赞同	88	14.1	39	26	65	10.4	3	0.5	156	25.0
	4. 不太赞同	100	16.1	8	7	15	2.4	0	0	115	18.5
	5. 完全不赞同	15	2.4	0	0	0	0	0	0	15	2.4
	6. 不好说	56	9.0	56	10	10	1.6	0	0	66	10.6
	7. 其他	3	0.5	3	2	2	0.3	0	0	5	0.8
	合计	308	49.4	154	154	308	49.4	7	1.1	623	100.0

表 5—30　受访者对"一个社会有更多的人信仰宗教，有助于社会和谐"的看法

		您信教吗								合计	
		1. 不信教		2. 信教				3. 不好说			
				佛教徒	基督徒	小计					
		人数	百分比			人数	百分比	人数	百分比	合计	百分比
一个社会有更多的人信仰宗教，有助于这个社会的和谐	1. 完全赞同	13	2.1	50	59	109	17.5	2	0.3	124	19.9
	2. 比较赞同	29	4.7	44	44	88	14.1	3	0.5	120	19.3
	3. 基本赞同	72	11.6	35	37	72	11.6	2	0.3	146	23.4
	4. 不太赞同	114	18.3	15	5	20	3.2	0	0	134	21.5
	5. 完全不赞同	17	2.7	3	3	6	1.0	0	0	23	3.7
	6. 不好说	60	9.6	6	4	10	1.6	0	0	70	11.2
	7. 其他	3	0.5	1	2	3	0.5	0	0	6	1.0
	合计	308	49.4	154	154	308	49.4	7	1.1%	623	100.0

对一个社会有更多的人信仰宗教是否有助于社会和谐的看法，对此受访者回答完全赞同的有 124 人，占总人数的 19.9%；回答比较赞同的有 120 人，占总人数的 19.3%；回答基本赞同的有 146 人，占总人数的 23.4%；三者合计 390 人，占总人数的 62.6%；回答不太赞同和完全不赞同的有 134 人和 23 人，两者合计 157 人，占总人数的 25.2%。可见，

有超过60%的受访者赞同或基本赞同一个社会有更多人信仰宗教，有助于社会的和谐。

对信仰宗教是否是浪费钱财的看法，对此受访者回答完全赞同的只有8人，占总人数的1.3%；回答比较赞同的有21人，占总人数的3.4%；回答基本赞同的43人，占总人数的6.9%；三者合计72人，占人数的11.6%；而回答不太赞同和完全不赞同的有253人和221人，两者合计474人，占总人数的76.1%。可见，有76%的受访者不太赞同或完全不赞同信仰宗教是浪费钱财。

表5—31　　　受访者对"宗教信仰纯粹是浪费钱财"的看法

		您信教吗							合计	
		1. 不信教		2. 信教			3. 不好说			
				佛教徒	基督徒	小计				
		人数	百分比			人数	百分比	人数	百分比	合计	百分比
您对"宗教信仰纯粹是浪费钱财"的看法	1. 完全赞同	4	0.6	0	3	3	0.5	1	0.2	8	1.3
	2. 比较赞同	13	2.1	2	6	8	1.3	0	0	21	3.4
	3. 基本赞同	34	5.5	3	6	9	1.4	0	0	43	6.9
	4. 不太赞同	145	23.3	66	40	106	17.0	2	0.3	253	40.6
	5. 完全不赞同	50	8.0	76	91	167	26.8	4	0.6	221	35.5
	6. 不好说	56	9.0	6	7	13	2.1	0	0	69	11.1
	7. 其他	6	1.0	1	1	2	0.3	0	0	8	1.3
	合计	308	49.4	154	154	308	49.4	7	1.1	623	100.0

对宗教是否是在任何情况下都是社会冲突或家庭内部矛盾及国与国之间冲突的原因的看法，对此受访者回答完全赞同的有10人，占总人数的1.6%；回答比较赞同的有27人，占总人数的4.3%；回答基本赞同的有46人，占总人数的7.4%；三者合计有83人，占总人数的13.3%；而对此持不太赞同或完全不赞同的人数有243人和188人，两者共占总人数的69.2%。这在一定程度上表明宗教仅仅是一些社会冲突或家庭矛盾或国与国之间冲突的原因之一，并不是所有的社会冲突或家庭矛盾或国与国冲突的原因。

表5—32　受访者对"宗教是家庭或社会及国家之间冲突的原因"的看法

		您信教吗								合计	
		1. 不信教		2. 信教				3. 不好说			
				佛教徒	基督徒	小计					
		人数	百分比			人数	百分比	人数	百分比	合计	百分比
您对"宗教在任何情况下都是家庭或社会矛盾及国与国之间冲突的重要原因"的看法	1. 完全赞同	3	0.5	1	5	6	1.0	1	0.2	10	1.6
	2. 比较赞同	11	1.8	5	11	16	2.6	0	0	27	4.3
	3. 基本赞同	28	4.5	9	8	17	2.7	1	0.2	46	7.4
	4. 不太赞同	130	20.9	60	50	110	17.7	3	0.5	243	39.0
	5. 完全不赞同	63	10.1	54	69	123	19.7	2	0.3	188	30.2
	6. 不好说	66	10.6	23	10	33	5.3	0	0	99	15.9
	7. 其他	7	1.1	2	1	3	0.5	0	0	10	1.6
合计		308	49.4	154	154	308	49.4	7	1.1	623	100.0

对宗教是否有助于促进国际间的合作交流，化解国与国之间的冲突和矛盾的看法来看，对此受访者回答完全赞同的有100人，占总人数的16.1%；回答比较赞同的有133人，占总人数的21.3%；回答基本赞同的有176人，占总人数的28.3%；三者合计409人，占总人数的65.7%。而对此持不太赞同和完全不赞同的有69人和30人，两者合计99人，占总人数的15.9%。可见，宗教在一定程度上还是有助于促进国与国之间的合作、交流和化解国与国之间的冲突与矛盾的。

对宗教是否能够有利于社会的民主法治来看，受访者对此回答完全赞同的有103人，占总人数的16.5%；回答比较赞同的有132人，占总人数的21.2%；回答基本赞同的有156人，占总人数的25%；三者合计391人，共占总人数的62.7%。而对此持不太赞同或完全不赞同看法的有102人和17人，两者合计119人，共占总人数的19.1%。可见，有60%以上的受访者赞同和基本赞同宗教能够有利于促进社会的民主法治，也有近20%的受访者不太赞同和完全不赞同这种观点。

表5—33　受访者对"宗教有助于促进国际间合作及化解国家间的冲突"的看法

		您信教吗							合计	
		1. 不信教		2. 信教				3. 不好说			
				佛教徒	基督徒	小计					
		人数	百分比			人数	百分比	人数	百分比	合计	百分比
您对"宗教有助于促进国际间的合作和交流,化解国与国之间的冲突和矛盾"的看法	1. 完全赞同	17	2.7	38	44	82	13.2	1	0.2	100	16.1
	2. 比较赞同	47	7.5	52	31	83	13.3	3	0.5	133	21.3
	3. 基本赞同	94	15.1	33	46	79	12.7	3	0.5	176	28.3
	4. 不太赞同	45	7.2	11	13	24	3.9	0	0	69	11.1
	5. 完全不赞同	25	4.0	2	3	5	0.8	0	0	30	4.8
	6. 不好说	70	11.2	12	15	27	4.3	0	0	97	15.6
	7. 其他	10	1.6	6	2	8	1.3	0	0	18	2.9
	合计	308	49.4	154	154	308	49.4	7	1.1	623	100.0

表5—34　受访者对"宗教能够有利于促进社会的民主法治"的看法

		您信教吗							合计	
		1. 不信教		2. 信教				3. 不好说			
				佛教徒	基督徒	小计					
		人数	百分比			人数	百分比	人数	百分比	合计	百分比
您对"宗教能够有利于促进社会的民主法治"的看法	1. 完全赞同	7	1.1	37	58	95	15.2	1	0.2	103	16.5
	2. 比较赞同	35	5.6	47	47	94	15.1	3	0.5	132	21.2
	3. 基本赞同	89	14.3	36	28	64	10.3	3	0.5	156	25.0
	4. 不太赞同	82	13.2	9	11	20	3.2	0	0	102	16.4
	5. 完全不赞同	12	1.9	3	2	5	0.8	0	0	17	2.7
	6. 不好说	79	12.7	22	7	29	4.7	0	0	108	17.3
	7. 其他	4	0.6	0	1	1	0.2	0	0	5	0.8
	合计	308	49.4	154	154	308	49.4	7	1.1	623	100.0

对宗教是否能够有利于社会的公平正义来看,受访者对此回答完全

赞同的有113人，占总人数的18.1%；回答比较赞同的有148人，占总人数的23.8%；回答基本赞同的有149人，占总人数的23.9%；三者合计410人，共占总人数的65.8%。而对此持不太赞同和完全不赞同看法的有87人和13人，两者合计100人，共占总人数的16.1%。可见有65%以上的受访者赞同或基本赞同宗教能够有利于促进社会的公平正义，而对此持不太赞同或完全不赞同的有16%左右。

表5—35 受访者对"宗教能够有利于促进社会的公平正义"的看法

		您信教吗							合计	
		1. 不信教		2. 信教				3. 不好说		
				佛教徒	基督徒	小计					
		人数	百分比			人数	百分比	人数	百分比	合计	百分比
您对"宗教能够有利于促进社会的公平正义"的看法	1. 完全赞同	10	1.6	39	63	102	16.4	1	0.2	113	18.1
	2. 比较赞同	39	6.3	50	55	105	16.9	4	0.6	148	23.8
	3. 基本赞同	87	14.0	38	22	60	9.6	2	0.3	149	23.9
	4. 不太赞同	70	11.2	10	7	17	2.7	0	0	87	14.0
	5. 完全不赞同	13	2.1	16	6	0	0	0	0	13	2.1
	6. 不好说	86	13.8	1	1	22	3.5	0	0	108	17.3
	7. 其他	3	0.5	154	154	2	0.3	0	0	5	0.8
	合计	308	49.4	39	63	308	49.4	7	1.1	623	100.0

对宗教是否能够有利于促进社会的活力来看，受访者对此回答完全赞同的有114人，占总人数的18.3%；回答比较赞同的有151人，占总人数的24.2%；回答基本赞同的有163人，占总人数的26.2%；三者合计428人，共占总人数的68.7%。而对此持不太赞同或完全不赞同看法的有77人和15人，两者合计92人，共占总人数的14.8%。可见，有68%以上的受访者赞同或基本赞同宗教能够有利于促进社会的活力，而对此持不太赞同或完全不赞同的有15%左右。

表 5—36　受访者对"宗教能够有利于促进社会的活力"的看法

<table>
<tr><th rowspan="3"></th><th rowspan="3"></th><th colspan="6">您信教吗？</th><th colspan="2" rowspan="3">3. 不好说</th><th colspan="2" rowspan="2">合计</th></tr>
<tr><th colspan="2" rowspan="2">1. 不信教</th><th colspan="4">2. 信教</th></tr>
<tr><th>佛教徒</th><th>基督徒</th><th colspan="2">小计</th><th colspan="2"></th></tr>
<tr><td></td><td></td><td>人数</td><td>百分比</td><td>人数</td><td>人数</td><td>人数</td><td>百分比</td><td>人数</td><td>百分比</td><td>合计</td><td>百分比</td></tr>
<tr><td rowspan="7">您对"宗教能够有利于促进社会的活力"的看法</td><td>1. 完全赞同</td><td>12</td><td>1.9</td><td>39</td><td>61</td><td>100</td><td>16.1</td><td>2</td><td>0.3</td><td>114</td><td>18.3</td></tr>
<tr><td>2. 比较赞同</td><td>44</td><td>7.1</td><td>50</td><td>54</td><td>104</td><td>16.7</td><td>3</td><td>0.5</td><td>151</td><td>24.2</td></tr>
<tr><td>3. 基本赞同</td><td>98</td><td>15.7</td><td>37</td><td>26</td><td>63</td><td>10.1</td><td>2</td><td>0.3</td><td>163</td><td>26.2</td></tr>
<tr><td>4. 不太赞同</td><td>63</td><td>10.1</td><td>8</td><td>6</td><td>14</td><td>2.2</td><td>0</td><td>0</td><td>77</td><td>12.4</td></tr>
<tr><td>5. 完全不赞同</td><td>14</td><td>2.2</td><td>1</td><td>0</td><td>1</td><td>0.2</td><td>0</td><td>0</td><td>15</td><td>2.4</td></tr>
<tr><td>6. 不好说</td><td>74</td><td>11.9</td><td>18</td><td>6</td><td>24</td><td>3.9</td><td>0</td><td>0</td><td>98</td><td>15.7</td></tr>
<tr><td>7. 其他</td><td>3</td><td>0.5</td><td>1</td><td>1</td><td>2</td><td>0.3</td><td>0</td><td>0</td><td>5</td><td>0.8</td></tr>
<tr><td colspan="2">合计</td><td>308</td><td>49.4</td><td>154</td><td>154</td><td>308</td><td>49.4</td><td>7</td><td>1.1</td><td>623</td><td>100.0</td></tr>
</table>

对宗教是否能够有利于促进社会的安定有序来看，受访者对此回答完全赞同的有 112 人，占总人数的 18%；回答比较赞同的有 167 人，占总人数的 26.8%；回答基本赞同的有 156 人，占总人数的 25%；三者合计 435 人，共占总人数的 69.8%。而对此持不太赞同或完全不赞同看法的有 74 人和 15 人，两者合计 89 人，共占总人数的 14.3%。可见，有 69% 以上的受访者赞同或基本赞同宗教能够有利于促进社会的安定有序，而对此持不太赞同或完全不赞同的有 14% 左右。

表 5—37　受访者对"宗教能够有利于促进社会的安定有序"的看法

<table>
<tr><th rowspan="3"></th><th rowspan="3"></th><th colspan="6">您信教吗</th><th colspan="2" rowspan="3">3. 不好说</th><th colspan="2" rowspan="2">合计</th></tr>
<tr><th colspan="2" rowspan="2">1. 不信教</th><th colspan="4">2. 信教</th></tr>
<tr><th>佛教徒</th><th>基督徒</th><th colspan="2">小计</th><th colspan="2"></th></tr>
<tr><td></td><td></td><td>人数</td><td>百分比</td><td>人数</td><td>人数</td><td>人数</td><td>百分比</td><td>人数</td><td>百分比</td><td>合计</td><td>百分比</td></tr>
<tr><td rowspan="7">您对"宗教能够有利于促进社会的安定有序"的看法</td><td>1. 完全赞同</td><td>10</td><td>1.6</td><td>40</td><td>61</td><td>101</td><td>16.2</td><td>1</td><td>0.2</td><td>112</td><td>18.0</td></tr>
<tr><td>2. 比较赞同</td><td>44</td><td>7.1</td><td>60</td><td>58</td><td>118</td><td>18.9</td><td>5</td><td>0.8</td><td>167</td><td>26.8</td></tr>
<tr><td>3. 基本赞同</td><td>98</td><td>15.7</td><td>32</td><td>25</td><td>57</td><td>9.1</td><td>1</td><td>0.2</td><td>156</td><td>25.0</td></tr>
<tr><td>4. 不太赞同</td><td>66</td><td>10.6</td><td>4</td><td>4</td><td>8</td><td>1.3</td><td>0</td><td>0</td><td>74</td><td>11.9</td></tr>
<tr><td>5. 完全不赞同</td><td>13</td><td>2.1</td><td>2</td><td>0</td><td>2</td><td>0.3</td><td>0</td><td>0</td><td>15</td><td>2.4</td></tr>
<tr><td>6. 不好说</td><td>70</td><td>11.2</td><td>16</td><td>5</td><td>21</td><td>3.4</td><td>0</td><td>0</td><td>91</td><td>14.6</td></tr>
<tr><td>7. 其他</td><td>7</td><td>1.1</td><td>0</td><td>1</td><td>1</td><td>0.2</td><td>0</td><td>0</td><td>8</td><td>1.3</td></tr>
<tr><td colspan="2">合计</td><td>308</td><td>49.4</td><td>154</td><td>154</td><td>308</td><td>49.4</td><td>7</td><td>1.1</td><td>623</td><td>100.0</td></tr>
</table>

对宗教是否能够有利于促进人与自然的和谐来看，受访者对此回答完全赞同的有143人，占总人数的23%；回答比较赞同的有150人，占总人数的24.1%；回答基本赞同的有166人，占总人数的26.6%；三者合计459人，共占总人数的73.7%。而对此持不太赞同或完全不赞同看法的有60人和15人，两者合计75人，共占总人数的12%。可见，有73%以上的受访者赞同或基本赞同宗教能够有利于促进人与自然的和谐，而对此持不太赞同或完全不赞同的有12%左右。

表5—38　受访者对"宗教能够有利于促进人与自然的和谐"的看法

		您信教吗							合计	
		1. 不信教		2. 信教				3. 不好说		
				佛教徒	基督徒	小计					
		人数	百分比			人数	百分比	人数	百分比	合计	百分比
您对"宗教能够有利于促进人与自然的和谐"的看法	1. 完全赞同	18	2.9	49	75	124	19.9	1	0.2	143	23.0
	2. 比较赞同	44	7.1	57	44	101	16.2	5	0.8	150	24.1
	3. 基本赞同	105	16.9	34	26	60	9.6	1	0.2	166	26.6
	4. 不太赞同	54	8.7	4	2	6	1.0	0	0	60	9.6
	5. 完全不赞同	14	2.2	0	1	1	0.2	0	0	15	2.4
	6. 不好说	68	10.9	10	5	15	2.4	0	0	83	13.3
	7. 其他	5	0.8	0	1	1	0.2	0	0	6	1.0
合计		18	49.4	154	154	124	49.4	1	1.1	623	100.0

对宗教自身不和谐会导致信徒无所适从而削弱宗教保持和谐的作用，甚至会破坏社会和谐的看法，受访者对此回答完全赞同的有107人，占总人数的17.2%；回答比较赞同的有159人，占总人数的25.5%；回答基本赞同的有196人，占总人数的31.5%；三者合计462人，共占总人数的74.2%。而对此持不太赞同和完全不赞同看法的有76人和29人，两者合计105人，共占总人数的16.9%。

对宗教信仰与共产主义信仰是否有冲突的看法，受访者对此回答没有冲突的计64人，占总人数的10.3%；回答没有冲突的有321人，占总人数的51.5%；回答讲不清的238人，占总人数的38.2%。可见，有至少一半的受访者认为宗教信仰与共产主义信仰不存在冲突，而有近10%受访者认为两者存在冲突。

表 5—39　受访者对"若宗教不和谐会削弱甚至会破坏社会和谐"的看法

<table>
<tr><th colspan="2" rowspan="3"></th><th colspan="7">您信教吗</th><th colspan="2" rowspan="3">合计</th></tr>
<tr><th colspan="2" rowspan="2">1. 不信教</th><th colspan="4">2. 信教</th><th colspan="2" rowspan="2">3. 不好说</th></tr>
<tr><th rowspan="2">佛教徒</th><th rowspan="2">基督徒</th><th colspan="2">小计</th></tr>
<tr><th colspan="2"></th><th>人数</th><th>百分比</th><th></th><th></th><th>人数</th><th>百分比</th><th>人数</th><th>百分比</th><th>合计</th><th>百分比</th></tr>
<tr><td rowspan="7">您对"若宗教自身不和谐会导致信徒无所适从,而削弱宗教保持和谐的作用,甚至会破坏社会和谐"的看法</td><td>1. 完全赞同</td><td>35</td><td>5.6</td><td>42</td><td>29</td><td>71</td><td>11.4</td><td>1</td><td>0.2</td><td>107</td><td>17.2</td></tr>
<tr><td>2. 比较赞同</td><td>63</td><td>10.1</td><td>51</td><td>44</td><td>95</td><td>15.2</td><td>1</td><td>0.2</td><td>159</td><td>25.5</td></tr>
<tr><td>3. 基本赞同</td><td>119</td><td>19.1</td><td>33</td><td>42</td><td>75</td><td>12.0</td><td>2</td><td>0.3</td><td>196</td><td>31.5</td></tr>
<tr><td>4. 不太赞同</td><td>44</td><td>7.1</td><td>13</td><td>18</td><td>31</td><td>5.0</td><td>1</td><td>0.2</td><td>76</td><td>12.2</td></tr>
<tr><td>5. 完全不赞同</td><td>11</td><td>1.8</td><td>4</td><td>12</td><td>16</td><td>2.6</td><td>2</td><td>0.3</td><td>29</td><td>4.7</td></tr>
<tr><td>6. 不好说</td><td>33</td><td>5.3</td><td>9</td><td>7</td><td>16</td><td>2.6</td><td>0</td><td>0</td><td>49</td><td>7.9</td></tr>
<tr><td>7. 其他</td><td>3</td><td>0.5</td><td>2</td><td>2</td><td>4</td><td>0.6</td><td>0</td><td>0</td><td>7</td><td>1.1</td></tr>
<tr><td colspan="2">合计</td><td>308</td><td>49.4</td><td>154</td><td>154</td><td>308</td><td>49.4</td><td>7</td><td>1.1%</td><td>623</td><td>100.0</td></tr>
</table>

表 5—40　受访者对"宗教信仰与共产主义信仰有冲突吗?"的看法

<table>
<tr><th colspan="2" rowspan="3"></th><th colspan="7">您信教吗</th><th colspan="2" rowspan="3">合计</th></tr>
<tr><th colspan="2" rowspan="2">1. 不信教</th><th colspan="4">2. 信教</th><th colspan="2" rowspan="2">3. 不好说</th></tr>
<tr><th rowspan="2">佛教徒</th><th rowspan="2">基督徒</th><th colspan="2">小计</th></tr>
<tr><th colspan="2"></th><th>人数</th><th>百分比</th><th></th><th></th><th>人数</th><th>百分比</th><th>人数</th><th>百分比</th><th>合计</th><th>百分比</th></tr>
<tr><td rowspan="3">您对"宗教信仰与共产主义信仰有冲突吗?"的看法</td><td>1. 有冲突</td><td>29</td><td>4.7</td><td>6</td><td>28</td><td>34</td><td>5.5</td><td>1</td><td>0.2</td><td>64</td><td>10.3</td></tr>
<tr><td>2. 没有冲突</td><td>123</td><td>19.7</td><td>102</td><td>91</td><td>193</td><td>31.0</td><td>5</td><td>0.8</td><td>321</td><td>51.5</td></tr>
<tr><td>3. 说不清</td><td>156</td><td>25.0</td><td>46</td><td>35</td><td>81</td><td>13.0</td><td>1</td><td>0.2</td><td>238</td><td>38.2</td></tr>
<tr><td colspan="2">合计</td><td>308</td><td>49.4</td><td>154</td><td>154</td><td>308</td><td>49.4</td><td>7</td><td>1.1</td><td>623</td><td>100.0</td></tr>
</table>

对宗教能够促进社会和谐的看法，受访者对此回答完全赞同的有114人，占总人数的18.3%；回答比较赞同的有155人，占总人数的24.9%；回答基本赞同的有188人，占总人数的30.2%；三者合计457人，共占总人数的73.4%。而对此持不太赞同或完全不赞同看法的有83人和11人，两者合计94人，共占总人数的15.1%。可见，有73.4%以上的受访者赞同或基本赞同宗教能够有利于促进社会和谐，而对此持不太赞同或完全不赞同的有15.1%左右。

表5—41　　　　受访者对"宗教能够促进社会和谐"的看法

		您信教吗							合计	
		1. 不信教		2. 信教				3. 不好说		
				佛教徒	基督徒	小计					
		人数	百分比			人数	百分比	人数	百分比	合计	百分比
您对"宗教能够促进社会和谐"的看法	1. 完全赞同	12	1.9	40	61	101	16.2	1	0.2	114	18.3
	2. 比较赞同	50	8.0	56	48	104	16.7	1	0.2	155	24.9
	3. 基本赞同	112	18.0	38	33	71	11.4	5	0.8	188	30.2
	4. 不太赞同	67	10.8	10	6	16	2.6	0	0	83	13.3
	5. 完全不赞同	8	1.3	1	2	3	0.5	0	0	11	1.8
	6. 不好说	57	9.1	9	2	11	1.8	0	0	68	10.9
	7. 其他	2	0.3	0	2	2	0.3	0	0	4	0.6
	合计	308	49.4	154	154	308	49.4	7	1.1	623	100.0

总之，有51.5%受访者认为宗教信仰与共产主义信仰没有冲突；有62.6%的受访者赞同和基本赞同一个社会有更多人信仰宗教，有助于社会的和谐；有62.7%的受访者赞同和基本赞同宗教能够有利于促进社会的民主法治；有65.7%的受访者赞同和基本赞同宗教有助于促进国与国之间的合作交流和化解国与国之间的冲突与矛盾；有65.8%的受访者赞同和基本赞同宗教能够有利于促进社会的公平正义；有67.7%的受访者赞同和基本赞同一个家庭的成员信仰宗教，有助于家庭的和谐；有68.7%以上的受访者赞同或基本赞同宗教能够有利于促进社会的活力；有69.8%受访者赞同或基本赞同宗教能够有利于促进社会的安定有序；有73.2%的受访者赞同和基本赞同宗教有助于提升社会道德标准；有73.7%受访者赞同或基本赞同宗教能够有利于促进人与自然的和谐；有

74.2%受访者赞同和基本赞同宗教自身不和谐会导致信徒无所适从而削弱宗教保持和谐的作用，甚至会破坏社会和谐的看法；有73.4%受访者赞同或基本赞同宗教能够有利于促进社会和谐。

由此可见，除认为宗教信仰与共产主义信仰没有冲突的受访者比例在51.5%外，其他比例均在62.6%—73.4%之间，而且认同宗教能够有利于促进社会和谐的比例最高，达到73.4%。

二 宗教与中国社会主义和谐社会建设关系的定性分析

受访者是如何去看待宗教与和谐社会建设的关系？又是如何去评价宗教对个人、家庭和社会的作用？对于这个问题，除不信教者25，佛教徒8，基督徒16、17、18、21未做明确回答外，大部分受访者都对此谈了自己的看法，项目团队将此归结为下面几种观点。

1. 回答宗教与和谐社会建设有很大关系或必然关系，起到挺大促进作用或很好辅助作用而没有或几乎没有负面影响的有23人；其中，不信教者4人，佛教徒10人，基督徒9人；分别是不信教者1、33、35、39，佛教徒2、3、4、9、12、15、19、20、21、23，基督徒5、6、7、9、10、12、14、15、19；对此，不同受访者的回答各有差别。

（1）不信教者的回答有这些。不信教者1答道："宗教是一个很好的辅助，即使我自己不信仰宗教，但有人仍能从宗教中获得慰藉。似乎没有什么负面影响。对家庭来说，可以增强家庭的凝聚力，使家庭变得更和谐友爱。对社会来说，宗教信仰可以提高大家的道德水平，人与人之间相处会更加融洽。暂时想不到负面影响"；不信教者33回答："我觉得还是有很大关系的，只有把宗教搞好才能建设和谐社会"；不信教者35回答说："优秀的宗教文化能促进社会主义和谐社会的建设"；不信教者39说道："有很大的关系，宗教信仰可以让每个人学会如何做人，还可以学到很多知识。没有负面影响。如果全家都有这个信仰，自然家庭里的每个成员比没有信仰的家庭比较和睦、团结。宗教信仰对社会有减少打架、辱骂、离异等作用，没有负面影响。"

（2）佛教徒的回答是这样的。佛教徒2回答说："宗教能促进社会和谐，对于促进社会和谐，宗教一定要做，宗教的优秀文化部分，能给社会提供一些道理、行为规范，对不信仰宗教的人一样有很好的指导作用。

对自己的思想和个性有所提升,心灵得到升华,还可以得到福报。没什么负面作用。家庭更和睦,没有什么负面作用,家人都比较支持。帮助社会做些政府所做不到的事。比如东林寺就做了这些活动:助学,扶贫,安老,放生,保护环境(鄱阳湖保护者),捐灾款(地震、水灾、火灾),访贫问苦,关爱孤寡老人,深度关怀大学生(深入全国,给贫困大学生持续资助,大学期间都给予帮助、跟踪这些贫困孩子)等。不存在什么负面影响";佛教徒3回答说:"当然有利于促进和谐社会建设(阿姨看着我笑了笑,好像觉得我这个问题问得很多余)。对我个人的话,作用很大啊。自从皈依之后,身体更健康,心情更舒畅了;各方面的运气也更好了,性格也完全转变,心灵得到了升华。而且,信佛之后身体更好,疾病治愈了,主要是因为吃素的缘故吧(此时阿姨好激动,跟我说道吃素怎么怎么好)。没觉得有什么负面作用。对家庭的话,积极作用就是使家人身体更健康,儿子们的事业也越来越顺畅。不好的就是,我的信仰和家人们有冲突,尤其是老伴,不支持我信佛,而且我平时是要吃素的,他们就不喜欢。对社会的话,谈不来。你看,佛法宣传的道理对社会和谐肯定是要好处的,我觉得没有什么负面影响";佛教徒4说道:"当然是有促进作用,宗教能团结很多的信教群众,佛法的一些道理,行为规范,对众生有很好的指引作用。自从皈依之后,身体更健康,心情更舒畅了;各方面的运气也更好了,性格也完全转变,心灵得到了升华。现在心里很平和,遇到什么事或冲突,都会容忍别人,不与别人一样,主动退让,待时机成熟再做解释,而且,这几年,不管什么原因,很少与人有争执。另外,信佛之后身体更好,疾病治愈了,家庭关系也改善了。没有什么负面作用。对家庭的话,有利于家庭关系的改善,家庭更和睦。负面作用的话,其他家人可能不了解佛教,不能理解自己为了专心学佛法而离开家庭的举动。对社会的话,不了解,自己已经不关注社会事务了";佛教徒9说道:"信佛信菩萨总是有好处的,菩萨可以让你免除灾祸,也可以荫庇子孙。假如人人潜心向佛,人人向善,多做好事,我们的社会就会变得更和谐美好";佛教徒12答道:"那当然是促进和谐社会的建设啦,宗教工作做得好,很多人都愿意相信好的东西。我信了佛教后,我的心态更好了,很多事情都会看得更开。而且我信佛教,家里面的人不但不反对,还很支持,佛祖会保佑我家人的";佛教徒15答道:

"宗教应该说大部分就是教育人们行善积德，这对建设美好的社会有很大的帮助，这不同于邪教之类的，教唆人们反政府，反社会的，那属于邪教，正常的教会是教育人们行善积德的。比如说，我信佛吧，它就会教育你不打人不骂人，不用别人一分钱，就是把金钱看得淡一点，不要刻意去追求，让人们认识到有一颗平常心。对于家庭，宗教对家庭和睦也有影响，像孝敬老人，教育子女，尊老爱幼这一方面也有一部分作用。对家庭和睦也有好处啊，（信仰宗教的人）希望家里人都平安幸福啊。它对家庭幸福美满平安（有作用），肯定对社会也有很大的积极作用。因为国家国家，有国就有家，有大家才有国家。如果家庭都幸福美满了，大家不就都和睦相处了吗？对社会就有很大的好处。我信仰佛教，就是因为在我遇到困难的时候，就会想到佛，一想到佛就会让我的心平静下来。这就是我信仰佛的思想了"；佛教徒19答道："宗教可以推动社会的和谐，因为信佛教的人相信'人在做，天在看''善有善报，恶有恶报'，所以不会做恶事，希望多多积德行善，如果社会上越来越多的人都这么想，社会就更和谐了。对个人的性格脾气都有积极作用，原来想不开的事情可以想得开，原来生气的事情可以平静得对待；负面影响因人而异，有些人没有真正领悟到佛学的真谛，只是寻求一时的心理安慰，这样也会走向极端。对家庭，宗教能促进家庭成员之间的关系，使家庭气氛更和睦，家人能更理解佛教，暂时没什么负面影响；使社会更和谐，信佛之后同情心，同理心增强，希望多行善，根本没有做坏事的想法"；佛教徒20回答说："宗教能促进社会和谐，对于促进社会和谐，宗教一定要做，宗教的优秀文化部分，能给社会提供一些道理、行为规范，对不信仰宗教的人一样有很好的指导作用。对个人的思想和个性有所提升，心灵得到升华，还可以得到福报，没什么负面作用；使家庭更和睦，没有什么负面作用，家人都比较支持。而且，宗教信仰能劝导人们多做好事，不要自私自利，贪得无厌，所以，没什么负面影响"；佛教徒21也如20所言，只不过对负面影响，21回答不清楚；佛教徒23答道："信仰佛教对社会的作用也会挺大，如果佛教徒越来越多，就会有越多人向善，越来越多人反省自身，断却烦恼，社会就会变得更加和谐，偷、抢、骗、犯罪的事件会越来越少，若人人都受到佛祖的庇佑，大家都会变得更好、更加团结。"

（3）基督徒的回答如下。基督徒5答道："宗教信仰帮助人们从心理和思想上改变，本质上是和谐社会建设的唯一路径。没有消极作用。宗教信仰使人遇到问题不消极，忍耐、平和、喜乐，对人们的思想、生活和工作具有促进作用；宗教信仰使家庭凝聚力更强，因为盟约是永恒，沟通方式更加讲求爱与包容；宗教信仰增强社会凝聚力，因而，对个人、家庭和社会都没有负面的影响；就说我吧，我的信仰是基督教，我是一名宗教徒，我洗礼已有7年，主使我的内心有了平安、力量、盼望和喜乐，我家人是基督徒，从小我的母亲言传身教，我也会读经祷告，自我学习，现在我每周日都会来教会做礼拜。信仰对我的性格影响最大，我由不擅交往转变成易交流沟通的人。信仰对我的心情也有影响：由急躁转变成心平气和。同时，信仰增强我家庭凝聚力，使家庭更加和谐"；基督徒6答道："宗教信仰改变个人，从而不给社会带来负面能量，有信仰犯罪率远低于无信教犯罪率。对人的行为有指引，既给予指导又给予自由；有信仰的人不会犯罪，没有负面影响，因而信主对和谐社会建设没有负面影响。对个人来说，信仰使个人的人生价值观对金钱看淡，由把钱放第一位变为把神放第一位，彻底颠覆；因而对个人没有消极影响；知道什么是爱，怎样去爱家人和别人，出发点是做好分内事，为别人；有了对家人的责任心，减少家庭矛盾，沟通更加真诚。对家庭的负面影响可能是，与不信教家人的人生观、价值观存在分歧而导致沟通不畅，但我不会争吵，不会使这个成为矛盾点"；基督徒7答道："人有了信仰会更容易坚持正确的价值观，会扶助弱小，在商业方面会更加诚信。对个人而言，明确自己的角色和使命，遇到困难知道向上帝和兄弟姊妹求助，消极影响暂时想不到；我觉得基督教对家庭最大的积极作用在于使夫妻关系更加和谐，以前我在夫妻相处中的性格偏强势，在与丈夫相处中易出现冷暴力，有了信仰后，我们之间的关系变得更加稳定和睦，至于负面方面的影响暂时没有想到；我的信仰是基督教，因为一次特殊经历我开始信仰耶稣，我是通过每周的查经活动信仰基督教的，对，我是一名宗教徒，我皈依基督教已有8年。信仰宗教对我的健康、性格、事业、心情（注意，除了收入）都带来了积极的影响。对我的家庭最大的影响就是夫妻关系更加和谐与稳定"；基督徒9肯定地说道："我认为是存在很大关系的，宗教无疑可以促进社会和谐建设的。在于宗教信仰对个人有积极作用的,如工作、家庭等,但我否认宗教建设会有负面影响。宗教信仰对个人是没有什么负面影响的。因为宗教信仰是自由的,周围人的看法我并不会在意的。宗教信仰能促进家庭的和谐,就拿我家来说吧,以前没信耶稣的时候,我和我丈夫经常吵架,夫妻关系很不好,后来我们都信了之后,关系变好了,家庭也更加和谐幸福了。对于社会也是一样的,宗教信仰使社会变得和谐";基督徒10答道:"在我看来,信仰是身内的事,社会是身外的事。信仰是人类必须的,就如人需要食物一样,当人觉得饥饿,就会去接受食物。因为食物可以使人饱足;信仰叫人心平气和,团结友爱,所以建设和谐社会需要信仰。对于个人,信仰积极方面的作用是很多的,几乎都是正面积极的,我暂时还没想到有什么负面影响。对于家庭,宗教信仰是一个保护,我们都知道,家庭是由一对夫妇组合而成的,信仰使人没有分裂,没有纷争,没有什么负面的影响。宗教信仰使社会更加和谐,减少犯罪,少做坏事";基督徒12答道:"用一句话来说:宗教有助于和谐社会的建设。我觉得宗教信仰对个人有很大的积极作用,它能够使人彼此相爱,能够家庭和睦。你要知道,任何信仰都会使人向上,行善,所以并不会给家庭带来负面的影响。对社会的积极影响就很多了,如有助于社会治安、诚信、公平公正等一系列问题的解决,至于负面影响,目前我还是觉得不存在的。我信基督已8年多,要说收获,我觉得就是心情变得更加喜乐吧。家庭变得更加和睦了";基督徒14回答说:"还是那句话,我提倡人应该有宗教信仰,宗教信仰可以促进和谐社会的建设。对个人,负面影响我觉得没有,要谈积极作用的话,我觉得还是有很多的。像我们姊妹们都是遵照圣经上的条文来做人做事的,圣经上的十诫就是教导我们怎么做人做事的。我觉得这就是对我们做人做事的正面影响。对家庭的积极影响也很多,宗教信仰使得我们一家人生活在主的庇佑下,很平安很顺利,负面影响没有。对社会,负面影响应该是没有的吧,宗教信仰可以促进社会的和谐等";基督徒15回答:"我觉得有必然的关系。好的宗教信仰对个人的作用是很大的。伯克利加州大学做了一项对6545人的调查,调查显示,'每周参加一次宗教活动的人,比不常参加或从不参加的人,寿命长得多'。可见积极作用是很多的。《澳大利亚医学》杂志发表文章指出:'澳大利亚多项研究发现,虔信宗教的人,婚姻更稳定,较少酗酒或滥用毒品，对自杀多持否定态度，自杀率较低。他们较少忧虑，较少抑郁，而且有更大的无私精神。'另外，《英国医学杂志》报道：'相比没有信仰的人，虔信宗教的人在亲友去世后，看来更快和更彻底排除悲伤的感觉。'相信一个有信仰的家庭矛盾也会更少，也更能让其他家庭成员感到放心。我觉得信仰基督对中国的影响是拯救了许许多多的中国人，对西方国家的作用就更大了。近年来，人们追逐物质的欲望日益增加，对精神的追求一再陷入低谷，中国人需要这样一份信仰。就拿我来说吧，我一家人信仰基督一年多来，对自己各方面都有很大的帮助，包括要用一种怎样的心态去面对生活，面对世界，要爱人如己，孝敬父母，对信仰有信心。一位好的基督徒性格是柔和谦卑的，对人也是彬彬有礼的，基督徒对事业也不会有很狂妄的追求，所以收入普遍不高，不会以一种世俗去看人看事。我自己有些方面可能做得不够好，但我认为对我自己影响是很大的，对自己的帮助也是很大的"；基督徒19答道："信仰基督教对社会的作用也会挺大，如果基督徒越来越多，社会会变得更加和谐，偷、抢、骗、犯罪的事件会越来越少，若人人都受到主的祝福，大家都会变得更好、更加团结。另外，大家会更加爱护地球，环境会变得越来越好，《圣经》上有很多关于地球的预言，很多都实现了，如果大家都信仰基督，大家就不会浪费资源，不会破坏环境，世界也会变得更美好。"

2. 回答宗教对和谐社会建设有较大关系，两者是相互影响、相互促进和互补的而负面影响很小或没有的有6人；其中，不信教者2人，佛教徒1人，基督徒3人；分别为不信教者36、45，佛教徒1，基督徒2、11、13；对此，不信教者、佛教徒和基督徒的回答是不相同的。

（1）不信教者的回答是。不信教者36回答说："应该是相互促进的关系吧。要不然不会有这么多人花大量的时间去做这种事啊。老人年纪大了，需要心灵依托，听别人说，信仰宗教可以帮助人寻求到心灵依托。另外，也能鼓励人去行善。假如一个家庭的成员信仰相同，那么这样的家庭的和谐度应该会比较高吧；反之，要是一个家庭的成员信仰不同，这个家庭应该就会很容易产生矛盾。我认为佛教对促进社会的和谐有很大作用。佛教它的主要思想就是教人向善，做一个好人，不杀生，不撒谎，常怀善心。对于社会的和谐，作用会非常明显"；不信教者45答道：

"宗教有利于和谐社会建设，两者相辅相成。坚定的宗教信仰使知识面更广，有利于树立正确的世界观、人生观、价值观。心灵得到慰藉，思想境界得到提升。在事情困难面前也会有更好的心态，为人处世很平和安静，幸福感在无形中增强。会祈求上天保佑家人，缓和家里矛盾，家庭夫妻关系会更和谐，因为上天一直在帮助我们相信不好的运气总会被赶走。过度依赖宗教的力量，歪曲宗教使人误入歧途，不相信科学，叫人愚昧，甚至有时候会危害生命。恰当的宗教信仰有利于家庭和谐，缓和家庭矛盾，优化家庭传统，教育好子女，培养优秀的后代。要是一家中有不同的信仰或过度依赖被误解的理论，会造成家庭矛盾与分歧，破坏完美婚姻。让大家有共同的信仰，思想意识，可以提升社会道德标准，促进社会民主法治，公平正义，有利于保护野生动物珍稀物种，促进民族团结，作用挺多的。负面的，就如法轮功的活动，邪教，新疆的活动等，都是被利用被蒙蔽的表现。因而要信真正的正确的宗教。"

（2）佛教徒中只有佛教徒 1 是这样答道："宗教信仰与社会和谐是不可分割的，两者相互影响。宗教的和谐稳定有利于团结广大信教群众投入到社会生产生活中去。宗教对于自己的家庭生活并没有多大的影响，因而不存在特别明显的有利影响和不利影响。最主要的似乎还要回归到对于精神的安抚上面去。可能使得一家人在一起有更多的可以聊天的话题。"

（3）基督徒的回答是这样的。基督徒 2 答道："宗教与和谐社会建设是成正比例的，宗教越繁盛兴荣，社会就会越和谐。因为宗教能够给人以更高的道德标准，人会悔悟自己做的错事，并以更高的标准要求自己。家庭的和谐对社会和谐也是十分重要的，因为只有家庭和谐了，社会才能更加美好"；基督徒 11 回答说："我觉得是互补关系的。一方面，宗教能促进社会和谐建设，另一方面，和谐社会建设也能促使宗教的发展。对我自己来说，主要是要有一颗宽容心，主耶稣教了我这个；信主让我的人生不空虚、不颓废，使我的人生充满了意义；使我的家庭更加和睦了，我和丈夫也能互相理解宽容了；……信仰耶稣带给我的都是积极的影响，并没有消极的影响。……对社会也没有负面影响，积极作用，我觉得是能劝人从容，使社会发展朝向正确的方面发展"；基督徒 13 回答："宗教跟和谐社会的建设有着相互促进的关系，宗教所传播的思想有利于和谐社会建设，同样的社会和谐也有利于宗教的传播，所以说它们是互惠互利的。对个人的话，首先就是约束作用吧，《圣经》里面的每一句话都有着不同的人生道理，人们按照每一条约束自己，可以使自己的行为规范，思想健康向善。负面影响我还没想到。在教堂祈祷的话家里的每一个人都会受到真神的庇佑；负面影响的话就是家里其他人如果不理解的话容易造成矛盾。刚刚已经说过了，宗教信仰有利于和谐社会的建设，这就是积极作用；负面影响的话就是容易出现一些假的基督教堂来欺骗人民群众的钱财。就我来说吧，自从信仰基督教后，生活就变得更加美好了，全家人都在真神的庇佑下，健康、和谐都有。"

3. 回答宗教与和谐社会建设有关系，总体上或在一定程度上起到促进社会和谐的作用，但正面作用大于负面影响的有11人；其中，不信教者5人，佛教徒4人，基督徒2人；他们是不信教者12、22、24、46、49，佛教徒5、6、7、14，基督徒20、22；对此，不同受访者的回答各有特色。

（1）不信教者的回答是这样的。不信教者12答道："宗教在一定程度上对和谐社会建设有积极的促进作用，会促使人有一种信念并且一直坚守它。它让人有一种精神寄托，给人一种精神上的支柱，但容易形成一种集体舆论，在非常时期容易产生暴动；对家庭而言，使大家在一起有一种精神寄托，并一起为创造更好的生活努力，但总是将一些东西寄托在若有若无的东西上，浪费时间、精力，影响家庭间的和谐；对社会来说，促进和谐社会的形成和建设，但也促使一些人只相信宗教，不去实际行动而堕落"；不信教者22回答："每个人有每个人信教的理由。他们信教有他们自己的想法。我觉得也不排斥宗教有积极的一方面，对个人、社会和国家能够产生好的影响；一个人信教之后，应该会对他们的行为有改善；同时，有利于少数民族团结"；不信教者24回答说："对于宗教信仰，我个人认为，从总体来看，宗教有利于缓和化解社会矛盾，有助于和谐社会的构建。宗教对于个人，有助于个人找到精神寄托，增强道德约束，但负面影响是信佛等要花大量金钱，容易变成迷信；并且，对于文化程度较低的信徒来说，他们的信佛含有许多迷信的成分存在。宗教信仰对于家庭的作用是，容易化解家庭矛盾，大家不一味计较金钱，多为他人着想，但是如果有家庭成员不理解，容易激化家庭矛盾。宗教信仰于社会的作用是，宗教信仰有利于缓和化解社会矛盾，人们遇到不幸、灾难、不公平待遇的时候，会把希望寄托在信仰上，而更少去责怪他人、社会。但是，宗教信仰和迷信、邪教等容易混淆，对于教育程度较低的民众，尤其是在广大农村地区有一定的负面作用"；不信教者46答道："我觉得宗教在一定程度上促进了社会的和谐发展。它对于个人而言，思维更开阔，性格更开朗，积累更多的精神财富，应该没什么负面影响，只是需要花费不少时间和精力。对于家庭来说，宗教信仰使家人之间互敬互爱，更加和谐，更能体谅和包容；如果信仰不同可能会引起一些矛盾，其他应该没有什么了。对于社会来说，宗教信仰促进社会稳定、和谐，减少犯罪，减少战争；可能的负面影响可能会使得劳动力减少，劳动时间缩短，随着信徒的增加，工资方面也会是一个大问题，国与国之间信仰不同，分歧也挺大，可能会引发不必要的麻烦"；不信教者49答道："我个人认为，宗教在一定程度上可以促进社会的和谐发展。在于它能控制人的欲望，不会去做不道德和违法的事；负面影响是耗费时间和精力，没有足够的时间工作；使家庭得到保佑，家人更健康，工作更顺利，家人之间更和谐相处；信仰不同可能引起家庭矛盾；使社会更文明，使人们更善良，因而应该不存在多大的负面影响，只要不过分地痴迷和迷信。"

（2）佛教徒的回答如下。佛教徒5答道："宗教能够给人引导的作用，引导人们积极向善，善良的人受佛祖的庇佑，奸恶的人就会得到应有的惩罚，这就能够营造很浓厚的和谐社会的风气，能促进社会的和谐发展，有利于建设和谐社会；负面影响的话就是有些居心不良的人利用宗教活动收取大量资金，破坏社会风气。……它积极的影响肯定就是引导人们积极向善，负面影响的话就是有些人利用宗教信仰做一些商业活动。对于家庭，宗教的积极作用就是能够促进家庭和睦，负面影响应该没有吧"；佛教徒6回答说："宗教对和谐社会的建设有百利而无一害，宗教引导人们向善，有利于社会和谐，宗教信仰提高人的素质，有利于和谐社会的构建。宗教可以引导人们向善，升华人的心灵境界；负面影响好像没有。宗教提倡家庭和睦，信仰宗教的家庭比不信仰宗教的家庭更加和睦。负面影响我想就是一个家庭如果信仰的宗教不一致的话容易造成家庭矛盾。宗教信仰引导人们向善，对社会的和平有积极作用。负面影响就是有些不良分子利用佛教身份破坏世界和平";佛教徒 7 答道:"宗教可以促进和谐社会建设,具体一点就是:宗教能给一个人信仰,而一个人有了信仰才会有目标,有目标社会才能更好地发展。我觉得宗教的积极作用就是能提升人的精神境界。而说到它的负面影响,那就是如果一个人对于宗教,过于狂热,以致无法过正常生活,这就是它的负面影响。对家庭的积极作用就是可以使家庭更加和谐,负面的影响就是经常会发生因为宗教信仰不同,导致分歧,出现家庭矛盾。对社会的积极作用就是,人们有共同的信仰,相处能更加和谐;负面影响就是,被居心叵测之人利用人们的宗教信仰去做违法之事";佛教徒 14 答道:"佛教有利于和谐社会的建设,佛教有很多真理,也有很多故事,佛教叫人向善,不做坏事,相信善有善报,恶有恶报,人有自己的命运,因而不会导致混乱。和谐社会所倡导的自由、宽容、民主、科学、富强、诚信和经济发展等都需要佛来赋予,佛教使人类变得和谐美好。本质上会促进和谐社会建设。对于个人来说,坚定的宗教信仰使人知识面更广,心灵得到慰藉,思想境界得到提升;也符合家庭传统,会受到祖宗庇佑,风水更好。在事情困难面前也会有更好的心态,为人处世会很平和安静。幸福感在无形中增强,会替家人拜佛,家庭夫妻关系会更和谐,因为教义的道理一直在引领指导我们,佛也在监督我们。歪曲的宗教使人误入歧途,不相信科学,叫人愚昧,甚至有时候会危害生命,不能过度沉溺于宗教中;恰当的宗教信仰会使整个家庭甚至家族更团结,有利于家庭和谐,家庭关系,优化家庭传统,教育好子女,培养优秀的后代;要是一家中有不同的信仰,会造成家庭矛盾与分歧,破坏完美婚姻。对于社会,宗教让大家有共同的信仰,大家素质都很高,思想意识先进,可以提升社会道德标准,稳定社会秩序,促进社会民主法治,公平正义;相信报应,因果轮回,不乱捕杀野生动物,有利于保护野生动物珍稀物种,作用挺多的。负面的,就如法轮功的活动、邪教等,都是被利用被蒙蔽的表现,因而要信真正的正确的宗教。我信了佛教后,心里很舒服,觉得自己幸好没做坏事,要不然会遭报应的。"

(3)基督徒的回答有。基督徒 20 非常肯定地回答道:"基督教有利于社会和谐,基督教教导人博爱,爱别人就像爱自己,教导大家像兄弟姊妹们一样,当然让社会和谐,另外,基督教改变自己的性格脾气,有利于家庭和谐,小家和谐了,大家自然就和谐了";基督徒22答道:"我觉得宗教就是劝人向善的,具体是什么样的宗教我觉得并不重要,最重要的是那个'善',就是给人们一种指导,你小时候,学校会给你规则,现在宗教就有点这个意思。每个人都是'善'的,整个社会就会和谐了。对个人的积极作用就是让人向'善',指引人们,去除掉内心不好的东西;不好的东西就是如果人没有对这些宗教信仰说的东西加以分辨,而是全部相信了,就是被洗脑了,这样信仰就不是信仰而是迷信了。对家庭和社会的影响,这些都是一样的,家庭社会还不是由人组成的,'善'的人组成'善'的家庭,'善'的人组成'善'的社会,我觉得对家庭和社会的影响还得从对人的影响说起,如果不加以分辨,没有自己想过问题,整个社会就会没头脑,一团糟。"

4. 回答宗教与和谐社会建设有关系,但宗教对社会的作用要具体情况具体分析,不能一概而论的有12人;其中,不信教者有10人,佛教徒有2人;分别是不信教者5、8、21、27、30、38、40、41、43、50,佛教徒13、24。对此,不信教者和佛教徒的回答是不同的。

(1) 不信教者的回答是这样的。不信教者5答道:"异端邪教会危害社会,比如前些年出现的法轮功邪教就是一个典型的例子。现在,人民的生活水平也步入小康了,宗教和谐也变得很重要。如果宗教能与社会主义社会相适应,宗教事务依照国家法律来处理的话,那么宗教是能促进社会和谐的。对个人的积极作用:给人提供一种信仰吧,现在的中国人大多数都没有信仰。有时候信仰宗教会让人更加充分地认识自己,提供精神食粮。比如,信佛教的人'行善'就成了他们的日常。他们也相信'善有善报,恶有恶报',不会轻易做坏事,也更加容忍。人也可以提高自己的道德素质和修养。正像有些人讲的,信教让自己心里踏实,有了安全感;不再为一些鸡毛蒜皮的小事生气,可以给人生带来希望,有个可以追求的东西;还可以排解寂寞吧,很多老人一个人在家也没人和他说话,真的是太寂寞了。一群人在一起做做活动也是很好的。负面影响是很多人会产生宿命的思想,很消极的依赖和相信所谓的命运和天注定,逃避现实,不去努力,没有勇气去拼搏。对家庭的积极作用:如果家庭成员信仰是一样的,会更加理解对方,会有更多精神层面的交流,也不容易为一些鸡毛蒜皮的小事争吵,家庭关系会更和谐;负面影响:

如果信仰不一样，则很有可能在生活中产生冲突或者矛盾，当然能够和平共处最好了。对社会的作用，比如说有些教堂早晚都有活动，到了周日更是召集很多教民参加弥撒活动，可以把这些群众号召起来，找到归属感，有利于社会的和谐稳定和发展。宗教里有很多劝诫人和睦相处、与人为善的教义，可以增进邻里之间的互助友爱，形成良好的道德风尚，促进和谐社会的建设；负面影响是：当今世界，有少数国家为了达到目的，打着宗教的旗号，对别的国家进行意识上的渗透，搞民族分裂和国家分裂，这是非常不利于社会稳定和国家安全的"；不信教者8答道："宗教对个人、对家庭、对社会的积极或消极作用，我觉得所有的事情都是因人而异的，如果人心好自然就好，不会因为有了宗教信仰而有太大的改变，重点是在人的本质上。我虽然没有宗教信仰，但我也相信有神灵的存在，相信有因果报应，认为祖先会保佑我的后代，从而让我们生活得更好"；不信教者21答道："这个问题就要具体问题具体分析，政府对宗教引导得好，则能促进和谐社会的建设；反之，如果任其无序发展，则会拖社会建设的后腿。对个人积极作用的话，宗教的一些教义，如与人为善，劝人多做好事，这些就能提升社会道德，对社会道德建设起积极作用，促和谐；负面作用是：宗教也有些糟粕、迷信、消极的思想，这样则会给和谐社会建设拖后腿。对家庭，它的积极作用是：宗教的一些思想可以引入家庭教育，能够促进家庭关系的和谐。因为宗教思想中也大力提倡我们中华传统文化，尊老爱幼，与人为善，助人为乐，对子女道德的提升有很大的作用。暂时没有想到什么负面作用。对社会的积极作用，就是能促进社会道德建设，增进人与人之间的和谐；它的负面作用：宗教思想中也包含了很多消极的成分，比如相信命运呀，这样就会使人安于现状，容忍现实社会中的种种问题，不思进取，沉迷其中"；不信教者27答道："当人们找不到方向找不到寄托的时候，他们需要这样一种寄托，就像我刚才说的，他们可以通过佛、神、基督，让他们达到心灵上的和谐。人们为什么会有这些信仰，可能是当他们遇到困难的时候，烦躁的时候，他们通过这些信仰，进入这样的群体，群体里的人来开导他，当他们想通了，自身和谐了，社会也就和谐了。举个例子，如果有些教派教给你的是坏的，那就会扰乱社会秩序。这些宗教，让人们心灵平静，安居乐业，那就是好的。对个人的作用，其实，就是每个人的观点不同，如西藏的佛教徒，他们三步一拜去朝圣，那是他们的一种虔诚，他们心里面崇敬这个东西，他们才会这样去做。我觉得最主要的是，人们需要找到心灵寄托的东西，有些人可以自己找到，有些人要通过宗教才能找到。我家里有一位比较信仰毛主席的（笑）。有些地方做新房子的时候，就会立一个毛主席的像在那里，可是谁都知道毛主席他只是一个人，不是神，但是那些百姓这样做，更多的是出于一种敬仰。心理上感觉，毛主席为我们翻了身做了主，毛主席自然会保佑我们家里平安，自然会保佑我们家丰衣足食，换句话说，他们信仰毛主席，就跟信仰神是一样的概念，还不是一种心灵上的寄托嘛"；不信教者30回答："我觉得宗教与和谐社会有着很重要的关系。中国人其实是没有信仰的民族，许多信徒只是带着功利性去敬拜，他们其实并不了解宗教的真谛。大多数人信仰宗教只是为了从中得到好处，希望冥冥之中会有一种神秘的力量去帮助自己。不过，宗教还是有许多积极面：对个人，它能够减轻人的负担，寻求心理依靠。比如，著名作家金庸的例子，在金庸晚年的时候，白发人送黑发人——他在美国的大儿子不幸遇难，面对突如其来的打击，金庸选择皈依佛门，这充分体现宗教能够缓解人的心理压力，给人以依靠；对家庭，能够使家庭更加和谐，夫妻之间相互宽容；对社会，能促进社会和谐稳定。但凡事情都有物极必反，若个人过于相信宗教，也可能会导致处世消极；对家庭，由于信仰宗教需要耗费精力和财力，处理不好，会对家庭收入、生活有一定影响；对社会，若党和政府没有恰当引导，会演变成不安分的因素，甚至变为邪教。我国古代大部分的农民起义其实都是打着宗教的幌子，将人们鼓动起来的，例如历史上有名的黄巾起义，大部分人都是信仰道教"；不信教者38答道："嗯，可以说有关系的。只要两者不出现矛盾冲突就能和谐相处。对个人，作用是双方面的，如佛教里面说的'善有善报、恶有恶报'会对个人的行为有制约作用；但是也有些副作用，比如说很多人在信仰面前很不理性，在邪教面前被蒙蔽了，就像前几年出现的法轮功。个人认为对家庭的影响没有对个人的影响那么大，但是如果家庭成员误信邪教的话，容易造成家庭矛盾，会给家庭带来破裂的风险。总之，如果处理得当的话，就会对社会有积极的、促进社会发展的作用；但是，如果宗教所信奉的教义与社会主义相悖就会阻碍制约社会的健康发展"；不信教者40回答说：

"宗教有利于和谐社会的建设，里面很多道理教大家多做好事，别做坏事。为那些无事可做的老人带来寄托和安慰。对于个人，一定的宗教信仰使知识变多，学会了唱歌，念经，心理也会感到平安。在事情困难面前也会有更好的心态，为人处世不会着急。时常感到心里安全；同时妻子做礼拜会替家人祷告，家庭夫妻关系会更和谐，家里运气也会更好点。家里的这个宗教没有什么不好的影响。对于家庭，好的宗教信仰有利于家庭和谐，所谓，家和万事兴，家庭关系，优化家庭传统，教育好子女，培养优秀的后代。就是有很多老祖宗传承下来的礼俗不会做，比如清明时节我妻子从来不拜祭我父母的坟墓，说不敬重吧，她的教规又是这样的。对社会，宗教信仰的积极作用是，好人增多，做好事的人增多，思想意识都提高，可以提升社会道德标准，促进社会民主法治，公平正义。不吃公鸡、猪血等，可以保护很多家畜；负面的，就是有些人虽然信教，还是在家里吵架，骗人，讲别人坏话，都只为自己的利益"；不信教者41答道："宗教让人学好，有利于和谐社会建设。信教的，心里会很平安。有什么事的时候，如生病、不幸，都可以求神来保佑。还有就是没有子女的可怜老人，去那里也可以交交朋友，不会太孤独。不好的就是，有些人信偏了，经常做一些奇怪的事，生病不去医院看，也不好好种田，到处乞讨。对于家庭，好的宗教信仰有利于家庭和谐，缓和家庭矛盾，让家里少吵架，教育好子女不做坏事，多学善。不好的是，过节过年时办喜事时，不放爆竹，不热闹。一个社会信教的人变多，好人就会变多。让大家有共同的信仰，思想意识，可以提升社会道德标准，促进社会民主法治，公平正义，作用挺多的；负面的，就如法轮功的活动，邪教，新疆的活动等，都是被利用被蒙蔽的表现，因而要信真正正确的宗教"；不信教者43答道："宗教有利于和谐社会的建设，有很多真理，也有很多故事，叫人向善，不做坏事，相信善有善报，恶有恶报，人有自己的命运，因而不会导致混乱。和谐社会所倡导的自由、宽容、民主、科学、富强、诚信和经济发展等都需要这些，本质上会促进和谐社会建设。同时，和谐社会建设也使宗教教义内容更加丰富与发展。对于个人，坚定的宗教信仰使知识面更广，心灵得到慰藉，思想境界得到提升。在事情困难面前也会有更好的心态，为人处世会很平和安静。幸福感在无形中增强，会替家人祷告，家庭夫妻关系会更和谐，因为教义的道理一直在引领指导人们，歪曲的宗教使人误入歧途，不相信科学，叫人愚昧，甚至有时候会危害生命。对于家庭，恰当的宗教信仰有利于家庭和谐，家庭关系，优化家庭传统，教育好子女，培养优秀的后代。要是一家中有不同的信仰，会造成家庭矛盾与分歧，破坏完美婚姻。当然，也要分情况。对于社会，让大家有共同的信仰，思想意识，可以提升社会道德标准，促进社会民主法治，公平正义，有利于保护野生动物珍稀物种，作用挺多的；负面的，就如法轮功的活动，邪教等，都是被利用被蒙蔽的表现。因而要信真正的正确的宗教"；不信教者50答道："宗教能促进和谐社会的建设。首先，因为宗教的相关思想能提升社会道德水准，如与人为善，孝老敬亲，团结守法等，其次，宗教中的优秀文化能丰富社会文化，为社会道德建设贡献力量。对于个人，自己不信仰任何宗教，没什么积极作用，也谈不上负面作用。对于家庭，我觉得没有什么积极作用，也没负面作用。对于社会，积极作用：为信众提供了一种精神寄托，让人们充满愿景，宗教的相关思想能提升社会道德水准，如与人为善，孝老敬亲，团结守法等，其次，宗教中的优秀文化能丰富社会文化，为社会道德建设贡献力量；负面作用：不正确的宗教信仰会使人误入歧途，对社会造成危害，比如相信法轮功，自焚，杀害亲人助其升天。"

（2）佛教徒的回答有。佛教徒13说道："宗教也有很多种，要具体情况具体分析。每一种宗教都有自己的教义。佛教有利于和谐社会的建设，佛教有很多真理，也有很多故事，佛教叫人向善，不做坏事，相信善有善报，恶有恶报，人有自己的命运，因而不会导致混乱"；佛教徒24回答说："信仰宗教不一定就会让社会更和谐。信仰佛教，讲究的是博爱，大爱，没有自我。然而一些还未修行到那个境界的人便会强调自我，便会产生一些冲突，如宗教教派论，会产生'这是我的佛教，基督教比佛教更好'等之类容易产生冲突矛盾的看法。另外，信仰如被恶人所利用也会威胁到社会，信仰就是把自己托付给某一样东西，若把信仰交付给了一些邪教组织，那邪教就会利用信仰危害社会。"

5. 回答宗教与和谐社会建设有关系，但宗教对社会既有积极作用，也存在消极作用的有14人；其中，不信教者13人，基督徒1人；分别是不信教者2、3、6、9、10、11、14、15、25、28、29、31、42，基督徒

1，没有佛教徒；对此，他们的回答是这样的。

（1）不信教者的回答是这样的。不信教者 2 说道："宗教信仰可以让一个人积德行善；但容易给一些好吃懒做的人当借口。对于家庭，我觉得没什么太大的作用，过日子和信教有什么关系；对于社会，有一个道德约束吧；但容易引发迷信活动"；不信教者 3 答道："一般来说，宗教都有着劝人向善的一面，不管是佛教、道教、还是基督教。这种向善能够使人们在处理人际关系、人与自然的关系等方面能够起到一个积极的作用。我对宗教、宗教信仰、宗教信徒表示认同，不反对他们，但不代表支持宗教的传播，或者鼓励大家去信仰某个宗教。比如说我的母亲信基督教，她也劝我信基督教，但是我也不能够按照她说的去做。在我看来，任何东西都有存在的价值，宗教也有，它给世人一个精神上的归属和支撑，它很好，但是不反对它、认同它，但不一定要接纳它，融入它。对社会，宗教有其积极的意义，包括劝人向善、与物为善的方面，自然有利于化解人与人、人与物之间的矛盾，很多宗教都强调一种忍受，这种忍受对于社会的和谐有积极的作用，很多宗教都带有禁欲主义的色彩，它也能够防止人们内心欲望的膨胀而带来的掠夺和杀戮，包括伤害等。但也有很多宗教具有排他性，这种排他性会导致不同宗教之间存在一种对立、排斥、仇恨乃至杀戮；比如对于异教徒，他们会采取极端的方式和手段。……这个不一定。如果世界只有一种宗教，其实宗教内部还有教派之分。……这是不可能的，和谐社会本不需要过多地强求统一。强求统一的社会不是真正的和谐"；不信教者 6 回答说："我们这也没有什么信教的人，就听有人说过有一个老婆婆都病得不行了，屋里人要送她去医院，但她好像是信耶稣，就是不去，非要说耶稣会保佑她，最后实在不行就被屋里人强行拉去医院了，我感觉这种就信得有点疯了"；不信教者 9 答道："宗教应该服务于和谐社会建设。和谐社会建设离不开宗教的促进和影响，同样宗教的积极发展也离不开和谐社会的大环境，社会和谐，环境稳定才有利于宗教朝积极方向发展。对个人，宗教积极作用是引导人生目标，净化人的内心世界，培养人的良好性格和好的生活习惯；而负面影响：过度沉迷容易迷失心智，浪费过多时间精力。对于家庭，它的积极作用是容易形成家庭凝聚力以及家庭成员的家庭责任感；而负面影响是不同的宗教信仰由于不同的教条规矩容易引起家庭成员关系冷漠，影响家庭和谐。对社会，宗教的积极作用是整个社会有着集体的宗教信仰可以提升民族凝聚力、社会团结和社会和谐，推动社会各个方面有序、健康的发展；而负面影响是宗教信仰中唯心主义的内容与科学唯物主义冲突。总之，我认为，宗教信仰作为文化现象的一种，有利也有弊，信仰使人们目标坚定，信念执着，但是宗教中的唯心主义成分容易使人们误入歧途。总而言之，对待宗教文化要取其精华、去其糟粕，推陈出新、与时俱进，使宗教信仰与社会和谐建设共同进步发展"；不信教者10答道："对于社会，宗教是一把双刃剑。一方面宗教能引导人们向善，对和谐社会建设有帮助；另一方面宗教若被思想不纯的人利用，会激化矛盾，阻碍和谐社会建设。对个人，宗教的积极方面就是给人以支撑的力量，人们能从绝望中找到希望；而消极方面，就是若一味沉迷，让人的思想变得偏激，与不信教人发生矛盾，甚至产生冲突行为。对家庭和谐有积极作用，就是一家人有共同话题，不容易产生矛盾；而负面的影响就是若理解有分歧，就容易产生矛盾。对于社会，宗教信仰的积极作用是实现和谐社会的有效手段，给人一种表达的途径；消极方面就是若被不法分子利用，会阻碍社会更好的发展。总之，宗教是一种个人信仰，既有平和、积极的一面，也要防止它产生不良影响"；不信教者11回答说："好的宗教能够对和谐社会建设产生正面的影响，邪教会对和谐社会建设产生负面的影响（当然怎么定位邪教又是另一码事儿了）。对个人，宗教的积极方面没想到，而消极方面是我觉得会使人比较主观和教条。对于家庭，宗教信仰使家庭更加重视教育，我觉得有信仰的人有自己的一套教育价值观，负面方面的影响没有吧。对社会，它的积极一面就是能提高人们的素质；消极方面就是邪教会引导人们走向极端"；不信教者14答道："我认为宗教能提供给一个人信仰上无穷的力量是，如果一个人有信仰，会减少很多伤害，如犯罪、轻生之类的。宗教信仰的积极作用是能帮助发挥个人的主观能动性，负面作用主要是有的宗教存在迷信的成分，会让人受到影响。在我看来，宗教信仰对于社会的主要积极作用有，例如佛教，可以教人向善，它能让人积极生活，沉下心来做事情，给人以精神上的支持；而负面作用主要有，宗教存在一定的迷信成分，会在一定程度上阻碍个人的主观能动性，阻碍思想的进步和影响别人的看法，会让人盲目地相信命运，去算命"；不信教者15说道："我

第五章　宗教与中国特色社会主义和谐社会建设 / 557

相信，积极的宗教理念会促进社会的建设；但宗教信仰是一把双刃剑，既有其积极作用，也有着不可避免的负面作用。我认为，如果一个人相信举头有神明，那他就不会做亏心事，也不会去祸害别人。但如果一个人过分痴迷于宗教，陷入了走火入魔的状态，那就会荒废自我，堕落沉沦。对于一个家庭，宗教信仰能凝聚家庭的向心力，也会增强长辈在后备心中的威望。但如果祖祖辈辈都有着宗教信仰，而不能正确地看待，反而会局限个人的发展。所以我认为，宗教信仰对于社会有着可以促进和谐社会建设的积极作用；但相反，如果发生宗教冲突，则会危害社会的稳定，发生暴动、战争，从而危害世界和平"；不信教者25答道："我觉得宗教我们可以把它定义成文化的一种，是作为和谐社会中的一种文化，包含和被包含关系吧。它的积极作用就是可以使人有信仰，让人的心灵有信仰，不至于盲目吧；它的负面影响，我觉得太过于执着宗教信仰会在一定程度上排斥其他团体，这样很难接受不同的文化，不太好。对家庭没有什么明显的影响吧。对社会的话，我觉得宗教文化可以促进社会文化元素的多元化，但是要对其有一个管制，不能任其随意的发展，还是要符合主旋律才行，其他的没什么"；不信教者28答道："我觉得只要宗教不危害社会主义建设就可以允许其健康发展。总的来说，我对宗教还是抱着比较积极的态度，我认为宗教对社会建设还是起着积极的作用。对个人，它能够使个人改掉自己的坏习惯，教导人向善，让人的心灵变得愉悦，使人与人之间更加团结友爱；对家庭，能够使家人和睦相处，营造和谐的氛围；对社会，使得人与人之间更加和睦，人们不会作奸犯科，心中有所畏惧，社会治安得以稳定，有利于和谐社会的建构。当然，如果人们一味把希望寄托在神灵身上，靠神灵的庇护生活，什么问题都想求助神灵，这样的生活也是不靠谱的。所以我并不相信神灵的存在，觉得为人处世都要靠自己的努力，所以我不相信任何宗教。总之，我认为宗教就是一把双刃剑：它使人们之间关系更加和睦，能够促进和谐社会的建设，这是它好的一面；然而，将毕生心血都寄托在神灵的身上，自己不去努力，这就会使得人们不思进取，甚至给人们带来危害，这是宗教不利的一面。党和政府应当引导其好的一面，而努力改善其不足点，促进宗教走上健康发展的道路，使得社会越来越和谐"；不信教者29回答说："宗教理念总的来说还是好的，让人们追求和谐、善良，是人们精神的寄托。我认为宗教对社会建设还是起着积极的作用。而且宗教对旅游业也起着一定的促进作用，推动一些寺庙、教堂的繁荣兴盛。当然，如果人们一味地把希望寄托在神灵身上，靠神灵的庇护生活，什么问题都想求助神灵，不去关心国家大事，只关心个人得失，这就会使得人们不思进取，甚至会给人们带来危害。总之，宗教就是一把双刃剑，信仰宗教的人只是在逃避现实中的问题，他们无法与现实抗衡，无法改变自己的命运，只能寻求心灵上的寄托，借助神灵寻求安慰"；不信教者31也是这样的观点；不信教者42认为宗教对和谐社会建设既有利，也有负面影响。

（2）基督徒1答道："我觉得宗教的稳定对社会稳定以及民族国家完整，民族凝聚力的增强，社会文化的丰富都起着至关重要的作用。至于负面影响就是一些成长不太完善的邪教组织对于人民生产生活的一些影响，这是党和政府要严厉打击的。我认为一个合理合法又博大积极的宗教对于家庭来说是难能可贵的。这样不仅可以给家人一个共同的精神寄托，也可以找到家庭广泛的话题，有利于家庭和谐和家庭集体活动的开展。"

6. 回答宗教与和谐社会建设有关系，但负面影响大于正面作用的有不信教者18和47两人。对此不信教者18答道："我觉得宗教组织太大，力量太强会威胁社会稳定和破坏和谐社会的建设。其他的，我真是不太了解，因为我从没接触过宗教这方面的东西"；不信教者47说道："可能会破坏社会的和谐。对个人来说，没有什么积极作用，浪费时间。对于家庭，引起家庭矛盾；能有什么积极作用，有病不去看医生，在家唱唱闹闹，影响社会风气。"

7. 回答宗教与和谐社会建设没有什么关系，也不能带来很大作用的或对此不清楚、不明白的有11人；其中，不信教者9人，佛教徒2人；分别是不信教者7、13、17、19、20、23、32、34、44和佛教徒11、16；对此，有两种比较明显的观点。

（1）不信教者17、19、20、23、32、44和佛教徒16倾向于认为没多大关系，也不能带来很大作用。不信教者17答道："这，我觉得没什么关系吧，我也不太了解宗教方面的知识。对于个人，我觉得宗教是精神寄托，不会使人太绝望，使人抱有希望。我觉得负面影响就是不要太迷信，不可全信。对于家庭，我不太清楚。关于这，我真的觉得会有些影响吧。负面影响我还是那么觉得的，不能全信，不能过于迷信。对于社会，还是那样说，多少会使得我们的社会和谐，负面作用也是不能过于相信宗教"；不信教者19说道："这，我觉得应该是没有关系吧，扯不上联系吧。这些我确实不知道，因为我不了解宗教方面的知识，从没接触过，所以我真的不知道它们对个人、家庭、社会有着怎样的影响"；不信教者20说道："不清楚，关系不大。对于个人，没有什么积极和消极作用，说不来。全家没有人信教，谈不上有什么积极作用、负面作用。对社会来讲，积极作用是能团结众多信教群体，增强社会凝聚力，当国家哪里有灾难时，那些宗教活动场所就可以号召信徒们积极献爱心，捐钱捐物等。宗教思想中宣扬的与人为善，助人为乐，热心公益，救苦救难的说道，有利于提高社会的道德素质水平，增进人与人之间的和谐；负面作用是，宗教场所的建设浪费钱财，不仅占用了大量土地，还养活了很多不工作的人。当前，很多宗教活动场所盈利的现象越来越明显，和尚、尼姑们都是用着现代高科技电子产品，出现了低俗化、世俗化的趋势"；不信教者23回答："我认为，宗教不能给个人、社会、家庭带来很大作用，对广大民众来说只是一个心灵寄托，却很耗费钱财，寺庙、教堂经常向信徒们化缘修庙、建菩萨，过度迷信的人甚至倾其所有，我认为大部分信徒并不懂真正的佛理，只有少部分人可能知道开悟。在我们居住的村落里有寺庙，没有教堂，我不经常去寺庙，可能只有年初一的时候会去庙堂拜拜。我认为党和政府要对民众信仰宗教做好引导，只有这样，社会才能更和谐"；不信教者32回答说："我还是比较排斥宗教的发展，我觉得宗教与社会和谐没有多大关系，宗教并不能使人们有多大改变，丑恶的人信仰什么都不能改变他们的心灵，而且现在大部分信仰宗教的人都不虔诚，内心还是为了寻求个人得到保护。我之所以会这么想还是由于发生在我奶奶身上的一件事情。我的奶奶是一位虔诚的佛教徒，每个月都会去寺庙烧香拜佛。奶奶曾经在寺庙里认识了一个和尚，并时不时会找和尚帮忙算卦。但没过多久，那位和尚就因为开车撞人逃逸而被关进了监狱。这之后，我就对佛教徒有着很深的怀疑，觉得他们十分虚伪，只是为了骗钱才去信佛，这对社会也是有害的。我认为如果人们一味地把希望寄托在神灵身上，靠神灵的庇护生活，什么问题都想求助神灵，只关心个人得失，这就会使得人们不思进取，甚至会给人们带来危害。所以我比较反对宗教的发展，自己也并不相信神灵的存在，不相信任何宗教，觉得为人处世都要靠自己的努力"；不信教者 44 说道："好像没什么太大的关系，不过好像把宗教管好一点的话应该不会与和谐社会建设有什么太大的冲突。毕竟宗教里还是有些迷信的成分。如果会信仰宗教的话，应该可以对一个人的行为起着一定的约束作用，他们担心会受到天谴、报应什么的惩罚。但是如果在做每一件事情的时候都想着可能会遭天谴什么的，就可能使人做出错误的判断，甚至被不法分子利用。对家庭，好像没什么太大的作用；最多就是初一十五会看到家里有人烧香拜菩萨什么的。对于社会，如果有正确的宗教信仰，就可以规范个人的行为，减少违法犯罪的可能性，使我们的社会变得更加稳定。如果产生了错误的宗教信仰就有可能使人的本性迷失，引起社会不稳定。我虽然基本上不去我们家附近的大寺庙里朝拜，但是有时我身体不舒服去了医院看医生也没有效果的时候，会趁着天不亮的时候去我们村里马路边的一个土地庙里烧点香烛、跪拜"；佛教徒 16 答道："我不相信神的存在，相信恶有恶报、善有善报，自己的财富、成就与自己的命运、行为有很大联系。我不太了解宗教现状，我认为宗教是个人的信仰，与社会没有太大关系，不能说宗教就有利于社会发展，国外宗教发达，也会出现冲突。人生是需要信仰的。宗教可提升社会道德标准，有助于家庭和谐。但是宗教对于社会民主法治、社会公正没有直接联系。"

（2）不信教者 7、13、34 和佛教徒 11 倾向于回答"不清楚、不明白、不了解"；对此，不信教者 7 答道："我不明白宗教对社会有什么积极作用和负面影响"；不信教者 13 答道："我不了解宗教和宗教信仰，所以关于宗教对个人、对家庭、对社会的积极或消极作用，我也不太清楚，只是我觉得所有的事情都是因人而异的，如果人心好自然就好，不会因为有了宗教信仰而有太大的改变，重点是在人的本质上。我虽然没有宗教信仰，但我也相信有神灵的存在，相信有因果报应，认为祖先会保佑他的后代，从而让他们生活得更好。我喜欢听粤剧，尤其是里面有忠奸臣子的粤剧，'上有青天，下有日；忤逆还生忤逆儿，孝顺还生孝顺子'这些都是老人常说的话，我也经常拿这些话来要求自己，平时经常会讲很多有哲理的话，所以在当地也有一定的威望"；不信教者 34 答道："这我真是不了解，宗教方面的我真的不知道，无可奉告。我根本没想过要信那些，也没时间信仰那些，关键我也无法接触到那些宗教"；佛教徒 11 回答说："宗教和社会的发展啊，我不晓得啊。我就知道大家信这个东西是有原因的啊，你不让人家信不可以啊，大家会闹的啊。其实，人家信不信，政府不要管那么多，做好自己的事就可以啊。这个怎么说呢，我信佛，肯定是希望菩萨佛祖保佑我家人平平安安的，没想到有什么不好的。这个啊，我是从 2008 年开始信的，那个时候刚加入老年协会，听老年协会的成员讲得比较多，又经常到各处的寺庙帮忙，这样一来，就慢慢开始信佛教啦。信了佛教，又经常和大伙聊天，还有寺庙师父的讲话，就觉得心态放好很重要，很多事情想明白了就好，不去计较那么多。"

可见，对宗教与中国和谐社会建设的关系，存在着七种观点：一是有 23% 受访者认为两者存在很大关系或必然关系，起很大的促进或辅助作用而无负面影响；二是有 6% 的受访者认为两者关系较大，相互影响相互促进而负面影响很小或没有；三是有 11% 的受访者认为宗教在总体上或一定程度上起到促进社会和谐的作用，但正面作用大于负面影响；四是有 12% 的受访者认为两者有关系，但宗教对社会的作用要具体情况具体分析，不能一概而论；五是有 19% 的受访者认为两者有关系，但宗教对社会既有积极作用，也存在消极作用；六是有 2% 的受访者认为两者有关系，但负面影响大于正面作用；七是有 11% 的受访者认为两者没有什么关系，也不能带来很大作用或不清楚。由此可知，有较大比例受访者还是认同宗教与和谐社会建设存在着较密切关系，两者相互促进相互影响的作用较明显，正面作用大于负面影响。

总之，针对宗教与和谐社会建设关系问题的回答，大部分受访者对此问题的回答都比较理性，表达的观点也较为切合实际和符合情理，他们均比较倾向于认为宗教与社会建设存在着一定的关系，宗教对和谐社会建设起到一定的促进作用，而社会的和谐又有利于宗教的存在和发展，这一点是不可否定的；但也不能否认宗教中的一些负面影响，这些负面影响不是不可控制和避免，而是因时、因地、因人、因条件而异，关键在于正确引导、规范和教育；当然，受访者中也有一部分人对此存在一定的否定看法，其主要原因在于他们并不真正了解宗教和宗教信仰，只是站在自身的经验基础上的一种回答，对此，也正如不少受访者所回答的那样，那就是加强教育，提高全体国民的综合素质；同时，加强宗教知识和政策的宣传和教育，也是必须和很有必要的。

三　宗教与中国社会主义和谐社会建设关系的实证分析小结

通过宗教与中国社会主义和谐社会建设关系的定量和定性分析，人们可以发现：无论是定量分析的结果，还是定性分析的结论，都表明宗教与中国社会主义和谐社会建设在方方面面存在着密切的关系，宗教不仅能够有利于促进中国社会主义和谐社会的民主法治、社会的公平正义、社会的活力、社会的安定有序、人与自然的和谐，而且还有助于提升社会的道德水平、促进家庭的和谐、社会的和谐及国与国之间的友好交流合作，有助于化解国与国之间的隔阂、冲突和矛盾；同时，一些家庭矛盾、社会冲突以及国与国之间的矛盾冲突与宗教因素也存有一定的关联性；这说明宗教不和谐则必然会削弱宗教促进社会和谐的作用，甚至会破坏社会的和谐。

总之，宗教在整体上有助于促进社会的整体和谐。这些都进一步证明宗教与社会是一种共生共融和相互影响作用的关系。

第六章

宗教与社会的现代化和全球化

在现代化浪潮的推动下,世界进入全球化和信息化时代。它是人类社会在当今发展进程中的一种特定现象和状态。全球化和信息化不仅使国与国之间的相互联系日益加快加速,相互依赖不断加强加深;而且使全球意识和信息化意识得以形成和增长,以至于对人类社会的各个角落、各个领域产生重要而深远的影响。

宗教作为人类社会的一种存在,不可避免地也要遭受来自全球化和信息化的浸染和渗透;同样,中国作为世界上正在全面深化改革开放的第一大发展中国家,全球化和信息化不仅给中国社会的政治、经济、文化等方面带来广泛而深刻的影响;而且也对中国当下的宗教和社会主义和谐社会建设及其关系产生重大的作用。同时,全球化和信息化还会影响甚至改变宗教与社会共存互构的情境和条件,而改变宗教与社会共存互构的形态和方式,最终引发宗教在和谐社会建设中发挥作用的环境、条件和机制也发生变化。

第一节 现代化全球化下的宗教信仰概况

宗教作为与人类社会相伴相随的历史社会现象、文化现象,在整个人类社会的历史进程中扮演了重要的角色,特别是在人类社会的早期阶段,其对人类社会各个群体的凝聚、团结和持续发展起到不可替代的功用,故而有不少学者将人类社会的早期阶段称为神学阶段。在今天全球化和信息化时代,宗教作为一种社会实体,依然对世界各地的人们产生重要的影响;而且宗教本身因全球化和信息化的影响而自身发生了许多重大变化。为了了解这些变化，我们有必要还是从它的现状说起。

一 现代化全球化下的世界宗教信仰概况

在我们这个地球上，究竟有多少个国家，有多少人口？依据最新的相关统计显示，截至目前，全世界共有237个国家，其中，享有主权的国家197个，地区40个；而全球人口截至2014年6月，已有72亿多（依据世界人口时钟、中国国家统计局的推断以及德国世界人口基金会的报告）。在这些众多国家中，究竟有多少种宗教信仰？在这么多的人口中，究竟有多少人信仰宗教？这都是极为复杂而又令很多人感兴趣和关注的话题。

就整个世界的宗教信仰种类来看，全世界信仰人数较多、规模较大和组织完备的宗教并不很多，大概有十来种，其中，基督教（包括天主教、东正教和基督新教等各教派）、伊斯兰教和佛教号称世界三大宗教，其次是印度教、犹太教、道教、锡克教；还有很多数不清的各种原始宗教信仰、民间信仰和新兴宗教信仰；最后是无神论信仰与无任何宗教信仰。这就是全球宗教信仰种类的大概全貌。

就信仰的人数来看，在全世界人口中，首先是信仰基督教的人数最多；其次是伊斯兰教信徒；再次是佛教信徒；最后是其他信仰信众。根据全球化和文化研究中心（CSGC）发布的信息显示，截至2014年，全球72.0726亿人口中有广义基督教徒（泛指信奉耶稣基督为救世主的天主教、东正教、新教等各教派）23.75619亿，注册22.65824亿，参加礼拜者为15.71235亿，为世界第一大宗教[1]，各占全球人口的32.96%、31.43%、21.80%；这也意味着全球有48.31841亿人为非基督教徒，即有67.04%的人不是基督教徒；而在这些人口中，其中，有伊斯兰教穆斯林16.60729亿，佛教徒5.13593亿，泛印度教徒10.193亿，民间信仰华人4.36413亿，民间宗教信仰者2.50672亿，新兴宗教

---

[1] Christianity: *Independent Christianity and Slum Dwellers*, CSGC, 2014-01-29.

6366.9万，锡克教2551.1万，犹太教徒1406.4万[1]；分别占到全球总人口的23.04%、7.13%、13.90%、6.05%、3.47%、0.88%、0.35%和0.19%。另外，无宗教信仰者6.83亿，无神论信仰者1.36533亿[2]；各占总人口的9.47%和1.89%；两者合计8.19533亿人，占总人口比例的11.36%。从信徒的全球分布来看，基督教徒在世界分布最多、最广，遍及全球224个国家、地区，但主要分布在欧洲大部、非洲大部、美洲大部、大洋洲和亚洲一部分；伊斯兰教作为世界第二大宗教，信徒穆斯林主要分布在西亚、南亚、中亚、东南亚和北非等204个国家、地区；佛教作为世界第三大宗教，在全球123个国家、地区有佛教徒的存在，而主要分布在东亚和东南亚，而信徒的95%为亚洲人，一半生活在中国；印度教，又称新婆罗门教，拥有10亿多信徒，大体分布在印度境内；犹太教是世界上一个古老的一神信仰宗教，是世界上两个最大宗教——基督教和伊斯兰教的母教，但它只是一个属于犹太人信仰的民族性宗教，信仰人数并不很多，主要分布在犹太人集聚的中东地区。锡克教，是从印度教和伊斯兰教的交流碰撞中萌芽出来的，由那纳克15世纪末在印度西北部旁遮普地区创立的一个独立宗教。它以崇奉祖师为特点，视祖师为神的使者，其信徒自称为祖师的门徒，锡克就是梵文sikha的音译，本意就为门徒。锡克教徒主要分布在印度和巴基斯坦的旁遮普地区，一小部分生活在德里、哈里亚纳邦和孟买等地。其他各种民间信仰、新兴宗教信仰，分布在世界各地的各个国家，具体人数难以确定。

当然，对于世界不同宗教的信仰人数，也存在其他不同的看法。中国国家宗教事务局加润国研究员对此归纳了三种具有代表性的观点。一是国际民调机构盖洛普国际调查联盟对全球信教人口的抽样调查统计数据；二是西方传教机构美国《国际传教研究公报》对全球信教人口的汇总统计结果；三是西方研究机构美国皮尤研究中心对世界信教人口的汇

---

[1] Todd M. Johnson, Gina A. Zurlo, Albert W. Hickman, Peter F. Crossing: "Status of Global Christianity 2014"（译为《全球差传数据发布》），《基督时报》2014年2月27日。

[2] 同上。

总研究结论①。

首先看看盖洛普的调查结果。该机构于 2011 年 11 月至 2012 年 1 月在 57 个国家访问了 5 万多人，结果为：59% 的人认为自己是信教者，23% 的人认为自己不信教，13% 的人认为自己是无神论者，还有 5% 的人不作答复；2014 年该机构又对全球 65 个国家的 6 万多人做了同样调查，发现 63% 的人认为自己信教，22% 的人认为自己不信教，11% 的人认为自己是无神论者，还有 4% 的不回答。

其次是《国际传教研究公报》公布的数据。该公报 2009 年公布的数据显示，2000 年世界人口 61.2 亿，信教人口占 85%，不信教人口为 9.1 亿；2009 年世界人口 68.3 亿，不信教人口 9.2 亿，信教人口占 86%②。

再次是皮尤研究中心的研究结论。该中心在 2012 年 12 月公布了 2010 年"世界主要宗教群体规模和分布报告"显示，"在全球 230 多个国家和地区中，有 58 亿成年人和儿童信仰某一宗教，占 2010 年世界 69 亿人口的 84%"③。之所以比例有这么高，是因为此项研究将 0—4 岁、5—9 岁的儿童也纳入信教人口中来。具体信教人数分别为：基督教徒有 22 亿，占世界人口的 32%，其中，天主教徒占 50%、新教徒占 37%，东正教徒占 12%，摩门教和耶和华见证会等新兴宗教徒约占 1%；伊斯兰教徒为 16 亿人（18.84%）；佛教徒为 5 亿人（7%）；印度教徒为 10 亿人（15%）；民间或传统宗教信徒约 4 亿人（6%）；犹太教徒 1400 万（0.2%）；宗教无隶属群体 11 亿人（16%）④。

在加润国看来，这三种观点，唯有第一种是他所认为最可靠的。但笔者认为，这种认定有点欠妥。全球化和文化研究中心的数据与后三方的统计数据，如果从具体的数目来比较，其可比性不很大，理由在于各方的数据不仅存在年限的差异，而且各自所依据的统计标准也不尽相同，因而，生硬地将它们放在一起进行比较，有点欠科学性；但如果从各自所占的全球人口比例来看，却可以发现其中的可比意义更明显。通

---

① 加润国：《全球信教人口有多少》，《中国民族报·宗教周刊》2015 年 5 月 26 日第 7 版。
② 同上。
③ 同上。
④ 同上。

过各方所公布的信教比例与无神论和不信教人群比例来看，人们实际上可以发现，除了盖洛普数据认为全球信教人口比例为61%偏低外，其他三方的数据都显示，信教人口比例均在80%—85%之间；这也说明，信教人口在人群中所占的比例应该是一个相对较固定比例，应该在60%—85%之间，不低于60%；而无神论者和不信仰宗教的人在人群中所占的比例也应该是相对稳定的，保持在10%—16%之间，最高也不会超过37%，还包括一部分处于中间状态者。同时，如果再进一步深究，人们还可以发现，其实世界上几大宗教的信徒在世界人口中所占的比例也是保持在一个相对固定的比例，只不过有些宗教信徒呈现出相对增长趋势，如伊斯兰教、佛教；有些则保持在相对稳定的比例，如基督教；有些宗教信徒则表现出减少的趋势，如非洲传统宗教。同时，世界性宗教还体现出地区性的发展差异，如，基督教在固有的欧美地区发展呈现缩减趋势，而在亚洲、非洲、拉美地区则表现出较强劲的增长趋势。

二 现代化全球化下的中国宗教信仰现状

中国作为一个历史悠久的文明古国和多民族国家，不仅具有复杂的民族成分和丰富多彩的生活习俗，还具有漫长的边境线、海岸线及独特复杂的地理气候环境条件；在长期的历史进程中，这些因素与其他因素相互交织影响和作用，不仅形成了博大精深的中华文明，也涵养了丰富的中国宗教文化。在全球化和信息化的影响下，中国的宗教信仰状况呈现什么样的特征？

1. 现代化全球化下的中国宗教信仰总体概况

在中国宗教这个文化大家庭中，既有最初最原始的宗教表现形态，如原始宗教和民族性宗教；也有很多分散性的宗教表现形态，即所谓的民间信仰，如关公信仰、妈祖信仰、城隍庙、土地神等；还有众多已成体系建制齐备的制度性宗教，如道教、佛教。同时，在众多建制性宗教中，既有土生土长的本土宗教形态，如道教；也有许多外来的宗教形态，如佛教、伊斯兰教、天主教、基督教。

另外，从宗教信仰的民族性特点来看，既有全民族信仰的宗教，比如，有回族、维吾尔族等十个少数民族全民信仰伊斯兰教，有傣族全面信仰南传上座部佛教；也有一些宗教只属于某个或某几个民族信仰，如藏传佛教，主要是藏族，其次有蒙古族、门巴族、土族和裕固族，在纳西族、怒族、鄂伦春族、达斡尔族等族中有少部分人也信仰；再如南传上座部佛教，除了傣族全民信仰外，在德昂族、阿昌族等5个族中有部分人信仰；信仰大乘佛教的主要是汉族，在壮族、白族、布依族等11个少数民族中，也有部分民众信仰；信仰东正教的主要是俄罗斯族和少部分蒙古族等族人；天主教和基督新教在中国20多个民族中开展了传教活动，而信众所占比例较大的民族主要是云南怒族和傈僳族；而道教信仰，基本上已融入一部分中国民众的日常生活中，不仅包括汉族人，还包括南方的不少与汉族接近的少数民族人群，如白族、瑶族、壮族、苗族、仡佬族、毛南族、纳西族、羌族等人群中。此外，还有许多少数民族仍然保存着朴素的原始宗教信仰。

可见，中国的宗教形态较为繁多，宗教信仰状况极为复杂。它具有较明显的"复杂性、长期性、群众性、民族性、国际性"[①] 特征。就当前而言，中国主要有佛教、道教、伊斯兰教、天主教、基督新教等五种建制性宗教为政府所认可、信仰人数较多的宗教，信教总人数1亿多人（这个数字仅是新中国建国初期的一个估算而非精确数据，经历六十多年的发展，中国信众人数应大大高于这个数字）；它虽然占全国总人口的比例不大，但绝对数还是很多，而且仍以平稳态势继续增长；依法登记开放的宗教活动场所共14万处，与1997年相比，净增加5万多所；宗教教职人员近36万人，比1997年增加了6万余人；依法登记的各种宗教团体组织5500余个，专门培养宗教教职人员的各类宗教院校共计110多所。

2. 现代化全球化下的中国五大建制性宗教信仰具体情况

在五个建制性宗教中，各个宗教又有各自的历史和特点，也有各自的经典教义、戒律、信众和活动场所。

佛教，原本是产生于古印度的宗教，在两汉之际，公元1世纪前后由大月氏传入中国内地，至隋唐以后开始从中国传统文化中汲取思想养

---

① 叶小文：《当前我国的宗教问题——关于宗教五性的再探讨》，《世界宗教文化》1997年第1期，第2—10页。

料，逐渐"汉化"而成为汉地佛教，继而其内部也不断分化，形成了不同的派别，并广泛向周边国家传播，对中国汉族文化和东南亚儒家文化圈产生了深刻影响，至今已有2000多年的历史。在漫长的历史进程中，佛教已演变为汉地佛教（亦称大乘佛教）、藏传佛教、南传上座部佛教（俗称小乘佛教）三大支系，各个支系在中国都有不同数量的信众。根据中国国家宗教事务局的统计，"中国现有佛教寺院3.3万多座，比1997年净增加2万余座；出家僧尼20多万人；其中，藏传佛教的喇嘛、尼姑约12万人，活佛1700多人，寺庙3000多座"[①]；南传上座部佛教（又称巴利语系佛教）的比丘、长老约1万人，寺院1600多座；汉传僧尼7万人左右。至于佛教的具体信众，有不同的观点，一是美国普渡大学中国宗教与社会研究中心的研究者们在2010年7月26日的《中国宗教的现状与未来——第七届宗教社会科学年会》上，公布了他们的最新调查数据，认为中国佛教信仰者人数占人口比例的"18%"，大约有"1.85亿人"，而且正式举行"三皈依"仪式的人数"不超过2000万人"，也就意味着有近"80%"的是没有皈依的；同时，研究还发现，佛教信众有三类，"一类是精英阶层，人数不超数十万；二类是实力阶层，人数在数百万；三类是草根阶层，人数超亿"[②]（该研究结论以中国零点研究咨询公司在2007年所作的"中国人精神生活调查"为基础）；二是美国皮尤研究中心于2012年12月18日发布的《2010年全球宗教景观——世界主要宗教的规模与分布》报告显示，"2010年全球约4.88亿佛教徒，占世界69亿总人口的7%，世界佛教徒的一半生活在中国"[③]。依据以上数据，人们可以推算出中国佛教徒大概在1.5亿—2.5亿之间；其中，正式皈依的佛教徒为1700万—2000万人，其他均属于信仰佛教而未正式皈依，主要分布在社会精英阶层、实力阶层和普通民众阶层中。佛教对中国各领域的影响十分深远而全面。

---

① 国家宗教事务局党组理论学习中心组编写：《我国宗教的基本情况》，中国民族宗教网，http://www.mzb.com.cn/html/Home/report/140311401-1.htm，2016—12—30。

② 王志远：《信众三类人群总数2亿 80%没有正式皈依》，凤凰网，http://fo.ifeng.com/special/zhongfolanshu/hexin/detail_2011_08/25/8677237_0.shtml，2016—7—25。

③ 西北大学佛教研究中心：《美国皮尤研究中心发布最新全球佛教统计数据》，中国佛学网，http://www.china2551.org/Article/fjdt/k/201301/13628.htm，2016—07—26。

道教，作为中国土生土长的汉族本土大型宗教，是在吸收和融合中国"上古宗教和民间巫术"①的基础上于东汉时期产生，距今有 1800 年以上的历史；最初分为炼丹派和符箓派，后演化为全真道和正一道两大派系。其中，炼丹派以炼养金丹就可度世成仙为其核心主张，先有外丹说，后有内丹说，后由持内丹说者演化为全真道，以北方为重心，全真道士必须出家修行；而符箓派持符咒、斋醮、雷法主张，后会合成为正一道，以南方为重心，正一道道士流入民间，可以结婚生子，又称伙居道士。在历史和现实社会中，也存在两派相交融的现象。现有道教宫观 9000 多座，比 1997 年统计的 1500 多座净增 7000 座以上；乾道、坤道 5 万多人，比 1997 年净增加 2.5 万余人。具体信众没有明确的数据，不过有学者依据北京零点公司 2007 年的"中国人精神状况的调查"结果，推算认为中国自我"认信道教的人约有 1200 万人"②，而有过道教实践的人很多；美国皮尤研究中心认为中国 2010 年有道教徒 908 万③。笔者认为，由于这两方的统计口径和年限存有差异，因而只能为人们提供一种参考。

伊斯兰教的"伊斯兰"是阿拉伯文"伊斯兰"的音意合译词，原意为"和平""顺从"，它是公元 7 世纪初产生于阿拉伯半岛的一种宗教，其创始人是穆罕默德，以信仰真主安拉为唯一真神，以《古兰经》为主要经典；以穆斯林为对信仰安拉的人的专门称呼，意为信仰并顺从安拉旨意的人。（穆罕默德用伊斯兰教不仅建立了世界上第一个伊斯兰教国家，还统一了阿拉伯半岛，建立政教合一型的阿拉伯帝国，即哈里发帝国）伊斯兰教传入中国的时间，学术界普遍认同为唐永徽二年，即公元 651 年前后，主要是由最初来华的阿拉伯人和波斯人传入。唐朝以后，伊斯兰教在中国经五代、宋、元、明、清和民国时期的传播和发展，表现出明显的民族性和地方性，已成为中国五大宗教之一。当前，中国已有回族、维吾尔族、东乡族、哈萨克族等十个少数民族全民信仰伊斯兰教，

---

① 牟钟鉴：《道教》，载《宗教研究指要》，张志刚主编，北京大学出版社 2005 年版，第 43—44 页。

② 杨凤岗：《当前中国的宗教复兴与宗教短缺》，《文化纵横》2012 年第 1 期，第 26—31 页。

③ 加润国：《全球信教人口有多少》，《中国民族报·宗教周刊》2015 年 5 月 26 日第 7 版。

信奉人数在 1997 年约为 1800 万，现已达到 2100 多万人（美国皮尤研究中心认为中国 2010 年有穆斯林 2469 万，占全国人口的 1.8%[①]）；清真寺现已达 3.5 万余座，伊玛目、阿訇 4 万多名；其中，仅新疆地区的穆斯林就达 1100 多万，清真寺 2.43 万多座，伊玛目、阿訇 2.9 万多名，满足了信教群众的宗教生活需求。中国政府依法对穆斯林群众的宗教信仰自由和饮食丧葬等风俗习惯给予尊重和保护，制定颁布有关清真食品生产的法规，专门开辟穆斯林的公墓；对穆斯林参加麦加圣地的朝觐，政府提供各种服务和支持，而得到穆斯林的一致赞赏；改革开放以来，中国赴麦加朝觐的穆斯林逐年增多，2007 年以来每年朝觐人数均超万人，2011 年达到 1.37 万人，累积已超 11.3 万人。同时，中国政府坚决反对一些别有用心者利用宗教狂热实施分裂国家、分裂人民、破坏民族团结与国家统一的民族分裂行为，坚决依法打击利用宗教进行各种违法犯罪活动和恐怖主义活动，坚决依法保护广大少数民族人民群众的合法权益和宗教信仰自由。

　　天主教作为欧洲的传统宗教，是基督教的一个分支。众所周知，基督教是以信奉耶稣基督为救世主，相信上帝是作为圣父、圣子和圣灵的三位一体，人死后需经末日审判，以及基督的复归和对人世的拯救的宗教信仰体系，它由三派组成，分别是天主教、新教和东正教；相对于基督新教而言，天主教又被称为旧教。其全称是"罗马天主教会"，或称为"罗马教会"，简称"公教"，也译为"加特力教"；公元 7 世纪开始，天主教曾几度传入中国，历经中国唐以后的各个朝代，在鸦片战争之前发展比较缓慢，信众人数也不很多；但在鸦片战争后，天主教在帝国主义列强的保护下开始在中国进行大规模传教活动。在鸦片战争以来至新中国成立之初，天主教被西方帝国主义、殖民主义所利用，成为侵略中国的工具，一些传教士从事一些侵略和殖民中国的活动，操纵和控制教会，使教会沦为西方列强的附庸。新中国解放初期的 1950 年 11 月，中国天主教神父王良佐和 500 多名天主教徒发表《天主教自立革新运动宣言》，主张摆脱帝国主义的操纵和控制，而得到大部分天主教徒的呼应，从而使

[①] 加润国：《全球信教人口有多少》，《中国民族报·宗教周刊》2015 年 5 月 26 日第 7 版。

中国天主教会走上独立自主自办教会的道路上来；并在1957年7月成立"中国天主教友爱国会"，后改为"中国天主教爱国会"。由于罗马梵蒂冈教廷反对中国天主教的"自主自办教会"的做法，对中国天主教以"超级绝罚"相威胁，而大大伤害了中国天主教徒的感情，也使中国天主教会与梵蒂冈的关系陷入僵局持续至今日。中国天主教会一方面坚持独立自主自办教会，一方面与世界各国宗教组织进行积极平等友好的交往和联系，派代表先后参加"第五届'宗教与和平'国际会议"和"世界天主教青年大会"等国际宗教会议；近年来，中国天主教会聘请国内外学者到神学院讲学，选派不少学生到国外留学深造。

至于中国天主教徒的人数，在新中国成立初期，中国政府公布天主教徒为300万人左右，1997年增至400万，现有教徒达650多万（不包地下教会人数）；天主教教堂和会所现共有6300多座，比1997年净增1400余座；有教区97个，全部由中国主教或教长主持工作，教职人员7000多人；其中，"有主教60多位，中青年神父2700多位，修女5000多位；神哲学院10所，备修院9所"[①]。对于天主教徒的总人数，社会上存在着不同的看法，如2007年零点公司问卷调查的推算结果认为天主教徒约为350万人，明显低于中国政府公布的数据，究其原因有很多；而香港天主教圣神研究所公布统计数据却为"1200多万之间，其中公开教会人数为570余万"[②]。可见，这两方的数字与政府公布的数值还是有较明显的出入。不过，从总的趋势来判断，天主教徒的人数应整体上呈现出一个勉强维持或下降的趋势，在于天主教在中国更多是依赖家庭传统来代代相传，但随着中国人口老龄化的加剧和独生子女家庭的影响，天主教家庭的传统难以继续大规模地传承下来，而导致天主教徒人数出现萎缩。

基督教，在中国专门指基督新教，老百姓也常称为"耶稣教"。它和天主教、东正教同属于基督教体系，只不过它是特指16世纪德国马丁·路德开启宗教改革运动后抗议罗马教廷及天主教会世俗化的众多宗

---

① 王美秀：《2010中国天主教观察与分析》，载金泽、邱永辉主编《中国宗教报告2011》，社会科学文献出版社2011年版，第119页。

② 同上。

派的统称，故也被称为"抗议宗"。基督教从罗马教廷和天主教会分离独立以后，不仅在欧洲广泛传播布道；同时，还借助地理大发现的契机，向亚、非、美等洲的不同国家传播发展。由于它尊重当地的文化和传统而得以在世界各地传播发展起来，从而成为当今世界上最大的一个宗教。

基督教最早传入中国的时间大致为公元 1807 年，即清朝嘉庆十二年。当时，新教的一支——伦敦教会传教士马礼逊在不列颠东印度公司的帮助下，开始在中国开展活动。由于当时清政府禁止基督教在中国传教，因而他只好在广州秘密传教；他（包括他之后的新教各派传教士）把精力主要放在中英文的学习和翻译上，在澳门完成第一部英汉字典《华英字典》和第一部完整汉译《圣经》的出版发行。第一次鸦片战争后，新教获取在中国各沿海通商口岸立足的机会；第二次鸦片战争爆发后，清朝政府被迫同英法等国签订《天津条约》（1858 年）和《北京条约》（1860 年），使基督教得以在中国境内恢复传教的权力；此后，便开始在中国大规模进行传教。在鸦片战争及其西方列强侵略殖民中国的过程中，基督教也同天主教会一样，扮演了不光彩的角色，为西方列强侵略和殖民中国和压迫中国人民提供了帮助、服务和便利。为了摆脱西方列强和外国势力的控制，中国基督教徒从 19 世纪末开始至民国时期开展一场持久的轰轰烈烈的"基督教在中国的本色化运动"，开始自办教会，并积极参与到反对不平等条约的运动中来。到 1949 年，中国基督教徒达 70 余万人。

新中国成立后不久的 1950 年 7 月，以吴耀宗为发起者的 40 位教派负责人，共同联名发表《中国基督教在新中国建设中努力的途径》一文，即所谓的"三自宣言"，郑重向社会和中国政府表明中国基督徒拥护中华人民共和国，摆脱外国势力的控制，实现教会的"自治、自养、自传"；同年 9 月，有 1527 位基督教负责人在拥护"三自宣言"上签名，继而在此后的 3 到 4 年里，有 40 多万基督徒在此文件上签名；1951 中国基督教各派成立了一个联合的委员会；1954 年正式成立中国基督教"三自"爱国运动委员会，使中国基督教真正摆脱帝国主义势力的控制，走上独立自主自办教会的"三自"发展道路上来。在"文化大革命"中，基督教同其他各宗教一样，经历了同样的命运，直到十一届三中全会以后,各教会组织和传教活动逐渐在全国恢复。根据中国国家宗教事务局公布数据显示,到 1997 年,中国基督教徒约为 1000 万人,当前为 1600 万多人;基督教教牧人员现有 3.7 万余人,比 1997 年增加了 1.9 万多人;自 1980 年以来,中国基督教每年恢复、新建的教堂约为 600 座,现有教堂 2.5 万多所,简易活动场所(聚会点)3 万多处。1980 年至今,中国教会累积印刷发行《圣经》超 1 亿册,成为世界上印刷圣经最多的国家之一。同样,中国基督教在坚持独立自主自办教会的同时,也和世界各地的许多教会组织开展相互尊重、平等友好的联系和交往活动。中国基督教协会于 1991 年 2 月,正式成为"世界基督教联合会"的一成员。

对当前中国基督教徒的总人数,除了中国政府发布的数字外,同样还有不同的意见。一是 2010 年 8 月,中国社科院世界宗教研究所发布的《中国基督教入户问卷调查报告》数据显示,在中国 12.98 亿人口的抽样总体中,有 1.8% 的人口信仰基督教,基督教徒约为 2305 万人(包括三自教会和家庭教会信徒);其中"已受洗者 1556 万人,占 67.5%,未受洗者 749 万人,占 32.5%"[1];这个标准基本与中国政府发布的数字相吻合。二是北京大学中国社会科学调查中心"中国家庭追踪调查"项目组所做的调查研究报告表明,中国有"1.9% 的人"表示信仰基督教,以此推算,中国现有基督教徒约"2600 万"人,成为汉族地区的第二大宗教;在"信徒的组织化程度、参与活动频率以及信仰的主观评价"[2] 等方面,基督教已超过佛教。三是北京零点公司于 2007 年抽样调查结果显示,中国人群中认信基督教的人为 3.2%,依据 2005 年中国 1% 人口抽样调查公布的 13.06 亿人口推算,中国基督教徒约为 3000 万(不含 15 岁以下人口)[3]。四是在中国基督教"三自"爱国运动委员会成立 60 周年纪念会暨

---

[1] 中国社会科学院世界宗教研究所课题组:《中国基督教入户问卷调查报告》,载金泽、邱永辉主编《宗教蓝皮书·中国宗教报告(2010)》,社会科学文献出版社 2010 年版,第 191 页。

[2] 卢云峰:《当代中国宗教状况报告——基于 CFPS(2012)调查数据》,《世界宗教文化》2014 年 11 月,第 11—25 页。

[3] 杨凤岗:《当前中国的宗教复兴与宗教短缺》,《文化纵横》2012 年第 1 期,第 26—31 页。

基督教中国化研讨会上的数据显示,中外学者比较认可中国基督教人数在"2300万—4000万之间,占中国总人口的1.7%—2.9%"①。五是于建嵘等学者认为,当前"中国'三自'教会人数在1800万—3000万之间,家庭教会人数在4500—6000万之间,两者合起来在六七千万左右"②。从这些观点来看,关于中国基督教徒的人数,由于各方所执的标准不同,统计的人数也有出入;因此,概括起来,中国基督教徒分为两类,一类是'三自'教会教徒,在1600万至3000万之间;另一类是家庭教会信徒,在750万—6000万人之间,两者合起来少则2300多万,多则八九千万。

除了上述五种建制性宗教信仰外,中国人的信仰非常复杂。依据北京零点公司2007年的"中国人的精神状况"调查数据推算,在中国16岁以上的人口中,自称不信仰宗教但相信神灵、佛祖或鬼的存在的有1.2亿人;"信财神的有1.41亿人;信风水的有1.45亿人;在过去一年上过坟有达7.54亿人,其中,有2.06亿人相信祖宗神灵存在,1.23亿人在家里供奉祖先牌位,2900万人在过去一年中向祖宗神灵祈祷过"③。诚然,这些信仰和活动并非真正意义上的宗教信仰活动,但它带有较明显的超自然信仰的内涵在里面,有些是宗教性的,有些是巫术性的民间信仰,应值得人们对此进行深究。

此外,还有一些所谓的新兴宗教信仰者,至于具体人数,早在20世纪90年代《英国百科年鉴》就统计当时世界有新兴教徒超1.3亿,占当时世界总人口的2.5%;信仰团体达2万余个,光美国一个国家,就有新兴宗教教派2000余个,日本1980年的时候也有2000多个新兴宗教教派;而在20世纪初的时候才被统计为500多万。可见,其发展的速度十分惊人。就当前来看,虽然新兴宗教教徒占全球总人口的比例不高,但绝对数也不小,而且发展速度特别快,也应引起人们的关注。

---

① 姜泓冰:《中国基督教信徒人数在2300万—4000万之间》,《人民日报》2014年8月6日。
② 杨凤岗:《当前中国的宗教复兴与宗教短缺》,《文化纵横》2012年第1期,第26—31页。
③ 同上。

第二节　现代化全球化下的宗教发展态势

在全球化和信息化的背景下，世界宗教和中国宗教究竟朝着什么的方向发展？对未来的社会将产生什么样的影响？对于此问题，实际上国内外不少学者已进行了深入研究，积累了很多的宝贵资料。

比如，卓新平先生认为，在全球化时代，世界宗教将走向"世俗化、公民化、现代化、多元化、本土化和普世化"①，即"六化"走向；同时，世界宗教还会出现"极端主义、原教旨主义、价值干涉和反主流文化"②等动向；金宜久先生指出，"宗教将继续面临来自内外的挑战，其混合或融合的趋势将获得发展，现代科学技术手段将被广泛用来传播宗教，宗教的国家化趋势发展越来越明显，宗教赋予人以神性或半神性的趋势会有所发展；宗教政治化现象的发展不可避免地导致宗教的异化和蜕变"③；王晓朝认为，"人类社会进入全球化的氛围中，宗教并没有消沉、退隐，而是更加活跃和突出，宗教间及其内部呈现出的保守与革新共在、衰落与复兴相继、冲突与和解并存、竞争与合作同行的多元景观"④；王志成、安伦学者主张，"全球化背景下宗教的传播和扩展将跨越传统各自占主导的国界、民族和地域，形成相互之间更多的互动、渗透和影响；同时，全球化使人类社会走向共同体，也催生人类宗教普世化的理念"。⑤ 加润国先生提出，21 世纪的宗教会呈现出"全球信教人口比例快速下降，几大主流宗教的信徒持续增长；宗教的国际格局持续变化，……宗教的国际影响持续扩大，成为局部战争、文明冲突和国际政治和人权斗争的重要因素"⑥ 的特点。范丽珠、陈纳指出，"宗教复兴在全球化时代的发酵，导致了宗教在当代世界的存在状况越来越复

---

① 卓新平：《全球化与当代宗教》，《世界宗教研究》2002 年第 3 期，第 1—15 页。

② 同上。

③ 金宜久：《宗教在当代社会的发展趋势》，《中国宗教》2006 年第 2 期，第 14—17 页。

④ 王晓朝：《现代社会与宗教发展的趋势》，《上海大学学报》（社会科学版）2009 年第 5 期，第 63—75 页。

⑤ 王志成、安伦：《全球化时代宗教的发展与未来》，学林出版社 2011 年版，第 88—93 页。

⑥ 加润国：《全球信教人口有多少》，《中国民族报·宗教周刊》2015 年 5 月 26 日第 7 版。

杂;……而因各种原因出现的宗教'原教旨主义'说教不仅为新的保守势力背书,更以极端的方式征服了某些人的心灵,造成各种各样无形的壁垒,阻隔了不同人群间的尊重与交流,甚至将残酷的暴力合理化"[1]。

国外学者赵文词(Richard Madsen)指出,高度组织化的现代社会并没有让宗教信仰和实践走向灭亡,"而是以很多不同方式成长和发展";同时,宗教也不是仅限制在私人空间,"……很多宗教承担着公共的角色"[2];他还认为,宗教的过分自我中心极有可能会导致对他者的暴力,当然也会产生关爱他人的公益行为。吉尔茨(Clifford Geertz)也承认宗教传统在今日的现代社会中仍然能够为民众提供终极意义的功能,但宗教已不再完全是个人的私事,而成为"一个集体的、甚或是政治的问题"[3]。美国学者亨廷顿认为,全球化带来了"文明的碰撞",也必然会引发"文明的冲突"。由此可见,世界宗教在现代化和全球化的影响下,呈现出这样的发展态势:

第一,全球化首先使过去许多对宗教现代命运的范式阐释出现了无力辩白,对众多学者公认的世俗化下的宗教境况描述给予了委婉否决,宗教在全球范围内任何时候都不是以一种平衡的状态呈现,全球化现代化境遇下的宗教出现了新一轮的复兴。因而,对世界不同宗教传统的文化认识成为全球化时代人们应该做的一项任务。

第二,全球化不仅加速了跨国界、跨地域、跨民族、跨文化之间的碰撞和交流,也大大促进了世界不同宗教之间的互动和交融;这种全球范围内的宗教大碰撞、大融合,一方面,自然会引发宗教之间的渗透和融合,促使世界宗教朝着"扩大化、公民化、多元化、本土化和普世化"方向变革,而有可能催生普世化的全球宗教伦理思想和人类地球生活共同体;另一方面,全球宗教之间的碰撞同时也会进一步凸显各宗教的差异和分歧,在此种情形下若缺失一种远见、包容和宽容,就有可能酝酿

---

[1] 范丽珠、陈纳:《全球宗教复兴时代的到来:现状与前景》,《文化纵横》2015年第2期,第34—35页。
[2] 此处转引自范丽珠、陈纳《全球宗教复兴时代的到来:现状与前景》,《文化纵横》2015年第2期,第38—39页。
[3] 同上书,第39—40页。

和激发宗教间的冲突和矛盾,而导致世界宗教内的反传统、反主流思潮和"极端主义、原教旨主义、分裂主义"等反人类、反社会、非人道的暴力行径愈演愈烈。

第三,全球化也会进一步推进宗教的世俗化和现代化进程。但是,宗教的世俗化并不是宗教的消亡和衰微,只是宗教神圣象征的隐退、神圣帷幕的降落和神圣面纱的揭开,同时也意味着宗教越来越以积极的姿态融入人世间,回返世俗社会,直面人间冷暖,关切现实生活,越来越全面、越来越广泛地渗入人们的日常生活、贴近人们的日常生活。同样,宗教的现代化会使得宗教越来越以现代人更易接受的方式呈现在众人面前,这些方式不仅体现在它的理念、教义、仪轨,也会更多地表现它的传播方式和手段的现代化、信息化和便捷化;因而,它预示着越来越多的现代化技术将被广泛运用到宗教的传播和发展中来。因此,任何宗教要想在现代世俗社会中立足和占有一席之地,就必须接受来自现代化乃至自身等各方面的挑战,主动适应现代社会的要求。

第四,全球化也会影响到宗教在国际社会中的地位和作用,使得宗教在国际关系和国际政治中的影响力会越来越明显,而更有可能和更有成效地介入和参与到国际关系和国际政治中来,或者说,一些国际关系和国际政治必须需要宗教的出面或介入,从而使宗教成为影响世界和平与安全、动荡与冲突的重要因素之一。

在全球化浪潮的冲击下,中国的宗教将何去何从?卓新平先生认为,在全球化的影响下,"中国宗教的'全球意识'将会增强,会进入一种全方位的多元发展之中,同时还会以更积极的姿态和主流意识形态对话,融入当代社会"[1];金宜久先生认为,"宗教将继续面临来自内外的挑战,……宗教与迷信、宗教信仰与传统习俗和观念的并存将延续下去,……妇女在宗教中的地位将日益提升,……当然,宗教仍将长期存在下去"[2]。王晓朝指出,"今后一个时期,信仰宗教的人数会持续增长,但这个增长不会是不受限制的,到一定限度后将趋于平缓,这不仅取决于宗教自身的发展规律,而且在于中国政治、经济、思想、文化以及国

---

[1] 卓新平:《全球化与当代宗教》,《世界宗教研究》2002年第3期,第1—15页。
[2] 金宜久:《宗教在当代社会的发展趋势》,《中国宗教》2006年第2期,第14—17页。

际环境等各种深层因素的制约"①。苗懿明认为，中国宗教"将沿着平稳性、有序性、渐进性趋势发展，在呈世俗化发展的同时，也努力向高层次进军，并且社会影响力将不断扩大"②。

第五，在全球化和现代化的影响下伴随着信息化的到来，使宗教得以突破时空的制约而存在和传播，网络宗教以宗教的新形态展现在世人面前，虚拟宗教场所和"无形道场"同样给世人带来了重要的影响，世界宗教和中国宗教出现了多元共存共生的复杂状态，从而加剧了宗教在全球范围内和中国境内的竞争程度。

可见，在全球化现代化下，宗教的影响力并不会因此而消沉或颓废，它会适应社会的发展变化而进行自我调适，使之不断适应社会和以新的方式服务社会、服务民众，网络宗教就是宗教适应互联网＋时代到来而产生的一种宗教新形态。它和宗教原有形态一样，同样对世人产生重要的影响。也就是说，全球化和现代化并不会导致宗教的消亡，宗教会以新的姿态去迎接和面对社会的全球化和现代化。

第三节 现代化全球化下中国和谐社会建设面临的机遇和挑战

全球化和现代化不仅对社会中的宗教产生影响，而且对社会本身也带来改变。这种改变直接影响着当下的中国社会主义和谐社会建设，使得中国的和谐社会建设既面临着不少机遇和有利条件，又遭遇着诸多的风险和挑战。

一 现代化全球化下中国和谐社会建设面临的机遇

机遇就是有利的形势和条件，当然，也是一种挑战。在和谐社会建设中若人们能及时抓住和利用好机遇，就能给和谐社会建设带来很多便

---

① 王晓朝：《现代社会与宗教发展的趋势》，《上海大学学报》2009年第5期，第63—75页。

② 苗懿明：《世界宗教发展趋势中的中国宗教》，《大连民族学院学报》2003年10月第5期，第15—17页。

利条件和帮助，就能促进和谐社会建设；当然，如果错失了机遇，就有可能给和谐社会建设带来不少困难和不便，甚至是麻烦和风险，就对和谐社会建设起到负面的或阻碍的作用。

就目前来说，中国的和谐社会建设面临着许多国内和国外的有利形势和条件。这些有利条件主要表现在社会的各个领域，包括政治、经济、文化、社会等方面。

1. 国内有利形势和条件

从国内来看，自从改革开放以来，社会开放度和活力不断增强，综合国力日益壮大，民众的生活水平也逐渐得到提升和改善，广大人民群众追求国家富强、民主、文明、和谐的愿望日益强烈；特别是党的十八大以来，随着党和政府对"五位一体"总体规划和"四个全面"战略布局的整体推进，社会主义和谐社会建设向纵深发展，具体表现为：

（1）在政治方面，政治体制改革日益深化，人民的民主权利意识进一步增强，民主政治制度得到较好的建设，基层民主不断发展，法制规章进一步发展和完善，依法治国正在全面推进，爱国统一战线日益巩固和壮大。

（2）在经济方面，经济得到持续较快的发展，国内生产总值年均增长保持在较合理水平，经济总量位居世界前列，成为全球第一货物贸易大国和主要的对外投资大国，粮食产量连续十二年稳定增长，就业形势总体较为稳定，经济运行总体良好；经济结构调整有了较大的进展，服务业在国内生产总值的比重超过第一、第二产业而成为第一大产业，高新技术产业和装备制造业比一般工业增速要快，消费在经济增长中的贡献比重超过一半以上，单位国内生产总值能耗在2015年下降5.6%，创新驱动发展战略得到较好的推进，大众创业、万众创新呈现出一片勃勃生机。经济发展开始步入新常态。

（3）在社会方面，人民的生活得到进一步改善，全国居民人均可支配收入快于经济增速，2015年实际增长7.4%；基本公共服务水平和均等化程度有了明显提高，教育质量和公平有了明显的改善，社会保障体系建设成效突出，新型社会救助体系基本形成，基本医疗保险实现全覆盖，城乡基本养老保险制度初步全面建立，参保率超过80%；扶贫工作成效明显，农村贫困人口减少1442万；基础设施建设全面铺开，建设水平得到全面提升，铁路营业里程达到 12.1 万千米，高铁超 1.9 万千米，高速公路通车里程超 12 万千米，城乡宽带网络覆盖面大幅度提高，新型城镇化和农业现代化正在推进。社会管理创新持续推进。

（4）在文化科技方面，社会主义核心价值体系建设日益深入开展，文化体制改革正在全面推进，文化产业发展快速，文化创作生产繁荣；公共文化服务体系建设进展成效明显，人民的精神文化生活多姿多彩；文化软实力也得到持续提升；科学技术发展水平获得进一步的提高，取得一批达到国际先进水平的科研创新成果，如载人航天飞船、探月工程、高铁技术、超级计算机、核能技术、深水钻井平台、载人深海探测等。

（5）在生态环境保护方面，大气、土壤、水污染防治正在强化，主要污染物排放总量明显减少；单位内生产总值能源消耗和二氧化碳的排放量大幅降低，能源资源开发利用效率得到提高；森林覆盖面积得到扩增，低碳绿色生产生活方式正在积极推进，资源循环利用体系初步建立，主体功能区布局基本形成，生态系统稳定性增强，生态环境质量和人居环境明显得到改善。

（6）在军事国防方面，中国特色军事改革和国防现代化进展迅速和明显，军事和国防力量得到较大的提升，军事斗争准备不断深化，履行新时期的使命能力显著增强。

（7）在外交方面，经过新中国 60 多年的建设和发展，外交事业成就举世瞩目，中国不仅与世界上 170 多个国家建立了友好外交关系，还同世界各国和地区保持频繁的经贸往来，在全球各个角落都可以看到中国的商船和考察船；中国在国际社会中的影响力日益增强，国际社会中许多重要事件都有中国的声音或身影，中国不仅参加了近 300 个国际条约、150 多个国际组织，还加入或建立了"亚太经合组织"、"上海合作组织"、"中非合作论坛"、"中阿合作论坛"、"中拉论坛"、"东亚峰会"、"10+1""10+3"等众多区域性机制；中国广泛参与到国际反恐、国际维和、全球气候预防变暖、防核扩散、人道主义救援等行动中来，承担的国际责任越来越多和越来越重要；同时，中国奉行倡导的独立自主和平外交政策与"和平共处"五项原则获得了世界上众多国家的认可和接受；此外，中国还培养出一批优秀的外交人员，他们在中国的外交事务中担负着重要的责任；中国的外交事业正处于一个新的发展起点上，"中国同主要大国的关系取得新进展，同周边国家的合作不断深入，同发展中国家的友好合作日益拓展，同联合国等国际组织和国际机制的关系全面加强，经济外交、人文交流成效明显"[①]，中国在国际和地区事务中代表性和话语权进一步增强，发挥的作用越来越重要，中国的国际地位也由边缘化向中心方向发展。

（8）在党的建设方面，中国共产党正在全面从严和全面加强自身建设，党的执政能力和先进性建设持续推进，思想理论建设成效明显，党内民主进一步扩大，干部队伍建设取得重要进展，人才工作开创新局面，党风廉政建设和反腐败斗争成效显著。

此外，自中国共产党"十八届三中全会"以来所提出的"全面深化改革"战略目标和任务，有望加大中国改革的步伐和加强改革的力度，从而释放出不少改革红利，为经济社会的发展注入新的活力。

总之，经过长达60多年的社会主义建设和发展，中国的经济、政治、文化、科技、国防等实力和国际影响力有了明显提升，国家综合国力得到明显增强，中国正由过去一个积贫积弱的国家朝着一个富强、民主、文明、和谐的社会主义国家发展前进。这为中国和谐社会建设提供了有利的条件和良好的国内环境。

2. 国际有利形势和机遇

从国际来看，进入21世纪以来，世界格局发生了重大变化，特别是2008年以来的国际金融危机和欧洲债务危机，使得全球经济和政治秩序动荡不定，这给中国经济社会发展带来不少机遇。

第一，在政治领域，尽管世界局部地区战火纷飞、冲突不断，霸权主义到处煽风点火制造事端，极端主义狂妄猖獗，影响世界的安宁，但国际社会维护世界和平、限制霸权、反对战争的力量在不断壮大，谋求"和平、发展、合作、共赢"成为国际社会不可阻挡的大潮流，"和平和发展"依然是当今世界的时代主旋律，倡导"开放、包容、多元、互鉴"是世界的主基调。国际局势基本稳定。广大发展中国家的综合实力和影响力仍在逐渐上升，世界多极化的发展趋势进一步明显，这对中国坚持

[①] 李克强：《2016年政府工作报告》，新华社北京3月17日电，http://www.china.com.cn/lianghui/news/2016-03/17/content_38052034.htm，2016—6—26。

走和平发展的道路提供了重要的条件,也为中国今后经济社会的发展提供了有利的外部环境。

第二,在经济领域,一方面,经济的全球化和一体化的深入发展,要求各个经济体之间、区域之间唯有开放合作才有望实现互利共赢,这不仅有利于加强中国同世界各国经济的联系,还有利于中国抓住机遇利用外部资源、技术、资金和全球市场来促进经济的发展;另一方面,随着我国进入"十三五"时期,世界经济也开始由"低谷"走向"温和增长",发达国家经济有望复苏起来;同时,拉美、中东欧等一些新兴市场国家的经济也有望发展起来,这就预示着它们对外部的需求也将逐渐增加,从而有利于中国继续拓展国际市场,为中国经济发展带来新的机遇。

另外,自全球金融危机爆发以来,美元遭遇大幅贬值,使其在国际货币中的主导地位受到较大冲击;由此导致世界对国际货币多元化的呼声越来越强烈,这为欧元和人民币成为候选的储备货币提供了有利的条件。人民币的国际化趋势有望给中国带来新的机遇,当然,也可能暗藏风险,关键取决于中国如何正确应对。

第三,在文化领域,随着中国的日益富强,中国文化,特别是中国优秀传统文化在国际社会中的吸引力、影响力不断增强,越来越多的世界友好人民渐渐对中国的优秀传统文化产生兴趣,在全球一度掀起"汉语热""留学中国热"和"出游中国热",这为世界人民增进对中国的了解,促进中国人民同世界广大爱好和平的人民的相互交流和友好提供了很好的契机,也为中国"走出去"战略创造了良好的条件。

第四,在科技领域,世界正在发生着以"信息技术、生物技术、新材料技术、新能源技术"为核心的又一次产业技术革命。这次科技革命具有"四大技术相互融合"的特点,这种融合有可能对世界带来巨大的影响,不仅有可能推动新一轮战略性新兴产业的发展,还将使产业边界模糊,催生出新业态、新产品、新商业模式,从而有助于推动我国科技的进步发展和创新,为中国产业转型升级提供新的机遇,像3D打印机、机器人、低碳化、互联网+、智能化、基因医疗等已是这种征兆的表现。

第五,在环保领域,在国际社会特别是世界非政府组织对中国环境保护施加的压力,在一定程度上促使欧美发达国家也表示愿意与中国加强在环保领域的合作。这使得中国有可能通过合理的价格购买西方发达国家先进的环保技术和设备，而促进中国经济升级转型，向低碳经济发展。

此外，伴随着中国综合国力的增强和在国际和地区事务中发挥的作用越来越显著，以西方媒体为主的世界媒体开始对中国的发展模式和倡导构建"和谐世界"的理念产生兴趣，对中国的发展理念和道路有了更多的理解，世界媒体正面宣传中国的报道开始有所增加，国际舆论正朝着有利于中国的方向改变，这有助于消除"中国威胁论"的负面影响，改善中国的国际形象和提高中国的国际地位，增强中国在国际社会中的软实力和话语权。

二 现代化全球化下中国和谐社会建设面临的挑战

机遇中暗含着风险和挑战。在中国和谐社会建设面临众多的利好条件和机遇时，也意味着中国的和谐社会建设也要面对诸多不确定的风险、危机和挑战。人们同样可以从国内和国外两个视角来考察。

1. 国内风险和挑战

从国内来看，中国和谐社会建设所面临的风险和挑战主要有：

第一，在政治方面，虽然中国政府自改革开放以来，也一直在重视和推动政治体制改革，特别是在中共"十七大"会议上，明确提出了"民主选举、民主决策、民主管理、民主监督"和要保障人民的"知情权、表达权、参与权和监督权"的政治改革目标，但是，由于受各种因素的影响，中国的这种改革进程似乎比较缓慢，其成效与中国老百姓的内心期望存在着一定的差距。特别在中国互联网的广泛使用和市场经济的不断深入之下，网络成为中国公众交流和表达的重要空间，网络的交流和表达把民众的政治参与意识给调动了起来，而市场经济的日益深入又增强了公众的竞争、平等和公平意识，两者的结合大大激发了中国民众的政治参与意识和对政治民主化的期望值。然而，现实的状况与中国老百姓的内心期望形成了较大的反差。如何缩小这一差距，满足中国民众的这一内心期望，让中国民众真正体验到主人翁感，就成为中国在和谐社会建设中所要面对的第一个政治风险和挑战。

也正是由于中国政治体制改革的滞后，导致了一些领域官僚主义、形式主义作风突出，消极腐败现象易发频发和严重，而超出了民众的心理承受限度。根据人民论坛"千人问卷"调查显示,有近82.3%的受访者认为"腐败问题突破民众承受底线"。治理腐败,形塑执政党和政府的良好形象,成为中国和谐社会建设面对的第二个政治风险和挑战。

同时,由于官僚主义、形式主义和腐败问题,导致执政党和政府在民众中的形象和公信力受损,由此引发民众对执政党和政府产生不信任,甚至是怀疑。而干部,特别是基层干部又是党和国家的政策执行者和直接代表,与民众直接联系和接触,因而民众一旦将这种不信任的态度投射移植到执政党和政府干部身上,特别是基层干部身上,就会对干部产生排斥和偏见等非理性情绪。这时,无论基层干部说什么、做什么,他们总认为是不对和有意图的,采取的也都是一种"不相信、反对、拒绝"的态度,这就自然影响干群关系。这种关系时间一长,积累的矛盾就越来越深,干群关系就会越来越紧张,干群矛盾就越来越尖锐,一旦这种关系和矛盾被居心叵测者所利用和渲染,就会贬损、抹黑执政党和政府,消解执政党和政府的公信力和良好形象,在民众中产生一种集体性或群体性"怨恨",形成"仇官、仇富、仇警、仇共、仇公"[1]、"仇社、仇马"等不良心态和思潮,由此导致执政党和政府失去民众的信任和支持,最终导致整个国家政权大厦坍塌。可见,如何正确处理好干群关系,化解干群矛盾,重塑执政党和政府干部在民众中的威望和信任,也成为中国和谐社会建设亟须面对的一个问题和挑战。

还有,一些党员干部理想信念不坚定,宗旨意识、公仆意识、服务意识淡薄,在当前中央全面从严治党、全面推进依法治国的情形下,面对法纪严明,这些党员干部为了保全自己的利益,就有可能在各自岗位上采取"懒政、庸政、怠政、堕政"等行政不作为的方式来规避风险和矛盾。而当前中国实施全面深化改革却需要一批勇于担当、敢于探索的党员干部,这两者之间就会出现矛盾,其结果极有可能导致改革政策无法贯彻执行,人民期待无法得到满足,人民利益无法得到保障,改革成效无法达到民众的内心期望值,最终同样会使社会各种矛盾激发,社会

---

[1] 李俭:《我国经济社会发展面临的六大挑战和八大机遇》,宣讲家网,http://www.71.cn/2015/1109/846661.shtml,2016—6—28。

稳定与社会和谐遭受威胁。可见，这也是中国和谐社会建设必须认真对待的风险和挑战。

此外，在中国全面推进"依法治国"的背景下，由于中国仍然是一个以"重权力、重人情、淡法纪"为主要特征的社会，导致社会正式规则和程序对公民的正当合法权益保护不充分不到位，迫使人们不得不寻求各种正式规则和程序之外的途径和措施对自己的权利实施救济，即采用各种非正式规则和程序来维护自己的合法正当权益，从而使社会形成一种"托关系、走后门"的不良风气，也即潜规则在社会中流行；同时，似乎在社会成员心中也形成一种彼此心照不宣就能明了的默契与惯习，即你只要想办事情，就必须依潜规则来，不依潜规则来，就办不了事；不依潜规则来，就不给办事情；其结果将正式规则和程序悬置起来，处于一种无效或失效状态；虽然社会潜规则起到了作用，但社会潜规则没有明确的规范、具体的内容和标准，最终使社会处于没有规则的失序无序状态，回到"谁的拳头大，谁就是老大"的弱肉强食境地。在此情形下，一些国内分裂势力和不法分子趁机对国家权力和法律权威发起挑战，加紧实施图谋分裂中国的行径，实施破坏社会秩序和侵害人民群众生命财产安全的违法犯罪行为，给中国社会的和谐与稳定造成很大的威胁。

因此，重塑社会的法纪权威，全面有效地推进"依法治国"，培养和树立官员和公众的法律意识、法制观念，消解社会潜规则在社会中的影响力，有效保障公民的合法正当权益，实现社会的公平公正，有效打击分裂祖国、破坏民族团结和侵害民众生命财产安全等各种违法犯罪行为，维护国家统一和民族团结，保护人民的生命财产安全，同样是和谐社会建设亟须直面的挑战。

第二，在经济方面，中国经济开始步入新常态，这意味着中国经济处于一个增速放缓、结构调整优化和前期刺激消化的复杂交织状态，这也预示着中国经济有可能长期处于缓慢增速、运行下行的境况，各经济体都要面对由此而造成的各种压力，在于每一个经济实体对此境况并不熟悉，都未做好准备，都要有一个自我调适的过程；一是各级政府，特别是地方政府需要及时调整自身的政策、考核指标、任务目标和运作模式，走出对土地财政的依赖；而各个企业，则需要调整自己的发展战略、经营投资领域和盈利期望,并随时应对来自市场的各种风险和挑战;对于公民个人来说,则需要更改自身的投资方向、收入预期、消费方式和就业行为。社会主体经济行为的调整无疑给经济运行带来诸多的不确定性和风险,特别是金融风险,使得各经济体变得相对更为脆弱,对其抗风险能力是一次严峻的考验。

面对此种情形,各经济体在投资、消费等方面都会保持一种相对理性行为,在中国经济结构还未完全由投资出口导向转变为消费内需导向的经济增长方式时,出口受阻而消费又疲软,必然导致居民储蓄增长,而储蓄的增长自然会刺激投资的膨胀,投资膨胀又会进一步带来产能的大量过剩,外加资源环境约束压力的增大,就会进一步加剧产能过剩的矛盾和金融风险。近几年来,中国企业出口困难,内销又消费有限,以至于盈利明显减少,时间一长,带给银行的就是坏账的增加,造成银行自身运营的困难,也就谈不上给实体经济再提供资金支持。就目前而言,中国企业负债比例偏高,社会总负债约是 GDP 比重的 210%,而且社会负债还有继续累积的倾向;不少企业已处在经营困难的状态,一旦银行系统出了弊端,企业借贷就陷入困境,流动性资金就更为紧张,实体经济将面临更严重的经营困难,进而波及银行系统,又会进一步增加银行的坏账,造成流动性萎缩,严重时使银行无法正常运营下去,出现名副其实的金融危机,其结果有可能使经济处于一种恶性循环状态,而势必给中国经济的发展带来不可估量的负面影响。因此,加快中国经济结构的调整,预防金融风险,走出困境,保持经济处于一种持续健康稳定的增长态势,是中国经济发展,也是中国和谐社会建设必须直面的第一个挑战。

同时,根据数据统计显示,"十三五"期间,中国劳动力供给将逐年减少,五年之内将净减少 900 万,而 60 岁以上人口将增加至 2.4 亿左右,达到总人口比例的 17% 左右。这就意味着,伴随中国人口老龄化的加剧,年轻和廉价的劳动力将在中国不断减少,而老年群体却日益增加。这样,一方面会加剧劳动力供需矛盾而使中国市场的劳动力成本逐渐攀升,中国企业拥有低成本劳动力的优势将不再复有,势必造成以劳动力密集型为特点的传统产业迁出中国而向国际社会转移,而中国一些新兴行业,如果创新动力不足而未能及时抓住机遇发展壮大,其结果有可能出现传统产业没有、新兴产业未成形的产业空心化状态,从而加剧中国经济的泡沫化倾向和就业紧张;另一方面,随着中国老年人口的快速增加,必然引发中国社会养老成本的大幅度提升,而给中国经济发展带来沉重的负担。

在面对去产能化、资源环境约束和劳动力成本提升等多重巨大压力之下,中国经济要实现持续稳定增长的出路,唯一的可能性途径就是通过产业技术创新来提升产业技术水平,以达到集约化、节约化、创新化和智能化生产,实现经济的增长,突破长期以来依赖土地、资源投入和低劳动力成本的经济增长模式,也即真正使创新驱动成为中国经济增长的新引擎和新动力。从目前的情形来看,中国上下的"创新"热情较为高涨,人们对创新驱动也满怀信心和希望,但中国企业能否真正担当起这一使命,实现中国大众的心理预期,仍然是一个未知数,具有很大的不确定性。在于中国绝大部分产业还仍属于创新含量较低的传统产业,不仅缺乏创新的基础、经验、动力和竞争力,而且创新研发力量偏弱、技术水平偏低,创新人才严重缺乏,仍习惯于依靠低劳动力成本和获取廉价资源来推动企业的发展;同时,中国健全的市场经济体制还未真正建立起来,实现社会全面创新的体制机制体系也尚未建立,尊重人才、激励创新、支持技术革新的社会风尚还未完全形成,技术转化和推广应用的体制机制也未理顺和完善。一些政府部门囿于自身权力和习惯,仍更多地继续采用传统产业的政策手段和办法来推进产业创新,在一定程度上造成对市场机制和企业创新激励的扭曲,大大束缚真正创新的主体——企业的自主性,其结果不但不能促成大规模创新行为的出现,反而成为创新的桎梏和阻碍。为此,这就需要政府及时明确和转换自身角色,改由过去以产业扶持为主向现在创造创新环境和制定创新政策角色转变。总之,在中国,由于系统的卓有成效的创新体系还未真正建立,依靠创新驱动来实现经济的增长也未真正达到,如何在较短时期内建立起一套完整的创新体系,真正使创新驱动成为中国经济增长的引擎,是中国经济发展与和谐社会建设的又一个重要的挑战。

与此同时,在中国经济发展遭遇诸多问题的时候,中国经济发展的成果分配也同样面临许多风险和挑战。在于中国收入分配制度还不够健全和完善,存在着一些不公平、不公正的地方,致使社会成员的收入差距仍在继续扩大,社会贫富分化还在加剧,中产阶层群体不但没有壮大,反而有缩减和被削弱的趋势,权贵与平民矛盾、劳资矛盾不断被激化和上升,社会怨恨和暴戾在积累和增强,由此酿成的恶性事件和群体性事件也还在增多;所有迹象表明,社会还在孕育和潜藏着更大的风险和危机。因此,加紧深化收入分配制度改革,缩小收入差距和贫富分化,维护社会的公平和公正,化解社会的怨恨和暴戾,同样是中国和谐社会建设亟须面对的课题和挑战。

二是中国还面临着严峻不一的粮食、粮油、食品、能源、资源安全和危机。中国粮食供给力下降87%,外国公司向中国输入大量的转基因食品,而且西方国家已经垄断一千项的转基因技术,对中国的粮食安全构成潜在威胁;中国粮油的85%—90%由外资控股,像金龙鱼、鲁花、福临门等大型粮油生产企业都受外资掌控,美国孟山都集团控制了中国50%的蔬菜种子,双汇集团对中国市场的猪肉价格有决定性影响,这些对中国的粮油、蔬菜和肉类食品也带来潜在危险;中国的食品安全并不乐观,食品质量良莠难辨,假冒伪劣盛行,对中国老百姓的生命健康造成一定的威胁,打击食品领域的违法犯罪,保证食品的质量,保障人民群众的生命健康的任务依然艰巨;在能源和资源方面,中国的粗钢、水泥、水解铝、煤炭等生产和消耗都占到世界较大比例,而且大部分都受外国企业的控制,同样面临着潜在的危机。因此,保障中国的粮食、粮油、食品、能源和资源安全,掌握自主创新核心技术,不受外国势力的摆布和掌控,是中国与外国势力在经济领域的一场暗战,关系到中国的整个国家安全,是和谐社会建设必须直面的挑战。

三是在文化方面,虽然中国政府重视文化及其作用,也在着力推进文化体制的变革,采取多种途径来促进文化产业的发展;但在市场经济及其他因素的冲击影响下,中国文化的发展水平与其经济发展水平不相称,难以满足广大人民群众的精神文化需求;文化的品位和水准一直难以跨上一个新台阶,可以说,在文化软实力上,中国总体上还是偏弱,与中国现有的经济实力和国际地位不对等,难以真正走出国门,与世界相媲美;在全球一体化、文化多元化和开放的态势下,中国社会的主流价值观又呈现出边缘化的危险,国外敌对势力和宗教组织利用各种渠道和途径,以宗教形式向中国进行意识形态的渗透,意图扰乱中国人民的思想和观念，谋取特殊利益，对中国社会的非传统国家安全构成严重威胁。

2014年，《中国国家安全报告》明确指出"宗教渗透威胁国家安全"[①]；另一方面，中国许多优秀的传统文化并没有很好地被挖掘整理和发挥作用。因此，如何提升中国文化的吸引力、核心竞争力和软实力，在国际社会占有一席之地，满足广大人民群众的精神文化需求，推进和谐文化建设，培养和塑造具有爱心、责任心、包容心和奉献精神以及具有正能量的社会成员，同样是和谐社会建设不可回避的责任和挑战。

四是在社会方面，伴随着中国经济改革的不断推进，中国社会领域发生了翻天覆地的变化。这种变化既有结构性的，也有非结构性的，但它给社会带来的阵痛并由此滋生或衍生的问题，对社会的正常运行和协调发展造成了不小的影响。

首先，一些结构性问题和矛盾突出，严重影响了社会的正常运转，已经到了必须正面对待和亟须解决的时候。

中国是在人口多、底子薄、地域广、资源欠丰富的背景下开展社会主义建设的；经历四十多年的改革开放，中国的经济和社会结构已经发生了重大变化，并引发了一些问题，表现为经济与社会发展不平衡，社会建设滞后经济发展，难以满足广大群众的各种需求；地区、城乡和产业发展不平衡，东部地区发达于中西部地区，城市发达于乡村，第三产业未得到充分发展，由此引发诸多问题，包括公共服务满足不了民众需求，地区差距、城乡差距、行业差距拉大，造成收入分配不公平、教育不公平、贫富分化、住房困难、就业紧张、看病难和贵等诸多问题，由此给社会稳定与和谐带来一定的冲击和影响，而且这些问题呈现出固化的趋势。如何化解这些结构性问题，保持社会各要素之间的协调平衡，维护社会的稳定，促进社会的和谐，是和谐社会建设面对的挑战。

其次，在市场经济的冲击下，再加上精神文明建设疲软和制度建设的滞后与实施不力，致使整个社会信仰缺失，梦想和追求缺乏，民众精神懈怠而低迷，社会道德严重滑坡，社会信任严重丧失，人与人之间、

---

① 刘慧主编：《中国国家安全报告（2014）》，社会科学文献出版社2014年版，第1页。

人与群体之间、群体与群体之间以及群体与组织之间不具有信任感，欺骗和诈骗、假冒和伪劣在社会中盛行，拜金主义、享乐主义在人群中流行，社会呈现出一种无规则、无秩序的失范状态；因此，加强广大社会成员的理想信念教育，提升民众的精神思想境界，树立良好的人生观和世界观，加强社会道德和社会信用建设，重建社会道德和社会信用秩序，伸张正义，弘扬正气，倡导责任，破除不良思想，惩处不端行为，提升人们的道德素养，恢复和加强人与人之间相互信任和相互尊重的人际关系，让人们自觉杜绝不良社会思潮的侵扰，遵守法规纪律，坚守道德人伦底线，是和谐社会建设亟须解决的紧要任务。

再次，在中国经济成分、利益和文化多元化的影响下，社会成员的个体自我意识日益增强，人们的价值观念、生活方式日趋多样化，社会日渐呈现松散化、个体化和碎裂化的特征，社会控制也处于松散软弱状态。在此情形下。如何建设社会生活共同体，增强社会成员的责任意识和归属感，达成社会共识，实现社会有机团结，同样是和谐社会建设不可回避的任务和挑战。

最后，在中国社会转型之际，中国社会管理体制和机制也面临挑战和创新的问题。自 20 世纪 50 年代以来，在国家权力和计划经济的干预和支配下，政府职能日益扩充，把更多的社会事务大包大揽过来，但最终又不能有效解决，再加上全球化和信息化的影响，使政府对自身的职能辨识不清而无所适从，在实务中出现了政府角色"缺位、错位、越位"现象，而引发政府的债务危机、信任危机等各种问题，出现了"政府失灵"的现象，为了应对这些风险危机和扭转这种局面，迫使政府寻找改革创新之路，从而才有了社会管理体系创新的问题。当代社会管理理论认为，要使公共利益最大化，达到"善治"的良好状态，不仅要重新对政府的职能范围和方式进行界定，形塑服务型政府；还要充分发挥社会不同主体的功能和作用，建构一个以社会自主自治自律为主要特征和多方主体共同参与的治理体系，实现各方主体的良性互动和治理的民主化。这同样是中国和谐社会建设所面临的挑战。

此外，中国和谐社会建设还要直面一个重要的挑战，就是在日趋激烈的社会竞争和不断恶化的自然生态环境以及不安全食品的影响下，广大社会成员的身心健康日益遭受较严重的损害，而使国民健康成为一个普遍受关注的问题而呈现出来。这不仅表现为社会公众中有近70%的人的身心健康处于亚健康状态，心脑血管疾病和恶性肿瘤性疾病等各种心因素疾病成为影响人群健康的主要因素，不仅患病比例升高，而且死亡率比重大；还有各种精神性疾病的总发病率在近十几年来逐年飙升，由20世纪50年代的2.7‰上升到1993年的13.47‰，精神疾病负担占到中国疾病总负担的20%，跃居中国第一位；还有各种情绪和行为障碍对各种人群的困扰。可见，国民的身心健康问题已成为影响中国可持续发展和社会和谐的一个重要方面，给国家带来很大的压力和负担，同样是和谐社会建设不可回避的话题。

五是在环境保护方面，中国和谐社会建设面临着在生态环境日趋恶化情形下构建人与自然和谐共处的资源节约型、环境友好型、绿色低碳型社会的挑战。

在过去较长一段时期内，由于人们只顾经济建设而忽视环境的保护，导致中国在获得一定的经济增长时，却也带来了污染的空气、水、土壤，致使自然生态环境状况日趋恶化，各种自然灾害频繁发生，不仅给国家和社会造成巨大的经济损失，给各级职能部门带来较重的救灾救济工作和压力；还严重影响了社会的正常运行和人民的正常生活，甚至危及人民的生命财产安全。例如，一个汶川大地震所造成的损失为1万亿元；同时，根据国家民政部和减灾委办公室等部门发布的统计信息显示，"2014年全国各类自然灾害造成1583人死亡，235人失踪，直接经济损失3373.8亿元"[①]；2015年此数字为"819人，148人和2704亿元"[②]。可见，因生态环境恶化所引发的自然灾害的破坏力十分巨大，而且中国每一天都在发生灾害。这时，人们才清醒地意识到：光开展经济建设而不注重生态文明建设和保护是不可行的；光有金山银山而没有绿水青山，也是行不通的。多年的环境破坏和污染所酿成的后果告诫人们，必须在开展经济建设的同时，注重环境的保护和生态文明建设，人们的正常、

---

① 韩秉志：《2014年全国自然灾害直接经济损失3373.8亿元》，中国经济网，http://www.ce.cn/xwzx/gnsz/gdxw/201501/07/t20150107_4279079.shtml，2016—7—10。

② 潘跃：《2015年全国自然灾害直接经济损失2700多亿》，《人民日报》2016年1月12日第6版。

安宁、幸福的生活才有保障。因此，如何在发展经济时又保护好生态环境不被破坏和污染，保护好我们的共同家园，构建一个人与自然和谐相处的节约型、绿色型、低碳型、环境友好型社会，建设一个天蓝地绿、山清水秀的美丽中国，成为和谐社会建设不可回避的任务。

六是在外交方面，中国虽然与世界许多国家建立了友好合作关系，国际地位和形象也有所巩固和提升，但中国与美国的关系并不很友好，美国经常以各种借口干涉中国内政，给中国制造摩擦、紧张，还经常向中国台湾销售军火，支持台独分裂势力，阻挠中国统一台湾，侵犯中国国家主权和领土完整；同时，中国与周边国家的关系在美日印英等国家的插手和干预之下，也极为微妙和复杂，周边国家依仗美日等国的支持而经常对中国挑起是非和争端，包括钓鱼岛之争、南海之争等，给中国周边安全造成严峻形势，比如，东部的中日之间的纠纷和冲突，东南部的中国与菲律宾、印尼等紧张关系，西南面的中国与印度等紧张关系，东北面的中国与韩朝之间的摩擦关系，都给中国带来不少麻烦和挑战。另外，在美国等施压之下，中国承担国际责任的压力越来越大，这对发展中的中国也非常不利。

此外，中国和谐社会建设还要面临如何推进中国的国防和军队现代化建设的任务和挑战，以提升国防的整体实力和军队的战斗力，以保卫国家安全，维护社会的稳定与和谐。

2. 国际风险和挑战

中国的和谐社会建设不仅要面对国内社会的诸多风险和挑战，还要面对许多国际社会的风险和挑战。

第一，国际社会对"中国威胁论"的戒备心理尚未解除，中国的和平发展还未得到世界的一致认可。

中国的和平发展需要世界的支持、理解和帮助，而世界的和平与发展也不能没有中国的参与和支持。然而，过去一段时期以来，在以美国为首的一些西方反华势力和敌对组织为了阻碍和遏制中国的发展，制造出"中国的发展会对世界构成威胁"的言论，意在削弱中国的国际影响力和破坏中国的国际良好形象，给中国发展制造障碍和绊脚石。在此言论的影响下，国际社会对中国的和平崛起和发展怀有高度的戒备心理，担心中国的发展壮大会不会如历史上的"英、美、德、日"一样，走对外侵略扩张的老路，因而疑虑重重，处处防备中国。欧美等西方发达国家，为了在中国谋求经济利益，一方面愿意同中国合作；另一方面，又害怕中国的发展会对其既得利益构成威胁；于是，千方百计阻挠和遏制中国的发展，如，美国总统奥巴马就曾表示：让十几亿中国人都过上美国人的生活，将是美国和世界的灾难；2010年4月8日，美国《时代》周刊宣称："中国每天都在损害美国的利益"；2010年1月3日，英国《独立报》表示："欧洲需制定新政策制衡中国"；日本把中国崛起视为对其"不稳定因素"；俄罗斯对中国的快速发展也在一定场合表示"不安"；印度对中国处处防备，不仅在中印边境陈列重兵，还支持中国藏独势力，以此来牵制中国；一些亚非拉等发展中国家，担心中国会"掠夺其资源"而实施"两面"策略，一手向"中国要钱"，一手向"美国要军火"，以期达到制衡中国的目的。在此情形之下，中国的一举一动都备受国际社会的密切关注，一些细小事情都有可能被西方媒体炒作而对中国造成不利影响。总之，世界各国都从自身利益角度来考虑与中国的关系，来审视和评估中国的发展。它们还没有解除"中国威胁论"的戒备心理，还没有认同中国的和平发展道路，致使中国还未真正融入国际社会。中国意图通过与世界各国的合作共赢来促进自身的更大发展还尚需一段时日。

第二，周边安全形势严峻，三股黑恶势力和"三独"势力活动猖獗，非法移民滋扰生事，严重影响中国社会的安全与稳定。中国周边有14个陆上邻国，其中，有10个国家与中国存在边界争议；有8个海洋邻国，有6个国家与中国存在领土领海权属争议。在以美日英印等多国的插手干预和挑拨之下，中国与这些国家的矛盾升级，使得中国周边地区的安全局势不容乐观。特别是在中国的东海、南海和西南边陲地区，自从美国提出"重返亚太""亚洲再平衡"战略以来，想方设法插手干预和挑拨中国与周边国家的关系，制造各种事端和矛盾，试图将这些地区引向战争"火山口"，以此来拖累拖垮中国。在东海地区，美国以钓鱼岛为由，怂恿日本与中国进行对峙；在南海地区，美国不仅挑唆和支持菲律宾、越南、印尼等国家与中国发生冲突，还以各种理由派遣军舰闯进中国南海岛礁附近，寻机挑衅；近期又野蛮无礼地炮制所谓的"南海仲裁"，以让此地区的矛盾和冲突升级，使该地区"火药味"越来越浓厚，"擦枪走火"的概率极大;在西南地区,美国挑拨泰国、缅甸、印度与中国的关系,使这些地区政局动荡不定,安全局势严峻。此外,中国东北面与朝韩关系,西北面与吉尔吉斯斯坦的关系也不稳定,局势也不容乐观。这些周边国家为了制衡中国,采取了"在经济上依靠中国、在安全上依靠美国"的"两面"策略,使得中国与这些国家的关系极为微妙和复杂,周边安全形势动荡不定。

同时,国际上的三股黑恶势力,包括国际恐怖主义、极端主义和分裂主义,也意图通过实施各种反人类、反社会、反和平的恐怖犯罪活动,插手中国事务,破坏中国的安定团结,谋取特殊利益。而"疆独、藏独、台独"等"三独"势力,在以美国为首的西方反华势力和敌对组织明里暗里支持下,实施分裂中国、破坏中国民族团结和社会安定的各种恐怖犯罪活动,意图将中国的新疆、西藏、台湾从中国领土中分裂出去,使中国继续沦陷到过去的"四分五裂、任人宰割"的被奴役被殖民状态。

另外,由于中国国际化进程的推进,一些境外非法移民日益增多,他们通过各种途径非法进入中国境内,摇身一变由"境外人"转变成"社会人"[1],然后以群居形式非法寄居到中国各地,主要是沿海边境大中城市中。比如广州的黑人区、菲律宾人区等,他们以"特殊身份"为由不遵守当地法规政策,滋扰生事,明里暗里从事渗透、破坏等各种非法犯罪活动,成为一种日渐增长的新的危险力量,对中国的安定团结造成潜在威胁。

第三,国际经济还深陷于金融危机的影响中,不仅增长疲软,而且面临的下行压力和复苏的不确定性仍在增加,大国之间的经济博弈越来越激烈,给中国经济的发展带来较大的不确定性风险和挑战。

在全球经济一体化的今天,中国经济已成功融入世界经济体系中,世界经济也早已包含中国经济在里面。因此,中国经济的任何变动无疑对世界经济带来影响,世界经济的任何变化同样会给中国经济造成影响。

---

[1] 李俭:《我国经济社会发展面临的六大挑战和八大机遇》,宣讲家网,http://www.71.cn/2015/1109/846661.shtm,2016—07—11。

自从全球金融危机爆发以来，国际经济还没有走出危机的阴影，仍处于危机的后遗症中，全球经济增长疲软而没有后劲；世界经济，特别是欧美发达国家的经济，受其"福利消费过高、储蓄率偏低、产业空心化、过度金融化和高赤字"等固有的结构性问题的影响，难以在短时期内扭转"高失业、高债务、低增长"①的状态，经济复苏仍是遥遥无期。当前，欧盟不仅面临严重债务危机，还面临解体的风险；成员国希腊濒临破产，比利时危机重重，英国政局动荡不定；美国经济虽呈现复苏迹象，但也困难重重；日本经济持续萎靡不振已多年，即使安倍经济学也无力回天；俄罗斯、巴西的经济增长同样是举步维艰。世界经济的低迷，大大削减了中国的进出口贸易额，给中国经济带来较大的影响，迫使中国经济需向扩大内需和消费型结构转型；否则，中国经济将难以渡过重重难关和险关。

为了尽快摆脱危机，一些发达国家一方面纷纷采取"大规模的非常规措施"，"放松货币供给"②，从而引发新一轮的货币战争；在此情形下，人民币汇率有可能会进一步升值，而使中国出口导向型产业丧失竞争优势；另一方面，它们积极推行"工业4.0和再工业化战略"，不断吸引高端制造向其本土回流，给中国经济带来较大压力，对中国产业链的延长、战略性新兴产业的发展构成直接的威胁和挑战。尤其是美国，为了促进经济的复苏，已推行"TPP"和"TTIP"战略，即所谓的"两洋战略"，意图形成以美为主导的新的国际贸易和投资规则，这样不但有可能引起世界贸易规则的新变革，还有可能完成和实现对中国经济的新包围和新封锁。俄罗斯也不甘示弱，借助其横跨欧亚大陆的地理优势，主导欧亚经济一体化，巩固和强化其在中亚的地位和影响力。中国为了突破美国的经济包围和封锁，积极实施"一带一路"倡议，推进欧亚经济联盟和亚太经济联盟。这样，就自然掀起了分别以美国、俄罗斯、中国为中心的大国经济联盟之间激烈的博弈与暗战，从而大大增加了世界和中国经济的不确定性风险。

---

① 汪同三：《我国经济社会发展面临的机遇和挑战》，中国共产党新闻网，http://theory.people.com.cn/n/2013/1011/c40531－23164281.html，2016—07—11。

② 同上。

面对全球经济的低迷状态，一些中等发达国家和发展中国家也自寻发展出路，一方面，它们积极谋划，实施大力发展中低端制造产业战略；另一方面，利用其自身的土地、环境资源、劳动力和汇率优势，与中国展开激烈竞争，吸引中低端制造业大规模地向其境内迁移。由于中国境内资源能源短缺和劳动力成本的上涨，已不具有这些生产要素的竞争优势，必然促使中国境内的中低端制造业向这些国家转移，并有可能在这个领域取代中国的地位，这势必给中国中低端制造业带来巨大考验。假如中国制造业不进行产业升级转型，不提升创新驱动的能力和水平，必将丧失一切竞争优势，而有可能沦为"制造业空心化"的境况。

第四，面对西方文化和意识形态的渗透和侵袭，中国还需与西方社会展开一场文化和意识形态的暗战，就是人们需要抵制西方社会以各种形式对中国民众的意识形态的渗透，预防西方反华势力和敌对组织利用淫秽、暴力游戏和文化，侵蚀、腐蚀中国的青少年儿童的心智和斗志；利用糖衣炮弹侵蚀、腐蚀我们的党员干部，让他们丧失信念和理想，丧失党性和国民性，而沦为它们的服务者。

第五，面对全球性自然灾害和环境事件的频繁发生以及能源资源紧缺的现况，中国还需应对各种全球性自然灾害和灾害性环境事件的风险以及能源资源保障供给的风险。

虽然中国已经是《联合国气候变化框架公约》签署国，但全球气候变暖的趋势并没有扭转。全球气候变暖不是影响某一个国家，而是影响全世界；阻止全球气候变暖不是哪一个国家的事情，而是全世界的责任。因此，对于中国这个大国来说，既是遭受全球气候变暖影响的直接承受者，又是阻止全球气候变暖主要参与者和责任者之一。因此，应对和阻止全球气候变暖是中国社会的一份责任。还有其他各种全球性的自然灾害和灾害性环境事件的预防和应对，中国同样不可回避；比如 2011 年 3 月发生的日本福岛核泄漏事故，对中国的环境污染和国民的健康都造成了不同程度的影响，中国既是应对此事件的参与者和责任者之一，又是此事件的直接受害者。此外，中国能源和资源受国际因素的影响也较大，在于中国的能源和资源需要大量依赖于进口，特别是具有战略性的物质——石油，有近 60% 来源于国外，而给中国供应石油的十个国家中，有六个国家有可能会发生变故，一旦出事，将势必严重影响中国的石油供给。因此，应对各种全球性的自然灾害和环境类风险，解决中国的能源和资源短缺问题，保证中国的能源和资源供应充足，同样是中国和谐社会建设必须面对的巨大挑战。

第六，伴随着全球一体化的日益推进，世界人口的国际性流动越来越频繁，全球性流行性疾病、有毒有害物质、生物恐怖主义危害中国的概率越来越大，对中国公共卫生安全的威胁和侵袭也越来越大；因此，构建一个相对安全的中国公共卫生安全系统，保障国民的健康安全同样是中国和谐社会建设必须面对的挑战。

以全球化和信息化为特点的世界大变革、大转型，不仅促进世界人口的国际大流动，也促进了中国与世界各国的联结和交流；这样，不仅大大增加了中国社会的复杂性、不确定性和风险性，也大大增加了世界流行性疾病、有毒有害物质、生物恐怖主义传入和侵害中国的概率；同时将中国的公共卫生安全系统直接纳入国际公共卫生安全系统的体系中来。依据世界卫生组织调查数据显示，传染性疾病的传播速度比以往任何时候都要快得多，世界国际航空运输的人数每年都超过 20 亿人次以上，此种跨国界的大规模人口流动，让传染性病菌可以在几小时之内，甚至在几十分钟就能快速流传到世界各地。而且病菌变异的速度也十分惊人，几乎每年新增一种或几种病菌类型，当前至少有四十五种以上流行性疾病是 20 世纪 70 年代以前人们没有听说过的。世界卫生组织还在全球做过调查核实表明，全世界每五年内至少发生三万起以上的流行性病毒传播事件，而且这个数据还在逐年攀升。过去不久的时间里中国社会就曾亲身经历和感受了"SARS 病毒（严重急性呼吸道综合征）和禽流感病毒"的危害和厉害，近几年又出现"埃博拉病毒"传播的风险。

同时，互联网的普遍使用虽然为突发事件和紧急危险信息的传播提供了便捷，也为恶意造谣者散播谣言提供了机会和方便，而更容易引起社会的恐慌和混乱，其后果也不亚于暴发一场流行性疾病给人们的生命财产带来的损害。

由此可见，为了保障广大人民的生命健康和财产安全，构建一个安全而有效的中国公共卫生安全系统，防止和消解流行病等各种谣言对社会的影响，同样是中国和谐社会建设应该担当的责任和使命。

第七，面对以美国为首的西方发达国家强大的国防和军事实力，中国要想捍卫自己的主权和领土不被侵犯，保护人民的生命和财产安全，在国防和军备上，中国既要与以美国为首的西方发达国家相抗衡，又要防止被这种无止境的"世界性的军备竞赛"给拖累拖垮。

为了保家卫国，保护中国的领土完整和主权不被侵犯，中国就要防备和抵御以美国为首的西方发达国家的武力侵略，就必须不断提升国防和军事的综合能力和水平，但毕竟中国是发展中国家，与欧美发达国家相比，经济实力有限，难与这些国家相抗衡；以美国为首的西方发达国家，就是想通过多轮反复的军备竞赛，把中国拖累拖垮；因而，中国既需要花费一定的财力来提升自己的国防和军事整体实力，与美国相抗衡；又要考虑中国自身的财力，防备被其拖累拖垮，重蹈苏联的覆辙。这既是对中国高层领导层决策层的智慧的考量，也是对中国社会的一种考验。所以，这也是需要中国社会直接面对的一个潜在风险。

总之，在现代化和全球化影响下而产生的日益复杂的国际国内形势，不仅使中国和谐社会建设既面临着前所未有的机遇和利好条件，也面临着有史以来未曾遭遇的风险和挑战。把握时机，抓住机遇，迎接挑战，应对风险，是中国和谐社会建设必须而且应该能够做得到的。

第四节 现代化全球化下宗教为中国和谐社会建设发挥积极作用的困境与机遇

由于在社会主义和谐社会建设背景下宗教的多重特质，再加上全球化和现代化的影响，中国宗教为中国社会发挥积极作用，既有困境和挑战，也存在着机遇和条件。

一 宗教为中国和谐社会建设发挥积极作用的困境与挑战

第一，宗教与中国社会主流意识形态的不相适应性和现代世俗文化对宗教神圣性的日益消解是影响宗教发挥积极作用的第一困境和挑战。

在以唯物主义和无神论为主要特征的中国社会主义社会主流意识形态看来，其自身与唯心主义和有神论为主要特征的宗教意识形态存在着本质性的差异，由于这种差异，造成宗教与中国社会主流意识形态存在着不相适应的一面，再加上中国社会在过去一段时间受"左倾"思想的影响和许多极端主义、邪教和迷信活动又往往披着宗教的外衣从事各种违法犯罪行为,而导致许多持主流意识形态观的人们对宗教产生一种不正确的看法,总认为宗教是社会中一种不正常现象,是一种与马克思主义相对立相矛盾的事物,是一种随着社会的发展而必然走向灭亡的东西。由于这种对宗教的不正确的认识,而影响人们对待宗教的态度和处理宗教问题的方式,也影响了国家的宗教政策;使得宗教的合理性和正当性得不到认可,自始至终处于被贬低和压抑的境地,也使得"宗教问题"成为一个非常敏感的话题,人们在对待宗教的话题上非常谨慎,甚至有点"谈教色变"的情形。

与此同时,随着现代性的日益深入,现代世俗文化对宗教的神圣性不断消解,导致传统宗教的权威和社会影响力日渐减弱,其基本的社会整合功能与日益个体化、原子化和自由化的社会发展趋势产生矛盾,宗教在社会意识形态领域不断被边缘化,宗教组织也日益变得复杂和多元化,宗教渐渐成为一种具有私人属性的事物,它在公共领域的天然合法性和神圣权威性受到较大的挫伤和抑制;因而其作为现代社会的存在物,既不具有较强的"共同性",也缺乏"实在性"①,造成宗教难以继续承担在传统社会中所承担的各种社会功能,宗教似乎成为一种"可有可无"的东西;而越来越明显的社会个体化、原子化和自由化趋势,又与宗教作为一种具有较强整合规范功能的社会共同体产生直接的冲突和对抗;再加上社会主义中国社会将马克思主义定为是社会的指导意识形态和唯一正确的意识形态,并在官方教育体系内对个体进行全面而彻底的灌输式教化。这种以唯物主义和无神论为主要特征的意识形态对宗教乃至中国传统文化造成全面的影响,成为宗教在现代社会发挥积极作用的根本困境。因此,如何协调这两者的关系是助宗教走出这种困境的重要出路。

第二,宗教与政治之间的不协调与矛盾,是影响宗教发挥积极作用的第二困境与挑战。

虽然中国实行政教分离的政策,但在实际社会中,这种分离并不是

---

① [美]彼得·贝格尔:《神圣的帷幕》,高师宁译,上海人民出版社1991年版,第159页。

绝对的分离，宗教与政治之间还存在着复杂的关系，甚至是矛盾和冲突。这是影响宗教发挥积极作用的第二困境和矛盾。至于政教之间的矛盾，主要表现在中国政治对宗教的某些方面不容忍和宗教对中国政治的过度钟情。中国政治对宗教的不容忍，除了源于意识形态上的差异，还与中国本身的世俗文化和历史事件的影响有关系。在中国历史上，曾经出现通过宗教的形式、借助宗教的力量来对抗和破坏现实政治秩序的事件，像"陈胜、吴广起义"，"黄巾军起义"，"白莲教起义"，"太平天国运动"等多少与宗教有关联；出于对历史经验教训的总结，现实政府对宗教组织存有一定的忧虑和防备，在某些方面中国政治对宗教采取不容忍的态度和做法，而在一定程度限制了宗教的积极社会作用的发挥。另一方面，一些宗教组织和势力出于各种意图，在各种势力和组织的支持下，对中国政治情有独钟，它们不仅意图"推动中国政治的民主化"，还"倾向于拥有一定的政治影响力"①，甚至在西方反华敌对势力和宗教组织的支持下意图分裂中国和颠覆中国现存的国家政权，实现它们"分裂中国和重返中国以及重新瓜分、殖民中国"的黄粱美梦。如果是这样，就有可能迫使中国政治对宗教采取新的不容忍，而中国政治的这种迫不得已的做法又有可能加剧宗教对中国政治的不宽容，从而容易使政治与宗教之间的关系陷于一种难以调和的恶性循环之中。若出现这种状况，谈如何发挥宗教的积极作用来促进和谐社会建设就显得毫无意义和价值。因此，要解决宗教与政治的这一困境，一方面，中国政治要对宗教进行包容，至少对正教应该是这样，即对红色宗教组织和群体的包容，甚至也要把灰色宗教组织和群体考虑进来；假如中国政治不包容宗教，就势必出现宗教对政治的继续挑衅，造成两者的冲突日益加剧升温而越来越激烈和僵化，到这时就很难办了；用中国宗教学家卓新平先生的话来说，就是对宗教"拉一拉就是朋友，推一推就成为敌人"，中国政治应多做一些"拉一拉"的工作，少做一点"推一推"的工作；另一方面，中国政治对宗教的包容，并不意味着宗教可以干预政治，可以以"改变政治"为其目标；因此，要让政治包容宗教，宗教必须不干预和挑战政治，否则必然会激起政治对宗教的不容忍。

---

① 郑永年：《中国宗教的三大困境》，《联合早报》2009 年 11 月 24 日。

第三，宗教本身所固有的一些缺陷和问题以及宗教派系之间的矛盾，是影响宗教发挥积极作用的第三困境和挑战。

传统宗教是在人类生产力水平和科技发展水平相对不发达和人们的认识能力相对有限的情形下产生和发展起来的，因而，传统宗教具有这个时代所固有的一些特征，表现为教义的教条化和僵化，较强的保守性和排他性，夹杂了一些落后愚昧和旁门左道的内容，同时还欠缺一套自我审视和修正的机制。这些缺陷使得传统宗教的社会功能既具有积极的一面，也具有消极的一面。学者希克所认为："每一个宗教都有善的一面，也都有恶的一面；宗教是一个善恶的混合体。"[①] 由于传统宗教的这些缺陷，不仅造成信奉者们远离宗教创立者们创建宗教的初衷，偏离信仰的真实意义，失去对宗教的理性信仰，产生宗教狂热和极端行为；而且给社会带来不少实质性的危害，像原始宗教和一些民族宗教中的人祭、血祭和物祭现象，历史上发生的宗教战争和对异教徒的迫害，对进步知识的阻挠和破坏，滋生邪教行为等，这些都是宗教阴暗面给人类的生命财产造成重大侵害和破坏的具体表现。

当前中国社会的传统宗教，在现代社会的发展推动下，虽然祛除了不少传统的弊病和缺陷，但在现代社会世俗风气的侵袭下却沾染了一些新的不良习气和毛病，如，宗教界出现了"教风不正，戒律松弛"[②] 的现象，具体表现为"律风不振、道风不正、学风不兴"[③]，尤其是一些宗教教职人员将过多的时间和精力放在个人的生活享乐追求上，贪图和沉迷于奢靡攀比、懈怠懒惰的生活，戒律松弛，自我放任，极大地破坏了宗教教风和损害了宗教的社会形象，影响了宗教的健康发展。可以说，宗教教风问题成为影响宗教社会积极作用有效发挥最为关键的问题之一。因此，如何加强中国宗教教风的制度建设，提高宗教界人士的个人信仰素质，强化持戒修行，遏制奢靡之风，增强群众意识，净化社会环境，推进宗教健康发展，是中国宗教界乃至中国社会应当高度重视的问题。

---

① 王志成、安伦：《全球化时代宗教的发展与未来》，学林出版社2011年版，第54页。
② 刘元春：《教风问题关系到宗教能否健康发展》，凤凰网，http://fo.ifeng.com/a/20151101/41499718_0.shtml，2016—4—8。
③ 学诚：《在宗教界加强教风建设座谈会上的发言》，佛教在线北京讯，2013年3月23日，http://www.fjnet.com/jjdt/jjdtnr/201303/t20130324_206751.htm，2016—4—8。

正如中国国家宗教事务局局长王作安所指出的那样,"教风问题关系到宗教的健康发展,关系到宗教的社会形象,关系到宗教积极作用的有效发挥,要充分认识教风建设的必要性、紧迫性和长期性"①。除此以外,各个宗教还存在一些各自独特的特性,也同样会影响它们的健康发展。比如中国道教、佛教相对于基督教而言,具有较明显的封闭性,缺乏向外传播的扩充力,而且比较依赖神秘主义来为信众提供服务;相对于道教和佛教而言,基督教、天主教和伊斯兰教拥有强大的组织基础,也具有较强的向外传播力,但对信徒不加挑选的吸收和发展,将大量形形色色不同动机的人士吸纳进来,使其信众队伍人员复杂。

传统宗教的另一个弊病就是宗教与宗教之间以及宗教内部派系之间的矛盾与纷争。在当代中国,无论是被政府认可的正教,还是不被认可的地下教会,甚至是邪教,不仅都有一套属于自己的教义和话语体系,这些各异的教义和话语体系可能会对不同的宗教信奉者产生排斥和影响;同时,它们还为了争夺各自生存和发展所需的资源和利益展开激烈的宗教空间和市场的竞争。正是由于教义的各异和利益的争夺,使得它们彼此之间存在着一定的隔阂、冲突和矛盾,这种冲突和矛盾不仅存在于不同宗教之间,还存在于同一宗教的不同派系之间。宗教及其不同派系之间的矛盾和纷争在中国十分敏感,源于中国是一个多民族的社会,有不少民族是全民信教的,故而宗教常常成为民族分野的标志。这就意味着宗教间的矛盾往往与民族问题掺杂在一起,特别是在中国的新疆和西藏等地区。这样,一些别有用心的人及西方敌对势力往往会利用中国社会的这个特点,将一些普通而平常的社会矛盾和利益矛盾与人权问题和宗教问题等同起来,演变成为民族矛盾和宗教矛盾,从而使中国的社会问题复杂化、民族化和宗教化。这不仅可能会严重影响宗教社会积极作用的正常发挥,还可能会对中国社会的稳定、国家的统一和民族的团结以及社会治理带来巨大的破坏和影响。而且,人们必须面对一个现实,那就是宗教问题在中国社会正越来越趋向于复杂化;不管人们喜欢与否,还是承认与否,这已成为摆在人们面前的一个事实,它需要人们以实事

---

① 王作安:《在宗教界加强教风建设座谈会上的讲话》,2013年3月23日,国家宗教事务局网,http://www.sara.gov.cn/xwzx/xwjj/19563.htm,2016—4—8。

求是的态度给予冷静对待和理性应对；任何采取回避或非理性的态度和方法来应对这个事实，不仅无助于这个问题的解决，反而会招致相反的后果。

总之，传统宗教的一些固有缺陷和教风问题以及宗教派系之间的矛盾，是影响宗教发挥社会积极作用的第三障碍和困境。为了让宗教的社会功能得到正常发挥，宗教界和中国社会必须理性面对这个事实，努力寻求解决之道。

第四，中国传统思想文化对外来宗教的排斥和中国宗教偏于内向、静守和欠缺主动向外传播的特性以及各种邪教组织、民族分裂势力和宗教极端势力的负面影响，都会直接制约和阻碍中国宗教社会积极作用的有效发挥，也自然会牵制中国宗教的快速发展。

第五，中国社会对宗教治理的能力和水平同样直接影响着宗教积极作用的发挥。在面对全球化和信息化给宗教和中国社会带来的影响和冲击下，中国社会能否有效实现对宗教的治理，能否有效利用宗教实现对社会治理，直接影响着宗教在和谐社会建设中的功能发挥。这里不仅包括中国社会有无树立宗教治理的现代性思维，有无建立较为完善的宗教治理现代化体系；也包括中国宗教治理主体的宗教治理能力是否得到有力的提升。

总之，在全球化、现代化和信息化浪潮的冲击下，中国宗教为中国和谐社会建设发挥积极作用面临着多重困境和挑战，如何有效应对这些挑战和化解这些困境成为中国和谐社会建设应该而且必须直面的任务。

二 宗教为中国和谐社会建设发挥积极作用的机遇与条件

尽管现实社会存在不少制约和阻碍宗教为社会发挥积极作用的困境和挑战，但并不意味着宗教就没有丝毫为社会发挥积极作用的机会和条件；事实上，在现实社会中，还是存在着不少有利于宗教发挥积极作用的机遇和可能。

第一，宗教对终极意义的阐释和关注以及对个体的内心关照与生命价值的关怀为现代碎片化物化生活状态下的个体仍然提供一个"传统而有效"的价值支持和精神支柱，是宗教在现代世俗社会存在的意义之所在，这为宗教发挥积极作用提供了第一个重要的机遇和可能。

现代化已成为社会发展不可阻挡的趋势。随着现代化入场的日趋深入，人类的社会生活越来越趋于理性化和规范化，社会制度和法律等规则渗透到社会生活的方方面面，个体的社会生活自由和安全在法律和制度的规制下得到越来越全面的保证，而且社会合理化的进程也把个体从受诸如伦理价值、宗教信仰、习俗、社区等传统力量支配之下解放出来，获得行动的自由和个性的张扬；然而，在社会越来越理性化和"合理化"的进程中，一方面，作为社会主体人的主体性和生活意义却渐渐丧失，并越来越远离合理的价值；同时，又使个体的身心全面受到来自诸如科层化、市场、资本等非人格化力量的支配和控制，而且这种"法理化统治的铁笼给人类的选择带来更大的限制"①，人仅仅成为这个铁笼中的"动物"。人的生命价值和意义在各种制度的规制下被无情地撕裂成碎片，个人的特性唯有借助外在规定才能实现，不能再通过内在关照来达到；这样，人似乎越来越倾向于个体化和自主化，但也越来越陷入众多无形的规制和束缚之中；在众多规制的压力之下，个体并没有生活的意义感、自由感和幸福感，反而是内心更强烈的压抑感、孤独感、惶恐感、混乱与无序感；另一方面，社会被合理化并不意味着整个社会的合理，而仅仅是手段和工具的合理化与组织化，是一种"形式的合理"而非"实质的合理"，但是社会还是"被说成"是合理的；而实际上，这种工具和手段的合理化则极容易演化为一种"物化"的生活方式，即容易让人把一切社会实在转化为可交换的商品和价值，把社会中所有人与人之间的关系都转化为一种"物与物"②的关系，把个体所有行动的意义都用一个"可否换取像金钱之类价值的物品"的标准来进行衡量；这种行为选择的标准同样人们会用来去对待和评判信仰，从而使人怀疑信仰进而丢失信仰。人一旦没有了信仰，也就失去了人生的意义追求和精神支柱，难免使人迷失人生追求的方向，而导向崇拜那些能满足自我感官欲望的物质

---

① 于海：《西方社会思想史》，复旦大学出版社1993年版，第413页。
② 赵文舟：《信仰重建与构建和谐人生——从宗教信仰的作用谈起》，《河北学刊》2011年第9期，第184页。

享乐。一旦个体把自我的存在意义置在物质的存在和肉体的享乐中；那么，当其无法获得时就感到无比的痛苦，而当其得到满足时又会感到无比的无聊，从而最终将自我的人生价值引向虚无。失去了意义追求的人生，人必然感到人生的苦楚和短暂。

而与此同时，与世俗社会相并存的另一个神圣领域，即以宣称追求终极价值和关照个体内心与生命价值为宗旨和使命的宗教信仰，通过如神灵的旨意、天命不可违、因果报应等带有神圣意义的概念，把个体生命中所经历的种种遭遇，无论是幸福的，还是痛苦与不幸，都能纳入这个庞杂而神秘的信仰体系中进行全新的诠释、转换和消解，以赋予新的寓意和价值；通过这种由内至外的独特方式，宗教信仰把人的身与心、人与人、人与社会以及人与自然的关系协调整合起来，成为一个有机的系统，从而使个人通过对内的关照中复归到一个具有完整意义的自我，重新实现个体身心以及人与人、人与自然、社会与自然的协调与和谐。

在现代社会中，"尽管宗教的整合力量不再通过它对世俗社会制度的直接干预来发挥作用"[①]，但宗教对终极意义的阐释和对个体的内心关照依旧能够为生活在现代社会中的个体提供一个"传统而有效的价值体系"[②]，使得个体能够凭借这一价值支持抵御和克服碎片化和物化的现代生活给其带来的负面影响，仍然以健全个体而非病态的面貌出现在现代社会中，从而助推"健全社会"[③] 的构建。

当下的中国社会，持续多年的经济改革已使社会结构发生了翻天覆地的变化，这不仅使得公共生活不可能再回归到改革前的集体化状态，也使得社会成员的世界观和价值观与过去相比，已是截然不同，呈现出多元化和个体化的倾向；为此，意图通过自上而下的形式在全体社会成员中来实施伦理道德和意识形态的教育已较为困难；而与此同时，多年的经济改革不仅使经济生活出现了巨大的变革，也使得政党意识在多年

---

① ［德］西美尔：《现代人与宗教》，曹卫东等译，中国人民大学出版社 2003 年版，导言第 27 页。

② 同上。

③ 同上。

的实践中不断地进行自我调整和完善，从而与旧式主义伦理道德的要求产生不协调和冲突，这种冲突和矛盾造成人们生活伦理秩序的混乱，在社会转型期各种矛盾的交织影响下共同将社会推向一个无序失范的边缘。面对这种情形，传统宗教和伦理道德应从关照个体的内心出发，对个体的身心进行整合协调，在社会中通过自下而上的形式培育和形成一个个体自愿的健康的公共伦理道德体系，将社会导向一个有序的状态。从这个层面来说，宗教和宗教伦理以及传统伦理体系或许正面对着可以以一种新的模式发挥社会作用的机遇和可能。

第二，中国民众向"信仰常态"的复归为宗教发挥积极作用提供第二个机遇和可能。

西方著名的宗教史学家米夏·伊利亚德（Micrea Eliade，1907—1986）曾提出宗教信仰是人类学常数的看法。在他看来，"神圣和世俗是一种人类具有永恒特性的生存的方式或样式"[1]，宗教与人类文化发展密切关联，信仰宗教是人类的一种普遍现象，是一种常态。即使在现实社会中虽然有不少人不信仰不皈信某一种具体的宗教，但并不代表他们就没有宗教情怀，他们还是有着深厚的宗教情怀和宗教性体验。这种现象不仅在中国有，在国外也同样存在。伊利亚德的观点不仅获得国际学术界的普遍肯定，也得到人类历史发展经验的有力证明。

在全球化、现代化和信息化等多重因素的影响下，中国社会的开放性程度越来越高，广大社会成员在思想、价值观和信仰的选择上越来越拥有更多的自由和自主权，从而使得社会的思想和价值观呈现出一个多元而复杂的特征。在这种情形下，中国民众信仰宗教的人数呈现出增长的趋势。根据各种相关统计显示，中国信仰宗教的人数占据全国总人口的10%，这与改革开放前相比，是一个巨大的变化；虽然这个比例既不及中国自称不信仰宗教的人数90%的比例，也远不及世界信教人数占全世界总人口的80%的比例；但各种迹象表明，尽管中国有近90%的人自称无神论者和不信仰宗教；而事实上，在这些自称为无神论者当中，纯粹的无神论者实际可能不超过10%，大部分人对宗教信仰有着不同程度的需求；特别是随着中国经济的快速发展和人们物质生活水平的日益提

---

[1] 孙亦平主编：《西方宗教学名著提要》，江西人民出版社2002年版，第470页。

高，越来越多的人对精神文明的需求会越来越强烈和越来越高，这就意味着人们的信仰需求会随之增长，在全球化等因素的推动下，一些人随时可能转变为宗教信仰者；因此，中国信教人数将还会不断地增加，呈现出一种向"人类信仰常数"①复归的趋势。随着这种复归的到来，中国信教群体会迅猛发展，宗教对社会生活的影响力也会增强，这势必促使人们反省对待宗教的态度、理念，也势必促使中国的决策者和管理者们不得不认真考虑和面对这种事实，适时调整对待宗教的思维方式和宗教政策；否则，中国当下的宗教政策将会遭受来自现实的严峻挑战。因此，所有的情形表明，随着中国民众向"人类学常数"的复归，为宗教发挥积极作用提供了另一个机遇和可能。

第三，中国生产力水平和科学技术发展水平的相对不发达以及民众文化教育水平的总体偏低影响了人民群众的认识能力和水平，使其容易相信和接受有关超自然的事物，这为宗教发挥积极作用提供了第三个机遇和可能。

经过半个多世纪的发展，中国在生产力和科学技术发展方面取得了举世瞩目的成绩。然而，毕竟我国是在一穷二白的基础上开展社会建设的；因此，生产力和科学技术水平与过去相比，虽然有了飞跃式的发展；但是，与众多发达国家相比，中国的生产力和科学技术发展水平还存在一定的差距，总体上还是滞后于西方发达国家的，这就自然影响人们认识客观事物的能力和水平；另一方面，经过五十多年的发展，中国的教育文化事业建设也取得了骄人的成绩，人民群众的文化教育水平有了较大的提高；但由于中国人口多，底子薄，经济基础不厚实，从而长期影响了国家在教育上的投入和教育的发展，自然也影响了人民群众的文化教育水平的提高。与发达国家的人民相比，中国人民群众的文化教育水平总体上还是偏低，根据统计数据显示，截至目前，中国接受高等教育的人数比例处于世界中下游水平，不及全国总人口数的15%，还有至少七八亿人的受教育程度在初中文化及以下水平；这种情形在一定程度上制约了人们的认识水平和判断能力，致使众多的文化教育水平不高的人民群众比较容易相信一些神异事件和接受有关超自然的信仰，比受教育

---

① 王志成、安伦：《全球化时代宗教的发展与未来》，学林出版社2011年版，第187页。

程度高的人更轻易信仰宗教。这为宗教的发展提供了较大的空间，也为宗教发挥积极作用提供了较大的机遇和可能。当然，一个人信仰不信仰宗教不完全取决于他的受教育程度。但是，一般意义上讲，一个人的理性思维、认识水平和判断能力在一定程度上要受到其所受教育程度的影响。

第四，社会转型变革引发社会成员的心理震荡和社会生活中的诸多不平等和不公正等现象为宗教的存在和积极作用的发挥提供了第四个机遇和可能。

中国是在全球化、现代化和信息化的背景下由传统社会向现代社会转型过渡，由计划经济社会向市场经济社会发展变革，这种社会转型和变革的速度、强度、深度、广度以及复杂度是有史以来所没有的；因而，它给广大社会成员的思想、观念、价值观以及心理带来的冲击和震荡是剧烈而强大的，这对于社会适应能力和心理承受能力偏弱的社会成员而言，就有可能产生身心调适等一系列的问题；另一方面，在现实社会生活中，由于社会制度和法律的不健全以及监督的软弱，一些社会成员容易通过钻制度和法律的空子来谋取不正当的利益，这种寻租行为直接或间接地损害了一部分社会成员的合法正当权益，侵犯了社会的公平和公正原则；这对于权益遭受损害的社会成员来说，就是不公平、不公正，从而使他们难以接受事实而产生内心的不平衡，甚至是怨恨、愤怒，而有可能走向极端，以至于引发社会的冲突和矛盾。面对此种情形，不少社会成员对此难以在世俗社会做出合理的解释和找到有效的解决办法，而使他们很有可能转向神圣领域，转向宗教信仰，希冀在宗教信仰的生活中寻求帮助和解决的办法，而这对以内心关照和功能整合为主要特征的宗教就有了广阔的用武之地，通过其功能的发挥，它不仅可以在一定程度调和社会成员的身心，还可以协调各种人际关系，从而起到缓解社会矛盾和维护社会和谐与稳定的作用。因此，这为宗教发挥积极作用提供了又一个机遇和可能。总之，在全球化、现代化和信息化的背景下，传统宗教既遭遇到新时代背景给其提出的挑战和危机，也具有其继续存在发展以及发挥积极作用的机遇和可能。因此，如何应对挑战和抓住机遇是传统宗教所必须面对的课题。

总之，全球化和现代化不仅对宗教与社会本身带来影响和作用，而且还对两者的互生共存环境、形态、方式、效果带来影响和作用,使得宗教为和谐社会建设发挥作用既存在着机遇和条件,也存在着困境和挑战。可见,全球化和现代化与宗教和社会是在另一个层面上存在互构关系。

第七章

迈向善治
——构建宗教与社会共建共享的和谐社会

宗教与社会共存互构的关系告诉人们，宗教与社会互为一体，互为依存，互为作用，互为条件；若宗教治理的好，就有利于社会的治理与和谐，而社会的和谐有助于宗教功能的发挥和宗教的发展；反之，若宗教治理不善，必然不利于社会的和谐，而社会的不和谐反过来又影响宗教功能的发挥和宗教的发展。可见，宗教健康发展和繁荣，就有利于社会的和谐昌盛；宗教衰败和混乱，社会就会缺失活力和失序；同样，社会和谐安定，宗教就能有序健康发展；社会无序失范，宗教也必然衰微。可见，如何实现宗教与社会的共生共存、共荣共享，才是和谐社会建设和宗教治理的要义之所在。

特别是在今天全球化、信息化和现代化给社会带来众多风险和危机下，中国社会乃至全球社会如何准确而科学地把握和运用宗教与社会的关系，最大限度地抑制宗教的消极作用，最大限度地发挥宗教的积极作用，把握机遇、应对挑战和化解危机，为中国和谐社会建设和世界和平服务，实现中国和世界和谐社会的"善治"目标，该是当下和谐中国建设与和谐世界建设理应考虑的主题。就笔者看来，人们至少应从认知层面、制度层面、能力层面等方面着手考虑。

第一节 认清情势转变认知，树立宗教治理国家思维全球思维

全球化和信息化不仅给宗教和社会本身带来了深刻的变化，也改变了宗教与社会共存互构的环境、条件、形态，进而带来宗教治理、国家和社会治理乃至全球治理理念、方式、方法的调整和改变。因此，在全球化和信息化时代，要实现对宗教治理、社会治理和全球治理的善治目标，首先就要转变认知观念，树立宗教治理现代思维、国家思维和全球思维。

一 认清情势，全面衡量和正确对待宗教的复杂性、长期性和重要性

宗教作为人类社会一种极为复杂的现象，不仅在中国和世界范围内将长期存在，而且有可能是一种伴随着人类社会的永恒的生存方式或样式。正如江泽民同志所言："宗教作为一种社会现象，具有漫长的历史，在社会主义社会也将长期存在。宗教走向最终消亡也必然是一个漫长的历史过程，可能比阶级和国家的消亡还要久远。"伊利亚德也认为，"神圣与世俗是一种人类具有永恒特性的生存的方式或样式"。这也就意味着两者是同时永久共存于一个人类社会中，而且双方互为对方的存在的前提和条件；双方只要任何一方受到影响或不存在，都会影响到对方的存在和发展，而使得任何一方都将受到影响或不能正常存在。这就预示着，任何世俗社会的"去神圣化"或"去宗教化"以及任何神圣社会的"去世俗化"的想法都是不对的，不正常的，也是不可能的。两者只要去除另一方的存在，那么自身也就难以正常存续下去。神圣与宗教将在世俗社会永久存续下去，而世俗社会也将不可能永久地缺失神圣与宗教，或者说永久需要神圣与宗教的存在。两者相互依存，共存于人类社会这个一体中。它们是人类社会这个整体的两个方面、两个领域，缺失任何一方，人类社会就将不能正常运行和存在。

宗教的复杂性还体现了宗教成分的复杂、关系的复杂、要素的复杂和功能的复杂。宗教自从在人类社会产生以来，经历了不同的发展阶段，有最初的萌芽形态、原始形态、传统形态和现代形态；在每种形态下又

演化出很多不同的宗教派别；而且这些不同阶段的宗教形态和不同种类的宗教派别又共存于人类社会这个整体中，分布在全球各个角落；并且在各种宗教中，又衍生出很多宗教的亚种、伪种、新种和变种，从而形成了一个庞杂的宗教之家族和宗教之网，使人难以辨别它们的真假、优劣、善恶、好坏；在这个庞杂的宗教网络之中，宗教之间的关系也十分复杂，不仅存在着本土宗教与外来宗教、传统宗教与现代宗教、正统宗教与亚种、变种、伪种宗教之间的关系，还存在着各种宗教与其所处社会各要素之间的复杂关系，包括宗教与政治、经济、社会、文化、生态、军事、国防以及道德、艺术、科学和民族等各方面的关系；同时，宗教的复杂还体现在宗教要素的复杂。宗教由很多要素构成，不仅有宗教的思想、观念、教义、情感和体验，也有宗教的行为、礼仪、道德、组织、制度、群体和信徒，还有宗教的经典、器物、建筑、活动场所等，可谓涉及众多的领域，涵盖了众多的方面，而且各要素之间关系也相当复杂。此外，由于宗教本身的复杂性，决定了宗教的功能和作用也极其复杂，既有积极的一面，也有消极的一面。同时，还有可能是积极中有消极，消极中有积极，难以辨清积极甚或消极，因而，对待有关宗教方面的事务和问题不能简单草率处理。

在全球化浪潮的影响下，不仅宗教的全球化进程得到快速发展，而且宗教方面的事情和问题也呈现与过去不同的新颖性。这不仅表现在宗教之间跨国界、跨地域、跨文化、跨民族的交流、融合和渗透日益明显和加强，而且宗教之间的差异和分歧也日益凸现和明显，致使宗教之间的矛盾、冲突也越来越频繁，这种矛盾和冲突既有对抗性与非对抗性的、民族性与非民族性的，也有信仰与非信仰性的、政治与非政治性的、文化与非文化性的；还有一国与他国之间、一种文明与它文明之间的；同时，与宗教有关的矛盾和问题还带有明显的累积性、多样性、变异性、全面性、弥漫性、渗透性、突发性、沉淀性和持久性，因而显得极为错综复杂；也因此表明宗教因素在国际社会中的重要性越来越明显，对国际社会的和平与安全、矛盾与冲突的影响越来越大；因而，对待和处理宗教事务和问题不能像过去一样囿于本国本土本族视角，也不能局限于当下和眼前的利益，而应该有国际视野和世界眼光，具备长远思维。

正因为宗教的复杂性、长期性和重要性，而决定人们对待宗教问题和宗教事务不能简单从事，草率处理和解决，给未来的工作留下隐患和麻烦。而应本着谦虚谨慎、实事求是的客观态度，采取由表及里、由浅入深、由此及彼、去粗取精、去伪存真的科学方法，广泛深入实际，深入民众和信众中开展实际调查研究，对具体问题进行具体分析，正确全面合理地处理宗教与社会的关系，对待宗教及其相关事物，解决有关问题，方能给和谐社会建设带来助推作用。

二 转变认知，从对宗教的片面消极认识中走出来

长期以来，受政治意识形态和旧社会历史环境与认知观念的影响，人们对宗教产生了一些负面消极的片面认识，总认为宗教是"统治阶级的工具，是剥削阶级愚弄欺骗被压迫剥削人民的统治方式"，宗教是"鸦片"，宗教是"帝国主义殖民主义侵略殖民世界弱小民族和国家"的武器，宗教是"迷信"，宗教是落后陈腐的表现，宗教在短期内就会消亡。在过去特定历史时期，中国作为一个没有主权、整个民族遭受帝国主义殖民奴役的悲惨境况下，旧社会中的宗教力量确实在帝国主义侵略殖民中国的过程中扮演了不光彩的角色，充当了帝国主义侵略殖民中国的帮凶，也充当了旧社会剥削阶级剥削愚弄民众的工具，再加上执政党政治意识形态的宣传和教育的影响，人们对宗教有这样的认识和观念也是常理之中。但是，随着新中国的建立和摆脱帝国主义的殖民奴役，随着中国社会的不断发展进步和中国特色社会主义建设取得的众多成就和辉煌，也随着中华民族的日益强盛，在旧社会的历史环境下形成的各种宗教认识和宗教观念已不符合当前的社会情境，也不能适应当下的社会发展要求。假如人们，特别是我们的社会管理者，依旧抱着此种宗教认识和宗教观念去开展宗教工作和宗教管理，去对待宗教界人士和信教群众，去处理和解决有关宗教方面的问题，其结果，不但不能把宗教工作做好，而且难以正确妥当处理和解决宗教问题，难以满足宗教界人士和信教群众的正当诉求和维护他们的合法正当权益，难以实现宗教的善治，还会给社会的未来发展与和谐稳定留下无穷的隐患和麻烦。

因此，人们应该清醒地认识到，当下中国社会的宗教与过去旧社会的宗教已经有着本质上的区别和差异，完全不同于旧中国社会的宗教本

质，在于当下中国的宗教主动通过"三自"爱国运动，完成了与社会主义社会的本质相吻合的自我改造，摆脱了帝国主义势力的操控，走上了独立自主自办教会和与社会主义社会不断相适应的健康发展道路上来，而成为中国社会主义精神文明建设的一个组成部分，成为满足人民群众日益增长的精神文化需求的一个组成部分，成为为中国社会主义和谐社会建设提供多种服务的一个重要领域。已不再是帝国主义殖民主义殖民奴役中国人民的武器，也不再是旧中国剥削阶级愚弄欺骗中国民众的工具。

同时，人们还应清楚地意识到，当下的中国社会已不再是处于过去为谋求民族解放和独立、推翻"三座大山"的剥削和压迫的革命战争时期；而是正处于谋求国家富强、人民幸福、社会和谐，实现中华民族伟大复兴的和平建设年代。因而当下中国社会的时代使命与过去旧中国社会的历史任务不尽相同，革命战争年代的中国社会的任务就是要推翻帝国主义和"三座"大山在中国的统治，实现民族的独立、中国的解放和人民群众的当家做主，建立新中国。而和平建设时期的中国社会的任务不再是革命和战争，主要是进行社会主义国家建设，通过建设不断满足人民群众日益增长的物质和精神文化的需求，不断提高人民群众的生活水平，不断提升中国人口的综合素质，不断提升中国国家的整体综合实力，实现把中国建设成为富强、民主、文明、和谐的社会主义现代国家的宏伟任务。为了完成这一宏伟目标，就需要我们必须团结一切可以团结的社会力量，建立最为广泛的爱国统一战线，把广大人民群众引导到积极投身于社会主义现代化建设的伟大事业中来。这就决定了当下的人们对宗教的认识与态度与旧中国社会的人们对宗教的认识和态度是完全不同的。

旧中国社会的宗教，曾被帝国主义用来殖民奴役中国人民，被剥削阶级用来剥削压迫人民群众，因而人们对这种宗教持批判和革命的态度。因为要推翻帝国主义在中国的统治，推翻剥削阶级对人民群众的剥削和压迫，就不但要推翻和打倒帝国主义势力和剥削阶级统治势力本身，还要将为其服务的宗教连同一起进行批判和打倒。只有这样，才能真正摆脱帝国主义和剥削阶级统治势力在中国的统治，实现人民真正当家做主。马克思、恩格斯等一批无产阶级革命导师和领袖之所以会对欧洲的宗教进行批判，其根源也就在于此。而当下中国社会主义社会中的宗教，并没有因中国社会主义社会的建立、发展而消亡或根本性减弱，反而已经成为社会主义社会的组成部分，并随着中国改革开放的不断深化和扩大而进一步得到发展，这说明社会主义中国社会仍然具有宗教存在和发展的环境、条件和客观必要性；宗教界和广大信教群众，也都是社会主义社会建设的重要力量之一，他们与广大不信教群众，在政治和经济根本利益上都是一致的，不同的只是他们都信仰宗教，而不信教群众不信教而已，因而，不能因为信仰上的差异而造成信教群众与不信教群众在政治和利益上的分野和对立；同时，他们大多数都是社会主义和谐社会建设各个岗位上的工作者和劳动者，都在各自的工作岗位上为社会主义和谐社会建设做出自己的贡献；因此，如果我们还是持着对待旧社会的宗教的认识和态度，那么，就很难理解广大信教群众的信仰行为和信仰生活，也很难与他们进行沟通和交流，更难与他们处理好关系和做好他们的工作，这就谈不上能够团结一切可以团结的力量，也谈不上能够建立一个最为广泛的爱国统一战线，也就意味着社会主义和谐社会建设将缺失一支重要的力量，其结果就可想而知了。

　　由此可知，当下中国社会的性质和任务决定了人们对待宗教的认识和态度与过去旧中国社会人们对待宗教的认识和态度是完全不同的。在当前社会主义和谐社会建设的大好时机下，为了把宗教界和信教群众团结在党中央的周围，引导他们积极投入社会主义现代化建设的伟大事业中来，取得社会主义建设事业的伟大胜利，人们就必须转变对宗教的旧认识、旧观念，在全球化的背景下将马克思主义宗教观与中国社会主义初级阶段的宗教具体实际相结合起来，推进马克思主义宗教观的中国化，进一步发展和完善马克思主义宗教观，开创中国特色社会主义宗教观的新局面。唯有如此，人们才会拥有更全面科学合理的宗教理论，并用它来指导党和国家的宗教工作和宗教治理实践，才能取得良好的效果而不至于犯错误。

三　树立宗教治理现代性思维，实施宗教治理国家战略全球战略

　　应对全球化、信息化、现代化背景下宗教因素所带来的各种危机和挑战，若单纯从管理或工作视角来考虑处理好宗教关系、解决好宗教问

题，或许已难以适应新形势的发展要求，更不用讲摆脱困境和化解危机了。为有效应对复杂新形势下的宗教领域的种种挑战，人们应该以系统思维、立体视角、动态眼光、本土情怀、国际视野综合考察宗教的方方面面，以多管齐下之方法针对性地协调宗教关系、解决宗教问题；同时，最大程度调动和发挥宗教的积极面以促进社会的治理；因而，这就有必要树立宗教治理新思维，把宗教治理放在社会治理、国家治理乃至全球治理的范畴来审视和对待，实施宗教治理国家战略和全球战略，或许是在新形势下中国社会治理乃至全球治理走向善治的一个可能途径。

1. 治理和宗教治理

（1）治理和治理理论

治理在古希腊语中原本是"掌舵"的意思，后引申为"操纵和控制"；"在古汉语中，治理具有统治兼管理之意"[①]；近年来，治理被认为是公共或私人领域机构和个人管理其事务的诸多方式的总和。

虽然现代治理与传统管理仅"一字"之差，但其内涵和意义相差甚远。首先是理念的不同。治理的理念不同于管理的理念，治理更倾向于注重自治、民主、平等、协商、共同参与、监督、责任和公共利益，强调发挥各个主体的主动性和积极性；而管理更强调权威、权力、等级、命令、控制和秩序。其次是主体的变化。治理的主体已不再仅仅是管理的主体执政党和政府，而且是在执政党的领导下和政府的主导下的政府、市场和社会的共同治理，是执政党领导、政府主导负责、社会组织特别是社会群体和组织的协同与分工合作、全体社会公众的积极参与下来共同完成治理的过程，实现治理的目标；也就是说，治理不仅仅是党和政府的事，而且是在党政领导、主导和负责下的全体社会公众的职责，是每一个社会组织、每一位公民的责任，治理成效也关系到每一个社会组织、每一位公民的切身利益。再次是方式的变化。治理的方式不再紧紧依赖行政命令或权力，也不再是一种"碎片化、简单化"的治标式处理；而主要依靠"法"，是法治和依法治理，包括执政党和政府的职责、权力以及各个社会群体和组织、群众的权利等都依赖于法的规定；同时，还

---

① 张桥贵、孙浩然：《边疆宗教治理研究》，《世界宗教研究》2016年第3期，第47—56页。

强调源头治理、系统治理、动态监控、标本兼治、综合施策。最后是追求和意义也不一样。治理追求的是一种"善治"状态，注重结构与功能、体系与效能的整体协调，强调对公共利益的维护和社会事务的协调与服务，而不仅仅是一种静态的秩序，是主动适应现代社会发展要求的一种方式；管理更多的是强调一种"权力、命令、控制和秩序"，强调稳定而不太注重体系与效能的协调，甚至有时为了秩序而可以不惜巨大的代价，是被动适应现代社会发展要求的方式。总之，现代"治理"在中国可以体现为五个统一，即党和政府的领导负责与多元主体参与公共事务治理的统一、法治与德治的统一、管理与服务的统一、责任与权利的统一、常规管理与应急管理的统一。

治理理论主张，现代国家治理或国家治理现代化，是国家治理理念、治理体系和治理能力的现代化，而不是仅仅只注重或强调其中某一方面；缺失三者之中的任何一个方面都难以真正做到国家治理的现代化。一般而言，治理理念是有关治理的思想、观念和看法，而治理理念的现代化是指人们要用适应信息化、现代化、全球化的发展要求来审视、谋划国家或社会治理，要让国家或社会治理与现代社会的结构和体系以及国际社会的发展动态接轨，要符合世界的发展趋势。而治理体系是指由有关治理的体制和机制构成的一个有机系统，从静态来看，治理体系主要由组织结构要素、制度要素、方法要素、功能要素和运行要素等构成；从动态来看，治理体系应包含决策计划系统、组织动员系统、协调合作系统、监控反馈系统、服务配置系统；而中国意义上的治理体系现代化就是指在党的领导和政府的主导下处理好政府、市场、社会三者之间的关系，在不同领域的治理中，要发挥不同主体的决定性作用；在经济领域，就要依照政府调控市场、市场引导企业的逻辑发挥市场在经济资源配置中的决定性作用；在政治领域，就要依照党的领导、人民当家做主、依法治国的逻辑发挥法治在政治资源配置中的决定性作用；在社会领域，就要遵循党政的领导和负责下培育、规范社会组织的逻辑发挥社会组织在社会资源配置中的决定性作用。

治理能力是指管理国家和社会事务的能力，其实质就是在特定的社会历史条件下，各治理主体之间的分工协作负责，以及相互之间进行集体行动的能力和成效；具体包括领导决策力、组织动员力、执行服务力、监控反馈力、协调合作力、创新适应力等。治理能力的现代化，就是把治理体系的体制和机制通过一定的技术、人力、资源、制度、政策等因素，促使治理主体治理能力保持一种协调、高效的状态和趋势。

治理体系和治理能力是结构与功能、硬件与软件的相辅相成关系，共同构成一个有机的整体；治理体系现代化是治理结构、体制性硬件的转型换代，治理能力现代化是功能和软件的改善提升。治理体系是本质性属性，决定治理能力的优劣，只有治理体系现代化得到实现，治理能力的现代化才有可能得到改变；而治理能力是非本质性属性，对治理体系起到反作用，执政人员的素质和能力强弱与否、作用发挥如何，对治理结果产生直接影响。

（2）宗教治理

宗教治理是现代国家治理乃至全球治理的一个重要内容，在全球化信息化时代对国家治理和全球治理具有十分重要的意义。由于宗教功能既具有积极的一面，也具有消极的一面，从而决定了宗教治理应有双层含义：一是最大限度地抑制和防范宗教的消极性；二是最大限度地发挥宗教的积极性。

前者就是把宗教事务和宗教问题作为社会治理的对象进行治理，目的是解决宗教问题、调适宗教关系、化解宗教矛盾、防范宗教纠纷和冲突，维护正常的宗教秩序，实现宗教的有序健康发展，达到最大限度地抑制和防范宗教的消极负面影响，而常称为"国家或社会对宗教的治理"[1]；它强调国家或社会以治理主体的身份，依法依规对宗教组织、宗教活动场所和宗教信徒进行管理和服务，抑制或防范宗教的负面性，以维护社会公共利益。

后者是把宗教当作一种治理方式或一种治理力量运用到社会治理中，去协助和增促社会问题的解决、社会冲突的防范、社会矛盾的化解、社会关系的协调、社会公平的维护、社会秩序的保障、社会和谐的营造，实现宗教积极功能的最大限度发挥，因而可称为国家利用宗教对社会事务进行治理；它强调宗教（包括宗教组织和信徒）同国家和社会一样，

---

[1] 刘太刚、龚志文：《对宗教的治理和利用宗教进行社会治理》，《中国政法学院学报》2017年第2期，第32—39页。

都是社会治理的主体，都参与到社会治理中来，在社会治理中享有相应权利，履行相应的职责，发挥宗教组织和宗教信众在救难帮弱、扶危济困、心理调适、精神慰藉、协调关系等特有优势和积极性，服务和帮助社会弱势人群解决困难、满足需求，从而缓解社会压力，化解矛盾纠纷，解决问题冲突，维护公平公正，促进社会和谐。

可见，要最大限度地抑制防范宗教的消极作用，就必须通过国家和社会对宗教的治理来实现；而要想最大程度发挥宗教的积极功能，就必须通过国家和社会将宗教纳入国家治理体系中来，把宗教视为一种治理力量和治理方式，发挥它的优势和功能去协助和促进社会治理，增促社会和谐来实现。由此可知，最大程度限制宗教的消极面，就是最大限度地发挥宗教的积极性；最大限度发挥了宗教的积极性，也自然就最大限度地抑制了宗教的消极面，这是宗教治理的一体两面性。当然，无论是抑制宗教的消极作用，还是最大限度发挥宗教的积极功能，其最终都是以维护和实现社会最大公共利益为基本原则。违背这一基本原则，无论是抑制其消极作用，还是发挥其最大功能，都将失去其正当性和合理性。同样，以此推及全球宗教治理，其当然以维护和实现人类社会的最大公共利益为最大准则；假如抑制宗教消极功能，还是发挥宗教最大功能，损害了人类社会的最大公共利益，那也将是失去其正当性，是不能被接受和理解的。

宗教治理现代化同样包括治理理念、治理体系和治理能力的现代化。宗教治理理念或思想的现代化就是要有治理的现代性思维，要用符合现代社会发展要求的思想和观念来审视和思考现代社会的宗教治理，在此基础上来制定相应的治理策略和方法，从而使现代社会的宗教治理能够适应现代社会的发展需要。而宗教治理体系就是指由宗教治理的组织、功能、制度、方法、运行等要素组成的一个有机系统，具体包含保障公民宗教信仰的权利和维护宗教界人士和信教群众的合法权益，引导宗教与社会主义社会相适应，对侵犯公民宗教信仰自由、破坏宗教秩序、利用宗教实施违法犯罪的行为给予制止、限制、控制和打击等一系列相应的体制和机制，从而使宗教治理尽可能在结构上做到组织体系设置、制度设置、人力资源安排、工作目标设定做到合理科学，在布局上做到各主体工作之间的衔接和协同，在功能上做到权利与责任、激励与惩处的统一。宗教治理能力的现代化就是指宗教治理体系的体制和机制转化为一种有效的功能，通过这种功能的发挥而提高治理的成效；具体由宗教治理者组织、部门和个人的综合素质、能力、水平以及整体运作的顺畅和治理的效能等体现出来。

宗教治理体系和宗教治理能力是结构与功能、硬件与软件的关系，并共同构成宗教治理这个有机的整体；通常而言，良好的宗教治理体系有利于宗教治理能力的改善和提高，而宗教治理能力的提高又会进一步促进宗教治理体系效能的发挥；但两者并不完全等同，也并不是说宗教治理体系越完美，就表明宗教治理能力一定越强，还要看两者是否相匹配、相吻合、相适应；即宗教治理效能的好坏还要取决于两者是否相协调、相适应和相互动。

2. 实施宗教治理国家战略和全球战略

宗教治理是现代社会治理的重要组成部分之一，因此，实施宗教治理国家战略和全球战略，理应将其纳入国家乃至全球治理的现代化体系中来，不断提升党和国家乃至国际社会的宗教治理现代化能力和水平。

中国共产党"十八届三中全会"明确提出，要把"推进国家治理体系和治理能力现代化"作为全面深化改革和完善发展中国特色社会主义制度的目标。这里的国家治理体系，是指中国共产党领导中国人民当家做主管理国家事务的所有制度架构和组织体系，包括经济、政治、文化、社会、生态文明、国防、党的建设等各个领域的一系列体制、机制、法律规章和制度设置，即一整套联系紧密、相互协调的国家治理组织和制度系统；而国家治理能力，就是国家治理者在组织架构下运用国家制度管理社会各方面事务的能力，包括内政与外交、改革与稳定、利益分配与公平公正、资源配置与组合、国防与安全等各方面的能力。国家治理体系和治理能力是一个国家组织制度设置和制度执行能力的集中体现，是一个统一的整体，两者缺一不可、相互依存、相辅相成，良好的国家治理体系为治理能力的提高提供了基础和前提，而治理能力的提高有利于国家治理体系效能的充分发挥。

推进国家治理体系和治理能力现代化，就是要不断地适应社会的变化，与时俱进，改革一些不能与现代社会发展实际相符合的体制、机制、法律、规章和制度，不断地创建能够满足和适应现代社会发展要求的新体制、机制、法律、规章和制度，使得国家治理的各项制度和组织结构更科学、完善和规范，实现党、国家和社会在各项事务治理的科学化、制度化、程序化和现代化；同时，更加重视治理能力的现代化建设，提高国家治理者素质和治理方式方法的现代化水平，增强治理者依法办事、按章办事的意识和运用法律和制度来进行国家治理的能力，把各方面的制度优势转化为治理国家的效能，不断提高国家治理的效能，提升科学治理、依法治理、民主治理的能力和水平。

推进国家治理体系和治理能力现代化，是全面的推进，是所有领域的推进，不是某一方面，也不是某一领域的推进；否则，就难以真正实现它的现代化。宗教作为社会的一个子系统，是社会不可缺少的部分，在社会主义中国社会，同样是重要的组成部分之一；而且，宗教工作在党和国家工作中占有重要地位，宗教问题又是党和国家治国理政必须妥善处理的重要问题之一，宗教关系是中国政治和社会领域涉及党和国家工作的重大关系之一；因此，宗教治理不该排除在国家治理体系之外，而应是国家治理体系的一个重要组成部分之一；如果把宗教治理排除在国家治理体系之外，无疑就是对宗教工作、宗教问题、宗教关系重要性的否定，也自然无法实现国家治理体系和治理能力的全面现代化。可见，宗教治理作为国家治理体系的一个组成部分，应该是不容置疑的。因此，把宗教治理作为国家战略来规划和推行，已成为中国治理现代化的内在要求，应提到国家事务议程上来。

在今天，由于宗教因素所具有的弥散性、蔓延性、渗透性、全面性特点，而成为影响国家和地区乃至国际社会安全与稳定、矛盾与冲突的重要因素之一，特别是宗教极端势力、恐怖势力、分裂势力以及各种邪教势力，对国家和地区乃至世界的和谐安定秩序构成了严重的威胁，单靠某一个国家、某一地区的力量，难以抵御这些势力的破坏和侵袭。因此，宗教治理不仅是国家治理体系的组成部分，还应纳入全球治理体系的范畴来考虑。只有世界各个国家、各个地区，与宗教界共同联手合作，构筑反对宗教极端势力、恐怖势力、分裂势力和邪教势力的安全之网，才能有效维护世界的和平和安全。可见，在全球范围内规划和实施宗教治理，推行宗教治理全球战略，也是迫在眉睫的事情。

总之，在全球化、信息化的时代，宗教治理也应跟上社会发展的形势,不仅要尽快走上现代化治理的发展道路上来,而且还应及早谋划,将宗教治理纳入国家治理长期规划和全球战略当中来,不断提升党和政府在宗教治理中保护合法、打击非法、抵御渗透的现代化能力和水平,以及长远规划和全球合作的能力和水平,宗教治理方可取得较理想成效。唯有如此,广大信教群众的宗教信仰自由权利才能得到保障,和谐的社会秩序和世界和平才能得到维护。

3. 以"两个根本"和"四个有效"来评价检验宗教治理成效的优劣

宗教治理不仅要协调与宗教有关的各种复杂关系,包括执政党和政府与宗教、社会与宗教、中国各个宗教、中国宗教与他国宗教、信教人士与不信教人士之间的各种关系,还要对宗教领域的方方面面进行综合治理;不仅要对合法正当的宗教信仰行为给予充分保护,又要对以"宗教为伪装"实施各种违法犯罪行为、扰乱宗教和社会领域正常秩序的行为给予有效整治、打击和控制;不仅要对国外敌对势力和反华势力利用宗教对中国进行渗透的行为进行有效的抵御,还要在有条件的情形下鼓励中国宗教走出去,开展国际交流和友好交往;不仅要抑制和防范宗教的消极方面,还要最大限度地发挥宗教的积极方面;因此,宗教治理是一项庞杂的系统性工作,每一种关系、每一个方面都要牵扯和考虑到;任何一种关系没有协调好,任何一个方面没有考虑到,都有可能对宗教治理的整体成效产生重大的影响。因此,对宗教治理成效的评价,若从单一指标或从某一个方面进行考核,都不是好的、科学有效的评价和检验。

那如何科学考核宗教治理的整体成效呢? 对于这个问题,实际上习近平总书记在"全国宗教工作会议"上就已明确回答,他强调:"要把能不能把广大信教群众团结在党和政府周围作为评价宗教工作成效的根本标准。"[①] 这一重要论断,不仅深刻揭示了宗教工作和宗教治理的本质,也明确了评价和检验宗教工作和宗教治理的根本标准,为人们开展宗教工作和宗教治理指明了着力的方向。同时,笔者还认为,宗教治理还应

---

① 习近平:《发展中国特色社会主义宗教理论 全面提高新形势下宗教工作水平》,新华社北京 2016 年 4 月 23 日,http://news.xinhuanet.com/politics/2016-04/23/c_1118716540.htm,2016—8—17。

坚持以维护和实现最大公共利益和最广大人民群众的利益为根本准则；如果宗教治理违背这一基本原则，以牺牲最大公共利益和最广大人民群众的利益为代价，这种宗教治理也就失去了其正当性，其治理动机和成效也值得质疑。

实际上，做到坚持根本标准，自然也就做到了坚持根本原则；而坚持了根本原则，也就做到了坚持根本标准。因为，在宗教治理中，真正做到维护和实现了最大公共利益，自然就维护了最大多数人的根本利益，这些人自然信任和支持党和政府，而实现最广泛地把广大人民群众团结在党和政府周围；同样，要把最广泛的人民群众，包括信教群众团结在党和政府周围，自然必须维护最广大人民群众的根本利益，也即维护最大公共利益。可见，根本标准和根本原则是相统一联系的，不是彼此分裂的。

以此为根本标准和原则，人们还可以在它的基础上进一步把宗教治理的评价标准细化为"四个有效"指标。第一是广大人民群众的宗教信仰自由权利是否得到有效保障；第二是各种以宗教为伪装的违法犯罪行为是否得到有效整治、打击和控制；第三是一切敌对势力和反华势力利用宗教对中国进行的渗透行为是否得到有效抵御；第四是宗教极端主义、恐怖主义、分裂主义以及宗教冲突、纠纷、矛盾和战争是否得到很好抑制、化解和防范，人类社会的最大公共利益是否得到很好实现，社会和谐和世界和平是否得到很好维护。这四个有效标准互为一体，共同构成了宗教治理成效的评价指标体系。

四者缺一不可，缺失其中一个，都不可能科学地评价宗教治理的成效，不可能真正做到把广大信教群众团结在党和政府周围。只有执政党和政府对这些违法犯罪行为给予坚决地整治、打击、控制和有效地抵御，人民群众和信教群众的合法权益才不被侵害，信仰自由才能得到充分的保障，广大人民群众的生命财产安全才能得到有力的保护，社会安定和谐才能有所保障。可见，要依法保护人民群众的合法权益，就必须依法打击危害和侵犯人民群众权益的行为，抑制宗教极端主义、恐怖主义和分裂主义，化解宗教纠纷和矛盾，防范宗教冲突和战争，才能赢得人民群众的信任和支持。因此，对宗教治理有效性的评价，应该是对"保护合法、打击非法、抵御渗透、抑制极端、化解矛盾、防范冲突、实现最组织结构要素、制度规范要素、方法技术要素、功能机制要素和运行保障要素等都应该以适应现代化的发展要求为导向进行调整、改善和发展；同时，还要使宗教治理体系进一步得到优化，效能得到更好地发挥。

一 宗教治理组织结构的现代化、多元化和全球化

宗教治理组织结构解决的是"谁来治理、谁有权力和责任来治理"的问题，解决的是宗教治理中的权力分配和责任分担问题，实质是治理的权力责任体系。传统的宗教管理组织结构体系注重党的领导和政府的负责与执行，未能充分发挥社会组织，特别是宗教组织以及公民个人的主动性和积极性。而在现代宗教治理体系之下，比较注重发挥多元主体的治理效能；同时，还强调各主体间的边界、分工、合作、协调与互动；因此，为实现治理的有效性，应首先明确"谁"是治理的主体，"各治理主体之间应是什么样的"关系，即"各治理主体之间的权利与义务关系如何，哪一个是领导主体，哪一个是负责主体，哪一个是协同主体，哪一个又是监督和参与主体"；只有弄清楚了这些治理主体及治理主体之间的权利义务关系，才有利于构建一个适应现代化发展要求的合理科学的宗教治理组织体系。

在当前中国特色社会主义和谐社会建设的背景下，宗教的世俗化社会化的发展趋势越来越明显，宗教事务涉及公共利益、世俗利益的领域和范围越来越广泛；因而，政府、企事业单位、社会组织、社区、社会群体以及公民个人都有机会和可能介入一些宗教事务中来，在此种情形下，依靠政府的单一主体治理模式已难以适应社会发展趋势，必须突破以政府为单一主体的治理力量，人们应考虑在加强党的领导和政府的主导作用的前提下，充分调动和发挥宗教组织、社会组织、企事业单位、媒体、信教群众和不信教群众以及各国政府、各国际组织在宗教治理中的积极性和主动性，吸收社会组织力量、市场力量、宗教自身的力量、民众力量以及国际力量共同治理宗教事务；同时，宗教组织、宗教活动场所和宗教活动与公共利益、世俗利益关联密切的那一部分和领域，应统一纳入相应部门和相应法律规章中来进行管理和规范，例如"宗教组大公共利益"有效性的整体评价,而非仅仅其中某一方面的考核。

总之,评价中国宗教治理的好坏,应以两个"根本"和"四个有效"指标综合来考量,才是比较科学合理的检验,才会有利于宗教治理工作的改善和宗教治理水平的提升。

总而言之,要用现代化的治理思维来审视和思考宗教事务的管理和宗教问题的解决,要把宗教的治理纳入国家和社会治理乃至全球治理的范畴来对待,要将现代化的治理方式和方法运用到宗教治理中来,以改善和提升宗教治理的成效,使宗教治理体系和宗教治理能力都走上现代化的道路上来。

第二节 改革体制创新机制,构建现代化多元化全球化宗教治理体系

确立了宗教治理的现代性思维,就应该全面推进宗教治理的现代化、多元化和全球化进程。然而要推进宗教治理现代化、多元化和全球化,首要的是从理顺宗教治理体制和完善宗教治理机制入手,建构一套能不断适应宗教发展形势的多元化、现代化和全球化的治理体系。

中国现行的宗教管理体系是在计划经济基础上建立起来的,它是党领导、政府负责、政府宗教事务管理部门依法管理的单一主体宗教事务管理体系;在中国改革开放和市场经济发展多年的背景下,宗教领域已经发生了巨大变化,致使这种宗教事务管理体系面临着诸如管理理念滞后、管理职责不清、管理范围不明、管理法制不健全、管理方法陈旧、管理力量薄弱等众多困境和挑战,若不及时加以调整、理顺和建设,将难以应对全球化、现代化、信息化时代复杂多变的宗教情势。而党的"十八届三中全会"明确提出要用"社会治理"代替"社会管理",并要全面推进治理体系和治理能力的现代化。这表明宗教管理也要转变为宗教治理。同时,面对错综复杂、变化万千的国内外宗教形势,中国的宗教治理不仅要调整治理体制,健全治理机制,还应调整宗教治理规划和战略,构建一个现代化、多元化、全球化的宗教治理体系。

宗教治理体系要走上现代化、多元化、全球化轨道,就要求宗教治理体系各要素都要具有现代化、多元化、全球化的内涵;包括宗教治理

织的财务要接受社会审计"①，在社区中开展的宗教活动要规范，社会福利事业如养老、医疗、教育等社会保障和诸如交通、通信、通讯、供水、供电、供暖等各种公共基础设施建设，都要考虑和覆盖宗教群体和宗教活动场所，让宗教人士和信教民众享受均等的国民待遇，同时，也要履行相应的公民责任和义务。因此，对于涉内的宗教事务治理，建议构建一个党领导，政府主导负责和各部门分工配合，宗教组织、企事业单位、社区和社会组织协同合作，媒体互动支持，公民和信教群众积极参与的"党、政、宗、企、事、社、媒、民""八位一体"的现代宗教治理体系；这些治理主体之间既要职责权限清晰，各司其职，享受相应权利，承担相应的职责；同时又分工合作，民主协商，相互协调一致，共同推进宗教治理的现代化进程，维护宗教关系和社会的和谐。

对于涉外的宗教问题和宗教事务的治理，若纯粹依靠"八位一体"的宗教治理体系就不够了，需要双边或多边合作、次区域间的合作、区域间的合作以及全球合作，就需要各国政府组织、国际组织以及国际宗教组织的联盟与合作。例如，对涉及中国诸如云南、西藏、新疆、内蒙古、东北等边疆边境地区安全和稳定的一些宗教问题治理，就需要与周边国家政府及相应宗教组织和非政府组织建立合作关系，共同携手解决此类问题；而对于威胁世界和平和安全的国际宗教极端主义、恐怖主义、分裂主义的宗教问题的治理，就需要与联合国等国际组织，"世界宗教议会、世界和传统宗教领袖大会、世界佛教徒联谊会"② 等国际宗教组织以及国际其他组织进行协商对话，建立联盟合作，共同治理区域范围或全球范围内的宗教问题，维护区域或世界的和平与安全。因此，涉外的宗教治理在"八位一体"的基础上加上一个国际合作，成为"九位一体"的全球化宗教治理体系。当然，在同国际各组织联盟合作中，要坚持以维护国家主权和人类社会最大共同利益为基本原则。

总之，通过对宗教治理组织体系的改革和创新，将宗教治理主体由

---

① 李剑钧、陈凤林：《树立治理理念 推进宗教事务管理体制改革创新》，《中央社会主义学院学报》2014年第5期，第90—94页。

② 程春华：《未来中长期世界宗教发展：趋势、问题及其治理》，《国外社会科学》2014年第6期，第89—97页。

单一主体向多元主体转变，将宗教治理领域由政治领域、经济领域、文化领域拓展到外交、安全、军事等领域，由既有治理领域拓展到新建治理领域和未来新领域；将宗教治理层面由对宗教的治理延伸到利用宗教增促社会的治理、国家的治理和全球的治理；将宗教治理区域范围由地方治理、国家治理扩展到双边与多边治理、次区域治理、区域治理，乃至全球治理。

二 宗教治理法律制度的现代化、多元化和全球化

光有宗教治理组织结构体系的现代化，还不足以实现治理体系的现代化、多元化和全球化。要推行宗教治理体系的现代化、多元化和全球化，保障宗教治理体系正常有效地运转，很关键的一方面就是要有一套完整的制度规范体系，并使之做到现代化，即使宗教治理要有完善和健全的法律法规和规章制度和公正的程序做保障，真正做到有法有章可依、有法有章必依、执法执章必严、违法违章必究和程序公正，这样才能符合现代社会的发展要求。可见，宗教治理制度体系主要解决的是"治理的依据"和标准问题，即一切治理行为和活动应以什么依据和标准来进行。

1. 现实背景

就中国现行的有关宗教治理法律制度来看，虽然初步建立起以宪法为核心，以《宗教事务条例》为基础，包括基本法律、行政法规、部门规章、地方性法规、地方政府规章在内的宗教法律制度基本架构；但总体上宗教法制不够健全，立法进程较慢，立法层次和水平不高，大部分法规属于地方立法，在国家层面上仅有《宗教事务条例》行政法规，宗教基本法仍未提上国家立法议程；同时，由于宗教法制不健全，"依法管理的宗教事务覆盖面偏窄"[①]，大量的民间信仰、原始宗教信仰、新兴宗教信仰和地下教会的事务管理缺乏法律依据而难以实施依法管理，存在法治漏洞；另外，现行法律法规又未能对相关部门宗教事务管理的职能给予明确定位和规定，致使一些宗教事务要么没人管，要么一些地方行

[①] 李剑钧、陈凤林：《树立治理理念 推进宗教事务管理体制改革创新》，《中央社会主义学院学报》2014年第5期，第90—94页。

政权力过多地干预宗教内部事务，而造成宗教事务管理上的缺位、越位现象，这不仅侵害了一些宗教人士和信教群众的合法正当权益，而且损害了宗教界的自治传统，导致一些宗教组织过度依赖政府和行政权力，自治能力不强。伴随着国内国外宗教问题的日趋复杂，一些宗教问题和行为不仅已明显突破了宪法、法律和政策的允许范围，还涉及国家主权和安全，但对此却没有专门的法律法规给予有效治理，给社会造成不良影响甚至是伤害。因此，加强宗教治理的法治建设，加快宗教治理的立法进程，尽快健全宗教法制，完善宗教治理法律制度体系，是当下宗教治理的当务之急。

2. 治理法律制度和宗教治理法律制度

要完善宗教治理法律制度，关键是要弄清从哪些方面入手来完善宗教法律制度体系；而要明白这个问题，首先应了解治理理论是如何对治理制度进行分类的。

治理理论主张治理制度体系可依据不同的标准进行不同的分类；从功能来看，制度系统包括基本制度、运行制度和保障制度三大类；从来源来考察，它主要来自立法组织、决策组织和自治组织；从内容层级看，它可以分为国家、地方和基层三个层次的治理制度体系。

治理的基本制度体系主要是由国家的基本法律规范所组成，但并不表明全部的基本制度都是基本法律，还包括一些对整个社会有重要影响的基本政治制度、组织制度和根本性的规章。任何社会的治理基本制度，都要以《宪法》为根本，都应遵守《宪法》的基本精神和基本原则，不能与《宪法》的精神和原则相背离；否则，就是失效的或不能存在的；在于《宪法》是国家的根本大法和"母法"，是治国安邦的总章程；它规定了国家的根本政治制度和政体，也规定了国家政权机关、组织的权力、职责以及公民的基本权利和义务，是一切组织和公民个人活动的根本准则。

与基本制度体系紧密联系的是运行制度系统，它主要包括规范各社会治理主体行为的相关性专门法律、法规、制度、条例、章程、准则等。它们除了源自立法机关的立法外，还大量出自各级政府部门和社会组织制定的规章制度、条例和准则。运行制度体系主要起到规范各组织和公民个人的行为、解决现实社会问题的作用，是社会治理实践的主要依据和基本参照。因而，为了保证社会的有序运行，每一个社会都应该重视该体系的建设。一个社会的治理有了基本制度和运行制度，并不意味着社会治理就能正常运行，还需要一个保障约束机制，来保障基本制度和运行制度的正常运行，这就是保障制度系统。保障制度系统主要起到保障功效，使得国家和社会治理能够真正做到依法依规进行，保障一切组织和个人在法律法规和规章制度范围内行为。社会治理基本制度、运行制度和保障制度主要由立法机关和行政机关来制定；在中国，它们主要由全国人民代表大会及其常务委员会负责；地方社会治理制度体系建设主要是由具有立法权的地方人大及其常委会依据国家法律和制度来完成；国务院及其组成部门和地方政府，主要是运行制度体系中有关行政法规、规章和规范性文件的制定主体。自治组织的运行制度，例如自治组织的自治章程、企事业单位的管理规定、乡村社会的乡规民约等，则主要由自治组织本身来制定。

宗教治理作为社会治理和国家治理的组成部分，其法律制度体系也可以从功能上分为基本法律制度、运行法律制度和保障法律制度；从来源来考察，它也同样主要来自立法组织、决策组织和自治组织；从内容层级看，它可以分为国家、地方和基层三个层次的宗教治理法律制度体系。

宗教治理基本法律制度体系由国家的基本法律规范组成，是以《宪法》为核心，包括宗教治理基本法律和其他法规规章和地方性法规在内的所有法律制度体系。而宗教治理的运行法律制度体系，是由规范各宗教治理主体行为的相关性专门法律、法规、制度、条例、章程和准则等构成，是对各宗教治理主体和公民个人的行为进行规范，是宗教治理依法实践的依据、参照和标准。宗教治理保障法律制度是对宗教治理基本法律制度和运行法律制度正常运作起保障作用的，其目的是保障宗教治理能够在法律制度规定的范围内行事，保障一切宗教治理主体和个人的行为在法律和制度的允许范围内。同样，宗教治理的基本法律制度、运行法律制度和保障法律制度也主要由立法机关和行政机关来制定。

3. 宗教治理法律制度的现代化、多元化和全球化

宗教治理法律制度的现代化、多元化和全球化，不仅包含宗教治理基本法律制度、运行法律制度和保障法律制度要向现代化、多元化和全球化发展，也包含法律制度的来源和内容层级上要体现多元化、现代化

和全球化的内涵。

(1) 宗教治理法律制度的现代化

就其现代化而言，宗教治理法律制度的现代化本身也是中国宗教治理现代化的重要内容；无论是宗教治理法律制度的现代化，还是宗教治理本身的现代化，都是中国社会为主动适应现代的政治、经济、文化发展要求以及宗教发展趋势而做出的选择和需要履行的职责、实施的任务、完成的过程和达到的目标。可以说，中国的现代化以及中国治理现代化的推进成功与否，离不开宗教治理及其法律制度的现代化；换而言之，中国的宗教治理现代化及其法律制度的现代化是中国社会现代化和治理现代化的重要组成部分之一；而宗教治理法律制度的现代化又是中国法律现代化的重要内容。

中国宗教治理法律制度的现代化，就是中国宗教治理法律制度理念、法律制度制定、法律制度实施三者交互作用而形成的一个有机整体，是对各种宗教治理法律制度文明的整合，是从一种宗教治理文明向另一种更高层次宗教治理文明进化的根本性转变。其主要特征是以普遍有效的法律和制度作为社会治理宗教的主要手段，法律制度的普遍性和全面性在宗教治理中相当普遍和广泛；国家依法依制度治理宗教，而宗教界和信教群众也依法依制度享受宗教信仰自由权利和履行相应的义务，"依法治教"和"依法信教"成为社会的普遍现象；信仰权利本位成为主导地位，信仰权利得到有效保障；各种宗教治理法律制度的制定、修改的技术和方式科学化、规范化和程序化；宗教治理成效的保障、评价科学化和规范化；国家和社会的宗教治理法律制度致力于维护一个和谐、自由、公平、民主、平等、健康、积极的宗教秩序和社会秩序，尽量抑制、化解、消除防范宗教秩序和社会秩序中的僵化、封闭、保守、偏见、混乱、冲突、消极等因素。宗教治理法律制度的现代化，不是某一方面或单向的变革，而是一场涉及与宗教治理法律制度有关的各个领域的大变革。就目前而言，中国宗教治理法律制度现代化的途径并非以西方宗教治理法律制度的模式为最佳选择，而应该在结合自己国情宗情的基础上吸收和借鉴发达国家宗教治理法律制度的先进经验来做出新的抉择，然后通过自上而下的方式来实施和推动；切入点是依宪依法依规治教；关键是要建立先进而完善的宗教治理法律制度，然后依靠国家权力进行推行，在此过程中逐渐改变人们的观念和提升人们的宗教法治观念。

(2) 宗教治理法律制度的多元化

宗教治理法律制度的多元化，在此处不仅是指宗教治理的法律和制度本身是一种地方性经验和知识，具有多元化、地方化和本土化的特征和表现形式，无论是在历史还是在实践中，都不存在也不可能实现所谓的宗教治理法律制度的统一性和普适性，以西方文明为标本的宗教治理现代法律制度仅仅是启蒙时代以来的一种设想构造，并非适用所有国家和地区；还指中国宗教治理的法律制度不仅仅包括国家制定的法律制度，还应将一些宗教组织的自治制度、与宗教治理有关的国际组织条约、协定以及宣言等也纳入中国宗教治理法律制度体系中来，成为中国宗教治理的法律制度依据、参照和标本；换句话说，就是中国的宗教治理法律制度为应对宗教的多元化、全球化发展趋势而应该涵盖国家、地方、基层、国际层面在内的政府和非政府组织制定的有关和有利于宗教治理的法律制度。前者是强调宗教治理法律制度要具有中国本土化和地方化的特征，后者是强调中国宗教治理法律制度要应对宗教发展的多元化和全球化而应扩展外延，使之也具有多元化、全球化的特征。

法学研究者苏力主张，"我们不能误以为现代法治必定要或总是要以制定法为中心。社会中的习惯、道德、惯例、风俗等从来都是一个社会的秩序和制度的一部分，因此也是其法治的构成性部分，并且是不可缺少的部分"。① 其无疑对中国宗教治理法律制度建设具有十分重要的指导价值，除此之外，国际条约、声明、宣言等都是社会秩序和制度的一部分，也是宗教秩序和制度的一部分，是中国宗教依法治理的组成部分。

就当前而言，中国宗教治理法律制度的多元化，从功能上，就是宗教治理法律制度不仅涵盖国内基本法律制度、运行法律制度和保障法律制度等，还应包含一些对宗教治理有影响的宗教组织自治规章，国际法、国际条约声明以及国际组织相关规定等；从来源上看，不仅包含国内立法组织、决策组织和自治组织制定的相关宗教治理法律制度；还应包含由联合国等国际综合组织、国际政府组织、国际宗教组织、国际其他组

---

① 苏力：《现代化视野中的中国法治》，载《第三代学人自选集（第1辑）：阅读秩序》，山东教育出版社1999年版，第174页。

织等制定的相关宗教治理法律制度、条约声明、规章制度等；从内容层级来看，不仅包含国家、地方和基层三个层次的宗教治理法律制度，还应包括双边、多边、次区域、区域以及全球范围内的宗教治理法律制度。

例如，《中华人民共和国宗教事务条例》主要是对中国法定的五大宗教活动进行保护、规范和管理，但对五大宗教之外的其他宗教活动，包括大量的民间信仰、新兴宗教、地下教会活动却没有相应的法律制度依据，为此，中国宗教治理的国内法律制度还需进一步完善，要有适合多元宗教信仰的法律制度来对此进行规范和治理；再如，针对中国境内的外国人宗教活动管理，虽然有《中华人民共和国境内外国人宗教活动管理规定》（1994年1月31日国务院第144号令），《宗教院校聘用外籍专业人员办法》（1998年11月19日由国家宗教局、国家外国专家局和公安部颁布发行），和《中华人民共和国境内外国人宗教活动管理规定实施细则》（2000年8月11日宗教事务局第1号令发布）；但中国境外外国人利用宗教对中国国家利益进行破坏、侵害的行为，或中国公民在中国境外利用宗教实施违法犯罪活动对中国国家利益或公民利益进行破坏、侵害的，中国也没有相应的法律依据；这都需要通过吸收一些国际涉外规则来加以建构和完善。

总之，中国宗教治理法律制度应该对中国和世界宗教信仰的多元化有所回应，否则，其难以适应社会和宗教发展的要求。

（3）宗教治理法律制度的全球化

宗教治理法律制度的全球化，正如法律全球化一样，具有两层含义：一是在一国或一个地区范围内通行的法律制度因某种原因而超出国家或地区范围，在更广泛的领域甚至是全球通行，即国内宗教治理法律制度的国际化，也被称为"全球化的地方主义"；这种形式的全球化，常常与某一国或某些地区在世界经济或政治中的霸权地位或主导地位相关。而接受国或接受地之所以接受这些制度和规制，要么囿于依附地位，要么囿于文化影响。二是国际组织的条约、规章和国际宗教组织的宣言等为某一国所接受，转变为对国内具有法律约束力的规则，即国际宗教治理法律制度的国内化，也被称为"地方化的全球主义"；其原因在于越来越多的国家加入某一国际组织中，从而使该组织的规则成为全球性的规则。

宗教治理法律制度的全球化表现为宗教法律制度非国家化、标本化、趋同化和一体化，具体为：一是宗教法律制度的非国家化，即宗教治理法律制度并不都是出自主权国家，而更多的宗教法律制度将来源于各种各样的宗教组织、宗教组织联盟以及其他国际组织等的制定，而非国家机构制定；二是宗教治理法律制度的标准化或标本化，即由联合国、国际宗教组织、宗教组织联盟或世界宗教共同体制定一些宗教法律文本，给各个国家的宗教法律制度的立法提供参照或标本；三是宗教法律制度的趋同化，即指调整相同类型宗教关系或社会关系的宗教法律制度趋于一致，不仅包括不同国家的国内宗教法的趋向一致，也包括国内宗教法与国际宗教法的趋同一致；四是宗教法律制度的一体化或"世界化"，即指全球范围内宗教法律规范相互联结，国际宗教法与国内宗教法之间的边界越来越趋于模糊，而这种联结的实现在于国际宗教法高于国内宗教法的信念得到广泛的认可和接受。宗教法律制度的一体化还意味着"全球性宗教法律、世界性宗教法"的出现。

就中国而言，中国宗教治理法律制度的全球化，一是中国的宗教法律制度要借助中国综合国力的提升和文化的影响而走向世界，争取获得更多国家和更广泛地区的认可和接受；二是为应对宗教发展的全球化，中国的宗教治理法律制度要主动接受一些具有国际影响的地区性或全球性的国际组织和世界宗教组织的条款、规章、宣言、声明等，将一些合理的国际组织制定的相关宗教法律、规章制度以及国际会议发表的相关宣言、联合声明等应考虑纳入宗教治理的法律制度体系中来，以此来完善中国的宗教治理法律制度；例如，针对国际宗教极端主义、恐怖主义、分裂主义的反人类、反社会、反人道的极端恐怖活动，虽然中国制定了《中华人民共和国反恐怖主义法》，与俄罗斯签订了《俄中反恐合作协定》（2010年9月在北京签署），但仅仅这样是不够的；像《联合国反恐怖主义公约》、1993年第二届世界宗教议会通过《世界伦理宣言》；2002年9月20—23日，国际非政府组织宗教及国家间世界和平联盟在纽约召开会议，会议主题为"治理及宗教在和平与安全中的地位"，会后形成《纽约宣言》；2013年11月23日，世界宗教和平委员会第九届世宗会大会通过了《维也纳宣言》等，对全球宗教治理和全球宗教秩序以及世界和平稳定都应该是有用的，不仅可以为中国宗教治理法律制度的完善提供参照，还可为构建全球宗教治理制度提供借鉴；在此过程中，我们应采取包容"全球化"和尊重"多元化"的态度和路径，来处理好宗教法律制度多元化与全球化的关系。

总之，宗教法律制度的全球化是经济全球化带来的一种不可避免的趋势，它与多元化构成一个矛盾统一体；但它不可能也不会替代主权国家去行使法律主权，仅仅表明人类活动空间领域扩大后的共同规则而已。人们不能因为全球化而放弃自己的民族历史传统和主权利益，但也不能为保存民族历史特色和多元化而拒绝全球化，阻碍中国宗教法治的进步；正确的办法是在全球化与多元化、全球性与本土性、开放性与保守性之间找到一个平衡点，保持它们之间的统一与协调。

总之，面对宗教发展的现代化、多元化和全球化趋势，中国宗教治理的法律制度体系也应跟上宗教和社会发展的步伐，在不断修改和完善《宗教事务条例》的同时，人们还有必要加强宗教治理的整体法制建设和制度建设，健全宗教治理法制体系，严明法纪，严格执法，切实保障人民的宗教信仰自由权利，最大限度地限制、制止、控制，甚至是杜绝宗教领域的违法犯罪行为的发生和蔓延，抑制和防范宗教冲突和纠纷，打击、抑制和防范宗教极端主义、恐怖主义和分裂主义；同时，制定科学有效的激励制度，尽最大可能调动各治理主体的潜能和充分发挥各自的积极性，共同为实现宗教治理的现代化献计献策和贡献力量；不断完善协同合作与监督制度和机制，确保党政间、部门间、组织间、公私间乃至国际间的跨界协作和上下纵横交叉协作的依法高效正常运行，使大到全球宗教治理、区域宗教治理，小至主体功能区的宗教治理、地方宗教治理、城乡社区宗教治理、特定宗教问题治理都取得明显成效。

三 宗教治理技术方法的现代化、多元化和全球化

宗教治理的组织结构解决的主要是治理的主体问题，即知道谁来治理；而法律制度主要解决的是治理的依据和规章问题，即明白依照什么样的法律标准和规章来进行治理。有了这些组织结构法律制度，并不意味着就能把宗教治理好，还需要懂得采用什么样的技术、手段和方法来实施治理。因此，宗教治理的现代化、多元化、全球化还应包括宗教治理技术方法的现代化、多元化和全球化。

传统的宗教管理比较强调依赖政府权威和政府力量，注重传统管理方法的运用，如行政、命令、习惯、权力、惩罚、控制等手段和方法，不太重视借助其他力量的作用，也不太注重其他方法技术的使用；在现今现代化、全球化、信息化社会的大背景下，假如还仅是强调政府的力量，注重一些传统方法和手段的使用，而不懂得借助政府之外的力量，忽视或不懂得运用一些新的现代技术方法来开展宗教治理，已难以适应现代社会的发展要求；换而言之，现代社会的发展特点和趋势要求宗教治理的力量不仅要多元，而且要求宗教治理的技术和方法也应该是现代的、多元的、全球的。为把现代社会的宗教治理好，人们不但要发挥一些传统方法的优势来对宗教事务进行管理，还应采用一些新的技术和方法来提高宗教治理的成效。也就是说，现代社会的宗教治理不仅需要多元力量的介入，还需要多元技术、手段和方法的介入，而不能仅依靠某一种或某几种方法和手段的使用；除了要继续善于使用行政、习惯、经济、道德、教育、命令、权力、控制、惩处等方法和手段外，还应大力开发和充分运用法律、宣传、网络、媒体、学习、协商、沟通、交流、监督、考核、评估、对话、合作等技术方法。特别是对于网络宗教这种新现象的治理，假如不借助网络技术，不通过网络途径，是很难实施治理的。一句话，现代社会的宗教治理技术和方法应围绕"依法治教"的理念和发展方向，着重构建一个以法治为核心、以其他多种手段相结合的多元、综合、立体的治理技术、方法和手段体系；通过这个多元综合的治理方法体系，展开对宗教的全面、全方位和全球化的综合治理，来实现宗教治理的法治与德治、管理与服务、控制与引导、共治与自治的协调与统一。这就不仅仅需要进一步加强法制建设、政治文明建设和经济建设，完善国家法律制度，构建法治型社会；提高行政效能，减缩行政成本，健全民主协商机制，畅通利益表达渠道，促进社会公平公正；增加国家财政收入和民众的经济收入，改善人民群众的生活质量和提高人民群众的生活水平；同时，还需要加强道德建设、教育建设和文化建设，提高公民的道德水平和知识文化素养，陶冶公民的道德情操，丰富民众的精神文化生活，安顿人们的心灵。

同时，面对宗教问题的涉外性和全球化，光从国内领域关注宗教治理还是不够的，还需把治理视野、治理领域扩展到全球范围，有效发挥国际组织、世界宗教组织以及国际和平力量、世界宗教力量的重要作用，增强各地区国家的治理能力，建立全球宗教治理制度和全球安全保障机制，这就需要开展国际合作、全球对话，综合运用政治、经济、文化、社会以及外交、军事等手段，反对世界霸权主义、宗教霸权主义和极端主义，铲除霸权主义、极端主义、恐怖主义、分裂主义生存扩散的土壤，加强国际关系的民主化和公正化，建立公平合理的国际制度，营造宽容的宗教氛围和世界和谐氛围，推广全球伦理，加强宗教对话和国际对话，批判吸收排他主义、包容主义、多元主义等宗教对话理论，完善共同体理论，着力构建世界宗教共同体和全球命运共同体。在此基础上，进一步发挥国际宗教组织在国际救援、文化传播、沟通交流、友好往来、冲突调解、扶贫和人权保障等领域的重要作用。总之，通过国际合作和全球对话，建构一套全球化的宗教治理技术和方法体系，从源头上治理一些涉外宗教问题和全球宗教问题。

总而言之，在现代信息化全球化社会，为适应社会和宗教的发展要求，人们应该采取多元、开放的技术、手段和方法，加强对宗教的全面治理和全球治理，实现依法治理与依法信教、共治与分治、共治与自治的统一，为宗教的健康有序发展和宗教积极功能的充分发挥构建一个良好的社会环境和全球环境。

四 宗教治理功能机制的现代化、多元化和全球化

宗教治理体系有了组织结构、制度规范和技术方法体系，还需要一套东西，把这些零散的要素整合成一个有机的系统来共同发挥作用，从而起到共同治理的功效。这套整合系统就是宗教治理功能机制体系。可见，宗教治理功能机制主要解决的是治理体系发挥什么样的作用以及如何发挥作用的问题。一般而言，宗教治理功能机制体系包括计划决策、组织动员、协调合作、监控反馈和服务配置等五大功能机制。

1. 计划决策系统

计划决策系统主要起到制定计划和决策作用，解决如何更好地制定计划和决策问题。一个好的计划和决策有助于取得良好的治理成效，而一个不明智的计划和决策不但不利于治理，反而有可能给治理带来阻碍甚至是危害。可见，宗教治理要取得成效，建立和完善一个科学的宗治理计划决策体系是必不可少，因而应给予高度重视。

宗教治理计划决策系统如何做到现代化、多元化和全球化？为此，我们应首先要理解何为宗教治理计划决策的现代化、多元化和全球化。所谓计划决策的现代化，是指针对全球化信息化社会所引发的宗教问题的复杂性、全球性和变化性，对有关宗教治理所制定的计划和所做出的决策不仅要有海量的信息大数据为基础，还要有科学严谨的计划决策程序，计划决策者自身的素质较高，所做出的计划决策具有较高的科学性和准确性，能较及时较稳妥地解决和处理相应的宗教问题。而计划决策的多元化，是指面对宗教治理的多元化，为了发挥不同宗教治理主体的主动性和积极性，针对不同层次、不同领域的宗教问题的治理计划和决策，既有一套机制能让各治理主体享有充分的计划决策民主，在各自治理领域做出自己的计划和决策，又有一套机制能将一些分散的计划决策集中统一起来，使计划决策做到民主化与集中化的协调统一。而计划决策的全球化是指针对区域性和全球性宗教问题的治理，需要有全球化的战略规划和全球性计划决策的主体、平台和机制，使区域性和全球性宗教问题治理的计划和决策科学有效。

为此，要让宗教治理计划决策做到现代化、多元化和全球化，国家一是要做好宗教治理计划决策的顶层设计，组建宗教治理中央和地方领导小组，建立中央领导小组向中央政治局及其常委会的定期报告制度，重大事情由中央政治局及其常委会统一决定，具体执行落实由"宗教治理"领导小组商议决定；地方领导小组向地方常委会定期报告制度，地方重大事情由地方常委会统一决定，具体执行落实由地方宗教治理领导小组商议决定；地方无法决定的提交上级或更高级常委会决断执行。二是要搭建好宗教治理计划决策平台和信息数据库，探索大数据、网络媒介、社交媒体等现代新技术在宗教治理计划决策中的应用，建立健全不同层级、不同范围、不同领域的跨界跨部门宗教治理规划决策信息管理平台，实现宗教治理信息的共建共享和互联互通；构建多元参与的计划决策机制，合理设置各子系统，充实宗教治理计划决策的参谋咨询机构和信息工作平台；明确各治理主体和各职能部门的定位和职责，引导各方面参与宗教治理的积极性，将宗教治理计划决策纳入有计划、有组织和有秩序的轨道上来。三是完善和整合宗教治理计划决策机制，要在完善全球性宗教治理机制、区域性宗教治理机制、国家性宗教治理机制和地方性宗教治理机制的同时，积极推动全球与国家、中央与地方、政府与非政府、组织与民众之间各种机制的整合，国内与国际机制的整合，区域次区域以及跨区域机制的整合，地区以及跨地区机制的整合，防止相互之间撞车冲突，特别是在双边、多边、区域次区域以及全球性合作机制框架内，通过对话协商、合作支援、论坛展会、人员培训、交流访问等形式，建立对话协商合作机制，理顺各种关系，盘活各种资源，发挥各方主体的优势和积极性，建构一套灵活而完善的国家乃至全球宗教治理计划决策体系。四是提高计划决策者的素质和决策水平，提高宗教组织、公众参与的空间和参与能力，加强计划决策班子建设，提高参谋咨询人员和信息人员的综合素质。五是督察计划决策的落实。宗教治理是一个关系国家民族安定和兴旺发达的系统性工程，需要长抓不懈，需要我们抓住重点领域、重要任务、关键环节，通过加强督察落实，稳步推进，落实计划决策，确保宗教治理取得良好成效。

2. 组织动员系统

有了决策和计划，就需要一定的力量将决策和计划付诸实施，而这就需要通过一定的形式、借助一定的资源条件把实施的主体以及对象组织和动员起来，让他们明白自己该做什么和怎么做的问题；这一环节没有做好，就难以调动和发挥治理主体和对象的积极性和主动性。由此可知，组织动员系统重点起到组织和动员的作用，解决的是如何做好组织和动员的问题。

如何实现组织动员系统的现代化、多元化和全球化呢？对此，人们首先应明白其内涵。组织动员系统的现代化就是指要充分运用互联网、社交媒体等现代新技术在组织动员中的作用，使组织动员能适应现代信息化全球化社会发展的趋势。组织动员系统的多元化，是指组织动员主体、平台、机制、方法的多元化，这是由于宗教治理主体的多元化，使各治理主体都有自己的组织动员任务和目标，为做好各自的组织动员工作，各治理主体要依照一定的标准建构自己的组织动员系统，通过这个系统的运作，以便更好完成各自领域的治理任务和目标。组织动员的全球化，是针对宗教治理的全球化而提出的，在于要使区域性和全球性宗教治理取得良好成效，必须在区域内和全球范围内建立组织动员系统，做好组织动员工作，调动各方积极性参与全球宗教治理，以维护世界范围内的宗教健康发展和国际社会的和平稳定。

建设组织动员的现代化体系，就要充分发挥现代新技术在组织动员中的作用，积极用好广播、电视、网络、手机、微博、微信等新技术、新媒介，建立宗教治理智慧组织动员系统，积极引导宗教治理多元主体共建共享，提高社会力量参与度；通过互联化、智能化的信息手段，对智慧组织动员信息进行综合处理，提高信息流转的效率；全面开展智慧组织动员建设实践，推进中央、省、市、县、乡、社区以及各宗教组织的智慧组织动员信息化建设，宗教治理组织动员要实现快速高效的领导和统一，有机融入宗教治理计划决策和执行当中来。同时，要实现组织动员的多元化，还必须积极推动国内各组织的组织动员系统建设，包括加强党组织、政府组织、企事业单位、媒体组织、社会组织、自治组织和宗教组织的组织动员系统建设；而要做到组织动员的全球化，还必须加强与国际各组织的对话合作，包括国际政府组织和国际宗教组织以及其他非政府组织的对话合作，并建立起相应的组织动员体系；最后，通过宗教治理领导小组等组织平台和机制将各组织动员系统整合为一个有机整体。

为此，需要对组织动员系统建设进行统一规划和总体设计，科学确立建设目标、框架结构、功能模块、运行模式、技术规格和标准规范；同时，在摸清现有组织动员系统情况的基础上，采取升级改造、模块嵌入等方式，最大程度优化整合现有各级各类组织动员信息系统，提高宗教治理组织动员系统建设的起点。为保持组织动员系统的常态化运行，避免疲软无力，不仅应确立政府在宗教治理组织动员中的主导地位，还应不断丰富组织动员形式，全方位调动社会力量，扩大公众的参与渠道和空间；逐渐完善机制，建章立制，细化流程，明确组织动员的目标、内容、途径、方式、措施、时间、激励以及风险应对等事项；根据各地经济社会发展情况和宗教信仰情况，合理规划组织动员系统的建设进程，防止重复建设和浪费资源；同时，在事关重大宗教问题治理的应急组织动员中，必须明确国内组织与国际组织、中央与地方、政府组织与宗教组织以及其他组织的职责边界，细化应对流程，建立顺畅的沟通渠道和信息传达通道；否则，若它们之间不能做到及时有效对接，就难以做到各司其职，容易造成组织混乱和无序；这不仅影响组织动员效率，还会给正常工作带来意外麻烦和困难，造成资源浪费，甚至会加剧治理问题的复杂性而使矛盾和冲突升级。

3. 协调合作系统

为了更好统筹国际与国内两个领域的宗教治理，必须在宏观层面上建立国际国内两个协调合作机制，以处理好各主体之间、各部门之间的关系，解决好各体系之间、各机制、各功能之间关系，使之在目标上取得一致、在行动上相互协调配合，不相互之间推诿、扯皮、拆台，应齐心协力，共同把宗教治理好。这也需要实现协调合作系统的现代化、多元化和全球化。为此，建议从以下五个方面进行考虑。

第一，建立健全国际国内协调合作机制。区域性和全球性的宗教治理不仅是中国自己的事情，也是区域性国家、世界各国和国际各组织的共同事情，因此，要通过推进国际与国内的协调合作，与区域性国家、世界各国和国际各组织一起，依照对话协商、共建共享的原则，不断充实完善宗教治理全球合作和区域合作的内容和方式，共同制定全球宗教治理路线、方针、政策、目标、任务，积极推进区域之间、次区域之间以及全球合作，签署合作战略协议和备忘录，特别是要推进区域合作和全球合作的互联互通，实现宗教治理国家目标协调、政策协调；同时，通过各种渠道搭建宗教治理国际国内协调合作的桥梁和纽带，加强国际信息资源与国内信息资源的协调互动，推动国际信息资源与国内信息资源的优化配置。

第二，建立健全部际协调合作机制。为克服政出多门、相互扯皮推诿、资源分散、信息难共享等问题，建议建立宗教治理领导小组，协调部际之间合作；在领导小组框架内建立跨部委跨部门联席会议制度，由宗教事务局牵头，负责定期召开联席会议，赋予其统筹协调、规划部署、指导检查等职责，将由党、政、军等各部门负责的分散工作整合到部际联席会议，在一些重大宗教问题治理的计划决策中共同谋划、联合部署、相互支撑、形成合力，形成统筹协调的工作体制和机制。

第三，建立健全中央地方协调合作机制。目前，在中央层面已经出台了《宗教事务条例》和《宗教事务方面部分行政许可项目实施细则》等规章制度；而各地方也制定了地方宗教事务条例或地方《实施〈宗教事务条例〉办法》，中央和地方的对接工作仍在进行之中；但仅在这个层面的对接还是不够的，还要继续扩大中央和地方在宗教治理计划决策和推进计划决策实施过程中以及组织动员过程中的协调合作，凝聚各方力量，共享各方信息资源，共同服务于宗教治理国家战略；地方各级政府和各部门也应该自觉定位在国家宗教治理战略布局中的角色，把推进宗教治理纳入地方社会治理战略当中来，把地方治理与国家治理整体布局相结合起来，不断拓展中央和地方在宗教治理中的协调合作空间。

第四，建立健全政府与宗教组织协调合作机制。宗教治理不仅是政府的职责，也是宗教组织的职责。因此，宗教治理要有成效，不能缺少宗教组织的参与。而要发挥宗教组织的力量来促进宗教治理，必须在政府与宗教组织之间建立协调合作机制，双方各组建机构平台和推选出负责人，负责双方的工作对接，确保双方沟通顺畅，信息传达通畅，协商合作能够正常进行；否则，没有一个良好的协调机制，双方相互支持和相互借力就难以形成。

第五，建立健全政社官民协调合作机制。宗教治理是中国政府的职责，也是中国各企事业单位、媒体、社会各界的共同事业。做好宗教治理，不仅需要部门之间、央地之间、政宗之间的统筹协调，还需要政府部门与企事业单位、媒体、自治组织、社会各界民间力量之间的协调合作，因此，推动政社互动、官民互动，共同服务于宗教治理工作，也是一件十分重要的事情。为此，要通过搭建对话平台，加强政府与各企事业单位、媒体、社会各组织的对话协作机制，沟通彼此的计划决策，协调重大宗教问题治理行动，共同推进一些重大宗教问题治理进程。要广泛调动企事业单位、民间团体、社会组织以及广大民众的积极性主动性，通过推进宗教治理体系和治理能力的现代化，将社会各界的力量和智慧纳入制度化轨道，依靠法律和制度建设引导社会公众参与到宗教治理中来。这也是宗教治理取得良好成效的关键所在。

总之，通过内外之间、部际之间、央地之间、政宗之间、政社之间、官民之间的协调合作机制，全面激发各宗教治理主体的积极性和创造力，让国际力量和国内的政府、市场、社会、宗教、民众等多元力量都参与宗教治理实践，实现不同领域力量的均衡、功能的互补、利益的互惠、信息资源的共享。这种协调合作，受制于政府与其他主体之间的关系，因而，唯有通过政府职能的转变，治理理念和治理方式的转变以及治理能力的提升，才能使政府与其他各治理主体形成真正的协调合作伙伴关系，并使之走向常态化、长效化和长期化，才能保障宗教治理走向良性发展的轨道上来。

4. 监控反馈系统

监控反馈功能机制包括监督、检查、控制、预警、考评、反馈和修正等一系列相关的功能机制，是解决治理行为实践能依法依规进行，不出现违规、违法的现象，遇到问题能够及时反馈信息，并能及时给予评价，修正决策计划和纠正不妥当行为的机制体系。宗教治理作为一项长期性的工作，在宗教治理实践过程中，治理主体的治理行为难免会出现偏差，甚至犯错误，这就需要一套监控系统随时对其实践行为进行监督检查，以及时发现问题和纠正，从而保证治理行为的正确进行。

面对宗教治理的现代化、多元化和全球化趋势，宗教治理的监控反馈机制也应该具备现代化、多元化和全球化的特性。就现代化而言，宗教治理监控反馈机制应充分运用现代信息技术，利用大数据的理念、技术和资源，构建一个统一的宗教治理平台，及时有效地对宗教治理现代化、多元化和全球化进程进行全覆盖、全过程的实时监控，将海量碎片化且无序的信息转变成为有价值、有序的数据；通过大数据对国家宗教治理进行精准分析，不仅对宗教问题和宗教事件的风险危机程度进行识别，还为计划决策者提供宗教治理的真实信息，从而帮助计划决策者对治理的每一个阶段进行监测评价，及时、准确地掌握宗教治理的进程、成效及存在的问题，并对评价结果及时给予修正和调整，纠正偏差，避免出现原则性、方向性错误。就多元化而言，宗教治理监控反馈机制应在建立健全政府内部宗教治理监督控制评价反馈制度和机制的基础上，运用多种方法，发挥多主体的力量，利用多方面的信息和资源，对宗教治理实践进程的各个阶段、各个领域进行动态监督、检查、控制，做到对宗教问题宗教事件所引发的风险事前预警、事中控制和事后补救与防范；同时，充分发挥社会和民众的监督作用，深化治理成效评价制度体系建设，加强宗教治理过程监督检查，对政府和社会宗教治理工作人员进行理念、能力和技能等培训，鼓励高素质人才到基层去服务，提高宗教治理能力和质量。就全球化来说，中国宗教治理监控反馈机制不仅要有全球化内涵，即中国宗教治理要把一些区域性、全球性的宗教问题或事件纳入中国宗教治理的监控范围，对诸如国际宗教极端主义、恐怖主义等一些区域性、国际性宗教问题和事件要有预警监控机制和风险等级识别，并能够及时对此做出正确判断、决策和反映；同时，中国宗教治理监控反馈机制要主动与区域宗教治理监控反馈机制和全球宗教治理监控反馈机制建立协调联动合作关系，形成相互支持的体系，共同服务于区域性和全球性的宗教治理；当然，区域性和全球性宗教治理组织和机构也要建立相应的宗教治理监控反馈机制，能对区域性和全球性宗教治理进行全覆盖、全过程的动态监控，及时预警、防范一些宗教问题宗教事件所带来的风险，并给予及时准确应对；同时，修正一些不正确做法，调整治理理念、方案和办法，做到有效防范和抑制宗教霸权主义、极端主义、恐怖主义、分裂主义的滋生和扩散。

总之，在当今信息化、全球化社会，发生在世界各地的各种政治、经济、社会危机以及宗教问题和宗教事件具有明显的传导效应，对中国乃至国际社会的安全稳定具有直接的影响和冲击；因此，充分运用现代信息技术，发挥各方力量，汇聚多方优势，统筹各种资源，建立一个能及时对此做出预警和监控的系统，以预防各类风险，化解各种危机，对于维护社会安全和世界稳定具有极为重要的意义。

5. 服务配置系统

服务配置功能机制包括提供服务和配置资源两大系统，主要解决具备什么样的服务和配置能力，能够为治理提供什么样的服务和配置什么样的资源以及如何做好服务和配置工作的问题。治理在某种意义上不仅是一种服务，也需要配置一定的资源。因而，为了保证治理的成效，就需要治理主体自身具备相应的服务能力，具备提供相应的资源配置的能力；不具有相应的服务能力和不能配置相应的资源，治理在很大程度上也寸步难行。可见，宗教治理要保持一个长久的良好成效，也需要建立健全服务配置系统，这样才能使宗教治理所需的服务和资源得到有效保障。同样，在宗教治理走向现代化、多元化和全球化的进程中，宗教治理服务配置系统也应该向现代化、多元化和全球化方向发展。

宗教治理服务供给系统要做到现代化、多元化和全球化，第一，要充分运用现代信息技术来完善服务供给系统和机制，让服务供给渠道畅通、便捷，服务供给方式多样，服务供给内容丰富，做到服务受理、服务方式、服务事项、服务质量、服务规范等五个方面能够满足服务对象的需求，从而实现服务的有效多元供给。第二，配齐配强宗教管理与服务工作人员，提升宗教管理服务人员的能力和水平，为宗教界和信教群众提供优质的服务。第三，深入宗教团体、宗教活动场所、宗教界人士和信教群众中了解实情，体察民意，在此基础上坚持以人为本、服务优先原则，帮助宗教界和信教群众切实解决一些实际问题和困难，让他们共享改革发展的成果；包括：（1）全面贯彻宗教信仰自由政策，保障宗教人士的宗教信仰自由权益；（2）做好宗教教职人员的社会保障工作，解决他们在养老、医疗、低保、五保等方面的实际问题；（3）支持宗教界加强自身建设，帮助他们培养爱国爱教宗教教职人员，提高宗教教职人员的理论水平和综合素质，提高宗教活动质量；（4）加强宗教活动场所的现代化建设，帮助宗教活动场所解决通路、通电、通水、通讯、通网络及通广播电视等问题；（5）协助落实宗教活动场所文物维修和保护工作；（6）完善宗教活动场所电子信息档案，健全宗教组织和宗教活动场所的档案管理制度、财务管理制度、安全管理制度，提高宗教活动场所自我管理水平；（7）开展和谐寺观教堂创建活动和星级示范宗教活动场所创建活动，促进宗教关系和谐和社会和谐；（8）切实维护宗教界群众的合法权益，建议建立宗教活动场所定点联系制度，领导干部与宗教教职人员联系制度；协助相关部门做好宗教活动场所的拆迁安置工作，做好信教群众和宗教人士的来信来访工作。第四，在坚持独立自主自办宗教的原则下，做好宗教界的对外友好交流的服务工作，如伊斯兰教徒赴麦加朝觐，这也是宗教服务走向全球化的一个举措；再就是中国也应充分从国际社会获取一些服务，解决中国社会宗教治理中的一些服务供给不足问题。

宗教治理资源配置系统的现代化、多元化和全球化，就是建立一个现代化、多元化和全球化的宗教治理资源配置体系和机制；其中，现代化要求宗教治理资源配置系统要有现代化信息化内涵，要充分发挥现代信息技术手段在资源配置中的作用，使资源配置更有速度、更有效率和更便捷；多元化不仅指资源配置要满足多元治理主体的要求，而且也要多元主体来承接和提供，不能完全由政府来承担，主要解决资源的供给来源和资源配置的去向问题，从而保障资源配置的有效供给和有效使用；全球化是指资源配置要有全球视野，不仅是指中国社会要为一些区域性、全球性宗教问题宗教事件的治理提供必备的治理资源，还指中国的宗教治理也要善于从区域性和全球性领域获取相应的资源支持。

为此，第一，要转变资源配置理念，健全宗教治理资源配置体制机制，让宗教治理资源配置的法治化、阳光化与市场机制能有效对接，做到决策有章可循、执行有法可依、监督有规可蹈，规则程序明确，使宗教治理资源配置公开透明、公平公正，祛除资源配置中的各种弊病，实现宗教治理资源配置活动的阳光流程和效能提升。第二，加强监管，强化责任，拓展监管范围，做到全程监管与市场监管并重，使监管的科学性与实效性得到衔接和统一，实现资源优化配置和维护资源配置秩序。第三，完善部门之间的责任划分和权责衔接，做到事权与财权的统一，实现设施资源、设备资源和人力资源三者的统一协调配置。第四，鼓励社会组织和社会资本进入宗教治理领域，充分调动社会组织的积极性，激活社会资本的活力，拓宽治理资源供给渠道，丰富治理资源供给品种，实现治理资源的有效充足供给。第五，积极引入区域性和全球性治理资源，补充完善中国宗教治理资源的供给和配置。

总之，一个完整的治理过程，需要各组织结构体系、法律制度体系、方法技术体系和功能机制体系、服务配置体系的相互协调、统一和支持，缺失其中任何一方面，都将影响治理过程的正常进行。而且在宗教治理现代化的发展趋势下，宗教治理的这些功能机制系统也要与时俱进，走向现代化、多元化、全球化的发展道路上来。

王　宗教治理运行保障的现代化、多元化和全球化

宗教治理要顺利进行，还需要一套运行和保障系统来保障其正常运转。这就是宗教治理的运行保障系统。

宗教治理的运行方式有纵向、横向以及纵横交错三大类；其中，纵向运行又有自上而下的运行和自下而上的运行两种；横向运行主要是同一层次、同一水平的部门之间、地域之间、领域之间的合作与协调；纵横交错就是上下左右的联动，是全方位、全系统、全员的互动和协作。同样，为适应宗教治理的现代化、多元化和全球化的发展趋势，宗教治

理运行方式也要朝现代化、多元化和全球化方向发展。要实现宗教治理运行方式的现代化，就是要大力推进现代信息技术在运行方式中的运用，使运行方式具有较强的信息化特征，提高运行的效率。而运行方式的多元化是指宗教治理过程中，究竟采取何种运行方式，要取决于治理主体之间的关系和运行环境，不宜采取单一的运行方式，应该是多种运行方式的交错综合。至于宗教治理运行方式的全球化，就是要正确处理好全球宗教治理主体、区域宗教治理主体与中国国内宗教治理主体之间的关系，解决区域宗教治理、全球宗教治理在不同主体之间决策、执行、监督、对话、协商、协调、合作中的方式问题。为此，中国应主动与全球性宗教治理主体和区域性宗教治理主体沟通协商，选择双方、多方或国际认可接受的运行方式。总之，不管是国内宗教治理，还是区域性和全球性宗教治理，究竟采取什么样的运行方式，需要取决于治理任务的轻重缓急和治理所使用的方式方法，不同性质的治理任务，不同的治理方式，采取的运行方式也是有变化的。

保障系统包括为治理提供组织、制度、人力、财力、物力、信息、技术等多方面的保障。任何治理，包括宗教治理，都需要一定的组织、制度、人力、财力、物力、信息和技术做支撑，离开这些要素，治理就成无米之炊，难以有成效。因此，要依照现代化、多元化、全球化的要求和标准，首先要建立健全宗教治理组织体系和平台，明确各方职责，理顺各方关系，做到有人决策、有人执行、有人监督，使宗教治理有组织保障。其次要完善宗教治理各种法律制度，实现有章可循、有法可依、有法必依、执法必严、违法必究。再次，要培养和配齐配强宗教治理人才，让宗教治理有人才保障。最后，要充实宗教治理资源，建立健全宗教治理信息数据库，提高宗教治理技术，实现宗教治理所需财物、信息和技术的有效保障，是宗教治理保障系统需要承担的职责。

总之，宗教治理体系是一个复杂的系统，由各个分支系统构成。每一个子系统承担不同的职能，具有不同的功能，并共同构成了宗教治理这个大系统。因此，宗教治理体系的现代化、多元化、全球化要求各个分支体系必须走向现代化、多元化和全球化，只有各个分支体系同步实现了三化，才能使宗教治理真正实现现代化、多元化和全球化。

第三节 提升能力提高素质，全面推进宗教治理能力现代化

有了宗教治理体系的现代化，就为宗教治理提供了良好的条件和环境，但并不代表宗教治理就能取得显著成效；因为宗教治理体系要在治理中发挥它的作用，就必须借助一定组织和个人的力量才能实现。这个组织和个人就是治理主体组织和个人。这些治理主体素质的高低、能力的强弱直接关乎治理体系作用的发挥。因此，推进宗教治理的现代化，除了要推进治理体系的现代化，还必须推进治理主体治理能力的现代化。

如前所言，宗教治理主体涉及党政机关及其工作人员、宗教组织及其工作人员、社会组织及其工作人员、企事业组织及其工作人员、媒体机构及其工作人员和公民个人（主要指信教群众，也包括不信教群众）等，这些组织及其工作人员以及公民个人的综合素质和能力会对宗教治理体系作用的发挥带来直接的影响。因此，提升宗教治理能力，就要提升这些组织及其工作人员以及公民个人的能力和素质；推进宗教治理能力现代化，也就要把这些组织及其工作人员和公民的能力和素质导向现代化，使他们具有不断适应现代化发展相要求的综合素质和各种能力。

这些组织和个人的治理能力和素质主要表现为领导决策能力、组织动员能力、执行服务能力、监控反馈能力、协调合作能力、创新适应能力和风险识别应对能力。当然，这些能力并不能完全代表治理主体所具备的全部能力和素质，仅仅代表他们的主要能力和素质，有些能力和素质相比于这七种能力而言，显得不那么重要，也就不单独给予强调；同时，也并不是要求所有的治理主体都应均衡具备这七种能力。不同的主体担当的职责不同，要求其相应的治理能力也不同。有些治理主体可能要求其领导决策能力突出，有些治理主体要求其组织动员能力超群，有些治理主体要求其执行服务能力卓越。总之，治理主体要求具备何种突出的治理能力，取决于它的职责和承担的任务以及发挥的作用。因此，以下各个治理主体要在宗教治理能力推进和实现现代化的过程中需要做什么来表述。

1. 党政机关及其工作人员宗教治理能力的现代化

党政机关及其工作人员代表执政党、国家机关对宗教进行治理，他们在宗教治理中担当重要角色，发挥着重要的作用。

其中，党委机关及其工作人员是代表中国共产党这个执政党行使对宗教治理的领导权，因而是宗教治理的领导主体；这就意味着宗教治理工作应由党委组织来领导，也归党委来领导；如果在宗教治理中某些组织或个人有意避开或脱离党的领导，实际上就是在背离中国的基本政治方针和原则，这在中国特色社会主义社会是不允许的，也是不可行的；事实上，所有的宗教治理活动的最终目标也应围绕着在如何巩固党的领导、加强党的领导的基础上来实现党教之间的和谐、宗教关系的和谐乃至社会的和谐。可见，党委机关和工作人员的领导决策能力的高低直接影响到宗教治理的成效。特别是在今天全球化、信息化时代，如何依据客观形势对宗教治理工作的重大事项做出科学、合理的判断和决策，考验着党的领导决策智慧和能力。

因此，加强和改善党对宗教治理工作的领导，以现代化、信息化、法治化和国际化的标准和要求提升党对宗教治理工作的领导决策能力和水平，是新形势下做好宗教治理工作的根本保证。因而，一方面，要增强全党对宗教治理工作重要性和特殊性的深刻认识，让每一个党组织、每一位党员都充分认识到，敌对势力和反华势力把宗教作为对中国实施渗透、分化、西化的战略突破口；因此，宗教治理工作与国家的"五位一体"总体布局有着密切联系，宗教治理的好坏直接影响"五位一体"建设的顺利进展；宗教问题直接关乎国家政权的巩固与政治和社会的安全。可见，切实提高对宗教治理工作的重要性认识，坚定理想信念，坚持中国特色社会主义宗教理论观，全面正确贯彻党的宗教工作基本方针，树立政治安全意识、大局整体意识、忧患危机意识，加强对马克思主义宗教观、中国特色社会主义宗教理论以及法律法规政策和宗教基本知识的学习，努力掌握新知识和宗教自身的规律，提高依法治教能力、团结信教群众能力、分析新情况复杂情况能力、处理新问题复杂问题能力、识别风险和应对风险能力，增强在新常态下做好宗教治理工作的基本功，是每一个党组织和党员对党和人民事业高度负责的要求和具体表现；另一方面，创新和完善党委机关领导决策和工作机制，夯实基层组织基础工作，努力建立与全球化、信息化、法治化、民主化、市场化、社会化发展趋势相适应的现代领导决策机制，拓展广泛听取社会公众建议或意见的路径，发挥统一战线领导小组、联席扩大会议、区域部际联动合作以及国际协同合作等机制的作用，对技术性和专业性强的重大事项决策开展专家决策咨询、技术咨询、决策评估等活动，努力探索大数据、互联网、社交媒体等现代技术手段在领导决策中的应用，推进宗教治理工作体系和网络的健全和完善，全面提高领导决策的科学化、民主化、法治化、合理化水平，才能不断开创宗教治理工作新局面。

政府机关及其工作人员是代表政府在党的领导下行使宗教治理工作的主导权，是宗教政策法律法规的具体执行者，是宗教治理工作的主导主体和负责主体，宗教治理工作应由各级政府来主导和负责；因此，要让政府在宗教治理工作中的主导和负责作用能够得到充分发挥和保证，就要提升政府在宗教治理中的各项能力，包括领导决策能力、组织动员能力、执行服务能力，还包括监控反馈能力、协调能力和创新适应能力。

政府在宗教治理工作中也需要领导决策，但这种领导决策的内容不同于党委机关在宗教治理工作中的领导决策，它侧重于在执行宗教法律法规政策过程中的领导决策，实际上是一种执行的领导决策，即关乎如何正确领导执行和做出正确执行决策的问题。为了保证政府在执行国家宗教法律法规政策中不走样、不走偏，就必须提高政府在执行过程中的领导决策能力；为此，同样应该加强政府对宗教治理工作重要性、复杂性和特殊性的认识，加强政府分析判断新情况的能力，加强政府正确理解法律法规和政策的能力，加强政府解决新问题的能力。只有政府的这些能力提升了，才能保证政府的执行领导和决策能力得到提高。

政府在行使行政权力执行国家宗教法律法规和政策的时候，需要各种力量的支持、配合，需要各种资源的供给和保障；因此，这需要政府充分做好组织动员工作，协调好各种关系，调动一切可以调动的力量，筹集一切可以筹集的资源，为宗教法律法规和政策的执行提供力量支持和资源保障。为此，必须加强和提升政府的组织动员能力和协调能力。而这又与政府执行能力和服务能力密切相关，因为只有政府正确执行国家法律法规和政策，依法公正公平办事，才不会伤害人民群众的利益和感情，才能赢得人民群众的信任；同时，只有平时广泛接触和联系群众，做好服务群众的工作，解群众之所困，救群众之所急，才能把人民群众和信教群众紧密团结在党和政府的周围。只有这样，在政府组织和动员的时候，广大人民群众和信教群众才会积极响应、参与和支持；不能，纵然政府怎样努力做好组织和动员工作，也难以把人民群众组织和动员起来，更不用说充分发挥广大人民群众的主动性和积极性。由此可见，政府的各项能力都是相互影响的，共同构成政府宗教治理能力体系。因此，在实践中，为了保证宗教治理出成效，既要提升政府的组织动员能力，又要提升政府的执行服务能力。

同时，为了保证政府在宗教治理中的主导作用和负责作用得到充分发挥，还需要加强政府的"监控反馈"能力、"创新适应"能力和风险识别应对能力建设，让政府在实际工作中能够对自己的工作得失及时进行检查、监督、反省和修正；并根据社会形势的发展变化能够及时调整自己的工作思维、战略和部署，创新工作方式方法，不断适应社会发展的新要求。同时，还能对潜在风险进行识别应做好应对工作。另外，还应依照法治化、规范化、制度化和信息化的要求不断健全政府依法治理宗教的各种机制，这样，才有利于促进政府宗教治理能力的提升。

总之，党政机关及其工作人员代表党和政府行使对宗教治理的领导权和主导权，是宗教治理工作的领导者、主导者和责任者，他们各项能力的强弱直接关系到治理成效的好坏；然而，他们的各项能力并不是割裂和无关联的，而都是相互影响和作用的，是一个能力体系；因此，要改善治理成效，就应该提升他们的各项能力，不是仅仅提升其中某一项或某几项能力；还要优化他们的能力体系，使各项能力相互促进和协调。

2. 宗教组织及其工作人员宗教治理能力的现代化

宗教组织及其工作人员是宗教活动的组织者和实施者，是宗教界和信教群众权益的代表者和维护者，也是国家宗教信仰自由政策的受益者、宣传者和践行者，是宗教文化的保护者、挖掘者和发展者，是宗教慈善和社会公益事业的实践者和服务者；在党和政府教育、引导信教群众的工作中，他们又是桥梁和纽带，是得力的协助者、主要的参与者和重要的支持者。假如中国社会的宗教治理缺失他们的参与和支持，则中国宗教治理的成效就可想而知。可见，宗教组织及其工作人员在宗教治理中同样担当重要的角色，起到不可或缺的作用。由此可知，宗教组织及其工作人员在宗教治理工作中各项能力的强弱也直接关乎宗教治理的成效；因此，要让宗教治理取得更好的成效，也应该提升宗教组织及其工作人员的各项治理能力。

宗教组织及其工作人员的治理能力主要体现在组织实施宗教活动的能力上，体现在代表和维护宗教界和信教群众权益的能力上，体现在宣传、践行国家宗教信仰自由政策的能力上，体现在保护、挖掘、发展宗教文化的能力上，体现在对宗教教义进行符合社会发展进步要求阐释的能力上，体现在开展宗教慈善和社会公益事业及服务社会的能力上，还体现在协助、参与和支持党和政府教育、引导信教群众爱国守法、崇德遵礼、服务社会、奉献爱心、助人为乐的能力上。

而要提升这些能力，宗教组织及其工作人员首先要有高度的责任感和使命感；只有心怀高度的责任感和使命感，才会自觉去履行职责，自觉做到自律和严格要求自己，自觉维护国家和民族的最高利益和整体利益，维护民族团结、国家领土完整和祖国统一；而这种责任感和使命感又来自浓厚的爱国情怀和强烈的事业认同。一个人、一个组织只有具备这种特别的情怀和对自身事业强烈的自我认同，才会滋养出这种高度的责任感和使命感，才会不辱使命，积极努力向上。因此，加强宗教组织及其工作人员爱国情操和事业认同的培养，是提升他们自身能力和综合素质的重要步骤。其次，要提升宗教组织及其工作人员的现代治理能力，还需树立强烈的法律意识，做到自觉遵守法律，自觉维护法律尊严，学会正确处理法律法规与教规戒律的关系，自觉做到依法依规组织和举行各种宗教活动，不违法乱政和乱纪。因此，加强宗教组织及其工作人员法律意识的培养，法律法规的教育和学习，同样是提升他们现代治理能力的重要环节。再次，要提升治理能力，还需加强宗教组织及其工作人员的学习，提升自身的综合素质，增强自律、自立、自治、自养、自传的能力，增强服务社会、服务信众的意识和能力，使宗教组织及其工作人员教风纯正，在信教群众中起到表率作用，不受国外势力的支配和控制，坚守自身的信念和特色。最后，要提升治理能力，还需增强宗教组织及其工作人员运用现代信息技术的能力和对外交往能力以及适应社会的能力，不仅学会用现代方式、现代语言来阐释宗教教义，来做好传教工作；而且要学会走出国门，与国外宗教进行交往交流，与国外信众进行沟通，让世界人民了解中国的宗教；而这些都要以宗教事业人才为依托；因此，加强宗教人才的培养，提升宗教教职人员的整体素质，是迫在眉睫的事情。

总之，宗教组织及其工作人员作为党和政府联系信教群众的纽带和桥梁，在宗教治理中起到重要作用，提升他们的各项能力和综合素质，是宗教治理取得成效的重要一方面，理应受到重视。

3. 企事业单位、社会组织及其工作人员宗教治理能力的现代化

中国宗教治理要取得成效，除了要充分发挥宗教组织及其工作人员的优势和潜能，还应该考虑将企事业和社会组织及其工作人员纳入治理主体中来，利用企事业和社会组织的力量，为宗教治理分担任务和职责。虽然企事业和社会组织及其工作人员不是宗教治理的主要主体，但宗教治理离不开他们的参与和协助；否则，宗教治理将缺失一份重要的支持力量；在于每一个企事业和社会组织，都有着较为完善的组织体系和管理制度，其所属员工都是其直接的管理和服务对象；借助企事业和社会组织完善的管理体系，为其员工开展有关宗教治理知识和政策的宣传和教育，具有省力便捷和事半功倍的效果；因此，如果忽视了这一力量的参与，宗教治理的成本将大大增加，而且成效不一定很显著。

要推进企事业和社会组织及其工作人员宗教治理能力的现代化，首先要让企事业和社会组织及其工作人员明白宗教治理的必要性、紧迫性和重要性，意识到抵制邪教、抵御渗透、打击宗教极端主义和分裂主义的意义和价值，企事业和社会组织及其工作人员才会具有宗教治理的危机意识和责任意识，才会主动去履行这项职责，承接这项工作。其次，要加强企事业和社会组织及其工作人员有关宗教治理知识、政策、技能的教育和培训，让他们懂得和知晓宗教治理的基本常识，了解党和政府的宗教治理基本政策，掌握一定的治理技能。最后，要加强宗教治理信息的及时传递和各企事业、社会组织之间及其与宗教治理部门之间的治理合作和治理经验的交流。

总之，企事业和社会组织及其工作人员也是宗教治理的协助者和参与者，在宗教治理中起着不可忽视的作用。中国的宗教治理要取得更好成效，不能没有他们的介入，需要发挥他们的积极作用。

4. 媒体机构及其工作人员宗教治理能力的现代化

媒体是泛指一切能够传播和获取信息的载体、中介物、技术手段和工具，它既包括报纸、杂志、广播和电视等传统媒体，也包括互联网、电子杂志、移动媒介等现代媒体。它们既是信息传递的重要媒介和途径，也是宣传和教育的重要工具和主要阵地。它既可以被人用来宣扬正义、传播正能量；也可以被人用来蛊惑人心、传播邪恶和负能量。至于它是为民带来益处，还是给民带来危害，完全取决于掌控和利用它的人。因此，中国的宗教治理要取得更好成效，同样不能忽视媒体的作用和力量；人们既要学会充分利用媒体宣传党和国家的宗教治理政策，宣传中国的宗教，教育和引导信教群众和不信教群众，促进宗教关系乃至社会的和谐；又要懂得加强各种媒体的监督和检查，特别是网络媒介的监管，防止别有用心者利用媒体散布谣言、传播负能量和不健康的内容，迷惑和扰乱人们的思想，制造社会的混乱。由此可知，提升媒体的各种治理能力同样是宗教治理至关重要的一个方面；而要做到这一点，人们应该重视和加强推进媒体组织及其工作人员宗教治理能力的现代化。

要推进媒体组织及其工作人员宗教治理能力的现代化，首要，要让媒体组织及其工作人员认识到宗教治理的必要性、意义和价值，意识到抵制邪教、抵御渗透、打击宗教极端主义和恐怖主义以及分裂主义的紧迫性和重要性，认识到正确引导、教育信教群众和协调信教群众与不信教群众关系的重要意义，从而明白自身在宗教治理中的职责、使命和价值，清楚自己应当做什么和不应该做什么。其次，应加强媒体组织及其工作人员有关宗教治理知识、能力的教育、学习和培训，让他们了解和懂得宗教的基本常识和中国宗教的基本政策，知晓宗教领域的基本问题和基本情况，掌握和学会运用宗教治理的基本技能和技巧。最后，还应增强媒体组织及其工作人员利用现代媒介广泛对外主动正面宣传和传递中国宗教信仰的基本情况和基本信息的意识，提高他们在宗教领域同世界各国媒体展开对话和交流的能力，从而更好地增进世界各国人民对中国宗教信仰基本状况客观公正的了解和理解，增进中国信教群众与世界各国信教人民的认同、理解、交流和友好往来，促进中国宗教同世界宗教关系的友好和谐。

总之，在现代信息化社会，宗教治理要取得良好成效，同样离不开各种媒体的理解、支持、帮助和参与；人们应学会充分调动和发挥各个媒体组织及其工作人员在宗教治理中的积极性、主动性，努力推进他们宗教治理能力的现代化，为宗教治理增添一臂之力。

5. 公民个人（包括信教和不信教群众）宗教治理能力的现代化

一个社会的宗教治理达到良好状况，不仅有利于保障和维护公民宗教信仰自由的权利，还有利于促进宗教关系的和谐和社会关系的和谐；相反，不但不能保障和维护公民宗教信仰自由的权利，也不利于维护宗教关系的和谐和社会的和谐，甚至会引发社会的动荡和混乱。由此可知，不管宗教治理状况如何，都将直接影响到公民个人的利益。因此，公民个人，包括信教群众和不信教群众，既是宗教治理的参与者，也是宗教治理成效的受益者。因此，提升公民个人的宗教治理能力，对于提高宗教治理的成效，也是十分重要的。

要推进公民个人宗教治理能力的现代化，首先，应该加强公民爱国情感的培养和社会主义核心价值观的教育践行，让大多数的社会公民具有浓厚的爱国情感，明白不管信不信教，中国公民都应该以热爱祖国为荣，以损害国家利益和民族利益为耻，自觉维护国家和民族的最高利益和根本利益，维护中华民族的大团结和国家领土的完整与统一；一个不热爱自己祖国的公民绝不是一个好公民，一个不热爱祖国的信徒也不是一个真正的好信徒；与此同时，还应让广大公民努力践行社会主义核心价值观，自觉做到拥护中国共产党的领导和拥护社会主义制度，坚持走中国特色社会主义道路，自觉为社会主义建设和中华民族的伟大复兴积极努力奋斗。其次，要充分利用现有的社会管理组织体系，加强对广大人民群众宗教基本常识的普及和宗教信仰自由政策以及法律知识的宣传教育，让广大人民群众，包括信教群众和不信教群众，都认识到信仰宗教是公民个人的私事，是公民个人的自由和权利，任何人、任何组织都没有权利干涉公民个人的信仰自由，但任何公民均不能以信仰宗教为由从事任何违法犯罪、损害国家民族和人民群众利益的行为；让广大人民群众增强法律意识，明白和知晓什么是正教，什么是邪教，什么可以信和可以做，什么不能信和不可以做，自觉做到抵制邪教、抵御宗教渗透，反对和同宗教极端主义、分裂主义和恐怖主义做斗争，自觉依法依规参加宗教活动，不做违反法律规章和政策的事情。最后，要让人民群众不仅认识到邪教、宗教渗透、宗教极端主义、宗教分裂主义、宗教恐怖主义的危害，还要让人民群众掌握识别正教和邪教以及宗教渗透、宗教极端主义和分裂主义以及恐怖主义的方法和技巧。

总之，公民个人既是宗教治理的参与者，也是宗教治理的直接受影响者；在宗教治理中，应充分调动人民群众的积极性、主动性和发挥他们的积极作用，提升他们的宗教治理能力，同样是中国宗教治理取得更好成效不可忽视的一件事情。

6. 国际社会宗教治理能力的现代化

中国宗教治理的好坏离不开国际社会宗教治理的优劣。可见，要改善中国社会的宗教治理，还必须提升国际社会的宗教治理能力。国际社会宗教治理能力主要体现在国际社会各宗教治理主体的能力，包括国际各主权国家、国际政府组织、区域性政府组织、国际宗教组织、区域性宗教组织、国际其他非政府组织以及全体公民。要提升国际社会各宗教治理主体的宗教治理能力，需要中国社会采取各种行动推动国际社会形成全球宗教治理共识，推进全球宗教治理国际战略的实施，在此基础上促进区域性和全球性宗教治理的对话合作，通过开展诸如全球宗教治理国际论坛、高层论坛、对话交流、观摩考察、联合演习等活动，增进各治理主体之间的了解、理解、沟通、交流，分享宗教治理经验，切磋宗教治理技艺，从而提升国际社会宗教治理能力。只有国际社会宗教治理能力得到提升，才有利于全球宗教治理状况的改善，才有利于发挥宗教在促进和谐维护和平方面的积极作用，才有利于社会安定和世界和平。

总之，宗教治理要达到良好效果，不仅要健全宗教治理体系，还需要提升宗教治理能力。而宗教治理能力的提升，是涉及每一个治理主体能力的提升，不仅是国内各治理主体能力的提升，还需要国际社会各治理主体能力的提升。只有每一个治理主体的治理能力得到提升，才能全面提升整个社会乃至整个世界的宗教治理能力；而唯有所有治理主体的治理能力全面得到提升，宗教治理状况才能得到彻底改善。

第四节　迈向善治走向齐建，共享社会
　　　　　和谐世界和平

　　面对宗教发展的现代化、多元化和全球化趋势以及宗教问题的日益复杂性、弥漫性、渗透性和国际性，中国宗教治理要实现善治，首先，要从转变中国社会对宗教的认知开始。只有人们从对宗教的片面性认知中走出来，树立全面而正确的宗教认知和宗教治理新思维，才有可能实施宗教治理国家战略和全球战略，才能为中国宗教治理走向善治奠定良好的基础；否则，假若中国社会对宗教仍持旧有的看法，就难以摆脱旧有认知樊篱的束缚，更不用说树立宗教治理新思路，没有新思路，就不可能有好的治理机制和方法，也就谈不上有良好的宗教治理。其次，有了宗教治理新思维，并不能保证宗教治理就能取得良好成效，还需要一套完善的宗教治理体系来给予保障。为此，要依照宗教发展的现代化、多元化、全球化趋势来建立和完善中国宗教治理体系，将宗教治理组织结构体系、法律制度体系、技术方法体系、功能机制体系和运行保障体系导向现代化、多元化和全球化。最后，在实现宗教治理体系现代化、多元化和全球化的同时，还必须全面提升宗教治理能力，包括宗教治理各主体的计划决策力、组织动员力、执行服务力、监控反馈力、适应创新力以及风险识别应对力。唯有各治理主体的治理能力得到全面提升，宗教治理成效才会有更坚实的保障。但不管是改变认知、树立新观念，还是完善治理体系，甚或是提升治理能力，都需要整个社会团结一致，齐心协力，心往一处想，力往一处使，劲往一处用；唯有这样，宗教治理必将迈向善治；唯有如此，人们才能共享社会和谐，人类才能共享世界和平。

　　总而言之，中国的宗教治理既是一项复杂的系统工程，又是一项长期而艰巨的伟大任务；要让中国的宗教治理要达到"善治"状态，就需要调动一切可能调动的力量，发挥一切可能发挥的作用；为此，这就需要党和政府从战略高度对宗教治理做好统筹长远规划和顶层设计，各级政府管理部门积极履行职责，所有企事业、社

会组织和广大人民群众以及信教群众齐心协力,共同参与到宗教治理工作中来,支持和帮助中国宗教治理工作,为实现中国宗教治理的"善治"和社会的和谐乃至中华民族伟大复兴献计献策,贡献力量。

结　语

　　通过宗教与社会及其建设关系的理论与实证分析，人们可以发现，宗教与社会共生共存，互为同构、形塑和作用对方；由此决定两者互为依存、互为作用、共为一体；宗教与社会的共存互构不仅体现在宗教的基本要素，包括宗教信念思想、宗教情感体验、宗教道德规范、宗教群体组织、宗教行为礼仪与和谐社会建设的关系上；还体现在宗教的主要功能，包括宗教认同排斥功能、整合分化功能、控制失序功能、心理调节与精神慰藉功能、文化道德功能、社会化宗教化功能、交往渗透功能、政治经济功能、社会服务社会关怀功能、自然生态调适改造功能与和谐社会建设的关系上；还体现在宗教信仰者与非宗教信仰者、宗教群体组织与非宗教群体组织的关系上；更体现在宗教信仰者、宗教群体组织与和谐社会建设的关系上；在于宗教信仰者、宗教群体和组织，是任何一个社会不可忽视的重要建设力量之一。可见，宗教与社会共存互构的关系表明，无论是在古代社会，还是在现代社会；无论是在西方欧美社会，还是在东方中国社会，宗教及宗教因素都是影响社会和谐的重要因素之一，只不过在今天，它显得更为复杂、更为明显和更为强烈。任何时候，任何国家，任何地区，要开展和谐社会建设，都必须把宗教及宗教因素考虑进来。任何忽视或回避这个因素来讨论和开展和谐社会建设，都是不切实际的，也是不可行的。

　　在当今中国，虽然宗教经过社会主义的改造，已经成为中国社会的组成部分，成为社会主义中国和谐社会建设的积极力量之一。但是，由于复杂的国内外因素的影响，国际和国内一些不良势力和邪恶力量借助宗教的力量实施一些反人类、反社会、反和平的行径，从而引起国内不安宁、国际不安定、世界不太平，使得宗教及宗教因素成为影响中国社会和谐乃至世界和平的重要因素之一。因此，为了保证中国社会主义和谐社会建设的顺利进行，人们必须从治理视角重新审视马克思主义宗教观的革命性和建设性的辩证统一，即对待社会主义社会的宗教，应坚持马克思主义宗教观的建设性，保障其合法权益，加强建设、引导、教育和规范，提升其服务社会的能力和水平，最大限度地发挥其积极作用，抑制其消极影响；对待借助宗教实施破坏社会和谐、世界和平及危害社会主义中国国家政权安全与人民群众利益的行为，要坚持马克思主义宗教观的革命性，坚决给予纠正、制止、打击和防范，维护一方平安；同时，中国应把宗教治理视为社会治理的一个重要方面来认真对待，努力把宗教治理纳入社会治理、国家治理乃至全球治理的范畴里面来考虑，实施宗教治理国家战略和全球战略；人们不仅要学会如何正确治理宗教和加强对宗教领域的全面治理，以最大程度抑制宗教的消极性；还应学会如何正确发挥宗教的积极性来促进社会治理，为社会治理添砖加瓦，献计献策献力量。为此，人们应做好战略统筹和长远规划，做好顶层设计和精细管理，建立健全宗教治理体系，提升宗教治理能力，全面推进中国宗教治理向现代化、多元化和全球化方向发展，力求实现宗教治理的"善治"，以构建宗教与社会共建共享的和谐社会与和平世界。

主要参考文献

一 中文专著、编著

［法］博尼法斯：《透析分解当代世界》，许铁兵译，天津人民出版社2005年版。

陈麟书、陈霞主编：《宗教学原理》（新版修订版），宗教文化出版社2003年版。

陈麟书、袁亚愚：《宗教社会学通论》，四川大学出版社1992年版。

［德］西美尔：《现代人与宗教》，曹卫东等译，中国人民大学出版社2003年版。

［英］丹皮尔：《科学史》，商务印书馆1975年版。

戴康生、彭耀：《宗教社会学》，社会科学文献出版社2007年版。

邓小平：《邓小平文选》，1992—2010年。

冯小林：《社会转型下的宗教与健康关系研究》，巴蜀书社2010年版。

冯天策：《宗教论》，山东人民出版社2005年版。

［法］爱弥尔·涂尔干：《宗教生活的基本形式》，渠东、汲喆译，上海人民出版社1999年版。

［德］费尔巴哈：《费尔巴哈哲学著作选集下卷》，商务印书馆1984年版。

［奥地利］弗洛伊德：《幻象的未来》（标准版），上海人民出版社2007年版。

国家宗教事务局宗教研究中心组编：《中国五大宗教论和谐》，宗教文化出版社2010年版。

［德］黑格尔：《黑格尔早期神学著作》，贺麟译，商务印书馆1988年版。

黄秀丽：《美国外交的文化阐述》，西苑出版社2007年版。

《江泽民文选》，人民出版社2006年版。

金泽、邱永辉主编：《中国宗教报告》，社会科学文献出版社2011年版。

［德］伽达默尔：《真理与方法》，上海译文出版社1999年版。

吕大吉著：《西方宗教学说史》，中国社会科学出版社1994年版。

吕大吉主编：《宗教学通论新编》，社会科学文献出版社1998年版。

李灵、李向平主编：《基督教与社会公共领域》，上海人民出版社2012年版。

陆学艺主编：《中国社会建设与社会管理：探索与发现》，社会科学文献出版社2011年版。

［德］卢曼著：《宗教教义与演化》，刘锋、李秋零译，中国人民大学出版社2003年版。

刘慧、赵晓春：《国家安全蓝皮书：中国国家安全报告（2014）》，社会科学文献出版社2014年版。

［德］黑格尔：《黑格尔通信百封》，苗力田译，上海人民出版社1981年版。

［德］麦克斯·缪勒：《宗教学导论》，陈观胜、李培茱译，上海人民出版社1989年版。

［德］麦克斯·缪勒：《宗教的起源和发展》，金泽译，上海人民出版社1989年版。

［英］马林诺斯基：《巫术、科学、宗教与神话》，李安宅译，中国民间文艺出版社1987年版。

［英］马林诺斯基：《文化论》，费孝通等译，中国民间文艺出版社1987年版。

《毛泽东选集》（第5卷），人民出版社1977年版。

《马克思恩格斯全集》第1、2、3卷，中央编译局编译，人民出版社2002、2005年版。

［美］威廉·詹姆士：《宗教经验之种种——人性之研究》，唐钺译，

商务印书馆 2002 年版。

［美］罗德尼·斯达克、罗杰尔·芬克：《信仰的法则——解释宗教之人的方面》，杨凤岗译，中国人民大学出版社 2003 年版。

［美］彼得·贝格尔：《神圣的帷幕》，高师宁译，上海人民出版社 1991 年版。

［美］奥戴：《宗教社会学》，中国社会科学出版社 1990 年版。

［美］埃德华·罗斯：《社会控制》，华夏出版社 1989 年版。

［美］威廉·恩道尔：《霸权背后》，吕德宏等译，知识产权出版社 2009 年版。

［美］亨廷顿：《第三波——20 世纪后期民主化浪潮》，刘军宁译，上海三联书店 1998 年版。

牟钟鉴、张践：《中国宗教通史》（修订版第 2 版），社会科学文献出版社 2003 年版。

牟钟鉴：《道教》，载《宗教研究指要》，张志刚主编，北京大学出版社 2005 年版。

潘显一、冉昌光：《宗教与文明》，四川人民出版社 1998 年版。

［苏］德·莫·乌格里诺维奇：《宗教心理学》，沈翼鹏译，社会科学文献出版社 1989 年版。

孙亦平主编：《西方宗教学名著提要》，江西人民出版社 2002 年版。

孙尚扬：《宗教社会学》（第 4 版），北京大学出版社 2015 年版。

王晓朝：《宗教学基础十五讲》，北京大学出版社 2003 年版。

王作安：《中国的宗教问题和宗教政策》，宗教文化出版社 2002 年版。

王志成、安伦：《全球化时代宗教的发展与未来》，学林出版社 2011 年版。

［意］罗伯托·希普里阿尼：《宗教社会学史》，劳拉·费拉罗迪英译，高师宁译，何光沪校，中国人民大学出版社 2005 年版。

［英］A. 肯顿：《行为互动》，社会科学文献出版社 2001 年版。

叶朗：《现代美学体系》，北京大学出版社 1986 年版。

杨庆堃：《中国社会中的宗教》，范丽珠等译，上海人民出版社 2006 年版。

于海：《西方社会思想史》，复旦大学出版社1993年版。

［英］詹姆斯·乔治·弗雷泽：《金枝》，徐育英、汪培基、张泽石译，中国民间文艺出版社1987年版。

中国社科院近代史研究所编：《孙中山全集》（第2卷），中华书局1981年版。

中国社会科学院语言研究所词典编辑室编：《现代汉语词典》（第6版），商务印书馆，2012（2013.9重印）。

张艳国、聂平平主编：《社区管理》，武汉大学出版社2013年版。

张志刚主编：《宗教研究指要》，北京大学出版社2005年版。

中共中央统一战线工作部：《周恩来统一战线文选》，人民出版社1984年版。

郑杭生主编：《社会学概论新修》，中国人民大学出版社2002年版。

二　中文论文

陈建明：《四川省泸州市基督教会社会服务调研报告——以医疗卫生服务为中心》，《宗教学研究》2011年第4期。

陈麟书：《论宗教道德》，《宗教学研究》1985年第6期。

陈宗荣：《从七对关系把握我国的基本宗教政策》，《中国宗教》2008年第2期。

程春华：《未来中长期世界宗教发展：趋势、问题及其治理》，《国外社会科学》2014年第6期。

段德智：《社会和谐与宗教承担》，《经济管理文摘》2009年第13期。

丁宁：《当前我区宗教工作存在的突出问题和建议》，《新疆日报》（汉）2014年11月6日。

戴建宁：《宗教经验的本质特征》，《宁夏社会科学》1991年第3期。

戴燕：《宗教与人的社会化》，《山西师范大学学报》2007年第1期。

尔肯江·吐拉洪：《宗教极端思想是毒害青少年的最大危险》，《中国统一战线》2014年第9期。

范丽珠、陈纳：《全球宗教复兴时代的到来：现状与前景》，《文化纵横》2015年第2期。

方立天：《和谐社会的构建与宗教的作用》，《中国宗教》2005年第

7 期。

龚学增：《构建社会主义和谐社会与宗教》，《中国宗教》2005 年第 8 期。

龚学增：《中国宗教现状及发展趋势》，《中央社会主义学院学报》1998 年第 6 期。

韩慧娟、刘昌：《宗教体验的情绪活动与生理活动研究》，《世界宗教研究》2010 年第 2 期。

胡锦涛：《高举中国特色社会主义伟大旗帜 为夺取全面建设小康社会新胜利而奋斗——在中国共产党第十七次全国代表大会上的报告》，《人民日报》2007 年 10 月 25 日。

胡锦涛：《坚定不移沿着中国特色社会主义道路前进 为全面建成小康社会而奋斗——在中国共产党第十八次全国代表大会上的报告》，《人民日报》2012 年 11 月 18 日。

胡昂：《略论宗教道德问题》，《学术界》2009 年第 4 期。

黄海波：《基督教报告——走向建构中的公民社会》，载《中国宗教报告 2011》。

黄超：《美国对华宗教渗透新模式及其意识形态演变》，《中国党政干部论坛》2012 年第 2 期。

江苏省佛教协会苏州寒山寺：《发扬和合精神积极参与公益事业——寒山寺慈善事业经验交流汇报》，摘自《江苏省佛教慈善工作经验交流各协会寺院报告汇总》，中华佛光文化网江苏讯，2012 年 9 月 23 日。

金泽：《积极推进宗教与法治研究》，《世界宗教研究》2005 年第 2 期。

金宜久：《冷战后的宗教发展与国际政治》，《世界宗教问题大聚焦》，中国现代国际关系研究所民族与宗教研究中心著，时事出版社 2003 年版。

金宜久：《宗教在当代社会的发展趋势》，《中国宗教》2006 年第 2 期。

姜泓冰：《中国基督教信徒人数在 2300 万—4000 万之间》，《人民日报》2014 年 8 月 6 日。

加润国：《全球信教人口有多少》，《中国民族报·宗教周刊》2015 年 5 月 26 日。

蒋坚永:《当代中国宗教与社会和谐关系的理论与实践》,《中国宗教》2009年第11期。

鞠凤芝、杨玉环:《浅谈宗教道德中的某些积极因素》,《理论界》2004年第6期。

李玉燕:《重阳老年节,南普陀寺15万援建爱心护理院》,《海峡导报》2008年10月8日。

李蕾、周风:《用法律和政治标准来区分宗教交往与渗透》,《中国民族报》2015年6月30日。

李剑钧、陈凤林:《树立治理理念　推进宗教事务管理体制改革创新》,《中央社会主义学院学报》2014年第5期。

刘太刚、龚志文:《对宗教的治理和利用宗教进行社会治理》,《中国政法学院学报》2017年第2期。

卢云峰:《当代中国宗教状况报告——基于CFPS（2012）调查数据》,《世界宗教文化》2014年第1期。

娄章胜:《梁漱溟的宗教社会思想》,《宗教学研究》2008年第4期。

罗惠翾:《从人类学视野看宗教仪式的社会功能》,《新疆师范大学学报》2009年第3期。

陆忠伟:《国际冲突中的宗教因素》,载中国现代国际关系研究所民族与宗教研究中心著《世界宗教问题大聚焦》,时事出版社2003年版。

[德]莫尔特曼:《生态危机:自然界享有和平吗?》,载刘小枫主编《二十世纪西方宗教哲学文选》下卷,上海三联书店1991年版。

苗懿明:《世界宗教发展趋势中的中国宗教》,《大连民族学院学报》2003年第4期。

马振超:《当前宗教活动的复苏与发展——对社会政治稳定的消极影响分析》,《北京科技大学学报》(社会科学版)2008年第3期。

彭彤:《论宗教经验的概念、核心和特征》,《四川大学学报》(哲学社会科学版)2000年第4期。

潘跃:《2015年全国自然灾害直接经济损失2700多亿》,《人民日报》2016年1月12日。

任映红:《宗教对当前农村和谐社会建设的影响——温州A村案例》,载《秩序与进步:社会建设、社会政策与和谐社会研究——浙江省社会学学会成立二十周年纪念暨 2007 学术年会论文集》，2007 年。

苏畅：《当前中亚宗教极端势力及恐怖主义形势》，《社会科学报》2014 年 7 月第 3 版。

苏力：《现代化视野中的中国法治》，载《第三代学人自选集（第 1 辑）：阅读秩序》，山东教育出版社 1999 年版。

舒波：《孙中山与基督教》，《民国档案》1997 年第 1 期。

孙浩然：《民族民间宗教问题及其治理研究》，《吉首大学学报》2016 年第 1 期。

陶飞亚：《宗教在服务社会促进发展中的积极作用》，《上海市社会主义学院学报》2008 年第 2 期。

唐代虎、陈建明：《宗教界社会服务与社会关怀概念之辨析》，《天府新论》2013 年第 3 期。

覃辉银：《新时期境外宗教渗透及其对策思考》，《华南理工大学学报》（社会科学版）2010 年第 4 期。

吴俊：《体验与信仰——当代中国汉民族宗教体验研究》，《海南大学学报》（人文社科版）2009 年第 3 期。

王宗昱：《宗教经验及其文化价值》，《北京大学学报》（哲学社会科学版）2000 年第 4 期。

王连合、华热多杰：《宗教组织的内涵与外延》，《青海民族研究》2005 年第 2 期。

王美秀：《2010 中国天主教观察与分析》，载金泽、邱永辉主编《中国宗教报告 2011》，社会科学文献出版社 2011 年版。

王晓朝：《现代社会与宗教发展的趋势》，《上海大学学报》（社会科学版）2009 年第 5 期。

魏武：《宗教信仰自由的伟大实践——新中国成立 60 年宗教工作综述》，新华网，2009 年 9 月 4 日。

学诚：《佛教反对宗教极端主义》，《中国民族报》2014 年第 7 版。

谢振东：《美国宗教政治的基本经验》，《四川理工学院学报》（社会科学版）2010 年第 4 期。

习近平：《全面提高新形势下宗教工作水平——在全国宗教工作会议上的讲话》，《新华每日电讯》（1 版）2016 年 4 月 24 日。

肖占军：《中国佛教协会慈善公益委员会第三次会议工作报告》，中国佛教协会慈善公益委员会讯，2014年8月1日。

杨淑荣：《有关宗教礼仪的几种学说》，《世界宗教文化》1996年第6期。

杨琳：《和谐世界从心开始——国家宗教事务局局长叶小文访谈》，《法音》2006年第4期。

杨桦：《佛教界人士探讨佛教慈善事业发展方向》，《人民政协报》2006年11月20日至22日。

杨新福、徐积民：《全国首个佛医共建慈善诊室顺德揭牌》，《商报》2008年9月18日。

杨凤岗：《当前中国的宗教复兴与宗教短缺》，《文化纵横》2012年第1期。

杨凤岗：《宗教三色市场》，《中国人民大学学报》2006年第6期。

杨通进：《基督教思想中的人与自然的关系》，《首都师范大学学报》1994年第3期。

姚卫群：《宗教体验及其作用》，《长春工业大学学报》（社会科学版）2004年第6期。

闫文虎：《国外敌对宗教组织对我国安全的影响》，《世界经济与政治论坛》2002年第6期。

于建嵘：《基督教的发展与中国社会稳定——与两位"基督教家庭教会"培训师的对话》，《经济管理文摘》2008年第23期。

于建嵘：《中国基督教家庭教会向何处去?》，《领导者》2008年第24期。

叶小文：《当前我国的宗教问题——关于宗教五性的再探讨》，《世界宗教文化》1997年第1期。

卓新平：《全球化与当代宗教》，《世界宗教研究》2002年第3期。

卓新平：《现代社会中宗教对话的困境与希望》，《中国宗教》2005年第1期。

张桥贵：《多元宗教和谐与冲突》，《世界宗教研究》2014年第3期。

张桥贵：《边疆宗教治理研究》，《世界宗教研究》2016年第3期。

张华、张志鹏：《互联网+时代的宗教新形态》，《世界宗教文化》

2016 年第 4 期。

张志刚:《宗教与国际热点问题——宗教因素对冷战后国际热点问题和重大冲突的深层影响》,《北京大学学报》(哲学社会科学版) 2008 年 7 月第 4 期。

张志蓬:《宗教道德对于构建和谐社会的积极作用探讨》,《理论探索》2007 年第 4 期。

张永明:《农村基层宗教组织与农村治理研究》,《前沿》2011 年第 12 期。

张克祥:《关于宗教组织在和谐社会中发挥积极作用的思考——以辽宁天主教社会服务中心为例》,《中国天主教》2008 年第 1 期。

赵可金、赵京燕:《要建立大统筹、大协调和大合作的体制机制》,《中国矿业报》2015 年 06 月 16 日。

赵大兴:《中国特色社会主义条件下宗教社会功能的规范与调整》,《北京工业大学学报》(社会科学版) 2012 年第 6 期。

周海生:《正视宗教认同功能 服务和谐社会建设》,《延边党校学报》2011 年第 3 期。

中国社会科学院世界宗教研究所课题组:《中国基督教入户问卷调查报告》,载金泽、邱永辉主编《宗教蓝皮书·中国宗教报告 (2010)》,社会科学文献出版社 2010 年版。

三 电子文献

顾梦飞、房赢:《中国基督教公益慈善事业经验交流暨先进表彰会在杭州召开》,中国基督教网站,http://www.ccctspm.org/news/ccctspm/2012/619/12619947.htm, 2012—06—19。

高师宁:《试论发挥宗教在社会中的积极作用》,中国民族宗教网,http://www.zgmzyx.com/html/Home/report/107762 - 1.htm, 2016—12—25。

韩秉志:《2014 年全国自然灾害直接经济损失 3373.8 亿元》,中国经济网,http://www.ce.cn/xwzx/gnsz/gdxw/201501/07/t20150107_ 4279079.shtml, 2016—7—10。

黄超:《美国对华宗教渗透新模式及其意识形态演变》,Kenneth Scott

Latourette, "A History of Christian Mission in China", N. Y.: Macmillan, 1929。

江苏省佛教协会：《江苏省佛教慈善工作经验交流　各协会寺院报告汇总》，中华佛光文化网江苏讯，http：//www. zhfgwh. com/a/cishanyaowen/47919. html，2012—9—12。

李克强：《2016 年政府工作报告》，新华社，http：//www. china. com. cn/lianghui/news/2016 - 03/17/content_ 38052034. htm，2016—3—17。

李保平：《宗教组织与社会稳定的关系研究——以宁夏回族宗教组织为例》，宁夏社科界网，http：//www. nxskl. net/html/2014 - 03/2029. html。

李俭：《我国经济社会发展面临的六大挑战和八大机遇》，http：//www. 71. cn/2015/1109/846661. shtml，2016—6—28。

刘元春：《教风问题关系到宗教能否健康发展》，凤凰网，http：//fo. ifeng. com/a/20151101/41499718_ 0. shtml，2016—4—8。

卿希泰：《道教文化与现代社会生活》，中国民族宗教网，http：//www. mzb. com. cn/html/Home/report/370997 - 1. htm，2013—02—13。

魏德东：《〈中国宗教调查报告〉发布》，中国民族宗教网，http：//www. mzb. com. cn/html/report/1512365163 - 1. htm，2016—12—23。

王长山、侯文坤、王研、李萌、卢国强、张建、吴昊：《昆明火车站暴力恐怖事件直击》，央视网，http：//news. cntv. cn/2014/03/02/ARTI1393711488018771. shtml，2016—3—10。

王作安：《在宗教界加强教风建设座谈会上的讲话》，国家宗教事务局网，http：//www. sara. gov. cn/xwzx/xwjj/19563. htm，2016—4—8。

王志远：《信众三类人群总数 2 亿　80% 没有正式皈依》，凤凰网，http：//fo. ifeng. com/special/zhongfolanshu/hexin/detail_ 2011_ 08/25/8677237_ 0. shtml，2016—7—25。

汪同三：《我国经济社会发展面临的机遇和挑战》，中国共产党新闻网，http：//theory. people. com. cn/n/2013/1011/c40531 - 23164281. html，2016—07—11。

西北大学佛教研究中心：《美国皮尤研究中心发布最新全球佛教统计

数据》，中国佛学网，http：//www.china2551.org/Article/fjdt/k/201301/13628.htm，2016—07—26。

新华社：《中国佛教协会发言人就中国佛教代表团退出第26届"世佛联"韩国大会发表谈话》，新华网，http：//news.xinhuanet.com/politics/2012-06/15/c_112227919.htm，2016—12—30。

肖占军：《中国佛教协会慈善公益委员会第三次会议工作报告》，中国佛教网，http：//www.fjxw.net/csgy/xcbd/2014-08-01/53871.html，2015—8—1。

学诚：《在宗教界加强教风建设座谈会上的发言》，佛教在线北京讯，http：//www.fjnet.com/jjdt/jjdtnr/201303/t20130324_206751.htm，2016—4—8。

习近平：《发展中国特色社会主义宗教理论 全面提高新形势下宗教工作水平》，新华社，http：//news.xinhuanet.com/politics/2016-04/23/c_1118716540.htm，2016—4—23。

习近平：《第二次中央新疆工作座谈会上的讲话》，新华网，http：//news.xinhuanet.com/politics/2014-05/29/，2016—3—7。

严梅福：《揭露邪教对宗教情感和宗教经验的盗用》，《湖北省反邪教协会通讯》，2013年第10期，http：//www.cnhubei.com/xwzt/2012/cfqy/zjsd/ymf/201309/t2716329.shtml，2013-09-29 16：52，2016—6—26。

张艳玲：《中国发布首部国家安全报告 成最权威的智库报告》，中国网，http：//world.huanqiu.com/article/2014-05/4988720.html，2016—3—10。

战略观察：《中国疆独势力》，战略网，http：//observe.chinaiiss.com/html/20111/11/a3215f_3.html，2015—3—3。

中国基督教全国两会：《近年来中国基督教公益慈善活动回顾和展望》，中国基督教网，http：//www.ccctspm.org/news/ccctspm，2012—07—06。

《中国反击疆独恐怖势力17年内幕历程》，台湾网，http：//www.taihainet.com/news/cnnews/2007-01-12/82037.html。

中华人民共和国国务院新闻办公室：《2012年中国人权事业的进展（白皮书）》，中国网，http：//zx.findart.com.cn/10883258-zx.html，

2013—5—14。

《中共中央关于构建社会主义和谐社会若干重大问题的决定》,新华网,http：//news. xinhuanet. com/politics/2006 - 10/18/content_ 5218639. htm。

《中国共产党第十八届中央委员会第五次全体会议公报》,新华社北京 10 月 29 日电,http：//news. xinhuanet. com/fortune/2015 - 10/29/c_ 1116983078. htm, 2016—6—16。

政协河北省委员会民族和宗教委员会：《河北省开展宗教慈善事业情况的调研报告》 http：//www. hebzx. gov. cn/html/2013 - 12 -04/。

郑永年：《中国面临三大宗教困境》,新加坡联合早报网,http：//www. zaobao. com/forum/expert/zheng-yong-nian/story20091124 - 55789, 2016—12—24。

卓新平：《宗教对社会的作用》,中国宗教学术网,http：//iwr. cass. cn/zjyzz/201207/t20120706_ 10970. htm, 2016—7—6。

国家宗教事务局党组理论学习中心组编写：《我国宗教的基本情况》,中国民族宗教网,http：//www. mzb. com. cn/html/Home/report/140311401 - 1. htm, 2016—12—30。

四　外文参考文献

Christianity：*Independent Christianity and Slum Dwellers.* CSGC, 2014.

Francis, Fukuyama：*The End of History.* The National Interest, 1989.

Todd M. Johnson, Gina A. Zurlo, Albert W. Hickman, Peter F. Crossing, *Status of Global Christianity*, 2014. (译为《全球差传数据发布》),《基督时报》,2014 年 2 月 27 日第 4 版。

后　　记

夜阑人静，当笔者敲上最后一个字时，意味着该文稿的写作终于告一段落。

回首从课题的申报到课题的立项，再到课题的结束，转眼五年的光阴已逝；自己也由立项前的黑发中年到结题后布满不少白发的"小老头"；期间既有立项的一刻喜悦，也更有为完成这一任务而表现出来的吃无味、睡无香的个中艰辛。

端上靠敲文字爬格子谋生的饭碗，就意味着整日要么与电脑和书为伴，要么行走在田野之上；总之，一年到头，一天到晚，就不能闲着，要时刻保持头脑的清醒和内心的宁静；否则，外面世界的喧嚣和人世的烦杂，就有可能影响思绪，而无法进行文字创作。五年来，笔者时刻与此进行着较量，而且至今依然如此。不懂的人，似乎觉得这个行当不错，总觉得很悠闲；而事实上，这世间的任何一项活都不是那么好干的。每一个行当，都有它的苦和乐、酸与甜。

不管怎样，课题最后还是已较成形的样稿呈现在众人面前。这需要感谢为此而付出努力的所有人。首先要感谢国家社科基金办和各位匿名评审专家的信任和支持，给予笔者这样一个很好的锻炼机会！感谢省社科办、校社科办以及单位领导、同仁的支持和帮助！感谢我的导师给我的谆谆教诲和无私帮助！感谢教导过我、指导过的各位业师！感谢各位同行专家学者的宝贵指导！感谢同门师兄弟姐妹们的支持和帮助！感谢参与这项课题的所有同学们，如今他们大都已经走上了工作岗位或继续深造，甚至有的已为人之父母。感谢家人的理解和支持！最后，感谢在人生旅途中给我帮助过、支持过的所有师长、长辈、领导、同学、好友和亲人！愿他们生活幸福吉祥！

　　从提交书稿到正式出版，经历一个不同寻常的曲折，这期间整整等了二年半的时间。当接到出版社的电话告知本人"可以出版"时，那颗悬着的心终于安放了下来。为此，还要感谢出版社和喻苗副主任为此所付出的艰辛和努力。

　　受时间和能力的限制，文中定有缺陷和不足，恳请专家和读者批评指正，以供日后完善！

2020 年 12 月 31 日